命理正宗 正説 ❶권

김찬동 金讚東

· 1950년 경북 달성 출생, 장로교신학대학교 졸업
· 한국추명학회 정회원·광진구 지부장, 한국역술학회 정회원
· 추명학 연구와 동양철학 학술연구로 감사패와 표창장을 여러 차례 받음
· 수년간 성경·불경·논어·명리학 연구
· 현재 역산철학원 원장
  일본의 동경·경도 등을 여행하며 일본풍수학 연구 중

저서에는 『역산성명학』(삼한), 『이렇게 하면 좋은 운이 온다』(삼한), 『역산비결』(삼한), 『복을 부르는 방법』(삼한), 『운을 잡으세요』(삼한), 『적천수 정설』(삼한), 『궁통보감 정설』(삼한), 『연해자평 정설』(삼한), 『명리정종 정설』(삼한), 『바로 내 사주』(삼한), 『명리정설』(정음), 『팔자고치는 법』(미래문화사), 『나도 돈 벌 수 있다』(생각하는백성), 『사주운명학의 정설』(명문당), 『운명으로 본 인생』(명문당) 등이 있다.

전화 02)455-3204 | 010-7292-3207
이메일 kcd3207@naver.com

명리정종 정설 ❶권

1판 1쇄 인쇄일 | 2016년 11월 6일
1판 1쇄 발행일 | 2016년 11월 16일

발행처 | 삼한출판사
발행인 | 김충호
지은이 | 김찬동

신고년월일 | 1975년 10월 18일
신고번호 | 제305-1975-000001호

411-776 경기도 고양시 일산서구 고양대로 724-17호
     (304동 2001호)

대표전화 (031) 921-0441
팩시밀리 (031) 925-2647

ISBN 978-89-7460-173-7 04180
ISBN 978-89-7460-172-0(세트)

신비한 동양철학 108

명리정종 정설 **1**권

김찬동 편역

삼한

■ 머리말

많은 학문 중에서도 주역(周易)에서 파생된 추명학(推命學)은 특별한 운명학으로, 예로부터 사람들의 관심을 많이 받아왔다. 그러나 운명학을 잘 알려면 명리학(命理學)의 5대 원서인 적천수(滴天隨), 궁통보감(窮通寶鑑), 명리정종(命理正宗), 삼명통회(三命通會), 연해자평(淵海子平)을 독파해야 한다. 그래서 이 5가지 원서를 모두 바르게 편역한다는 의미에서 정설(正說)이라는 말을 붙여 적천수(滴天隨) 정설(正說), 궁통보감(窮通寶鑑) 정설(正說), 연해자평(淵海子平) 정설(正說)을 이미 출간했고, 이 책이 네 번째 나오는 것이다.

그런데 추명학(推命學)이 워낙 난해한 부분이 많은 학문으로 이설과 잡론이 많아 중도를 잡는 것이 쉽지 않았다. 그래서 선현들이 터득한 것을 참고하면서 필자가 30여년 상담한 자료를 토대로 해설했다. 원서를 번역하면서 나의 부족함을 반성하면서 선현들의 탁월한 지혜에 감탄했다.

이 책의 원서인 명리정종(命理正宗)은 중국 명대의 신봉(神峰) 장남(張楠) 선생이 저술한 명리서(命理書)다. 명리학(命理學)의 5대 원서는 어느 것 하나 귀하지 않은 것이 없지만 명리정종(命理正宗)은 연해자평(淵海子平)을 깊이 분석하며 비판한 것이 특징이다. 따라서 초학자는 연해자평(淵海子平)을 공부한 후 이 책을 공부하는 것이 좋다.

다른 학자들은 선현들의 명리서(命理書)를 아무 비판없이 수용했지만 장남(張楠) 선생은 무조건 믿거나 받아들이지 않고 철저하게 검증하면서 자신이 상담해 본 결과로 선현들의 역서(易書)를 비판하며 수용한 것이 대단한 발전이라 하겠다. 마찬가지로 후학들도 이제는 선현들의 역서(易書)를 하나하나 비판하며 분석할 필요가 있다고 생각한다. 이러한 비판과 분석을 통해 학문은 더 발전하며 새로운 비전을 만들 수 있기 때문이다. 특히 종격(從格)과 화격(化格)에 대해서는 계속 연구해야 한다고 생각한다. 이 부분은 선현들의 설명이 애매모호하여 필자도 아직 확신이 없다는 것이 솔직한 고백이다.

또 근래에 어느 학자는 지금까지 입춘(立春)을 년(年)의 기준으로 삼는 것은 잘못이고 동지(冬至)를 기준으로 해야 한다고 주장해 연구 중이다. 또 어느 학자는 종격(從格)과 화격(化格)은 실상 없는 것이라고 조금은 위험한 주장을 하기도 하지만 무조건 배척하지 말고 한번 연구해 볼 필요가 있다고 생각한다. 그리고 필자의 주장도 모두 옳다고 말하고 싶지 않다. 아직도 선현들의 학문에 의지해 연구하며 임상실험 중에 있는 실정이다. 부족한 면이 많지만 이 책이 후학들에게 도움이 된다면 나름대로 보람을 느낄 수 있을 것이다. 아무쪼록 독자제현들의 충고를 바라며 감사드린다.

역산 김찬동

■ 신봉(神峰) 장남(張楠) 선생(先生) 원서(原序)

神峰子日 天之所賦者命 窮達夭壽 擊諸氣稟之先 雖聖賢鬼神莫能移
신봉자왈 천지소부자명 궁달요수 격제기품지선 수성현귀신막능이

故君子居易以俟命 惟不知命 無以爲君子 然命之理
고군자거역이후명 유불지명 무이위군자 연명지리

溯其源則肇於軒轅氏 始有干支之降 師大撓作甲子
소기원칙조어헌원씨 시유간지지강 사대요작갑자

遂以人之年月日時所生 謂之命焉! 蓋與天賦之命其揆一也
수이인지년월일시소생 위지명언! 개여천부지명기규일야

但先未有書 至唐袁守成始作指南五星書 呂才作合婚書
단선미유서 지당원수성시작지남오성서 여재작합혼서

一行禪師作星曆書 五代有轆轤書 前宋有殿駕書 南宋遼金有喬拗書
일행선사작성력서 오대유록로서 전송유전가서 남송요금유교요서

裴大獻有琴堂虛實書 均以人之生年五行納音所屬身命限度爲之主
배대유유금당허실서 균이인지생년오행납음소속신명한도위지주

七曜四餘爲之用 明朝徐均作子平書 專以日干爲主本 月令爲用神
칠요절여위지용 명조서균작자평서 전이일간위주본 월령위용신

歲時爲輔佐 則命書之作至此盡矣 其故何歟 蓋五星之爲說
세시위보좌 즉명서지작지차진의 기고하여 개오성지위설

祇以生年爲主 月與日時或遺焉 或以納音爲主 干與支或遺焉
기이생년위주 월여일시혹유언 혹이납음위주 간여지혹유언

或以納音爲主 干與支或遺焉 孰若子平之理獨得其中 日通月氣
혹이납음위주 간여지혹유언 숙약자평지리독득기중 일통월기

歲與時爲脈絡 日爲身主 月爲巢穴 歲與時爲門戶 得於此而不遺於彼
세여시위맥락 일위신주 월위소혈 세여시위문호 득어차이불유어피

通於上而不遺於下 抑有餘補不及 中正之道孰外是焉 愚涉獵群書
통어상이불유어하 억유여보불급 중정지도숙외시언 우섭렵군서

頗詣旨趣 獨觀命理 有 五星指南 琴堂書 子平淵海 書宗 其理出之正
파예지취 독관명리 유 오성지남 금당서 자평연해 서종 기리출지정

法立之善 但其中間頗有不根之言 進退之說 無確然一定示人之見
법입지선 단기중간파유불근지언 진퇴지설 무확연일정시인지견

後世緣此立說益多益滋人惑 雖授受不過襲謬 殆若行者迷道
후세연차입설익다익자인혹 수수수불과습류 태약행자미도

問盲人指示焉! 是以究之窮陬極壞 盡皆招搖售術 聽其言則是
문맹인지시언! 시이구지궁추극양 진개초요수술 청기언즉시

校其理則非 瞀目惑心 竟無一人能將其堂陛而撮其樞要也 嗚呼!
교기리즉비 고목혹심 경무일인능장기당폐이촬기추요야 오호!

非惟誣人 實自誣也 子深慨焉! 由是細心講究已四十餘年矣
비유무인 실자무야 여심개언! 유시세심강구이사십여년의

一旦恍然覺其有一者 似是之非不慚膚見 乃立五星正說
일단황연각기유일자 사시지비불참부견 내입오성정설

子平諸格正說 子平諸格謬說 動靜說 蓋頭說 六親說 病藥說
자평제격정설 자평제격류설 동정설 개두설 육친설 병약설

雕枯旺弱生長八法說 人命見驗說 蓋取諸尊崇正理 闢諸謬說之意
조고왕약생장팔법설 인명견험설 개취제존숭정리 벽제류설지의

名之日 命理正宗 授諸梓而刊之 極知誣誕罪不容逭
명지왈 명리정종 수제재이간지 극지무탄죄불용환

尚候知者正其得失 庶有補六藝中之萬一云爾
상후지자정기득실 서유보육예중지만일운이

【해 설】

　신봉자왈(神峰子曰), 명(命)은 하늘에서 받는 것이니 이루거나 통달하거나 요절하거나 장수함이 모두 선천(先天)에 있다. 고로 성현이나 귀신도 그 원리를 바꿀 수 없으니 군자는 편안한 곳에서 천명을 기다려야 하고, 천명을 모르면 군자가 될 수 없다.

　명리학(命理學)의 간지(干支)는 헌원(軒轅) 황제씨(皇帝氏)가 하늘에 기도해 받고, 육십갑자(六十甲子)는 대요씨(大撓氏)가 만들어 사람의 사주(四柱)가 생겼는데 이것을 명(命)이라 부르게 된 것이다. 따라서 그 생년월일시로 운명을 보는 것이다.

　선천(先天)시대에는 명리(命理)에 관한 책이 없다가 당대(唐代)에 원수성(袁守成)이 지남오성서(指南五星書)를 비롯해 여재(呂才)의 합혼서(合婚書)를 썼고, 일행선사(一行禪師)가 성력서(星曆書)를 썼다. 오대(五代)에는 녹로서(轆轤書)가 있었고, 전송대(前宋代)에는 전가서(殿駕書), 남송대(南宋代)에는 요금(遼金)의 교요서(喬拗書), 원대(元代)에는 배대유(裴大猷)의 금당허실서(琴堂虛實書)와 균(均)이 생년(生年)의 오행납음(五行納音)의 소속과 신명(身命)의 한도를 위주로 한 칠요절여(七曜四餘)가 있었다. 그 후 명대(明代)에 서균(徐均)이 자평서(子平書)를 지었는데, 일간(日干)을 근본으로 삼고 월령(月令)을 용신(用神)으로 삼아 년시(年時)를 보좌했다. 이로써 완전한 명리서(命理書)가 탄생했다.

　오성설(五星說)은 생년(生年)을 위주로 했다. 월일시(月日時)는 버리기도 하고 납음(納音)을 위주로 간지(干支)를 버리기도 했다. 그러나 자평(子平)의 원리는 중도를 지켜 일(日)이 월기(月氣)에 통하고, 세(歲)와 시(時)가 맥락이 되고, 일(日)은 신주(身主)가 되고, 월(月)은 가정인 소혈(巢穴)

이 되고, 세(歲)와 시(時)는 문호가 되었다. 즉 이것도 얻고 저것도 버리지 않았고, 위로도 통하고 아래도 버리지 않았다. 지나치면 억제하고 부족하면 돕는 중정의 도리니 그 누구도 도외시할 수 없는 정법이 된 것이다.

우매한 내가 여러 명리서(命理書)를 살펴보았는데 오성지남(五星指南)과 금당서(琴堂書)와 자평연해(子平淵海)만이 정법의 원리를 따랐다. 그러나 이 책들도 근거가 미약한 부분이 있는데 진퇴설(進退說)을 들 수 있다. 후세에는 이로 인한 오류가 더 늘어나 그릇된 이론을 주고받아 피해가 클 것이다. 이것은 마치 맹인에게 길을 묻는 것과 같다. 따라서 근본인 궁극을 규명하고 부질없는 이론을 깨야 한다. 사이비 역술인들의 말이 옳은 것처럼 들리나 모두 거짓이다. 눈은 멀고 마음은 미혹되어 그 근본을 찾고 핵심을 정설할 사람이 없게 된 것이다.

아 슬프다! 다른 이를 속이는 것이 아니라 자신이 속는 것이다. 이에 깊이 개탄하며 세심하게 연구한 지 40년이 지났다. 하루 아침에 갑자기 깨달은 것 같지만 부끄러움을 무릅쓰고 오성정설(五星正說), 자평제격정설(子平諸格正說), 자평제격류설(子平諸格謬說), 동정설(動靜說), 개두설(蓋頭說), 육친설(六親說), 병약설(病藥說), 조고왕약생장팔법설(雕枯旺弱生長八法說), 인명견험설(人命見驗說) 중에서 존중할 만한 원리는 취하고 편벽되거나 오류가 될 만한 것은 비판하면서 새로운 책을 만들어 명리정종(命理正宗)이라 이름을 붙였다.

따라서 이 명리정종(命理正宗)을 극진히 알고 만나면 거짓이니 죄를 용서받고 도망할 수 없을 것이다. 그러나 아는 이를 기다려 그 득실을 분별해 배울 것은 육예(六藝)다. 그 중에 만분에 일이라도 도움이 되었으면 한다.

차 례

제I부. 서 론

1장. 오성정설류(五星正說類) ──────────────── 17

  1. 안신명궁(安身命宮) ──────────────── 17

  2. 안성진법(安星辰法) ──────────────── 18

  3. 한행명궁(限行命宮) ──────────────── 20

  4. 도주(度主) ──────────────── 21

  5. 오성제서(五星諸書) ──────────────── 23

2장. 오성류설류(五星謬說類) ──────────────── 24

  1. 오성(五星)의 오류설 ──────────────── 24

  2. 여재합혼(呂才合婚) ──────────────── 29

  3. 팔패제류(八敗諸謬) ──────────────── 30

  4. 진재퇴재(進財退財) ──────────────── 33

  5. 여명화복(女命禍福) ──────────────── 34

3장. 합혼자평류설(合婚子平謬說) ──────────────── 42

  1. 남녀합혼설(男女合婚說) ──────────────── 42

  2. 총론자평류설유(總論子平謬說類) ──────────────── 44

    1) 일귀격(日貴格) ──────────────── 45

    2) 일덕격(日德格) ──────────────── 47

    3) 괴강격(魁罡格) ──────────────── 47

    4) 육임추간(六壬趨艮) ──────────────── 48

    5) 육갑추건(六甲趨乾) ──────────────── 49

    6) 구진득위(勾陳得位) ──────────────── 50

    7) 종혁격(從革格) ──────────────── 51

4장. 동정개두육친론(動靜蓋頭六親論) ──────────────── 53

  1. 동정설(動靜說) ──────────────── 53

　　　2. 개두설(蓋頭說) —————————————————— 57

　　　3. 육친설(六親說) —————————————————— 62

5장. 사병사약설(四病四藥說) —————————————— 68

　　　1. 병약설류(病藥說類) ———————————————— 68

　　　2. 조고왕약사병설류(雕枯旺弱四病說類) ————————— 73

　　　3. 손익생장사약설류(損益生長四藥說類) ————————— 80

제Ⅱ부. 격국편(格局篇)

1장. 격국논기일(格局論其一) —————————————— 91

　　　1. 정관격(正官格) —————————————————— 91

　　　2. 편관격(偏官格) —————————————————— 115

　　　3. 시상일위귀격(時上一位貴格) ——————————————— 200

　　　4. 관살거류잡격(官殺去留雜格) ——————————————— 215

　　　5. 월지정재격(月支正財格) 기명종재격(棄命從財格) ———— 224

　　　6. 시상편재격(時上偏財格) 부월편재격(附月偏財格) ——————— 246

　　　7. 상관식신격(傷官食神格) ————————————————— 262

　　　8. 상관십론(傷官十論) ——————————————————— 286

2장. 격국론(格局論) ———————————————————— 340

　　　1. 인수격(印綬格) —————————————————————— 340

　　　2. 양인격(羊刃格) 부비견건록격(附比肩建祿格) ——————— 366

　　　　　1) 양인격(羊刃格) ———————————————————— 366

　　　　　2) 건록격(建祿格) ———————————————————— 369

　　　　　3) 삼차일람운(三車一覽云) ——————————————— 375

　　　　　4) 만상서부운(萬尚書賦云) ——————————————— 377

　　　　　5) 취성자기상편운(醉醒子氣象篇云) ———————————— 380

6) 일인격(日刃格) ———————————————— 383

7) 비견론(比肩論) ———————————————— 385

8) 건록격(建祿格) ———————————————— 387

9) 재관길작용(財官吉作用) ————————————— 392

3. 전록격(專祿格) ————————————————— 397

4. 잡기재관인수격(雜氣財官印綬格) ———————————— 399

5. 식신격(食神格) ————————————————— 424

6. 비천녹마격(飛天祿馬格) 부도충녹마격(附倒沖祿馬格) —— 429

7. 자요사격(子遙巳格) ———————————————— 443

8. 축요사격(丑遙巳格) ———————————————— 450

9. 임기용배격(壬騎龍背格) —————————————— 453

10. 정란차격(井欄叉格) ———————————————— 456

3장. 격국론기삼(格局論其三) ———————————————— 461

1. 육을서귀격(六乙鼠貴格) —————————————— 461

2. 육음조양격(六陰朝陽格) —————————————— 465

3. 형합격(刑合格) ————————————————— 473

4. 합록격(合祿格) ————————————————— 480

5. 곡직인수격(曲直仁壽格) —————————————— 491

6. 가색격(稼穡格) ————————————————— 494

7. 염상격(炎上格) ————————————————— 498

8. 윤하격(潤下格) ————————————————— 500

9. 종혁격(從革格) ————————————————— 502

10. 년시상관성격(年時上官星格) ———————————— 504

4장. 격국론기사(格局論其四) ———————————————— 508

1. 종화격(從化格) ————————————————— 508

2. 협구공재격(夾丘拱財格) —————————————— 516

3. 세덕부살격(歲德扶殺格) ——————— 521

4. 전재격(專財格) ——————————— 524

5. 일덕격(日德格) ——————————— 525

6. 일귀격(日貴格) ——————————— 528

7. 괴강격(魁罡格) ——————————— 531

8. 육임추간격(六壬趨艮格) ————————— 533

9. 육갑추건격(六甲趨乾格) ————————— 535

10. 구진득위격(句陳得位格) ———————— 538

5장. 격국론기오(格局論其五) ——————— 540

1. 현무당권격(玄武當權格) ————————— 540

2. 재관쌍미격(財官雙美格) ————————— 542

3. 공록격(拱祿格)과 공귀격(拱貴格) ———————— 550

4. 일록귀시격(日祿歸時格) ————————— 556

5. 사위순전격(四位純全格) ————————— 562

6. 천원일기격(天元一氣格) ————————— 564

7. 천간순식격(天干順食格), 지지공협격(地支拱夾格), ——— 565
   양간불잡격(兩干不雜格), 일기생성격(一氣生成格)

8. 오합취집격(五合聚集格) ————————— 568

9. 복덕격(福德格) ——————————— 569

6장. 격국조해론(格局助解論) ——————— 574

1. 신취팔법(神趣八法) ——————————— 574

   1) 유상(類象) ——————————— 574

   2) 속상(屬象) ——————————— 576

   3) 종상(從象) ——————————— 577

   4) 화상(化象) ——————————— 578

   5) 조상(照象) ——————————— 578

　　6) 반상(返象) ──────────────── 579

　　7) 귀상(鬼象) ──────────────── 580

　　8) 복상(伏象) ──────────────── 580

2. 대운론(大運論) ──────────────── 581

3. 태세론(太歲論) ──────────────── 583

4. 격국생사총가(格局生死總歌) ────────── 584

5. 오성론(五星論) ──────────────── 585

　　1) 금성론(金星論) ──────────────── 585

　　2) 목성론(木星論) ──────────────── 591

　　3) 수성론(水星論) ──────────────── 595

　　4) 화성론(火星論) ──────────────── 597

　　5) 토성론(土星論) ──────────────── 600

6. 금불환간명승척(金不換看命繩尺) ───────── 601

7. 금불환골수가단(金不換骨髓歌斷) ───────── 603

　　1) 골수가단갑목론(骨髓歌斷甲木論) ──────── 603

　　2) 골수가단을목론(骨髓歌斷乙木論) ──────── 606

　　3) 골수가단병화론(骨髓歌斷丙火論) ──────── 609

　　4) 골수가단정화론(骨髓歌斷丁火論) ──────── 613

　　5) 골수가단무토론(骨髓歌斷戊土論) ──────── 616

　　6) 골수가단기토론(骨髓歌斷己土論) ──────── 619

　　7) 골수가단경금론(骨髓歌斷庚金論) ──────── 622

　　8) 골수가단신금론(骨髓歌斷辛金論) ──────── 625

　　9) 골수가단임수론(骨髓歌斷壬水論) ──────── 628

　10) 골수가단계수론(骨髓歌斷癸水論) ──────── 631

제 I 부. 서 론

1장. 오성정설류(五星正說類)

1. 안신명궁(安身命宮)

【원 문】

原取逢卯安命 逢酉安身 其理何歟 然卯屬東方之正木
원취봉묘안명 봉유안신 기리하여 연묘속동방지정목

木主仁 仁主壽 故以命宮寓焉 酉屬西方之正金 金主義
목주인 인주수 고이명궁우언 유속서방지정금 금주의

義主宜 故以身宮寓焉 然命宮爲受胎之初 故以仁木主之
의주의 고이신궁우언 연명궁위수태지초 고이인목주지

仁有生生之意也 身宮爲受胎之後 故以義金主之
인유생생지의야 신궁위수태지후 고이의금주지

義有成身之道也 身命之立 其原於此 理出於正也
의유성신지도야 신명지입 기원어차 리출어정야

【해 설】

　원명에 묘목(卯木)이 들면 명이 편안하고, 유금(酉金)이 들면 몸이

편안하다. 묘목(卯木)은 동방의 정목(正木)이고, 목(木)의 주인은 인
(仁)이고, 인(仁)의 주인은 수(壽)이므로 명궁(命宮)이라 하는 것이다.
유금(酉金)은 서방의 정금(正金)이고, 금(金)의 주인은 의(義)이고,
의(義)의 주인은 의(宜)이므로 신궁(身宮)이라 하는 것이다.

　그런데 명궁(命宮)은 수태의 시작이므로 인목(仁木)이 인성(仁性)
을 주관하며 생(生)하는 의지가 있고, 신궁(身宮)은 수태한 다음이니
의금(義金)이 의(義)를 주관하며 성신(成身)의 도(道)가 있으므로 신
명(身命)을 세우는 정당한 근거가 있다.

2. 안성진법(安星辰法)

【원 문】

當以五星指南爲之體 琴堂殿駕爲之用 體可祖之 而爲造命之矜式
당이오성지남위지체 금당전가위지용 체가조지 이위조명지긍식

用可則之 而爲禍福之根底 若喬拗 若加盤 若步天經 俱以命宮爲主
용가즉지 이위화복지근저 약교요 약가반 약보천경 구이명궁위주

如寅亥二宮屬木 畏金剋之 喜水生之 卯戌二宮屬火 辰酉二宮屬金
여인해이궁속목 외금극지 희수생지 묘술이궁속화 진유이궁속금

申巳二宮屬水 子丑二宮屬土 午屬太陽 未屬太陰 生剋之例同前
신사이궁속수 자축이궁속토 오속태양 미속태음 생극지예동전

獨午屬太陽 畏木星遮蔽其光 其理頗非近正 然太陽爲萬物之尊
독오속태양 외목성차폐기광 기리파비근정 연태양위만물지존

穹窿於萬仞之上 木豈能蔽焉 但喜金水以伴之 其理甚是 未屬太陰
궁륭어만인지상 목개능폐언 단희금수이반지 기리심시 미속태음

未土計以蝕之 喜火羅金以護之 但諸星生剋 俱當以命宮而論
미토계이식지 희화나금이호지 단제성생극 구당이명궁이론

未加以身宮論之 蓋命在身先也
미가이신궁론지 개명재신선야

【해 설】

마땅히 오성지남(五星指南)으로 체(體)를 삼고, 금당전가(琴堂殿駕)로 용(用)을 삼고, 체(體)를 근본으로 명조의 법을 삼고, 용(用)을 측정해서 길흉화복의 근저로 삼아야 한다. 교요(喬拗)나 가반(加盤)이나 보천경(步天經)은 모두 명궁(命宮)을 위주로 한 것이다.

인목(寅木)과 해수(亥水)는 목(木)에 속하니 금극목(金剋木)을 꺼리나 수생목(水生木)으로 도와주면 기뻐한다. 묘목(卯木)과 술토(戌土)는 화(火)에 속하고, 진토(辰土)와 유금(酉金)은 금(金)에 속하고, 신금(申金)과 사화(巳火)는 수(水)에 속하고, 자수(子水)와 축토(丑土)는 토(土)에 속하고, 오화(午火)는 태양(太陽)에 속하고, 미(未)는 태음(太陰)에 속하는데, 그 생극(生剋)의 예는 인해(寅亥)와 같다.

유독 오화(午火)만 태양(太陽)에 속하는데, 목(木)이 그 광명을 가리면 불가하다고 하나 태양은 만물의 주존이니 목(木)이 가린다고 어찌 하겠느냐. 다만 금수(金水)가 동반하면 좋으니 그 원리가 매우 옳다. 또 미(未)도 태음(太陰)에 속하는데 미토(未土)는 설식(泄蝕)을 막으려고 화생토(火生土)를 하니 화(火)가 오는 것이 길하고, 토생금

(土生金)으로 금(金)을 보호해주면 좋다. 이처럼 여러 가지 생극(生剋)은 신궁(身宮)이 아니라 명궁(命宮)으로 논해야 한다. 명궁(命宮)이 신궁(身宮)보다 먼저이기 때문이다.

3. 한행명궁(限行命宮)

【원 문】

限行於命宮之後 而不從身宮之後 何歟 蓋命屬身之先也 受胎之後
한행어명궁지후 이불종신궁지후 하여 개명속신지선야 수태지후

即以命宮爲廬舍 人之禍福 但當究諸命宮 有何難星 如難星守命
즉이명궁위여사 인지화복 단당구제명궁 유하난성 여난성수명

主一生孤苦 恩星守命 一生富貴 如命宮無星辰之可考 當以三合宮看
주일생고고 은성수명 일생부귀 여명궁무성진지가고 당이삼합궁간

如坐寅 則看午戌宮也 如三合無 則看四正宮 但四正宮近理
여좌인 즉간오술궁야 여삼합무 즉간사정궁 단사정궁근리

如命宮畏金爲難 行限亦畏之 凡諸財帛 田宅等宮 俱同此也
여명궁외금위난 행한역외지 범제재백 전택등궁 구동차야

此係五行生剋正理之說也
차계오행생극정리지설야

【해 설】

명궁(命宮) 이후로 한행(限行)하고 신궁(身宮) 이후로 불종(不從)하는 것은 무슨 연고인가. 대개 명궁(命宮)은 신궁(身宮)보다 먼저이

고, 신궁(身宮)은 수태 다음이기 때문이다. 즉 명궁(命宮)은 주막과 같다. 인간의 화복은 명궁(命宮)에 어떤 은성(恩星)이나 난성(難星)이 있는가를 살펴 지켜야 한다. 만일 지키지 못하면 일생이 고달프며 외롭고, 은성(恩星)의 길명을 지키면 부귀할 것이다.

만일 명궁(命宮)의 성진(星辰)을 참고할 수 없으면 삼합궁(三合宮)을 살펴야 한다. 인목(寅木)에 임하면 오술궁(午戌宮)이 있는 것이 그것이다. 만일 삼합(三合)이 없으면 사정궁(四正宮)을 살펴야 하는데 사정궁(四正宮)은 비중이 약하다. 만일 명궁(命宮)에서 금(金)을 꺼리면 난성(難星)이니 행한(行限)에서도 두려워한다. 무릇 모든 재금(財帛)이나 전택궁(田宅宮)은 이와 같다. 이것이 곧 오행생극(五行生剋)의 이치다.

4. 도주(度主)

【원 문】

卽以木度所屬 如寅宮立命 纏尾火虎度 卽以水星剋火度爲難星
즉이목도소속 여인궁입명 전미화호도 즉이수성극화도위난성

爲剗度星 卽以木爲恩星 但論度爲準 則又有一說焉 或命宮所喜
위잔도성 즉이목위은성 단논도위준 즉우유일설언 혹명궁소희

或又度主所忌 一喜一忌 將何所主 然當以命宮爲主 其理則近
혹우도주소기 일희일기 장하소주 연당이명궁위주 기리즉근

若又以度論之 則惑人心矣 剗度則以張暘谷 剗度歌 爲則
약우이도논지 즉혹인심의 잔도즉이장양곡 잔도가 위즉

若日月 木火土金水爲正七曜星 若羅星則爲火之奴
약일월 목화토금수위정칠요성 약나성즉위화지노

計星則爲土之奴 氣星則爲木之奴 孛星則爲水之奴 此爲四餘星
계성즉위토지노 기성즉위목지노 패성즉위수지노 차위사여성

然七曜星命限逢之 見禍或淺 四餘星命限逢之 見禍或烈 何也
연칠요성명한봉지 견화혹천 사여성명한봉지 견화혹열 하야

七曜主星屬君子 四餘奴星屬小人 狐假虎威 正理然也
칠요주성속군자 사여노성속소인 호가호위 정리연야

【해 설】

목도(木度)에 속하는 명조가 인궁(寅宮)에 들어가면 미화호도(尾火虎度)에 해당한다. 즉 수성(水星)으로 화도(火度)를 수극화(水剋火)하여 난성(難星)과 잔도성(剗度星)이 되고, 목(木)은 목생화(木生火)를 하니 은성(恩星)이 된다.

여기서 논할 것은 도(度)의 기준이다. 명궁(命宮)에서는 기뻐하고 도주(度主)에서는 꺼려 일희일기(一喜一忌)하면 어느 것을 위주로 할 것인가. 당연히 명궁(命宮)을 위주로 하는 것이 원리에 가깝다. 만일 도(度)를 논하면 사람의 마음을 미혹하는 것이다.

또 잔도(剗度)는 장양곡(張暘谷)의 잔도가(剗度歌)가 그것이다. 일월(日月)과 목화토금수(木火土金水)는 정칠요성(正七曜星)이다. 나성(羅星)은 화(火)의 노예이고, 계성(計星)은 토(土)의 노예이고, 기성(氣星)은 목(木)의 노예이고, 패성(孛星)은 수(水)의 노예인데, 이것이 사여성(四餘星)이다.

명에서 칠요성(七曜星)을 만나면 화가 약하나 사여성(四餘星)을

만나면 무거운 것은 칠요주성(七曜主星)에 속하면 군자가 되고, 사여
노성(四餘奴星)에 속하면 소인이 되기 때문이다. 따라서 이리가 맹호
의 위엄을 흉내내는 것처럼 서로 다름이 있으니 당연한 이론이다.

5. 오성제서(五星諸書)

【원 문】

五星諸書之立 惟五星指南所立 起八字 安身命 安星辰節氣
오성제서지입 유오성지남소입 기팔자 안신명 안성진절기

五行生剋之理 此係看命之門戶 不可無也 其餘則陳諸五行謬說類內
오행생극지리 차계간명지문호 불가무야 기여즉진제오행류설유내

又若五星 琴堂 殿駕 加盤 步天經俱屬正理 但五星之說
우약오성 금당 전가 가반 보천경구속정리 단오성지설

近正理者頗多也
근정리자파다야

【해 설】

　오성제서(五星諸書)는 오성지남서(五星指南書)에서 나왔다. 사주팔
자와 안신명(安身命), 안성진법(安星辰法), 절기, 오행생극(五行生剋)의
원리가 모두 여기 있다. 이 원리에는 간명하는 문호가 없는 것이 아니
며 그 외의 것은 오행(五行)의 잘못된 말이다. 오성(五星)에서 금당(琴
堂)·전가(殿駕)·가반(加盤)·보천경(步天經)은 옳은 이론이다. 오성설
(五星說)을 옳은 이론에 가깝다고 하는 것은 오류가 적기 때문이다.

2장. 오성류설류(五星謬說類)

1. 오성(五星)의 오류설

【원 문】

夫 金木水火土 原天一生水 地二生火 卽以水一 火二 木三 金四
부 금목수화토 원천일생수 지이생화 즉이수일 화이 목삼 금사

土五 次第列之 後妻景卽以海中 爐中 大林 路傍之妄說
토오 차제열지 후루경즉이해중 노중 대림 노방지망설

配其納音五行爲歌 使後人可以成誦 夫星何後世妄以海中
배기납음오행위가 사후인가이성송 부성하후세망이해중

爐中無理之說立之門戶 若三車一覽望 斗眞經 耶律經
노중무리지설입지문호 약삼차일람망 두진경 야율경

玉井奧訣 蘭臺妙選 等書 俱不祖其身命 限度近理之事爲言
옥정오결 난대묘선 등서 구불조기신명 한도근리지사위언

漫以江山水石 道風道雨言之 又以人之生年十二支
만이강산수석 도풍도우언지 우이인지생년십이지

生肖所屬論人吉凶 夫星何謬也 蓋 原生肖本以十二禽獸身中欠一件
생초소속논인길흉 부성하류야 개 원생초본이십이금수신중흠일건

省者似也 以十二禽獸似此也 如鼠欠牙 牛欠瞳 虎欠項 兎欠脣
초자사야 이십이금수사차야 여서흠아 우흠동 호흠항 토흠순

龍欠聰 蛇欠足 馬欠膽 羊欠瞳 猴欠腮 鷄欠腎 犬欠心 猪欠筋
용흠총 사흠족 마흠담 양흠동 후흠시 계흠신 견흠심 저흠근

皆以十二支所生省此也 全不關係人之八字干支
개이십이지소생초차야 전불관계인지팔자간지

妄以此生省而論命耶 然以人所生之年地支一字而論
망이차생초이논명야 연이인소생지년지지일자이론

如剜人六而貼己肉 血氣實不相通
여완인육이첩기육 혈기실불상통

【해 설】

　금목수화토(金木水火土)의 근원은 천(天)이 일생(一生)하여 수(水)를 생하고, 지(地)가 이생(二生)하여 화(火)를 생하니, 수(水)는 1이고, 화(火)는 2이고, 목(木)은 3이고, 금(金)은 4이고, 토(土)는 5다.

　그러나 후세에 갑자을축(甲子乙丑)은 해중금(海中金)이고, 병인정묘(丙寅丁卯)는 노중화(爐中火)이고, 무진기사(戊辰己巳)는 대림목(大林木)이고, 경오신미(庚午辛未)는 노방토(路傍土)라는 망령된 말을 만들었다. 이러한 납음오행가(納音五行歌)를 후세인들이 외우면서 무슨 비법인 것처럼 전하는데 어찌 옳다고 하겠는가.

　삼차일람망(三車一覽望)·두진경(斗眞經)·야율경(耶律經)·옥정오결(玉井奧訣)·난대묘선(蘭臺妙選) 등은 모두 신명(身命)의 한도(限度)에 가까운 것 같지만 강산수석(江山水石)과 도풍도우(道風道雨)의 헛된 잡론이다.

또 사람의 명을 논할 때 십이지(十二支) 동물을 연결시키는데 쥐는 어금니가 없고, 소는 눈동자가 없고, 호랑이는 목이 없고, 토끼는 입술이 없고, 용은 귀가 없고, 뱀은 발이 없고, 말은 쓸개가 없고, 양은 뺨이 없고, 닭은 신장이 없고, 개는 심장이 없고, 돼지는 근육이 없다.

이렇게 사람의 명에 한 가지씩 부족한 동물을 비유하니 사람도 한 가지씩 부족한 면이 있지 않겠는가. 그래서 생초설(生肖說)을 큰 오류라고 하는 것이다. 년지(年支) 한 글자로 운명을 논한다는 것은 마치 남의 살을 떼어다 붙이는 것처럼 혈맥과 정기가 통하지 않는 원리다.

■ 건명(乾命), 담이화(譚二華)

年	月	日	時
庚	甲	丁	丙
辰	申	未	午

乙丙丁戊己庚辛壬
酉戌亥子丑寅卯辰

【원 문】

且如今宜黃縣顯宦譚二華命 本然八字是身强殺淺 假殺爲權
차여금의황현현환담이화명 본연팔자시신강살천 가살위권

又曰 身强殺淺 行殺旺地 貴封萬戶之侯 其理甚是 舍此正說
우왈 신강살천 행살왕지 귀봉만호지후 기리심시 사차정설

謬言其命屬龍 得丁未丙午日時 謂之龍奔天河 以龍遇水爲極貴
류언기명속용 득정미병오일시 위지용분천하 이용우수위극귀

【해 설】

이 사주는 황현 지방의 고관이며 현관이었던 담이화(譚二華)의 명이다. 신강(身强)하며 살성(殺星)이 얕으니 가살위권(假殺爲權)이다. 신강(身强)하며 살성(殺星)이 얕은데 살왕운(殺旺運)으로 흐르면 귀격(貴格)이 되어 만 호의 후작이 된다고 하는데 맞는 말이다. 만일 년지(年支)가 용이니 천간성(天奸星)이고, 일시(日時)에 정미병오(丁未丙午)가 있으니 천하수(天河水)라 하여 용이 물을 얻은 형상으로 보고 대귀격(大貴格)으로 간명하면 안 된다.

■ 건명(乾命), 빈한명(貧寒命)

年	月	日	時							
庚	甲	癸	癸	乙	丙	丁	戊	己	庚	辛	壬
辰	申	亥	亥	酉	戌	亥	子	丑	寅	卯	辰

【원 문】

假如有一貧命是 亦可以龍歸大海論之 何以極貧 蓋緣此八字水多
가여유일빈명시 역가이용귀대해논지 하이극빈 개연차팔자수다

以水爲病 再行北方水運 以水濟水 正謂背祿逐馬 守窮途而恓惶也
이수위병 재행북방수운 이수제수 정위배록축마 수궁도이서황야

且如人屬鷄狗猪羊亦有貴人命 請問將何理論之 二者所說俱謬
차여인속계구저양역유귀인명 청문장하이론지 이자소설구류

【해 설】

이 사주는 잘못된 이론으로 간명하면 용띠가 큰 물을 얻었으니 귀격(貴格)이 된다. 그러나 정설로 간명하면 수(水)가 너무 많아 병(病)

이 되었는데 북방 해자축운(亥子丑運)으로 흘러 녹마(祿馬)인 재관 (財官)을 등졌다. 역시 이 사람은 매우 가난하게 살았다.

또 닭띠나 개띠나 돼지띠나 양띠는 귀격(貴格)을 이룰 수 있다. 이렇게 볼 때 오행(五行)의 생극(生剋)과 용신(用神)과 기신(忌神)으로 간명하는 정설과 년지(年支)와 각종 신살(神殺)을 중심으로 하는 간명법 중에서 어느 것이 정설인지는 쉽게 알 수 있을 것이다.

【원 문】

五星指南載破辟 吞蹈等級 及小兒雷公 金銷 斷橋 休庵 百日
오성지남재파벽 탄도등급 급소아뇌공 금소 단교 휴암 백일

四柱 鷄飛等關 祇以生年一字 妄以犯某時某日爲言 又立險語
사주 계비등관 기이생년일자 망이범모시주다위언 우입험어

哭斷腸不過三歲死 及打腦 斷橋之說 以驚人之父母 並不以八字干支
곡단장불과삼세사 급타뇌 단교지설 이경인지부모 병불이팔자간지

生剋制化財官論之 此以正理搜尋 尙且禍福不驗
생극제화재관논지 차이정리수심 상차화복불험

此只把一字以定生死 實謬說也
차지파일자이정생사 실류설야

【해 설】

오행지남서(五行指南書)의 오류는 바로 잡아야 하는데, 정사(正邪)를 구분해 취할 것과 버릴 것을 판단해야 한다. 특히 잘못된 이론으로 어린아이의 명을 극단적으로 말한다. 예를 들어 금소(金銷)니 단교(斷橋)니 휴암(休庵)이니 백일(百日)이니 하는 사주들이다. 닭이 날

아오른다며 생년(生年)의 한 글자를 만나고, 망령되게 모일모시를 논하면서 3세에 죽어 단장의 애곡을 한다는 등의 험한 말로 부모를 놀라게 하는 것은 큰 구업죄다.

사람의 팔자는 간지(干支)의 생극(生剋)과 제화(制化)와 재관(財官)을 논하고, 용신(用神)과 기신(忌神)을 분명하게 정해야 한다. 옳은 이론이 아니면 사람의 화복을 정확하게 알 수 없고, 한두 글자로 생사를 논하는 것은 큰 잘못이다.

2. 여재합혼(呂才合婚)

【원 문】

呂才合婚書 豈有是理耶! 蓋人之婚姻 由於月老檢書 赤繩繫足
여재합혼서 개유시리야! 개인지혼인 유어월노검서 적승계족

今之擇婚擇命 不過欲盡父母愛子之心 男之擇女也
금지택혼택명 불과욕진부모애자지심 남지택여야

八字貴看夫子二星 女之擇男也 八字貴得中和之道
팔자귀간부자이성 여지택남야 팔자귀득중화지도

夫星何以下男女所帶諸般爲忌 其理甚謬 說見下文 如俗諺云
부성가이하남녀소대제반위기 기리심류 설견하문 여속언운

此是滅蠻經 蓋滅退蠻人 羞與中國爲婚 故將此無理之說以哄滅之
차시멸만경 개멸퇴만인 수여중국위혼 고장차무리지설이홍멸지

其理或是
기리혹시

　당나라 여재(呂才)는 '혼인에 어찌 특별한 원리가 있겠는가. 혼인은 월하노인(月下老人)에서 유래한 것'이라고 했다. 그러나 당나라 고사에 '부부의 인연은 발을 엮어 접연하는 것'이라는 말이 있다. 월노검서(月老檢書)에 의하면 붉을 실로 발을 엮어 매는 풍속이 있었다. 그러나 이것은 부모가 자식을 사랑하는 마음에서 행한 것에 불과하다.

　남자가 아내를 선택할 때는 여명의 부궁(夫宮)과 자궁(子宮)의 길흉을 보고, 여자가 남편을 선택할 때는 남자의 명이 중화되었는가를 보아야 한다. 명이 중화되어야 귀격(貴格)이 되기 때문이다. 그런데 남녀가 꺼리며 상해가 따른다고 하는 것은 모두 잘못된 말이다. 속언전설(俗諺傳說)에 '중국에서는 오랑캐와 혼사를 부끄럽게 여겼기 때문이었는데 이제 오랑캐를 물리쳤으니 이런 이론은 필요없다'는 말이 있는데 옳은 말이다.

3. 팔패제류(八敗諸謬)

【원 문】

骨髓破鐵 掃帚六害 大敗狼籍 飛天狼籍 八敗孤虛 謬說
골수파철 소추육해 대패낭적 비천낭적 팔패고허 류설

此說原止是將人十二支所屬生命 浪以月家一字爲犯
차설원지시장인십이지소속생명 낭이월가일자위범

豈有是理耶 蓋論人之禍福 當以年月日時四字俱全
개유시리야 개론인지화복 당이년월일시사자구전

更加天干地支所藏配合 論人休咎 尚不可全得 而以年月兩字
갱가천간지지소장배합 논인휴구 상불가전득 이이년월양자

不與日時相關 斷頭絕脚爲說 不特立諸空言 而且刻諸板籍
불여일시상관 단두절각위설 불특립제공언 이차각제판적

妄立險語 以駭人之聽信 後世愚夫婦遂以爲眞 或有斯犯
망입험어 이해인지청신 후세우부부수이위진 혹유사범

卽駭而驚 或有高明知其果於無驗 以破其說 彼亦不信 且言曰
즉해이경 혹유고명지기과어무험 이파기설 피역불신 차언왈

此是神仙留記 若果無驗 安肯刻板 又有登科及第 祇讀儒書
차시신선류기 약과무험 안긍각판 우유등과급제 기독유서

未諳此理 或亦酷信 遂使下愚之人曰 此上人尙且信之 我何疑焉
미암차리 혹역혹신 수사하우지인왈 차상인상차신지 아하의언

一犬吠形 百犬吠聲 又或八字果係偏枯 太弱太旺有病無藥
일견폐형 백견폐성 우혹팔자과계편고 태약태왕유병무약

兼帶謬說 愚人且不以八字正理不好爲說 只浪怨帶謬說之害
겸대류설 우인차불이팔자정리불호위설 지낭원대류설지해

又或浪聽愚人諺語 飛天狼籍是八敗耶 此非君子之言
우혹낭청우인언어 비천낭적시팔패야 차비군자지언

齊東野人之語也 愚謂此等妄語刊諸板籍 必須焚其板 火其書
제동야인지어야 우위차등망어간제판적 필수분기판 화기서

而後可也
이후가야

【해 설】

 골수파철(骨髓破鐵)·소추육해(掃箒六害)·대패낭적(大敗狼籍), 비

천낭적(飛天狼籍)·팔패고허(八敗孤虛)는 모두 잘못된 이론이다. 이들은 십이지지(十二地支)의 년(年)과 월(月)만으로 간명하는데, 사람의 명을 년(年)이나 월(月)만으로 논하는 것은 원리에 맞지 않는다. 당연히 년월일시(年月日時) 네 글자를 모두 보아야 하고, 천간(天干)과 지지(地支)의 소장 여부와 배합을 살펴야 한다.

그런데 이러한 것을 모두 무시하고 년(年)과 월(月)만으로 본다는 것은 마치 머리를 자르고 다리를 끊는 것과 같다. 이와 같이 오류 투성이며 원리에 맞지 않는 허망된 이론으로 사람들에게 겁을 주며 놀라게 했는데, 후세에 또 어리석은 자들이 참된 것으로 믿는 경우가 많으니 참으로 안타까운 일이다.

고명한 지혜를 가진 사람이 효험이 없고 원리에 맞지 않는다는 것을 알고 오류를 깨려고 하나 사람들이 따르지 않았다. 이 법이 신선의 글이라 해도 효험이 없다면 어찌 믿겠는가. 등과급제는 유학서를 읽고 공부를 하는 데 있는 것이다. 이런 이치에 어두워 그런 것이 아니다. 한 우매한 사람이 '윗사람이 이 법을 믿고 따르는데 내가 어떻게 의심하겠는가'라고 했는데, 마치 개 한 마리가 짖으니 온 마을의 개가 모두 따라 짖는 것과 같은 꼴이 된 것이다.

또 팔자가 편고(偏枯)하여 매우 약하거나 왕성해 병이 있어도 약이 없고, 명조의 옳은 이론을 취하지 않으면서 잘못된 말의 해로움만 따르며 그릇된 말만 즐겨 들으니 탄식할 일이다.

또 비천낭적(飛天狼籍)의 팔패설(八敗說)도 군자의 학설이 아니다. 오랑캐의 말이며 어리석은 망언이니 그릇된 역학서는 모두 불살라 후환을 없애야 한다.

4. 진재퇴재(進財退財)

【원 문】

望門守寡 妻多厄 夫星多厄 死墓絕妨妻 死墓絕妨夫 斯說之謬
망문수과 처다액 부성다액 사묘절방처 사묘절방부 사설지류

原止以人之生年 金木水火土納音所屬 只論年月上一字犯之
원지이인지생년 금목수화토납음소속 지론년월상일자범지

嗚呼! 豈有是理耶 去下日時不論 年月日時全備 方能論得人之禍福
오호! 개유시리야 거하일시불론 년월일시전비 방능논득인지화복

且退財進財 繫乎自己命運所招 安有他人家男女而能致我之禍福耶
차퇴재진재 계호자기명운소초 안유타인가남녀이능치아지화복야

俗說退九年 退十九年 益見此說更妄也 又有金興祿
속설퇴구년 퇴십구년 익견차설갱망야 우유금여록

以馬前一位所犯一字 浪以男人爲忌 其謬之甚 何惑人之甚耶
이마전일위소범일자 낭이남인위기 기류지심 하혹인지심야

【해 설】

　월(月)에 과숙(寡宿)이 들면 아내에게 액이 많고, 부성(夫星)이 많으면 액이 많다. 남명에서 처궁(妻宮)이 사묘절(死墓絕)에 들면 아내에게 액이 따르고, 여명에서 부궁(夫宮)이 사묘절(死墓絕)에 들면 남편에게 액이 따른다고 하는데 잘못된 말이다. 그리고 생년(生年)에는 금목수화토(金木水火土)의 납음오행(納音五行)을 소속하는데, 년월(年月) 한두 글자로 간명하는 것은 큰 잘못이다.

　아! 슬프다. 어찌 이런 간사한 말들을 옳은 원리라고 하는가. 년월일

시(年月日時)를 모두 살피지 않고 어떻게 길흉화복을 논하고, 어떻게 남의 집의 남녀가 관계되어 재물의 진퇴와 나의 화복을 좌우하겠는 가. 또 속설에는 9년과 19년에 재물이 물러난다고 하여 9가 대흉하다 고 하는데 이것도 잘못된 말이다. 또 금여록(金輿祿)은 역마(驛馬)의 하나 앞인데 남명이 한 글자를 범하면 꺼린다고 하니 그 잘못이 매우 심하다. 어찌 사람들을 이처럼 미혹한단 말인가.

5. 여명화복(女命禍福)

【원 문】

女命禍福淫亂 或以八敗桃花殺爲首忌 八敗則以猪羊犬吠春三月
여명화복음난 혹이팔패도화살위수기 팔패즉이저양견폐춘삼월

蓋以亥未戌生人 見三月生者 遂爲八敗 並不聯屬日時
개이해미술생인 견삼월생자 수위팔패 병불연속일시

並不論其夫子中和之道 假如亥未戌三個生人 見此辰月
병불론기부자중화지도 가여해미술삼개생인 견차진월

終不然是他仇家也 亦非天地將此辰月 虧負此三人也 八敗之說
종불연시타구가야 역비천지장차진월 휴부차삼인야 팔패지설

其謬甚矣 又桃花殺之說 曰寅午戌兎從卯裏出 蓋其立說之意耶
기류심의 우도화살지설 왈인오술토종묘이출 개기입설지의야

蓋其寅午戌屬火 火則裸形 沐浴於卯 謂其火在卯上 浴有裸體之嫌
개기인오술속화 화즉나형 목욕어묘 위기화재묘상 욕유나체지혐

忘立此名 其謬可知矣
망입차명 기류가지의

【해 설】

  여명의 화복과 음란을 좌우하는 기신(忌神)은 팔패(八敗)의 도화살(桃花殺)로 보았다. 팔패(八敗)는 돼지띠·양띠·개띠가 봄철인 진월(辰月)에 태어나면 해당하는데, 일(日)과 시(時)의 관계를 논하지 않고, 부성(夫星)과 자성(子星)의 중화를 논하지 않으니 잘못된 이론이다. 예를 들어 해미술년생(亥未戌年生) 여명이 진월(辰月)에 태어나면 팔패(八敗)가 되어 음천하다고 하는데, 이것은 사주팔자의 관계를 살피지 않은 단순한 방법이니 매우 잘못된 말이다.

  또 도화살(桃花殺)에 대한 잘못된 부분이 있는데, 인오술년생(寅午戌年生)이 묘월(卯月)에 태어나면 도화살(桃花殺)이 된다는 말이다. 인오술(寅午戌)은 화(火)의 삼합(三合)이며 화국(火局)이 되고, 화(火)는 곧 나형(裸形)이니 묘목(卯木)에서 목욕(沐浴)이 되므로 화(火)가 묘목(卯木)에서는 나체로 목욕하는 것을 꺼린다는 망령된 이론을 만들게 된 동기다.

  저자평, 흔히 호랑이띠는 사납고, 말띠는 방정맞고, 개띠는 색을 좋아한다고 하는데 잘못된 말이다.

【원 문】

吾嘗屢見 富貴夫子兩全老婦帶幼八敗 父母另將年 命改造適人
오상누견 부귀부자양전노부대유팔패 부모괘장년 명개조적인

及至臨終 始告夫子 眞造以紀譜券 其夫又無大敗之對
급지임종 시고부자 진조이기보권 기부우무대패지대

及我嘗將此婦眞造視之 果係夫子星秀 理得中和
급아상장차부진조시지 과계부자성수 이득중화

八敗謬說果然也 又或本然八字偏枯 夫子星虧 又帶八敗
팔패류설과연야 우혹본연팔자편고 부자성휴 우대팔패

世俗之人 只謂其帶敗 不知其八字本然不美也 故人擇女之命
세속지인 지위기대패 불지기팔자본연불미야 고인택여지명

但以夫星爲主 子星次之 柱中若有夫星 便以夫星論之 原無夫星
단이부성위주 자성차지 주중약유부성 변이부성론지 원무부성

別尋他格 蓋夫貴 妻亦貴 夫星貧妻亦貧 富貴從夫 其理甚明
별심타격 개부귀 처역귀 부성빈처역빈 부귀종부 기리심명

【해 설】

내가 일찍이 부귀영화를 누리며 남편복도 많고 자식복도 많은 노부인의 사주를 감정한 적이 있다. 그녀는 대패살(大敗殺)이 있었는데 부모가 사주를 바꿔 시집보냈고, 일생을 부귀영화를 누리며 평안하게 잘 살았다. 그런데 그녀는 늙어 임종할 때 남편과 자식에게 원래 자신의 사주에는 대패살(大敗殺)이 있었는데 사주를 고쳐 화근이 없어졌다고 말했다. 그래서 진짜 사주를 보니 부성(夫星)과 자성(子星)이 중화된 것이었다. 팔패설(八敗說)의 오류를 경험한 일이다.

본명의 팔자가 편고(偏枯)하고, 부성(夫星)과 자성(子星)이 손상되고, 팔패살(八敗殺)을 대동하니 범인들은 팔패살(八敗殺)만 만나도 대흉하다고 했을 것이다. 그러나 팔패살(八敗殺) 때문이 아니라 사주가 본래 아름답지 못했던 것이다.

여명은 부성(夫星)을 위주로 본 다음 자성(子星)을 논해야 한다. 만일 사주에 부성(夫星)이 있으면 부성(夫星)이 작용하므로 부성(夫星)을 중심으로 보고, 부성(夫星)이 없으면 다른 격(格)을 취하여 별

격(別格)으로 보아야 한다. 남편이 부귀하면 아내도 부귀하고, 남편이 가난하면 아내도 가난하다. 이처럼 여명의 부귀는 남편을 따르는데 그 원리가 매우 깊다.

저자평, 흔히 여자 팔자를 뒤웅박 팔자라고 하는데, 이 말은 여자는 어떤 남편을 만나느냐에 따라 귀천과 빈부가 달라지기 때문이다.

【원 문】

何以名其官星爲夫 蓋剋我者 官星也 則身受制於夫 不敢淫亂
하이명기관성위부 개극아자 관성야 즉신수제어부 불감음난

不敢妒暴 循規蹈矩 一生仰望而終其身也 若日主有氣 夫星星氣弱
불감투폭 순규도구 일생앙망이종기신야 약일주유기 부성성기약

又喜夫星生旺之運 及有財神助其夫 大畏食神傷官之運 以剋其夫也
우희부성생왕지운 급유재신조기부 대외식신상관지운 이극기부야

若日主弱 夫星星太旺 帶有二三重者 此非好夫也 乃戕命之夫也
약일주약 부성성태왕 대유이삼중자 차비호부야 내장명지부야

則喜食神傷官制之 大運亦然 若制之太過則又不足貴 得中和
즉희식신상관제지 대운역연 약제지태과즉우부족귀 득중화

大抵女命 有夫則有子 無夫則無子 子則從夫生 無夫則戊子
대저여명 유부즉유자 무부즉무자 자즉종부생 무부즉무자

子從何處覓 愚曾欲覓河準橋黃女子婦閱其八字不美拒之
자종하처멱 우증욕멱하준교황녀자부열기팔자불미거지

【해 설】

무슨 이유로 관성(官星)을 남편인 부성(夫星)으로 삼는 것인가. 아신(我身)인 일간(日干)을 파극(破剋)하고 제어하는 것이 관성(官星)

이기 때문이다. 여인은 남편이 제압하면 음란하거나 시기와 질투를 할 수 없다. 그리고 여자는 일생을 남편을 사모하고 받들므로 관성(官星)을 남편으로 보는 것이다.

만일 일간(日干)이 기(氣)가 있어 신강(身强)한데 부성(夫星)이 허약하면 부성(夫星)이 생왕(生旺)하는 관성운(官星運)으로 흘러야 발복한다. 그리고 재신(財神)이 부성(夫星)을 재생관(財生官)하여 도와야 길하다. 식상(食傷)은 식극관(食剋官)하므로 매우 꺼리는데 부성(夫星)을 극해(剋害)하기 때문이다.

그러나 신약(身弱)한데 부성(夫星)인 관성(官星)이 매우 왕성해 관살(官殺)이 2~3중으로 있으면 부성(夫星)이 기신(忌神)에 해당하니 남편을 파극(破剋)한다. 이런 명은 식상(食傷)이 부성(夫星)인 관성(官星)을 제극(制剋)하는 운이 와야 좋다. 그러나 지나치게 제극(制剋)하면 귀(貴)가 부족해지니 중화를 얻어야 부귀격(富貴格)이 된다.

여명은 남편이 있어야 자식이 있다. 자식은 남편을 따라 태어나는 것이니 남편이 없으면 자식을 낳을 수 없다. 내가 일찍이 하준교(河準橋)의 황녀(黃女)를 며느리로 삼으려고 사주를 보았는데 아름답지 못했다. 그 사주는 다음과 같다.

■ 곤명(坤命) 하준교(河準橋)의 황녀(黃女)

年	月	日	時							
己	丁	甲	甲	戊	己	庚	辛	壬	癸	甲	乙
未	丑	寅	子	寅	卯	辰	巳	午	未	申	酉

이 사주는 갑목일간(甲木日干)인데 축중신금(丑中辛金)이 남편이다. 지장간법(支藏干法)에 의하면 축중(丑中)에는 계신기(癸辛己)가 숨어 있기 때문이다. 그러나 미중(未中) 정화(丁火)가 축중신금(丑中辛金)을 상충(相沖)하니 꺼린다. 또 정화(丁火)가 월상(月上)에 투출(透出)하고 인중(寅中)에 병화(丙火)가 있는데, 대운이 목화운(木火運)으로 흐르니 부성(夫星)이 매우 쇠약하고, 부성(夫星)을 제극(制剋)하는 식상(食傷)이 왕성하니 대흉하다. 이 사주를 보고 병인년(丙寅年) 오월(午月)에 사망할 것이라고 보았는데 과연 5월에 마마로 숨졌다.

【원 문】

又如淫亂婢娼之說 亦甚有理 蓋或身主太旺 無夫星以制之
우여음난비창지설 역심유리 개혹신주태왕 무부성이제지

或又無財星 以爲依托 尤且身主血氣旺盛 無官剋制 無夫管攝
혹우무재성 이위의탁 우차신주혈기왕성 무관극제 무부관섭

踰於規矩準繩之外 安得不放逸 爲婬爲奔乎 非特無夫 又且無子
유어규구준승지외 안득불방일 위음위분호 비특무부 우차무자

蓋八字柱中無夫星 則子星何從而生也 又或身主太弱
개팔자주중무부성 즉자성하종이생야 우혹신주태약

被其偏官正官三四點 夫星星以制之 又無食神傷官 以制其夫星
피기편관정관삼사점 부성성이제지 우무식신상관 이제기부성

或又則多以撓其身主 雖曰官殺爲夫也 此則非夫星也 乃剋身之賊也
혹우즉다이요기신주 수왈관살위부야 차즉비부성야 내극신지적야

若有此等 必須制夫之運 又若日主無根 官殺太多 或從夫星
약유차등 필수제부지운 우약일주무근 관살태다 혹종부성

要行夫星旺處 蓋棄命而從殺從夫 如人捨命從强賊也 若有此等
요행부성왕처 개기명이종살종부 여인사명종강적야 약유차등

必須制夫之運 又若日主無根 官殺太多 或從夫星 要行夫星旺處
필수제부지운 우약일주무근 관살태다 혹종부성 요행부성왕처

蓋棄命從殺從夫 如人捨命而從强賊也 亦主富貴有子 但畏見從局
개기명종살종부 여인사명이종강적야 역주부귀자자 단외견종국

或日主有根以惟官殺太旺 又無制剋 多是爲婢爲娼
혹일주유근이유관살태왕 우무제극 다시위비위창

是不得已而從人也 此等八字俱係淫亂 或因八字有此 身旺身弱之病
시불득이이종인야 차등팔자구계음난 혹인팔자유차 신왕신약지병

而又帶桃花 愚人不言八字 偏枯之病 而浪以帶桃花爲名 此等之謬
이우대도화 우인불언팔자 편고지병 이낭이대도화위명 차등지류

有志之士 請當細察
유지지사 청당세찰

【해 설】

　음란하거나 비창(婢娼)한 여명에 관한 학설이 있는데 역시 깊은 원리가 있다. 대개 음란한 여명은 비겁(比劫)이 많아 신주(身主)가 매우 왕성해도 관살(官殺)인 부성(夫星)이 없어 신강(身强)한 일간(日干)을 제극(制剋)하지 못하는 경우가 많다.

　그리고 재성(財星)이 없고 신왕(身旺)한데 관성(官星)의 극제(剋制)가 없으면 남편이 다스리지 못하니 제멋대로라 음란하다. 여명이 부성(夫星)인 관살(官殺)이 없으면 절대 좋은 사주가 될 수 없고 자식도 없다. 남편이 없는데 어떻게 자식을 낳겠는가.

　만일 신주(身主)가 태약(太弱)한데 편관(偏官)이나 정관(正官)이

3~4개 있으면 부성(夫星)인 관살(官殺)이 일간(日干)을 지나치게 제극(制剋)하니 식신(食神)이나 상관(傷官)이 있어야 한다. 이때 식신(食神)이나 상관(傷官)이 없으면 매우 왕성한 부성(夫星)을 제극(制剋)하지 못하니 여명은 음란할 수밖에 없다. 그러나 신약(身弱)한데 식신(食神)이나 상관(傷官)이 너무 많으면 일간(日干)을 지나치게 설기(泄氣)하므로 역시 음란하다.

여명은 일간(日干)과 부성(夫星)인 관살(官殺)이 균등하게 조화를 이루어야 남편복이 있다. 만일 관살(官殺)이 매우 왕성하면 제복(制伏)시키는 운으로 가야 길하다.

만일 일간(日干)이 뿌리가 없고 신약(身弱)한데 관살(官殺)이 너무 많으면 부성(夫星)을 따르는 종격(從格)이 된다. 이때는 부성(夫星)의 왕처(旺處)인 관성운(官星運)으로 가야 좋다. 대개 기명종살격(棄命從殺格)은 남편을 따르는데, 이때 강적인 관살(官殺)을 따르면 부귀격(富貴格)에 속한다. 그러나 종살격(從殺格)은 자성(子星)인 식신(食神)이나 상관(傷官)을 만나 식극관(食剋官)을 하면 대흉하다.

만일 일간(日干)이 뿌리가 있고 관살(官殺)이 매우 왕성한 정격(正格)인데 관성(官星)을 제극(制剋)하지 못하면 비천하거나 창기가 된다. 이는 부득이 사람을 따라야 하는 격이 기명(棄命)하지 못했기 때문이다. 이런 명이 신왕(身旺)하거나 신약(身弱)하고, 병(病)이 있는데 도화살(桃花殺)을 대동하면 음란하다.

그러나 어리석은 역술가들은 도화살(桃花殺) 때문이라고 할 뿐 사주가 편고(偏枯)한 것을 살필 줄 모른다. 이와 같이 잘못된 것이 많으니 경계하면서 세밀하게 살펴야 한다.

3장. 합혼자평류설(合婚子平謬說)

1. 남녀합혼설(男女合婚說)

【원 문】

原出呂才滅蠻之說上 以男女年命浪立 數目配合相成 名曰合婚
원출여재멸만지설상 이남녀년명낭입 수목배합상성 명왈합혼

妄立天醫福德爲上婚 游魂歸魂爲中婚 五鬼絕命爲下婚 其謬甚矣
망입천의복덕위상혼 유혼귀혼위중혼 오귀절명위하혼 기류심의

安可只以男女二年命 舍去月節日時而能論人婚配者乎 若是有理
안가지이남녀이년명 사거월절일시이능논인혼배자호 약시유리

則天下之議婚者 俱釋上中二婚者 而配之 擇下婚者 而舍之
즉천하지의혼자 구석상중이혼자 이배지 택하혼자 이사지

其書甚易而不難 宜乎天下無失奇之婦 喪偶之男矣 夫星何後世
기서심이이불난 의호천하무실기지부 상우지남의 부성하후세

又有孤孀之患者 分雖出於宿世之所定 而亦由於議婚者之不明也
우유고상지환자 분수출어숙세지소정 이역유어의혼자지불명야

然議婚之禮 人道之端 亦不可愼也 其理當何如耶 但當看男命
연의혼지예 인도지단 역불가신야 기리당하여야 단당간남명

帶比肩劫財重者 必擇女命帶傷官食神重者配之 若女命
대비견겁재중자 필택여명대상관식신중자배지 약여명

帶傷官食神重者配之 此系合婚之正理 豈加以呂才
대상관식신중자배지 차계합혼지정리 개가이여재

上中下三婚無根之說 無據之理而議人婚配也耶 呂才之說之謬
상중하삼혼무근지설 무거지리이의인혼배야야 여재지설지류

不足信也明矣
부족신야명의

【해 설】

합혼설(合婚說)은 여재(呂才)의 멸만설(滅蠻說)에서 나왔다고 하는
데, 이것은 남녀의 띠만으로 부부관계를 분석하는 망령된 이론이다.
천의복덕(天醫福德)은 상혼(上婚)이고, 유혼귀혼(游魂歸魂)은 중혼
(中婚)이고, 오귀절명(五鬼絶命)은 하혼(下婚)이라고 하는데, 그 오류
가 매우 심하다.

어찌 남녀의 띠만으로 부부의 길흉을 따지는가. 월일시(月日時)를
무시한 합혼법(合婚法)이 과연 맞겠는가. 이런 배혼법(配婚法)이 맞
는다면 천하에 혼인을 논할 사람이 상중(上中)의 이자(二者)에 합
(合)하게만 배혼(配婚)하고 하혼(下婚)에 해당하는 혼사를 버리면 그
학설이 매우 쉬워 어려울 것이 없으니 천하에 홀로 사는 홀아비가 없
어야 하고 남편을 잃은 과부도 없어야 한다. 이것이 모두 인과응보로
소정된 것이고, 의혼자(議婚者)의 불명(不明)한데도 연유한 것이다.

그러나 혼사는 인도(人道)의 근본적인 본단(本端)이니 신중하게
판단해야 한다. 따라서 명리학(命理學)적인 검토도 필요하다. 그 요

체는 남명이 비견(比肩)이나 겁재(劫財)가 많으면 상관(傷官)이나 식신(食神)이 많은 여명을 고르고, 여명이 상관(傷官)이나 식신(食神)이 많으면 비견(比肩)이나 겁재(劫財)가 많은 남명을 골라야 한다.

합혼(合婚)하는데 명리학(命理學)적인 정리(正理)가 어찌 여재(呂才)의 상중하삼혼법(上中下三婚法)에 의거하여 아무런 근거도 없는 학설을 맹목적으로 믿고 따를 것이며, 인륜의 대사인 혼인을 논함이 합당하겠는가. 여재(呂才)의 학설은 오류가 매우 많으니 믿지 말라. 밝은 지혜로 옳은 이치를 살피고 오류에 현혹되지 않기 바란다.

2. 총론자평류설유(總論子平謬說類)

【원 문】

格曰 如珞琭子 專以財官爲主 據其爲說 亦謬矣
격왈 여낙록자 전이재관위주 거기위설 역류의

雖人身以財官爲依據 然財官太旺 日主太弱 則身主不能任其財官
수인신이재관위의거 연재관태왕 일주태약 즉신주불능임기재관

苟日主太旺 財官氣輕 則財官不足身主之理 當以財官日主二字參看
구일주태왕 재관기경 즉재관부족신주지리 당이재관일주이자참간

若子平古書云 財官輕而日主旺 運行財官 最爲奇 若財官旺而日主弱
약자평고서운 재관경이일주왕 운행재관 최위기 약재관왕이일주약

運行身旺 最爲奇 此言 至約至當 可爲看命之法則 若珞琭子所言
운행신왕 최위기 차언 지약지당 가위간명지법칙 약낙록자소언

止要財官生旺 不看日主旺弱 豈不甚謬乎
지요재관생왕 불간일주왕약 개불심류호

【해 설】

격왈(格曰), 낙록자(珞琭子)가 오직 재관(財官)을 위주로 명리(命理)를 설명했으나 잘못된 부분이 있다. 비록 인신(人身)에 재관(財官)이 의거한다고 해도 재관(財官)만 매우 왕성하고 일간(日干)이 매우 약하면 재관(財官)을 감당하지 못해 발달하지 못한다. 또 일간(日干)은 매우 왕성한데 재관(財官)이 미약하면 원하는 만큼 부귀를 이루지 못한다. 그러니 당연히 재관(財官)과 일주(日主)를 참고하면서 간명해야 한다.

자평운(子平云), 재관(財官)이 가벼운데 신왕(身旺)하면 재관운(財官運)으로 가야 최고로 발복하고, 재관(財官)이 왕성한데 일간(日干)이 약하면 비겁(比劫)의 신왕운(身旺運)으로 가야 최고의 명이 된다는 말은 지극히 당연하며 간명의 요법이다. 낙녹자(珞琭子)의 말대로 재관(財官)의 생왕(生旺)만을 논하고 일주(日主)의 왕약(旺弱)을 논하지 않으면 큰 잘못이다.

1. 일귀격(日貴格)

【원 문】

如甲戊兼牛羊 乙己鼠猴鄕之類也 焉有是理 雖曰天乙貴人
여갑무겸우양 을기서후향지류야 언유시리 수왈천을귀인

日主臨此貴人之上 或作日貴論 其休咎 然貴人之說 名有數端
일주임차귀인지상 혹작일귀론 기휴구 연귀인지설 명유수단

原取名之不據理出 卽與五星小兒諸多官殺妄謬之說同
원취명지불거리출 즉여오성소아제다관살망류지설동

雖日日主臨之 不論財官印星 獨以貴人爲主 其爲處誕
수왈일주임지 불론재관인성 독이귀인위주 기위처탄

且原立諸多貴人之說 只是飄空而立 不近理出 豈可信乎
차원입제다귀인지설 지시표공이입 불근리출 개가신호

六乙鼠貴格 亦同此例 謬說無疑也
육을서귀격 역동차례 류설무의야

【해 설】

   일귀격(日貴格)은 갑목일간(甲木日干)이나 무토일간(戊土日干)이 우양(牛羊)인 축미(丑未)를 만나고, 을목일간(乙木日干)이나 기토일간(己土日干)이 서후(鼠猴)인 자신(子申)을 만나는 것인데, 어찌 이 이치가 당연하다고 하는가.

   또 천을귀인(天乙貴人)이 일지(日支)에 임하면 귀인(貴人)의 상명(上命)이라고는 하나 그 근거를 찾을 수 없고, 일귀격(日貴格)이 되면 흉살의 허물이 사라진다고 한다. 이것은 귀인(貴人)의 학설이 있으나 이름만 있고 실제 단서가 없는 것이고, 사주 전체의 구성을 보지 않고 단식으로 판단하는 데서 온 것으로 오성(五星)의 소아론(小兒論)이나 신살설(神殺說)과 더불어 망령된 말이다.

   또 혹자는 일주(日主)에 귀인(貴人)이 임하면 재관(財官)이나 인성(印星)을 논할 것 없이 귀하니 귀인(貴人)만을 위주로 해야 한다고 한다. 그러나 이 역시 원리가 전혀 없는 허무맹랑한 이론이다. 육을서귀격(六乙鼠貴格)도 같은 경우이니 오류를 의심할 여지가 없다.

2. 일덕격(日德格)

【원 문】

有五甲寅戊辰丙辰庚辰壬戌日也 何以見其德也 不老原委不詢來歷
유오갑인무진병진경진임술일야 하이견기덕야 불노원위불순내력

誤以日德名之 豈不是子平中之謬說乎
오이일덕명지 개불시자평중지류설호

【해 설】

   일덕격(日德格)에는 5일이 있는데 갑인일(甲寅日)·무진일(戊辰日)·병진일(丙辰日)·경진일(庚辰日)·임술일(壬戌日)이다. 그런데 무슨 근거로 덕이 있다고 하는 것인가. 근거와 내력을 살피지 않고 일덕격(日德格)이라고 이름한 것이 자평서(子平書)의 오류다. 다시 말해 일덕격(日德格)은 전혀 맞는 이론이 아니다.

3. 괴강격(魁罡格)

【원 문】

取壬辰庚戌庚辰戊戌 臨四墓之土 取其爲魁罡 能掌大權 並不以取論
취임진경술경진무술 임사묘지토 취기위괴강 능장대권 병불이취론

何以臨此四墓之土 就能掌握戚權 此亦子平書之大謬也
하이임차사묘지토 취능장악척권 차역자평서지대류야

괴강격(魁罡格)에도 큰 오류가 있다. 임진(壬辰)·경술(庚戌)·경진(庚辰)·무술(戊戌)이 사묘(四墓)의 토고(土庫)이니 진토(辰土)와 술토(戌土)를 괴강(魁罡)으로 삼고, 능히 대권을 장악할 수 있는 명조라 한다. 그러나 이것도 근거를 찾을 수 없는데 자평서(子平書)에서 그대로 기록했다. 역시 큰 오류다.

4. 육임추간(六壬趨艮)

【원 문】

謂用寅中甲木 能合己土 爲主之官 謂用寅中丙火能合辛金 爲主之印
위용인중갑목 능합기토 위주지관 위용인중병화능합신금 위주지인

俱是無中生有之說 吾恐謬也 大抵與前拱祿飛天祿馬之說 相爲表裏
구시무중생유지설 오공류야 대저여전공록비천녹마지설 상위표리

以謬名之
이류명지

【해 설】

육임추간격(六壬趨艮格)은 인중(寅中) 갑목(甲木)이 기토(己土)를 능히 합(合)하니 임수일간(壬水日干)의 관성(官星)으로 삼고, 인중(寅中) 병화(丙火)가 능히 신금(辛金)을 합(合)하니 임수일간(壬水日干)의 인성(印星)으로 삼는 것이다. 이것은 모두 없는 가운데 생(生)한다는 학설이지만 이 역시 근거가 없는 황당한 오류다.

5. 육갑추건(六甲趨乾)

【원 문】

謂亥上乃天之門戶 謂甲日生人 臨此 謂之趨乾 假如別日干生臨亥上
위해상내천지문호 위갑일생인 임차 위지추건 가여별일간생임해상

何故不謂之趨乾也 然天門亦只好此六甲日主來趨也 然天體至圓
하고불위지추건야 연천문역지호차육갑일주내추야 연천체지원

本無門戶可入 然乾乃西北之界 類天之門戶 豈可論人之禍福乎
본무문호가입 연건내서북지계 유천지문호 개가론인지화복호

此說是子平之大謬也
차설시자평지대류야

【해 설】

육갑추건격(六甲趨乾格)은 인중(寅中) 갑목(甲木)이 기토(己土)를
능히 합(合)하니 임수일간(壬水日干)의 관성(官星)으로 삼고, 인중(寅
中) 병화(丙火)가 능히 신금(辛金)을 합(合)하니 임수일간(壬水日干)
의 인성(印星)으로 삼는다는 것이다. 이것도 모두 없는 가운데 생(生)
한다는 뜻이지만 근거가 없는 황당한 이론이다.

그리고 공록격(拱祿格)과 비천녹마격(飛天祿馬格)은 안팎의 관계
라고 하는데 이 역시 잘못된 이론이다. 육갑추건격(六甲趨乾格)은 해
수(亥水)가 천문(天門)인데 갑목(甲木)이 해수(亥水)를 만나면 천문
(天門)에 임하니 추건(趨乾)이라 하며 귀격(貴格)으로 보는 것이다.

그렇다면 어찌하여 다른 일간(日干)은 해수(亥水)를 만나도 추건
(趨乾)이 되지 않는다는 말인가. 천문(天門)은 육갑일(六甲日)에만

해당한다는 말인가. 천체는 지극히 원만하여 본래부터 있을 수 없다.
육갑일(六甲日)이 해수(亥水)만 만나면 대길하고 해수(亥水)를 만나
지 못하면 대흉하다는 것인데, 어찌 사람의 화복을 이것으로 판단할
수 있겠는가. 이것 또한 자평서(子平書)의 큰 오류다.

6. 구진득위(勾陳得位)

【원 문】

以戊己爲勾陳 其理一也 得位謂其臨財官之地
이무기위구진 기리일야 득위위기임재관지지

若戊己身主不柔則能任財官也 則謂之勾陳得位也 宜矣
약무기신주불유즉능임재관야 즉위지구진득위야 의의

若戊己氣弱 臨其財官太旺之地 或爲財多身弱 或爲殺重身輕
약무기기약 임기재관태왕지지 혹위재다신약 혹위살중신경

若以勾陳得位爲美 豈不謬乎 玄武當權與此理相同也
약이구진득위위미 개불류호 현무당권여차리상동야

【해 설】

　구진득위격(勾陳得位格)에는 무기토(戊己土)가 구진(勾陳)이 된다
는 뜻과 재관운(財官運)에 있으면 득위(得位)한 것이라는 뜻이 있다.
그러나 무기일간(戊己日干)은 신약(身弱)하지 않아야 재관(財官)을
감당할 수 있으니 구진득위(勾陳得位)의 아름다움이라고 한다.
　그러나 무기일간(戊己日干)은 신약(身弱)한데 재관(財官)이 매우
왕성하면 흉하고, 살중신경(殺重身輕)하면 흉하니 구진득위격(勾陳

得位格)은 아름다운 명으로 볼 수 없다. 그런데도 일간(日干)의 강약을 논하지 않고 무조건 무기일간(戊己日干)이 재관(財官)만 만나면 부귀격(富貴格)이라고 하는 것은 큰 잘못이다.

현무당권격(玄武當權格)도 같은 뜻으로 보아 큰 잘못이고, 종혁격(從革格)도 그렇다.

7. 종혁격(從革格)

【원 문】

謂庚辛日干 見申酉戌全 或巳酉丑全 此多剝雜原非純粹
위경신일간 견신유술전 혹사유축전 차다박잡원비순수

可親與壬癸潤下格理同 此二格五見多矣 未曾有富貴者
가친여임계윤하격리동 차이격오견다의 미증유부귀자

但當以別理推之 止有曲直稼穡二格多富貴 火全巳午未格
단당이별리추지 지유곡직가색이격다부귀 화전사오미격

亦未見其美 由是尊其所正而闢其所謬也
역미견기미 유시존기소정이벽기소류야

【해 설】

종혁격(從革格)은 경신일간(庚辛日干)이 지지(地支)에 신유술(申酉戌)이나 사유축(巳酉丑)이 모두 있는 것을 말하는데, 박잡(剝雜)하며 순수하지 못하다. 내가 일찍 이 격을 많이 보았는데 부귀한 경우가 없었다. 그리고 임계일간(壬癸日干)이 수기(水氣)를 모두 얻으면 윤하격(潤下格)이라고 하는데, 이 역시 오류가 많은 이론이다.

그러나 곡직인수격(曲直印綬格)과 가색격(稼穡格)은 부귀한 경우를 많이 보았다. 또 병정일간(丙丁日干)이 사오미(巳午未)가 모두 있으면 염상격(炎上格)이라 하는데, 이 역시 부귀한 경우를 보지 못했으니 오류라고 생각한다.

4장. 동정개두육친론(動靜蓋頭六親論)

1. 동정설(動靜說)

【원 문】

何以爲之動也 其體屬陽 陽主動故 天行健圓 轉循環而無端故
하이위지동야 기체속양 양주동고 천행건원 전순환이무단고

以人之八字 天干呈露於上者 爲之動也 如八字天干之甲木
이인지팔자 천간정로어상자 위지동야 여팔자천간지갑목

但能剋運上天干之戊土也 不能剋巳中所藏之戊土也
단능극운상천간지무토야 불능극사중소장지무토야

蓋以動攻動爲親切 如男人之攻 得男人也
개이동공동위친절 여남인지공 득남인야

不能攻閨閫中所藏之女人也 但雖不能攻人 而亦有搖動震驚之意
불능공규곤중소장지여인야 단수불능공인 이역유소원진경지의

但不能作實禍也 如女人見男來攻 雖不能加捶楚於其身
단불능작실화야 여여인견남내공 수불능가추초어기신

而亦有恐懼之意焉 如運上申地支中之庚金 亦不能攻我八字中
이역유공구지의언 여운상신지지중지경금 역불능공아팔자중

天干所透之甲木者也 是以天干之動 只能攻得天干之動
천간소투지갑목자야 시이천간지동 지능공득천간지동

不能攻地支之靜也明矣
불능공지지지정야명의

【해 설】

동(動)이란 무엇인가. 그 본체의 양(陽)이 동(動)에 속하고, 양(陽)의 주(主)가 동(動)이다. 그러므로 천운(天運)이 건왕(健旺)하여 원만하게 행하면 순환에 문제가 없으니 동(動)하지 않음이 없다. 사람의 팔자가 이와 같아 천간(天干)에 정로(呈露)하여 간상(干上)에 투출(透出)하는 것이 동(動)하는 것이다.

예를 들어 천간(天干)의 갑목(甲木)은 운에서 천간(天干)의 무토(戊土)를 제극(制剋)할 수 있으나 사중경금(巳中庚金)에 있는 무토(戊土)는 제거할 수 없다. 대개 동(動)하여 공극(攻剋)하는 데는 친근함과 소원함이 있다.

예를 들어 남자의 공극(攻剋)은 남자에 한하므로 여인을 공극(攻剋)할 수 없다. 직접 공극(攻剋)하지 않아도 흔들어 놀라게 할 수는 있으나 실제 화액을 가중할 수는 없다. 예를 들어 여자가 남자의 내공(來攻)을 만나면 비록 신체에 가해를 받지 않아도 공구(恐懼)할 수밖에 없음이 그것이다.

또 운에서 지지(地支)의 신중경금(申中庚金)은 원명의 천간(天干) 갑목(甲木)을 공극(攻剋)할 수 없다. 그러므로 천간(天干)의 동(動)은 천간(天干)에서 동(動)하는 것만을 공극(攻剋)할 수 있고, 지지(地支)에 암장(暗藏)된 것은 공극(攻剋)할 수 없다. 따라서 원명에 있는 동극(動剋)이나 운에서 나타나는 동극(動剋)은 같은 원리로 추정해야 한다. 이것은 양(陽)은 양(陽)과 충돌하고, 음(陰)은 음(陰)과 충돌한다는 것을 강조한 이론이다.

【원 문】

何以爲之靜也 其體屬陰 陰主靜故 地承順方靜 守固而有常
하이위지정야 기체속음 음주정고 지승순방정 수고이유상

故以人之八字 地支隱藏於下者 爲之靜也 如八字地支之庚金
고이인지팔자 지지은장어하자 위지정야 여팔자지지지경금

但能剋運上地支甲木 不能剋運上天干之甲木也 蓋以靜攻靜爲親切
단능극운상지지갑목 불능극운상천간지갑목야 개이정공정위친절

如女人只得攻女人也 不能攻在外之男人也 但雖不能被其攻
여여인지득공여인야 불능공재외지남인야 단수불능피기공

亦有搖動震驚意也 如運上地支之庚金 亦不能破我八字
역유소원진경의야 여운상지지지경금 역불능파아팔자

天干之甲木也 是以地支之靜 只能攻得地支之靜
천간지갑목야 시이지지지정 지능공득지지지정

不能攻天干之動也 亦明也 又如辰戌丑未地支之物
불능공천간지동야 역명야 우여진술축미지지지물

乃天地四方收藏之庫 極牢固 假如八字地支 辰中有戊土 乙木癸水
내천지사방수장지고 극뢰고 가여팔자지지 진중유무토 을목계수

運或行寅 寅中雖有甲木 亦不能破其戊 又運行酉 酉雖有辛金
운혹행인 인중수유갑목 역불능파기무 우운 행유 유수유신금

亦不能破其乙 又或行午 午中雖有己土 亦不能破其癸 非不能破也
역불능파기을 우혹행오 오중수유기토 역불능파기계 비불능파야

蓋其庫中鎖鑰甚牢 辰要戌字運來沖開之 就如有了鑰匙開了
개기고중쇄륜심뢰 진요술자운래충개지 취여유료륜시개료

其鎖而放出戊土乙木癸水出來 如丑字就要未字沖 別物不能攻之故
기쇄이방출무토을목계수출래 여축자취요미자충 별물불능공지고

曰雜氣財官 喜見沖正此意也
왈잡기재관 희견충정차의야

【해 설】

　정(靜)이란 무엇인가. 그 본체가 음(陰)이면 음(陰)이 주(主)일 때 정(靜)이라고 한다. 그러므로 지리를 승순(承順)하고 부동(不動)하여 방정(方靜)하는 성격을 본받아 수고하는 요소가 그것이니 정상(靜常)함이 있다.

　사람의 팔자에서도 지지(地支)에 암장(暗藏)되어 있는 오행(五行)을 조용히 만나는 것이다. 예를 들어 지지(地支)의 신중경금(申中庚金)은 운에서도 지지(地支)의 인중(寅中) 갑목(甲木)을 공격할 수 있지만 운의 천간(天干) 갑목(甲木)은 공격할 수 없다.

　대개 정(靜)은 정(靜)을 공격하고, 동(動)은 동(動)을 공격한다. 예를 들어 정(靜)인 여자는 정(靜)인 여자만 공격한다. 밖에 있는 동(動)인 남자를 정면으로 공격할 수 없고, 다만 놀라게 하거나 불안하게 할 수는 있다.

　따라서 운의 지지(地支) 신중경금(申中庚金)은 천간(天干)에 나타난 원명의 갑목(甲木)을 공격할 수 없다. 그러므로 지지(地支)의 정(靜) 역시 지지(地支)의 정(靜)을 공격할 뿐 천간(天干)에 투출(透出)한 동(動)은 공격할 수 없다.

또 진술축미(辰戌丑未)는 천지사방의 사고(四庫)에 해당하니 창고를 지키는 능력이 견고하다. 예를 들어 원명의 지지(地支) 진중(辰中)에 무토(戊土)와 을목(乙木)과 계수(癸水)가 암장(暗藏)되어 있을 때는 인운(寅運)을 만나도 인중(寅中) 갑목(甲木)이 진중(辰中) 무토(戊土)를 파극(破剋)하지 못하고, 유운(酉運)을 만나면 유중(酉中)에 신금(辛金)이 있어도 신금(辛金)이 을목(乙木)을 파극(破剋)하지 못하고, 오운(午運)을 만나면 오중(午中)에 기토(己土)가 있어도 기토(己土)가 진중(辰中) 계수(癸水)를 파극(破剋)하지 못한다. 이것은 창고에 암장(暗藏)된 오행(五行)은 파극(破剋)하지 못하기 때문이다.

그러면 진술축미(辰戌丑未)의 사고(四庫)는 누가 파극(破剋)할 수 있는가. 진(辰)은 오직 술토(戌土)가 진술상충(辰戌相沖)을 해야 창고문을 열 수 있다. 그러면 무토(戊土)와 을목(乙木)과 계수(癸水)가 모두 창고에서 나와 자유롭게 된다. 이것은 진술(辰戌)이 상충(相沖)하여 창고문을 열었기 때문이다. 축토(丑土)는 미(未)와 상충(相沖)해야 그러하고 다른 오행(五行)은 공격할 수 없다. 잡기재관격(雜氣財官格)은 충파(沖破)를 만나야 길하다고 한 것의 진의가 여기에 있다.

2. 개두설(蓋頭說)

【원 문】

何以爲之蓋頭也 如人之一身 獨有頭爲一身之端也
하이위지개두야 여인지일신 독유두위일신지단야

頭與面相連耳目口鼻繫焉 統而言之爲之頭也 其下若四肢肚腹
두여면상연이목구비계언 통이언지위지두야 기하약사지두복

稍有不善 加以衣服以飾其不善也 若頭之諸物 發見於外
초유불선 가이의복이식기불선야 약두지제물 발견어외

則爲之動物 非若四肢肚腹所藏之靜 不足爲輕重
즉위지동물 비약사지두복소장지정 부족위경중

【해 설】

　개두(蓋頭)란 무엇인가. 사람을 두면(頭面)으로 평가하는 것과 같다. 두면(頭面)에는 이목구비가 있는데 이를 포함하여 두면(頭面)이라 한다. 팔이나 다리, 배나 몸에는 흉터가 있어도 옷으로 가릴 수 있지만 두면(頭面)은 그 무엇으로도 감추기 어렵다. 따라서 팔다리와 배와 몸은 감추어져 있으니 정적인 것과 같고, 두면(頭面)은 동적인 것과 같으니, 그 경중이 다르고 동정(動靜)의 차이가 있다. 따라서 사람을 평가할 때 몸이 아니라 얼굴에 기준을 두는 것이다.

【원 문】

大抵人之八字類 此如八字中四個字是頭也
대저인지팔자류 차여팔자 중사개자시두야

下地支四字是肚腹四肢也 支中所藏之物 是五臟六腑也
하지지사자시두복사지야 지중소장지물 시오장육부야

如肚腹秀氣發出 在頭而上來 便是榮華發出外來 一生富貴貧賤
여두복수기발출 재두이상래 변시영화발출외래 일생부귀빈천

只從頭面上 見得如八字畏傷官 這傷官藏在內 如天干透出此傷官
지종두면상 견득여팔자외상관 저상관장재내 여천간투출차상관

便是頭面上 見了怎能掩飾 凡有所害之物 露出頭面 便是動物
변시두면상 견료즘능엄식 범유소해지물 노출두면 변시동물

就能作害 凡行運如原八字 乙日干用丙丁爲傷官 乙日干傷官重者
취능작해 범행운여원팔자 을일간용병정위상관 을일간상관중자

便以庚金官星爲病 若八字上見了庚金 便要丙丁爲疾病之神
변이경금관성위병 약팔자상견료경금 변요병정위질병지신

如早年行壬申癸酉運 便是不好運 蓋因壬癸水 蓋在申酉頭上
여조년행임신계유운 변시불호운 개인임계수 개재신유두상

是壬癸水蓋了頭 便不好也 後行甲戌乙亥運 便好也
시임계수개료두 변불호야 후행갑술을해운 변호야

是甲乙木蓋了頭也 又行丙子丁丑運 又好蓋得丙丁火
시갑을목개료두야 우행병자정축운 우호개득병정화

蓋了頭來剋庚也 雖下面地支有亥子丑水 其水被丙丁蓋了頭
개료두래극경야 수하면지지유해자축수 기수피병정개료두

亦不能爲害 又如庚辛日干 喜甲乙丙丁四字爲福神
역불능위해 우여경신일간 희갑을병정사자위복신

庚辛壬癸四字爲病神 行運望見甲乙丙丁數字 蓋了頭便好
경신임계사자위병신 행운망견갑을병정수자 개료두변호

如望見庚辛壬癸數字 便是壞運 雖運上地支 亦被庚辛壬癸 蓋壞了頭
여망견경신임계수자 변시괴운 수운상지지 역피경신임계 개괴료두

此地支雖有甲乙丙丁 亦不能作福 蓋爲庚辛壬癸 蓋在上面出頭
차지지수유갑을병정 역불능작복 개위경신임계 개재상면출두

看八字以此蓋頭字望見了 就識得人一生好命 此是眞傳秘訣也
간팔자이차개두자망견료 취식득인일생호명 차시진전비결야

【해 설】

 사람의 팔자를 천간(天干) 네 글자를 두상(頭上)으로 하고, 지지 (地支) 네 글자를 두복(肚腹)과 사지(四肢)에 비유하고, 지지(地支) 에 암장(暗藏)된 것을 오장육부에 비유했다. 예를 들면 두복(肚腹)의 수기(秀氣)가 두면(頭面)으로 나오면 길한 것처럼 지지(地支)에서 수 귀(秀貴)한 것이 천간(天干)에 투출(透出)하면 부귀영화를 누리는 것 으로 보니, 부귀나 빈천은 두면(頭面)에 나타나야 한다고 해도 과언 이 아니다.

 또 팔자에 상관(傷官)이 있으면 두려워하나 지지(地支)에 암장(暗 藏)되면 두려워하지 않는다. 천간(天干)에 투출(透出)한 상관(傷官) 은 두면(頭面)에 나타난 것이므로 두려워하는 것이다. 무릇 소해(所 害)의 기물(忌物)이 두면(頭面)에 드러나 있으면 흉악한 동물이므로 해롭다.

 운이나 팔자에 상관(傷官)이 있으면 꺼린다. 예를 들어 을목일간(乙 木日干)이 병정(丙丁) 상관(傷官)이 무거운데 경금(庚金) 관성(官星) 이 있으면 병(病)이 된다.

 또 팔자에 경금(庚金)이 기(氣)가 있어 용신(用神)이면 병정(丙丁) 상관(傷官)은 질병의 흉신(凶神)이 된다. 또 병정(丙丁)이 용신(用神) 인데 운이 일찍 임신(壬申) 계유(癸酉)로 흐르면 수극화(水剋火)하므 로 흉하다. 임계수(壬癸水)가 용신(用神)을 파극(破剋)하기 때문이 고, 임계수(壬癸水)의 개두(蓋頭)는 흉하다. 후에 운이 갑술(甲戌) 을 해(乙亥)로 흐르면 좋은데, 갑을목(甲乙木)이 목생화(木生火)하기 때 문이다.

또 운이 병자(丙子) 정축(丁丑)으로 흘러도 좋다. 병정화(丙丁火)가 개두(蓋頭)하여 기신(忌神)인 경금(庚金)을 극(剋)하기 때문이다. 지지(地支)에 해자축(亥子丑) 수(水)가 있는데 천간(天干)에 병정화(丙丁火)가 있으면 그 수(水)는 병정화(丙丁火)가 개두(蓋頭)되어도 수극화(水剋火)하기 때문에 역시 해롭지 않다.

개두설(蓋頭說)은 다소 복잡해 보이나 쉽게 말하면 천간(天干)이 지지(地支)를 파극(破剋)하는 것이다. 즉 갑술(甲戌)·을미(乙未)·병신(丙申)·정유(丁酉)·무자(戊子)·기해(己亥)·경인(庚寅)·신묘(辛卯)·임오(壬午)·계사(癸巳)가 개두(蓋頭)다.

그리고 개두(蓋頭)와 반대는 절각(折脚, 截脚, 絕脚)이라고 한다. 절각(折脚)은 지지(地支)가 천간(天干)을 파극(破剋)하는 것을 말한다. 즉 갑신(甲申)·을유(乙酉)·병자(丙子)·정해(丁亥)·무인(戊寅)·기묘(己卯)·경오(庚午)·신사(辛巳)·임진(壬辰)·계미(癸未)가 절각(折脚)이다.

또 경신일간(庚辛日干)은 갑을병정(甲乙丙丁) 네 글자의 천간(天干)이 복신(福神)에 해당하는 용신(用神)이 되면 경신임계(庚辛壬癸)의 네 글자는 병신(病神)에 해당하는 기신(忌神)이 된다. 이때는 운에서 갑을병정(甲乙丙丁)을 만나 개두(蓋頭)하면 좋은 명이 된다.

그러나 반대로 경신임계(庚辛壬癸)의 기신(忌神)을 만나면 갑자기 괴멸하는 흉운이 온다. 비록 운의 지지(地支)에 인묘사오(寅卯巳午)의 정기(正氣)인 갑을병정(甲乙丙丁)의 희신(喜神)이 있어도 운의 천간(天干)에 경신임계(庚辛壬癸)의 개두(蓋頭)가 있으면 지지(地支)의 갑을병정(甲乙丙丁)은 역시 괴멸하니 복을 이루기 어렵다. 경신임계(庚辛壬癸)가 팔자의 두간(頭看)에 투출(透出)하지 않으면 지지(地支)에 경신임계(庚辛壬癸)가 있어도 일생이 좋은 명이 되는데 이 설은 진정으로 비전이며 비결이다.

이 말은 갑을병정(甲乙丙丁)의 목화(木火)가 용신(用神)과 희신(喜神)인데 운에서 경인(庚寅)·신묘(辛卯)·임오(壬午)·계사(癸巳) 운을 만나면 기신(忌神)이 용신(用神)을 개두(蓋頭)시켜 흉하다는 뜻이다. 그러나 반대로 용신(用神)이 기신(忌神)을 개두(蓋頭)시키면 흉하지 않다. 즉 갑진(甲辰)·을미(乙未)·병신(丙申)·정유(丁酉) 운을 만나면 흉하지 않다.

3. 육친설(六親說)

【원 문】

年上財官 主祖宗之榮顯 月家官殺 主兄弟之凋零 又曰
년상재관 주조종지영현 월가관살 주형제지조령 우왈

年看祖宗興廢事 推父母定留存 然年屬祖宗之宮 臨財官之地
년간조종흥폐사 추부모정류존 연년속조종지궁 임재관지지

乃生祿馬之鄉 榮顯理然也 但坐比肩劫財 無財官之可依據
내생녹마지향 영현리연야 단좌비견겁재 무재관지가의거

此乃祖宗飄零也 然父母之宮 又當與歲上之祖宗
차내조종표영야 연부모지궁 우당여세상지조종

月上兄弟兩宮相寓而參看焉 若歲月無財官 俱主根基淺薄
월상형제양궁상우이참간언 약세월무재관 구주근기천박

自手成家 獨月令官殺司權 俱主損傷兄弟 雖有兄弟之星
자수성가 독월령관살사권 구주손상형제 수유형제지성

見官殺以剋之 安得不損兄弟乎 故曰 官殺排門兄壽夭
견관살(官殺)이극지 안득불손형제호 고왈 관살배문형수요

官殺司戶弟郞當故 月乃門戶也 又若日通月氣 比肩神旺
관살사호제낭당고 월내문호야 우약일통월기 비견신왕

多主鴻雁成行 理雖如是 亦貴雙通 苟或日主根多 比肩太旺
다주홍안성행 리수여시 역귀쌍통 구혹일주근다 비견태왕

亦主參商 蓋緣兄弟多來劫財神也 此又喜官殺而得兄弟也
역주참상 개연형제다래겁재신야 차우희관살(官殺)이득형제야

【해 설】

년상(年上)에 재관(財官)이 있으면 조상이 영화를 누렸음을 뜻하고, 월주(月柱)에 관살(官殺)이 있으면 형제가 발달하지 못하고 우애가 없어 고독하다. 또 월주(月柱)로 부모의 길흉화복을 본다.

만일 조상궁에 속하는 년주(年柱)에 재관(財官)이 임하면 녹마(祿馬)의 향지(鄕地)에서 태어난 것이니 영현하는 것은 당연한 원리다. 만일 월주(月柱)에 비견(比肩)과 겁재(劫財)가 임하면 재관(財官)에 의거할 수 없으니 조상이 빈천했을 것이다.

또 월주(月柱)를 부모궁으로 보지만 월주(月柱)와 년주(年柱)를 모두 부모궁으로 보기도 한다. 또 월주(月柱)는 형제궁과 부모궁을 겸하여 보기도 한다. 만일 년주(年柱)와 월주(月柱)에 모두 재관(財官)이 없으면 유산을 받지 못하니 자수성가해야 한다.

그러나 월령(月令)에만 유독 관살(官殺)이 왕성하면 형제가 손상되

므로 형제가 많아도 요절하거나 발달하지 못한다. 이것은 비견(比肩)과 겁재(劫財)가 형제궁인데 관살(官殺)을 만나면 파극(破剋)되기 때문이다. 관살(官殺)이 월간(月干)에 있으면 형이 일찍 죽고, 월지(月支)에 있으면 아우가 일찍 죽거나 이별하는데, 월령(月令)이 문호에 해당하기 때문이다.

또 일간(日干)이 월령(月令)과 통하는데 비견(比肩)이 왕성하면 형제가 많으나 잘 살펴야 한다. 예를 들어 일간(日干)이 뿌리가 많은데 비견(比肩)이 매우 왕성하면 참상(參商)이니 형제가 이별하는 형상이 된다. 비견(比肩)이나 겁재(劫財)가 많아 형제가 많을 때는 오히려 관살(官殺)이 비겁(比劫)을 제극(制剋)해야 형제의 우애가 좋고 좋은 인연이 된다. 그러나 이것은 비겁(比劫)이 기신(忌神)이고 관살(官殺)이 길신(吉神)인 경우다.

【원문】

偏財爲父 比劫重重損父親 正印爲母 財星旺處須損母 以官殺爲子
편재위부 비겁중중손부친 정인위모 재성왕처수손모 이관살위자

傷官食神多損子 若官殺太重 剋制日主 則自身救死不膽 安能生子乎
상관식신다손자 약관살태중 극제일주 즉자신구사불담 안능생자호

必須食神傷官制殺 方能生子也 男命如斯 女命亦然 若財官而日主弱
필수식신상관제살 방능생자야 남명여사 여명역연 약재관이일주약

夫星家興而母家滅 蓋財官乃旺夫之物也 然財能損母 官能剋兄弟
부성가흥이모가멸 개재관내왕부지물야 연재능손모 관능극형제

多主父母兄弟飄零 孤鸞日 木火蛇無婿也 女命此二日 多主旺子旺夫
다주부모형제표영 고란왈 목화사무서야 여명차이일 다주왕자왕부

金猪定無郎 辛亥日坐下有正財 財亦能生夫 豈可謂無郎乎
금저정무랑 신해일좌하유정재 재역능생부 개가위무랑호

土猴長獨臥 乃戊申日也 坐下有庚金 能剋夫也 女命戊申日
토후장독와 내무신일야 좌하유경금 능극부야 여명무신일

剋損夫也 木虎定孀居 甲寅日也 夫星星絕於寅也 甲寅日女命剋夫也
극손부야 목호정상거 갑인일야 부성성절어인야 갑인일여명극부야

【해 설】

편재(偏財)는 아버지에 해당하니 비겁(比劫)이 무거우면 아버지가 손상되고, 정인(正印)은 어머니에 해당하니 재성(財星)이 왕성하면 어머니가 손상되고, 관살(官殺)은 자식에 해당하니 식상(食傷)이 많으면 자식이 손상된다.

만일 관살(官殺)이 태중(太重)하여 일주(日主)를 심하게 다스리면 자신이 사지(死地)에 빠지는 것이니 어떻게 구하고 어떻게 자식을 낳겠는가. 이때는 남녀 모두 반드시 식상(食傷)으로 다스려야 자식을 낳을 수 있다.

만일 여명이 재관(財官)이 왕성한데 일간(日干)이 허약하면 시집은 흥하나 친정은 망한다. 대개 재관(財官)은 왕부(旺夫)의 육신(六神)이므로 남편에게는 길하나, 매우 왕성하면 어머니인 인성(印星)에게는 재극인(財剋印)이 되어 손상된다. 그리고 관성(官星)은 관극비(官剋比)하여 형제인 비겁(比劫)을 파극(破剋)하니 부모형제가 몰락한다.

고란살(孤鸞殺)에서는 목화일생(木火日生)이 사사(蛇巳)를 만나면 남편이 없다고 했는데, 을사일생(乙巳日生)은 일지(日支)에 사중(巳中) 경금(庚金)의 관성(官星)인 부성(夫星)이 있고, 정사일생(丁巳

日生)은 사중(巳中) 경금(庚金)의 재성(財星)이 있어 재성(財星)이 부성(夫星)을 생(生)하는데 어찌 남편이 없다고 하는가. 이들은 자식도 출세하고 남편도 능력이 많다.

또 금저(金猪)인 신해일생(辛亥日生)은 남편이 없다고 했는데, 일지(日支)에 정재(正財)가 재생관(財生官)하여 남편이 건왕(健旺)한데 어찌 남편이 없다고 하는가.

또 토후(土猴)인 무신일생(戊申日生)은 장독와(長獨臥)라 과부의 상이라고 했는데, 일지(日支)에 신중경금(申中庚金)이 있어 부성(夫星)인 목(木)을 극상(剋傷)하기 때문이다.

또 목호(木虎)인 갑인일생(甲寅日生)은 청상과부의 상이라고 했는데, 부성(夫星)인 금(金)이 인목(寅木)의 절지(絶地)가 되기 때문이다.

【원 문】

又女命食神傷官多 泄損精神 不能生子也 又喜印星 損其子
우여명식신상관다. 설손정신 불능생자야 우희인성 손기자

養其精故 方能生子也 若食神傷官少 而又嫌印星
양기정고 방능생자야 약식신상관소 이우혐인성

能損其食神傷官之子也 若辰戌丑未四字全 又安能生子乎
능손기식신상관지자야 약진술축미사자전 우안능생자호

若止犯二字 亦不畏也 若夫子星入墓 亦多難爲夫子也
약지범이자 역불외야 약부자성입묘 역다난위부자야

男女二命俱不可犯妻星夫星而論之 俱只看八字有病 能去其病
남녀이명구불가범처성부성이론지 구지간팔자유병 능거기병

則有妻有夫有子也 論六親 只是死格說 見上文五星謬說內
즉유처유부유자야 논육친 지시사격설 견상문오성류설내

【해 설】

여명이 식상(食傷)이 너무 많으면 일간(日干)을 손상시키므로 자식을 둘 수 없다. 이때는 인성(印星)으로 인극식(印剋食)을 해야 좋다. 인성(印星)은 식상(食傷)을 상해하나 신약(身弱)한 일주(日主)를 도와주니 자식을 둘 수 있다.

반대로 식상(食傷)이 너무 약한데 인성(印星)을 많이 만나면 꺼린다. 인성(印星)이 자성(子星)인 식상(食傷)을 상해하기 때문이다. 그러나 지지(支地)에 진술축미(辰戌丑未)가 모두 있으면 충분히 자식을 둘 수 있고, 두 글자를 범해도 자식을 둘 수 있다.

만일 부성(夫星)이나 자성(子星)이 입묘(入墓)되면 남편복과 자식복을 기대하기 어렵다. 남녀 모두 처성(妻星)이나 부성(夫星)을 범하면 매우 꺼리나 사주의 구조와 격국(格局)을 종합해서 살펴야 한다.

만일 주중(柱中)에 병(病)이 있으면 부성(夫星)·처성(妻星)·자성(子星)을 막론하고 제거해야 남편복·아내복·자식복이 있다. 따라서 육친(六親)을 논할 때도 먼저 오행(五行)의 변통과 구조를 종합해서 검토해야 한다는 것을 모르면 안 되니 사격설(死格說)이니 오성술(五星術)도 잘못된 말이다.

5장. 사병사약설(四病四藥說)

1. 병약설류(病藥說類)

【원 문】

何以爲之病 原八字中 原有所害之神也 何以爲之藥
하이위지병 원팔자 중 원유소해지신야 하이위지약

如八字原有所害之字 而得一字以去之之謂也
여팔자원유소해지자 이득일자이거지지위야

如朱子所謂各因其病而藥之也 故古書云 有病方爲貴
여주자소위각인기병이약지야 고고서운 유병방위귀

無傷不是奇 格中如去病 財祿喜相隨 命書萬卷
무상불시기 격중여거병 재록희상수 명서만권

此四句爲之括要 蓋人之造化 雖貴中和
차사구위지괄요 개인지조화 수귀중화

若一一於中和則安得探其消息而 論其休咎也
약일일어중화즉안득탐기소식이 논기휴구야

若今之至富至貴之人 必先勞其筋骨 餓其體膚 空之其身然後
약금지지부지귀지인 필선노기근골 아기체부 공지기신연후

動心忍性 增益其所不能 人命之妙 其猶此乎!
동심인성 증익기소불능 인명지묘 기유차호!

愚嘗先前未諳病藥之說 屢以中和而究人之造化 十無一二有驗
우상선전미암병약지설 누이중화이구인지조화 십무일이유험

又以財官爲論 亦俱無歸就 復始得悟病藥之上旨
우이재관위론 역구무귀취 복시득오병약지상지

再以財官中和參看 則嘗先八九 而得其造化 所以然之妙矣
재이재관중화참간 즉상선팔구 이득기조화 소이연지묘의

【해 설】

병(病)이란 무엇인가. 원명의 해로운 신으로 기신(忌神)을 말한다. 그럼 약(藥)이란 무엇인가. 원명의 해로운 신을 제거하는 육신(六神)으로 용신(用神)을 말한다. 주자(朱子)의 '그 병(病)을 따라 그 약(藥)을 써야 한다'는 말과 같다. 고서(古書)에서는 '병(病)이 있어야 귀격(貴格)이 되는데, 상함이 없으면 기이한 명조가 될 수 없다. 격(格)에 있는 병(病)을 운에서 제거할 때 재록(財祿)이 함께 따른다'고 했다.

명리서(命理書)가 만 권이 넘게 있어도 이 네 구절에 그 요점이 모두 있다. 사람의 명은 중화를 이루어야 귀격(貴格)이 된다고 하지만 오행(五行)의 중화만으로 평안하다고 본다면 어찌 명리(命理)의 오묘한 소식(消息)을 찾아 논할 수 있겠는가.

지금 부귀한 사람을 보면 반드시 노고와 굶주림의 고통을 당했으나 좌절하지 않고 극복해서 결과를 얻었을 것이다. 간혹 우매한 사람들이 병약설(病藥說)의 원리를 알지 못하고 중화만으로 명조를 살피니 열에 한둘만 제대로 안다고 할 수 있다.

또 재관(財官)만 중요하게 논하나 역시 그 귀취(歸就)와 근원을 하나의 예로 말할 수는 없다. 따라서 병약설(病藥說)의 진의를 모르고 재관(財官)과 중화만을 고집한다면 80~90%는 잃어버리고 간명하는 것이니 병약설(病藥說)이야말로 명리(命理)의 참다운 묘리라고 할 수 있다.

【원 문】

何以言之 假如人八字中 四柱純土 水日干則爲 殺重身輕
하이언지 가여인팔자중 사주순토 수일간즉위 살중신경

如金日干則爲 土厚金埋 火日則爲 晦火無光 木日干則爲 財多身弱
여금일간즉위 토후금매 화일즉위 회화무광 목일간즉위 재다신약

土日則爲 比肩太重 是則土爲諸格之病 俱喜木爲醫藥 以去其病也
토일즉위 비견태중 시즉토위제격지병 구희목위의약 이법기병야

如用財見比肩爲病 喜官殺爲藥也 如用食神傷官 以印爲病
여용재견비견위병 희관살위약야 여동식신상관 이인위병

喜財爲藥也 或本身病重而藥少 或本身病輕而藥重
희재위약야 혹본신병중이약소 혹본신병경이약중

又宜行運以取其中和 若病重而得藥 大富大貴之人也 病輕而得藥
우의행운이취기중화 약병중이득약 대부대귀지인야 병경이득약

略富略貴之人也 無病而無藥 不富不貴之人也 究人之命
약부약귀지인야 무병이무약 불부불귀지인야 구인지명

將何以探其玄妙 如八字中 先看了日干 次看了月令
장하이탐기현묘 여팔자중 선만료일간 차간료월경

且如月令中支中所屬 是火先看月令中 此一火字起 又看年上或有火
차여월령중지중소속 시화선간월여중 차일화자기 우간년상혹유화

又看月時上 或有火 且雖指點此火做一處 看或爲病或非病 又或地支
우간월시상 혹유화 차수지점차화구일처 간혹위병혹비병 우혹비지

雖又藏有別物 此不必看 若再看別物則混雜不明 故曰
수우장유별물 차불필간 약재간별물즉혼잡불명 고왈

從重者 論此理 是看命下手處法 若以火論 又再看水看金看土
종중자 논차리 시간명하수처법 약이화론 우재간수간금간토

則不知命理之要也 若財官印綬有病 就要醫其財官印綬也
즉불지명리지요야 약재관인수유병 취도의기재관인수야

如身主有病 就要醫身主也 如八字純然 不旺不弱 原財官印
여신주유병 취요의신주야 여팔자순연 불왕불약 원재관인

俱無損傷日干之氣 又得中和 並無起發 可觀此是平常人也
구무손상일간지기 우득중화 병무기발 가관차시평상인야

然病藥之說 此是第一可之緊要 售斯術者 不可不精察也 詳前見驗類
연병약지설 차시제일가지긴요 수사술자 불가불정착야 상전견험류

【해 설】

만일 사주가 토(土)로만 이루어져 있으면 수일간(水日干)은 살중신경(殺重身輕)이 되어 관살(官殺)은 많은데 일간(日干)이 약하고, 금일간(金日干)은 토후금매(土厚金埋)가 되어 묻히고, 화일간(火日干)은 회화무광(晦火無光)이 되어 빛을 발하지 못하고, 목일간(木日干)은 재다신약(財多身弱)이 되어 병고나 빈천이 따르고, 토일간(土日干)은 비견태중(比肩太重)이 되어 병(病)이 된다. 명에 토(土)가 많으면 목(木)이 있어야 토(土)를 제극(制剋)하고 소토(疏土)시켜 병(病)을 제거할 수 있다.

또 토일간(土日干)에 수재(水財)가 작용하면 비극재(比剋財)하니 비견(比肩)이 병(病)이 된다. 이때는 관살(官殺)인 목(木)이 와서 관극비(官剋比)하면 약(藥)이 되니 길하다.

만일 식상(食傷)이 작용하면 많은 토(土)를 토생금(土生金)하여 병(病)을 설기(泄氣)하니 유리하나, 인성(印星)이 인극식(印剋食)하여 인성(印星)이 병(病)이 되는데 이때는 재성(財星)이 약(藥)이다.

만일 병(病)이 많은데 약(藥)이 약하거나, 병(病)이 약한데 약(藥)이 많으면 운에서 중화시켜야 한다. 병(病)이 많은데 운에서 약(藥)을 만나면 대부대귀격(大富大貴格)을 이루고, 병(病)이 약한데 운에서 약(藥)을 만나면 소부소귀명(小富小貴命)을 이루고, 병(病)도 없고 약(藥)도 없으면 부귀격(富貴格)을 이루지 못한다.

그럼 어떻게 인명(人命)의 오묘함을 탐구하여 지혜를 얻을 것인가. 먼저 일간(日干)의 강약을 살핀 후 월령(月令)의 심천을 보고, 그 다음은 일간(日干)과 월령(月令)의 관계와 지지(地支)의 암장(暗藏)을 살펴야 한다. 예를 들어 화일간(火日干)이 월령(月令)에 화(火)가 하나 있는데 년상(年上)이나 월상(月上)이나 시상(時上)에 화(火)가 있으면 이것이 병(病)인지를 살펴야 한다.

그리고 지지(地支)에 병(病)이 암장(暗藏)되어 있으면 흉한데, 운에서 또 병(病)을 만나면 혼잡불명(混雜不明)한 명이 된다. 이때는 중한 것을 따라야 한다.

만일 화일간(火日干)이 수(水)를 만나고 금(金)을 만나고 토(土)를 만나면 재관(財官)과 인수(印綬)가 병(病)이 되니 이 셋을 치료해야 한다. 병(病)이 있으면 의원을 불러 치료해야 하는 것과 같다.

만일 팔자가 왕성하거나 약하지 않고, 원명에 재관인(財官印)이 있어 일간(日干)이 손상되지 않고 중화되면 기발할 것도 없으니 평범한 명이 된다. 따라서 재관인수(財官印綬)나 중화를 논하기 전에 병약설(病藥說)이 가장 중요하니 세심하게 살펴야 한다.

2. 조고왕약사병설류(雕枯旺弱四病說類)

【원 문】

何以爲之雕也 如玉雖至寶也 而貴有雕琢之功 金雖至寶也
하이위지조야 여옥수지보야 이귀유조탁지공 금수지보야

而貴有煉煆之力 苟玉之不雕 雖曰荊山之美 則爲無用之玉也
이귀유연하지력 구옥지불조 수왈형산지미 즉위무용지옥야

金之不煆 雖曰麗水之良 則爲無用之金也 人之八字 大槪類此
금지불하 수왈려수지량 즉위무용지금야 인지팔자 대개류차

如見官星 未曾有傷官 見財星 未曾有比劫 見印綬 未曾有財星
여견관성 미증유상관 견재성 미증유비겁 견인수 미증유재성

見食神傷官 未曾有印綬 若此純然無雜 不猶未琢之玉 未煆之金乎
견식신상관 미증유인수 약차순연무잡 불유미탁지옥 미하지금호

大抵天之生人也 盈虛消長之機 未曾不寓焉 若三四時之生長也
대저천지생인야 영허소장지기 미증불우언 약삼사시지생장야

必有春夏焉 若四時之有收藏也 必有秋冬焉
필유춘하언 약사시지유수장야 필유추동언

又如地理有龍穴砂水之美 而來脉又貴有峰腰鶴膝斷續之妙焉
우여지리유용혈사수지미 이래맥우귀유봉요학슬단속지묘언

人之造化 窮通壽夭之理 亦貴宜有去留舒遲以作用焉
인지조화 궁통수요지리 역귀의유거류서지이작용언

是以八字有雕焉
시이팔자유조언

【해 설】

조(雕)란 무엇인가. 옥이나 금이 비록 보석이지만 세공해야 귀해지는 것과 같다. 산에 그대로 매장되어 있다면 광석에 불과할 뿐이다. 사람의 팔자도 이와 같아 관성(官星)을 만났는데 상관(傷官)이 없거나, 재성(財星)을 만났는데 비겁(比劫)이 없거나, 인수(印綬)를 만났는데 재성(財星)이 없거나, 식상(食傷)을 만났는데 인수(印綬)가 없으면 옥이나 금을 세공하지 못한 것과 같다.

천지가 인간을 생(生)함에는 충만과 공허와 소멸과 장성의 기미가 있는데 항상 변하지 않음이 없다. 대자연의 사시(四時)에는 반드시 생장하는 춘하가 있고, 수장하는 추동이 있어 그 일을 주관하는 임무와 책임으로 대자연을 운행시키는 것이다.

또 지리에는 용혈(龍穴)과 같은 산맥의 형상이 있고, 사수(砂水)와 같은 하천과 강이 있어 그 아름다움이 있다. 즉 산맥은 봉우리가 솟고 허리가 생기며 학의 무릎처럼 솟고 수그러지는 계곡이 있는데 이것이 천지 대자연의 묘다.

인명(人命)의 조화도 대자연과 마찬가지여서 그 궁통(窮通)하고 수요(壽夭)하는 원리가 행거(行去)하기도 하고, 정류(停留)하기도 하고, 서라(舒羅)하기도 하고, 지체하기도 하는 데서 귀(貴)가 있다. 따라서 사람의 팔자에는 반드시 조(雕)와 탁(琢)이 있어 누구나 길복과 흉화

가 반복해서 돌고 도니 항상 길복만 계속될 수도 없고 흉화만 계속
될 수도 없다.

【원 문】

何以謂之枯也 風霜之木 春華之至可觀焉 旱魃之苗 得雨之機
하이위지고야 풍상지목 춘화지지가관언 한발지묘 득우지기

難遏也 故沖霄之羽健 貴在三年之不飛 驚人之聲
난알야 고충소지우건 귀재삼년지불비 경인지성

雄貴在三年之不鳴 是以 淸凉之候 恆伸於炎烈之餘 和煦之時
웅귀재삼년지불명 시이 청량지후 긍신어염열지여 화후지시

每收於苦寒之後 故人之造化 官貴有枯也 行財旺鄕 財難計較
매수어고한지후 고인지조화 관귀유고야 행재왕향 재난계교

然又當喜其有根 在苗先實從花後 但貴其有根而枯也
연우당희기유근 재묘선실종화후 단귀기유근이고야

不貴其有根而枯也 筍若官星無根則官從何出 財星無根
불귀기유근이고야 순약관성무근즉관종하출 재성무근

財從何生 是以財官印綬貴有根而枯之病也 或若無根而自爲之枯焉
재종하생 시이재관인수귀유근이고지병야 혹약무근이자위지고언

則亦非矣 是以八字貴有根之病也
즉역비의 시이팔자귀유근지병야

【해 설】

고(枯)란 무엇인가. 풍상을 겪은 나무는 봄이 되면 화려하게 개화하
고, 메마른 싹은 비를 만나면 소생하니 그 성장하는 힘을 막기 어렵
다. 하늘을 높이 날아오르는 새는 3년 동안 날지 않는 것이 귀한 요

체이고, 사람을 놀라게 하는 큰 소리는 3년 동안 울지 않아야 귀중하다. 또 청량한 계절에 태어나 한냉하면 염열(炎烈)할 때 번성하여 발신(發伸)하고, 열조(熱燥)한 때 태어났으면 고한(苦寒)한 후에야 성공할 수 있다.

따라서 주중(柱中)에 관귀(官貴)가 있는데 고(枯)하면 관왕운(官旺運)으로 흘러야 귀하고, 재성(財星)이 있고 고(枯)한데 재왕운(財旺運)으로 흐르면 측정하기 어려울 정도로 큰 부자가 된다.

그리고 유근(有根) 여부를 살펴야 한다. 주중(柱中)에는 묘근(苗根)이 있어야 하는데 먼저 묘(苗)가 있어야 열매를 거둘 수 있다. 만일 뿌리가 있는데 고(枯)하면 귀명이 되고, 묘(苗)만 있는데 고(枯)하면 귀명이 되지 못한다.

만일 관성(官星)이 뿌리가 없으면 관성(官星)이 무엇을 따라 발달하고, 재성(財星)이 뿌리가 없으면 재성(財星)이 어디서 생겨 발복하겠는가. 그러므로 재관(財官)과 인수(印綬)가 뿌리가 있어야 고(枯)하거나 병(病)이 되는 것을 막을 수 있다. 만일 뿌리가 없는데 고(枯)하면 귀격(貴格)을 이루지 못한다. 주중(柱中)에는 근(根)과 병(病)이 있어야 귀격(貴格)이 된다.

【원 문】

何以謂之旺也 羣芳苗長 可觀眞木之光輝 萬物凋零
하이위지왕야 군방줄장 가관진목지광휘 만물조령

可見眞金之肅殺 是以各全其質各其其形 若木不木而金不金
가견진금지숙살 시이각전기질각기기형 약목불목이금불금

旺不旺而弱不弱 則五行之質有虧矣 何以考人禍福也哉
왕불왕이약불약 즉오행지질유휴의 하이고인화복야재

若人之用木也 則宜類聚斯木性之不雜 若人之用火也
약인지용목야 즉의류취사목성지불잡 약인지용화야

則宜照應斯火性之不烈 若春林木旺 見水多 益壯其神
즉의조응사화성지불열 약춘림목왕 견수다 익장기신

夏月火炎見木多 愈資其烈 由此區別則知其所以旺者 當何耶
하월화염견목다 유자기열 유차구별즉지기소이왕자 당하야

然或官星太旺者 宜行傷官運 以去其財星 印星太旺者
연혹관성태왕자 의행상관운 이거기재성 인성태왕자

宜行比劫運 以去其財星 印星太旺者 宜行財星運 以破其印星
의행비겁운 이거기재성 인성태왕자 의행재성운 이파기인성

日干太旺者 宜行官殺運 以制其日干 一理如是 百理皆然
일간태왕자 의행관살운 이제기일간 일리여시 백리개연

若其旺弱之相 參斯其下矣 是以八字貴有旺之病也
약기왕약지상 참사기하의 시이팔자귀유왕지병야

【해 설】

왕(旺)이란 무엇인가. 나무가 봄을 만나면 싹이 나며 꽃이 만발하고, 가을이 되면 잎이 시들어 떨어진다. 이처럼 만물은 모두 질과 형상이 있어 목(木)이지만 목(木)이 아니고, 금(金)이지만 금(金)이 아니고, 왕(旺)이지만 왕(旺)이 아니고, 약(弱)이지만 약(弱)이 아니다. 즉 오행(五行)의 질과 형상이 변하기 때문이다.

그러면 어떻게 자연의 변화가 사람의 화복에 영향을 미치는 것인

가. 만일 명조에 목(木)이 작용하면 당연히 목성(木性)이 모여 혼잡하지 않고, 화(火)가 작용하면 화성(火性)이 어울려 사납지 않다. 만일 봄철 목(木)이 왕성한데 수(水)가 많으면 목성(木星)이 더 굳세지고, 여름철 화(火)가 목(木)이 많으면 목생화(木生火)하여 더 뜨거워진다. 이와 같이 왕상(旺相)을 구별해야 한다.

그러나 관성(官星)이 매우 왕성하면 상관운(傷官運)으로 흘러 관성(官星)을 제극(制剋)해야 길하고, 재성(財星)이 매우 왕성하면 비겁운(比劫運)으로 흘러 재성(財星)을 제극(制剋)해야 길하고, 인성(印星)이 매우 왕성하면 재성운(財星運)으로 흘러 인성(印星)을 제극(制剋)해야 길하고, 일간(日干)이 매우 왕성하면 관살운(官殺運)으로 흘러 일간(日干)을 제극(制剋)해야 길하다. 이처럼 원리는 하나이니 적용할 줄 알아야 한다.

그리고 왕약(旺弱)을 알아야 한다. 사주는 왕(旺)한 곳에 병(病)이 있고, 병(病)이 있는 곳에 귀(貴)가 있다. 즉 역경을 잘 극복하면 길복과 부귀가 따르는 것과 같다.

【원 문】

何以謂之弱也 雨露不足則物性 爲之消磨 血氣不充 人身爲之羸瘦
하이위지약야 우로부족즉물성 위지소마 혈기불충 인신위지리수

天根可攝六陽之弱 可聞乎 月窟可探六陰之弱可究也 是以六陽之弱
천근가섭육양지약 가문호 월굴가탐육음지약가구야 시이육양지약

而有臨泰之可乘 六陰之弱 不至於冬弱 而有遯比之可托 猶人之命
이유임태지가승 육음지약 불지어동약 이유둔비지가탁 유인지명

弱不弱 旺不旺 則何以稽其禍福哉! 然雖貴有弱也
약불약 왕불왕 즉하이계기화복재! 연수귀유약야

則猶恐弱極之無根 故水雖至巳爲極弱也 然巳有庚金 爲水根也
즉유공약극지무근 고수수지사위극약야 연사유경금 위수근야

火雖于亥爲極弱也 然亥有甲木爲火之根也 人之造化
화수우해위극약야 연해유갑목위화지근야 인지조화

財官印綬貴有弱也 弱則有旺之基焉 若官星太弱 宜行官旺之鄕
재관인수귀유약야 약즉유왕지기언 약관성태약 의행관왕지향

財星太弱 宜行財星之地 日主太弱 宜行身旺之地 然尤畏弱之無根
재성태약 의행재성지지 일주태약 의행신왕지지 연우외약지무근

所謂根在苗先也 弱而有根則官星雖弱 而可致其旺 財星雖弱
소위근재묘선야 약이유근즉관성수약 이가치기왕 재성수약

而可致其强 是以八字貴有弱之病也
이가치기강 시이팔자귀유약지병야

【해 설】

약(弱)이란 무엇인가. 물이 부족하면 만물은 말라죽고, 기혈이 부족하면 사람의 몸은 파리하게 마른다. 천근(天根)인 양성(陽性)의 경계점이 육양(六陽)의 약한 것은 가히 섭리(攝理)하고, 월굴(月窟)인 음성(陰性)의 경계점이 육음(六陰)의 약성(弱性)을 포함하고 있는 원리를 탐구하여 본 일이 있는가.

그러므로 육양(六陽)의 약(弱)이 결국은 약한 것이 아니다. 지천태괘(地天泰卦)가 지택임괘(地澤臨卦)에 승왕(乘旺)할 수 있다. 그리고 육음(六陰)의 약(弱)이 결국은 약한 것이 아니다. 천산둔괘(天山遯

卦)가 수지비괘(水地比卦)로 인해 기(氣)가 생기는 것이다.

　사람도 이와 같아 약한 것이 약한 것이 아니고, 왕한 것이 왕한 것이 아니니 길흉과 화복을 어떻게 추리해야 하는가. 비록 귀(貴)가 약한 곳에 있다고 하나 매우 약하고 뿌리가 없으면 안 된다.

　수(水)가 비록 사화(巳火)에는 매우 약하게 있으나 사중(巳中)에 암장(暗藏)된 경금(庚金)이 있으니 뿌리가 되고, 화(火)가 비록 해수(亥水)에는 매우 약하게 있으나 해중(亥中)에 암장(暗藏)된 갑목(甲木)이 있으니 뿌리가 된다.

　그리고 인명(人命)의 조화는 약한 재관(財官)과 인수(印綬)에 귀(貴)가 있다. 약함은 왕함의 근원이기 때문이다. 따라서 관성(官星)이 매우 약할 때는 관왕운(官旺運)으로 흘러야 길하고, 재성(財星)이 매우 약할 때는 재성운(財星運)으로 흘러야 길하고, 일간(日干)이 매우 약할 때는 신왕운(身旺運)으로 흘러야 길하다. 그러나 약한데 뿌리가 없으면 흉하다. 뿌리가 묘(苗)보다 먼저 있어야 하기 때문이다. 즉 약하나 뿌리가 있으면 관성(官星)이 약해도 왕성함에 이르고, 재성(財星)이 약해도 강함에 이를 수 있기 때문이다. 사주는 약한 곳에 병(病)이 있고, 병(病)이 있는 곳에 귀(貴)가 있다.

3. 손익생장사약설류(損益生長四藥說類)

【원 문】

何以謂之損也 損者損其有餘也 然木生震位 正木氣之當權也
하이위지손야 손자손기유여야 연목생진위 정목기지당권야

金産兌宮 正金神得之位 當權者 不宜資助 得位者 不宜生扶
금산태궁 정금신득지위 당권자 불의자조 득위자 불의생부

假或水又滋木 土或培金 若木有餘之病 用金以制之 金氣有餘之病
가혹수우자목 토혹배금 약목유여지병 용금이제지 금기유여지병

用火以剋之 官星之氣有餘 則損其官星 財星之氣有餘 則損其財星
용화이극지 관성지기유여 즉손기관성 재성지기유여 즉손기재성

譬如人身 元氣太旺爲疾 當以凉劑通藥以濟之也
비여인신 원기태왕위질 당이량제통약이제지야

是以八字貴有損之之藥也
시이팔자귀유손지지약야

【해 설】

손(損)이란 무엇인가. 감소시켜 손상하는 것을 말한다. 즉 목일간(木日干)이 진궁(震宮)인 인묘진(寅卯辰)의 봄철에 태어났으면 목기(木氣)가 권력을 잡은 것이고, 금일간(金日干)이 태궁(兌宮)인 신유술(申酉戌)의 가을철에 태어났으면 금신(金神)을 얻은 것이다.

따라서 권력을 잡은 자는 이미 신왕(身旺)하니 자조(資助)해주면 더 신강(身强)해져 마땅하지 않고, 얻은 자는 이미 매우 왕성하니 더 생부(生扶)해주면 마땅하지 않다. 예를 들어 수(水)는 목(木)을 자양하는 성질이 있고, 토(土)는 금(金)을 배양하는 힘이 있다. 만일 목(木)이 많아 병(病)이 되면 금(金)이 금극목(金剋木)으로 제극(制剋)하고, 금(金)이 많아 병(病)이 되면 화(火)가 화극금(火剋金)으로 제극(制剋)해야 한다.

따라서 관성(官星)이 많을 때는 관성(官星)을 제극(制剋)해야 하고,

재성(財星)이 많을 때는 재성(財星)을 제극(制剋)해야 부귀격(富貴格)이 된다. 예를 들어 사람이 비만하면 많이 먹어 생긴 병이니 적게 먹어 체중을 줄여야 치료되는 것과 같다.

사주도 마찬가지다. 너무 강하면 일주(日主)를 설기(泄氣)하며 제극(制剋)하는 재관(財官)이나 식상(食傷)을 만나야 유리하고, 너무 약하면 일주(日主)를 부조(扶助)하는 비겁(比劫)이나 인성(印星)을 만나야 유리하다.

【원 문】

何以謂之益也 益者益其不及也 若木之死於午 若水之死於卯也
하이위지익야 익자익기불급야 약목지사어오 약수지사어묘야

不及則宜資助 旦如木氣之本衰 庚金又來剋木也 水氣之本衰
불급즉의자조 단여목기지본쇠 경금우래극목야 수기지본쇠

戊己土又來剋水也 則水木不及之病 在此矣 益之之理 又當如何耶
무기토우래극수야 즉수목불급지병 재차의 익지지리 우당여하야

若木之不及 或行水運 以滋其根本 或行木運 以茂其枝葉
약목지불급 혹행수운 이자기근본 혹행목운 이무기지엽

若水之不及 或行金運 以浚其源流 或行水運 以廣其湖淋
약수지불급 혹행금운 이준기원류 혹행수운 이광기호임

若官星之氣不足則喜官旺之鄉 財星之氣不足 則喜行財旺之地
약관성지기부족즉희관왕지향 재성지기부족 즉희행재왕지지

譬如人身 血氣之不足 則用溫藥之劑 以補之也
비여인신 혈기지부족 즉용온약지제 이보지야

是以八字貴有益之藥也
시이팔자귀유익지약야

【해 설】

익(益)이란 무엇인가. 부족한 것을 도와주는 것을 말한다. 예를 들어 목일간(木日干)은 오(午)가 사지(死地)이고, 수일간(水日干)은 묘(卯)가 사지(死地)인데, 일간(日干)이 쇠약한 것이니 도와주는 것이 당연하다.

또 목(木)이 쇠약한데 경금(庚金)이 금극목(金剋木)하거나, 수(水)가 쇠약한데 무기토(戊己土)가 토극수(土剋水)하면 부족해서 병(病)이 되니 도와야 한다.

만일 목일간(木日干)의 기운이 부족한데 수운(水運)을 만나면 근본을 자양해주거나 목운(木運)을 만나야 가지가 무성해진다. 만일 수일간(水日干)의 기운이 부족한데 금운(金運)을 만나면 수(水)의 원류가 되어 길하고, 그렇지 않으면 수운(水運)을 만나 물을 가세시켜 넓혀야 한다.

만일 관성(官星)의 기운이 부족하면 관왕운(官旺運)으로 흘러야 하고, 재성(財星)의 기운이 부족하면 재왕운(財旺運)으로 흘러야 한다. 사람이 혈기나 원기가 부족하면 보약이나 영양제를 먹는 것과 같다. 따라서 팔자에는 도와주는 약(藥)이 있어야 길하다.

【원 문】

何以謂之生也 六陽生處 眞爲生也 如甲木生亥 亥有壬水
하이위지생야 육양생처 진위생야 여갑목생해 해유임수

來滋甲木也 六陰生處 俱爲弱也 如乙木生於午 泄木之精英
내자갑목야 육음생처 구위약야 여을목생어오 설목지정영

有己土 爲乙木之撓屈 又如六陰死處 俱爲生 如乙木死於亥
유기토 위을목지요굴 우여육음사처 구위생 여을목사어해

亥有壬水 反來滋木也 六陽死處 眞爲死 如甲木死於午
해유임수 반래자목야 육양사처 진위사 여갑목사어오

旦午中又有丁火 泄木眞精 己土爲之撓屈 且如生之理 形氣始成
단오중우유정화 설목진정 기토위지요굴 차여생지리 형기시성

赤子未離於襁褓 精華初生 嬰兒初脫於胞胎 如木之生於亥
적자미이어강보 정화초생 영아초탈어포태 여목지생어해

根其猶枯也 未加以木爲旺也 凡氣之不足 故貴有生之之藥
근기유고야 미가이목위왕야 범기지부족 고귀유생지지약

【해 설】

생(生)이란 무엇인가. 육양(六陽)이 생(生)하는 곳이 진실한 것을 말한다. 예를 들어 갑목(甲木)은 해수(亥水)에서 생(生)하는 데 해수(亥水)에는 임수(壬水)가 있어 갑목(甲木)을 자라게 하기 때문이다.

육음(六陰)의 생처(生處)는 이것이 약한 것이다. 예를 들어 을목(乙木)은 오화(午火)에서 생(生)하는데 오화(午火)에는 정화(丁火)가 있어 을목(乙木)을 설기(泄氣)하고, 기토(己土)가 있어 을목(乙木) 휘고 부러뜨려 정기를 소비하게 하기 때문이다.

육음(六陰)의 사처(死處)는 오히려 생지(生地)가 된다. 예를 들어 을목(乙木)의 사지(死地)는 해수(亥水)인데 해수(亥水)에는 임수(壬水)가 있어 오히려 목(木)을 자라게 하기 때문이다.

육양(六陽)의 사처(死處)는 진실로 사지(死地)다. 예를 들어 갑목(甲木)의 사지(死地)는 오화(午火)인데 오화(午火)에는 정화(丁火)가

있어 정기를 흩어지게 하기 때문이다.

그리고 기토(己土)는 요굴(撓屈)하며 생지(生地)의 원리가 있으니 형기(形氣)가 이루어진다. 갓난아기가 강보를 벗어나지 못한 때이니 정화(精華)가 처음으로 생(生)하는 때이고, 영아는 처음으로 포태(胞胎)를 벗어나는 시기다. 목(木)이 해수(亥水)에서 생(生)한다고 하나 뿌리가 메말라 왕성하다고 할 수 없다. 무릇 기운이 부족할 때는 도와주는 약(藥)이 있어야 귀격(貴格)이 된다.

【원 문】

何以爲之長也 春蠶作繭 木氣方微 夏熱成爐 炎光始著 始木臨震位
하이위지장야 춘잠작이 목기방미 하열성노 염광시저 시목임진위

火到離宮 若此帝旺之鄕 實不同於生長之位 是以生者長之初
화도이궁 약차제왕지향 실부동어생장지위 시이생자장지초

長者生之繼也 如財官屬木則長養在寅卯之方 此木氣方微也
장자생지계야 여재관속목즉장양재인묘지방 차목기방미야

如是則貴行金運以剋之 則與長生之木 如財官屬火
여시즉귀행금운이극지 즉여장생지목 여재관속화

火則長養在巳午未方 此火氣之方熾也 如是貴行水運 以剋之
화즉장양재사오미방 차화기지방치야 여시귀행수운 이극지

則與長生之火 理不同也 是以生長二字 衰旺之不同也
즉여장생지화 리부동야 시이생장이자 쇠왕지부동야

故運行有喜生剋之有異 是以八字貴有長之之藥也 以上諸格
고운행유희생극지유이 시이팔자귀유장지지약야 이상제격

楠於合理者取之 背理者闢之矣 以後則格 楠所未及者 附陣於後
남어합리자취지 배리자벽지의 이후즉격 남소미급자 부진어후

以備參考
이비참고

【해 설】

장(長)이란 무엇인가. 봄이 오면 목기(木氣)는 비로소 움직이기 시작하고, 여름으로 접어들면 비로소 염광(炎光)이 나타난다. 예를 들어 목(木)이 진위(震位)인 묘궁(卯宮)에 임하면 제왕(帝旺)이 되고, 화(火)가 이궁(離宮)인 오화(午火)에 임하면 오화(午火)는 화(火)의 제왕지(帝旺地)이니 그 형세가 생장과 다르지 않다. 그러므로 생(生)이란 장(長)의 시작이고, 장(長)은 생(生)의 연속인 것이다.

만일 재관(財官)이 목(木)에 해당하면 목(木)은 동방 인묘(寅卯)에서 장양(長養)하니 창성할 조짐으로 본다. 이때 목(木)이 왕성하면 금운(金運)을 만나 재관(財官)을 파극(破剋)시켜야 귀격(貴格)을 이루니 장생(長生)의 목(木)과 이치가 다르다.

만일 재관(財官)이 화(火)에 해당하면 화(火)는 사오미방(巳午未方)에서 장양(長養)하니 화기(火氣)가 치열해진다. 이때는 수운(水運)을 만나 수극화(水剋火)해야 귀격(貴格)이 된다. 이것이 장생(長生)의 절위를 얻은 미약한 화(火)와는 다른 점이고, 생장(生長)이 쇠왕(衰旺)과 다른 점이다.

이처럼 생조(生助)해주는 운을 만나야 좋은 명이 있고, 파극(破剋)시켜주는 운을 만나야 좋은 명이 있으니, 필요한 것을 분석하며 판단할 줄 알아야 한다. 주중(柱中)에 병(病)이 있으면 장왕(長旺)하게 해주는 약(藥)이 있어야 귀격(貴格)이 된다.

이상의 여러 격(格)은 장남(張楠)이 합당한 것을 취하여 논한 것이고, 다음에 논할 격(格)들은 초보자들을 위해 알기 쉽게 설명한 것이니 참고하기 바란다.

제Ⅱ부. 격국편(格局篇)

1장. 격국논기일(格局論其一)

1. 정관격(正官格)

【원 문】

楠曰 正官者 何以言之 蓋以陽見陰 故曰 一陰一陽之謂道
남왈 정관자 하이언지 개이양견음 고왈 일음일양지위도

如人之一夫一婦之有配對也 何以謂之官 蓋官者管也
여인지일부일부지유배대야 하이위지관 개관자관야

如人焉必須官管然後 循規蹈居人由義 不敢放逸爲非
여인언필수관관연후 순규도거인유의 불감방일위비

故爲制我身主也 然月令提綱之官 若我之本府太守 本縣之令尹也
고위제아신주야 연월령제강지관 약아지본부태수 본현지영윤야

但當服其管制 豈能用之 故凡月上官星 世無用之理 如此 將何作用
단당복기관제 개능용지 고범월상관성 세무용지리 여차 장하작용

但或止有官星一點 日主又旺則官星輕 而日主弱運行官旺 最爲奇
단혹지유관성일점 일주우왕즉관성경 이일주약운행관왕 최위기

譬如府縣官 是我之生也 今主人弱也 當以財生之 行官運以助之
비여부현관 시아지생야 금주인약야 당이재생지 행관운이조지

若行印運則又泄弱官星之氣 若官犯重 日主根弱 剋制日干太重則
약행인운즉우설약관성지기 약관범중 일주근약 극제일간태중즉

不日官星而日七殺也 七殺剋身則喜傷官食神 以制其官殺也
불왈관성이왈칠살야 칠살극신즉희상관식신 이제기관살야

大抵用月上官星 要官旺 官旺方好作用 要官星有病 各因病而藥之
대저용월상관성 요관왕 관왕방호작용 요관성유병 각인병이약지

官旺官多 喜食神以制去之 官星氣弱 喜財神以生之 官旺之運以助之
관왕관다 희식신이제거지 관성기약 희재신이생지 관왕지운이조지

【해 설】

장남왈(張楠曰), 어떤 것을 정관(正官)이라고 하는 것인가. 양(陽)이
음(陰)을 만나고 음(陰)이 양(陽)을 만나는 것을 말한다. 역(易)에서
이르기를 일음(一陰)과 일양(一陽)이 만나는 것을 도(道)라고 하는
데, 인간 세상에서도 일부와 일처가 만나는 것이 가장 이상적이며 좋
은 가정을 이루는 기본이 되는 것과 같다고 했다.

관성(官星)이란 무엇인가. 나를 규제하는 국법을 말한다. 관(官)에
는 관리하며 관제한다는 뜻이 있다. 예를 들면 사람은 혼자 살 수 없
다. 반드시 가정과 사회와 국가에 소속되어 살아가야 한다. 그리고 국
민이 되어 사회생활을 하려면 반드시 국가의 법을 따라야 질서와 인
의를 세울 수 있다.

그러나 월령(月令) 제강(提綱)의 관(官)은 본부의 행정을 맡은 태
수(太守)와 같고, 현(縣)의 영윤(令尹)과 같아 관제를 당할 뿐이니 어
떻게 작용할 수 있겠는가. 따라서 월상(月上)의 관성(官星)은 쓸모없
는 원리가 있어 작용하면 불리하다.

만일 관성(官星)이 하나 있는데 신왕(身旺)하면 관성(官星)이 가벼운 것이다. 이때는 일간(日干)이 약하고 관왕운(官旺運)으로 흐르면 기이하게 발복한다. 관성(官星)이 약할 때는 재성(財星)이 재생관(財生官)해야 길하고, 관성운(官星運)으로 흐르면 길복이 따른다. 그러나 인성운(印星運)으로 흐르면 관성(官星)을 더 설기(泄氣)하므로 흉하다.

만일 관성(官星)이 많은데 일간(日干)이 약하면 일간(日干)을 심하게 제극(制剋)한다. 이때는 관성(官星)이라 하지 않고 칠살(七殺)이라 한다. 즉 관성(官星)이 용신(用神)에 해당하면 관성(官星)이라 하고, 기신(忌神)에 해당하면 칠살(七殺)이라 한다. 만일 칠살(七殺)이 나를 파극(破剋)하면 상관(傷官)이나 식신(食神)이 칠살(七殺)을 제극(制剋)해야 길하다.

신약(身弱)한데 칠살(七殺)이 무거우면 제극(制剋)하는 방법이 두 가지 있다. 하나는 인성(印星)이 관인상생(官印相生)하는 것이고, 하나는 식상(食傷)이 식극관(食剋官)하여 칠살(七殺)을 억제하는 것이다. 이때 식극관(食剋官)이 되려면 일간(日干)이 어느 정도 근기가 있어야 한다. 왜냐하면 결국은 식상(食傷)도 일주(日主)를 설기(泄氣)하기 때문이다.

만일 월상(月上)의 관성(官星)이 작용하려면 관성(官星)이 왕성해야 정관격(正官格)이 되어 좋은 격(格)이 된다. 만일 관성(官星)에 병(病)이 있으면 그 병(病)을 따라 약(藥)을 쓰지만 관성(官星)이 많으면 식신(食神)이 식극관(食剋官)을 해야 한다. 그러나 관성(官星)이 약하면 재성(財星)이 재생관(財生官)하여 관성(官星)을 보호해야 길하고, 관왕운(官旺運)으로 흘러도 길하다.

【원 문】

若日干官星二者 純和無病 俱是平常人也 若歲月日時上 虛官用之
약일간관성이자 순화무병 구시평상인야 약세월일시상 허관용지

十有九貴 然官爲扶身之本 夫人非官 則放於禮法之外
십유구귀 연관위부신지본 부인비관 즉방어예법지외

故官星不宜破損 而亦不可用也 惟官星太弱太旺 方爲有病
고관성불의파손 이역불가용야 유관성태약태왕 방위유병

因其病而藥之 斯可作爲用神 而論其禍福也 繼善篇云
인기병이약지 사가작위용신 이론기화복야 계선편운

有官有印無破 作廊廟之材
유관유인무파 작낭묘지재

【해 설】

만일 일간(日干)과 관성(官星)이 조화를 이루어 병(病)이 없으면 평
범한 명이 된다. 만일 세운(歲運)의 월일시(月日時)에 관성(官星)이 있
어 작용하면 열에 아홉은 귀격(貴格)이 된다.

관성(官星)은 나를 도와주는 근본이므로 관성(官星)이 없으면 예
법을 모르고 제멋대로 행동한다. 그러므로 관성(官星)은 파손되지 않
아야 하는데, 만일 파손되면 작용할 수 없다. 만일 관성(官星)이 매우
약하거나 왕성해 병(病)이 있으면 약(藥)을 써야 한다. 그리고 그 약
(藥)을 따라 용신(用神)이 작용하면 화복을 논한다.

계선편운(繼善篇云), 관성(官星)과 인성(印星)이 파극(破剋)되지

않으면 조정의 중신이 될 재목이다.

【원 문】

楠曰 舊註謂有官有印 乃雜氣所藏官印也 牽强不可從 或曰
남왈 구주위유관유인 내잡기소장관인야 견강불가종 혹왈

有官有印 蓋言人命中 有官星印綬雙全者 更無刑沖破害之物
유관유인 개언인명중 유관성인수쌍전자 갱무형충파해지물

破傷官印貴氣之物 則官生印 印生身 其人必是廊廟棟梁之大材
파상관인귀기지물 즉관생인 인생신 기인필시낭묘동량지대재

此說可從 蓋乙生申月 丁生亥月 己生寅月 辛癸生巳月 皆官印雙全
차설가종 개을생신월 정생해월 기생인월 신계생사월 개관인쌍전

何必拘拘於雜氣兩全乎 況雜氣喜沖破 謂之無沖可乎
하필구구어잡기양전호 황잡기희충파 위지무충가호

【해 설】

　장남왈(張楠曰), 구주(舊註)에 관성(官星)과 인성(印星)이 모두 있
으면 잡기격(雜氣格)이 관인(官印)을 소장한 것이라고 했으나 따를
수 없는 말이다. 관성(官星)과 인성(印星)이 모두 있으면 귀격(貴格)
이라 하나 형충파해(刑沖破害)가 없어야 한다. 관인(官印)이 파상(破
傷)되지 않으면 귀기(貴氣)니 관생인(官生印) 인생신(印生身)하면
반드시 큰 재목이 된다.

　을일간(乙日干)이 신월생(申月生)이고, 정일간(丁日干)이 해월생(亥
月生)이고, 기일간(己日干)이 인월생(寅月生)이고, 신계일간(辛癸日
干)이 사월생(巳月生)이면 관인(官印)이 모두 있는 것이라 귀명인데

어찌 진술축미월생(辰戌丑未月生)만을 잡기재관격(雜氣財官格)이라 하는가. 하물며 잡기재관격(雜氣財官格)은 충파(沖破)를 좋아하지만 이 격은 해로운데 어찌할 것인가.

【원 문】

古歌云 正氣官星月上推 無沖無破始爲奇 中年歲運來相助
고가운 정기관성월상추 무충무파시위기 중년세운내상조

將相公侯總可爲 補日 正氣官星 爲陽見陰 陰見陽 如六甲日生酉月
장상공후총가위 보왈 정기관성 위양견음 음견양 여육갑일생유월

六乙日生申巳月 六丙日生子月 六丁日生亥月之類 乃月正官也
육을일생신사월 육병일생자월 육정일생해월지류 내월정관야

柱中無刑沖破害 功名顯達 始爲奇特 下文云登科甲第
주중무형충파해 공명현달 시위기특 하문운등과갑제

官星臨無破之宮是也中年歲運 遇財星印綬 身旺之助 更無刑傷殺雜
관성임무파지궁시야중년세운 우재성인수 신왕지조 갱무형상살잡

則臺閣可登 古歌云 官印相生臨歲運 玉堂金馬作朝臣 是也
즉대각가등 고가운 관인상생임세운 옥당금마작조신 시야

司馬季主云 眞官時遇 早登金紫之封 楠曰 眞官時遇 謂眞正官星
사마계주운 진관시우 조등금자지봉 남왈 진관시우 위진정관성

遇於生時 正淵源所謂時上正官格是也 必早登腰金衣紫之貴
우어생시 정연원소위시상정관격시야 필조등요금의자지귀

解說時作月令之時 非生時之時 又於時正官格刪而去之則非也
해설시작월령지시 비생시지시 우어시정관격산이거지즉비야

若以此時遇爲月令之時 則喜忌篇云 偏官時遇 造微論之
약이차시우위월령지시 즉희기편운 편관시우 조미론지

時遇官星生旺位 亦可謂月令之時乎 牽强不可從
시우관성생왕위 역가위월령지시호 견강불가종

【해 설】

고가왈(古歌曰), 정기(正氣)의 관성(官星)은 월상(月上)에 있는 것을 살펴야 한다. 만일 정관(正官)이 월상(月上)에 있는데 충파(沖破)가 없으면 기귀격(奇貴格)이니 중년의 대운과 세운이 도와주면 장상공후(將相公侯)에 오른다.

보왈(補曰), 정기(正氣)의 관성(官星)이란 양(陽)이 음(陰)을 만나거나 음(陰)이 양(陽)을 만나는 것을 말한다. 예를 들면 육갑일(六甲日)이 유월생(酉月生)이거나, 육을일(六乙日)이 신사월생(申巳月生)이거나, 육병일(六丙日)이 자월생(子月生)이거나, 육정일(六丁日)이 해월생(亥月生)인 경우인데, 생월(生月)의 정기(正氣)가 정관(正官)에 해당하는 것이 정관격(正官格)이다. 정관격(正官格)인데 주중(柱中)에 형충파해(刑沖破害)가 없으면 공명이 현달하여 기귀한 권명(權名)을 이룬다.

하문운(下文云), 장원으로 갑제하려면 관성(官星)이 임하고, 파(破)가 없어야 한다. 중년에 재성운(財星運)을 만나 재생관(財生官)으로 관성(官星)을 돕고, 관인상생(官印相生)하고, 인수(印綬)가 일간(日干)을 도우면 길하다. 다시 형상(刑傷)이 없고, 칠살(七殺)과 혼잡되지 않으면 황궁의 대신이 된다.

고가왈(古歌曰), 관인(官印)이 상생(相生)하여 세운이나 대운에서 도와주면 옥당에서 금마를 타는 중신이 된다.

사마계주운(司馬季主云), 시(時)에서 진관성(眞官星)을 만나면 일찍 등과하여 고관대신이 된다.

장남왈(張楠曰), 시(時)에서 진관성(眞官星)을 만난다는 것은 정기(正氣)의 관성(官星)이 시(時)에 거류한다는 말이니, 연해자평(淵海子平)에서 말하는 시상정관격(時上正官格)이다. 시상정관격(時上正官格)은 일찍 허리에 금띠를 두르고 붉은 의복을 입는 중신이 된다. 여기서 시(時)는 출생 시간이 아니라 월령(月令)의 시절을 말하고, 시상정관격(時上正官格)은 근거가 없다.

그렇다면 희기편(喜忌篇)에서 말하는 시(時)에서 편관(偏官)을 만난다는 편관시우(偏官時遇)와 조미론(造微論)에서 말하는 시(時)에서 관성(官星)의 생왕(生旺)을 만난다는 시우관성생왕위(時遇官星生旺位)도 월령(月令)의 시절로 보아야 하는가. 이것은 맞지 않는 이론이니 시상정관격(時上正官格)으로 보는 것이 옳다.

■ 건명(乾命), 장도헌(張都憲)

年	月	日	時									
辛	乙	丁	辛	甲	癸	壬	辛	庚	己	戊	丁	
未	未	未	亥	午	巳	辰	卯	寅	丑	子	亥	

【원 문】

亥中壬水 爲丁火正官 則眞官爲生時之遇也 有準矣 通明賦云
해중임수 위정화정관 즉진관위생시지우야 유준의 통명부운

祿得天時 奇花生於金帶 楠曰 祿得天時 乃時干得正官
녹득천시 기화생어금대 남왈 녹득천시 내시간득정관

而且見其言之祿 必有奇花金帶之榮貴 與上文大同而小異
이차견기언지록 필유기화금대지영귀 여상문대동이소이

解謂祿馬爲官 則是爲天時卽天干 則泛而不切 日天干
해위녹마위관 즉시위천시즉천간 즉범이불절 왈천간

則年月亦在其中矣 於時干則隱而晦矣
즉년월역재기중의 어시간즉은이회의

【해 설】

해중임수(亥中壬水)는 정화일간(丁火日干)에게 정관(正官)이 된다. 즉 진관성(眞官星)을 생시(生時)에서 만난 것이다.

통명부운(通明賦云), 녹득천시(祿得天時)하면 기화생어금대(奇花生於金帶)라 하였다. 관귀(官貴)가 천시(天時)에서 득록(得祿)하면 금대를 두르는 고관대작이 된다.

장남왈(張楠曰), 녹득천시(祿得天時)란 시간(時干)에서 정관(正官)을 만나는 것을 말하는데 반드시 고관대작이 되어 영화를 누린다. 천시(天時)란 시(時)의 천간(天干)을 말한다. 년월(年月)의 천간(天干)이란 뜻도 있지만 시간(時干)이라는 뜻이 숨어 있다고 할 수 있다.

■ 건명(乾命), 도어사(都御使)

年	月	日	時							
癸	乙	丙	癸	甲	癸	壬	辛	庚	己	戊	丁
未	卯	子	巳	寅	丑	子	亥	戌	酉	申	未

【원 문】

此造時干以癸水爲官 而衣建祿於巾子 官印相生 則天時時干
차조시간이계수위관 이의건록어건자 관인상생 즉천시시간

不可泛言天干也明矣
불가범언천간야명의

【해 설】

　이 명은 시간(時干) 계수(癸水)가 정관(正官)이다. 일지(日支) 자수
(子水)는 건록(建祿)이니 길하고, 을묘목(乙卯木)이 관인상생(官印相
生)을 하니 정관격(正官格)이 되었다. 그런데 천시(天時)가 시간(時
干)이라는 뜻 외에 전체적으로 해석한 말이 아닌 것이 분명하다.

■ 건명(乾命), 부명(富命), 생생불식격(生生不息格)

年	月	日	時								
甲	丁	壬	乙		戊	己	庚	辛	壬	癸	甲	乙
午	丑	辰	巳		寅	卯	辰	巳	午	未	申	酉

【원 문】

楠曰 壬生丑月水源深 疊疊財官共拱臨 水入巽宮尋貴格
남왈 임생축월수원심 첩첩재관공공임 수입손궁심귀격

陶朱之富異乎人 補註 壬水生臨丑月 水寓根源 四柱財官七殺太旺
도주지부이호인 보주 임수생임축월 수우근원 사주재관칠살태왕

此造本難尋究 蓋得巳時 水入巽宮 合起金局 蓋壬水能生甲乙木也
차조본난심구 개득사시 수입손궁 합기금국 개임수능생갑을목야

甲乙木來生丙丁火也 丙丁火來生戊己土也 戊己土來生庚辛金也
갑을목내생병정화야 병정화내생무기토야 무기토내생경신금야

且四柱純粹 並無間隔 上下相親 正作生生不已格看
차사주순수 병무간격 상하상친 정작생생불이격간

所以行東南西北俱美 宜爲第一富人也 壽高五福
소이행동남서북구미 의위제일부인야 수고오복

蓋得時上有庚金印星也
개득시상유경금인성야

【해 설】

장남왈(張楠曰), 임수일간(壬水日干)이 축월(丑月)에 태어나 수(水)의 근원이 깊고, 재관(財官)이 모두 중첩되고, 수(水)는 손궁(巽宮)에 있으니, 도주공(陶朱公)의 부귀와 다름없는 귀격(貴格)이 되었다.

임수일간(壬水日干)이 축월(丑月)에 태어나 수(水)의 근원이 깊고, 재관(財官)과 칠살(七殺)이 매우 왕성해 용신(用神)을 찾기 어렵다. 그러나 시지(時支)에서 사(巳)를 만나고, 임수(壬水)가 진(辰)의 손궁(巽宮)에 들고, 사축(巳丑)이 합(合)하여 금국(金局)으로 일어나니, 능히 갑을목(甲乙木)을 도울 수 있다.

또 갑을목(甲乙木)은 병정화(丙丁火)를 돕고, 병정화(丙丁火)는 무기토(戊己土)를 돕고, 무기토(戊己土)는 경신금(庚辛金)을 도와주니 오행(五行)에 막힘이 없어 좋은 명이 되었다.

또 상하가 서로 친하여 생생불식(生生不息)하니 동서남북의 길복을 모두 갖추어 나라에서 제일가는 부자가 되었다. 수명도 장수하여 오복을 갖추었는데 시(時)에 사중(巳中) 경금(庚金)이 있으니 더 좋다.

■ 곤명(坤命), 부부녀(富夫女), 극제부성격(剋制夫星格)

```
年 月 日 時
癸 甲 乙 癸      乙丙丁戊己庚辛壬
卯 子 巳 未      丑寅卯辰巳午未申
```

【원 문】

楠曰 乙木逢庚便作夫 傷庚丙火氣盈餘 火神未上重相見
남왈 을목봉경변작부 상경병화기영여 화신미상중상견

見火傷庚壽必殂 補註 乙木生於子月 用巳中庚金爲夫星
견화상경수필조 보주 을목생어자월 용사중경금위부성

喜夫星得生於巳也 所以富出紅樓 原日主不弱 能任夫星
희부성득생어사야 소이부출홍루 원일주불약 능임부성

不合運入丙寅 夫星剋制重重 患瘵死也明矣
불합운입병인 부성극제중중 환채사야명의

【해 설】

장남왈(張楠曰), 을목일간(乙木日干)이 사중(巳中) 경금(庚金)이 부성(夫星)인데 사중(巳中) 병화(丙火)가 손상시키니 남편이 매우 해로운 명이 되었다. 매우 왕성한 화(火)는 미토(未土)를 또 만나 화극금(火剋金)하니 경금(庚金)은 사고무친이 되어 남편의 단명을 암시한다.

보주왈(補註曰), 을목일간(乙木日干)이 자월(子月)에 태어나 신강(身强)하고, 사중(巳中) 경금(庚金)이 부성(夫星)이다. 여명은 별격(別格)이 아니면 부성(夫星)을 중점으로 살펴야 한다. 사중경금(巳中庚金)의 병화(丙火)가 미중(未中) 정화(丁火)를 만났으니 화기(火氣)가 매우 왕성해져 경금(庚金)을 극상(剋傷)하니 남편이 단명하여 청춘에 과부가 되었다. 그러나 신강(身强)한데 재성(財星)도 강하여 큰 부자가 되었다. 돈 많은 과부가 된 것이다.

■ 곤명(坤命), 빈요녀(貧夭女), 견부수제격(見夫受制格)

年	月	日	時							
辛	乙	戊	庚	丙	丁	戊	己	庚	辛	壬	癸
丑	未	戌	申	申	酉	戌	亥	子	丑	寅	卯

【원 문】

楠曰 夫星子宿兩星明 最是誇苗實不成 枯木不堪金過剋
남왈 부성자숙양성명 최시과묘실불성 고목불감금과극

早行金運壽先傾 補註 戊生未月 乙木夫星透出 庚金子星透出
조행금운수선경 보주 무생미월 을목부성투출 경금자성투출

俗儒推其夫明子秀 不知乙木被金破之 未中乙木被丑中辛金破之
속유추기부명자수 불지을목피금파지 미중을목피축중신금파지

夫星受制太過 雖有庚金子星 夫星旣制 子安可生乎 大運入酉
부성수제태과 수유경금자성 부성기제 자안가생호 대운입유

乙木損重 自縊死矣
을목손중 자액사의

【해 설】

　장남왈(張楠曰), 무토일간(戊土日干)이 미월(未月)에 태어나 일간(日干)이 매우 왕성하고, 부성(夫星)인 을목(乙木) 관성(官星)과 자성

(子星)인 경신금(庚辛金)이 투출(透出)했다. 그러나 을목(乙木)이 화왕절(火旺節)을 만나 메마르는데 수기(水氣)가 부족하고, 왕성한 금(金)이 금극목(金剋木)을 하니 부성(夫星)이 아름답지 못하다. 또 일간(日干)이 싹과 잎만 가득하고 결실이 없는 격인데, 초년에 금운(金運)을 만나 남편이 일찍 죽고 말았다.

이 명은 부성(夫星)과 자성(子星)이 동시에 투출(透出)했으니 귀격(貴格)으로 볼 수 있으나 을목(乙木)이 파상(破傷)된 것을 이해하면 흉명이라는 것을 알 수 있다. 미중을목(未中乙木)을 축중신금(丑中辛金)이 충파(沖破)하여 관귀(官貴)의 뿌리가 끊어졌고, 부성(夫星)인 을목(乙木)을 경신금(庚辛金)이 심하게 극파(剋破)하고, 화왕절(火旺節)에 설기(泄氣)가 심하며 조열(燥熱)하니 아름답지 않다. 자성(子星) 또한 부성(夫星)을 심패(甚敗)하니 생출(生出)할 수 없고, 대운도 유운(酉運)으로 들어가 남편이 목을 매고 자살한 것이다.

■ 곤명(坤命), 귀이조과금경화중(貴而早寡金輕火重)

年	月	日	時								
壬	辛	甲	丙	庚	己	戊	丁	丙	乙	甲	癸
戌	亥	子	寅	戌	酉	申	未	午	巳	辰	卯

【원문】

楠曰 夫明子秀透天干 運入西方福自完 最恨南方金受制
남왈 부명자수투천간 운입서방복자완 최한남방금수제

不堪鏡破舞孤鸞 補註 甲木生亥月 夫子星透天干 日主有根
불감경파무고란 보주 갑목생해월 부자성투천간 일주유근

樂堪任矣 夫何夫星頗弱 運入西方 夫星生旺之地 夫登甲第
낙감임의 부하부성파약 운입서방 부성생왕지지 부등갑제

官至御史 運入南方 火制辛夫太重入未 夫死而孀居也
관지어사 운입남방 화제신부태중입미 부사이상거야

丙午火氣益甚 帶疾而終驗也
병오화기익심 대질이종험야

【해 설】

이 사주도 여명이니 관성(官星)의 동향을 살펴야 한다. 부성(夫星)
인 신금(辛金)이 월상(月上)에 투출(透出)하고, 자성(子星)인 병화(丙
火)가 시상(時上)에 투출(透出)했다. 일주(日主)와 관성(官星)과 자성
(子星)이 분명하니 좋은 명이다. 대운이 서방의 금운(金運)으로 흘러
복록이 풍족했다. 그러나 가장 흉한 운인 남방 화운(火運)에 금(金)
을 화극금(火剋金)하자 가정이 파경을 맞았다.

보주왈(補註曰), 갑목일간(甲木日干)이 해월생(亥月生)이고, 부성
(夫星)과 자성(子星)이 모두 투출(透出)하여 길하고, 일간(日干)이 뿌
리가 있으니 좋은 명으로 보인다. 그러나 부성(夫星)이 파극(破剋)되
어 쇠약한 것이 문제다. 대운이 서방 금운(金運)으로 들 때는 남편이
등과급제하여 어사에 올랐으나, 남방 화운(火運)에 화극금(火剋金)
으로 부성(夫星)을 파극(破剋)하여 불리한데 미운(未運)까지 만나자
남편이 숨졌다. 그리고 병오(丙午) 대운에는 화기(火氣)가 너무 심하
여 질병을 얻어 고생하다 숨졌다.

■ 곤명(坤命), 요녀(夭女), 관경제중(官輕制重)

```
年 月 日 時
丁 戊 丁 乙      己庚辛壬癸甲乙丙
巳 申 巳 巳      酉戌亥子丑寅卯辰
```

【원 문】

楠曰 丁逢戊土太重重 壬水遭剋制凶 大運不宜重見土
남왈 정봉무토태중중 임수조극제흉 대운불의중견토

中闈早恨失行蹤 補註 丁火以壬水爲夫也 夫何戊土四重
중곤조한실행종 보주 정화이임수위부야 부하무토사중

剋制太過 雖已有庚金 亦不能生之 大運入戊 又見戊土
극제태과 수이유경금 역불능생지 대운입술 우견무토

一勺之水 豈勝衆土之攻乎 患癱疾而死 蓋爲丁火身衰
일작지수 개승중토지공호 환탄질이사 개위정화신쇠

見土泄弱精英也
견토설약정영야

【해 설】

장남왈(張楠曰), 정화일간(丁火日干)이 월상(月上)에서 무토(戊土)를 만나 태중(太重)하고, 부성(夫星)은 신중임수(申中壬水)인데 심하게 극제(剋制)되어 흉하다. 토운(土運)에 남편이 일찍 단명할 것을 암시한다.

보주왈(補註曰), 정화일간(丁火日干)이 신중임수(申中壬水)가 부성(夫星)인데 월상(月上)에 무토(戊土)가 투출(透出)하고, 지지(地支)

에 화기(火氣)가 매우 왕성하니 어떻게 좋은 명이 되겠는가. 신중(申中)에 임수(壬水)가 있으나 심하게 극제(剋制)되는데, 무운(戊運)에 조토(燥土)가 가세하니 약한 임수(壬水)는 중토(重土)의 공격을 감당할 수가 없다. 결국 남편은 질병에 걸려 고생하다 병사하고 말았다. 일주(日主) 정화(丁火)가 무토(戊土)를 도와 흉한데 남편의 수명을 더 재촉한 것이다. 본명은 남편을 극(剋)할 명이다.

■ 곤명(坤命), 귀녀명(貴女命), 거살유관격(去殺有官格)

年	月	日	時								
丁	壬	辛	丙	癸	甲	乙	丙	丁	戊	己	庚
酉	寅	巳	申	卯	辰	巳	午	未	申	酉	戌

【원문】

楠曰 殺星得制獨留官 官殺相停兩得安 最喜南方官旺地
남왈 살성득제독류관 관살상정양득안 최희남방관왕지

時師莫作等閒看 補註 辛金生寅 本畏丁火爲殺 得丁壬化之
시사막작등한간 보주 신금생인 본외정화위살 득정임화지

更畏丙火官星太重 喜有申中壬水沖去月上丙火
갱외병화관성태중 희유신중임수충거월상병화

獨存時日丙火爲夫星 原夫星氣弱 喜行甲乙丙丁旺夫之地
독존시일병화위부성 원부성기약 희행갑을병정왕부지지

夫作廉吏 其貴宜矣
부작염리 기귀의의

【해 설】

　장남왈(張楠曰), 살성(殺星)을 제거하고 정관(正官)을 홀로 머물게
하는 거살유관(去殺留官)이 되었으니 좋은 명이다. 관살(官殺)이 상
정(相停)하여 양성(兩星)이 투출(透出)하여 편관(偏官)을 합거(合去)
하니 길하다. 가장 좋은 것은 남방의 관왕지(官旺地)다. 본명은 함부
로 간명할 사주가 아니다.

　보주왈(補註曰), 신금일간(辛金日干)이 인월(寅月)에 태어나 본래
정화(丁火) 칠살(七殺)을 두려워하는데, 정임(丁壬)이 합(合)하여 칠
살(七殺)을 제거하니 흉이 사라진 셈이다. 또 태중(太重)한 병화(丙
火) 관성(官星)이 두려우나, 신중(申中)에 임수(壬水)가 들고, 월상(月
上)에 투출(透出)한 임수(壬水)가 병화(丙火)를 충거(沖去)하니 길하
다. 홀로 남은 병화(丙火)가 부성(夫星)인데 원명에서 약하게 만들었
다. 운이 갑을병정(甲乙丙丁)의 왕부처(旺夫處)로 흐르자 남편이 승
진하여 염리(廉吏)라는 벼슬에 올랐다.

■ 곤명(坤命), 요고녀(夭孤女), 토중목경격(土重木輕格)

　年　月　日　時
　甲　甲　癸　壬　　　癸壬辛庚己戊丁丙
　辰　戌　未　戌　　　酉申未午巳辰卯寅

【원 문】

楠曰 癸生戌月土重重 甲制干頭返有功 大運不宜重見土
남왈 계생술월토중중 갑제간두반유공 대운불의중견토

再行土運壽年終 補註 癸水生戌 夫何年月日時俱有土旺
재행토운수년종 보주 계수생술 부하년월일시구유토왕

水强進氣 亦不能勝衆土也 早行壬癸 水滋木旺剋土
수강진기 역불능승중토야 조행임계 수자목왕극토

母夫家富 但四庫太多 生子不育 運入未字 土神太重 嘔血而死
모부가부 단사고태다 생자불육 운입미자 토신태중 구혈이사

【해 설】

　장남왈(張楠曰), 계수일간(癸水日干)이 술월(戌月)에 태어나 토기
(土氣)가 무거운데 갑목(甲木)이 간두(干頭)에 투출(透出)하여 제극
(制剋)하니 오히려 공(功)이 된다. 그러나 대운에서 토기(土氣)를 또
만나 토운(土運)에 숨을 거두었다.

　보주왈(補註曰), 계수일간(癸水日干)이 술월(戌月)에 태어나 부성
(夫星)이 년월일시(年月日時)에 거듭 있으니 어찌 좋겠는가. 비록 수기
(水氣)가 강한 절기이나 중토(重土)를 감당하기에는 역부족이다. 임
계(壬癸)의 수왕절(水旺節)이라 친정과 시집이 모두 부귀하나 사고
(四庫)가 너무 많으니 자식을 두어도 키우기 어렵다. 미운(未運)에 토
성(土星)이 더욱 왕성해지자 피를 토하다 요절했다.

■ 곤명(坤命), 빈녀명(貧女命), 목소금다격(木少金多格)

年	月	日	時		庚	己	戊	丁	丙	乙	甲	癸
丙	辛	甲	己		子	亥	戌	酉	申	未	午	巳
午	丑	戌	巳									

【원 문】

楠曰 甲木逢辛本作夫 庚辛夫旺木神枯 豈宜再入西方運
남왈 갑목봉신본작부 경신부왕목신고 개의재입서방운

孤苦貧寒壽早殂 補註 甲戌日主 四柱官殺太盛 本以官星爲夫也
고가난한수조조 보주 갑술일주 사주관살태성 본이관성위부야

夫星太旺 變爲剋身之殺也 運入西方 官殺重見 剋夫子淫賤
부성태왕 섭위극신지살야 운입서방 관살중견 극부자음천

爲身不由己而從人也 運入申運 殺重死矣 世人不知
위신불유기이종인야 운입신운 살중사의 세인불지

謬以八敗而責其不美 殊不知八字本然不美也
류이팔패이책기불미 수불지팔자본연불미야

【해 설】

　장남왈(張楠曰), 갑목일간(甲木日干)이 월상(月上) 신금(辛金)을 부성(夫星)으로 삼는다. 경신금(庚辛金) 부성(夫星)은 매우 왕성한데 갑목일간(甲木日干)은 허약하다. 대운이 서방의 금운(金運)으로 들면 불리한데 초년에 금운(金運)을 만나니 고독하며 가난하게 살다 일찍 숨졌다.

　보주왈(補註曰), 갑술일생(甲戌日生)이 관살(官殺)이 매우 성하고, 관성(官星)이 부성(夫星)이니 부성(夫星)이 매우 왕성한 것이다. 이러한 경우에는 부성(夫星)을 흉한 칠살(七殺)로 보아야 한다. 게다가 대운이 서방으로 흘러 관살(官殺)을 또 만나자 남편과 자식을 극(剋)하고 음천한 신분이 되었고, 신운(申運)에는 칠살(七殺)이 더 무거워져 숨졌다. 세인들은 이런 명을 팔패(八敗)가 있어 흉하다고 하나 팔

자가 본래 아름답지 못한 것을 살피지 않은 것이다.

■ 곤명(坤命), 빈요녀(貧夭女)

年 月 日 時
癸 己 戊 庚　　庚辛壬癸甲乙丙丁
丑 未 辰 申　　申酉戌亥子丑寅卯

【원 문】

楠曰 戊土分明賴木扶 木星入庫兩模糊 不堪再入西方運
남왈 무토분명뢰목부 목성입고양모호 불감재입서방운

貧夭應知賦稟枯 補註 戊土生未 夫星入墓 再加丑字沖之
빈요응지부품고 보주 무토생미 부성입묘 재가축자충지

辰中雖亦有乙木 庚申金貼剋 牛山之木 安得爲美乎 運入西方
진중수역유을목 경신금첩극 우산지목 안득위미호 운입서방

綠窗貧女 兼出遠遊 入酉會金 損傷乙木夫星 服藥而死宜矣
녹창빈녀 겸출원유 입유회금 손상을목부성 복약이사의의

【해 설】

　장남왈(張楠曰), 부성(夫星)인 목(木)이 무토일간(戊土日干)을 다스려야 하는데, 을목(乙木)이 미토(未土)의 고(庫)에 갇혀 매우 약하다. 게다가 대운이 서방의 금운(金運)으로 들어가니 틀림없이 수명이 짧고 가난할 명이다.

　보주왈(補註曰), 무토일간(戊土日干)이 미월생(未月生)인데 부성(夫星)인 을목(乙木)이 미중(未中)에 입묘(入墓)되었고, 축미(丑未)가 상충(相沖)하여 축중신금(丑中辛金)이 미중을목(未中乙木)을 파극

(破剋)한다. 비록 진중(辰中)에 을목(乙木)이 또 있으나 시상(時上)에서 경신금(庚辛金)이 강하게 금극목(金剋木)을 하니 어찌 명이 아름답겠는가. 게다가 대운이 서방의 금운(金運)으로 흘러 금극목(金剋木)하니 가난했다. 부궁(夫宮)이 불리하여 남편은 먼 외지에서 떠돌았고, 유운(流運)에 을목(乙木)이 손상되자 약을 먹고 숨졌다.

■ 곤명(坤命), 선부후고빈부약피제격(先富後孤貧夫弱被制格)

年	月	日	時								
庚	戊	己	甲		丁	丙	乙	甲	癸	壬	辛	庚
午	寅	酉	子		丑	子	亥	戌	酉	申	未	午

【원 문】

楠曰 己生寅月正初旬 木嫩逢金太損神 運早北方夫子秀
남왈 기생인월정초순 목눈봉금태손신 운조북방부자수

西方運入受孤貧 補註 己生寅月 甲木夫星得祿 豈不美乎
서방운입수고빈 보주 기생인월 갑목부성득록 개불미호

但惜生在立春後一二日 甲木柔嫩 年上庚金露出 酉中又有辛金
단석생재입춘후일이일 갑목유눈 년상경금노출 유중우유신금

其木極衰矣 早行丙子 乙亥甲運 衰夫得比得生 旺夫旺子
기목극쇠의 조행병자 을해갑운 쇠부득비득생 왕부왕자

富足金珠 一入西方運 夫星受制 夫子俱死 而孤貧也
부족금주 일입서방운 부성수제 부자구사 이고빈야

【해 설】

장남왈(張楠曰), 기토일간(己土日干)이 인월(寅月) 초순에 태어났으니 아직 추운 겨울이라 힘이 없는데 금(金)을 만나니 심하게 손상되었다. 그러나 대운이 일찍 북방 수왕운(水旺運)으로 흘러 남편과 자식에게 영화가 있었으나, 중년 이후에 서방의 금운(金運)으로 흐르자 외롭고 가난한 명이 되었다.

보주왈(補註日), 기토일간(己土日干)이 인월(寅月)에 태어나 인중(寅中) 갑목(甲木)이 부성(夫星)인데, 시상(時上)에 투출(透出)한 갑목(甲木)이 인목(寅木)에서 녹(祿)을 얻어 귀격(貴格)이 되었다. 그러나 생일(生日)이 입춘(立春) 후 1~2일에 불과해 갑목(甲木)이 어리고, 년상(年上)의 경금(庚金)이 투출(透出)하고, 유중(酉中)에 또 신금(辛金)이 있으니 목(木)이 매우 쇠약하다. 대운이 병자(丙子) 을해(乙亥) 갑운(甲運)으로 흘러 부성(夫星)을 도와주니 남편과 자식이 모두 영화로웠으나, 서방으로 들어가자 부성(夫星)이 금극목(金剋木)을 당하여 남편과 자식이 모두 죽고 혼자 가난하게 살았다.

■ 곤명(坤命), 포정처명(布政妻命), 화중금경(火重金輕)

年	月	日	時		戊	己	庚	辛	壬	癸	甲	乙
丁	丁	乙	庚		申	酉	戌	亥	子	丑	寅	卯
巳	未	未	辰									

【원문】

楠曰 乙逢庚旺旺夫星 火重傷金理自明 自身柱中夫子秀
남왈 을봉경왕왕부성 화중상금리자명 자신주중부자수

重重封贈豈常人 補註 乙日未月 夫子兩星明透 且日主有根
중중봉증개상인 보주 을일미월 부자양성명투 차일주유근

則夫子兩星能任矣 運入西方 相夫相子 俱登運路 運入北方
즉부자양성능임의 운입서방 상부상자 구등운로 운입북방

見水破火存夫 享受襲封 其理然也
견수파화존부 향수보봉 기리연야

【해 설】

장남왈(張楠曰), 을목일간(乙木日干)이 강한 경금(庚金)이 부성(夫星)인데, 화왕절(火旺節)에 정화(丁火) 상관(傷官)이 많으니 부성(夫星)이 손상될 것이 분명하다. 그런데 대운이 금왕운(金旺運)으로 흘러 남편과 자식이 모두 수기(秀氣)를 얻어 귀격(貴格)이 되었으니 평범한 명이 아니다.

보주왈(補註曰), 을목일간(乙木日干)이 화왕절(火旺節)인 미월생(未月生)인데, 부성(夫星)과 자성(子星)이 모두 밝게 나타나고, 일간(日干)이 뿌리가 있으니 부성(夫星)과 자성(子星)이 능히 자신의 역할을 다 할 수 있는 귀격(貴格)이다. 더 좋은 것은 대운이 서방 금왕운(金旺運)으로 흘러 부성(夫星)을 돕는 것이고, 다시 북방 수왕운(水旺運)으로 흘러 수극화(水剋火)로 부성(夫星)을 보호하니 남편이 승진하여 고관대작이 되었다.

2. 편관격(偏官格)

【원 문】

楠曰 偏官爲陽見陽 陰見陰 原非陰陽配合
남왈 편관위양견양 음견음 원비음양배합

更得食神傷官以制去其凶銳 雖先爲剋我之凶神 金則馴致其凶
갱득식신상관이제거기흉예 수선위극아지흉신 금즉순치기흉

而又爲我之奴僕也 用偏官 如人之畜奴僕 箝制太過 則爲盡法無民
이우위아지노복야 용편관 여인지축노복 겸제태과 즉위진법무민

則奴僕力衰 不能爲我運動 若箝制之不及 則奴反主矣 偏官則七殺也
즉노복력쇠 불능위아운동 약겸제지불급 즉노반주의 편관즉칠살야

如甲日干 數至第七箇字逢庚字 號爲七殺 乃剋身之刀劍一般
여갑일간 수지제칠개자봉경자 호위칠살 내극신지도검일반

偏官無制 曰七殺 故宜制伏 亦畏太過 亦畏不及
편관무제 왈칠살 고의제복 역외태과 역외불급

【해 설】

　장남왈(張楠曰), 편관(偏官)은 나를 극(剋)하는 것으로 양(陽)이 양(陽)을 만나고 음(陰)이 음(陰)을 만나는 것이다. 원래 음양의 배합이 이루어지지 않았는데 나를 정면으로 극해(剋害)하니 흉신(凶神)이고, 주중(柱中)에서 식신(食神)이나 상관(傷官) 편관(偏官)의 흉을 제거하면 좋은데 제복(制伏)시키기 전에 아신(我身)을 극상(剋傷)하는 흉신(凶神)이다. 그러나 제복(制伏)시킨 후 그 흉을 순화시키면 나를 지켜주는 노복이 된다.

편관(偏官)의 작용은 노복을 다스리는 것과 같다. 지나치게 칠살(七殺)을 억제하면 노복이 따르지 않고, 주인인 아신(我身)을 도와주지 않으니 고관이나 큰 부자가 될 수 없다. 그러나 칠살(七殺)을 다스리는 힘이 약하면 노복이 배반한다.

편관(偏官)은 칠살(七殺) 작용을 한다. 예를 들어 갑목(甲木)이 천간(天干)에서 7위인 경금(庚金)을 만나면 갑경충(甲庚沖)을 하는데, 이것이 칠살(七殺)이 되어 아신(我身)을 극(剋)하는 도검이며 총포가 된다. 편관(偏官)을 다스리지 못하면 7가지 방법으로 아신(我身)을 해롭게 한다고 하여 칠살(七殺)이라 하는 것이다. 따라서 칠살(七殺)은 제복(制伏)시켜야 좋은데, 제압하면 칠살(七殺)이 아니라 편관(偏官)이 된다. 칠살(七殺)이 지나치게 많거나 부족하면 역시 흉하다.

【원 문】

凡看命 先看七殺 若有七殺 就要將此七殺處置了 方能用得別物
범간명 선간칠살 약유칠살 취요장차칠살처치료 방능용득별물

若不能除去其七殺 則殺星能害我性命 譬如人雖有金銀田産
약불능제거기칠살 즉살성능해아성명 비여인수유금은전산

無性命 此寶亦爲閑物 原古書云 有殺須論殺 無殺方論用
무성명 차보역위한물 원고서운 유살수론살 무살방론용

蓋先人立有此言 特未分明顯說 故使學者心上糢糊 但殺是勢惡權貴
개선인입유차언 특미분명현설 고사학자심상모호 단살시세악권귀

奸邪小人之象 故用殺得宜 多主顯耀宦臣相類 與其媚於奧
간사소인지상 고용살득의 다주현요환신상류 여기미어오

不若媚於竈之意也
불약미어조지의야

【해 설】

간명할 때는 먼저 칠살(七殺)을 보아야 한다. 만일 칠살(七殺)이 있
으면 다른 오행(五行)이 칠살(七殺)을 제극(制剋)하거나 합(合)해야
한다. 그렇지 않으면 아신(我身)을 극해(剋害)한다. 금은보화나 땅이
아무리 많아도 생명을 유지할 수 없으면 필요없게 되는 것과 같다.

고서에 칠살(七殺)에 대해 살(殺)이 있으면 살(殺)만 논하고, 살
(殺)이 없으면 작용을 논한다는 말이 있다. 그러나 전후를 자세히 설
명하지 않고 뜬구름을 잡는 것 같은 애매한 말뿐이라 후학자들이 어
려움에 부딪히게 된 것이다. 그래서 권귀(權貴)나 간사하며 소인의
표상으로 취급한 것이다. 살(殺)이 작용하면 낮은 벼슬자리에서 아부
하고, 간사하며 정의가 없고 군자답지 못하다는 것이다.

【원 문】

月上逢官者 無可用之理 但能管束我之身 安肯爲我用也
월상봉관자 무가용지리 단능관속아지신 안긍위아용야

但或官星衰則生之 官星太旺則剋之 取此以定禍福
단혹관성쇠즉생지 관성태왕즉극지 취차이정화복

五亦未見用月上官星是貴命 只見用殺星多富貴人也
오역미견용월상관성시귀명 지견용살성다부귀인야

子平書俱涵蓄說 隱而不發其眞理 故殺者 殺我也 是殺身之對手
자평서구함축설 은이불발기진리 고살자 살아야 시살신지대수

官者 管我也 是制身之繩法 此造化之正理 不可不知也
관자 관아야 시제신지승법 차조화지정리 불가불지야

【해 설】

　월상(月上)의 관성(官星)은 아신(我身)을 구속할 뿐 작용할 수 없다. 관성(官星)이 쇠약하면 재성(財星)이 관성(官星)을 도와야 길하고, 관성(官星)이 지나치면 식상(食傷)이 제극(制剋)해야 길하니, 이와 같은 원리로 화복을 논해야 한다. 월상(月上)에 관성(官星)이 있는데 귀격(貴格)이 된 경우는 보지 못했으나 살성(殺星)이 있는데 부귀한 사람은 많이 보았다.

　자평서(子平書)에 숨어 있는 참된 원리가 있다. 살신(殺身)은 아신(我身)을 극해(剋害)한다는 말인데, 관성(官星)은 아신(我身)을 보호한다는 말이니 아신(我身)을 다스린다는 뜻이다. 따라서 칠살(七殺)은 지지(地支)에 암장(暗藏)되거나 제복(制伏)시켜야 길하다는 말은 참된 원리다. 이러한 원리를 제대로 알지 못하면 안 된다.

【원 문】

曰棄命從殺格 緣日主全無一點生氣 四柱純然酉官殺
왈기명종살격 연일주전무일점생기 사주순연유관살

則不得已而只得從殺也 非如遇強盜 本身無主 只得拾命而從之
즉부득이이지득종살야 비여우강도 본신무주 지득습명이종지

就要有財 生起其殺 行財殺運 以生助其殺也 畏見八字有根處
취요유재 생기기살 행재살운 이생조기살야 외견팔자유근처

及制殺運 猶如從盜 又思歸父母兄弟之鄉 則盜放汝乎
급제살운 유여종도 우사귀부모형제지향 즉도방여호

又如從盜 就要助起其盜 若又剋害之 則盜必惡汝 此格出正理
우여종도 취요조기기도 약우극해지 즉도필악여 차격출정리

甚有驗也 但六陰日干有從之之理 如婦人屬陰 亦有從人之道
심유험야 단육음일간유종지지리 여부인속음 역유종인지도

若太陽日干 見殺多 只或作殺重身輕看 若日主全無氣
약태양일간 견살다 지혹작살중신경간 약일주전무기

亦作棄命看 亦畏見根也
역작기명간 역외견근야

【해 설】

　기명종살격(棄命從殺格)은 일간(日干)이 생기가 하나도 없는 것을 말한다. 사주가 순연한데 관살(官殺)만 많으면 부득이 종살(從殺)해야 한다. 강도를 만났는데 힘이 없으면 순종해야 하는 것과 같다. 이때는 재성(財星)으로 살(殺)을 돕고, 재살운(財殺運)을 만나 살(殺)을 도와야 한다.

　기명종살격(棄命從殺格)은 팔자에 일간(日干)을 돕는 뿌리가 있으면 흉하고, 제살운(制殺運)을 만나는 것도 흉하다. 도적의 무리를 따라야 하는 처지인데 다른 생각을 하면 그냥 두지 않을 테니 말이다. 이때는 그들에게 충성해야 살아남을 수 있다.

　기명종살격(棄命從殺格)의 원리는 명확하며 증험도 뚜렷하다. 만일 여명이 음일생(陰日生)이라면 아내가 남편을 따르는 것과 같으니 순리다. 만일 양일생(陽日生)이 살신(殺神)이 많고 신약(身弱)하고 무기(無氣)해도 역시 기명(棄命)해야 한다. 종살격(從殺格)인데 인성(印星)이나 비겁(比劫)에 뿌리가 있으면 매우 흉하고, 인비운(印比運)을 만나면 목숨을 잃는다.

【원 문】

喜忌篇云 五行遇月支偏官 歲時中亦宜制伏 類有去官有殺
희기편운 오행우월지편관 세시중역의제복 류유거관유살

亦有去殺有官 四柱純雜有制 定居一品之尊 略見一位正官
역유거살유관 사주순잡유제 정거일품지존 약견일위정관

官殺混雜反賤 楠曰 四柱純雜有制 蓋言四柱中純雜無官
관살혼잡반천 남왈 사주순잡유제 개언사주중순잡무관

有食神制伏得宜 定居一品之尊 上文所謂五行遇月支偏官
유식신제복득의 정거일품지존 상문소위오행우월지편관

歲時中亦宜制伏之謂也 若殺爲用神 雜以正官 有傷官剋制
세시중역의제복지위야 약살위용신 잡이정관 유상관극제

或官爲用神 雜以七殺 有食神制伏 亦定居一品之尊
혹관위용신 잡이칠살 유식신제복 역정거일품지존

上文類有去官有殺 亦有去殺有官之謂也 官殺混雜反賤
상문류유거관유살 역유거살유관지위야 관살혼잡반천

是無制伏 無去留之謂也 或者改純粹有制爲純殺有制誤矣
시무제복 무거류지위야 혹자개순수유제위순살유제오의

【해 설】

희기편운(喜忌篇云), 월지(月支)가 편관(偏官)에 해당하는데 세시에서 다스려 거관유살(去官有殺)이나 거살유관(去殺留官)이 되면 귀격(貴格)이 되고, 사주가 순잡한데 다스리면 일품의 지위에 오른다. 그러나 정관(正官)이 하나 있는데 칠살(七殺)이 있으면 관살(官殺)이 혼잡되어 천한 명이 된다.

장남왈(張楠曰), 사주순잡유제(四柱純雜有制)는 관살(官殺)이 혼잡되었을 때 식신(食神)이 관살(官殺)을 제거하면 일품의 귀(貴)를 누린다는 뜻이다.

오행월지편관(五行月支偏官) 세시중역의제복(歲時中亦宜制伏)이라는 말은 칠살(七殺)이 용신(用神)작용을 하는데 정관(正官)이 있어 관살(官殺)이 혼잡되면 상관(傷官)이 정관(正官)을 다스려야 하고, 관성(官星)이 용신(用神) 작용을 하는데 칠살(七殺)이 혼잡되면 식신(食神)으로 다스려야 귀격(貴格)이 된다는 뜻이다. 이런 명은 만인지상 일인지하의 지위에 오를 것이다.

위의 문류유거관유살역유거살유관(文類有去官有殺亦有去殺有官)이란 말이 바로 그것을 뜻한다. 그러나 정관(正官)이 하나 있는데 관살(官殺)이 혼잡되면 오히려 천한 명이 된다는 말은 제복(制伏)과 거류(居留)가 없다는 뜻이다. 순수유제(純粹有制)의 뜻으로 해석하면 안 된다.

■ 건명(乾命), 병총령조(兵總領造), 고순잡유제류(古純雜有制類)

年	月	日	時								
癸	丁	壬	甲		丙	乙	甲	癸	壬	辛	庚	己
卯	巳	寅	辰		辰	卯	寅	丑	子	亥	戌	酉

이 사주는 임수일간(壬水日干)이 사월(巳月)에 태어나고, 지지(地支)에 인묘진(寅卯辰)이 방합(方合)을 이루어 매우 신약(身弱)하다. 얼핏보면 종격(從格)인 것 같으나 년상(年上)에 계수(癸水)가 투출(透出)하고, 사중(巳中)에 경금(庚金)이 들었으니 정격(正格)이다. 금수운(金水運)은 길하나 목화운(木火運)은 흉하다.

초년은 목(木) 대운이라 질병으로 고생했으나 계축운(癸丑運)부터 용신운(用神運)이라 발복하여 대권을 장악하고 고관대작이 되어 35년 동안이나 부귀영화를 누렸다. 그러나 술토(戊土) 대운에 인오술(寅午戌)이 화국(火局)을 이루어 용신(用神)을 파극(破剋)하자 숨졌다. 원명은 크게 자랑할 것이 없으나 대운이 좋아 출세한 것이다.

■ 건명(乾命), 조시랑(趙侍郎)

年	月	日	時								
丙	丙	甲	丁	丁	戊	己	庚	辛	壬	癸	甲
午	申	寅	卯	酉	戌	亥	子	丑	寅	卯	辰

이 사주는 갑목일간(甲木日干)이 신월(申月)에 태어나 신약(身弱)한데, 년월(年月)에 병화(丙火)가 투출(透出)하고, 시상(時上)에 정화(丁火)가 투출(透出)하고, 년지(年支)에 오화(午火)가 들어 화기(火氣)가 매우 왕성하니 설기(泄氣)가 심하다. 신중임수(申中壬水)가 용신(用神), 인목(寅木)은 희신(喜神), 묘목(卯木)은 한신(閑神), 화기(火氣)는 기신(忌神)이다. 신금(申金)이 구신(仇神) 역할을 하는데 인신상충(寅申相沖)하여 흉하다. 이 사주는 격을 보면 불안한 명이나 대운이 해

자축(亥子丑) 용신운(用神運)으로 흘러 시랑(侍郎)에 오른 것이다.

■ 건명(乾命), 유팔문사조(劉八門司造)

年	月	日	時							
甲	乙	丙	庚	丙	丁	戊	己	庚	辛	壬	癸
申	亥	戌	寅	子	丑	寅	卯	辰	巳	午	未

이 사주는 병화일간(丙火日干)이 해월생(亥月生)이고, 시상(時上)에
경금(庚金)이 투출(透出)하고, 년지(年支)에 신금(辛金)이 들고, 일지
(日支)에 술토(戌土)가 들어 신약(身弱)하다. 그러나 귀격(貴格)이 된
것은 년월(年月)에 투출(透出)한 갑을(甲乙)이 관인상생(官印相生)을
하여 사주가 안정되었기 때문이다. 더구나 대운도 목화운(木火運)으
로 흘러 평생 고관대작으로 부귀영화를 누렸다.

월지(月支) 해수(亥水)는 칠살(七殺)이지만 월상(月上) 을목(乙木)이
수생목(水生木) 목생화(木生火)하여 전화위복이 되었다. 칠살(七殺)이
기신(忌神)일 때 처리하는 방법은 두 가지다. 하나는 인수(印綬)가 힘
이 있어 관인상생(官印相生)을 시켜 길하게 만드는 것이고, 또 하나는
식상(食傷)으로 억제하는 방법인데, 사주의 구조에 따라 적용한다.

■ 건명(乾命), 주백온(周伯蘊)

年	月	日	時							
戊	甲	丁	庚	乙	丙	丁	戊	己	庚	辛	壬
戌	子	未	戌	丑	寅	卯	辰	巳	午	未	申

이 사주는 우승상(右丞相)을 지낸 주백온(周伯蘊)의 명인데, 고관에 오른 것을 보면 목화운(木火運)이 길하다는 뜻이다. 정화일간(丁火日干)이 자월(子月)에 태어나 실령(失令)했으니 신약(身弱)하다. 칠살(七殺)이 기신(忌神)에 해당하니 월상(月上) 갑목(甲木)으로 관인상생(官印相生)을 시키는 것이 가장 길하고, 주중(柱中)에 토기(土氣)가 많은데 칠살(七殺)이 강하니 극누교가(剋漏交加)가 되는 사주다. 신약(身弱)한데 극누교가(剋漏交加)가 되면 매우 불리하다.

그러나 월상(月上) 갑목(甲木)이 목극토(木剋土)로 토기(土氣)를 억제하니 심한 설기(泄氣)를 막고, 수생목(水生木) 목생화(木生火)로 관살(官殺)을 중화시켜 좋은 명이 되었다. 더구나 대운이 목화운(木火運)으로 흘러 우승상(右丞相)이라는 높은 자리에 올라 부귀영화를 누렸다.

■ 건명(乾命), 모개천상서조(毛价川上書造), 근시순잡유제류(近時純雜有制類)

年	月	日	時								
甲	丙	丁	甲	丁	戊	己	庚	辛	壬	癸	甲
寅	子	巳	辰	丑	寅	卯	辰	巳	午	未	申

이 사주는 정화일간(丁火日干)이 자월(子月)에 태어나 실령(失令)했으나 목기(木氣)와 화기(火氣)가 강하니 신강(身强)하다. 특히 화기(火氣)가 강하여 신강(身强)해졌으니 월지(月支)의 자중(子中) 계수(癸水)가 용신(用神)이고, 금(金)은 희신(喜神)이다. 용신(用神)이 월지(月支)에 있으니 강하다. 용신(用神)이 강하면 능력이 많은 명이 되

는데 이 사람도 상서(上書)라는 고관에 올랐다. 그러나 대운을 보면 천간(天干)은 금수운(金水運)으로 흐르나 지지(地支)는 목화운(木火運)으로 흘러 비록 상서(上書)에 올랐으나 고전을 많이 했다.

■ 건명(乾命), 첩목승상(帖木丞相), 고살위용신(古殺爲用神) 잡관유제례(雜官有制例)

年	月	日	時								
戊	辛	丙	庚		壬	癸	甲	乙	丙	丁	戊	己
申	酉	申	寅		戌	亥	子	丑	寅	卯	辰	巳

이 사주는 병화일간(丙火日干)이 유월(酉月)에 태어났으니 실령(失令)하여 종재격(從財格)으로 보이지만 정격(正格)이다. 그러나 신약(身弱)하여 시지(時支) 인목(寅木)에 통근(通根)하여 명맥만 이어가고 있다. 게다가 유일하게 생명력을 지닌 시지(時支) 인목(寅木)이 인신상충(寅申相沖)을 당하여 뿌리가 상했으니 문제가 많은 사주다. 그런데 중년부터 대운이 병인(丙寅) 정묘(丁卯)의 용신운(用神運)으로 흘러 승상(丞相)이라는 높은 벼슬에 올랐다. 그러나 원명이 불리하여 재임기간에도 여자와 재물 문제로 어려움이 많았다.

■ 건명(乾命), 이유제(李柳帝), 잡기재관격(雜氣財官格)

年	月	日	時								
戊	乙	丁	辛		丙	丁	戊	己	庚	辛	壬	癸
子	丑	未	亥		寅	卯	辰	巳	午	未	申	酉

이 사주는 정화일간(丁火日干)이 축월(丑月)에 태어나 사주가 한냉하다. 조후(調候)를 위해서나 억부(抑扶)를 위해서나 불이 필요한데 일간(日干)에 있는 정화(丁火)밖에 없다. 용신(用神)은 사주의 팔자에서 찾아야 한다. 팔자에 없는 것을 용신(用神)으로 취할 수는 없다. 일간(日干)의 정화(丁火)가 용신(用神)인데 일지(日支)에 미토(未土)가 들어 미중(未中) 정화(丁火)에 통근(通根)하고, 월상(月上)에 을목(乙木)이 투출(透出)하여 목생화(木生火)하니 길하다.

더구나 매우 왕성한 해자축(亥子丑) 수기(水氣)를 월상(月上) 을목(乙木)이 수생목(水生木) 목생화(木生火)로 관인상생(官印相生)을 시키니 길하다. 대운도 초년은 인묘진운(寅卯辰運)이라 희신(喜神)이 되어 길하고, 중년은 사오미운(巳午未運)이니 용신운(用神運)이라 좋아 발복했다.

■ 건명(乾命), 황장원(黃狀元), 잡기재관격(雜氣財官格)

年	月	日	時								
壬	甲	己	壬		乙	丙	丁	戊	己	庚	辛	壬
子	辰	卯	申		巳	午	未	申	酉	戌	亥	子

이 사주는 수기(水氣)와 목기(木氣)가 매우 왕성하니 화운(火運)과 토운(土運)이 길하고, 목기(木氣)가 강하니 금운(金運)도 길하다. 비겁(比劫)과 재성(財星)이 모두 왕성하니 재물복이 많은 사주이지만 관성(官星)이 흉하게 작용하니 고관은 될 수 없다. 초년 대운은 사오미운(巳午未運)인데 용신(用神) 작용을 하니 일찍 발복했고, 중년 대

운에는 신유술(申酉戌)이 금극목(金剋木)을 하니 역시 희신(喜神) 작용을 하여 좋았다. 그러나 말년은 해자축운(亥子丑運)인데 기신(忌神) 작용을 하니 흉하여 재물이 손실되었다.

- 건명(乾命), 하참정(何參政)

年	月	日	時	
丙	戊	壬	辛	己庚辛壬癸甲乙丙
寅	戌	戌	丑	亥子丑寅卯辰巳午

이 사주는 임수일간(壬水日干)이 술월(戌月)에 태어났으나 시상(時上)에 신금(辛金)이 투출(透出)하고, 시지(時支)에 축토(丑土)가 통근(通根)하고, 술중(戌中)에 신금(辛金)이 암장(暗藏)되어 신약(身弱)하지 않다. 년상(年上)의 병화(丙火)가 용신(用神), 년지(年支)의 인목(寅木)이 희신(喜神), 술토(戌土)는 기신(忌神), 신금(辛金)은 구신(仇神), 축토(丑土)는 한신(閑神), 인묘진(寅卯辰)과 사오(巳午)는 길신(吉神)이다.

초년 대운은 해자축(亥子丑)이라 발달하지 못했으나 중년부터 인묘진(寅卯辰)으로 흘러 발복했고, 말년은 사오(巳午) 용신운(用神運)이라 부귀영화를 누렸다. 이 사주는 재물복은 많으나 관운(官運)은 없는 명인데 참정(參政)을 지낸 것은 돈을 주고 샀기 때문이다.

■ 건명(乾命), 심낭중(沈郎中), 수불일품역합관성칠살교차(雖不一品 亦合官星七殺交差)

年 月 日 時
丙 甲 辛 辛   乙丙丁戊己庚辛壬
子 午 亥 卯   未申酉戌亥子丑寅

이 사주는 오중(午中) 정화(丁火)가 편관(偏官)이니 월상편관격(月上偏官格)이다. 오월(午月) 신금(辛金)이라 열기가 심하여 조후(調候)가 시급하니 년지(年支) 자수(子水)가 용신(用神)이다. 그리고 신약(身弱)하니 경신금(庚辛金)이 희신(喜神), 병정화(丙丁火)가 기신(忌神), 갑을목(甲乙木)이 구신(仇神)이다. 초년에는 미신유(未申酉)가 희신(喜神)에 해당하여 등과하고, 중년에는 해자축(亥子丑)이 용신(用神運)에 해당하니 발복하여 황궁에서 요직을 맡았다.

이 주중(柱中)에서 공부할 것은 신약(身弱)해도 식상(食傷)이 용신(用神)이 될 수 있다는 것이다. 물론 억부법(抑扶法)으로 보면 토금(土金)이 길하지만 조후(調候)로 보면 금수(金水)가 길하니 조후(調候) 작용을 더 많이 한 것이다.

■건명(乾命), 탈탈태사조(脫脫太師造), 수불부역합살유거류이귀(雖不富 亦合殺有去留而貴)

年 月 日 時
甲 己 癸 丁   庚辛壬癸甲乙丙丁
寅 巳 酉 巳   午未申酉戌亥子丑

이 사주는 계수일간(癸水日干)이 자월(子月)에 태어났으니 실령(失令)하여 신약(身弱)한데 화기(火氣)가 많다. 따라서 수기(水氣)가 용신(用神)이고, 금생수(金生水)하니 금(金)이 희신(喜神)이다. 일지(日支)에 유금(酉金)이 들고, 사중(巳中)에 경금(庚金)이 암장(暗藏)되어 금기(金氣)가 강하니, 용신(用神)보다 희신(喜神)이 강한 사주가 되었고, 용신(用神)이 약하나 희신(喜神)이 강하여 주변의 도움으로 자신의 능력을 발휘할 수 있었던 것이다. 더구나 대운도 금수운(金水運)으로 흐르자 태사(太師)에 올라 혁혁한 공을 세웠다. 또 일지(日支) 유금(酉金)이 힘이 있어 아내복도 많고 재물복도 많았다. 그러나 재성(財星)이 혼잡하여 여자문제는 피하지 못했다.

■ 건명(乾命), 엽승상(葉丞相)

年	月	日	時								
壬	壬	己	壬	癸	甲	乙	丙	丁	戊	己	庚
寅	寅	卯	申	卯	辰	巳	午	未	申	酉	戌

이 사주는 영수(領袖)를 지낸 엽승상(葉丞相)의 명인데 정관격(正官格)이다. 비록 목기(木氣)가 매우 왕성하나 인중(寅中) 병화(丙火)가 목생화(木生火) 화생토(火生土)로 관인상생(官印相生)을 시켜 태약(太弱)을 면하고 신약(身弱) 사주가 되었다. 만일 묘월생(卯月生)이었다면 종격(從格)이 되었을 것이다. 그러나 인월생(寅月生)이라 인중(寅中)에 병화(丙火)가 암장(暗藏)되어 종격(從格)이 될 수는 없다. 만일 이 사주를 종격(從格)으로 보면 큰 실수를 하는 것이다. 이 사람은

화토운(火土運)에 발복하는데 대운이 진사오미(辰巳午未)로 들어가
영수(領袖)까지 된 것이다.

■ 건명(乾命), 진사승(陳寺丞), 정관격(正官格)

```
年 月 日 時
乙 辛 辛 戊        庚己戊丁丙乙甲癸
酉 巳 未 子        辰卯寅丑子亥戌酉
```

이 사주는 신금일간(辛金日干)이 사월(巳月)에 태어나 실령(失令)
했으나, 년지(年支)에 유금(酉金)이 들고, 일지(日支)에 미토(未土)가
들어 약하지 않다. 시지(時支) 자수(子水)가 용신(用神), 금(金)은 희
신(喜神), 화(火)는 기신(忌神), 목(木)은 구신(仇神), 토(土)는 한신
(閑神)이다. 중년부터 대운이 용신운(用神運)인 축자해(丑子亥)로 흘
러 승상(丞相)까지 되었다.

■ 건명(乾命), 관살혼잡격(官殺混雜格)

```
年 月 日 時
癸 癸 丙 壬        壬辛庚己戊丁丙乙
亥 亥 午 辰        戌酉申未午巳辰卯
```

이 사주는 병화일간(丙火日干)이 년월(年月)에 계수(癸水)가 들고,
시상(時上)에 임수(壬水)가 들었으니 관살혼잡격(官殺混雜格)이 되
었다. 신약(身弱)하니 목화운(木火運)이 길하고, 금수운(金水運)은

흉하다. 이 사주는 월지(月支)의 해중(亥中)에 암장(暗藏)된 갑목(甲木)이 아주 중요한 작용을 한다. 즉 수생목(水生木) 목생화(木生火)로 지나치게 왕성한 수기(水氣)를 돌려 관인상생(官印相生)을 시켰다. 기미(己未) 대운부터 발복하기 시작하더니 무오(戊午) 정사(丁巳) 대운에는 대권을 장악했다.

■ 건명(乾命), 사위왕미원(史魏王彌遠)

年	月	日	時
甲	丙	乙	辛
申	寅	卯	巳

丁戊己庚辛壬癸甲
卯辰巳午未申酉戌

이 사주는 을목일간(乙木日干)이 인월(寅月)에 태어났으니 득령(得令)하여 신강(身强)하다. 년상(年上)에 갑목(甲木)이 투출(透出)하고, 일지(日支)에 묘목(卯木)이 들어 목기(木氣)가 매우 왕성하다. 용신(用神)은 시상(時上) 신금(辛金)인데 년지(年支) 신금(申金)에 통근(通根)하고, 사중(巳中) 경금(庚金)에 통근(通根)하여 약하지 않다. 그러나 인신상충(寅申相沖)으로 용신(用神)의 뿌리에 큰 결함이 생겨 부귀영화가 많이 줄어들었다.

경신금(庚辛金)은 용신(用神), 병사화(丙巳火)는 한신(閑神), 갑을목(甲乙木)은 기신(忌神)이다. 무진(戊辰)·기사(己巳)·경오(庚午) 대운은 화토운(火土運)이니 한신(閑神)과 희신(喜神)에 해당하여 평범하게 발달하다가 용신운(用神運)인 신미(辛未)·임신운(壬申運)에 부귀영화를 누렸다. 본명은 관성(官星)이 길작용을 하나 재성(財星)이 없어 관직은 누릴 수 있었으나 재물은 많지 않았다.

■ 건명(乾命), 우승상(右丞相)

　年　月　日　時

　己　癸　庚　丙　　　壬辛庚己戊丁丙乙

　亥　酉　午　戌　　　申未午巳辰卯寅丑

　이 사주는 경금일간(庚金日干)이 유월(酉月)에 태어났으니 득령(得令)하여 신강(身强)하고, 시상(時上) 병화(丙火)가 용신(用神)인데 일지(日支) 오화(午火)에 통근(通根)하여 강하다. 어떤 사주든 용신(用神)이 강하면 큰 인물이 되고, 대운이 용신운(用神運)으로 흐르면 발복할 수 있다. 본명도 대운이 대부분 목화운(木火運)으로 흘러 승상(丞相)에 올라 부귀영화를 누렸다.

　또 일지(日支) 오화(午火)가 용신(用神)에 해당하니 아내복도 아주 많아 현모양처를 만나 고위직을 유지하는데 많은 내조를 받았다. 복이 많은 전형적인 정치인의 사주다.

■ 건명(乾命), 삼보노승상(三寶奴丞相)

　年　月　日　時

　庚　辛　甲　壬　　　壬癸甲乙丙丁戊己

　午　巳　申　申　　　午未申酉戌亥子丑

　이 사주는 갑목일간(甲木日干)이 사월(巳月)에 태어났으니 실령(失

쇠)하여 신약(身弱)하다. 신약(身弱)하면 인비(印比)가 길하니 시상(時上)에 투출(透出)한 임수(壬水)가 용신(用神)인데, 일지(日支)와 시지(時支)의 신금(申金)에 의지하니 강하다. 따라서 금수운(金水運)은 좋으나 화토운(火土運)은 흉하다.

그러면 목운(木運)은 어떤 작용을 하는가. 사실 갑목일간(甲木日干)이 신약(身弱)하지만 기신(忌神)인 화운(火運)을 목생화(木生火)로 돕는 작용도 하니 목운(木運)은 한신(閑神)에 해당한다. 대운의 흐름을 중요하게 보는 것은 간명의 비법인데, 대운이 신유술(申酉戌) 금운(金運)과 해자축(亥子丑) 수운(水運)으로 흘러 승상(丞相)이라는 높은 자리에 오른 것으로 본다.

■ 건명(乾命), 정상서(鄭上書)

年	月	日	時									
庚	壬	戊	甲		癸	甲	乙	丙	丁	戊	己	庚
寅	午	寅	寅		未	申	酉	戌	亥	子	丑	寅

이 사주는 무토일간(戊土日干)이 오월(午月)에 태어났으니 득령(得令)했고, 년일시지(年日時支)에 인목(寅木)이 세 개나 들어 목기(木氣)와 화기(火氣)가 지나치게 많다. 월상(月上) 임수(壬水)가 용신(用神)이고 년상(年上) 경금(庚金)이 희신(喜神)인데, 용신(用神)도 약하고 희신(喜神)도 약하다.

그런데 상서(上書)라는 높은 벼슬을 지낸 것을 보면 대운에서 답을 찾아야 한다. 대운이 금수운(金水運)으로 흘렀기 때문이다. 초년에는 대운이 신유술(申酉戌) 희신운(喜神運)으로 흘러 등과하고, 중년에는 해자축(亥子丑) 용신운(用神運)을 만나 상서(上書)에 오른 것이다. 그러나 부하들이 잘 따르지 않았는데 용신(用神)이 매우 약하기 때문이다. 사주의 격에 맞지 않게 높은 지위에 오르면 부하들이 잘 따르지 않고, 통치도 제대로 할 수 없는 법이다.

■ 건명(乾命), 주상서(朱上書)

年	月	日	時								
庚	丙	戊	甲		丁	戊	己	庚	辛	壬	癸	甲
辰	戌	戌	寅		亥	子	丑	寅	卯	辰	巳	午

이 사주는 무토일간(戊土日干)이 술월(戌月)에 태어났으니 득령(得令)하여 신강(身强)하다. 토(土)를 다스리려면 시상(時上) 갑목(甲木)이 필요하고, 조후(調候)하려면 병화(丙火)가 필요하다. 즉 목화운(木火運)은 길하나 토금수운(土金水運)은 흉하다. 그러나 조후(調候)가 우선이니 월상(月上) 병화(丙火)를 용신(用神), 시상(時上) 갑목(甲木)을 희신(喜神)으로 삼는다. 편관(偏官)이 길하게 작용하니 관운(官運)이 좋은 사주다.

초년에는 해자축운(亥子丑運)이 기신(忌神)에 해당하여 발달하지 못했으나, 중년에는 인묘진운(寅卯辰運)이 희신(喜神)에 해당하여 상서(上書)에 오를 수 있었다.

■ 건명(乾命), 범상서(范上書)

年	月	日	時								
辛	辛	乙	丁	庚	己	戊	丁	丙	乙	甲	癸
巳	丑	卯	亥	子	亥	戌	酉	申	未	午	巳

이 사주는 을목일간(乙木日干)이 축월(丑月)에 태어났으니 얼어죽을 지경이다. 조후(調候)하려면 무조건 병화(丙火)나 정화(丁火)가 있어야 한다. 따라서 용신(用神)은 시상(時上)에 투출(透出)한 정화(丁火)인데, 년지(年支) 사화(巳火)에 통근(通根)하고, 일지(日支) 묘목(卯木)에 의지하니 강하다. 초년에는 자해(子亥) 수운(水運)이 기신(忌神)에 해당하여 고생이 많았다. 그러나 정병(丁丙) 대운을 만나 거듭 승진하더니 미오사운(未午巳運)에 상서(上書)에 올라 부귀영화를 누렸다.

【원 문】

格解 又分五行 遇月支偏官 歲時中亦宜制伏爲一節 分四柱純雜有制
격해 우분오행 우월지편관 세시중역의제복위일절 분사주순잡유제

定居一品之尊 略見一位正官 官殺混雜反賤爲一節 至於中間類有
정거일품지존 약견일위정관 관살혼잡반천위일절 지어중간류유

去官留殺 亦有 去殺留官 二句 乃刪之而不用 俱屬可疑 喜忌篇云
거관유살 역유 거살유관 이구 내산지이불용 구속가의 희기편운

四柱殺旺 運純 身旺爲官淸貴 舊註云 此七殺則偏官也
사주살왕 운순 신왕위관청귀 구주운 차칠살즉편관야

且如甲忌庚爲七殺 而甲生於寅地 乃身旺 其中暗包丙長生
차여갑기경위칠살 이갑생어인지 내신왕 기중암포병장생

則不畏金爲殺 以殺化爲偏官 則甲庚各自恃旺之勢 而行純殺之運
즉불외금위살 이살화위편관 즉갑경각자시왕지세 이행순살지운

乃爲極品之貴
내위극품지귀

【해 설】

격해왈(格解曰), 월지(月支)에서 왕성한 편관(偏官)을 만나면 년(年)이나 시(時)에서 다스리는 것이 가장 좋은데, 관살(官殺)이 있으면 혼잡됨을 제거하여 순수해지면 지위가 일품에 오른다. 그러나 정관(正官) 하나가 작용하는데 관살(官殺)이 혼잡되면 천한 명이 된다. 그러나 관살(官殺)이 혼잡해도 거관유살(去官留殺)이나 거살유관(去殺留官)이 되면 귀격(貴格)이 된다.

희기편운(喜忌篇云), 주중(柱中)에 살성(殺星)이 왕성한데 순수한 신왕운(身旺運)으로 흐르면 관록이 청귀하다.

구주운(舊註云), 칠살(七殺)은 편관(偏官)을 말하는 것이다. 예를 들어 갑목일간(甲木日干)이 꺼리는 것은 경금(庚金)이니 경금(庚金)이 칠살(七殺)인데, 인월생(寅地)이면 신왕(身旺)한 것이고, 인중(寅中)에 병화(丙火)가 장생(長生)하여 화극금(火剋金)을 해주면 경금(庚金) 칠살(七殺)을 두려워하지 않는다. 이렇게 되면 경금(庚金) 칠살(七殺)은 흉살이 아니라 편관(偏官)이 된다. 즉 갑목(甲木)과 경금(庚金)은 각각 왕성한 세력에 의지하기 때문이다. 마찬가지로 본명도

순수한 살운(殺運)으로 흐르면 최고로 귀격(貴格)이 된다.

【원 문】

此說似牽强 蓋神殺或强 而或制伏得宜 固多權貴者 使柱中殺旺
차설사견강 개신살혹강 이혹제복득의 고다권귀자 사주중살왕

身强無制 又行純殺無制之運 乃爲極品之貴 恐不可從
신강무제 우행순살무제지운 내위극품지귀 공불가종

或者又解爲身旺殺旺 神殺居長生 臨官帝旺之鄕
혹자우해위신왕살왕 신살거장생 임관제왕지향

及通月氣者是也 運純爲中和之道 制殺化殺之運是也 淸貴者
급통월기자시야 운순위중화지도 제살화살지운시야 청귀자

淸高而貴顯 繡衣黃門是也 蓋四柱中七殺日主俱旺 無食神制殺
청고이귀현 수의황문시야 개사주중칠살일주구왕 무식신제살

運入制伏之地 則爲淸高而貴顯也 此勝前說可從
운입제복지지 즉위청고이귀현야 차승전설가종

【해 설】

이 설이 견강(牽强)한 것만 주장하는 것 같지만 신살(神殺)이 강할 때 살(殺)을 다스릴 수 있는 대운을 만나야 권귀(權貴)를 이룰 수 있다. 그런데 혹자는 신왕(身旺)한데 칠살(七殺)을 다스리지 못하면 흉하고, 칠살(七殺)을 제압하지 않는 대운을 만나야 극품의 귀(貴)를 이룬다고 한다. 이해하기 어려운 말이다.

또 혹자는 일간(日干)과 살성(殺星)이 왕성한데 신살(神殺)이 임관 제왕향(臨官帝旺鄕)에 거하는 것을 두고 하는 말이고, 월령(月令)에

통하는 것을 말하는 것이고, 순수한 운이란 제살(制殺)이나 합살(合殺)로 중화시키는 대운을 두고 하는 말이고, 청(淸)은 청고하며 귀(貴)가 나타나는 것이니 관복을 입는 것이라고 했다.

주중(柱中)에서 일간(日干)과 칠살(七殺)과 모두 왕성한데 식신(食神)으로 칠살(七殺)을 다스리지 못하면 칠살(七殺)을 다스릴 수 있는 대운을 만나야 비로소 청고한 귀(貴)가 나타난다. 이것이 앞의 주장보다 맞는 말이라고 생각한다.

【원문】

喜忌篇云 柱中七殺全彰 身旺極貧 舊註解曰 傷官本祿之七殺
희기편운 주중칠살전창 신왕극빈 구주해왈 상관본록지칠살

敗財本馬之七殺 偏官本身之七殺 四柱有之 身旺建祿不爲富矣
패재본마지칠살 편관본신지칠살 사주유지 신왕건록불위부의

此誠確論可從 蓋建祿身旺之人 喜見財官 所謂一見財官
차성확론가종 개건록신왕지인 희견재관 소위일견재관

自然成福是也 忌見七殺反傷 所謂切忌會殺爲凶是也 若柱中有傷官
자연성복시야 기견칠살반상 소위절기회살위흉시야 약주중유상관

則官祿之七殺彰矣 有敗財 則財馬之七殺彰矣 有七殺偏官
즉관록지칠살창의 유패재 즉재마지칠살창의 유칠살편관

則身之七殺彰矣 此所以爲全彰 雖見祿身旺 貧不自聊者 故曰
즉신지칠살창의 차소이위전창 수견녹신왕 빈불자료자 고왈

身旺極貧 或曰 此乃純殺格 怕身弱也
신왕극빈 혹왈 차내순살격 파신약야

蓋言人命四柱中七殺之神全彰者 又身弱者 乃極貧窮夭壽之人也
개언인명사주중칠살지신전창자 우신약자 내극빈궁요수지인야

乃又爲身弱極貧無壽噎 以此解殺重身輕 終身有損可也
내우위신약극빈무수희 이차해살중신경 종신유손가야

以此解非夭卽貧 定是身衰又鬼可也 解此節則鑿之甚矣
이차해비요즉빈 정시신쇠우귀가야 해차절즉착지심의

【해 설】

희기편운(喜忌篇云), 주중(柱中)에 칠살(七殺)이 왕성하면 신왕(身旺)해도 아주 가난한 명이 된다.

구주해왈(舊註解曰), 상관(傷官)은 정관(正官)의 본록(本祿)이 칠살(七殺)이고, 겁재(劫財)의 패재(敗財)는 정재(正財) 본마(本馬)의 칠살(七殺)이고, 편관(偏官)은 본신(本身)인 일주(日主)의 칠살(七殺)이니, 주중(柱中)에 칠살(七殺)이 있으면 신왕(身旺)하고 건록(建祿)을 얻어도 부귀를 이룰 수 없다.

무릇 신왕(身旺)하고 건록(建祿)을 얻으면 재관(財官)을 좋아하여 한 번이라도 만나면 자연히 복을 이룬다고 하지만, 이미 칠살(七殺)이 있어 재관(財官)을 상해하면 복을 손상시키는 것이다. 그래서 흉살이 모이는 것을 끊는 것이다.

만일 주중(柱中)에 상관(傷官)이 있으면 관록(官祿)의 칠살(七殺)이 밝으며 왕성한 것이고, 겁재(劫財)가 있으면 재마(財馬)의 칠살(七殺)이 왕성한 것이고, 칠살(七殺) 편관(偏官)이 있으면 신주(身主)의 칠살(七殺)이 창성한 것이니, 이런 칠살(七殺)이 왕성하면 안 된다. 이때는 관록(官祿)을 만나고 신왕(身旺)해도 가난하다. 그래서 신왕(身旺)하지만 매우 가난하다는 말이 있는 것이다.

혹자는 이것이 순살격(純殺格)이니 신약(身弱)하면 꺼린다고 하나, 주중(柱中)에 칠살(七殺)이 뚜렷한데 신약(身弱)하면 매우 가난하며 수명이 짧다고 한다. 이 이론으로 해석하면 살(殺)이 무거운데 신약(身弱)하면 수명이 짧고, 요절하거나 가난하니 약한 신주(身主)가 귀살(鬼殺)을 만나 당하는 원리가 너무 심하다.

【원 문】

繼善篇云 庚値寅而遇丙 主旺無危 楠曰 庚日値寅 坐休絶之地
계선편운 경치인이우병 주왕무위 남왈 경일치인 좌휴절지지

而柱中又遇丙 似乎衰而有危 然寅中戊土長生 能生庚金
이주중우우병 사호쇠이유위 연인중무토장생 능생경금

以泄丙火之氣 乃絶處逢生 名曰胎元受氣 又名小長生 人命逢之
이설병화지기 내절처봉생 명왈태원수기 우명소장생 인명봉지

主一生造化 衣祿興旺而無危 非言日主之旺也 下文云
주일생조화 의록흥왕이무위 비언일주지왕야 하문운

金逢艮而遇土 號曰環魂 或者以庚寅日爲主旺不通
금봉간이우토 호왈환혼 혹자이경인일위주왕불통

遂以庚値寅而爲庚値申 以迎合主旺爲日主之旺 非經本義不可從
수이경치인이위경치신 이영합주왕위일주지왕 비경본의불가종

【해 설】

계선편운(繼善篇云), 경금일간(庚金日干)이 인지(寅地)에 임하면 인중(寅中) 병화(丙火)를 만나지만 신왕(身旺)하니 위험할 것이 없다.

장남왈(張楠曰), 경금일간(庚金日干)이 인지(寅地)에 임하면 휴절

지(休絶地)이니 매우 약할 것 같고, 인중(寅中)에 병화(丙火)가 있으니 경금(庚金)이 위태로울 것 같다. 그러나 인중(寅中) 무토(戊土)가 장생(長生)시켜 경금(庚金)을 돕고 병화(丙火)를 설기(泄氣)하니, 절처봉생격(絶處逢生格)이 되어 태원(胎元)의 기(氣)를 받아 작은 장생(小長生)이 된다.

명에서 이런 절지(絶地)를 만나면 평생 조화를 이루어 의록(衣祿)이 흥왕하니 위태롭지 않다. 물론 신왕(身旺)하다는 말은 아니다.

하문운(下文云), 금일간(金日干)이 간인(艮寅)을 만나면 인중(寅中) 무토(戊土)를 얻은 것인데, 이것을 환혼(環魂)이라 한다. 혹자는 경인일생(庚寅日生)이 신왕(身旺)하면 경신일생(庚申日生)과 같게 본다. 그러나 이것은 경(經)의 본래 의미와 다른 뜻이므로 따를 수 없는 이론이다.

【원 문】

古歌云 絶處逢生少人知 郤去當生命裡推 返本還原宜細辨
고가운 절처봉생소인지 극거당생명이추 반본환원의세변

忽然迍否莫猜疑 又歌云 或運胎養小長生 人命惟逢自積靈
홀연둔부막시의 우가운 혹운태양소장생 인명유봉자적영

若也修文應稱遂 不然榮顯亦光亭 古歌云 偏官如虎怕沖多
약야수문응칭수 불연영현역광정 고가운 편관여호파충다

運旺身强豈奈何 身弱虎强成禍害 身强制伏貴中和
운왕신강개나하 신약호강성화해 신강제복귀중화

楠曰 月上偏官 謂陽見陽 陰見陰 如甲生申月 乙生酉月是也
남왈 월상편관 위양견양 음견음 여갑생신월 을생유월시야

爲人剛暴好殺 觸之卽怒 性情如虎 最怕三刑六合 或羊刃魁罡
위인강폭호살 촉지즉노 성정여호 최파삼형육합 혹양인괴강

相沖必有凶禍 最喜運皆旺相 身强有制 化爲權貴 若身弱殺强
상충필유흉화 최희운개왕상 신강유제 화위권귀 약신약살강

無制之運 則如虎加翼者也 其咆哮之威不可禦 反爲所噬
무제지운 즉여호가익자야 기포효지위불가어 반위소서

然偏官固宜制伏 亦貴中和 如一位偏官 制伏有二三
연편관고의제복 역귀중화 여일위편관 제복유이삼

復行制伏之運 反不作福 何以言之 蓋盡法無民可繹思也
복행제복지운 반불작복 하이언지 개진법무민가역사야

【해 설】

고가왈(古歌曰), 절처봉생(絕處逢生)의 원리를 아는 사람이 적은데, 명리(命理)의 오고감과 순환의 원리를 잘 살펴야 알 수 있다. 생(生)하여 근원으로 돌아간 것을 자세히 구분하면 갑자기 막히고 위태로울 것 같으나 그렇지 않으니 두려울 것이 없다.

고가왈(古歌曰), 혹 운에서 태양(胎養)의 소장생(小長生)을 만남에 스스로 적영(積靈)하고 생육(生育)되는 원리가 있으니 광형(光亨)함이 있다.

고가왈(古歌曰), 편관(偏官)은 맹호와 같아 충(沖)이 많으면 꺼리나, 운에서 강한 편관(偏官)을 만나도 신강(身强)하면 두려울 것이 없다. 그러나 신약(身弱)하면 화를 당한다. 따라서 일간(日干)은 반드시 신강(身强)하여 맹호와 같은 칠살(七殺)을 다스려 중화시켜야 귀격(貴格)이 된다.

장남왈(張楠曰), 월상(月上)에서 편관(偏官)을 만난다는 것은 양일간(陽日干)이 양관(陽官)을 만나고, 음일간(陰日干)이 음관(陰官)을 만나는 것이다. 예를 들면 갑목일간(甲木日干)이 신월생(申月生)이거나, 을목일간(乙木日干)이 유월생(酉月生)인 것이다. 이런 명은 성정이 맹수와 같아 강폭하며 살생을 좋아하고 분노가 많다. 삼형(三刑)과 육해(六害)를 가장 꺼리고, 양인(羊刃)과 괴강(魁罡)이 상충(相沖)하면 반드시 흉화가 따른다. 그러나　신왕운(身旺運)을 만나거나 신강(身強)하여 다스릴 수 있으면 권귀(權貴)를 이룬다.

　　만일 신약(身弱)하고 칠살(七殺)이 강한데 칠살(七殺)을 다스리지 못하는 운으로 흐르면 마치 맹호가 날개를 단 격이라 흉폭함을 막을 길이 없다. 이런 사람은 오히려 맹수에게 화를 당한다. 따라서 편관(偏官)은 반드시 다스려야 한다. 만일 하나 있는 편관(偏官)을 다스리면 오히려 귀격(貴格)이 되나, 2~3위가 있어 매우 왕성하면 다스릴 수 있는 운을 만나도 복을 이룰 수 없다. 편관(偏官)이 매우 왕성하면 민원(民願)이 없으니 제합해도 복의 기본인 민(民)이 없기 때문이다.

【원 문】

又歌曰 偏官不可例言凶 有制還他衣祿豐 干上食神支又合
우가왈 편관불가예언흉 유제환타의록풍 간상식신지우합

兒孫滿眼福無窮 解曰 偏官卽剋我之神 本爲惡宿凶殺
아손만안복무궁 해왈 편관즉극아지신 본위악숙흉살

然不可例言凶也 須要制伏 有制化爲權要
연불가예언흉야 수요제복 유제화위권요

則衣祿不期豐而自豐 天干有食神 如甲見丙 地支有食神
즉의록불기풍이자풍 천간유식신 여갑견병 지지유식신

如卯中乙木合申中庚金之類 則子孫振振 有無窮之福矣
여묘중을목합신중경금지류 즉자손진진 유무궁지복의

所謂七殺有制 亦多兒孫是也
소위칠살유제 역다아손시야

【해 설】

고가왈(古歌日), 편관(偏官)을 흉으로만 보면 안 된다. 다스리면 오히려 의록(衣祿)이 풍족하고, 천간(天干)에 식신(食神)이 있는데 지지(地支)에 합(合)이 있으면 자손이 많고 복이 무궁하다.

해왈(解日), 편관(偏官)은 나를 극하는 것이니 본래 흉살이나, 흉하다고만 단정할 수는 없다. 모름지기 편관(偏官) 칠살(七殺)을 다스리면 권귀(權貴)를 이루어 의록(衣祿)이 많다. 천간(天干)에 식신(食神)이 있다는 것은 갑목(甲木)이 병화(丙火)를 만나는 것이고, 지지(地支)에 합(合)이 있다는 것은 묘중(卯中) 을목(乙木)이 신중경금(申中庚金)과 암합(暗合)한다는 말이다. 이런 명은 자손이 많은데 출세하여 복이 무궁하다. 이른바 칠살(七殺)을 다스리면 길복이 따라 자손이 많고 발복한다는 말이 이것을 두고 하는 말이다.

【원 문】

又歌日 偏官有制化爲權 英俊文章發少年 歲運若行身旺地
우가왈 편관유제화위권 영준문장발소년 세운약행신왕지

功名大用福壽全 解曰 偏官之格 雖爲人凶暴無忌憚
공명대용복수전 해왈 편관지격 수위인흉폭무기탄

然無制則爲七殺 有制則爲偏官 卽化爲權貴 少年穩步靑雲
연무제즉위칠살 유제즉위편관 즉화위권귀 소년온보청운

早歲題名黃榜 必是文章顯赫之人 故歌曰 英俊文章發少年
조세제명황방 반드시문장현혁지인 고가왈 영준문장발소년

殺强有制 故曰 美矣 若運衰弱 欲其大用也難矣 若歲運又無制
살강유제 고왈 미의 약운쇠약 욕기대용야난의 약세운우무제

則聲名特達遍朝野 所謂從殺多是大富大貴之人
즉성명특달편조야 소위종살다시대부대귀지인

所謂平生爲富貴 皆因殺重身柔 此等格局 但多夭耳
소위평생위부귀 개인살중신유 차등격국 단다요이

若運扶身旺 與殺爲敵 或七殺透露 食神破局 皆不吉
약운부신왕 여살위적 혹칠살투로 식신파국 개불길

【해 설】

고가왈(古歌曰), 편관(偏官)을 다스리면 권귀(權貴)가 따라 문장이
뛰어나며 소년에 입신양명하고, 신왕운(身旺運)으로 흐르면 공명과
복수를 모두 누린다.

해왈(解曰), 편관격(偏官格)은 인품이 흉폭하며 꺼리낌이 없고 과
단성이 있다. 그러나 칠살(七殺)은 제압하지 않아야 칠살(七殺)로 본
다. 만일 제압하면 편관(偏官)이 되므로 권귀(權貴)로 보는데, 이런
명은 반드시 문장이 뛰어나고, 소년에 무난하게 등과급제하여 이름
을 날린다.

고가왈(古歌曰), 강한 칠살(七殺)을 제압하면 영민하며 준수하고, 소년에 문장이 발달한다. 그러나 운이 약한 곳으로 흐르면 어렵다. 만일 다스릴 수 없는 재살왕운(財殺旺運)을 만나도 명성이 특별하게 발달하는 것은 종살격(從殺格)인데, 이런 명은 평생 부귀가 따른다. 그러나 칠살(七殺)이 무거운데 신약(身弱)하여 다스리지 못하면 요절할 염려가 있다. 이때는 신왕운(身旺)으로 흘러 다스리면 좋으나 식신운(食神運)을 만나 파극(破剋)되면 흉하다.

【원 문】

古歌云 五陽坐日全逢殺 棄命相逢命不堅 如見五陰臨殺地
고가운 오양좌일전봉살 기명상봉명불견 여견오음임살지

殺星根敗吉難言 楠曰 舊文末句 本謂殺星之根敗而無氣
살성근패길난언 남왈 구문말구 본위살성지근패이무기

身無所從 則禍卽至 而爲吉難言 或者改根敗爲臨敗 非也
신무소종 즉화즉지 이위길난언 혹자개근패위임패 비야

又一說 改殺星而爲殺强 以根敗爲日主之根敗 亦非也
우일설 개살성이위살강 이근패위일주지근패 역비야

格解 爲殺强根敗吉難言 但非棄命從殺之意 蓋從殺者
격해 위살강근패길난언 단비기명종살지의 개종살자

正不嫌於殺强根敗耳 誠是 但未知其根敗 非日主之根敗 識者詳之
정불혐어살강근패이 성시 단미지기근패 비일주지근패 식자상지

【해 설】

고가운(古歌云), 오양일(五陽日)이 살지(殺地)를 모두 만나면 기명종살격(棄命從殺格)이 되는데, 이때는 견고한 일간(日干)이 반항하지

않아야 한다. 오음일(五陰日)이 살지(殺地)에 임하여 살성(殺星)의 뿌리가 무너져도 길하다고 보기 어렵다.

장남왈(張楠曰), 구문(舊文) 말미에 살성(殺星)이 근패(根敗)하고 기(氣)가 없는데 종살(從殺)하지 않으면 길하다고 보기 어렵다는 말이 있다. 혹자는 근패(根敗)를 패지(敗地)에 임한 것이라 하고, 또 혹자는 살성(殺星)을 살강(殺强)으로 고치고 근패(根敗)를 일주(日主)의 근패(根敗)라고 고쳤으나 잘못이다.

격해(格解)에 살강(殺强)한데 근패(根敗)하면 길하다고 보기 어렵다는 말이 있는데, 이것은 기명종살(棄命從殺)이 아니라고 해석할 수는 없다. 종살(從殺)하는 것이 살강(殺强)하고 근패(根敗)하면 꺼리지 않기 때문인데, 근패(根敗)의 의미를 제대로 알지 못한 것이다. 일주(日主)의 근패(根敗)는 아니니 자세히 연구해야 한다.

【원 문】

又歌云 土臨卯位三合全 不忌當生金水纏 水木旺鄕名利顯
우가운 토임묘위삼합전 불기당생금수전 수목왕향명리현

再逢坤坎禍連綿 楠曰 舊文第二句原是 不忌當生金水纏
재봉곤감화연면 남왈 구문제이구원시 불기당생금수전

而或者改爲 不見當生金水纏 與末句 再逢 字不相應
이혹자개위 불견당생금수전 여말구 재봉 자불상응

仍當作不忌看 蓋 土臨卯位 謂己卯日主 亥卯未三合殺局
잉당작불기간 개 토임묘위 위기묘일주 해묘미삼합살국

謂從殺亦可 當生金水 俱有謂金生水 水生殺亦不忌 或行
위종살역가 당생금수 구유위금생수 수생살역불기 혹행

木火旺運 殺印相生 功名顯達 再行 坤坎 金水之運必禍連
목화왕운 살인상생 공명현달 재행 곤감 금수지운필화연

蓋當生旣逢金制 而運又逢之 必禍連綿不已
개당생기봉금제 이운우봉지 필화연면불이

所謂食神破局不吉是也 又一說 末句舊文是 福連綿 而或改爲
소위식신파국불길시야 우일설 말구구문시 복연면 이혹개위

禍連綿 亦非 蓋己卯日主逢亥卯未三合 是謂殺强身弱
화연면 역비 개기묘일주봉해묘미삼합 시위살강신약

當生金水相纏 水固生殺 而金能制殺 故不忌 及行身旺之說
당생금수상전 수고생살 이금능제살 고불기 급행신왕지설

則廊廟之客 金紫之貴 所必至矣 功名大用福雙全
즉낭묘지객 금자지귀 소필지의 공명대용복쌍전

【원 문】

고가운(古歌云), 토(土)가 묘목(卯木)에 임하고 삼합(三合)을 이루
는데 금수(金水)가 상생(相生)하면 꺼리지 않는다. 수(水)와 목(木)이
왕성한 운에서 명리가 발달하지만 곤감(坤坎) 금수운(金水運)을 만
나면 화가 계속된다.

장남왈(張楠曰), 구문(舊文)의 두번째 구절에 불기당생금수전(不忌
當生金水纏)이라는 말이 있는데, 혹자는 불견당생금수전(不見當生金
水纏)으로 고치고, 말미에 있는 재봉(再逢)이라는 글자가 잘못되었
다고 하는데 그렇지 않다.

토임묘위(土臨卯位)란 기묘일생(己卯日生)을 말하는 것이고, 삼합
(三合)은 해묘미(亥卯未) 목국(木局)을 말하는 것이니, 기토일간(己

土日干)이 목국(木局)이 모두 있으면 종살격(從殺格)이 된다. 이때 금수(金水)가 모두 있으면 금생수(金生水) 수생목(水生木)으로 살성(殺星)을 도와주니 역시 꺼리지 않는다. 만일 목화왕운(木火旺運)으로 흐르면 살인상생(殺印相生)이 되니 공명이 발달하나, 금수운(金水)으로 흐르면 반드시 화가 계속된다. 대개 금(金)이 있는데 금운(金運)을 만나면 흉한데, 살성(殺星)을 다스리지 못하기 때문이다. 이른바 식신(食神)이 국(局)을 깨트리면 흉하다는 말이 여기에 해당한다.

또 구문(舊文) 말미에 있는 복연면(福連綿)을 화연면(禍連綿)으로 고치기도 하는데 이것도 잘못이다. 기묘일생(己卯日生)이 해묘미(亥卯未) 삼합(三合)을 만나면 살강(殺强)하며 신약(身弱)해지는데, 이때 금수(金水)가 상생(相生)하면 수(水)가 살성(殺星)을 생(生)하나 금(金)이 능히 다스릴 수 있으니 꺼리지 않고, 신왕운(身旺運)을 만나면 조정에서 금자색 옷을 입는 귀격(貴格)이 된다. 이런 명은 공명을 모두 이루고 복을 누리는 것이다.

【원 문】

又歌曰 殺星原有制神降 制旺身强必昌 若見制神先有損
우가왈 살성원유제신강 제왕신강필창 약견제신선유손

反將富貴變災殃 解曰 殺星者 七殺偏官也 制神者 食神也
반장부귀변재앙 해왈 살성자 칠살편관야 제신자 식신야

使月上逢七殺 而有食神降制得宜 又身居强旺之地
사월상봉칠살 이유식신강제득의 우신거강왕지지

則富貴榮昌必矣 若食神逢梟 則食神先自損矣 不惟失其富貴
즉부귀영창필의 약식신봉효 즉식신선자손의 불유실기부귀

且有災殃 所謂食神制殺逢梟 不貧則夭是也
차유재앙 소위식신제살봉효 불빈즉요시야

【해 설】

　고가왈(古歌曰), 원명에 살성(殺星)이 있는데 다스릴 수 있는 식신(食神)이 왕성하고 신강(身强)하면 귀격(貴格)이 되어 반드시 창성한다. 그러나 살성(殺星)이 지나치게 강하여 식신(食神)이 먼저 손상되면 반드시 부귀가 재앙으로 변한다.

　해왈(解曰), 살성(殺星)이란 칠살(七殺)과 편관(偏官)을 두고 하는 말이고, 제신자(制神者)란 식신(食神)을 두고 하는 말이다. 따라서 월상(月上)에서 칠살(七殺)을 만났는데 식신(食神)으로 다스리면 길하고, 신강(身强)한 곳에 임하면 반드시 부귀와 영창이 따른다.

　만일 식신(食神)이나 효신(梟神)을 만났는데 식신(食神)이 먼저 손상되면 부귀를 잃고 재앙이 따른다. 식신(食神)이 제살(制殺)하는데 효인(梟印)을 만나면 가난하거나 요절한다. 즉 용신(用神)을 파극(破剋)하는 기신(忌神)이 지나치게 강하면 반드시 가난하거나 요절한다.

【원 문】

玄機賦云 身强殺淺 殺運無妨 殺重身强 制鄕爲福
현기부운 신강살천 살운무방 살중신강 제향위복

解曰 身居强旺而殺淺者 强行殺旺無制之運亦無妨害
해왈 신거강왕이살천자 강행살왕무제지운역무방해

所謂原犯鬼輕制郤爲非是也 七殺太重而身弱者 雖行制伏得宜之鄕
소위원범귀경제극위비시야 칠살태중이신약자 수행제복득의지향

方可發福 所謂一見制伏郤爲貴是也 天玄賦云 殺星重而行殺旺運
방가발복 소위일견제복극위귀시야 천현부운 살성중이행살왕운

早赴幽冥之客 楠曰 身弱殺重 宜行制伏之運 則爲福爲壽
조부유명지객 남왈 신약살중 의행제복지운 즉위복위수

而又行殺旺之鄕 必至於夭壽而死 故云 定眞篇云 七殺無制
이우행살왕지향 필지어요수이사 고운 정진편운 칠살무제

逢官祿爲禍 而壽元不久 七殺以有制爲貴 若無制伏 又逢正官
봉관록위화 이수원불구 칠살이유제위귀 약무제복 우봉정관

且逢其官之祿 如甲逢庚無制 又逢辛金官星祿之數 則爲官殺混雜
차봉기관지록 여갑봉경무제 우봉신금관성녹지수 즉위관살혼잡

萬金賦云 官殺混雜當壽夭
만금부운 관살혼잡당수요

【해 설】

　현기부운(玄機賦云), 신강(身强)하고 칠살(七殺)이 약할 때는 살왕
운(殺旺運)으로 흘러도 무방하다. 그러나 칠살(七殺)이 무거운데 신
강(身强)하면 제살(制殺)하는 식상운(食傷)을 만나야 복이 따른다.

　해왈(解曰), 신강(身强)하고 칠살(七殺)이 약할 때는 살왕운(殺旺
運)이나 제살(制殺)하지 않는 운으로 흘러도 해가 없다. 이른바 귀살
(鬼殺)이 미약한데 제살운(制殺運)을 만나면 반드시 해롭다는 말이
이것이다. 그러나 신약(身弱)해도 대운에서 칠살(七殺)을 다스리면
당연히 발복하여 매우 귀격(貴格)이 된다.

　천현부운(天玄賦云), 살성(殺星)이 무거운데 살왕운(殺旺)을 만나
면 일찍 황천객이 된다.

장남왈(張楠曰), 신약(身弱)한데 살(殺)이 무거우면 다스릴 수 있는 운을 만나야 복수가 따른다. 만일 살왕운(殺旺運)을 만나면 반드시 요절한다.

정진편운(定眞篇云), 칠살(七殺)을 다스리지 못하는데 관록운(官祿運)을 만나면 장수하지 못한다. 칠살(七殺)은 다스릴 수 있어야 귀격(貴格)이 된다. 그렇지 못하면 흉하고, 정관(正官)을 만나도 흉하고, 재록(財祿)을 만나도 흉하다. 예를 들어 갑목일간(甲木日干)이 경금(庚金) 칠살(七殺)을 만났는데 다스리지 못하면 흉하고, 신금(辛金) 정관(正官)을 만나도 흉하고, 경신금(庚辛金)을 모두 만나면 관살혼잡(官殺混雜)이 되니 대흉하다.

만금부운(萬金賦云), 관살(官殺)이 혼잡하면 요절한다.

【원 문】

幽玄賦云 身太柔 殺太重 名聲遍野 身勢太柔 略無一點根氣
유현부운 신태유 살태중 명성편야 신세태유 약무일점근기

七殺太重 而滿盤重重三合木火旺鄕 木生火 火生土 殺印相生
칠살태중 이만반중중삼합목화왕향 목생화 화생토 살인상생

功名著 再逢申坎金水之運 福自連綿 蓋當生雖有金水
공명저 재봉신감금수지운 복자연면 개당생수유금수

而制伏尙不及 必再逢金水 方爲制伏得宜 當享福於不替也
이제복상불급 필재봉금수 방위제복득의 당향복어불체야

【해 설】

유현부운(幽玄賦云), 매우 신유(身柔)한데 칠살(七殺)만 무거우면 명성을 크게 떨친다. 즉 신주(身主)가 태유(太柔)하여 근기(根氣)가 하나도 없고 칠살(七殺)만 태중(太重)하여 사주 전체가 칠살(七殺)로 가득하면 종살격(從殺格)이 된다. 예를 들어 무기일간(戊己日干)이 목화왕절(木火旺節)을 만나면 목생화(木生火) 화생토(火生土)하여 살인상생(殺印相生)이 되니 공명을 이루고, 금수운(金水運)을 만나면 복이 저절로 들어온다. 주중(柱中)에 금수(金水)가 있으면 목화(木火)를 다스릴 수 있으니 더욱 복을 누리며 복록이 약하지 않다.

■ 건명(乾命), 근형주정승상서귀명(近賢朱廷升上書貴命), 토후매금격(土厚埋金格)

年	月	日	時								
丙	戊	辛	壬	己	庚	辛	壬	癸	甲	乙	丙
戌	戌	未	辰	亥	子	丑	寅	卯	辰	巳	午

【원문】

楠曰 重重土厚去埋金 官殺那堪泄氣深 最喜運行財旺地
남왈 중중토후거매금 관살나감설기심 최희운행재왕지

聲華不日振儒林 補註 辛未日干 身坐土位 年月日時俱有土旺
성화불일진유림 보주 신미일간 신좌토위 년월일시구유토왕

正謂金賴土生 土厚而金遭埋沒 初行北方庚子辛丑運 金土氣盈
정위금뢰토생 토후이금조매몰 초행북방경자신축운 금토기영

塞滯不利 後行東方寅卯甲乙運 破土而生官殺 位登臺閣
색체불리 후행동방인묘갑을운 파토이생관살 위등대각

【해 설】

장남왈(張楠曰), 토기(土氣)가 많으니 일간(日干) 신금(辛金)이 묻히고, 년상(年上)의 병화(丙火) 관살(官殺)은 화생토(火生土)로 설기(泄氣)가 매우 심하니 관운(官運)이 약하다. 따라서 목왕지(木旺地)를 만나 왕토(旺土)를 소통시키는 것이 가장 길하다. 중년부터 대운이 목운(木運)으로 흐르자 발복하여 유림의 거물이 되었다.

보주왈(補註曰), 신금일간(辛金日干)이 토(土)에 앉아 있고, 년월일시에 토(土)가 왕성하다. 비록 금뢰토생(金賴土生)이나 토기(土氣)가 지나치게 많아 일간(日干) 신금(辛金)이 묻히는 형상이다. 초년 대운이 기해(己亥)·경자(庚子)·신축(辛丑)의 북방운으로 흐르니 토생금(土生金)하여 금기(金氣)와 토기(土氣)가 모두 많아져 불리했다. 그후에는 인묘(寅卯) 갑을(甲乙)의 동방운이 용신(用神)에 해당하여 목극토(木剋土)로 토(土)를 깨고 목생화(木生火)로 재생관살(財生官殺)하니 상서(上書)에 올랐다.

■ 건명(乾命), 엄개각노귀명(嚴介溪閣老貴命), 거식존살격(去食存殺格)

年	月	日	時								
庚	己	癸	辛	庚	辛	壬	癸	甲	乙	丙	丁
子	卯	卯	酉	卯	辰	巳	午	未	申	酉	戌

【원 문】

楠曰 見殺雖當論殺星 殺衰誰養殺精神 不堪卯木爲眞病
남왈 견살수당론살성 살쇠수양살정신 불감묘목위진병

時有辛金去病人 補註 癸水生卯 己土殺星天干透出 是以有殺只論殺
시유신금거병인 보주 계수생묘 기토살성천간투출 시이유살지논살

蓋喜殺衰 要嫌地支兩重乙木 暗來剋殺 作七殺制伏太過 爲重病
개희살쇠 요혐지지양중을목 암래극살 작칠살제복태과 위중병

蓋得辛酉時沖去卯木爲藥也 早行南方 擢登科甲 運入西方金運
개득신유시충거묘목위약야 조행남방 탁등과갑 운입서방금운

除去病神 位登宰相 名顯天下 貴而且壽 直入亥運 會起木來損殺
제거병신 위등재상 명현천하 귀이차수 직입해운 회기목래손살

膏肓之疾復作 忽生奇禍而死
고황지질복작 홀생기화이사

【해 설】

　장남왈(張楠曰), 살성(殺星)이 왕성한 식신(食神)을 만나 약해졌다.
따라서 이 명은 묘목(卯木)이 병(病)인데 시상(時上) 신금(辛金)이 금
극목(金剋木)으로 제거해 좋은 명이 되었다.

　보주왈(補註曰), 계수일간(癸水日干)이 묘월(卯月)에 태어났으니 실
령(失令)하고, 월상(月上)의 기토(己土) 살성(殺星)이 투출(透出)했으
나 지지(地支)의 목기(木氣)가 매우 왕성해 쇠약한 칠살(七殺)을 극
파(剋破)하니 칠살(七殺)이 무용지물이 되었다. 칠살(七殺)을 심하게
제압하니 제살태과격(制殺太過格)이며 중환자의 형상이다.

　그러나 시상(時上)의 신유(辛酉)가 묘유상충(卯酉相沖)으로 흉한
목(木)을 제거하니 신금(辛金)이 약(藥)이다. 대운이 일찍 남방으로
흘러 목생화(木生火)로 기신(忌神)의 기운을 덜어내자 등과급제하여
출세길에 올랐다. 다음의 신운(申運)은 용신운(用神運)이라 수상에

올라 천하에 명성을 떨치며 부귀영화를 누렸다. 장수했으나 해운(亥運)에 수생목(水生木)으로 기신(忌神)을 돕자 눈병으로 고생하다 숨졌다.

■ 건명(乾命), 우강격계유한십육공(盱江格溪劉翰十六公), 수중토경격(水重土輕格)

年	月	日	時								
丙	庚	丁	辛	辛	壬	癸	甲	乙	丙	丁	戊
子	子	丑	亥	丑	寅	卯	辰	巳	午	未	申

【원문】

楠曰 丁生子月水汪洋 七殺雖多喜內臟 幸得丑中微土制
남왈 정생자월수왕양 칠살수다희내장 행득축중미토제

南方土運發非常 補註 丁火生於子月 七殺極旺矣 再加年月日時中
남방토운발비상 보주 정화생어자월 칠살극왕의 재가년월일시중

俱有水氣 來剋丁火 但水雖多 喜靜伏於地支 其凶未逞於天干
구유수기 내극정화 단수수다 희정복어지지 기흉미령어천간

若原殺逢天干 主早年夭也 壬寅癸卯甲辰運 雖是東方
약원살봉천간 주조년요야 임인계묘갑진운 수시동방

亦嫌壬癸水蓋頭 雖好亦蹇晦 大運入巳午未 沖去水神 財發萬緡
역혐임계수개두 수호역건회 대운입사오미 충거수신 재발만민

蓋喜土來剋水也 入申 水得長生 壽至八十餘死
개희토내극수야 입신 수득장생 수지팔십여사

【해설】

장남왈(張楠曰), 정화일간(丁火日干)이 자월(子月)에 태어나 수(水)가 왕양(汪洋)하고, 비록 칠살(七殺)이 많으나 축중(丑中) 기토(己土)가 토극수(土剋水)하고, 대운이 인묘진(寅卯辰) 동방과 사오미(巳午未) 남방으로 흘러 비상하게 발복했다.

보주왈(補註曰), 정화일간(丁火日干)이 자월(子月)에 태어났으니 실령(失令)하여 신약(身弱)한데 칠살(七殺)은 매우 왕성하다. 년지(年支) 자수(子水)와 일지(日支) 축토(丑土)와 시지(時支) 해수(亥水)가 수국(水局)을 이루어 정화(丁火)를 극(剋)하니 매우 불리하다. 좋은 것은 일지(日支)의 축중(丑中)에 기토(己土)가 들어 토극수(土剋水)로 수(水)를 다스리는 것이다. 만일 칠살(七殺)이 천간(天干)에 투출(透出)했으면 반드시 초년에 요절했을 것이다.

임인(壬寅)·계묘(癸卯)·갑진(甲辰)이 비록 동방운이나 개두(蓋頭)하여 아신(我身)을 생(生)하니 길한 가운데 어두움이 있었다. 사오미운(巳午未運)에는 수신(水神)을 충거(沖去)하여 부귀를 누렸으나, 신운(申運)에는 수기(水氣)가 장생(長生)하자 흉하여 80여 세에 숨을 거두었다.

■ 건명(乾命), 서방양원사공부명(書坊楊員四公富命), 제살태과(制殺太過)

年	月	日	時								
丁	壬	庚	乙		辛	庚	己	戊	丁	丙	乙	甲
丑	寅	子	酉		丑	子	亥	戌	酉	申	未	午

【원 문】

楠日 庚生寅月火神輕 壬癸重來制伏明 土木運中大富貴
남왈 경생인월화신경 임계중래제복명 토목운중대부귀

再行金水禍來併 補註 庚子日生寅月 年月丁壬作化 生火助殺
재행금수화래병 보주 경자일생인월 년월정임작화 생화조살

用殺明矣 本命三陽之火尙衰 金水寒威猶在 壬癸水透天干
용살명의 본명삼양지화상쇠 금수한위유재 임계수투천간

制伏太過 病在此矣 猶喜羊刃存時 丑酉合金得局 身主不弱
제복태과 병재차의 유희양인존시 축유합금득국 신주불약

又得乙庚在時 火金成旺 早行子丑 丙火氣寒 殺衰不能爲我運動
우득을경재시 화금성왕 조행자축 병화기한 살쇠불능위아운동

故多蹇滯 漸行己亥 甲木財神得生 財來生殺 隱隱興隆 一入戊戌
고다건체 점행기해 갑목재신득생 재래생살 은은흥융 일입무술

原壬水爲丙火之病神 一見戊土 剋去壬水淨盡 如鴻毛之遇風
원임수위병화지병신 일견무토 극거임수정진 여홍모지우풍

飄然而擧 如故苗之得雨 勃然而興 財發萬緡 書林出色 豈偶然哉
표연이거 여고묘지득우 발연이흥 재발만민 서림출색 개우연재

大運入酉 丙火殺神死地 更且財來生水 水來滅殺 法盡無民 其死也
대운입유 병화살신사지 갱차재래생수 수래멸살 법진무민 기사야

非偶然也
비우연야

【해 설】

장남왈(張楠曰), 경금일간(庚金日干)이 인월(寅月)에 태어나 화(火)
가 가벼운데, 임계(壬癸)를 모두 만났으니 제복(制伏)이 너무 심하다.

토목운(土木運)에는 큰 부귀를 누렸으나 금수운(金水運)에는 화가 있었다.

보주왈(補註曰), 경금일간(庚金日干)이 인월(寅月)에 태어났으니 실령(失令)하고, 년월(年月)의 정임(丁壬)이 합목(合木)하여 목생화(木生火)로 조살(助殺)하니 살성(殺星)이 작용한다. 본명은 인월생(寅月生)이지만 삼양(三陽)의 화(火)가 아직 미약하여 한냉하고, 금수(金水)의 한기가 많고, 임계수(壬癸水)가 천간(天干)에 투출(透出)하여 관살(官殺)을 심하게 제압하니 이것이 병(病)이다. 좋은 것은 양인(羊刃)이 시(時)에 있고, 축유(丑酉)가 합금(合金)으로 국(局)을 이루어 신약(身弱)하지 않은 것이다. 또 을경(乙庚)이 합금(合金)하여 일주(日主)를 돕는 것도 길하다.

초년 대운은 자축해(子丑亥) 수운(水運)이니 병화(丙火)가 쇠약한데 한기가 심하여 발동할 수 없으니 매사에 막힘이 많았다. 기해운(己亥運)에는 기토(己土)가 제수(弟嫂)하고 해중(亥中) 갑목(甲木)이 살성(殺星)을 생(生)하여 은근하게 일어났다. 무술운(戊戌運)에는 병화(丙火) 병신(病神)인 임수(壬水)를 토극수(土剋水)로 제거하니 급속하게 발복했다. 메마른 나무가 달콤한 비를 만나 생기를 얻은 것처럼 갑자기 일어나 만 석이 되었는데 어찌 우연이라고 할 수 있겠는가. 또 유운(酉運)은 병화(丙火) 살신(殺神)의 사지(死地)가 되고, 다시 수(水)를 생(生)하여 화(火)를 멸살시키니 법진무민(法盡無民)이 되어 숨졌는데 이것도 어찌 우연으로 볼 수 있겠는가.

■ 건명(乾命), 임천요순신춘원귀명(臨川饒舜臣春元貴命), 제살태과
격(制殺太過格)

年	月	日	時								
癸	己	庚	甲	戊	丁	丙	乙	甲	癸	壬	辛
巳	未	子	申	午	巳	辰	卯	寅	丑	子	亥

【원 문】

楠曰 庚生未月火雖炎 制殺那堪水火嚴 甲乙丙丁資殺運
남왈 경생미월화수염 제살나감수화엄 갑을병정자살운

靑雲得路豈能淹 補註 此格與李閣老制殺之理頗同 但未月二陰
청운득로개능엄 보주 차격여이각노제살지리파동 단미월이음

水方進氣 水氣比肩更甚 運行東方 財來生殺 七殺得權
수방진기 수기비견갱심 운행동방 재래생살 칠살득권

雲路高登 其理宜矣
운로고등 기리의의

【해 설】

장남왈(張楠曰), 경금일간(庚金日干)이 미월(未月)에 태어나 화기
(火氣)가 지나친 것 같으나 금수(金水)가 강하니 충분히 제살(制殺)
할 수 있는데, 갑을병정(甲乙丙丁) 대운에 살(殺)을 도와 청운의 꿈
을 품고 출세할 수 있었다.

보주왈(補註曰), 이 격은 이각노(李閣老)의 명과 비슷하다. 다만 미
월(未月)에 태어나 2음(陰)이 진기(進氣)이고, 비견(比肩)과 수기(水
氣)가 왕성한데, 동방 목왕운(木旺運)에 재성(財星)이 살성(殺星)을

생(生)하니 칠살(七殺)이 권력을 잡아 고관이 되었는데 당연하다.

■ 건명(乾命), 오도왕인오공(吾都王仁五公), 제살태과부명(制殺太過富命)

年	月	日	時		辛	壬	癸	甲	乙	丙	丁	戊
丙	庚	丁	丙		丑	寅	卯	辰	巳	午	未	申
戌	子	卯	午									

【원 문】

楠曰 丁生子月水雖寒 一殺那堪制兩般 己土病神宜卯木
남왈 정생자월수수한 일살나감제양반 기토병신의묘목

東方木運始堪歡 補註 丁火子月 殺星本旺 那堪一殺
동방목운시감환 보주 정화자월 살성본왕 나감일살

而有戌午兩土以制之 正謂殺不足而制有餘 賴有日下卯木
이유술오양토이제지 정위살부족이제유여 뢰유일하묘목

破出午中己土 以卯木爲福神 東方壬寅癸卯甲乙運 助起木來剋土
파출오중기토 이묘목위복신 동방임인계묘갑을운 조기목내극토

財發千緡 一入巳午未鄕 破敗如洗 未運土重 殺墓死矣
재발천민 일입사오미향 파패여세 미운토중 살묘사의

【해 설】

장남왈(張楠曰), 정화일간(丁火日干)이 자월(子月)에 태어나 수(水)가 차가우나 살성(殺星) 하나가 어떻게 많은 화기(火氣)를 감당할 수 있겠는가. 오중(午中) 기토(己土)가 병신(病神)이고 묘목(卯木)은 길

하니 동방 목운(木運)에서 발복했다.

　　보주왈(補註日), 정화일간(丁火日干)이 자월생(子月生)이니 살성(殺星)이 본래 왕성한데, 살성(殺星) 하나가 많은 목화(木火)를 감당할 수 없다. 술토(戌土)와 오중(午中) 기토(己土)가 양쪽에서 토극수(土剋水)하니 제살(制殺)이 심하다. 따라서 일지(日支) 묘목(卯木)이 오중(午中) 기토(己土)를 깨뜨리니 묘목(卯木)이 복신(福神)인데, 임인(壬寅)·계묘(癸卯)·갑을(甲乙) 동방운에 목극토(木剋土)하자 부자가 되었다. 그러나 사오미(巳午未) 화운(火運)은 파패(破敗)하여 흉한데, 미운(未運)에 토(土)가 무거워 칠살(七殺)이 입묘(入墓)되자 숨졌다.

■ 건명(乾命), 우강격계전우십오공부명(旴江格癸傳佑十五公富命),
　　살다생인격(殺多生印格)

年	月	日	時								
己	戊	癸	丙	丁	丙	乙	甲	癸	壬	辛	庚
酉	辰	酉	辰	卯	寅	丑	子	亥	戌	酉	申

【원 문】

楠曰 癸水生辰土氣重 土生金印助身榮 不堪丙火爲金病
남왈 계수생진토기중 토생금인조신영 불감병화위금병

見水名爲旣濟功 補註 癸日生辰月 本爲土重水輕也 官殺雖重
견수명위기제공 보주 계일생진월 본위토중수경야 관살수중

蓋得己土貪生於酉 戊土自坐辰庫 更得辰酉相合 其土見金
개득기토탐생어유 무토자좌진고 갱득진유상합 기토견금

不來剋身 返去生印 而助身也 遙見時上丙火情欲剋酉爲病
불래극신 반거생인 이조신야 요견시상병화정욕극유위병

迨後入丙寅運 金絕於寅 傾家蕩産 片瓦未留 一入北方
태후입병인운 금절어인 경가탕산 편와미류 일입북방

見水去火存印 一發如雷 入戌 火土太重死矣
견수거화존인 일발여뢰 입술 화토태중사의

【해 설】

장남왈(張楠曰), 계수일간(癸水日干)이 토기(土氣)가 무거운 진월
(辰月)에 태어나 토생금(土生金) 금생수(金生水)로 살인상생(殺印相
生)이 되니 영화로운 명이 되었다. 금(金)은 길하나 시상(時上) 병화
(丙火)가 화극금(火剋金)하여 병화(丙火)가 병(病)이니 수운(水運)
을 만나면 공이 있다.

보주왈(補註曰), 계수일간(癸水日干)이 진월생(辰月生)이고, 무기토
(戊己土)가 투출(透出)하고, 시지(時支)에 병진(丙辰)이 있으니 토기
(土氣)는 무거운데 수기(水氣)는 약하다. 비록 관살(官殺)이 왕성하
나 유금(酉金)이 들고, 진유(辰酉)가 합금(合金)하여 왕성한 토(土)가
토생금(土生金)하니 인성(印星)으로 변하여 아신(我身)을 도와주어
기이한 명이 되었다. 시상(時上) 병화(丙火)는 유금(酉金) 용신(用神)
을 파극(破剋)하니 병(病)이다. 병인운(丙寅運)은 금(金)의 절운(絕
運)이라 재산이 한 푼도 남지 않았으나, 북방 축자해(丑子亥) 수운
(水運)을 만나 수극화(水剋火)로 병(病)을 제거하자 졸지에 큰 부자
가 되었고, 술운(戌運)에 들자 기신(忌神)에 해당하여 숨을 거두었다.

■ 건명(乾命), 무성과환문생원(撫城過桓文生員), 토중수경격(土重
  水輕格)

　年 月 日 時
　庚 己 壬 甲　　庚辛壬癸甲乙丙丁
　午 丑 辰 辰　　寅卯辰巳午未申酉

【원 문】

楠曰 壬臨丑月水之坦 殺重官多也作愆 殺制喜看時有甲
남왈 임임축월수지탄 살중관다야작건 살제희간시유갑

棘闈之陣幾爭先 補註 壬辰日生丑月 壬水之氣有寓焉 但四柱有土
극위지진기쟁선 보주 임진일생축월 임수지기유우언 단사주유토

官殺之氣盛 水氣輕也 喜時上甲木進氣制殺 本爲登科之命
관살지기성 수기경야 희시상갑목진기제살 본위등과지명

但不合年上有庚壞甲 故此未遂 運行寅卯壬運 木神生旺 屢戰秋闈
단불합년상유경괴갑 고차미수 운행인묘임운 목신생왕 누전추위

大運入辰 丙午流年 戊土殺得地 殺旺攻身而死
대운입진 병오유년 무토살득지 살왕공신이사

【해 설】

　장남왈(張楠曰), 임수일간(壬水日干)이 수왕절(水旺節)인 축월(丑
月)에 태어났으나 살(殺)이 무겁고 관성(官星)이 많으니 제살(制殺)
하는 시상(時上) 갑목(甲木)이 용신(用神)이다. 이 사람은 대운이 좋
지 않아 관직이 순조롭지 못했다.

　보주왈(補註曰), 임진일생(壬辰日生)이 축월(丑月)에 태어나 토기
(土氣)와 수기(水氣)가 모두 왕성하다. 토성(土星) 관살(官殺)이 왕성

해 수기(水氣)가 약해진 것인데, 시상(時上)에 갑목(甲木)이 투출(透出)하여 제살(制殺)하니 귀격(貴格)이 되어 등과할 수 있었다. 그러나 년상(年上) 경금(庚金)이 개두(蓋頭)하여 금극목(金剋木)하니 성공하지 못했다. 인묘임운(寅卯壬運)에는 목신(木神) 길성(吉星)이 생왕(生旺)하여 등과했으나, 진운(辰運) 병오년(丙午年)에 무토(戊土) 살성(殺星)이 득지(得地)하여 아신(我身)을 극(剋)하자 숨을 거두었다.

■ 건명(乾命), 의황현주름견저고빈명(宜黃縣住廩牽猪牯貧命), 살중신경(殺重身輕)

年	月	日	時							
甲	丁	壬	甲	戊	己	庚	辛	壬	癸	甲 乙
午	丑	辰	辰	寅	卯	辰	巳	午	未	申 酉

【원 문】

楠曰 壬臨丑月殺星多 印破難生受折磨 再看運行財殺地
남왈 임임축월살성다 인파난생수절마 재간운행재살지

一生勞碌受奔波 補註 壬水雖生丑月 蓋因財殺太多
일생노록수분파 보주 임수수생축월 개인재살태다

雖丑中有一點辛金 蓋緣不曾會局 月有丁火 貼身暗破辛金壞印
수축중유일점신금 개연불증회국 월유정화 첩신암파신금괴인

作不得殺化印生 只作殺重身輕 運行東方 木神制殺 衣食頗給
작불득살화인생 지작살중신경 운행동방 목신제살 의식파급

再行南方殺旺運 身雖不死 亦住廩牽猪牯度活 入未殺重而死
재행남방살왕운 신수불사 역주름견저고도활 입미살중이사

【해 설】

　장남왈(張楠曰), 임수일간(壬水日干)이 축월(丑月)에 태어났는데 살성(殺星)이 많다. 인성(印星)인 신금(辛金)은 축중(丑中)에 암장(暗藏)되어 아신(我身)을 생(生)할 수 없다. 게다가 대운이 재살지(財殺地)인 사오미(巳午未)로 흘러 평생 고생은 많았으나 이익이 없었다.

　보주왈(補註曰), 임수일간(壬水日干)이 축월(丑月)에 태어났으나 재살(財殺)이 많아 약하고, 축중(丑中)에 신금(辛金)이 하나 있으나 국(局)을 이루지 못하고, 월상(月上) 정화(丁火)가 신금(辛金)을 몰래파(破)하니 괴인(壞印)하여 살화인생격(殺化印生格)이 되지 못했다. 다만 살중신경(殺重身輕)한데 동방 목신(木神)이 제살(制殺)하여 의식은 약간 있었다. 사오미(巳午未) 남방운은 살왕운(殺旺運)이라 질병으로 고생이 많았고, 미운(未運)에 살(殺)이 무거워지자 숨겼다.

■ 건명(乾命), 임천유각오귀명(臨川劉覺吾貴命), 화중수경격(火重水輕格)

年	月	日	時								
壬	丁	辛	甲		戊	己	庚	辛	壬	癸	甲	乙
辰	未	丑	午		申	酉	戌	亥	子	丑	寅	卯

【원 문】

楠曰 辛生未月火乘權 時殺重逢一氣全 制殺水輕宜水運
남왈 신생미월화승권 시살중봉일기전 제살수경의수운

官居樞要掌權衡 補註 辛金生於未月 伏火猶炎
관거추요장권형 보주 신금생어미월 복화유염

喜年上丁壬合殺爲貴 月中雖有丁火 丑中癸水去之
희년상정임합살위귀 월중수유정화 축중계수거지

止用時上一位貴格 然火氣旺而水氣輕 雖原有壬癸之水
지용시상일위귀격 연화기왕이수기경 수원유임계지수

且四柱土重亦能去水也 所以運入亥位 擢顯官 其理然也
차사주토중역능거수야 소이운입해위 탁현관 기리연야

【해 설】

장남왈(張楠曰), 신금일간(辛金日干)이 미월(未月)에 태어나 화기(火氣)가 승권(乘權)하고, 시(時)에서 살(殺)을 거듭 만나고, 월상(月上)에 정화(丁火)가 투출(透出)하여 살성(殺星)이 왕성하다. 살(殺)을 다스리는 수기(水氣)는 가벼우나 수운(水運)을 만나 인사를 담당하는 중직에 올랐다.

보주왈(補註曰), 신금일간(辛金日干)이 미월(未月)에 태어나 일간(日干)을 심하게 제압하나 년상(年上) 정임(丁壬)이 살성(殺星)을 합(合)하니 길하다. 비록 월(月)에 정화(丁火)가 있으나 축중(丑中) 계수(癸水)가 수극화(水剋火)로 제거하니 좋으나 화기(火氣)가 왕성하고 수기(水氣)가 미약하니 불리하다. 주중(柱中)에 임계수(壬癸水)가 있으나 토기(土氣)도 많으니 토극수(土剋水)가 문제다. 그러나 해운(亥運)은 용신운(用神運)이라 관계에서 이름을 날리고, 임자(壬子)·계축운(癸丑運)에는 공을 세웠다. 원명은 별로 자랑할 것이 없으나 대운이 좋아 출세한 것이다.

■ 건명(乾命), 수중화경격(水重火輕格)

年	月	日	時								
壬	丁	辛	壬	戊	己	庚	辛	壬	癸	甲	乙
辰	未	丑	辰	申	酉	戌	亥	子	丑	寅	卯

【원 문】

楠曰 兩火那堪六水傷 殺星制過害非常 再行水運生難獲
남왈 양화나감육수상 살성제과해비상 재행수운생난획

死敗徒流禍幾場 補註 辛金生未 本是火炎之域 夫何止有二火爲殺
사패도류화기장 보주 신금생미 본시화염지역 부하지유이화위살

五水制之 此爲七殺制過 盡法無民 可不畏哉 與前貴造天淵之隔
오수제지 차위칠살제과 진법무민 가불외재 여전귀조천연지격

理則然也 前則有甲午時 多一重木火之氣 則火重水輕 所以宜行北方
리즉연야 전즉유갑오시 다일중목화지기 즉화중수경 소이의행북방

此則水重火輕 則畏行北方 此命一入亥運 問遼東三萬里衝軍
차즉수중화경 즉외행북방 차명일입해운 문요동삼만리충군

壬水年水又旺 非命而死
임수년수우왕 비명이사

【해 설】

　장남왈(張楠曰), 주중(柱中)에 오(水)가 5위나 있으니 화(火) 2위가 어찌 이기겠는가. 살성(殺星)을 지나치게 다스리니 해로움이 비상하고, 대운이 제살운(制殺運)으로 흐르니 비명횡사를 피할 수가 없다.

　보주왈(補註曰), 신금일간(辛金日干)이 미월생(未月生)이라 본래 칠살(七殺)이 왕성해 수(水) 5위의 제압을 감당할 수 있는데 진법무

민(盡法無民)이 두려운 형국이다. 앞의 명은 시상(時上)에 갑오(甲午)가 있어 목화(木火)가 무거우니 화중수경(火重水輕)하여 북방운에 발복했으나, 이 명은 수(水)는 무겁고 화(火)는 가벼워 북방운이 아주 흉하다. 해운(亥運)에 들면서 요동(遼東)의 삼만리충군(三萬里衝軍)처럼 임수(壬水)가 왕성해져 비명횡사한 것이다. 본명은 월상(月上)의 정화(丁火)가 용신(用神)이고, 임수(壬水)는 기신(忌神)이다.

■ 건명(乾命), 임천주반봉화다위병격(臨川周半峰火多爲病格)

年	月	日	時								
甲	辛	辛	丁	壬	癸	甲	乙	丙	丁	戊	己
寅	未	未	酉	申	酉	戌	亥	子	丑	寅	卯

【원 문】

楠曰 辛金坐未殺星多 丁火傷辛苦太過 運喜北方能去殺
남왈 신금좌미살성다 정화상신고태과 운희북방능거살

最宜水火制中和 補註 辛生未月 丁火過多 運入北方子運 濫知命術
최의수화제중화 보주 신생미월 정화과다 운입북방자운 남지명술

而得冠帶自且不知 吾以水濟火炎之理告之 方諳斯理
이득관대자차불지 오이수제화염지리고지 방암사리

吾以寅運火旺必死 寅運果死耳
오이인운화왕필사 인운과사이

【해 설】

장남왈(張楠曰), 신금일간(辛金日干)이 화왕절(火旺節)인 미월(未

月)에 태어나 살성(殺星)이 많다. 정화(丁火)가 일간(日干) 신금(辛金)을 상해하는 것이 그것이다. 북방 수운(水運)이 길하고, 수극화(水剋火)로 살성(殺星)을 다스리면 발복하는데, 가장 좋은 것은 수화기제(水火旣濟)로 중화를 이루는 것이다.

보주왈(補註曰), 신금일간(辛金日干)이 미월생(未月生)인데 정화(丁火)가 투출(透出)하여 화기(火氣)가 많다. 다행인 것은 북방 자수운(子水運)을 만나는 것인데, 해자축(亥子丑) 수운(水運)에 수극화(水剋火)로 용신(用神)이 기신(忌神)을 제거하자 발복했다.

그러나 인운(寅運)에는 인중(寅中)에 병화(丙火)가 암장(暗藏)되어 다시 화염을 발동시키니 고생하다 숨졌다. 이 사람은 원명에 화기(火氣)는 매우 많은데 수기(水氣)가 하나도 없는 것이 가장 큰 문제다. 어떤 사주든 수화(水火)가 중화되지 못하면 문제가 많다.

■ 건명(乾命), 견녕이묵각노제살태과귀명(建寧李黙閣老制殺太過貴命), 화부족격(火不足格)

年	月	日	時
己	己	庚	甲	戊丁丙乙甲癸壬辛
未	巳	子	申	辰卯寅丑子亥戌酉

【원문】

楠曰 庚金巳月殺雖强 制殺那堪水性狂 衰殺喜行寅卯運
남왈 경금사월살수강 제살나감수성광 쇠살희행인묘운

北方重見水難當 補註 庚生巳月 殺星本然旺矣
북방중견수난당 보주 경생사월 살성본연왕의

夫何見水結局剋制殺星 雖年支有丁火相幇 然又見土多
부하견수결국극제살성 수년지유정화상방 연우견토다

亦泄弱火之氣 此以制殺太過 運行丁卯丙寅乙丑木火之地
역설약화지기 차이제살태과 운행정묘병인을축목화지지

助起殺神 能爲我用 此所謂火不足宜補起火也 位登黃閣
조기살신 능위아용 차소위화부족의보기화야 위등황각

運行亥子 水來破殺 死宜矣
운행해자 수래파살 사의의

【해 설】

장남왈(張楠曰), 경금일간(庚金日干)이 사월(巳月)에 태어나 살성(殺)이 강하나, 많은 수기(水氣)로 제압하여 살성(殺)이 약해진다. 인묘운(寅卯運)은 좋으나 북방 수운(水運)은 흉하다.

보주왈(補註曰), 경금일간(庚金日干)이 여름철인 사월(巳月)에 태어나 본래 살성(殺星)이 왕성한데, 신자(申子)가 수국(水局)을 이루어 심하게 제압한다. 비록 년지(年支)의 미중(未中) 정화(丁火)가 도와주나 많은 토(土)가 살성(殺)을 심하게 설기(泄氣)하니 제살태과(制殺太過) 형상이다. 정묘(丁卯)·병인(丙寅)·을축(乙丑) 대운에 지지(地支)가 살성(殺)을 돕자 고관이 되었다. 그러나 자해(子亥) 수운(水運)에 수극화(水剋火)로 살성(殺)을 치자 숨을 거두었다.

■ 건명(乾命), 임천수겸제귀명(臨川帥謙齋貴命), 제살태과격(制殺太
　過格)

年	月	日	時								
丁	丙	戊	丁	乙	甲	癸	壬	辛	庚	己	戊
酉	午	寅	巳	巳	辰	卯	寅	丑	子	亥	戌

【원 문】

楠曰 戊寅日下殺星微 巳酉那堪太制之 運入東方官殺顯
남왈 무인일하살성미 사유나감태제지 운입동방관살현

枯苗得雨發生機 補註 戊土生午 火氣炎盛 運入壬癸火之炎
고묘득우발생기 보주 무토생오 화기염성 운입임계화지염

再喜培起寅中甲木 其貴然耳 此以火旺衰殺爲病
재희배기인중갑목 기귀연이 차이화왕쇠살위병

去火存殺爲去病神也
거화존살위거병신야

【해 설】

　장남왈(張楠曰), 무인일생(戊寅日主)이 일지(日支)에 살성(殺星)이
있어 미약한데, 사유(巳酉)가 금국(金局)을 이루어 살성(殺星)을 심
하게 제압하니 어찌하면 좋은가. 그러나 대운이 동방 관살운(官殺運)
으로 들어가 메마른 나무가 봄을 만난 격이 되어 발복하기 시작했다.

　보주왈(補註曰), 무토일간(戊土日干)이 오월(午月)에 태어나 화기
(火氣)가 매우 성한데, 대운이 임계(壬癸) 수운(水運)을 흘러 화염을
제거하자 발복했다. 더 좋은 것은 인중(寅中) 갑목(甲木)을 돕는 것

이다. 본명은 지나치게 왕성한 화기(火氣)가 병(病)이니 수기(水氣)를 만나면 만사가 형통한다.

■ 건명(乾命), 선백영사공(先伯瑛四公), 제살태과격(制殺太過格)

年	月	日	時							
乙	丁	丙	己	丙	乙	甲	癸	壬	辛	庚	己
酉	亥	午	丑	戌	酉	申	未	午	巳	辰	卯

【원 문】

楠曰 丙生亥月兩幫身 一殺那堪三制神 運入西方生殺地
남왈 병생해월양방신 일살나감삼제신 운입서방생살지

超騰不作等閒人 補註 丙火生亥 殺星本可畏也 然有丁火合去
초등불작등한인 보주 병화생해 살성본가외야 연유정화합거

三重己土制之太過 大運入乙酉甲申 破土生殺 發財數千緡
삼중기토제지태과 대운입을유갑신 파토생살 발재수천민

壬癸運美 午未運中制殺太甚 屢遭凶變 入巳丙戌年六十二歲死矣
임계운미 오미운중제살태심 누조흉변 입사병술년육십이세사의

重見戊土破壬也
중견무토파임야

【해 설】

　장남왈(張楠曰), 병화일간(丙火日干)이 해월(亥月)에 태어났으나 화(火)가 양쪽에서 도와주니 살성(殺) 하나가 제신(制神) 셋을 당해 낼 수 없다. 대운이 서방 생살운(生殺運)으로 흐르자 발복하여 귀격(貴

格)이 되었다.

보주왈(補註日), 병화일간(丙火日干)이 해월(亥月)에 태어났으니 실령(失令)하여 살성(殺星)이 두렵다. 그러나 월상(月上)에 정화(丁火)가 있고, 일지(日支)에 오화(午火)가 들어 화(火)가 왕성한데 정임합목(丁壬合木)으로 제거하고, 3중 기토(己土)가 막아준다. 을유(乙酉)·갑신(甲申) 대운에 살신(殺神)을 돕자 수천 석 거부가 되었고, 임계운(壬癸運)에도 아름다웠다. 그러나 오미운(午未運)에는 살성(殺)을 심하게 제압하여 여러 번 흉한 변을 당했고, 사운(巳運)의 병술년(丙戌年)에 무토(戊土)를 거듭 만나 임수(壬水)를 치자 62세에 숨을 거두었다.

■ 건명(乾命), 선형서암(先兄西庵), 제살태과격(制殺太過格)

年	月	日	時								
丁	己	乙	丁	戊	丁	丙	乙	甲	癸	壬	辛
未	酉	巳	亥	申	未	午	巳	辰	卯	寅	丑

【원문】

楠曰 乙木生臨酉巳垣 兩金四火制相連 不宜見火重攻殺
남왈 을목생임유사원 양금사화제상연 불의견화중공살

去火存金是福田 補註 乙木生酉月 本根輕也 畏金制
거화존금시복전 보주 을목생유월 본근경야 외금제

奈何金少而火多 制殺太過 盡法無民 早行丙午 制過殺星 屢屢剋子
나하금소이화다 제살태과 진법무민 조행병오 제과살성 누누극자

且財名不遂 大運入辰 坐壬癸之水 去火存金 財源大振 貲産佳兒
차재명불수 대운입진 좌임계지수 거화존금 재원대진 자산가아

福壽兩全 寅運見火剋金 災生回祿 入丑殺星入墓 八十三歲而死
복수양전 인운견화극금 재생회록 입축살성입묘 팔십삼세이사

【해 설】

　장남왈(張楠曰), 을목일간(乙木日干)이 살왕절(殺旺節)인 유월(酉月)에 태어났다. 유사(酉巳)가 금국(金局)을 이루어 금(金) 2위와 화(火) 4위가 서로 싸우는데 염화(炎火)가 금신(金神) 살성(殺星)을 공격하니 흉하다. 화(火)를 제거하고 금(金)을 지키면 복이 될 것이다.

　보주왈(補註曰), 을목일간(乙木日干)이 유월생(酉月生)이라 뿌리가 가벼워 신약(身弱)하다. 금극목(金剋木)이 두려운데 화기(火氣)는 많고 금기(金氣)는 약하니 살성(制殺)을 심하게 제압하여 진법무민(盡法無民)의 형상이 되었다.

　초년 정미(丁未)와 병오(丙午) 대운에는 살성(殺星)을 지나치게 치자 여러 차례 자식을 극하며 재물도 따르지 않았다. 진운(辰運)에는 임계수(壬癸水)가 수극화(水剋火)로 화기(火氣)를 제거하고 금기(金氣)를 지키자 재물이 산처럼 불어나고 복수를 누렸다. 인운(寅運)에는 인중(寅中) 병화(丙火)가 화극금(火剋金)하자 재앙이 따랐고, 축운(丑運)에는 살성(殺星)이 입묘(入墓)되자 83세에 숨을 거두었다.

■ 건명(乾命), 의황담이화상서귀명(宜黃譚二華上書貴命), 신강살천격(身强殺淺格)

年	月	日	時							
庚	甲	丁	丙	乙	丙	丁	戊	己	庚	辛	壬
辰	申	未	午	酉	戌	亥	子	丑	寅	卯	辰

【원 문】

楠曰 丁火生申水氣微 殺輕身旺貴何疑 水輕喜入汪洋運
남왈 정화생신수기미 살경신왕귀하의 수경희입왕양운

職掌兵權震外夷 補註 丁生申月 伏火尙有餘炎 蓋喜年月合成殺局
직장병권진외이 보주 정생신월 복화상유여염 개희년월합성살국

所謂身强殺淺 萬民封侯 運行北方補起水 用殺得權 名魁夷夏
소위신강살천 만민봉후 운행북방보기수 용살득권 명괴이하

豈偶然哉 俗術妄以龍奔天河爲譽 不根理之所有 何其謬哉
개우연재 속술망이용분천하위예 불근리지소유 하기류재

【해 설】

장남왈(張楠曰), 정화일간(丁火日干)이 신월(申月)에 태어나 수기(水氣)가 미약하나, 살(殺)은 가볍고 신주(身主)는 왕성하니 귀격(貴格)이 틀림없다. 수(水)가 미약하나 대운이 수왕운(水旺運)으로 흘러 병권을 장악하고 외이(外夷)까지 명성을 날렸다.

보주왈(補註曰), 정화일간(丁火日干)이 신월(申月)에 태어나 실령(失令)했으나 화기(火氣)가 많아 신강(身强)해졌다. 좋은 것은 년월지(年月支)에 신진수국(申辰水局)을 이룬 것이다. 이른바 신강살천(身强殺淺)으로 만민 위에 오르는 봉후의 형상이 되었다. 대운이 북방 해자축(亥子丑)으로 흘러 수기(水氣)가 발달하자 사방에 명성을 떨쳤는데 이것이 어찌 우연이겠는가. 망령된 잡술에 미혹되어 근거도 없는 말에 빠지면 큰 실수를 하는 것이다.

■ 건명(乾命), 본부양태야귀명(本府楊太爺貴命), 신강살천격(身强殺淺格)

年	月	日	時								
乙	辛	己	乙	庚	己	戊	丁	丙	乙	甲	癸
酉	巳	酉	亥	辰	卯	寅	丑	子	亥	戌	酉

【원 문】

楠曰 己土生臨身旺鄕 土金淸秀大非常 財逢七殺輕爲病
남왈 기토생임신왕향 토금청수대비상 재봉칠살경위병

滋殺威權顯廟廊 補註 己生巳月 火土本旺 蓋辛金淸高透出
자살위권현묘랑 보주 기생사월 화토본왕 개신금청고투출

己土好洩其精 而從金爲用神 殺爲權柄 蓋得時上殺星
기토호설기정 이종금위용신 살위권병 개득시상살성

宜行殺旺地及生殺地 所以運轉東北 七殺本輕 今得生旺之地於東北
의행살왕지급생살지 소이운전동북 칠살본경 금득생왕지지어동북

乙亥二運 豈不富且貴乎 止畏辛金制殺太過則不及耳
을해이운 개불부차귀호 지외신금제살태과즉불급이

【해 설】

장남왈(張楠曰), 기토일간(己土日干)이 신왕절(身旺節)인 사월(巳月)에 태어나 토금청수격(土金淸秀格)을 이루었으니 크게 비상할 귀격(貴格)이다. 재성(財星)이 칠살(七殺)을 돕지만 칠살(七殺)이 가벼워 병(病)이 되었는데, 칠살(七殺)을 기르는 대운을 만나자 권력을 잡고 조정에서 고관이 되었다.

보주왈(補註日), 기토일간(己土日干)이 사월(巳月)에 태어나 화토(火土)가 강왕한데, 청고한 중에 신금(辛金)이 투출(透出)하여 기토(己土)를 설기(泄氣)한다. 식상(食傷)이 지나치게 많아 살성(殺)이 작용하니 권력의 근원이 된다. 시상(時上)에 살성(殺星)이 있으니 대격(大格)인데, 살성(殺)이 쇠약하니 동북방 묘인목(卯寅木) 살왕운(殺旺運)에 발복할 명이다. 본래 칠살(七殺)이 가볍지만 동북방의 묘인운(卯寅運)과 축자해운(丑子亥運)에서 생왕지(生旺支)를 만났는데 어떻게 귀격(貴格)이 되었는가. 신금(辛金)의 살기(殺氣)가 금생수(金生水) 수생목(水生木)으로 위협을 막았기 때문이다.

■ 건명(乾命), 빈명(貧命), 살중신경격(殺重身輕格)

年	月	日	時								
甲	丁	壬	甲	戊	己	庚	辛	壬	癸	甲	乙
午	丑	辰	辰	寅	卯	辰	巳	午	未	申	酉

【원 문】

楠曰 壬臨丑月殺星多 印破難生受折磨 再看運行財殺地
남왈 임임축월살성다 인파난생수절마 재간운행재살지

一生勞碌受奔波 補註 壬水雖生丑月 蓋因財殺太重
일생노록수분파 보주 임수수생축월 개인재살태중

雖丑中有一點辛金 蓋緣不曾會局 且有丁火貼身 暗破辛金則壞印
수축중유일점신금 개연불증회국 차유정화첩신 암파신금즉괴인

作不得殺化印生 只作殺重身輕 運行東方 木神制殺 衣食頗給
작불득살화인생 지작살중신경 운행동방 목신제살 의식파급

再行南方殺旺運 身雖不死 亦住廩牽猪牯度活 入未 殺重而死矣
재행남방살왕운 신수불사 역주름견저고도활 입미 살중이사의

【해 설】

장남왈(張楠曰), 임수일간(壬水日干)이 축월(丑月)에 태어나 살성(殺星)이 많은데, 정화(丁火)가 축중신금(丑中辛金)을 치니 아신(我身)을 생(生)하기 어렵다. 게다가 대운이 재살운(財殺運)으로 흘러 평생 노고는 많으나 이익이 없다.

보주왈(補註曰), 임수일간(壬水日干)이 축월(丑月)에 태어나 득령(得令)했으나 화토(火土) 재살(財殺)이 매우 무겁다. 비록 축중(丑中)에 신금(辛金)이 하나 있으나 국(局)을 이루지 못하고, 정화(丁火)가 투출(透出)하고, 오중(午中) 정화(丁火)가 몰래 치니 신금(辛金)이 무너져 살인상생(殺印相生)을 하지 못하고 살중신경(殺重身輕)할 뿐이다. 동방 인묘진운(寅卯辰運)에 목신(木神)이 살성(殺)을 다스려 의식이 약간 따랐으나, 사오(巳午) 살왕운(殺旺運)을 만나자 기신운(忌神運)에 해당하여 고생이 많았고, 살성(殺)이 무거운 미운(未運)을 만나자 숨을 거두었다.

■ 건명(乾命), 개자명(丐者命), 살중무제격(殺重無制格)

年	月	日	時							
丁	甲	戊	癸	癸	壬	辛	庚	己	戊	丁	丙
卯	辰	午	亥	卯	寅	丑	子	亥	戌	酉	申

【원 문】

楠曰 戊土生辰木旺鄉 貼身七殺太剛强 不堪頑殺原無制

남왈 무토생진목왕향 첩신칠살태강강 불감완살원무제

只作齊人覓四方 補註 戊土生辰木之分野 再加亥卯結成木局

지작제인멱사방 보주 무토생진목지분야 재가해묘결성목국

且甲木透出天干 又行北方財地 生其七殺 正謂財生七殺趨身衰

차갑목투출천간 우행북방재지 생기칠살 정위재생칠살간신쇠

運雖有庚辛 亦不能制者 何也 蓋緣四柱中原無一點金氣

운수유경신 역불능제자 하야 개연사주중원무일점금기

雖逢金亦不能制 根在苗先也 一生爲乞丐 亥運殺旺方死

수봉금역불능제 근재묘선야 일생위걸개 해운살왕방사

【해 설】

장남왈(張楠曰), 무토일간(戊土日干)이 목왕절(木旺節)인 진월(辰月)에 태어났다. 갑목(甲木)이 왕성하니 칠살(七殺)이 매우 강한데 제압하지 못하니 사방에서 걸식하는 천한 명이 되었다.

보주왈(補註曰), 무토일간(戊土日干)이 아직 목기(木氣)가 많이 남아 있는 진월(辰月)에 태어났다. 게다가 해묘(亥卯)가 목국(木局)을 이루고, 월상(月上)에 갑목(甲木)이 투출(透出)하여 칠살(七殺)이 매우 강하다. 대운도 재성운(財星運)인 북방 축자해(丑子亥)로 들어가 칠살(七殺)이 더 왕성해지니 불리하다. 본명은 대운에서 경신금(庚辛金)을 만나도 제극(制剋)하기 어렵다. 원명에 금기(金氣)가 하나도 없으면 대운에서 만나도 제극(制剋)하기 어렵다. 먼저 주중(柱中)에 근묘(根苗)가 있어야 하기 때문이다. 이 사람은 평생 걸식하며 살았고,

해운(亥運)에 수생목(水生木)으로 살성(殺)이 더욱 왕성해지자 숨을
거두었다.

■ 곤명(坤命), 빈음부성범중격(貧淫夫星犯重格)

年 月 日 時

丙 甲 己 乙　　　癸 壬 辛 庚 己 戊 丁 丙

子 午 亥 亥　　　巳 辰 卯 寅 丑 子 亥 戌

【원 문】

楠曰 爭權官殺亦何多 疊見夫星剋制過 洛浦風塵眞可鄙
남왈 쟁권관살역하다 첩견부성극제과 낙포풍진진가비

只因八字犯淫訛 補註 己土得祿於子 身主有氣 又不能從殺也
지인팔자범음와 보주 기토득록어자 신주유기 우불능종살야

而且見三甲作合 貪合忘夫 所合不得其正 再行東方官殺
이차견삼갑작합 탐합망부 소합불득기정 재행동방관살

多夫之地 豈不大肆淫風 而作桑間濮上之女乎 且身旺不旺
다부지지 개불대사음풍 이작상간복상지여호 차신왕불왕

而弱不弱 還作殺重 貧可知矣
이약불약 환작살중 빈가지의

【해 설】

　장남왈(張楠曰), 관살(官殺)의 권력싸움이 많은데, 부성(夫星)도 많고
일간(日干)을 극(剋)하는 것도 많으니 음란하며 방탕한 명이 되었다.
　보주왈(補註曰), 기토일간(己土日干)이 오월(午月)에 태어났으니 득

령(得令)하여 신강(身强)하다. 신강(身强)하면 관살(官殺)이 많아도 따를 수 없는데 갑목(甲木)을 3위나 만났으니 탐합망부(貪合忘夫)가 되어 정식 남편이 없는 형상이다. 게다가 대운도 관살운(官殺運)인 동방 묘인(卯寅)으로 흐르니 어찌 음란하지 않겠는가. 또 신왕(身旺)한 것 같으나 신왕(身旺)하지 않고 신약(身弱)한 것 같으나 신약(身弱)하지 않고, 살성(殺星)이 중첩하여 가난하며 천한 명이 된 것이다.

■ 곤명(坤命), 상서처(上書妻) 화소금다격(火少金多格)

年	月	日	時								
壬	己	乙	辛		戊	丁	丙	乙	甲	癸	壬	辛
辰	酉	未	巳		申	未	午	巳	辰	卯	寅	丑

【원문】

楠曰 乙未那堪疊見金 金多火少病堪尋 去金宜入南方運
남왈 을미나감첩견금 금다화소병감심 거금의입남방운

宮閫方知有貴人 補註 乙日生於酉月 巳酉合成金局 木不足
궁곤방지유귀인 보주 을일생어유월 사유합성금국 목부족

而金有餘 此謂夫星太旺 宜傷官食神之運以剋去其夫而得夫
이금유여 차위부성태왕 의상관식신지운이극거기부이득부

所以貴而有子也 正謂金有餘 行火運以去其金也 一生富貴
소이귀이유자야 정위금유여 행화운이거기금야 일생부귀

夫子全美矣
부자전미의

【해 설】

  장남왈(張楠曰), 을미일생(乙未日生)이 유월(酉月)에 태어나 금(金)이 많은데 화(火)는 적으니 병(病)이 심하다. 그러나 대운이 남방 미오사화운(未午巳火運)으로 흘러 병(病)인 금(金)을 제거하자 남편이 고관대작인 상서(上書)에 올라 귀부인이 되었다.

  보주왈(補註曰), 을목일간(乙木日干)이 유월(酉月)에 태어나 실령(失令)하고, 사유(巳酉)가 합(合)하여 금국(金局)을 이루니 목기(木氣)는 부족한데 금기(金氣)는 많다. 부성(夫星)이 매우 왕성한데 식상운(食傷運)이 화극금(火剋金)으로 병(病)을 제거하니 남편이 귀(貴)만 얻는 형상이고, 더 귀한 것은 자식을 얻은 것이다. 금(金)이 많아도 화운(火運)에 제거하면 대길하다. 이 사람은 평생 부귀를 누리며 살았고, 남편과 자식이 모두 출세했다.

■ 곤명(坤命), 여귀명(女貴命), 금유여재부족격(金有餘財不足格)

年	月	日	時							
丙	癸	己	乙	壬	辛	庚	己	戊	丁	丙	乙
申	巳	亥	亥	辰	卯	寅	丑	子	亥	戌	酉

【원 문】

楠曰 己臨亥日坐夫宮 申巳刑沖作病神 運入東方夫旺地
남왈 기임해일좌부궁 신사형충작병신 운입동방부왕지

豈同閨閣等閑人 補註 己土生臨巳月 庚金得祿得生
개동규각등한인 보주 기토생임사월 경금득록득생

兩重亥中夫星剋去明矣 惟存時上一點殺星爲夫也 夫星孤秀
양중해중부성극거명의 유존시상일점살성위부야 부성고수

所以行東方旺夫之地 夫爲參政 五子俱非常人 子星得祿故也
소이행동방왕부지지 부위참정 오자구비상인 자성득록고야

【해 설】

　장남왈(張楠曰), 기토일간(己土日干)이 부궁(夫宮)인 일지(日支)에 해
수(亥水)가 들었는데 신사형충(申巳刑沖)이 병(病)이다. 게다가 대운이
부왕운(夫旺運)인 동방으로 흐르니 어찌 귀부인이 되지 않겠는가.

　보주왈(補註曰), 기토일간(己土日干)이 사월(巳月)에 태어나 신왕
(身旺)하다. 해중(亥中)에 갑목(甲木)이 있으나 사중(巳中)에 경금(庚
金)이 득록(得祿)·장생(長生)하여 금극목(金剋木)으로 부성(夫星)
을 제거하니 시상(時上)에 하나 있는 살성(殺星)이 부성(夫星)이다.
따라서 부성(夫星)이 홀로 수려한데 대운이 동방 목왕지(木旺地)로
흘러 참정(參政)에 올랐고, 자성(子星)도 녹(祿)을 얻어 자식 다섯이
모두 비상한 인물이 되었다.

■ 곤명(坤命), 극손칠부(剋損七夫), 금유여목부족격(金有餘木不足格)

年	月	日	時								
庚	甲	戊	丁		癸	壬	辛	庚	己	戊	丁	丙
寅	申	寅	巳		未	午	巳	辰	卯	寅	丑	子

【원 문】

楠曰 金神剋木不存夫 疊疊刑沖夫不如 行運不宜金再見
남왈 금신극목불존부 첩첩형충부불여 행운불의금재견

不堪金多鏡鸞孤 補註 戊土用年上寅中甲木爲夫 申宮庚金破之
불감금다경난고 보주 무토용년상인중갑목위부 신궁경금파지

用口上寅木爲夫 巳中庚金破之 用月上甲木爲夫 年上庚金破之
용구상인목위부 사중경금파지 용월상갑목위부 년상경금파지

徒見夫而無夫也 一入辛巳庚運 三年而兩嫁有之
도견부이무부야 일입신사경운 삼년이양가유지

五年而三嫁者有之 損七夫矣
오년이삼가자유지 손칠부의

【해 설】

장남왈(張楠曰), 금극목(金剋木)을 하니 부성(夫星)이 없는데, 형충(刑沖)까지 첩첩하니 남편과 불화가 많았다. 운에서 금(金)을 또 만나면 좋지 않은데 금운(金運)을 만나 파경을 맞았다.

보주왈(補註曰), 무토일간(戊土日干)이 신월(申月)에 태어났으니 실령(失令)하고, 년상(年上)의 인중(寅中) 갑목(甲木)이 부성(夫星)인데 신중경금(申中庚金)이 치고, 일지(日支)에 인목(寅木)이 있으나 사중(巳中) 경금(庚金)이 치고, 월상(月上) 갑목(甲木)도 부성(夫星)인데 년상(年上) 경금(庚金)이 친다. 부성(夫星)이 많아도 쓸만한 것은 하나도 없는 형상이다. 신사경(辛巳庚) 대운에 금(金)이 또 가세하여 금극목(金剋木)으로 부성(夫星)을 제거하자 가정이 깨지고 3년 후에 재가했다. 그러나 5년 후 다시 이혼하고 또 재가했다. 모두 7명의 남자와 이혼과 재혼을 거듭하며 살았다.

■ 곤명(坤命), 일수처(逸叟妻), 화중이금파경(火重而金頗輕)

年	月	日	時							
辛	乙	乙	壬	丙	丁	戊	己	庚	辛	壬 癸
巳	未	酉	午	申	酉	戌	亥	子	丑	寅 卯

【원 문】

楠曰 乙木生臨伏火炎 金衰頗以火爲嫌 丙丁運上多災病
남왈 을목생임복화염 금쇠파이화위혐 병정운상다재병

金水重逢樂自然 補註 乙木生臨六月中旬 火氣炎蒸 雖有多金
금수중봉낙자연 보주 을목생임육월중순 화기염증 수유다금

然金氣自消矣 但喜坐下夫星得祿 雖火旺而不能傷夫也
연금기자소의 단희좌하부성득록 수화왕이불능상부야

凡女命坐下見夫星者當美 初行丙丁二字 辛金被制 生子不育
범여명좌하견부성자당미 초행병정이자 신금피제 생자불육

而且多災 戊己庚金之運 助比夫星 生子而身頗安也
이차다재 무기경금지운 조비부성 생자이신파안야

【해 설】

　장남왈(張楠曰), 을목일간(乙木日干)이 삼복에 태어나 금(金)은 쇠
약한데 화(火)는 많으니 제살(制殺)이 심하다. 화(火)가 병(病)인데
대운에서 또 병정운(丙丁運)을 만나 화가 많았으나, 신유술(申酉戌)·
해자축(亥子丑) 금수운(金水運)에는 즐거운 일도 많았다.

보주왈(補註日), 을목일간(乙木日干)이 6월 중순인 미월(未月)에 태어났으니 화기(火氣)가 심한데, 사오미(巳午未)가 화국(火局)을 이루었으니 화기(火氣)가 대단하다. 비록 금기(金氣)가 많지만 화극금(火剋金)으로 자연히 소멸된다. 좋은 것은 일지(日支)에 부성(夫星)이 득록(得祿)했으니 비록 화(火)가 왕성해도 부성(夫星)을 손상시키지는 못한다. 여명은 부성(夫星)으로 남편운을 판단하는데 일지(日支)가 길성(吉星)에 해당해야 명이 아름답다.

초년에는 병정(丙丁)이 신금(辛金)을 치니 아들을 낳아도 키우지 못하고 재앙이 많았으나, 무기운(戊己運)과 경금운(庚金運) 부성(夫星)을 도와주니 아들을 낳고 본인도 약간 안정되었다. 시상(時上) 임수(壬水)가 용신(用神)이고, 사오미화(巳午未火)는 기신(忌神)이다.

■ 곤명(坤命), 왕흥부자명(旺興夫子命), 화중수경격(火重水輕格)

年	月	日	時								
乙	癸	辛	甲	甲	乙	丙	丁	戊	己	庚	辛
卯	未	未	午	申	酉	戌	亥	子	丑	寅	卯

【원 문】

楠日 辛金坐未火炎陽 金水三陰入旺鄉 最槪四柱多火氣
남왈 신금좌미화염양 금수삼음입왕향 최개사주다화기

喜行金水福榮昌 補註 辛金生未 三陰將進之時 夫子二星俱已受氣
희행금수복영창 보주 신금생미 삼음장진지시 부자이성구이수기

但四柱火氣尤盛 但得火俱伏藏 天干動水制之有力
단사주화기우성 단득화구복장 천간동수제지유력

早行丙戌 助夫攻身 屢損子星 運入北方 火炎水制 助子興家
조행병술 조부공신 누손자성 운입북방 화염수제 조자흥가

五福俱全 入寅 七十五死 兄嫂長三儒人也
오복구전 입인 칠십오사 형수장삼유인야

【해 설】

장남왈(張楠曰), 신금일간(辛金日干)이 화염이 심한 미월(未月)에 태어났으나 금수(金水) 삼음(三陰)의 왕운(旺運)으로 흐르니 길하다. 화기(火氣)를 가장 꺼리고, 금수운(金水運)을 만나면 영화가 창성할 것이다.

보주왈(補註曰), 신금일간(辛金日干)이 미월(未月)에 태어나 화기(火氣)가 심한데, 삼음(三陰)이 진세(進勢)이니 부성(夫星)과 자성(子星)을 모두 갖추었다. 심한 화기(火氣)가 일주(日主)를 극(剋)하니 수기(水氣)를 환영하는 명인데, 월상(月上)에 투출(透出)한 계수(癸水)가 화기(火氣)를 다스리니 귀격(貴格)이 되었다.

병술운(丙戌運)에는 화극금(火剋金)으로 아신(我身)을 공격하고, 술중(戌中) 신금(辛金)은 금극목(金剋木)으로 부성(夫星)을 공격하여 본인과 남편이 모두 불리하고 자식도 불리했다. 그러나 북방운으로 흘러 수극화(水剋火)로 화염을 제압하자 자식이 출세하여 집안을 일으켰고, 다시 오복을 갖추어 부귀를 누렸다. 그러나 인운(寅運)에 병화(丙火)가 발동하자 75세에 숨을 거두었다. 형과 형수와 장녀 세 사람은 선비였다.

■ 곤명(坤命), 빈요명(貧夭命)

年	月	日	時								
庚	甲	戊	戊		癸	壬	辛	庚	己	戊	丁	丙
午	申	申	午		未	午	巳	辰	卯	寅	丑	子

【원 문】

楠曰 戊土生申金氣多 夫星尅制太如何 不宜早入刑沖運
남왈 무토생신금기다 부성극제태여하 불의조입형충운

壽夭應知受折磨 補註 戊生申月 金氣重重 不宜月上見有甲木
수요응지수절마 보주 무생신월 금기중중 불의월상견유갑목

夫星無根 此乃極貧格 夫星殘病無子 蓋爲夫星金制太過 庚運死也
부성무근 차내극빈격 부성잔병무자 개위부성금제태과 경운사야

【해 설】

　장남왈(張楠曰), 무토일간(戊土日干)이 금기(金氣)가 많은 신월(申月)에 태어나 부성(夫星)을 심하게 치니 갑목(甲木)이 위험하고, 갑경(甲庚)이 상충(相沖)하니 요절할 명이다.

　보주왈(補註曰), 무토일간(戊土日干)이 신월(申月)에 태어나 설기(泄氣)가 심하다. 금기(金氣)가 많고, 월상(月上) 갑목(甲木)이 부성(夫星)인데 뿌리가 없어 아주 가난한 명이 되었다. 남편은 잔병으로 고생하고 슬하에 자식도 없었다. 금기(金氣)가 부성(夫星)을 심하게 치는 것이 가장 흉한데, 경금운(庚金運)까지 만나자 숨을 거두었다.

■ 곤명(坤命), 빈명(貧命), 제부태과격(制夫太過格)

```
年 月 日 時
丙 丁 乙 戊      丙乙甲癸壬辛庚己
戌 酉 巳 寅      申未午巳辰卯寅丑
```

【원 문】

楠曰 乙木逢金夫本榮 不堪火重制夫星 北方運美南方否
남왈 을목봉금부본영 불감화중제부성 북방운미남방부

此理分明豈徇情 補註 乙木生臨酉月 坐下夫星得祿 本爲好也
차리분명개순정 보주 을목생임유월 좌하부성득록 본위호야

不堪重重見火 傷損夫星 再行南方午未運中 夫星逃子竄
불감중중견화 상손부성 재행남방오미운중 부성도자찬

身幾不振 蓋爲火多制金也 癸巳壬辰兩運 衣食滿給 夫子如故
신기부진 개위화다제금야 계사임진양운 의식만급 부자여고

蓋喜壬癸水破火而存金也
개희임계수파화이존금야

【해 설】

장남왈(張楠曰), 을목일간(乙木日干)이 유월(酉月)에 태어났으니 남편이 영화를 누릴 명이나, 병정화(丙丁火)가 투출(透出)하여 부성(夫星)을 심하게 제극(制剋)한다. 북방 수운(水運)은 좋으나 남방 화운(火運)은 흉하니 제살태과격(制殺太過格)이다.

보주왈(補註曰), 을목일간(乙木日干)이 유월(酉月)에 태어나 실령(失令)했으나, 일지(日支)에서 부성(夫星)이 득록(得祿)했으니 본래는 좋은 명이다. 그러나 화기(火氣)가 많아 부성(夫星)의 손상을 감당할 수 없게 되었다. 대운이 남방 오미운(午未運)으로 흐르자 남편은 도망가고 자식도 집을 나가 가정이 풍비박산이 되었다. 화기(火氣)가 금기(金氣)를 지나치게 제극(制剋)하기 때문이다. 계사(癸巳)와 임진(壬辰) 대운에는 수기(水氣)를 만나 의식이 만족해지고 남편과 자식이 돌아왔다. 임계수(壬癸水)가 기신(忌神)인 화(火)를 수극화(水剋火)로 제거하고 부성(夫星)인 금(金)을 지켰기 때문이다.

■ 곤명(坤命), 선빈후부금다화소격(先貧後富金多火少格)

年	月	日	時		壬	癸	甲	乙	丙	丁	戊	己
辛	辛	乙	丙									
丑	丑	亥	戌		寅	卯	辰	巳	午	未	申	酉

【원문】

楠曰 乙木逢金火損傷 時逢丙火制相當 直看老景南方運
남왈 을목봉금화손상 시봉병화제상당 직간노경남방운

夫子興隆大異常 補註 乙木生丑 木氣本枯 再加五殺攻之
부자흥융대이상 보주 을목생축 목기본고 재가오살공지

身益衰矣 賴有丙火進氣 制殺福神 早行壬癸破丙 頗受艱辛
신익쇠의 뢰유병화진기 제살복신 조행임계파병 파수간신

一入南方丙午丁未剋殺之地 五福俱全 入申殺旺方死
일입남방병오정미극살지지 오복구전 입신살왕방사

【해설】

장남왈(張楠曰), 을목일간(乙木日干)이 금(金)이 많으니 불리하다.

시상(時上) 병화(丙火)가 화극금(火剋金)을 하나 힘이 부족하여 화(火)가 손상되었다. 남방 사오미운(巳午未運)에 남편과 자식이 흥융했는데 이상한 현상이다.

보주왈(補註曰), 을목일간(乙木日干)이 축월(丑月)에 태어나 메마르고 추운데, 축중(丑中)에 신금(辛金)과 술중(戌中)에 신금(辛金)과 년월(年月)에 신금(辛金)이 공격하니 신약(身弱)하다. 다행인 것은 시상(時上)에 투출(透出)한 병화(丙火)가 살성(殺星)을 억제하고 허약한 일주(日主)를 보호하는 것이다. 따라서 일간(日干)이 병화(丙火)에 의지하니 병화(丙火)가 복신(福神)이다. 초년 임계운(壬癸運)에는 수극화(水剋火)로 병화(丙火)를 치자 고생이 많았고, 남방운인 병오운(丙午運)과 정미운(丁未運) 에는 살성(殺)을 치니 오복을 갖추고 부귀영화를 누렸다. 그러나 살성(殺星)이 왕성한 신운(申運)을 만나자 숨을 거두었다. 처음에는 가난하다 나중에 부자가 되는 명이다.

■ 곤명(坤命), 선빈후부금다화소격(先貧後富金多火少格)

年	月	日	時							
甲	辛	乙	乙	庚	己	戊	丁	丙	乙	甲	癸
戌	未	丑	酉	午	巳	辰	卯	寅	丑	子	亥

【원문】

楠曰 乙木生臨未月提 木衰金旺理堪知 直須火運將金剋
남왈 을목생임미월제 목쇠금왕리감지 직수화운장금극

定主興夫更旺兒 補註 乙木生未 雖有甲乙之木三重
정주흥부갱왕아 보주 을목생미 수유갑을지목삼중

夫星何木氣退而金氣進 更且火氣輕而不能制金
부성하목기퇴이금기진 갱차화기경이불능제금

所以見夫星多而身衰者 反爲戕身之賊也 運行己巳戊辰
소이견부성다이신쇠자 반위장신지적야 운행기사무진

財又生殺 貧苦尅夫 一入丁卯 火制殺星 再醮助夫
재우생살 빈고극부 일입정묘 화제살성 재초조부

丙寅旺殺得制 安享優游 子孫並秀
병인왕살득제 안향우유 자손병수

【해 설】

장남왈(張楠曰), 을목일간(乙木日干)이 미월(未月)에 태어나 금(金)이 많으니 목쇠금왕(木衰金旺)한 명이다. 그러나 대운이 남방 화운(火運)으로 흘러 금(金)을 다스리니 남편과 자식이 흥하였다.

보주왈(補註曰), 을목일간(乙木日干)이 미월(未月)에 태어나 갑을목(甲乙木)이 3중으로 있으나 부성(夫星)이 강왕하니 어떻게 감당하겠는가. 즉 목기(木氣)는 후퇴하고, 금기(金氣)는 전진하는 때다. 게다가 화기(火氣)도 미약하니 금기(金氣)를 제압하기 어렵다. 부성(夫星)은 많은데 신약(身弱)하니 살성(殺)이 해로운 도적이다. 재성운(財運)인 기사(己巳)와 무진운(戊辰運)에는 재생관(財生官)하니 더욱 흉해져 남편을 극(尅)하고 가난했으나, 정묘(丁卯) 대운에 화기(火氣)가 살성(殺星)을 다스리자 남편이 발복하고, 병인(丙寅) 대운에 또 살성(殺星)을 다스리자 자손들이 출세하며 만사가 형통했다.

■ 곤명(坤命), 창천명(娼賤命), 살다무제격(殺多無制格)

```
年 月 日 時
戊 甲 乙 乙      癸 壬 辛 庚 己 戊 丁 丙
申 子 丑 酉      亥 戌 酉 申 未 午 巳 辰
```

【원 문】

楠曰 乙木金多制太過 再行金運失中和 娼淫濁亂汚中垢
남왈 을목금다제태과 재행금운실중화 창음탁난오중구

受制於人楚撻多 補註 乙木生子 木氣無根 水木漂泛 四柱重重金氣
수제어인초달다 보주 을목생자 목기무근 수목표범 사주중중금기

所以金多無夫 豈不爲娼妓乎! 原金多 再行金旺之地 七殺攻身
소이금다무부 개불위창기호! 원금다 재행금왕지지 칠살공신

受制於人 多遭捶楚 入庚破甲死 無根也
수제어인 다조추초 입경파갑사 무근야

【해 설】

장남왈(張楠曰), 을목일간(乙木日干)이 금(金)이 많아 나를 심하게 극제(剋制)하는데, 금운(金運)에 중화를 잃자 창기가 되었다. 신약(身弱)하고 칠살(七殺)이 많은데 약(藥)이 없으면 이러한 흉화가 많다.

보주왈(補註曰), 을목일간(乙木日干)이 자월(子月)에 태어나 득령(得令)했으나, 목기(木氣)는 뿌리가 없는데 수기(水氣)가 많아 부목(浮木)이 되었다. 또 주중(柱中)에 금기(金氣)가 많아 더 흉한데 금기(金氣) 관살(官殺)이 많다. 주변에 남자는 많으나 기신(忌神)에 해당하니 진정한 남편은 없는 형상이다. 원명에 칠살(七殺)인 금기(金氣)

가 많아 관성(官星)이 흉한데, 대운이 금왕운(金旺運)으로 흐르니 칠
살(七殺)이 아신(我身)을 공격하여 파란만장했던 것이다. 이 사람은
경금(庚金) 대운에 갑경(甲庚)이 상충(相沖)하자 숨을 거두었는데, 일
간(日干)이 뿌리가 없었기 때문이다. 칠살(七殺)이 많은데 제극(制剋)
과 약(藥)이 없으면 창기 같은 천한 명이 되는 경우가 많다.

■ 곤명(坤命), 천비부(賤婢夫), 경제과격(輕制過格)

年	月	日	時								
丙	壬	庚	庚	癸	壬	辛	庚	己	戊	丁	丙
子	辰	子	辰	卯	寅	丑	子	亥	戌	酉	申

【원 문】

楠曰 夫星衰弱制重重 火少那堪水氣沖 再入北方夫氣絕
남왈 부성쇠약제중중 화소나감수기충 재입북방부기절

一生婢妾走西東 補註 不合丙火無根 夫星透出 壬水重重剋之
일생비첩주서동 보주 불합병화무근 부성투출 임수중중극지

不宜運入北方 水氣益盈 夫星氣日益不足 雖金水輕淸
불의운입북방 수기익영 부성기일익부족 수금수경청

只作怜悧賤婢 理本然也
지작영리천비 이본연야

【해 설】

　장남왈(張楠曰), 부성(夫星)이 쇠약한데 제극(制剋)이 많다. 화기
(火氣)가 약한데 많은 수기(水氣)가 수극화(水剋火)로 상충(相沖)하

니 어찌 감당할 수 있겠는가. 게다가 대운까지 북방운으로 들어가 부성(夫星)이 끊어지자 평생을 비첩으로 이익없이 분주하게 살았다.

보주왈(補註日), 부성(夫星)인 병화(丙火)가 년상(年上)에 투출(透出)했으나 뿌리가 없어 불리한데, 월상(月上) 임수(壬水)는 자수(子水)에 통근(通根)하여 매우 강하니 제살태과격(制殺太過格)이다. 더 흉한 것은 대운이 북방 수운(水運)으로 들어가 수기(水氣)가 넘치니 남편이 많이 부족하다. 비록 금수(金水) 상관(傷官)이 국(局)을 이루어 영리하며 잔재주가 많았으나 노비에 불과했다. 원리란 본래 그런 것이다.

- 곤명(坤命), 상서부인(上書夫人), 수진기부투천간격(水進氣夫透天干格)

```
年 月 日 時
丙 戊 壬 戊        丁丙乙甲癸壬辛庚
子 戌 午 申        酉申未午巳辰卯寅
```

【원 문】

楠日 壬水生臨九月秋 水神進氣湧寒流 子午結局源深遠
남왈 임수생임구월추 수신진기용한류 자오결국원심원

紫誥榮封兩國優 補註 壬水生臨五陰之候 水氣盈矣 兩重戊土殺星
자고영봉양국우 보주 임수생임오음지후 수기영의 양중무토살성

各坐生庫之地 其殺各有位矣 更得下通水局 任殺爲夫 南方財旺之地
각좌생고지지 기살각유위의 갱득하통수국 임살위부 남방재왕지지

相夫貴極人臣 更兼旺子 子從夫出故也
상부귀극인신 경겸왕자 자종부출고야

【해 설】

장남왈(張楠曰), 임수일간(壬水日干)이 가을철인 9월에 태어나 수(水)가 진기(進氣)이니 한류(寒流)가 강하다. 자오(子午)가 각각 수국(水局)과 화국(火局)을 이루어 근원이 멀고 깊으니 길하고, 대운이 정병을갑(丁丙乙甲)과 미오사(未午巳)로 흘러 귀부인이 되었다.

보주왈(補註曰), 임수일간(壬水日干)이 5음(陰)의 한로지절(寒露之節)인 술월(戌月)에 태어나 수기(水氣)가 왕성한 편이다. 무토(戊土)가 모두 무거우니 살성(殺星)이 강하고, 생고지(生庫地)에 임하여 살성(殺)은 지위를 얻고, 지지(地支)에서는 신자진(申子辰) 수국(水局)을 이루어 왕성한 살성(殺)을 능히 감당할 수 있으니 좋은 명이다. 금수운(金水運)은 흉하나 목화운(木火運)은 길하다. 대운이 재왕운(財旺運)인 정병을운(丁丙乙運)과 미오사운(未午巳運)으로 흘러 도와주니 남편이 중신이 되었고, 자식들도 출세했다. 자식들은 남편을 따라 일어나기 때문이다.

■ 곤명(坤命), 부요녀명(富夭女命), 제관부성격(制過夫星格)

年	月	日	時								
癸	己	己	己		庚	辛	壬	癸	甲	乙	丙	丁
巳	未	亥	巳		申	酉	戌	亥	子	丑	寅	卯

【원 문】

楠日 己生未月木爲夫 兩巳來沖本氣無 再入西方金旺地
남왈 기생미월목위부 양사내충본기무 재입서방금왕지

金多剋木壽應殂 補註 己生未月 本用甲乙木爲夫也 夫星何六月木衰
금다극목수응조 보주 기생미월 본용갑을목위부야 부성하육월목쇠

再加兩巳中庚金剋之 其夫益衰矣 但八字純粹 生於富家
재가양사중경금극지 기부익쇠의 단팔자순수 생어부가

不宜運入庚申 再加庚金得祿 夫星之氣絕無 未嫁而死宜矣
불의운입경신 재가경금득록 부성지기절무 미가이사의의

觀此八字雖好 而行運不及 正謂源淸而流濁也
관차팔자수호 이행운불급 정위원청이유탁야

【해 설】

　장남왈(張楠曰), 기토일간(己土日干)이 미월(未月)에 태어나 목(木)
이 부성(夫星)이다. 사화(巳火) 둘이 해중(亥中) 갑목(甲木)을 충(沖)
하여 위태로운데, 대운이 서방 금왕운(金旺運)으로 흘러 목(木)을 치
자 숨을 거두었다.

　보주왈(補註曰), 기토일간(己土日干)이 미월(未月)에 태어나 득령
(得令)했다. 목(木)이 미월(未月)에 태어나면 쇠약한데, 2위나 있는 사
중(巳中) 경금(庚金)이 해중(亥中) 갑목(甲木)을 극(剋)하니 남편이
쇠약할 수밖에 없다. 이 사람은 부잣집에서 태어났으나 대운이 좋지
않았다. 초년 경신(庚申) 대운에 경금(庚金)이 득록(得祿)하여 용신
(用神)인 부성(夫星)을 절무(絕無)하자 혼인도 하지 못하고 숨을 거
두었다. 이런 명을 근원은 청수하나 운이 혼탁하다고 한다.

■ 곤명(坤命), 장원처(壯元妻), 쇠부행부왕운격(衰夫行夫旺運格)

年	月	日	時								
辛	庚	戊	己		辛	壬	癸	甲	乙	丙	丁	戊
亥	子	戌	未		丑	寅	卯	辰	巳	午	未	申

【원 문】

楠曰 戊土臨乾木得生 喜逢水旺木芽萌 夫星衰最喜夫生運
남왈 무토임건목득생 희봉수왕목아맹 부성쇠최희부생운

定作人間女壯元 補註 戊戌土寔 自坐財鄕 更得年上甲木夫星得生
정작인간여장원 보주 무술토식 자좌재향 갱득년상갑목부성득생

而喜木衰 有庚辛天干之金暗來損木 則爲有病方爲貴命矣
이희목쇠 유경신천간지금암내손목 즉위유병방위귀명의

大運一入壬寅 衰夫得祿 相夫而登廷試第一 豈不宜乎
대운일입임인 쇠부득록 상부이등정시제일 개불의호

又且生子而作方伯 蓋貴子亦從貴夫生也 入巳庚金損破夫星而死
우차생자이작방백 개귀자역종귀부생야 입사경금손파부성이사

【해 설】

장남왈(張楠曰), 무토일간(戊土日干)이 자월생(子月生)이고, 해중(亥中)에 갑목(甲木)이 있는데 수(水)가 왕성하니 목(木)이 싹을 틔울 수 있다. 이 사람은 부성(夫星)이 쇠약하니 부성(夫星)이 생왕(生旺)하는 운을 만나면 좋은데 대운이 좋아 여장원(女壯元)이 되었다.

보주왈(補註曰), 무술일생(戊戌日生)이 재성운(財星運)에 앉아 있고, 년상(年上)의 해중(亥中) 갑목(甲木)이 부성(夫星)이니 좋은 명이

다. 천간(天干)에 투출(透出)한 경신금(庚辛金)이 부성(夫星)인 갑목(甲木)을 손상시키니 병(病)인데, 병(病)이 있어 귀격(貴格)이 되었다.

대운이 임인(壬寅)으로 흘러 쇠약한 부성(夫星)이 득록(得祿)하자 남편이 장원으로 급제하여 출세하고, 자식은 방백(方伯)이 되었다. 귀한 남편을 만나야 귀한 자식을 둘 수 있다는 말이 여기에 해당하는 말이다. 그러나 사운(巳運)에 사중(巳中) 경금(庚金)이 투출(透出)하여 금(金)이 왕성해져 갑경(甲庚)이 상충相沖)하자 숨을 거두었다.

3. 시상일위귀격(時上一位貴格)

【원 문】

楠曰 時上一位格 蓋取時上一點殺星 若日干生旺 時上有殺
남왈 시상일위격 개취시상일점살성 약일간생왕 시상유살

則用之 爲時上一位貴 若身旺殺衰 喜殺旺運 富貴多子
즉용지 위시상일위귀 약신왕살쇠 희살왕운 부귀다자

蓋殺乃子星也 身旺能任其子也 若日干弱 時上殺旺
개살내자성야 신왕능임기자야 약일간약 시상살왕

怕行殺旺及財運 正謂 財生七殺趨身衰 則主貧賤無子 殺能剋身
파행살왕급재운 정위 재생칠살간신쇠 즉주빈천무자 살능극신

不能生子 正謂(時逢七殺本無兒
불능생자 정위 시봉칠살본무아

【해 설】

장남왈(張楠曰), 시상일위격(時上一位格)이란 시상(時上)에서 살성

(殺星)을 하나 만나는 것을 말한다. 만일 신왕(身旺)하고 시상(時上)에 살성(殺星)이 있으면 시상일위(時上一位)의 귀(貴)로 삼는다. 만일 신왕(身旺)한데 살성(殺星)이 쇠약하면 살왕운(殺旺運)을 만나야 길하다. 이런 명은 부귀를 이루고 자식도 많이 둔다. 대개 칠살(七殺)은 자성(子星)인데 신왕(身旺)해야 자식인 칠살(七殺)을 능히 감당할 수 있다.

만일 신약(身弱) 사주가 시상(時上)의 칠살(七殺)이 강왕한데 살왕운(殺旺運)이나 재왕운(財旺運)으로 흐르면 빈천하며 자식을 두지 못한다. 칠살(七殺)이 신주(身主)를 치기 때문이다. 이것이 시상(時上)에서 칠살(七殺)을 만나면 자식을 두지 못한다는 말이다.

【원 문】

若時上有殺 亦要先安置殺星 或除去之 或合去之 方可用
약시상유살 역요선안치살성 혹제거지 혹합거지 방가용

月上用神如不曾剋制此殺 則當把時上殺爲用神 月上雖有印星財星
월상용신여불증극제차살 즉당파시상살위용신 월상수유인성재성

亦不能用 故格局推詳 以殺爲重 前人立言 說不分明
역불능용 고격국추상 이살위중 전인입언 설불분명

【해 설】

시상(時上)에 있는 살성(殺)은 상해되지 않아야 한다. 만일 제거되거나 합거(合去)되면 월상(月上)의 살성(殺星)이 용신(用神) 작용을 해야 한다. 시상(時上)의 칠살(七殺)을 취용하는데, 월상(月上)에 인성(印星)이나 재성(財星)이 있으면 작용할 수 없다. 격국(格局)은 자

세히 관찰하고 살성(殺)은 중요하게 여겨야 하는데 옛사람들이 분명
하게 밝히지 않았다.

【원 문】

楠曰 時上偏官 卽時上一位貴格也 如陽見陽干 陰見陰干相剋是也
남왈 시상편관 즉시상일위귀격야 여양견양간 음견음간상극시야

透出爲妙 只許一位 四柱不許再見 若年月日又有
투출위묘 지허일위 사주불허재견 약년월일우유

則爲辛苦勞碌之命也 要本身自旺 如甲寅 自生如甲子之類
즉위신고노록지명야 요본신자왕 여갑인 자생여갑자지류

又要有制伏 有制則爲偏官 無制則爲七殺 又要制伏得中和
우요유제복 유제즉위편관 무제즉위칠살 우요제복득중화

一位七殺 卻有兩三位制伏 是爲太過 雖有學問 不榮仕路
일위칠살 극유양삼위제복 시위태과 수유학문 불영사로

乃是貧寒一老儒 故喜忌篇云 偏官時遇 制伏太過 乃是寒儒
내시빈한일노유 고희기편운 편관시우 제복태과 내시한유

四柱制伏多 要行七殺旺運 或三合得地可發 若原無制伏
사주제복다 요행칠살왕운 혹삼합득지가발 약원무제복

要行制伏之運 可發 如遇殺旺 無以制之 則禍生矣
요행제복지운 가발 여우살왕 무이제지 즉화생의

時偏官爲人性重 剛執不屈 傲物自高 膽氣雄豪 月偏官亦然
시편관위인성중 강집불굴 오물자고 담기웅호 월편관역연

【해 설】

장남왈(張楠曰), 시상(時上)에 편관(偏官)이 있는 것을 시상일위귀

격(時上一位貴格)이라고 한다. 즉 양(陽)이 양간(陽干)을 만나고, 음(陰)이 음간(陰干)을 만나 상극(相剋)하는 것이다. 또 하나만 시상(時上)에 하나만 투출(透出)해야 묘하다. 만일 주중(柱中)에서 또 만나면 고생을 많이 하게 된다. 이때는 신주(身主)가 스스로 왕성해야 한다. 예를 들면 갑인일생(甲寅日生)이나 갑자일생(甲子日生)을 말한다.

시상(時上)의 편관(偏官)은 제압해야 한다. 만일 제압하면 편관(偏官)으로 보고, 제압하지 못하면 칠살(七殺)로 본다. 또 하나만 있는 것이 중요하다. 만일 2~3위 있는데 제압하면 가난한 선비의 명이 되어 학문이 있어도 벼슬길에 오르지 못한다.

희기편운(喜忌篇云), 시상(時上)의 편관(偏官)을 지나치게 제압하면 한가한 유림에 불과하다. 주중(柱中)에 제압이 많으면 칠살(七殺)이 왕성한 운으로 흘러야 한다. 혹 삼합(三合)으로 득지(得地)하면 가히 발복할 수 있다. 만일 원명에서 제압하지 못하면 제압할 수 있는 운으로 흘러야 발복한다. 만일 원명에 왕성한 칠살(七殺)을 다스리지 못하면 화가 된다.

시상(時上)이나 월상(月上)에 편관(偏官)이 있으면 성품이 중후하며 강집하고, 자존심과 불굴의 기개가 많으나 오만하다.

【원 문】

又補曰 食神制殺 化鬼爲官 固宜權貴 所謂食居先 殺居後
우보왈 식신제살 화귀위관 고의권귀 소위식거선 살거후

功名兩全是也 羊刃合殺 變凶爲吉 亦能權貴 所謂甲以乙妹妻庚
공명양전시야 양인합살 변흉위길 역능권귀 소위갑이을매처경

凶爲吉兆是也 又補曰 食神制殺 不宜逢梟則禍 故曰 食神制殺逢梟
흉위길조시야 우보왈 식신제살 불의봉효즉화 고왈 식신제살봉효

不貧則夭 羊刃合殺 不宜財多 財多必咎 故曰 財生殺黨 夭折童年
불빈즉요 양인합살 불의재다 재다필구 고왈 재생살당 요절동년

【해 설】

보주왈(補註曰), 식신(食神)이 칠살(七殺)을 제압하면 관성(官星)
으로 변하여 권귀(權貴)를 이룬다. 먼저 식신(食神)을 만나고 나중에
칠살(七殺)을 만나면 공명을 모두 이룬다는 말이 이것이다. 양인(羊
刃)이 칠살(七殺)을 합(合)해도 능히 권귀(權貴)를 이룬다. 갑목일간
(甲木日干)이 을매(乙妹)를 칠살(七殺)인 경금(庚金)의 아내로 삼으
면 유정해져 길조가 된다는 말이 이 말이다.

고서운(古書云), 식신(食神)이 칠살(七殺)을 제극(制剋)하는데 효인
(梟印)이나 도식(倒食)을 만나면 화가 되어 가난하거나 요절한다. 그
리고 양인(羊刃)이 칠살(七殺)을 합(合)하는데 재성(財星)이 많으면
반드시 재앙이 따른다.

재성(財星)의 무리가 살성(殺星)을 생(生)하면 어릴 때 요절한다.

【원 문】

又曰 食神固能制殺 而傷官亦能制殺 但傷官不如食神之力
우왈 식신고능제살 이상관역능제살 단상관불여식신지력

夫星羊刃固能合殺 而傷官亦能合殺 但傷官不如羊刃之勢顯
부성양인고능합살 이상관역능합살 단상관불여양인지세현

陽日 傷官能制殺 而不能合殺 如甲日見丁爲傷官 能制庚金之殺
양왈 상관능제살 이불능합살 여갑일견정위상관 능제경금지살

而不能合庚是也 陰日 傷官能合殺 而自克制殺 如乙日見丙爲傷官
이불능합경시야 음일 상관능합살 이자극제살 여을일견병위상관

能合辛金之殺 自能制辛是也 又曰 殺一也 而馴伏爲用有二
능합신금지살 자능제신시야 우왈 살일야 이순복위용유이

制與化是也 制殺者食神也 所謂制之以力也 化殺者印綬也
제여화시야 제살자식신야 소위제지이력야 화살자인수야

所謂服之以德也 與其制之以力 不若化之以德 故通明賦云
소위복지이덕야 여기제지이력 불약화지이덕 고통명부운

制殺不如化殺高 然制化不可竝立 有制不必有化 有化不必有制
제살불여화살고 연제화불가병립 유제불필유화 유화불필유제

倘若化神弱 制神强 施恩有不足之怨 化神旺 制神衰
당약화신약 제신강 시은유부족지원 화신왕 제신쇠

臨事無禁制之能
임사무금제지능

【해 설】

식신(食神)과 상관(傷官)은 능히 칠살(七殺)을 제압할 수 있으나 식신(食神)의 힘이 더 강하고, 양인(羊刃)과 상관(傷官)은 능히 칠살(七殺)을 합(合)할 수 있으나 양인(羊刃)의 힘이 더 강하다. 양일간(陽日干)의 상관(傷官)은 능히 칠살(七殺)을 제압할 수 있으나 합(合)할 수는 없다. 예를 들어 갑목일간(甲木日干)에게는 정화(丁火)가 상관(傷官)이라 능히 칠살(七殺) 경금(庚金)을 제압할 수는 있으나 합(合)할 수는 없다.

음일간(陰日干)은 상관(傷官)이 능히 칠살(七殺)을 합(合)하고 저

절로 제압하기도 한다. 예를 들면 을목일간(乙木日干)에게는 병화(丙火)가 상관(傷官)인데 칠살(七殺)인 신금(辛金)을 만나면 병신합수(丙辛合水)로 저절로 제압된다.

또 살성(殺)을 다스리는 방법은 두 가지인데 제살(制殺)과 화살(化殺)이 그것이다. 제살(制殺)하는 것은 식신(食神)이니 힘으로 하는 것이고, 화살(化殺)하는 것은 인수(印綬)이니 덕으로 하는 것이다. 힘으로 제압하면 복화(服化)하는 덕만 못하다.

통명부운(通明賦云), 제살(制殺)이 화살(化殺)보다 못하나, 제살(制殺)과 화살(化殺)이 모두 있으면 불가하다. 즉 제살(制殺)하면 화살(化殺)은 필요 없고, 화살(化殺)이 있으면 제살(制殺)할 필요가 없다. 만일 화살(化殺)하는 것이 약하고 제살(制殺)하는 것이 강하면 은혜를 베풀어도 부족해서 오히려 원망을 듣고, 화살(化殺)하는 것이 강하고 제살(制殺)하는 것이 약하면 절도와 절제력이 부족한 사람이 된다.

【원 문】

古歌云 時上偏官一位强 本身健旺富非常 年月並無官財殺
고가운 시상편관일위강 본신건왕부비상 년월병무관재살

獨於時位最相當 又曰 時上一位貴 藏在支中是 日主要綱强
독어시위최상당 우왈 시상일위귀 장재지중시 일주요강강

利名方有氣 楠曰 此言時支偏官 如甲逢申時 乙逢酉時之類
이명방유기 남왈 차언시지편관 여갑봉신시 을봉유시지류

乃藏在支中者也 日主 强旺 名利必振 惟忌身弱 而力不能勝也
내장재지중자야 일주 강왕 명리필진 유기신약 이역불능승야

又曰 時上偏官喜刃沖 身强制伏祿豐隆 正官若也來相混
우왈 시상편관희인충 신강제복녹풍융 정관약야내상혼

身弱財生主困窮 補曰 時上偏官 如甲日見庚午 乙日見辛干之類
신약재생주곤궁 보왈 시상편관 여갑일견경오 을일견신간지류

不怕刑沖羊刃故也 繼善篇 云時上偏官喜刃喜沖 日主生旺
불파형충양인고야 계선편 운시상편관희인희충 일주생왕

年月有食神制伏 所謂食居先 殺居後 功名兩全 爵祿豐厚
년월유식신제복 소위식거선 살거후 공명양전 작록풍후

不喜正官來混 有兄不顯其弟 加以身勢衰弱 財生殺黨 必主貧寒困苦
불희정관내혼 유형불현기제 가이신세쇠약 재생살당 필주빈한곤고

所爲不遂 又曰 時上偏官一位强 日辰自旺貴非常 有財有印多財祿
소위불수 우왈 시상편관일위강 일진자왕귀비상 유재유인다재록

注定天生作棟梁 補曰 時上偏官 只喜一位 四柱中不要再見
주정천생작동량 보왈 시상편관 지희일위 사주중불요재견

日主自旺 如甲寅乙卯 或生於寅卯月之類 則身殺兩强 富貴過人
일주자왕 여갑인을묘 혹생어인묘월지류 즉신살양강 부귀과인

有財則時殺有根 有印則化殺生身 財馬官祿 自然興旺
유재즉시살유근 유인즉화살생신 재마관록 자연흥왕

【해 설】

　고가왈(古歌曰), 시상(時上)의 편관(偏官)이 강한데 신왕(身旺)하면 부(富)가 비상하게 일어나는데, 년월(年月)에는 재관(財官)의 살성(殺)이 없고 오직 시(時)에만 하나 있어야 좋다. 시상일위귀격(時上一位貴格)이 되려면 지지(地支)에 관귀(官貴)의 뿌리가 암장(暗藏)되어야 하고 신강(身强)해야 하는데, 이런 명은 부귀격(富貴格)이 된다.

장남왈(張楠曰), 시지(時支)의 편관(偏官)이란 예를 들면 갑목일간(甲木日干)이 신시생(申時生)이거나 을목일간(乙木日干)이 유시생(酉時生)인 경우인데 지지(支地)에 암장(暗藏)된 것도 작용한다. 칠살(七殺)이 작용할 때 신강(身强)하면 명리가 발달하나, 신약(身弱)하면 재관(財官)을 감당하지 못하니 꺼린다. 또 시상(時上) 편관(偏官)은 양인(羊刃)을 만나 상충(相沖)하는 것도 길하고, 신강(身强)하여 제압하면 복록이 많다. 이때 정관(正官)이 임하여 관살혼잡(官殺混雜)이 되면 불리한데, 신약(身弱)하면 재물이 생겨도 곤궁하다.

보주왈(補註曰), 시상(時上)의 편관(偏官)이란 예를 들면 갑목일간(甲木日干)이 경오시생(庚午時生)이거나 을목일간(乙木日干)이 신사시생(辛巳時生)인 경우인데, 형충(刑沖)되거나 양인(羊刃)을 만나도 두려워하지 않는다.

계선편운(繼善篇云), 시상(時上)의 편관(偏官)은 양인(羊刃)도 두려워하지 않고 상충(相沖)도 기뻐한다고 했는데, 이때는 신왕(身旺)하고 년월(年月)의 식신(食神)을 제압해야 한다. 이른바 식신(食神)을 먼저 만나고 살성(殺)을 나중에 만나야 공명을 모두 이룬다는 말이다. 이때 꺼리는 것은 정관(正官)이 임하여 관살혼잡(官殺混雜)이 되는 것인데, 그러면 형은 출세하나 아우는 출세하지 못한다. 만일 신약(身弱)한데 재생살(財生殺)이 가세하면 반드시 가난으로 고생한다. 만일 편관(偏官)이 시상(時上)에 하나 있는데 강하고 일간(日干)이 스스로 왕성하면 귀(貴)가 비상하게 발달하고, 재성(財星)과 인성(印星)이 모두 있으면 재록(財祿)이 많아 국가의 동량이 된다.

보왈(補曰), 편관(偏官)은 시상(時上)에 하나만 있어야 길하고, 편관(偏官)이 작용할 때는 일간(日干)이 스스로 왕성해야 한다. 예를 들면 갑인일생(甲寅日生)이나 을묘일생(乙卯日生)이나 갑을일간(甲乙日干)이 인묘월(寅卯月)에 태어난 경우인데, 신주(身主)와 칠살(七殺)이 모두 강하면 부귀가 넘치는 명이 된다. 만일 주중(柱中)에 재성(財星)이 있으면 시상(時上)의 살성(殺)이 뿌리가 있는 것인데, 이때 인성(印星)이 있으면 관인상생(官印相生)으로 화살생신(化殺生身)하니 재마(財馬)와 관록(官祿)을 모두 얻어 자연히 흥왕한다.

【원 문】

又曰 時逢七殺是偏官 有制身强好命看 制過喜逢殺旺運
우왈 시봉칠살시편관 유제신강호명간 제과희봉살왕운

三方得地發何難 補日 時逢七殺 乃是時上偏官格 身旺有制
삼방득지발하난 보왈 시봉칠살 내시시상편관격 신왕유제

如有一位殺 則有一位制 乃是貴人 文章振發 當作好命看
여유일위살 즉유일위제 내시귀인 문장진발 당작호명간

若有兩三位制伏 則爲制伏太過 逢殺旺三合 得地之運 其發達也
약유양삼위제복 즉위제복태과 봉살왕삼합 득지지운 기발달야

勃然不可遏 苟制伏太過 而又不能行殺旺之運 雖文過李社 終不能顯
발연불가알 구제복태과 이우불능행살왕지운 수문과이사 종불능현

【해 설】

시(時)에서 칠살(七殺)을 만나면 편관(偏官)이 되는데, 신강(身强)하여 이 칠살(七殺)을 다스리면 좋은 명이 된다. 그러나 지나치게 제압하면 살왕운(殺旺運)으로 흘러 삼합(三合)하는 살지(殺地)를 만나

니 발달할 수 없다.

보주왈(補註曰), 시(時)에서 칠살(七殺)을 만난다는 것은 시상(時上)에 편관(偏官)이 있다는 말이다. 이때는 신왕(身旺)하여 제압해야 한다. 만일 칠살(七殺)이 시상(時上)에 하나 있는데 칠살(七殺)을 제압하는 것을 만나면 귀격(貴格)이 되어 문장이 발달하고, 제압하는 것이 2~3위 있으면 살성(殺星)이 왕성하고 삼합(三合)하여 득지(得地)하는 운을 만나야 크게 발달한다. 그러나 지나치게 제압하는데 살왕운(殺旺運)으로 흐르지 않으면 문장과 학문이 높아도 큰 명성을 얻지 못한다.

【원 문】

又曰 原命制伏運須見 不怕刑沖多殺攢 若是身衰惟殺旺
우왈 원명제복운수견 불파형충다살찬 약시신쇠유살왕

定知此命是貧寒 補曰 偏官有制伏 不宜運再見 若當生原無制伏者
정지차명시빈한 보왈 편관유제복 불의운재견 약당생원무제복자

喜行制伏運 月上偏官 怕刑沖多殺之攢 時上偏官
희행제복운 월상편관 파형충다살지찬 시상편관

不怕三刑六害羊刃沖破 多殺攢聚 惟喜身强殺淺 若是殺重身輕
불파삼형육해양인충파 다살찬취 유희신강살천 약시살중신경

終身有損 縱不夭壽 定是貧寒 又曰 時逢七殺本無兒
종신유손 종불요수 정시빈한 우왈 시봉칠살본무아

此理人當仔細推 歲月時中如有制 定知有子貴而奇 補曰
차리인당자세추 세월시중여유제 정지유자귀이기 보왈

時上偏官建祿 主剋子 若歲月中有食神制伏 或刃合 不惟有子而且貴
시상편관건록 주극자 약세월중유식신제복 혹인합 불유유자이차귀

故曰 時上偏官有制 晚子英奇
고왈 시상편관유제 만자영기

【해 설】

칠살(七殺)을 원명에서 제압하면 운에서 또 만나도 길하고, 형충
(刑沖)을 만나도 두렵지 않다. 만일 신약(身弱)한데 살성(殺)만 왕성
하면 가난한 명이 된다.

보주왈(補註曰), 편관(偏官)을 원명에서 제압했는데 운에서 또 제
압하면 불리하다. 그러나 원명에서 제압하지 못했으면 운에서 제압
해야 길하다. 월상편관격(月上偏官格)은 형충(刑沖)과 살성(殺)이 많
은 것을 두려워하나, 시상편관격(時上偏官格)은 삼형(三刑)·육해(六
害)·양인(羊刃)·충파(沖破)를 두려워하지 않는다. 오직 신강(身强)하
고 칠살(七殺)이 약한 것을 좋아한다. 만일 살성(殺)이 무거운데 신
약(身弱)하면 평생 손상이 많아 가난을 면하기 어렵다. 또 시상편관
격(時上偏官格)은 무자식 팔자인데 원리를 잘 살펴야 한다. 만일 세
월과 시(時)에서 제압하면 반드시 귀한 자식을 둔다.

보주왈(補註曰), 시상(時上)의 편관(偏官)이 건록(建祿)을 얻고 살
성(殺星)이 왕성하면 자식을 극(剋)한다. 그러나 세월에 식신(食神)이
있어 제압하거나 양인(羊刃)으로 합(合)하면 귀한 자식을 둔다. 따라
서 시상편관격(時上偏官格)은 다스림이 있으면 만년에 영화로운 자식
을 둔다.

【원 문】

四言獨步云 時殺無根 殺旺取貴 時殺多根 殺旺不利 補日
사언독보운 시살무근 살왕취귀 시살다근 살왕불리 보왈

且如庚用丙爲殺 生於寅 旺於巳午 庚于戌 乃殺之根也 格解
차여경용병위살 생어인 왕어사오 경우술 내살지근야 격해

以財爲根 亦是 若時干虛露 旣無根氣 又無財生 運行殺旺 富貴可得
이재위근 역시 약시간허로 기무근기 우무재생 운행살왕 부귀가득

如三合得地 旣多根氣 又有財生 再行殺旺之鄕反不利 而貧苦者多矣
여삼합득지 기다근기 우유재생 재행살왕지향반불리 이빈고자다의

【해 설】

사언독보운(四言獨步云), 시상(時上)의 살성(殺)이 뿌리가 없으면 살성(殺星)이 왕성할 때 귀격(貴格)이 되나, 뿌리가 많으면 살성(殺星)이 왕성할 때 불리하다.

보주왈(補註日), 예를 들어 경금일간(庚金日干)이 병화(丙火)를 만나면 칠살(七殺)이 되는데, 인중(寅中) 병화(丙火)에서 생(生)하고, 사오(巳午)에서 왕성해지고, 술토(戌土)가 묘고(墓庫)가 되어 포근(胞根)이 된다. 칠살(七殺)을 생하는 재성(財星)이 칠살(七殺)의 뿌리가 되는데, 시상(時上)에 하나 있는 살성(殺)이 약하여 근기(根氣)가 없고 재성(財星)을 돕는 것도 없으면 살왕운(殺旺運)으로 흘러야 부귀격(富貴格)이 된다. 만일 반대로 삼합(三合)하여 칠살(七殺)이 득지(得地)하고, 이미 칠살(七殺)의 근기(根氣)가 많은데 또 재성(財星)을 만나 재생살(財生殺)하거나 살왕운(殺旺運)으로 흐르면 불리해져 가난으로 고생하는 경우가 많다.

■ 건명(乾命), 동향서소초귀명(東鄉徐少初貴命), 금화상정금중화경
격(金火相停金重火輕格)

年	月	日	時								
乙	乙	辛	甲	甲	癸	壬	辛	庚	己	戊	丁
丑	酉	巳	午	申	未	午	巳	辰	卯	寅	丑

【원 문】

楠曰 辛金坐酉旺成行 火煉秋金大異常 金旺火輕宜火運
남왈 신금좌유왕성행 화련추금대이상 금왕화경의화운

少年早折桂枝香 補註 辛生酉月 喜得巳酉丑合成金局
소년조절계지향 보주 신생유월 희득사유축합성금국

喜得時上一點火神得祿 時上一位貴也明矣 大抵金氣會局
희득시상일점화신득록 시상일위귀야명의 대저금기회국

金氣還勝 所以行午運甲午流年 中鄉試 聯登黃甲
금기환승 소이행오운갑오유년 중향시 연등황갑

【해 설】

장남왈(張楠曰), 신금일간(辛金日干)이 유금(酉金)에 앉아 화(火)
가 금(金)을 단련시키니 아주 이상적인 격(格)이 되었다. 원명이 금
(金)은 왕성한데 화(火)는 가벼우니 화운(火運)이 길한데, 초년에 미
오사(未午巳) 화운(火運)을 만나 등과급제했다.

보주왈(補註曰), 신금일간(辛金日干)이 유월(酉月)에 태어났으니 득
령(得令)하여 신강(身强)하다. 더구나 사유축(巳酉丑) 금국(金局)을
이루어 매우 강한데, 시상(時上)에 화신(火神)이 하나 득록(得祿)하

여 길하다. 따라서 시상일위귀격(時上一位貴格)이 분명하고, 금기(金氣)가 모여 환승하니 화운(火運)이 길하다. 오운(午運) 갑오년(甲午年)에 향시(鄕試)를 계속 보더니 황갑(黃甲)에 올랐다.

■ 건명(乾命), 임천서상서귀명(臨川舒上書貴命), 금백수청수제태과격
　(金白水淸 水制太過格)

　年 月 日 時

　丁 壬 辛 丁　　辛庚己戊丁丙乙甲

　亥 子 巳 酉　　亥戌酉申未午巳辰

【원 문】

楠曰 辛生子月水金淸 留殺沖官格局明 金冷水淸重畏水
남왈 신생자월수금청 유살충관격국명 금냉수청중외수

宜行火運展經綸 補註 去留舒配 用殺明矣 年上七殺 壬水去之
의행화운전경륜 보주 거류서배 용살명의 년상칠살 임수거지

日上正官 亥中壬水去之 惟存時上丁火 作時上一位貴格
일상정관 해중임수거지 유존시상정화 작시상일위귀격

但十一月之火 風寒之候 火氣衰弱爲病 畏金水之鄕 宜丙丁戊己之運
단십일월지화 풍한지후 화기쇠약위병 외금수지향 의병정무기지운

眞貴人也 蓋丙丁能助起衰殺也 戊己能制壬癸水也
진귀인야 개병정능조기쇠살야 무기능제임계수야

【해 설】

　장남왈(張楠曰), 신금일간(辛金日干)이 자월(子月)에 태어나 수금

(水金)이 맑다. 합관유살(合官留殺)하고 충관(沖官)한 격국(格局)이 틀림없는데, 금냉수청(金冷水淸)하니 무거운 수(水)가 두렵다. 그런데 대운이 화운(火運)으로 흘러 경륜을 실현했다.

보주왈(補註曰), 년상(年上) 정화(丁火)는 정임합목(丁壬合木)으로 제거되고, 일지(日支) 사화(巳火)는 사해상충(巳亥相沖)으로 제거 당한 격이다. 오직 시상(時上)의 정화(丁火)가 하나 남아 시상일위귀격(時上一位貴格)이 되었다. 그러나 11월은 한냉한 때이니 화기(火氣)가 약해져 병(病)이 되었다. 금수운(金水運)은 흉하나, 병정운(丙丁運)과 무기운(戊己運)은 좋아 진귀인(眞貴人)이 되었다. 병정(丙丁)이 쇠약한 살성(殺)을 도와주니 길하고, 무기토(戊己土)는 임계수(壬癸水)를 제거하니 길하다. 정화(丁火)가 용신(用神)이고, 병화(丙火)와 무기토(戊己土)는 그 다음으로 길하다.

4. 관살거류잡격(官殺去留雜格)

【원 문】

喜忌篇云 類有去官有殺 亦有去殺留官 補曰
희기편운 유유거관유살 역유거살유관 보왈

此乃五行遇月支偏官節中兩句 格解 不明 摘附於此
차내오행우월지편관절중양구 격해 불명 적부어차

全已論在偏官格下 三車一覽賦 論官殺去留之說 以附於此
전이논재편관격하 삼차일람부 논관살거류지설 이부어차

爲後學龜鑑則得矣 其論曰 蓋四柱中 官殺混雜交差 有可去官有殺者
위후학귀감즉득의 기논왈 개사주중 관살혼잡교차 유가거관유살자

卽以偏官論 有可去殺留官者 卽以正官論 凡看去官有殺
즉이편관론 유가거살유관자 즉이정관론 범간거관유살

去殺留官者 要看四柱中官殺孰重孰輕 天干透出者易去
거살유관자 요간사주중관살숙중숙경 천간투출자역거

月支所藏者難去 須得四柱去官殺之衆而有力 方纔去得 去官殺之物
월지소장자난거 수득사주거관살지중이유력 방재거득 거관살지물

傷官食神是也
상관식신시야

【해 설】

희기편운(喜忌篇云), 거관유살(去官有殺)하는 것이 있고 거살유관
(去殺留官)하는 것이 있다.

보주왈(補註曰), 월상편관격(月上偏官格)이나 시상편관격(時上偏官
格)과는 다른 관살혼잡격(官殺混雜格)이 있다. 격해(格解)에서는 분
명하게 밝히지 않았으나 삼차일람부(三車一覽賦)에는 이런 구절이
있다. '관살거류지설(官殺去留之說)이 있으니 후학들에게 귀감으로
삼으려고 하는데 반드시 얻음이 있다. 또 주중(柱中)에 관살(官殺)이
혼잡되거나 교차할 경우 거관유살(去官有殺)하는 것은 편관(偏官)
으로 논하고, 거살유관(去殺留官)하는 것은 정관(正官)으로 논한다.'

거관유살(去官有殺)이나 거살유관(去殺留官)이 되면 주중(柱中)에
있는 관살(官殺)이 어느 것이 무겁고 어느 것이 가벼운가를 분별해
야 한다. 천간(天干)에 투출(透出)한 것은 제거하기 쉽고, 월지(月支)

에 있는 것은 제거하기 어렵다. 만일 거관유살(去官留殺)하는 무리가
힘이 있으면 그 거관유살(去官留殺)을 제극(制剋)하는 것이 상관(傷
官)이나 식신(食神)이다.

【원 문】

喜忌篇云 神殺相絆 輕重較量 繼善篇云 歲月時中 大怕官殺混雜
희기편운 신살상반 경중교량 계선편운 세월시중 대파관살혼잡

易鑑云 天地人元分五音 陰陽妙訣審其眞 去留舒配須參透
역감운 천지인원분오음 음양묘결심기진 거류서배수참투

禍福中間理自明 萬金賦云 官星怕行七殺運 七殺猶畏官星臨
화복중간리자명 만금부운 관성파행칠살운 칠살유외관성임

官殺混雜當壽夭 去官留殺仔細尋 留官去殺莫逢殺
관살혼잡당수요 거관유살자세심 유관거살막봉살

留殺去官莫逢官 官殺受傷必夭壽 更宜財格定前程 三車云
유살거관막봉관 관살수상필요수 갱의재격정전정 삼거운

合官星不爲貴 合七殺不爲凶 何歟 日經言合官星
합관성불위귀 합칠살불위흉 하여 왈경언합관성

柱中閑神合去官星 所以不爲貴 合殺是柱中閑神合去七殺
주중한신합거관성 소이불위귀 합살시주중한신합거칠살

所以不爲凶 又曰 大抵凶神有物合去 則反凶爲吉 吉神有物合去
소이불위흉 우왈 대저흉신유물합거 즉반흉위길 길신유물합거

則反吉爲凶 凶神七殺 羊刃劫財 敗神偏印 梟神傷官之神是也
즉반길위흉 흉신칠살 양인겁재 패신편인 효신상관지신시야

吉凶神殺 又看格局喜何神 忌何神 不可執一而論
길흉신살 우간격국희하신 기하신 불가집일이론

【해 설】

희기편운(喜忌篇云), 신귀(神貴)와 칠살(七殺)이 서로 견제하면 하면 경중을 따져야 한다.

계선편운(繼善篇云), 년월시(年月時)에서 크게 두려워하면 관살혼잡(官殺混雜)이다.

역감운(易鑑云), 천지인(天地人)의 삼원(三元) 오행(五行)을 분별하여 음양의 오묘한 비결을 찾고, 거류(去留)하는 서배(舒配)를 살필 때는 투출(透出) 여부를 분별하니 화복이 그 중에 있다.

만금부운(萬金賦云), 관성(官星)은 칠살운(七殺運)으로 흐르는 것을 꺼리고, 칠살(七殺)은 관성(官星)이 임하는 것을 꺼린다. 관살(官殺)이 혼잡하면 수명이 짧은데, 거관유살(去官留殺)을 잘 살펴야 한다. 그리고 유관거살(留官去殺)하는데 칠살(七殺)을 만나면 불가하고, 유살거관(留殺去官)하는데 관성(官星)을 만나면 불가한데, 관살(官殺)이 상해되면 반드시 수명이 짧은데 재성(財星)이 도와주면 발달한다.

삼거운(三車云), 관성(官星)이 합(合)하면 귀격(貴格)이 될 수 없고, 칠살(七殺)이 합(合)하면 흉한 명이 될 수 없다.

경운(經云), 길성(吉星)에 해당하는 관성(官星)이 합(合)을 하면 한신(閑神)이 관성(官星)을 합거(合去)하니 귀격(貴格)이 될 수 없고, 흉성(凶星)에 해당하는 칠살(七殺)이 합(合)을 하면 한신(閑神)이 칠살(七殺)을 합거(合去)하니 흉한 명이 될 수 없다.

흉신(凶神)은 합거(合去)하는 육신(六神)이 있어야 흉이 길로 변하여 길하고, 길신(吉神)이 합거(合去)하는 육신(六神)이 있으면 길이 흉으로 변하니 나쁘다. 흉신(凶神)이란 칠살(七殺)·양인(羊刃)·겁재(劫財)·패신(敗神)·편인(偏印)·효신(梟神)·상관(傷官) 등의 육신(六神)을 말한다. 그러나 길흉은 단식판단법으로 구별할 것이 아니라 격국(格局)을 살펴 판단해야 한다. 또 격국(格局)을 볼 때 육신(六神)의 길흉은 어느 하나의 신살(神殺)로 논하면 안 된다. 사주 전체를 살펴 먼저 용신(用神), 희신(喜神), 한신(閑神), 구신(仇神), 기신(忌神)을 구분한 후에 판단해야 한다.

【원 문】

集說云 貪合忘殺 貪合忘官 如六癸日生人 干頭透露己字
집설운 탐합망살 탐합망관 여육계일생인 간두투로기자

乃是癸家七殺 如再透甲字 乃是己家合神 則合去己字 不爲殺矣
내시계가칠살 여재투갑자 내시기가합신 즉합거기자 불위살의

此謂貪合忘殺 陰日以傷官而合也 又如六壬日生人
차위탐합망살 음일이상관(傷官)이합야 우여육임일생인

干頭透出己字爲官星 如見甲字透出 乃是己家合神 合去己字
간두투출기자위관성 여견갑자투출 내시기가합신 합거기자

不爲官星 此謂貪合忘官 陽日以食神而合也 又云 壬水相逢陽土時
불위관성 차위탐합망관 양일이식신이합야 우운 임수상봉양토시

心懷忿怒起爭非 忽然癸水來相救 合住凶頑不見威
심회분노기쟁비 홀연계수내상구 합주흉완불견위

此卽貪合忘殺之例也 蓋以羊刃而合殺 補日 陽水時逢戊土之類
차즉탐합망살지례야 개이양인이합살 보왈 양수시봉무토지류

性情如虎 急躁如風 其心常懷不平之氣 偏爭好鬪 忽逢癸水之妹
성정여호 급조여풍 기심상회불평지기 편쟁호두 홀봉계수지매

合戊土之殺 則凶頑之氣自消 而威暴不施 如無癸妹來合以救之
합무토지살 즉흉완지기자소 이위폭불시 여무계매내합이구지

則剛暴不已 不免爲屠夫獄劊之徒 何嘗有惻隱之心哉
즉강폭불이 불면위도부옥회지도 하상유측은지심재

【해 설】

집설운(集說云), 합(合)을 탐하여 살성(殺)이나 관성(官星)을 잊어
버리는 경우가 있다. 예를 들어 육계일생(六癸日生)이 간두(干頭)에
기토(己土)가 투출(透出)하면 칠살(七殺)이 된다. 그러나 갑목(甲木)
이 투출(透出)하여 기토(己土)를 합(合)하면 기토(己土)를 합거(合去)
하는 것이니 칠살(七殺)의 작용을 할 수 없다.

따라서 탐합망살(貪合忘殺)은 음일간(陰日干)이 상관(傷官)으로
합(合)한 경우인데 예를 들면 다음과 같다. 육임일생(六壬日生)이 간
두(干頭)에 기토(己土)가 투출(透出)하면 관성(官星)이 되는데, 다시
갑목(甲木)이 투출(透出)하여 기토(己土)를 합(合)하면 기토(己土)는
합거(合去)되어 관성(官星)의 역할을 할 수 없게 된다. 그래서 탐합망
관(貪合忘官)이라 하는 것이고, 양일간(陽日干)이 식신(食神)으로 관
성(官星)을 합(合)한 경우다.

만일 임수일간(壬水日干)이 양토(陽土)를 만나면 분노와 부정한 시
비로 싸우려는 마음이 가득 차 있는데, 갑자기 계수(癸水)가 임하여
구해주면 흉하거나 난폭하지 않다. 이것은 탐합망살(貪合忘殺)의 예
로 양인(羊刃)이 살성(殺星)을 합(合)해준 것이다.

보주왈(補註曰), 양수(陽水)가 시상(時上)에서 무토(戊土)를 만난
경우인데, 성정이 맹호와 같고 급하기가 바람과 같다. 항상 불평불만

이 많으며 싸움을 좋아하나 갑자기 계수(癸水) 누이를 만나 무토(戊土)의 살(殺)과 합(合)을 하면 흉한 기운이 저절로 사라지고 위폭한 성정이 나타나지 않는다. 그러나 계수(癸水) 누이가 구해주지 으면 강폭할 뿐이니 짐승을 잡는 백정이나 형장에서 참수하는 옥회의 무리가 된다.

【원 문】

又曰 壬逢己土欲爲官 驀被靑陽起訟端 引誘合將眞貴去
우왈 임봉기토욕위관 맥피청양기송단 인유합장진귀거

致令受挫萬千般 此貪合忘官之例也 蓋亦以食神而合官 補曰
치영수좌만천반 차탐합망관지예야 개역이식신이합관 보왈

靑陽爲甲木也 眞貴謂己土之官也 蓋言壬水以己土爲官貴 怕傷怕合
청양위갑목야 진귀위기토지관야 개언임수이기토위관귀 파상파합

苟被甲木合官星而傷之 則貪合忘官 將見忠信變而爲忿爭
구피갑목합관성이상지 즉탐합망관 장견충신변이위분쟁

而訟獄之端起 眞貴去而爲下賤 而萬般之辱受矣
이송옥지단기 진귀거이위하천 이만반지욕수의

所謂合官星不爲貴是巳
소위합관성불위귀시사

【해 설】

또 말하기를 임수일간(壬水日干)에게 기토(己土)는 관성(官星)이지만 청양갑목(靑陽甲木)의 극해(剋害)를 입으면 송사가 따르고, 갑목(甲木)이 투간(透干)하여 진귀(眞貴)의 관성(官星)인 기토(己土)를 합

거(合去)하면 천배 만배로 빈천해진다. 이 탐합망관(貪合忘官)의 예도 역시 식신(食神)이 관성(官星)을 합(合)하는 것이다.

보주왈(補註曰), 청양(靑陽)은 갑목(甲木)을 말하고, 진귀(眞貴)는 기토(己土) 정관(正官)을 말한다. 모두 임수일간(壬水日干)에게는 기토(己土) 관귀(官貴)이니 상해되거나 관성(官星)을 합(合)하니 흉하다. 따라서 갑목(甲木) 관성(官星)을 합(合)하여 상해되면 탐합망관(貪合忘官)이 되어 장차 마음이 변해 분쟁하고 송옥(訟獄)의 액단이 따른다. 진귀(眞貴)를 제거해 하천해지며 만반의 치욕을 받는 것이다. 그래서 탐합관성(貪合官星)은 귀격(貴格)이 되지 못한다고 하는 것이다.

【원 문】

又曰 官殺相連論殺 官殺各分爲混雜 食神重犯作傷官
우왈 관살상연논살 관살각분위혼잡 식신중범작상관

疊見官星只論殺 露殺藏官只論殺 露官藏殺只論官 身强遇此多淸貴
첩견관성지론살 노살장관지논살 노관장살지논관 신강우차다청귀

身弱重重禍百端 補曰 年干官星 月干有殺 或年干殺星 是謂相連
신약중중화백단 보왈 년간관성 월간유살 혹년간살성 시위상연

只以殺論 或年上爲官 時上爲殺 或年上爲殺 時上爲官 是謂各分
지이살론 혹년상위관 시상위살 혹년상위살 시상위관 시위각분

乃爲混雜 食神重犯 如甲見二丙 或三合爲傷官 疊見官星
내위혼잡 식신중범 여갑견이병 혹삼합위상관 첩견관성

如甲見二辛 或地支重見 只以殺論 殺在干 官在支 是謂 露殺藏官
여갑견이신 혹지지중견 지이살론 살재간 관재지 시위 노살장관

乃以殺言 官在干 殺在支 是謂 露官藏殺 只以官論 身勢强健
내이살언 관재간 살재지 시위 노관장살 지이관론 신세강건

則力能勝此官殺 多爲淸貴之官 若身弱無氣 官殺重逢
즉력능승차관살 다위청귀지관 약신약무기 관살중봉

則禍咎之來不特一端已也
즉화구지래불특일단이야

【해 설】

또 말하기를 관살(官殺)이 연달아 있으면 칠살(七殺)로 논하고, 관살(官殺)이 떨어져 있으면 관살혼잡(官殺混雜)으로 논하고, 식신(食神)이 많으면 상관(傷官)으로 논하고, 관성(官星)이 많으면 칠살(七殺)로 논한다. 칠살(七殺)이 투출(透出)하고 관성(官星)이 암장(暗藏)되어도 칠살(七殺)로 논하고, 관성(官星)이 투출(透出)하고 칠살(七殺)이 암장(暗藏)되면 관성(官星)으로 논한다. 신강(身强)한데 관살(官殺)을 만나면 청귀격(淸貴格)이 되는 경우가 많고, 신약(身弱)한데 칠살(七殺)이 무거우면 백단으로 화액이 일어난다.

보주왈(補註曰), 년간(年干)에 관성(官星)이 있는데 월간(月干)에 칠살(七殺)이 있거나, 년간(年干)에 살성(殺星)이 있는데 월간(月干)에 관성(官星)이 있으면 연달아 있는 것이니 칠살(七殺)로 논한다. 년상(年上)에 관성(官星)이 있는데 시상(時上)에 칠살(七殺)이 있거나, 년상(年上)에 칠살(七殺)이 있는데 시상(時上)에 관성(官星)이 있으면 떨어져 있는 것이니 관살혼잡(官殺混雜)으로 논한다.

식신중범(食神重犯)이란, 예를 들면 갑목(甲木)이 병화(丙火) 식신(食神) 2위를 만나거나 삼합(三合)하여 상관(傷官)이 되는 것을 말한다.

첩견관성(疊見官星)이란, 예를 들면 갑목일간(甲木日干)이 신금(辛

金) 2위를 만나거나 지지(地支)에서 관성(官星)을 거듭 만난 것이니 칠살(七殺)로 논한다.

노살장관(露殺藏官)이란 칠살(七殺)이 천간(天干)에 있는데 관성(官星)이 지지(地支)에 있는 것을 말하는데 칠살(七殺)로 본다.

노관장살(露官藏殺)이란 관성(官星)은 천간(天干)에 있고 칠살(七殺)은 지지(地支)에 있는 것을 말하는데 관성(官星)으로 논한다.

신강(身强)하면 능히 관살(官殺)을 감당할 수 있으니 청귀격(淸貴格)이 되나, 신약(身弱)한데 관살(官殺)만 무거우면 화액이 백단으로 따르고 질병으로 고생한다.

5. 월지정재격(月支正財格): 기명종재격(棄命從財格)

【원 문】

楠曰 正財者何也 財爲養吾性命之物 人見之未嘗不欲 若身主有氣
남왈 정재자하야 재위양오성명지물 인견지미상불욕 약신주유기

則能任之 若金寶 若田産 皆我之物也 身弱則不能任
즉능임지 약금보 약전산 개아지물야 신약즉불능임

如盜賊偸人財物 事發則爲害命之物也 古書云 逢財喜殺而遇殺
여도적투인재물 사발즉위해명지물야 고서운 봉재희살이우살

十有九貴 理雖甚是 而不顯言 若用財之人 日干旺比肩兄弟多
십유구귀 이수심시 이불현언 약용재지인 일간왕비견형제다

則此比劫又分奪我之財也 則喜官殺以去其比劫 存起其財星
즉차비겁우분탈아지재야 즉희관살(官殺)이거기비겁 존기기재성

若身弱財多 再見官殺來剋身 則自己性命且不可保 安得享其財乎
약신약재다 재견관살내극신 즉자기성명차불가보 안득향기재호

【해 설】

장남왈(張楠曰), 정재(正財)란 무엇인가. 재성(財星)은 재산에 해당하며, 나에게 살아갈 수 있는 영양분을 주는 육신(六神)이니 누구나 욕심을 낸다. 그러나 신약(身弱)하면 감당하기 어려워 가질 수 없는 재물이 되므로 오히려 해롭다.

고서운(古書云), 원명에 재성(財星)이 있으면 칠살(七殺)을 좋아하고, 대운에서 칠살(七殺)을 만나면 열에 아홉은 귀격(貴格)이 된다. 재성(財星)이 작용하는데 신강(身强)하며 형제인 비견(比肩)이 많으면 비겁(比劫)이 되어 나의 재물을 빼앗는다. 이때는 관살(官殺)로 비겁(比劫)을 제거하고 재성(財星)을 보호해야 한다. 만일 신약(身弱)한데 재성(財星)이 많으면 불리하고, 관살(官殺)이 아신(我身)을 극(剋)하면 생명을 보존할 수 없으니 어찌 그 재물을 얻을 수 있겠는가.

【원 문】

若財星衰弱 身主旺 則喜食神傷官以生起其財神 財星多
약재성쇠약 신주왕 즉희식신상관이생기기재신 재성다

則喜兄弟比劫以分之 父母印運以助之 凡用偏財者 多主富貴
즉희형제비겁이분지 부모인운이조지 범용편재자 다주부귀

用正財者多不及 蓋陰剋陰 陽剋陽 財神有氣 用時日 偏財尤美
용정재자다불급 개음극음 양극양 재신유기 용시일 편재우미

此乃試驗之多 故知用偏財者爲上格 亦有財神親切 若有比肩間隔
차내시험지다 고지용편재자위상격 역유재신친절 약유비견간격

不純和 亦不美 此係五行之正理
불순화 역불미 차계오행지정리

【해 설】

　재성(財星)이 약한데 신강(身强)하면 식신(食神)이나 상관(傷官)이
재성(財星)을 도와야 좋고, 재성(財星)이 많은데 신약(身弱)하면 형제
인 비겁(比劫)이나 부모인 인성(印星)이 일간(日干)을 도와야 길하다.
　편재(偏財)가 작용하면 부귀가 많고, 정재(正財)가 작용하면 부귀
가 작은 경우가 많다. 음(陰)이 음(陰)을 극(剋)하고, 양(陽)이 양(陽)
을 극(剋)하는 것을 편재(偏財)라고 한다. 재성(財星)이 용신(用神)인
데 시(時)나 일(日)에 편재(偏財)가 들면 더 좋은데, 이것은 모두 경험
에서 얻은 결론이다. 편재(偏財)가 작용하면 상격의 명이 되고, 재성
(財星)이 있으면 친절하고, 비견(比肩)이 거리가 있으면 순화되지 않
아 아름답지 못한 명이 되는데, 이것은 모두 오행(五行)의 이치다.

【원 문】

棄命從財格 此則不論陰陽日主皆從也 財乃吾妻 身主無力
기명종재격 차즉불론음양일주개종야 재내오처 신주무력

不能任其財也 只得舍命而從之 如人自己無主 只得入贅於妻家
불능임기재야 지득사명이종지 여인자기무주 지득입췌어처가

就要生起財星 而亦畏身入旺鄉及印生之地 卽同棄命從殺而論
취요생기재성 이역외신입왕향급인생지지 즉동기명종살이론

理出於正 繼善篇云 一世安然 財命有氣 補曰 此段亦有兩說
이출어정 계선편운 일세안연 재명유기 보왈 차단역유양설

或曰 財命有氣 是財星身命俱有氣 或曰 純言財星居生旺有氣之地
혹왈 재명유기 시재성신명구유기 혹왈 순언재성거생왕유기지지

經文多是命字連財說 今人亦云此人好財命是也 後說牽强 考之捷聯
경문다시명자연재설 금인역운차인호재명시야 후설견강 고지첩연

【해 설】

기명종재격(棄命從財格)이란 일간(日干)이 편재(偏財)나 정재(正財)를 따라가는 것을 말한다. 재성(財星)은 아내에 해당하는데 신약(身弱)하면 감당할 수 없으니 나를 버리고 재성(財星)을 따라간다. 이런 명은 재성(財星)이 일어날 수 있도록 도와야 한다. 만일 종재격(從財格)이 되었으면 비겁(比劫)의 신왕지(身旺地)나 부모의 인왕지(印旺地)는 오히려 불리하니 기명종살격(棄命從殺格)과 원리가 같다.

계선편운(繼善篇云), 평생 편안하려면 재명(財命)이 기(氣)가 있어야 한다.

보서(補書), 재명(財命)이 유기(有氣)하다는 것을 혹자는 재성(財星)과 신주(身主)가 모두 유기(有氣)한 것으로 보고, 혹자는 순전히 재성(財星)이 왕성하며 유기(有氣)한 것으로만 본다. 경문(經文)에도 명자(命字)가 재설(財說)과 연결되어 있어 명은 신주(身主)를 말한다. 지금 사람들이 재명(財命)을 좋아하는 것도 이것을 가리키는 말인데, 후학들이 억지로 말을 만들어 두 가지 설이 된 것이다.

【원 문】

玄妙訣云 官乃扶身之本 財爲養命之源 則命爲身命也明矣
현묘결운 관내부신지본 재위양명지원 즉명위신명야명의

況舊註亦分財命爲二 但辭不明快 所以啓淺見者之疑
황구주역분재명위이 단사불명쾌 소이계천견자지의

前說發經文之所未發明 順可從 如財旺有氣而身弱者
전설발경문지소미발명 순가종 여재왕유기이신약자

決不能享安樂之福 況一世乎 故上篇云 財多身旺 則多稱意
결불능향안락지복 황일세호 고상편운 재다신왕 즉다칭의

又古歌云 財多身健方爲貴 若是身衰禍便臨 由此觀之
우고가운 재다신건방위귀 약시신쇠화변임 유차관지

則財命當爲二也益明矣 古鷓鴣天云 正財有氣喜身强
즉재명당위이야익명의 고자고천운 정재유기희신강

陽取陰財陰取陽 身弱財旺翻成禍 身强財旺名利長 只愁官鬼怕空亡
양취음재음취양 신약재왕번성화 신강재왕명리장 지수관귀파공망

印綬相生榮貴昌 休咎少年不如意 老臨旺運好風光
인수상생영귀창 휴구소년불여의 노임왕운호풍광

【해 설】

현묘결운(玄妙訣云), 관성(官星)은 나의 몸을 도와주는 근본이고, 재성(財星)은 나의 명을 길러주는 근원이다. 즉 명이란 아신(我身)의 명을 말하는 것이 분명하다.

구주해운(舊註解云), 재명(財命)은 이의(二義)로 나누어 명확하게 해설하지 않아 사람들이 앞 이야기를 의심하며 분명하게 구분하지 못한 채 맹목적으로 따르게 된 것이다. 예를 들면 재성(財星)이 왕성한데 신약(身弱)하면 절대 복을 누릴 수 없는데 어떻게 평생 편안할 수 있겠는가. 그래서 상편에서 재성(財星)이 많은데 신왕(身旺)하면 모든 것이 순조롭다고 한 것이다.

고가운(古歌云), 재성(財星)이 많은데 신강(身强)하면 귀격(貴格)이 되나, 신약(身弱)하면 갑자기 화액이 따른다. 이것을 보면 재명(財命)이란 재성(財星)과 신명(身命) 두 가지 뜻이 있는 것이 분명하다.

고자고천운(古鷓鴣天云), 정재(正財)가 기(氣)가 있으면 신강(身强)해야 좋은데, 양간(陽干)에는 음재(陰財)가 작용하고, 음간(陰干)에는 양재(陽財)가 작용하는 경우다. 만일 재성(財星)이 강한데 신약(身弱)하면 화액이 많고, 신강(身强)하면 명리가 오래 간다. 여기서 근심할 것은 관귀(官鬼)를 만나는 것인데, 공망(空亡)을 피하고 인수(印綬)가 상생(相生)해주면 부귀가 영창한다. 재성(財星)이 멈추면 대기만성형이 되어 소년에는 발달하지 못하나 노년에는 만복을 누린다.

【원 문】

補曰 假令甲生午月 午中己土爲甲木之正財 而丁火生之
보왈 가령갑생오월 오중기토위갑목지정재 이정화생지

乙生巳月 巳中戊土爲乙木之正財 而丙火生之 是 正財有氣
을생사월 사중무토위을목지정재 이병화생지 시 정재유기

也 甲寅乙卯日坐祿 甲子乙亥日坐印 或柱中生扶 是謂
야 갑인을묘일좌록 갑자을해일좌인 혹주중생부 시위

日主身强 正財有氣者最喜也 甲生午月 丙生酉月 戊生子月
일주신강 정재유기자최희야 갑생오월 병생유월 무생자월

庚生卯月 壬生午月 陰支爲陽干之正財也 乙生巳月 丁生申月
경생묘월 임생오월 음지위양간지정재야 을생사월 정생신월

己生亥月 辛生寅月 癸生巳月 取陽支爲陰干之正財也
기생해월 신생인월 계생사월 취양지위음간지정재야

【해 설】

보주왈(補註曰), 만일 갑목일간(甲木日干)이 오월생(午月生)이면 오중(午中) 기토(己土)가 정재(正財)이니 오중(午中) 정화(丁火)가 도와주면 왕성해지고, 을목일간(乙木日干)이 사월생(巳月生)이면 사중(巳中)의 초기(初氣)에 있는 무토(戊土)가 정재(正財)이니 병화(丙火)가 도와주면 왕성해진다. 이것을 정재유기(正財有氣)라고 한다.

만일 갑인일생(甲寅日生)이나 을묘일생(乙卯日生)이 일지(日支)에 녹(祿)이 있거나, 갑자일생(甲子日生)이나 을해일생(乙亥日生)이 일지(日支)에 인성(印星)이 있는데, 주중(柱中)에서 일주(日主)를 도와주면 일주신강(日主身强)이라 한다. 이때 정재(正財)가 기(氣)가 있으면 최고로 길한 명이 된다.

만일 갑목일간(甲木日干)이 오월생(午月生)이거나, 병화일간(丙火日干)이 유월생(酉月生)이거나, 무토일간(戊土日干)이 자월생(子月生)이거나, 경금일간(庚金日干)이 묘월생(卯月生)이거나, 임수일간(壬水日干)이 오월생(午月生)이면 음지(陰支)가 양간(陽干)의 정재(正財)가 된 경우다.

만일 을목일간(乙木日干)이 사월생(巳月生)이거나, 정화일간(丁火日干)이 신월생(申月生)이거나, 기토일간(己土日干)이 해월생(亥月生)이거나, 신금일간(辛金日干)이 인월생(寅月生)이거나, 계수일간(癸水日干)이 사월생(巳月生)이면 양지(陽支)가 음간(陰干)의 정재(正財)가 된 경우다.

【원 문】

如身居休咎死敗 天元羸弱 柱中干支重重 三合財多 非徒無益
여신거휴구사패 천원리약 주중간지중중 삼합재다 비도무익

則反生殺生災 所謂 只怕日干元自弱 財多生殺趨身衰 是也
즉반생살생재 소위 지파일간원자약 재다생살간신쇠 시야

如身居臨官旺地 或柱中生扶 而財三合太旺 則富貴利達 聲譽顯著
여신거임관왕지 혹주중생부 이재삼합태왕 즉부귀이달 성예현저

所謂 財多身旺則多稱意是也 愁官鬼 蓋官鬼乃盜財之氣 剋我之神
소위 재다신왕즉다칭의시야 수관귀 개관귀내도재지기 극아지신

本爲可慮 正財多盜氣 本身自柔之謂也 怕空亡 乃六甲空亡
본위가려 정재다도기 본신자유지위야 파공망 내육갑공망

甲子旬中以戌亥爲空亡之類 財落空亡必貧窘 不聚財 爲可畏
갑자순중이술해위공망지류 재낙공망필빈군 불취재 위가외

正空亡爲害最愁人 堆金積玉也須貧之謂也
정공망위해최수인 퇴금적옥야수빈지위야

【해 설】

만일 신주(身主)가 멈추거나 사패지(死敗地)에 들면 신약(身弱)이 된다. 이때 재성(財星)이 많아 삼합(三合)을 이루면 좋지 않은데, 칠살(七殺)을 도와주면 재앙이 따른다. 일간(日干)이 원래 약한데 재성(財星)이 많고 살성(殺星)을 생(生)하면 반드시 재앙이 따른다는 말이 있는데 이것을 두고 하는 말이다.

만일 신주(身主)가 신왕지(身旺地)에 임하는데 주중(柱中)에 재국(財局)이 있고 운이 재성(財星)을 도와주면 부귀격(富貴格)이 되어 명

예가 현달한다. 재성(財星)이 많은데 신왕(身旺)하면 만사가 순조롭다는 말이 있는데 이것을 두고 하는 말이다.

수관귀(愁官鬼)란 관귀(官鬼)를 근심하는 것이다. 관귀(官鬼)가 재신(財神)을 빼앗아가는 것을 말하는데, 일간(日干)을 극(剋)하는 신이기 때문이다. 따라서 정재(正財)가 왕성하고 빼앗아가는 관귀(官鬼)가 있는데 신약(身弱)하면 관귀(官鬼)를 두려워한다.

파공망(怕空亡)이란 공망(空亡)을 꺼리는 것으로 육십갑자(六十甲子)의 공망(空亡)을 말한다. 예를 들면 갑자순중(甲子旬中)에는 술해(戌亥)가 공망(空亡)이다. 만일 재성(財星)이 공망(空亡)되면 반드시 가난한 명이 되어 재물을 모을 수 없다.

【원 문】

印綬相生榮富貴 蓋言財多身弱 或帶官鬼 有印綬相生 自然富貴榮昌
인수상생영부귀 개언재다신약 혹대관귀 유인수상생 자연부귀영창

獨步云 先財後印 反成其福 通明賦云 財逢印助 相如乘駟馬之車
독보운 선재후인 반성기복 통명부운 재봉인조 상여승사마지차

此之謂也 休咎少年 二句 蓋言四柱旣財多身弱 而大運又行財官旺地
차지위야 휴구소년 이구 개언사주기재다신약 이대운우행재관왕지

財官旺則身休囚而愈弱矣 雖强年輕休咎之地 亦不如意 不惟不發福
재관왕즉신휴수이유약의 수강년경휴구지지 역불여의 불유불발복

亦且禍患百出 或末年復臨父母之鄕 或三合助扶我旺 則勃然而興
역차화환백출 혹말년복임부모지향 혹삼합조부아왕 즉발연이흥

而富貴榮顯也 如身在兩停 或身旺財經 財喜財官旺運
이부귀영현야 여신재양정 혹신왕재경 재희재관왕운

忌身旺比劫之鄕 宜輕重較量 亦有身弱全無根氣 滿局財殺

기신왕비겁지향 의경중교량 역유신약전무근기 만국재살

棄命從之者 復行財官旺鄕 大發者有之 不可遽以身弱財多斷之

기명종지자 복행재관왕향 대발자유지 불가거이신약재다단지

【해 설】

인수(印綬)가 상생(相生)하면 부귀가 영창한다는 말이 있다. 재다신약(財多身弱)한데 관성(官星)이나 귀살(鬼殺)을 대동하고 인수(印綬)가 상생(相生)해주면 자연히 부귀가 따른다는 말이다.

독보운(獨步云), 먼저 재성(財星)을 만난 후 인성(印星)을 만나면 복을 이룬다.

통명부운(通明賦云), 네 마리의 말이 끄는 수레처럼 힘이 강하다는 말은 인성(印星)이 재성(財星)을 도와주는 것을 말한다.

휴구소년(休咎少年)이란 재다신약(財多身弱) 사주가 재관왕운(財官旺運)으로 흐르면 재관(財官)만 왕성해져 유약해진다는 뜻이다. 이런 명은 만사가 순조롭지 못하여 노심초사하며 발버둥을 쳐도 발복할 수 없고 재앙이 백출한다. 그러나 말년에 인수운(印綬運)이나 삼합운(三合運)을 만나 아신(我身)을 도와주면 갑자기 발복하여 부귀영화를 누린다. 만일 신주(身主)와 재성(財星)에 모두 기(氣)가 있어 양정(兩停)하거나 신왕재경(身旺財經)하면 재관왕운(財官旺運)이 길하고, 신왕(身旺)해지는 비겁운(比劫運)은 꺼리는데 경중을 가려야 한다. 만일 신약(身弱)하여 근기(根氣)가 하나도 없는데 재살(財殺)만 가득하면 기명종살격(棄命從殺格)이 되는데, 재관왕운(財官旺運)으로 흐르면 크게 발달한다. 따라서 재다신약(財多身弱)의 원리로만 논하면 안 되는 경우가 있다.

【원 문】

四言獨步云 陰火酉月 棄命就財 北行入格 南走爲災
사언독보운 음화유월 기명취재 북행입격 남주위재

擧此一段以例十干從財者之斷 楠曰 丁火長生於酉 偏財得位
거차일단이예십간종재자지단 남왈 정화장생어유 편재득위

柱中三合財多若無根氣 則爲棄命就財格 運行壬癸亥子之方爲北行
주중삼합재다약무근기 즉위기명취재격 운행임계해자지방위북행

多富貴雙全 行丙丁巳午之氣爲南走 火有根氣 助扶身旺 與財爲敵
다부귀쌍전 행병정사오지기위남주 화유근기 조부신왕 여재위적

不能從財 反爲禍咎 所謂 會逢根氣 損命死厄 是也 觀此
불능종재 반위화구 소위 회봉근기 손명사액 시야 관차

北行入格一句 則從財忌殺又不可拘泥
북행입격일구 즉종재기살우불가구니

【해 설】

사언독보운(四言獨步云), 음화(陰火)가 유월(酉月)에 태어나 기명(棄命)이 되었는데, 재성(財星)이 작용하며 북방운을 만나면 입격(入格)하여 발복하나, 남방운을 만나면 재앙이 따른다. 이러한 원리는 십간(十干)의 종재격(從財格)도 마찬가지다.

장남왈(張楠曰), 정화일간(丁火日干)이 유월생(酉月生)이면 장생(長生)과 편재(偏財)가 있는 것인데, 주중(柱中)에서 삼합(三合)하여 재성(財星)이 많고 일간(日干)이 뿌리가 없으면 기명종재격(棄命從財格)으로 본다. 만일 대운이 북방 임계해자(壬癸亥子)로 흐르면 부귀

를 모두 이루나, 남방의 병정운(丙丁運)과 사오운(巳午運)으로 흘러 신왕(身旺)해지면 일간(日干)과 재성(財星)이 대적하는 것이니 종재(從財)할 수 없다. 이런 명은 화액이 따르는데, 근기(根氣)를 만나 손명사액(損命死厄)한다는 말이 이것이다. 본명은 북방운을 만나면 입격(入格)하는데 종재격(從財格)에서 살(殺)을 꺼린다는 말은 맞지 않는다. 즉 종재격(從財格)은 인성(印星)과 비겁(比劫)은 꺼리고, 식상(食傷)과 재성(財星)과 칠살(七殺)은 꺼리지 않는다.

■ 건명(乾命), 오군이지부공부명(吾郡李志富公富命), 신왕임재격(身旺任財格)

年	月	日	時							
辛	丁	丙	己	丙	乙	甲	癸	壬	辛	庚	己
巳	酉	寅	酉	申	未	午	巳	辰	卯	寅	丑

【원문】

楠曰 丙生酉月火神微 財旺如嫌火氣虧 火少金多宜火地
남왈 병생유월화신미 재왕여혐화기휴 화소금다의화지

陶朱倚賴富堪期 補註 丙火雖死於酉 得火祿於巳 丙火得生於寅
도주의뢰부감기 보주 병화수사어유 득화녹어사 병화득생어인

又喜丁火陽刃透天干相扶也 但金氣還勝 火氣還輕 喜運行南方
우희정화양인투천간상부야 단금기환승 화기환경 희운행남방

以補其火 所以財發數千萬緡 有丙子日干者 只作財多身弱之格
이보기화 소이재발수천만민 유병자일간자 지작재다신약지격

雖行南方亦貧也 蓋原無寅宮火也
수행남방역빈야 개원무인궁화야

【해 설】

장남왈(張楠曰), 병화일간(丙火日干)이 유월(酉月)에 태어나 화(火)가 미약한데 재성(財星)은 왕성하니 꺼린다. 화(火)는 적은데 금(金)은 많으니 화운(火運)이 좋은데 남방운을 만나 거부가 되었다.

보주왈(補註曰), 병화일간(丙火日干)이 사지(死地)인 유월(酉月)에 태어나 신약(身弱)하나, 년지(年支) 사화(巳火)에 득록(得祿)하고, 일지(日支) 인목(寅木)에 장생(長生)하고, 월상(月上) 정화(丁火)는 양인(羊刃)인데 투출(透出)하여 아름답다. 그러나 금기(金氣)가 매우 왕성해 화기(火氣)를 환승하는 것이 아쉬운데, 남방 화운(火運)으로 흘러 병화(丙火)를 도와주자 큰 부자가 되었다. 만일 병자일생(丙子日生)이 재다신약(財多身弱)하기만 하면 남방운을 만나도 가난하고, 원명에 인목(寅木)이 없어 목생화(木生火)를 하지 못하면 흉하다.

■ 건명(乾命), 개운남일성부명(蓋雲南一省富命), 신왕용재격(身旺用財格)

年	月	日	時		
戊	乙	丙	庚	丙丁戊己庚辛壬癸	
寅	丑	申	寅	寅卯辰巳午未申酉	

【원 문】

楠曰 丙火生提向二陽 喜臨財庫更身强 丙火身旺逢財者
남왈 병화생제향이양 희임재고갱신강 병화신왕봉재자

號曰眞金火倍常 補註 雖不是丙火夏生金疊疊 富有千鍾
호왈진금화배상 보주 수불시병화하생금첩첩 부유천종

236 | 명리정종 정설 ❶권

凡丙火旺見金者 但加以此理論之 獨有丙丁見金 爲天地之眞財
범병화왕견금자 단가이차리논지 독유병정견금 위천지지진재

日干旺者 十有九富 此造喜年時丙火得生 又有乙木貼身 則爲身旺
일간왕자 십유구부 차조희년시병화득생 우유을목첩신 즉위신왕

且二陽進氣 又喜庚金透出 財神明白 蓋不富蓋一省乎! 若丙生寅月
차이양진기 우희경금투출 재신명백 개불부개일성호! 약병생인월

返多作弱 丑月火反旺也 凡寅巳午未月 火反嫌弱 喜火旺
반다작약 축월화반왕야 범인사오미월 화반혐약 희화왕

亥子丑月返怕火旺 此則正理之外見也 甲乙生寅卯辰 丙丁 生巳午未
해자축월반파화왕 차즉정리지외견야 갑을생인묘진 병정 생사오미

庚辛生申酉戌 壬癸生亥子丑 俱要身旺 略喜一二點剋神 剋多者
경신생신유술 임계생해자축 구요신왕 약희일이점극신 극다자

每多貧夭 此亦理外之見 試之屢中
매다빈요 차역리외지견 시지누중

【해 설】

장남왈(張楠日), 병화일간(丙火日干)이 이양(二陽)인 축월(丑月)에 태어나 재고(財庫)에 임했으나 신강재왕(身强財旺)하다. 년시지(年時支)의 인목(寅木) 2위와 을목(乙木)이 도와 신왕(身旺)해졌는데, 재성(財星)을 만났으니 진금화배격(眞金火倍格)이다.

보주왈(補註日), 병화일간(丙火日干)이 여름생은 아니나 금(金)이 중첩하여 천종(千鍾)의 부를 누렸다. 병화(丙火)가 왕성한데 금(金)을 만났기 때문이다. 즉 병화(丙火)가 금(金)을 만나면 진금재(眞金財)가 되는데 신왕(身旺)하면 열에 아홉은 부자가 된다.

이 명은 년시(年時) 인목(寅木)이 장생(長生)이 되고, 을목(乙木)이

도와주는 것이 좋은 점이다. 또 이양(二陽)이 진기(進氣)하는 축월(丑月)에 태어나 신왕(身旺)하고, 경금(庚金)이 투출(透出)하여 재신(財神)이 명백하니 어찌 부를 이루지 않겠는가.

만일 병화일간(丙火日干)이 인월생(寅月生)이면 신강(身强)하니 병화(丙火)가 약해지는 것을 바라겠지만 축월(丑月)에 태어나 화기(火氣)가 작용하여 발복한 것이다. 무릇 인사오미월(寅巳午未月)의 화(火)는 화기(火氣)를 꺼리고, 화(火)가 왕성하면 해자축월(亥子丑月)을 좋아하는 것은 이치 이외의 원리다.

갑을목(甲乙木)이 인묘진월생(寅卯辰月生)이거나, 병정화(丙丁火)가 사오미월생(巳午未月生)이거나, 경신금(庚辛金)이 신유술월생(申酉戌月生)이거나, 임계수(壬癸水)가 해자축월생(亥子丑月生)이면, 모두 신왕(身旺)하나 좋은 명은 한둘에 불과하다. 이것은 극(剋)하는 신(神)이 많으면 빈요(貧夭)하기 때문이다. 이 또한 원리 외의 원리인데 실험해보니 틀림없었다.

■ 건명(乾命), 신평오초사공부명(新坪吳楚四公富命), 화장하천금첩첩격(火長夏天金疊疊格)

年	月	日	時							
丙	甲	丁	乙	乙	丙	丁	戊	己	庚	辛	壬
寅	午	酉	巳	未	申	酉	戌	亥	子	丑	寅

【원문】

楠曰 丁生午月火雖炎 火旺金多富自然 金少火多斯有病
남왈 정생오월화수염 화왕금다부자연 금소화다사유병

運行金水發轟天 補註 丁火祿旺於午 年月比肩火神太旺
운행금수발굉천 보주 정화녹왕어오 년월비견화신태왕

所以祖財輕也 蓋得巳酉結成金財局 身旺用財 丙丁火旺見庚辛
소이조재경야 개득사유결성금재국 신왕용재 병정화왕견경신

乃天地之眞財 凡丙丁日旺 見有金財者 十有九富 但要丙丁極旺
내천지지진재 범병정일왕 견유금재자 십유구부 단요병정극왕

若丙丁弱者反否 屢試屢效 但用庚辛金財星見子運者 多死
약병정약자반부 누시누효 단용경신금재성견자운자 다사

蓋因金死於子也 此造入酉 財經喜行財旺之運 一發轟天 一入子運
개인금사어자야 차조입유 재경희행재왕지운 일발굉천 일입자운

問死刑 富則依然也
문사형 부즉의연야

【해 설】

　장남왈(張楠日), 정화일간(丁火日干)이 오월(午月)에 태어나 화염이 왕성하다. 화(火)가 왕성한데 금(金)이 많으면 부자가 되는 것은 당연하나, 금(金)은 적고 화(火)는 많아 병(病)이 되었으나 금수운(金水運)에 발복하여 큰 부자가 되었다.

　보주왈(補註日), 정화일간(丁火日干)이 오월(午月)에 태어나 녹(祿)이 왕성하고, 년상(年上)에 병화(丙火)가 투출(透出)하고, 시지(時支)에 사화(巳火)가 들어 비겁(比劫) 화신(火神)이 매우 왕성하니 조상의 유산이 약하다. 그러나 사유(巳酉)가 금국(金局)을 이루어 신왕용재격(身旺用財格)이 되었다. 병정화(丙丁火)가 왕성한데 경신금(庚辛金)을 만나면 천지가 진재(眞財)이니 열에 아홉은 부자가 된다. 다만

병정(丙丁)이 매우 왕성해야 하는데 쇠약하면 빈고하다. 만일 경신금
(庚辛金) 재성(財星)이 작용하는데 자운(子運)으로 흐르면 사망하는
경우가 많은데 금(金)은 자수(子水)에 사(死)하기 때문이다. 그런데
이 명은 유운(酉運)으로 흘러 재성(財星)이 왕성해지자 일시에 사업
이 일어나 거부가 되었다. 그러나 자운(子運)에 사형을 당했다.

■ 건명(乾命), 임천전충소귀명(臨川傳忠所貴命), 토중목경격(土重木
輕格)

年	月	日	時								
甲	丙	己	戊	丁	戊	己	庚	辛	壬	癸	甲
辰	子	未	辰	丑	寅	卯	辰	巳	午	未	申

【원문】

楠曰 日主干强七殺輕 財來資殺養精神 殺藏官露眞爲貴
남왈 일주간강칠살경 재래자살양정신 살장관로진위귀

年少高登虎榜人 補註 己未日主 身坐土庫 再加年時重重見土
년소고등호방인 보주 기미일주 신좌토고 재가년시중중견토

雖然己土生弱月 土多亦能化弱爲旺矣 身旺則能用財
수연기토생약월 토다역능화약위왕의 신왕즉능용재

喜財結局且成財庫 然戊己土多來損財神爲病 又得四柱有
희재결국차성재고 연무기토다내손재신위병 우득사주유

甲乙之木暗來破戊己爲藥也 但子月之木枯 喜運行東方
갑을지목암내파무기위약야 단자월지목고 희운행동방

能助衰木之氣以破戊己土也 早年科第宜矣 若原木旺
능조쇠목지기이파무기토야 조년과제의의 약원목왕

則畏東方矣 此見原木輕 而喜旺運也
즉외동방의 차견원목경 이희왕운야

【해 설】

장남왈(張楠曰), 일간(日干)은 강하고 칠살(七殺)은 가벼운데 재성(財星)이 살성(殺星)을 도와주니 정신을 키워주는 형상이다. 살(殺)은 암장(暗藏)되고 관성(官星)은 투출(透出)하여 귀격(貴格)인데, 소년에 등과급제하여 출사했다.

보주왈(補註曰), 기미일간(己未日干)이 토고(土庫)에 앉아 있고, 년시(年時)에 토기(土氣)가 많으니 신왕(身旺)하다. 기토일간(己土日干)이 비록 실령(失令)하는 자월(子月)에 태어났으나 강왕해져 능히 재관(財官)이 작용하니 재국(財局)이 길하다. 무기토(戊己土)가 많아 재신(財神)이 손상되는 것이 병(病)인데, 주중(柱中)에 갑을목(甲乙木)이 있어 무기토(戊己土)를 파극(破剋)하니 길하고, 자월(子月) 목(木)이 고한(枯寒)한 중에 동방운으로 들어가 일찍 등과급제한 것이다. 만일 원명에서 목(木)이 왕성했으면 동방 목운(木運)을 꺼렸을 것이나 목(木)이 가벼워 목왕운(木旺運)에 좋았던 것이다.

- 곤명(坤命), 부성인귀명(夫星人貴命), 화장하천금첩첩격(火長夏天金疊疊格)

年	月	日	時								
丁	乙	丙	丁	丙	丁	戊	己	庚	辛	壬	癸
卯	巳	寅	酉	午	未	申	酉	戌	亥	子	丑

【원 문】

楠曰 丙火身强財亦强 旺夫更喜入財鄕 財神結局原豐厚
남왈 병화신강재역강 왕부갱희입재향 재신결국원풍후

子秀夫榮大異常 補註 丙火身旺逢財者 非特男人富貴 女命逢之
자수부영대이상 보주 병화신왕봉재자 비특남인부귀 여명봉지

亦主子貴夫榮 蓋得巳酉眞財結局 原財頗輕 西方補起財神
역주자귀부영 개득사유진재결국 원재파경 서방보기재신

夫星爲太守 金珠滿屋 豈不宜乎
부성위태수 금주만옥 개불의호

【해 설】

　장남왈(張楠曰), 병화일간(丙火日干)이 신강(身强)한데 재성(財星)
도 역시 강하니 부성(夫星)이 왕성하다. 더 좋은 것은 운이 재성운
(財星運)으로 가는 것이다. 원명이 풍후하니 자식이 우수하여출세하
고, 남편도 출세하여 영화를 누렸으니 이상적인 명조다.

　보주왈(補註曰), 병화일간(丙火日干)이 사월(巳月)에 태어나 신왕
(身旺)한데, 시지(時支)에서 재성(財星)을 만나 귀격(貴格)이 되었다.
남자가 이런 명을 이루면 특별히 부귀를 누리고, 여자는 자식은 귀하
게 되고 남편은 영화롭게 된다. 더 좋은 것은 사유금국(巳酉金局)을
이루어 원명은 재성(財星)이 약하나 용신(用神)에 해당하는 것이다.
더구나 대운이 서방 금향(金鄕)으로 흘러 남편은 태수(太守)가 되었
고 금옥이 가득했다.

■ 곤명(坤命), 참정처(參政妻), 재왕생관격(財旺生官格)

```
年 月 日 時
壬 戊 癸 丙      丁丙乙甲癸壬辛庚
辰 申 卯 辰      未午巳辰卯寅丑子
```

【원 문】

楠曰 生申戊土透夫星 財旺生夫格本明 運入南方夫旺地
남왈 생신무토투부성 재왕생부격본명 운입남방부왕지

相夫敎子步靑雲 補註 癸水合成火局 身主不柔 夫星氣輕
상부교자보청운 보주 계수합성화국 신주불유 부성기경

正謂有病方爲貴也 行南方財生夫旺 夫子貴顯 豈偶然哉
정위유병방위귀야 행남방재생부왕 부자귀현 개우연재

【해 설】

장남왈(張楠曰), 계수일간(癸水日干)이 신월(申月)에 태어나 무토(戊土)가 부성(夫星)인데, 월상(月上)에 투출(透出)했으니 재성(財星)이 왕성해 생부(生夫)하니 명조가 명랑하고, 대운이 남방으로 흘러 부성(夫星)을 생왕(生旺)하니 남편과 자식이 모두 등과하여 크게 출세했다.

보주왈(補註曰), 계수일간(癸水日干)이 신월(申月)에 태어나 득령(得令)일 것 같으나, 주중(柱中)에 목기(木氣)와 토기(土氣)가 많아 실령(失令)이 되었다. 또 무계(戊癸)가 합(合)하여 화국(火局)을 이루었으나 신주(身主)는 유약하지 않다. 신진(申辰)이 합(合)하고 묘진(卯

辰)이 합(合)하여 부성(夫星)이 미약한 것이 병(病)이다. 이러한 경우를 유병방위귀(有病方爲貴)라 한다.

그런데 대운이 남방으로 흐르자 생부(生夫)하여 남편과 자식이 모두 귀(貴)를 이루었다. 이것을 어찌 우연이라고만 하겠는가. 그러나 본명은 오행(五行)의 힘이 비슷하여 길흉을 판단하기가 매우 어렵다. 그러나 초년 화운(火運)에 남편과 자식이 함께 귀(貴)가 나타난 것을 보면 시상(時上) 병화(丙火)가 용신(用神)이라고 생각한다.

■ 곤명(坤命), 부녀명(富女命), 부경행부왕운격(夫輕行夫旺運格)

年 月 日 時

辛 庚 戊 癸　　　辛壬癸甲乙丙丁戊己庚

酉 子 子 亥　　　丑寅卯辰巳午未申酉戌

【원 문】

楠曰 戊臨子日坐財星 時上夫星格局明 最喜運行夫旺地
남왈 무임자일좌재성 시상부성격국명 최희운행부왕지

相興夫子有聲名 補註 戊子日主 財星太多也 若以旺弱看
상흥부자유성명 보주 무자일주 재성태다야 약이왕약간

則爲財旺身弱 本爲不美 不知女命只看夫星爲主 亥中甲木夫星極衰
즉위재왕신약 본위불미 불지여명지간부성위주 해중갑목부성극쇠

再加庚辛金損甲 運入東方 助夫生子發達 但身主弱 雖一生發財
재가경신금손갑 운입동방 조부생자발달 단신주약 수일생발재

而身常有疾病也 故財官太旺 日主太弱 父母家極貧 夫家極興
이신상유질병야 고재관태왕 일주태약 부모가극빈 부가극흥

入己庚金剋去夫星而死矣
입기경금극거부성이사의

【해 설】

　장남왈(張楠日), 무토일간(戊土日干)이 월지(月支)와 일지(日支)에 자수(子水) 재성(財星)이 있고, 시상(時上)의 해중(亥中)에 갑목(甲木)이 암장(暗藏)되어 부성(夫星)의 격국(格局)이 명랑하다. 가장 좋은 것은 운이 병정(丙丁)과 사오미(巳午未)의 부성왕지(夫星旺地)로 흐르는 것인데, 이때 남편과 자식이 모두 명성을 얻었다.

　보주왈(補註日), 무자일생(戊子日生)이 자월(子月)에 태어나 재성(財星)이 많으니 재왕신약(財旺身弱) 사주다. 따라서 아름답지 못한 명조 같으나 여명은 부성(夫星)을 중심으로 논해야 한다. 해중(亥中)에 갑목(甲木)이 있고 부성(夫星)이 매우 쇠약한데, 년월(年月)에 경신금(庚辛金)이 또 있으니 이것이 병(病)이다. 그런데 대운이 인묘진(寅卯辰) 동방으로 흘러 남편을 돕고 자식을 생(生)하여 발달했다. 이 사람은 평생 재물은 발달했으나 신약(身弱)하여 항상 질병에 시달렸다. 여명이 재관(財官)이 매우 왕성한데 일간(日干)이 매우 약하면 친정은 가난하고 시가는 흥한다. 기경(己庚) 대운에 금극목(金剋木)으로 부성(夫星)을 극(剋)하자 숨을 거두었다.

6. 시상편재격(時上偏財格) 부월편재격(附月偏財格)

【원 문】

楠曰 時上偏財格 蓋以日干有氣能任其財也 如甲寅日見戊辰時也
남왈 시상편재격 개이일간유기능임기재야 여갑인일견무진시야

天干透出財神 斯格方眞 若又歲月有財相雜 則格不純 蓋喜身旺任財
천간투출재신 사격방진 약우세월유재상잡 즉격불순 개희신왕임재

食神之運以生其財 嫌官殺運剋倒日干 則不能任其財
식신지운이생기재 혐관살운극도일간 즉불능임기재

蓋身太旺比肩多 又喜官殺運制去其比肩 放起其財神 不可拘泥
개신태왕비견다 우희관살운제거기비견 방기기재신 불가구니

但用偏財 日旺多富貴 蓋陰剋陰 陽剋陽 財神親切有氣也
단용편재 일왕다부귀 개음극음 양극양 재신친절유기야

用正財未見其美 偏財乃橫財 身旺多有施捨豪氣 多得橫財也
용정재미견기미 편재내횡재 신왕다유시사호기 다득횡재야

理出於正
리출어정

【해 설】

　　장남왈(張楠曰), 시상편재격(時上偏財格)은 일간(日干)이 기(氣)가 있어야 재물을 감당할 수 있다. 예를 들면 갑인일생(甲寅日生)이 무진시(戊辰時)에 태어난 경우다. 재신(財神)은 천간(天干)에 있어야 진격(眞格)이 되는데, 만일 세월에 있어 상잡(相雜)되면 불순한 격이 된다. 이때는 신왕(身旺)해야 재물을 감당할 수 있고, 식신운(食神運)이

재신(財神)을 생조(生助)하면 길하다. 그러나 관살운(官殺運)을 만나면 일간(日干)을 극제(剋制)하여 신약(身弱)해지니 재물을 감당할 수 없게 된다. 또 신주(身主)가 매우 왕성한데 비견(比肩)도 왕성하면 관살운(官殺運)에서 비견(比肩)을 제거하여 재신(財神)이 일어나니 어느 한 가지 원리로만 판단할 수는 없다.

다만 편재(偏財)만 작용하는데 신왕(身旺)하면 부귀격(富貴格)을 이루는 경우가 많다. 음(陰)이 음(陰)을 극(剋)하고, 양(陽)이 양(陽)을 극(剋)하는 것이 편재(偏財)다. 또 재신(財神)은 친절한 성질이 있어 재신(財神)이 기(氣)가 있는데 다시 정재(正財)가 작용하면 명조가 아름답지 못하고, 편재(偏財)는 횡재를 뜻하는데 신왕(身旺)하면 기부하는 호기가 있고, 횡재로 재물을 이루는 경우가 많다. 이것은 정연한 원리에서 나온 것이다.

【원 문】

古歌云 偏財本是衆人財 最忌干支比劫來 身强財旺皆爲福
고가운 편재본시중인재 최기간지비겁래 신강재왕개위복

若帶官星便妙哉 補曰 偏財謂陽見陽財 如甲見戊 乙見己之類
약대관성편묘재 보왈 편재위양견양재 여갑견무 을견기지류

然偏財乃衆人之財 非義不當得之財也 惟忌干支比肩劫財分奪
연편재내중인지재 비의부당득지재야 유기간지비견겁재분탈

則不全 所謂姉妹兄弟分奪去 功名不遂 禍患隨生是也 不有官星
즉불전 소위자매형제분탈거 공명불수 화환수생시야 불유관성

禍患百出 故曰 若帶官星便妙哉 但恐身弱無力 財弱無根 故曰
화환백출 고왈 약대관성편묘재 단공신약무력 재약무근 고왈

身强財旺皆爲福 何者 蓋身旺自能勝財 財旺自能生官矣
신강재왕개위복 하자 개신왕자능승재 재왕자능생관의

【해 설】

고가왈(古歌日), 편재(偏財)는 대중의 재물이니 가장 꺼리는 것은 간지(干支)에서 비겁(比劫)이 극(剋)하는 것이다. 그러나 신강재왕(身强財旺)하면 모두 복이 되고, 관성(官星)을 대동하면 명조가 더 묘해진다.

보주왈(補註日), 편재(偏財)란 양(陽)이 양재(陽財)를 만나고, 음(陰)이 음재(陰財)를 만나는 것을 말한다. 예를 들면 갑목(甲木)이 무토(戊土)를 만나고, 을목(乙木)이 기토(己土)를 만나는 것이다. 그러나 편재(偏財)는 노력으로 정당하게 얻는 재물이 아니라 비리나 편법으로 얻는 부정한 재물이다.

또 간지(干支)에 비견(比肩)과 겁재(劫財)가 많으면 재물을 빼앗겨 온전하지 못하다. 따라서 형제자매가 극(剋)하면 공명이 따르지 않고 재앙이 따르는데, 이때 관성(官星)이 없으면 재앙이 백출한다. 그러나 관성(官星)을 대동하면 명조가 더 묘해진다. 다만 신약(身弱)한데 재성(財星)이 매우 왕성하거나 비겁(比劫)이 매우 많으면 재성(財星)이 약하고 뿌리가 없는 것이니 흉하다. 그러나 신강재왕(身强財旺)하면 모두 복이 된다. 대개 신왕(身旺)해야 승재(勝財)하고, 재성(財星)이 왕성해야 관성(官星)을 생조(生助)하기 때문이다.

【원 문】

又古歌云 時上偏財一位佳 不逢沖破享榮華 敗財劫刃還無遇
우고가운 시상편재일위가 불봉충파향영화 패재겁인환무우

富貴雙全比石家 補曰 時上偏財者 如庚日見甲干或寅支
부귀쌍전비석가 보왈 시상편재자 여경일견갑간혹인지

辛日見乙干或卯支之類 只要一位貴 不要多 而三處不要再見財
신일견을간혹묘지지류 지요일위귀 불요다 이삼처불요재견재

郤怕年月日沖破 如寅沖申 酉沖卯是也 如不逢 自享榮華富貴矣
극파년월일충파 여인충신 유충묘시야 여불봉 자향영화부귀의

柱中及運若見敗財 如辛見庚 及申見劫財羊刃 如庚見辛及酉之類
주중급운약견패재 여신견경 급신견겁재양인 여경견신급유지류

必傷妻耗財 破家不足而已 苟干支無遇 則富而有財 貴而有權
필상처모재 파가부족이이 순간지무우 즉부이유재 귀이유권

可比石崇矣
가비석숭의

【해 설】

고가왈(古歌日), 시상편재격(時上偏財格)은 하나만 있어야 아름답
고, 충파(沖破)가 없으면 부귀영화를 누리고, 패재(敗財)나 겁재(劫
財)나 양인(羊刃)이 없으면 석숭 같은 부를 이룬다.

보주왈(補註日), 시상편재격(時上偏財格)은 경금일간(庚金日干)이
시상(時上)에서 갑간(甲干)을 만나거나 지지(地支)에서 인목(寅木)을
만나는 것이고, 신금일간(辛金日干)이 시상(時上)에서 을간(乙干)을
만나거나 지지(地支)에서 묘목(卯木)을 만나는 것인데 하나만 만나
야 길하다.

또 년월일(年月日)에서 충파(沖破)되면 크게 꺼린다. 예를 들면 인
신상충(寅申相沖)이나 묘유상충(卯酉相沖)이 그것인데, 상충(相沖)

이 없으면 부귀영화를 누린다. 또 주중(柱中)이나 대운에서 패재(敗財)를 만나는 경우인데, 예를 들어 신금일간(辛金日干)이 경금(庚金)이나 신금(申金)이나 겁재(劫財)나 양인(羊刃)을 만나면 반드시 아내가 다치거나 재물이 줄며 집안이 깨진다. 그러나 간지(干支)에 비겁(比劫)이 없으면 부귀격(富貴格)이 되고, 힘이 있으면 석숭과 같은 거부가 된다.

【원 문】

補曰 正財偏財 蓋喜身旺 印綬蓋忌倒食 身弱比肩劫財
보왈 정재편재 개희신왕 인수개기도식 신약비견겁재

但偏財喜見官殺 而正財喜正官 故集說云 正財偏財二格喜忌大同
단편재희견관살 이정재희정관 고집설운 정재편재이격희기대동

惟有喜官星 不喜官星之小異耳 又偏財爲人有情而多詐
유유희관성 불희관성지소이이 우편재위인유정이다사

主慷慨不甚吝財 蓋財能利己 亦能招謗 雖喜官星 亦當較量身之强弱
주강개불심인재 개재능이기 역능초방 수희관성 역당교량신지강약

運之盛衰而言 如運行旺相 福祿俱臻 行官鄉便可發祿
운지성쇠이언 여운행왕상 복록구진 행관향편가발록

若財星而身弱 運至官鄉 旣被財之盜氣 又見官之剋身 不惟不發祿
약재성이신약 운지관향 기피재지도기 우견관지극신 불유불발록

亦妨患咎 如四柱中先帶官星 便作好命看 若四柱兄弟輩出 縱入官鄉
역방환구 여사주중선대관성 편작호명간 약사주형제배출 종입관향

發祿必少 正財爲人誠信 作事儉約 處事聰明 惟是慳吝
발록필소 정재위인성신 작사검약 처사총명 유시간인

雖正財不喜見官 恐盜財之氣 然四柱財多身旺 比劫重重
수정재불희견관 공도재지기 연사주재다신왕 비겁중중

亦喜見官殺制伏比劫 故曰 逢財看殺 見官尤妙 藏財露官
역희견관살제복비겁 고왈 봉재간살 견관우묘 장재노관

當作貴推 亦不可泥於不喜見官之說也
당작귀추 역불가니어불희견관지설야

【해 설】

　보주왈(補註曰), 주중(柱中)에 정재(正財)나 편재(偏財)가 있을 때
는 대개 신왕(身旺)과 인수(印綬)를 기뻐한다. 그러나 도식(倒食)이
며 신약(身弱)하면 꺼리고, 비견(比肩)이나 겁재(劫財)를 만나는 것도
꺼린다. 편재(偏財)는 정관(正官)과 편관(偏官)을 모두 기뻐하나 정재
(正財)는 정관(正官)만 기뻐한다.

　집설운(集說云), 정재(正財)와 편재(偏財)는 좋아하는 것과 꺼리는
것이 비슷하다. 오직 관성(官星)이 있어야 길한데, 관성(官星)이 있으
면 불희(不喜)함이 조금 다를 뿐이다. 또 편재(偏財)가 있으면 정과 강
개심이 있고 재물에 인색하지 않지만 사기성이 많다. 재물은 나에게
이로움을 주지만 한편으로는 비방과 구설을 들을 수 있으니 비록 관
성(官星)을 기뻐하나 따져봐야 한다. 일간(日干)의 강약과 운의 성쇠
여부를 살펴 간명해야 한다.

　만일 왕상운(旺相運)으로 흐르면 복록이 쌓이고, 관성운(官星運)
으로 흐르면 빨리 발달한다. 만일 재성(財星)이 왕성하고 신약(身弱)
한데 관성운(官星運)으로 흐르면 재성(財星)을 훔치는 기(氣)가 되

고, 관성(官星)이 아신(我身)을 제거하므로 복록이 발달하지 못할 뿐
아니라 화액이 침범하니 방비해야 한다. 만일 관성(官星)을 먼저 만나
면 좋은 명이 되나, 형제인 비겁(比劫)이 많으면 비록 관향지(官鄕地)
로 흘러도 미미하게 발달한다.

정재(正財)는 성실·검약하며 신임이 있고 처사에 총명하나 인색하
여 수전노 같은 것이 결점이다. 정재(正財)는 관성(官星)을 만나는 것
을 꺼린다. 재물을 훔치기 때문이라고 하나 재성(財星)이 많고 신왕
(身旺)하며 비겁(比劫)이 무거울 때는 역시 관살(官殺)로 비겁(比劫)
을 다스리면 길하다. 따라서 재성(財星)·칠살(七殺)·정관(正官) 순으
로 만나야 명이 더 묘해진다. 또 재성(財星)은 장복(藏伏)되고 관살
(官殺)은 투출(透出)해야 귀격(貴格)으로 추리한다고 했으니, 관성(官
星)을 만나면 흉하다는 일설만으로 전부를 논하면 안 된다.

■ 건명(乾命), 희문자조시월편재류취격(希文自造時月偏財類聚格)

年	月	日	時									
己	丙	壬	乙	乙	甲	癸	壬	辛	庚	己	戊
酉	子	寅	巳	亥	戌	酉	申	未	午	巳	辰

【원문】

楠曰 壬水生逢子月天 偏財類聚喜週全 壬申再轉南方運
남왈 임수생봉자월천 편재류취희주전 임신재전남방운

火土重逢福祿堅 補註 子修眞上人也 亦不事此術 爲繼家君之志
화토중봉복록견 보주 여수진상인야 역불사차술 위계가군지지

而編此書 予命正合 古書云 素食慈心 印綬逐逢於天德 信矣
이편차서 여명정합 고서운 소식자심 인수수봉어천덕 신의

凡壬水喜財官 生子月爲建刃 建刃若行財官運 爲人必自手興家
범임수희재관 생자월위건인 건인약행재관운 위인필자수흥가

但二木傷官殺 有二金以當之 八字已中正無病 故主不貴 喜時日偏財
단이목상관살 유이금이당지 팔자이중정무병 고주불귀 희시일편재

類聚親切 凡用偏財者多慷慨 身旺肯施捨而不吝 故古歌云
류취친절 범용편재자다강개 신왕긍시사이불인 고고가운

偏財身旺是英豪 羊刃無侵祿位高 結識有情多慷慨云云 然哉是言也
편재신왕시영호 양인무침록위고 결식유정다강개운운 연재시언야

所惡者刃 故不免重婚耳 所宜者官殺 官殺旺比劫方衰 行癸運
소악자인 고불면중혼이 소의자관살 관살왕비겁방쇠 행계운

罹父母災 遭妻子變 故曰 身旺比劫重 損財又傷妻 是也 酉運一入
리부모재 조처자변 고왈 신왕비겁중 손재우상처 시야 유운일입

火土俱敗 不遂宜矣 若壬運比癸不同 一旦運至南方 利壬而不利癸
화토구패 불수의의 약임운비계부동 일단운지남방 이임이불리계

申運水得長生 或遂貽燕之謀 辛未庚午己巳行官印之鄕 可望平妥
신운수득장생 혹수이연지모 신미경오기사행관인지향 가망평타

辰運水土入墓 不免西歸矣 但無奈時逢七殺 更兼寅巳相刑 妻子遭喪
진운수토입묘 불면서귀의 단무나시봉칠살 갱겸인사상형 처자조상

惟喜貼身甲木制之 故曰 時上偏官有制 晩子榮奇 理或然也
유희첩신갑목제지 고왈 시상편관유제 만자영기 리혹연야

但命理微玄 宣聖難言之 予據先人成說 更稽先人遺訓
단명리미현 선성난언지 여거선인성설 경계선인유훈

故浪揣摩以爲後鑑云
고낭췌마이위후감운

【해 설】

장남왈(張楠日), 임수일간(壬水日干)이 자월생(子月生)이고 편재(偏財)가 3위나 있으니 국(局)이 길하다. 화토운(火土運)이 좋은데 임신운(壬申運)을 지나 남방 화운(火運)에 이르자 복록이 풍족했다.

보주왈(補註日), 내가 진상인(眞上人)이 되려고 수도를 하는데 역시 차술(此術)만으로는 부족하지만 계가(繼家)하려는 그대들의 의지에 대해서는 이 책에 비법이 기록되어 있으니 명리에 대해서는 합당한 책이다.

고서운(古書云), 소식자심(素食慈心)은 인수(印綬)가 천덕귀인(天德貴人)을 만났기 때문이라고 했는데 믿을 만하다. 무릇 임수일간(壬水日干)이 자월(子月)에 태어나 양인(羊刃)이 되니 재관(財官)을 환영하는 명조다. 따라서 재관운(財官運)에 백수(白手)로 적수성가(赤手成家)한 사람이 틀림없다. 다만 2목(木)의 상관(傷官)과 살(殺)이 있으나 2금(金)이 적당하니 팔자가 중정(中正)을 얻어 무병(無病)하다. 그러므로 불귀(不貴)한 것이다. 일시(日時)에 편재(偏財)가 있으니 성품이 친절하다. 무릇 월상(月上)에 편재(偏財)가 있으면 강개심이 많고, 신왕(身旺)하면 베푸는 것을 좋아하니 인색하지 않다.

고가왈(古歌日), 편재(偏財)가 있는데 신왕(身旺)하면 영웅호걸인데, 양인(羊刃)이 침범하지 않으면 복록과 지위가 높고, 정과 강개심이 많다고 한다. 이 격에서 꺼리는 것은 양인(羊刃)인데 양인(羊刃)이 들면 중혼을 면하기 어렵기 때문이다. 관살(官殺)도 길한데 많은 비겁(比劫)를 쇠약하게 만들기 때문이다.

또 신왕(身旺)하고 비겁(比劫)이 무거우면 재물이 줄고 아내가 다치는데, 계운(癸運)에 부모가 재앙을 당하고 처자에게 흉한 변이 있었다. 유운(酉運)에는 화토(火土)를 모두 갖추어 만사가 불통이었고, 임운(壬運)은 비견(比肩)이니 계수(癸水)와는 달랐고, 운이 남방으로 흐르자 임수(壬水)는 이롭고 계수(癸水)는 불리했다. 신운(申運)에는 수(水)가 장생(長生)되어 불리했고, 신미(辛未)·경오(庚午)·기사(己巳)의 관인운(官印運)에는 복록을 얻었다. 진운(辰運)에는 수토(水土)가 입묘(入墓)에 들고 수국(水局)을 이루어 흉사를 면하지 못했다.

다만 시(時)에 칠살(七殺)이 있는데 인사상형(寅巳相刑)을 만나 처자에게 상해(喪害)가 따랐으나 일지(日支)의 인중(寅中) 갑목(甲木)이 막아 재앙은 면했다. 시상편관격(時上偏官格)은 제극(制剋)이 있으면 늦게 자식을 얻고 영기(榮奇)함이 있다고 했는데 원리가 그러한 것이다. 그러나 명리(命理)가 미현(微玄)하면 성현들도 말로 전하기가 어려웠으니 후학들은 선인들의 말씀을 잘 받들면서 감사해야 한다.

■ 건명(乾命), 이염사(李廉使)

年	月	日	時									
庚	乙	甲	戊		丙	丁	戊	己	庚	辛	壬	癸
寅	酉	子	辰		戌	亥	子	丑	寅	卯	辰	巳

이 사주는 참정(參政)을 지낸 이염사(李廉使)의 명이다. 시상(時上)에 무토(戊土)가 투출(透出)했으니 시상편재격(時上偏財格)이다. 갑목일간(甲木日干)이 년지(年支)에 인목(寅木), 일지(日支)에 자수(子

水), 시지(時支)에 진토(辰土)가 들었으니 신강(身强)하다. 년상(年上)에 경금(庚金)이 투출(透出)하고, 월지(月支)에 유금(酉金)이 통근(通根)하고, 시상(時上)에 무진토(戊辰土)가 들었으니 관살(官殺)도 왕성하다. 즉 신왕관왕(身旺官旺)하니 대귀격(大貴格)이다.

용신(用神)은 갑을목(甲乙木)이고, 진토(辰土)와 인중(寅中) 병화(丙火)는 희신(喜神)이고, 자수(子水)는 한신(閑神)이고, 경유금(庚酉金)은 기신(忌神)이다. 초년대운은 해자축(亥子丑)이니 한신운(閑神運)이라 평범하게 자랐고, 중년부터는 인묘(寅卯) 용신운(用神運)이라 발복하여 참정(參政)에 올랐다.

■ 건명(乾命), 오상공(吳相公)

年	月	日	時							
癸	乙	乙	壬	甲	癸	壬	辛	庚	己	戊	丁
亥	卯	未	午	寅	丑	子	亥	戌	酉	申	未

이 사주는 을목일간(乙木日干)이 묘월(卯月)에 태어났으니 득령(得令)했고, 해묘미(亥卯未)가 삼합(三合)을 이루었으니 목기(木氣)가 매우 많다. 종격(從格)으로 보이나 일지(日支)에 미토(未土)가 들고 시지(時支)에 오화(午火)가 들어 많은 목(木)을 설기(泄氣)하니 정격(正格)이며 신강(身强)하다. 경신금(庚辛金)이 용신(用神)이면 좋은데 없으니 미토(未土)와 오화(午火)가 희신(喜神)이다. 을목(乙木)과 묘목(卯木)은 기신(忌神)이고, 임계수(壬癸水)는 목생화(木生火)로 기신(忌神)을 도와주니 구신(仇神)이다.

재성운(財星運)이 좋아 재물복은 많으나 관운(官運)은 없는 명이다. 상공(相公)을 지낸 것은 돈으로 벼슬을 산 것이라고 볼 수 있다. 과거에는 매관매직이 흔한 일이었기 때문에 관운(官運)이 없다고 벼슬을 못하는 것은 아니었다.

■ 건명(乾命), 증참정(曾參政)

年	月	日	時							
己	壬	丙	庚	辛	庚	己	戊	丁	丙	乙 甲
未	申	申	寅	未	午	巳	辰	卯	寅	丑 子

이 사주는 병화일간(丙火日干)이 신월(申月)에 태어났으니 실령(失令)했고, 매우 왕성한 금기(金氣)가 병(病)이다. 시지(時支)의 인목(寅木)이 유일한 약인데 신약(身弱)한 일주(日主)를 목생화(木生火)로 돕는다. 년지(年支)의 미토(未土)는 미중(未中) 정화(丁火)가 화극금(火剋金)하여 좋은 점도 있으나, 미중(未中) 기토(己土)가 토생금(土生金)으로 병(病)을 더 강하게 만들어 흉하다.

일지(日支) 신금(申金)은 기신(忌神)이라 부부 간에 불화가 많았고, 재성(財星)이 많아 첩도 많았으나 모두 기신(忌神)이라 첩들의 내조도 받지 못했다. 월상(月上)의 임수(壬水)가 수극화(水剋火)하여 관재구설이 종종 따랐으나 시지(時支)의 인목(寅木)이 좋아 말년복과 자녀복은 있었고, 대운의 흐름이 좋아 참정(參政)을 지낼 수 있었다.

미오사운(未午巳運)에 일찍 등과급제했고, 진묘인운(辰卯寅運)은 용신운(用神運)이라 승승장구하며 재물도 많이 모았다. 그러나 축자운(丑子運)에 은퇴하고 병과 싸우다 경신년(庚申年) 신월(申月)에 숨을 거두었다.

■ 건명(乾命), 진상서(陳上書)

年	月	日	時							
癸	戊	丁	辛	丁	丙	乙	甲	癸	壬	辛	庚
卯	午	丑	丑	巳	辰	卯	寅	丑	子	亥	戌

이 사주는 정화일간(丁火日干)이 오월(午月)에 태어났으니 득령(得令)했고, 화기(火氣)가 많으니 신강(身强)하다. 년상(年上) 계수(癸水)가 용신(用神)인데 일시지(時支)에 축토(丑土)가 들고, 축중(丑中)의 계수(癸水)와 신금(辛金)에 통근(通根)하여 강하다. 그리고 편관(偏官)이 용신(用神)이니 관운(官運)이 길하다.

계축운(癸丑運)부터 용신운(用神運)이라 발복하더니, 임자운(壬子運)에는 상서(上書)에 올랐다. 용신(用神)이 일지(日支) 축토(丑土)에 통근(通根)하여 아내복이 많았고, 축시(丑時) 역시 용신(用神)이 통근(通根)하여 자식복도 많았다. 이 사람은 관운(官運)과 재성운(財星運)이 좋아 평생 부귀영화를 누린 것이다.

■ 건명(乾命), 형사령(邢司令)

年	月	日	時							
甲	丁	己	癸	戊	己	庚	辛	壬	癸	甲	乙
午	丑	未	酉	寅	卯	辰	巳	午	未	申	酉

이 사주는 기토일간(己土日干)이 축월(丑月)에 태어나 득령(得令)했다. 그러나 한기가 많은 때이니 조후(調候)로 보아 월상(月上)의 정화(丁火)가 용신(用神)인데, 년지(年支) 오화(午火)와 일지(日支) 미토(未土)에 통근(通根)하여 강하니 재물복과 아내복이 많은 명이 되었다.

본명은 화기(火氣)와 수기(水氣)의 힘이 비슷하여 구분하기가 어렵지만 조후(調候)를 보면 쉽게 답을 찾을 수 있다. 사주가 용신(用神)을 찾기 어려울 정도로 애매할 때는 우선 조후(調候)로 보면 대개 맞는다. 중년의 사오미운(巳午未運)이 용신운(用神運)이라 사령(司令)이라는 벼슬에 오른 것이다.

■ 건명(乾命), 후지부(侯知府)

年	月	日	時								
乙	己	辛	辛	癸	壬	辛	庚	己	戊	丁	丙
酉	卯	卯	卯	丑	子	亥	戌	酉	申	未	午

이 사주는 목기(木氣)와 금기(金氣)로만 이루어져 단순하다. 신약(身弱)하니 일간(日干)과 시간(時干)의 신금(辛金)이 용신(用神)인데, 년지(年支)의 유금(酉金)이 통근(通根)하여 강하다. 그러나 사주가 오행(五行)을 골고루 갖추지 못하여 기복이 심하다. 화기(火氣)와 수기(水氣)는 전혀 없고 금기(金氣)와 목기(木氣)로만 이루어져 운이 편중되었는데, 이런 사주는 인생의 기복이 아주 심하다. 즉 용신운(用神運)에는 발복하나 기신운(忌神運)에는 대흉하다. 이 사람은 일생을 여자와 재물 문제를 많이 겪으며 불안하게 살았다.

■ 건명(乾命), 유중서(劉中書)

```
年 月 日 時
丁 戊 壬 丙      丁丙乙甲癸壬辛庚
亥 申 申 午      未午巳辰卯寅丑子
```

이 사주는 임수일간(壬水日干)이 신월(申月)에 태어났으니 득령(得
令)하여 신강(身强)하다. 주중(柱中)에 금기(金氣)와 수기(水氣)가 매
우 왕성하니 목운(木運)과 화운(火運)이 길하다. 시상(時上)에 병화
(丙火)가 투출(透出)하고, 시지(時支)에 오화(午火)가 들어 재성(財
星)도 왕성하니 신왕재왕격(身旺財旺格)이라 큰 부자가 될 명이다.

대운도 목화운(木火運)으로 흐르면 용신운(用神運)과 희신운(喜
神運)이라 발복하는데, 초년에 미오사운(未午巳運)으로 흘러 부모의
유산을 많아 호의호식하며 자랐고, 중년부터는 진묘인운(辰卯寅運)
인데 역시 좋아 부귀영화를 누렸다. 정화(丁火)와 무토(戊土)가 모두
투출(透出)하여 공명을 모두 누린 것이다.

■ 건명(乾命), 왕보사(王步師)

```
年 月 日 時
庚 戊 癸 丁      己庚辛壬癸甲乙丙
午 子 卯 巳      丑寅卯辰巳午未申
```

이 사주는 계수일간(癸水日干)이 자월(子月)에 태어났으니 득령(得
令)했다. 시상(時上)의 정화(丁火)가 용신(用神)인데, 일지(日支)에 묘

목(卯木)이 들고, 년지(年支)에 오화(午火)가 들고, 시지(時支)에 사화(巳火)가 들어 강하다. 정계(丁癸)가 상충(相沖)하고 자오(子午)가 상충(相沖)하여 기복이 있겠지만 부귀영화를 누릴 명이다. 대운이 진사오미(辰巳午未)의 용신운(用神運)으로 흘러 차관(次官)까지 올랐다.

성격은 목기(木氣)가 중화되었으니 인자하다. 그러나 화기(火氣)가 넘치니 약간 무례하고, 토기(土氣)가 미약하니 신의가 부족하고, 금기(金氣)도 약간 부족하니 의리가 부족하고, 수기(水氣)가 넘치니 사악한 지혜가 많은 편이다.

■ 건명(乾命), 왕소사(王少師)

年	月	日	時							
癸	戊	丁	癸	丁	丙	乙	甲	癸	壬	辛	庚
卯	午	丑	丑	巳	辰	卯	寅	丑	子	亥	戌

이 사주는 정화일간(丁火日干)이 오월(午月)에 태어났으니 득령(得令)했고, 무계합화(戊癸合火)를 이루고, 년지(年支) 묘목(卯木)이 도와주니 신강(身强)하다. 시상(時上)의 계수(癸水)가 용신(用神)인데 축중(丑中)에 통근(通根)하여 길하다. 축토(丑土)는 희신(喜神), 오화(午火)는 기신(忌神), 목(木)은 구신(仇神)이다.

일지(日支)에 희신(喜神)이 들었으니 아내복이 많아 현모양처를 만나 내조를 많이 받았다. 또 시상(時上)의 계축(癸丑)이 용신(用神)이라 자식들이 모두 효심이 많고 등과급제하여 가문을 빛냈다. 더구나 대운의 흐름이 대길하다. 초년과 청년의 사진묘인운(巳辰卯寅運)은 기신운(忌神運)과 구신운(仇神運)이라 미관말직에 있었으나, 축운(丑運)을 만나자 승진하고, 자운(子運)에는 고관대작이 되어 중년과 말년에 부귀영화를 누렸다. 선빈후부격 사주다.

7. 상관식신격(傷官食神格)

【원 문】

楠曰 傷官食神 一陰一陽之謂傷官 陰見陰 陽見陽之謂食神
남왈 상관식신 일음일양지위상관 음견음 양견양지위식신

皆盜我血氣之物也 子平書論傷官食神之理雖甚多 但所言皆不親切
개도아혈기지물야 자평서논상관식신지리수심다 단소언개불친절

何以爲之傷官也 蓋人之身 以官星爲管我之官 如府縣官之類也
하이위지상관야 개인지신 이관성위관아지관 여부현관지류야

出入動作 皆要循守規矩 不敢妄爲 金則傷官者 則是傷殺其官
출입동작 개요순수규구 불감망위 금즉상관자 즉시상살기관

不服官管 如弑殺上官之類 則爲强賊化外之民 如此格者
불복관관 여시살상관지류 즉위강적화외지민 여차격자

就要不見官星 如再見官星 就如打傷府縣官者 又再去見府縣官
취요불견관성 여재견관성 취여타상부현관자 우재거견부현관

則官肯放汝乎 今書止云 傷官見官 爲禍百端 而不直言其理 又曰
즉관긍방여호 금서지운 상관견관 위화백단 이불직언기리 우왈

傷官傷盡最爲奇 尤恐傷多反不宜 此雖正理 猶患過玄 然傷官之格
상관상진최위기 우공상다반불의 차수정리 유환과현 연상관지격

四柱並不見官星 本然入格 但太純而無病 事見上文病藥說
사주병불견관성 본연입격 단태순이무병 사견상문병약설

【해 설】

　장남왈(張楠曰), 식상(食傷)은 상관(傷官)과 식신(食神)을 말하는
데 모두 나의 기운을 훔치는 육신(六神)이다. 일음(一陰)이 일양(一
陽)을 만나면 상관(傷官)이 되고, 음(陰)이 음(陰)을 만나고 양(陽)이
양(陽)을 만나면 식신(食神)이 된다. 자평서(子平書)에서 상관(傷官)
과 식신(食神)의 원리를 많이 논했으나 상세하지는 않다.

　그러면 상관(傷官)이란 무엇인가. 관성(官星)은 관청의 관(官)과 같
은 의미이니 인간의 생활을 법규로 규제하며 관리하는 것과 같다. 그
런데 상관(傷官)은 그 관성(官星)을 상살(傷殺)하고 불복하는 자이니
상관(上官)을 살해함과 같고 강적을 화민(化民)함과 같다. 따라서 이
러한 상관(傷官)은 관성(官星)을 만나지 않아야 하는데, 만일 만나면
관청의 장관을 타상(打傷)하는 격이니 부관현(府官縣)에서 어찌 방
치하겠는가. 고서(古書)에 상관(傷官)이 관성(官星)을 만나면 화액이
백단으로 따른다고 했다.

　또 상관(傷官)은 상진(傷盡)해야 가장 기이한 명을 이루나 상극(相
剋)이 많으면 흉하다. 이것이 비록 정당한 원리이며 적중하는 바가 있
지만 상관격(傷官格)이 주중(柱中)에서 관성(官星)을 만나지 않아야
본연에 입격(入格)한 것이라고 하면 다만 태순(太純)할 따름으로 병
(病)이 없는 사주니 병약설(病藥說)에 관한 적중률이 높다고 할 수
있다.

雖然日干有氣 若四柱重重傷官 盜盡我身之氣 如人屢屢服大黃
수연일간유기 약사주중중상관 도진아신지기 여인누누복대황

朴硝諸般通藥 則身由此而洩傷其元氣 則將何藥以救之
박초제반통약 즉신유차이설상기원기 즉장하약이구지

如此之弱 則用附子之溫藥 方能救其性命 若八字重疊傷官食神
여차지약 즉용부자지온약 방능구기성명 약팔자중첩상관식신

日主原又衰弱 急須行印運以破其傷官 行財運以資其日主
일주원우쇠약 급수행인운이파기상관 행재운이자기일주

此是有病之命 得藥救之 亦多富貴 又如日主生旺 比肩太多
차시유병지명 득약구지 역다부귀 우여일주생왕 비견태다

財神衰弱 蓋傷官以財爲用神也 則又喜見官星 以制其比劫
재신쇠약 개상관이재위용신야 즉우희견관성 이제기비겁

存起其財星也 何又喜見官 前後進退之言也 緣我本身兄弟太多
존기기재성야 하우희견관 전후진퇴지언야 연아본신형제태다

官星但來制我兄弟 存起我財星 此官星爲我之福 不來禍我也
관성단내제아형제 존기아재성 차관성위아지복 불내화아야

【해 설】

　일간(日干)이 기(氣)가 있어도 상관(傷官)이 무거우면 나의 기운을
모두 빼앗아간다. 예를 들어 사람이 원기가 떨어지고 심신이 허약해
지면 보약이나 영양제를 먹어야 하는 것과 같은 원리다.

　만일 팔자에 식신(食神)이나 상관(傷官)이 중첩되어 있는데 일간(日
干)이 쇠약하면 대운이 인운(印運)으로 흘러 상관(傷官)을 파괴해야
하고, 비겁운(比劫運)이 와서 일주(日主)를 도와야 약(藥)을 얻어 구

제되는 격이니 부귀가 따른다.

　만일 신왕(身旺)하고 비견(比肩)이 매우 많은데 재신(財神)이 쇠약하면 대개 상관(傷官)이 비겁(比劫)을 설기(泄氣)하고 재성(財星)을 도와주니 용신(用神)으로 취해야 길하다. 또 관성(官星)이 매우 많은 비겁(比劫)을 제극(制剋)해야 길하다.

　그러면 왜 관성(官星)을 만나야 길한가. 이것은 전후와 진퇴의 말이다. 나의 형제인 비겁(比劫)이 매우 많으면 관성(官星)이 형제를 제극(制剋)시켜야 나의 재성(財星)이 살아날 수 있기 때문이다. 이때는 관성(官星)이 화살(禍殺)이 아니라 복신(福神)이다.

【원 문】

古古書云 木火傷官官要旺 金水傷官喜見官 前人虛立此言
고고서운 목화상관관요왕 금수상관희견관 전인허립차언

反滋人惑 不徹底講明進退之說 豈不泥耶何也 蓋木火傷官格
반자인혹 불철저강명진퇴지설 개불니야하야 개목화상관격

假如甲乙木生正月 見火爲假傷官 其火乃虛火 其焰未熄
가여갑을목생정월 견화위가상관 기화내허화 기염미식

此木氣朴堅 雖見火而木之眞性不焚 再若木旺 則喜庚金旺相之官星
차목기박견 수견화이목지진성불분 재약목왕 즉희경금왕상지관성

以剋制其木也 則金木有成名之用 則木火傷官官要旺 其理然也
이극제기목야 즉금목유성명지용 즉목화상관관요왕 기리연야

若甲乙木生臨巳午月 炎火盜甲乙木之氣 則謂之眞傷官也
약갑을목생임사오월 염화도갑을목지기 즉위지진상관야

原又泄木精英太多 再加庚辛官殺制其日主
원우설목정영태다 재가경신관살제기일주

此則木火傷官亦畏見官也 若日主旺傷官多 見官殺反爲我之權殺
차즉목화상관역외견관야 약일주왕상관다 견관살반위아지권살

亦多富貴 金水傷官喜見官何也 若庚辛日主 生於子月 或亥丑月
역다부귀 금수상관희견관하야 약경신일주 생어자월 혹해축월

重重水氣 泄弱庚辛金之氣 則謂金寒水冷 則喜丙丁火官星
중중수기 설약경신금지기 즉위금한수냉 즉희병정화관성

以煖其金氣也 若水氣不多 金氣不旺 亦畏官星也
이난기금기야 약수기불다 금기불왕 역외관성야

【해 설】

　고서(古書)에 목화상관격(木火傷官格)은 관성(官)이 왕성해야 하고, 금수상관격(金水傷官格)은 관성(官)을 만나야 길하다는 말이 있다. 앞 사람들이 허망하게 세운 오류이며 저속한 술사가 만든 말인 것 같다. 강론의 분명함이나 진퇴의 철저함이 없는 말이니 어찌 망언이 아니겠는가.

　왜냐하면 예를 들어 목화상관격(木火傷官格)의 갑을일간(甲乙日干)이 인월생(寅月生)인데 화(火)를 만나면 가상관격(假傷官格)이 되어 화(火)가 허약하니 그 화염은 아직 꺼지지 않았다. 따라서 목기(木氣)가 아직 견고하여 화기(火氣)를 만나도 불타지 않는다.

　이때 목왕운(木旺運)을 만나면 신강(身强)해지고 경신금(庚辛金) 관성(官星)이 길한데, 이것은 왕강(旺强)한 목기(木氣)를 극제(剋制)하기 때문이다. 즉 금(金)과 목(木)이 상제(相制)하면 성명(成名)하여 귀물(貴物)로 작용한다. 즉 목화상관격(木火傷官格)은 관성(官星)이 왕성하면 요(要)한다고 이론이 그러한 것이다.

만일 갑을일간(甲乙日干)이 사오월생(巳午月生)이고, 염화(炎火)가 갑을목(甲乙木)의 기(氣)를 빼앗으면 진상관격(眞傷官格)이라 한다. 또 목기(木氣)의 정영(精英)을 매우 많이 설기(泄氣)하는데 다시 경신금(庚辛金) 관살(官殺)이 쇠약한 일주(日主)를 제극(制剋)하면 극누교가(剋漏交加)가 되어 불리하다. 이러한 목화상관격(木火傷官格)은 관성(官)을 만나는 것을 두려워한다. 그러나 신왕(身旺)하고 상관(傷官)이 많은데 관살(官殺)을 만나면 오히려 관살(官殺)이 나의 권귀(權貴)가 되므로 부귀가 많이 따른다.

그리고 금수상관격(金水傷官格)은 관성(官)을 만나면 기뻐한다고 했는데 왜 그런가. 만일 경신금(庚辛金) 일간(日干)이 자월생(子月生)이나 해축월생(亥丑月)이면 역시 수기(水氣)가 많은 것이니 경신금(庚辛金)을 설기(泄氣)하여 쇠약해지므로 금한수냉(金寒水冷)이라 한다. 이때는 병정화(丙丁火) 관성(官星)을 만나면 금기(金氣)가 따뜻해져 길하다. 만일 식상(食傷)인 수기(水氣)가 많지 않고 일주(日主)인 금기(金氣)도 강왕하지 않으면 신약(身弱)한데 이때 관성(官星)을 만나면 두려워한다.

【원 문】

又云 土金官居反成官 不宜去官星也 其說近理 惟有 水木傷官格
우운 토금관거반성관 불의거관성야 기설근리 유유 수목상관격

財官兩見始爲歡 此則見財宜也 下此官字 反致惑人 然傷官之格
재관양견시위환 차즉견재의야 하차관자 반치혹인 연상관지격

有眞傷官 如眞傷官者 甲乙日干生於巳午未月 眞火爲傷官用事
유진상관 여진상관자 갑을일간생어사오미월 진화위상관용사

蓋甲乙日被火焚其精英 若火多而木性失 則喜北方水運 以破其傷官
개갑을일피화분기정영 약화다이목성실 즉희북방수운 이파기상관

扶起其木氣 如止一二點火 亦畏印以破之 故曰 破了傷官壽元
부기기목기 여지일이점화 역외인이파지 고왈 파료상관수원

如甲乙木生正二月 見火爲假傷官 其火氣尙未熄烈
여갑을목생정이월 견화위가상관 기화기상미식열

則用此虛火爲用神 正謂 木能生火木榮昌 木火通明佐廟廊 又曰
즉용차허화위용신 정위 목능생화목영창 목화통명좌묘낭 우왈

假傷官行傷官運發 若行南方火運 佐助其虛火 且木氣堅朴
가상관행상관운발 약행남방화운 좌조기허화 차목기견박

又得火以泄其精英 多主富貴 若行北方運 破其虛火
우득화이설기정영 다주부귀 약행북방운 파기허화

【해 설】

토금상관격(土金傷官格)은 관성(官)이 있으면 오히려 관록(官祿)을 이룬다고 했는데, 관성(官星)을 제거함이 불가하다는 설은 원리에 가까운 것이다. 수목상관격(水木傷官格)이 재관(財官)을 모두 만나면 길하다고 했으나, 재성(財星)을 만나는 것은 길하나 관성(官星)을 만나면 간혹 불리해지는 사람도 있다.

상관격(傷官格)은 진상관(眞傷官)이 되어야 길하다. 진상관격(眞傷官格)이란 예를 들면 갑을일간(甲乙日干)이 사오미월(巳午未月)에 태어난 것인데, 진화(眞火)의 상관(傷官)이 작용하면 대개 갑을일간(甲乙日干)이 화분(火焚)에 정영(精英)을 설기(泄氣) 당한다. 그러나 화기(火氣)가 많으면 목성(木性)을 잃는데 이때는 인수(印綬)인 북방

수운(水運)을 만나 허약한 일주(日主)를 도와야 길하다. 상관(傷官)을 파극(破剋)하고 목기(木氣)를 돕기 때문이다.

예를 들면 1~2점의 화기(火氣)로 설기(泄氣)함이 미약한데 인수(印綬)가 와서 심하게 파극(破剋)하면 두려워한다. 그러므로 상관(傷官)의 수원(壽元)이 파료(破了)되었다고 했는데, 예를 들면 묘월생(卯月生) 갑을일간(甲乙日干)이 화기(火氣)를 만나면 가상관(假傷官)이 되는데, 그 화기(火氣)는 아직 식열(熄烈)하지 않아 허화(虛火)이나 용신(用神)으로 작용한다.

목(木)이 능히 화(火)를 생(生)하면 목(木)은 영창하여 목화통명(木火通明)이 되니 고관에 오른다. 또 가상관격(假傷官格)은 상관운(傷官運)을 만나면 발복한다고 했는데, 운이 남방 화운(火運)으로 흐르면 허화(虛火)를 도와 목기(木氣)가 견고해지고 화기(火氣)를 얻어 정영(精英)을 설기(泄氣)하면 부귀가 많이 따른다. 그러나 북방운으로 흐르면 허화(虛火)를 파극(破剋)하여 흉하다.

【원 문】

正謂 假傷行印運必死 眞傷官行傷官運必滅 如甲乙木見巳午未月
정위 가상행인운필사 진상관행상관운필멸 여갑을목견사오미월

傷官泄氣太重 再行寅午戌火運 泄木精英太甚 安得不死乎 古書云
상관설기태중 재행인오술화운 설목정영태심 안득불사호 고서운

木作飛灰 男兒壽夭 然傷官格 人多傲氣者何也 子平之言
목작비회 남아수요 연상관격 인다오기자하야 자평지언

未言其理 蓋人用官 爲管我之官 我則不畏其官而傷之 是肯放我爲非
미언기리 개인용관 위관아지관 아즉불외기관이상지 시긍방아위비

豈不是傲好僭者乎 又 多總明者何也 蓋日主之氣 破泄其精英
개불시오호참자호 우 다총명자하야 개일주지기 파설기정영

是其榮華發於外也 故多聰明 若日干旺 精英喜泄 則爲卿爲相
시기영화발어외야 고다총명 약일간왕 정영희설 즉위경위상

若日干弱 泄氣太多者 多爲迂謬寒儒 蓋其所泄精英 亦不爲好精英也
약일간약 설기태다자 다위우류한유 개기소설정영 역불위호정영야

【해 설】

가상관격(假傷官格)이 인수운(印綬運)을 만나면 반드시 죽고, 진
상관격(眞傷官格)이 상관운(傷官運)을 만나면 반드시 멸망한다. 예를
들어 갑을일간(甲乙日干)이 사오미월생(巳午未月生)이면 상관(傷官)
의 설기(泄氣)가 매우 심한 것인데, 다시 인오술(寅午戌) 화운(火運)
을 만나 신약(身弱)한 일간(日干)을 심하게 설기(泄氣)하니 사망할 수
밖에 없다. 고서(古書)에서 남명이 목일간(木日干)인데 화기(火氣)가
많아 비회(飛灰)되면 수명이 짧다는 말이 이에 해당한다.

그리고 상관격(傷官格)은 오만불손하며 남을 무시한다고 하는데
왜 그런가. 자평서(子平書)에서는 그 원리를 자세하게 밝히지 않았다.
관성(官星)이란 치법(治法)하는 관부(官府)인데 상관(傷官)은 관성(官
星)을 두려워하지 않고 오히려 반항하며 상살(傷殺)하고 아신(我身)
을 방임(放任)하며 규제하지 않으니 어찌 오만하지 않고 무례하지 않
겠는가. 국법을 무서워하지 않는 사람은 함부로 행동한다. 따라서 상
관(傷官)은 국법을 모르는 범법자와 같다.

또 상관(傷官)을 총명함이 많은 자라고 하는 이유는 무엇인가. 대
개 상관(傷官)은 일주(日主)의 기운을 설기(泄氣)하고 일간(日干)의

정영(精英)을 발표(發表)하여 그 영화가 외부로 발산되어 총명할 수
밖에 없다. 그런데 신강(身强)한데 정영(精英)을 설기(泄氣)하면 고관
이 되지만, 신약(身弱)한데 지나치게 설기(泄氣)하면 부정과 아첨을
잘 하거나 사기성이 많은 한가한 유림에 불과하다. 일주(日主)의 허약
한 정영(精英)을 설기(泄氣)하기 때문이다.

【원 문】

若男以官星爲子 見傷官以破之 多主剋子 其理易曉
약남이관성위자 견상관이파지 다주극자 기리역효

若見財暗生子星 則又有子也 食神格亦多類此 若見二三點
약견재암생자성 즉우유자야 식신격역다류차 약견이삼점

則混爲傷官看 若單見一點食神 財爲食神生財格 亦要日干旺
즉혼위상관간 약단견일점식신 재위식신생재격 역요일간왕

食神生其財星 最忌偏印 爲梟神奪食 若食神多則不畏也
식신생기재성 최기편인 위효신탈식 약식신다즉불외야

一則與眞傷官同 不畏印運也 若止一點 再加食神氣弱
일즉여진상관동 불외인운야 약지일점 재가식신기약

又柱中有官殺 原賴此食神制殺 今被此梟印破去 食神不能來剋殺
우주중유관살 원뢰차식신제살 금피차효인파거 식신불능내극살

則殺來剋身 多主壽夭貧寒 傷官格多畏入墓運 其禍甚烈
즉살내극신 다주수요빈한 상관격다외입묘운 기화심열

亦不推明立說之意 蓋傷官格乃傷殺官長之人
역불추명입설지의 개상관격내상살관장지인

將如此等之人提入牢獄 必多苦楚 此說亦不甚近理也
장여차등지인제입뢰옥 필다고초 차설역불심근리야

但原眞傷官太多 泄氣太過者 行傷官墓地又添一點傷官
단원진상관태다 설기태과자 행상관묘지우첨일점상관

愈泄精神多死 亦非入墓之害
유설정신다사 역비입묘지해

【해 설】

　만일 남명의 관성(官星) 자식을 상관(傷官)이 파극(破剋)하면 자식
을 극하는 경우가 많은데 그 원리는 어렵지 않다. 그러나 재성(財星)
이 관성(官星)을 암생(暗生)하면 자성(子星)이 있으니 자식을 둘 수
있다. 식신격(食神格)에 이런 예가 많은데, 식신(食神)이 2~3위 있어
혼잡하면 식신(食神)으로 보지 않고 상관(傷官)으로 본다.

　만일 식신(食神)이 하나 있는데 재성(財星)이 있으면 식신생재격(食
神生財格)이라 하는데, 역시 중요한 것은 일간(日干)이 신왕(身旺)해
야 하는 것이다. 식신생재격(食神生財格)에서 가장 꺼리는 것은 편인
(偏印)이다. 효신(梟神)이 식신(食神)을 탈식(奪食)하기 때문인데 식신
(食神)이 많으면 두려울 것이 없다. 원명에 편인(偏印)이 하나 있으면
진상관(眞傷官)과 같이 인운(印運)을 꺼리는 것은 가상관(假傷官)의
경우와 같다. 만일 식신(食神)이 약하고 효인(梟印)이 하나 있고 주중
(柱中)에 관살(官殺)이 있는데 이때 식신(食神)이 제살(制殺)하는 격
이거나 식신(食神)이 용신(用神)이나 희신(喜神)이면 효인(梟印)을 만
나 식신(食神)을 제거하므로 식신(食神)이 제살(制殺)할 수 없으니 수
명이 짧거나 가난한 명이 된다.

　또 상관격(傷官格)이 묘운(墓運)으로 들어가면 화가 심한데 이것에
대한 설명도 자세하지 않다. 또 상관격(傷官格)은 관장(官長)을 상살

(傷殺)하는 성질이 있는데, 이런 명은 옥고를 당하거나 고초를 많이 당한다고 하나, 이 설도 역시 원리와 매우 멀다. 다만 진상관격(眞傷官格)이 상관(傷官)이 매우 많으면 지나치게 설기(泄氣)하므로 운이 상관(傷官)의 묘지(墓地)로 흘러야 길하고, 상관(傷官)이 또 있으면 정신을 심하게 설기(泄氣)하므로 죽는 경우가 많다. 이것은 입묘(入墓)의 해는 아니다.

【원 문】

又或傷官氣輕日干旺 喜傷官泄其精神 再行傷官墓地
우혹상관기경일간왕 희상관설기정신 재행상관묘지

又添一點傷官以泄其精英 入墓運反多富貴
우첨일점상관이설기정영 입묘운반다부귀

亦不可以入墓爲說也 但當以傷官輕重眞假論之 其理甚是
역불가이입묘위설야 단당이상관경중진가논지 기리심시

補曰 傷官者 我生彼之謂也 陽見陰 如甲生午月 戊生酉月之類
보왈 상관자 아생피지위야 양견음 여갑생오월 무생유월지류

陰見陽如乙生巳月 己生申月之類 亦名盜氣 喜身旺 喜印綬
음견양여을생사월 기생신월지류 역명도기 희신왕 희인수

喜財星 喜傷官 忌身弱 忌無財 忌官星歲運同 如甲生午月
희재성 희상관 기신약 기무재 기관성세운동 여갑생오월

干頭又見丁火重重 柱中有官星顯露 歲運又見 是謂身弱逢官
간두우견정화중중 주중유관성현로 세운우견 시위신약봉관

傷之不盡 其禍不可勝言 故曰 傷官見官爲禍百出 有財有印乃解
상지불진 기화불가승언 고왈 상관견관위화백출 유재유인내해

若傷官傷盡 四柱不留一點官星 又行身旺及印運郤爲貴也
약상관상진 사주불류일점관성 우행신왕급인운극위귀야

故定眞篇云 傷官若見印綬 貴不可言 如四柱雖傷盡官星 身雖旺
고정진편운 상관약견인수 귀불가언 여사주수상진관성 신수왕

若人無一點財氣 只爲貧薄之命 故元理賦云 傷官無財可恃 雖巧必貧
약인무일점재기 지위빈박지명 고원리부운 상관무재가시 수교필빈

須見財爲妙 是財能生官也
수견재위묘 시재능생관야

【해 설】

상관격(傷官格)이 기(氣)가 가볍고 신왕(身旺)할 때는 상관(傷官)이 일간(日干)의 정신을 설기(泄氣)하면 길하다. 다시 운이 상관(傷官)의 묘지(墓地)로 흐르거나 상관(傷官)을 하나 만나 정영(精英)을 설기(泄氣)하거나 묘운(墓運)으로 흐르면 오히려 부귀가 많이 따른다. 입묘(入墓)는 불가하다는 설이 있는데 상관(傷官)의 경중과 진가를 먼저 논한 후 판단할 일이지만 원리는 맞는 말이다.

보주왈(補註曰), 상관(傷官)은 내가 도와주는 자식이다. 양(陽)이 음(陰)을 만나는 경우인데, 예를 들면 갑목일간(甲木日干)이 오월생(午月生)이거나 무일간(戊日干)이 유월생(酉月生)인 경우다. 그리고 음(陰)이 양(陽)을 만나는 경우의 예는 을목일간(乙木日干)이 사월생(巳月生)이거나 기토일간(己土日干)이 신월생(申月生)인 경우다.

또 상관(傷官)은 신주(身主)의 기운을 빼앗아가는 육신(六神)이니 우선 신왕(身旺)해야 길하다. 다음은 인수(印綬)도 길하고, 재성(財星)도 길하고, 상관(傷官)도 길하다. 그러나 신약(身弱)하면 꺼리고,

재성(財星)이 없으면 꺼리고, 관성(官星)을 꺼리는데, 태세나 대운에서도 마찬가지다.

예를 들어 갑목일간(甲木日干)이 오월생(午月生)이고, 간두(干頭)의 정화(丁火)가 무겁고, 주중(柱中)에 관성(官星)이 있고, 태세와 대운에서 또 만나면 신약(身弱)이 관성(官星)을 만난 것이니 그 화액은 말로 표현하기가 어려울 정도로 많다. 그러므로 상관(傷官)이 관성(官星)을 만나면 화액이 백출한다.

그러나 재성(財星)이 있어 재생관(財生官)을 하거나 인수(印綬)가 있어 인극식(印剋食)을 하면 길하다고 본다. 만일 상관(傷官)이 상진(傷盡)하는데 주중(柱中)에 관성(官星)이 하나라도 거류(居留)하면 불가하다. 또 신왕(身旺)해지는 인운(印運)으로 흐르면 부귀격(富貴格)이 된다.

정진편운(定眞篇云), 상관(傷官)이 인수(印綬)를 만나면 귀격(貴格)이 되기 어렵다. 예를 들어 주중(柱中)에서 관성(官星)을 상진(傷盡)하고 신주(身主)가 왕성해도 재기(財氣)가 하나도 없으면 역시 가난한 명이 된다.

원리부운(元理賦云), 상관격(傷官格) 주중(柱中)에 재성(財星)이 없으면 믿을 것이 없는데, 잔재주는 있으나 반드시 가난하다. 모름지기 재성(財星)을 만나야 묘해지는데, 재성(財星)은 능히 관성(官星)을 생조(生助)하기 때문이다.

傷官七殺 甚於傷官七殺 其驗如神 年帶傷官 父母不全 月帶傷官
상관칠살 심어상관칠살 기험여신 년대상관 부모불전 월대상관

兄弟不完 時帶傷官 子息兇頑 日帶傷官 妻妾不完 傷官原有官星
형제불완 시대상관 자식흉완 일대상관 처첩불완 상관원유관성

運行去官主薄福 傷官用印不忌官殺 去財方發 傷官用財 見比有禍
운행거관주박복 상관용인불기관살 거재방발 상관용재 견비유화

行傷官運方發 若四柱傷官 無財又遇比劫 乃行奸弄巧 剋妻傷子之命
행상관운방발 약사주상관 무재우우비겁 내행간농교 극처상자지명

原犯傷官多 不宜復行傷官 須要見官則發 故日 傷官無官 再見蹇滯
원범상관다 불의복행상관 수요견관즉발 고왈 상관무관 재견건체

運入官鄉 局中反貴 若傷官輕 只一位者 宜行傷官運 宜輕重較量
운입관향 국중반귀 약상관경 지일위자 의행상관운 의경중교량

不可執一而論 又日 傷官之格 主人才高氣傲 常以爲天下之人不如己
불가집일이론 우왈 상관지격 주인재고기오 상이위천하지인불여기

多謅侮人 衆人多惡之 而貴人亦憚之 故古歌云 傷官其志傲王侯
다휼모인 중인다악지 이귀인역탄지 고고가운 상관기지오왕후

好勝剛中强出頭
호승강중강출두

【해 설】

　상관(傷官)과 칠살(七殺)은 상극(相剋)이 심하여 같이 살 수가 없다. 상관(傷官)이 년(年)에 있으면 부모가 온전하지 못하고, 월(月)에 있으면 형제가 온전하지 못하고, 시(時)에 있으면 자식이 온전하지 못하고, 일(日)에 있으면 처첩이 온전하지 못하다.

원명에 상관(傷官)과 관성(官星)이 함께 있는데 운에서 관성(官星)을 제거하면 복이 박하고, 상관격(傷官格) 주중(柱中)에서 인수(印綬)가 작용하면 관살(官殺)을 만나도 꺼리지 않고, 재성(財星)을 제거해도 발복한다.

상관격(傷官格)이 주중(柱中)에서 재성(財星)이 작용하는데 비겁(比劫)을 만나면 화가 따르나, 상관운(傷官運)을 만나면 발복한다. 만일 주중(柱中)에 상관(傷官)이 있는데 재성(財星)은 없고 비겁(比劫)을 만나면 간사하며 교악한 잔재주를 부리고, 아내를 극(剋)하며 자식을 상해한다. 원명에 상관(傷官)이 많은데 상관운(傷官運)을 만나면 불리하나, 관살운(官殺運)을 만나면 발복한다. 따라서 상관격(傷官格) 사주가 관성(官星)이 없으면 다시 만나도 뜻대로 되지 않지만, 관운(官運)으로 흐르면 국(局)에서 오히려 귀해진다. 만일 상관(傷官)이 하나 있는데 상관운(傷官運)으로 흐르면 길하다. 따라서 어느 한 가지 이론만 고집하지 말고 상관(傷官)의 경중을 먼저 가려야 한다.

또 상관격(傷官格) 사주는 재능은 높으나 오만하며 무례하여 남을 속이며 업신여기는 마음이 많아 귀인(貴人)을 만나도 꺼리게 된다. 고가(古歌)에서는 상관(傷官)을 마음이 왕후처럼 오만하며 호전적이라 강한 중에 또 강하게 나타난다고 했다.

【원문】

又曰 傷官固不喜官星相見 若金人水傷官 水人木傷官 木人火傷官
우왈 상관고불희관성상견 약금인수상관 수인목상관 목인화상관

不大忌見官星 故古歌云 火土傷官宜傷盡 金水傷官喜見官
불대기견관성 고고가운 화토상관의상진 금수상관희견관

木火傷官官要旺 土金傷官忌見官 惟有水木傷官格 財官兩見始爲懽
목화상관관요왕 토금상관기견관 유유수목상관격 재관양견시위환

又曰 男重傷官固剋嗣 然傷官有財亦多兒 亦曰 傷官有財 死宮有子
우왈 남중상관고극사 연상관유재역다아 역왈 상관유재 사궁유자

傷官無財 子宮有死 又曰 女犯傷官固刑夫 然財印俱旺亦榮夫 故曰
상관무재 자궁유사 우왈 여범상관고형부 연재인구왕역영부 고왈

女命傷官 格中大忌 財旺印生 夫星榮子貴 金不換云 傷官四柱見官
여명상관 격중대기 재왕인생 부성영자귀 금불환운 상관사주견관

到老無兒 又曰 傷官傷盡 忽見官星則凶 傷官見官 妙入財鄕乃解
도노무아 우왈 상관상진 홀견관성즉흉 상관견관 묘입재향내해

【해 설】

　상관(傷官)이 견고할 때는 관성(官星)을 만나면 꺼리는데, 금수상
관격(金水傷官格)과 수목상관격(水木傷官格)과 목화상관격(木火傷
官格)은 관성(官星)을 만나도 크게 꺼리지 않는다.

　고가왈(古歌曰), 화토상관격(火土傷官格)은 상진(傷盡)이 마땅하
고, 금수상관격(金水傷官格)은 관성(官星)을 만나야 길하고, 목화상
관격(木火傷官格)은 관성(官星)이 왕성해야 길하고, 토금상관격(土金
傷官格)은 관성(官星)을 만나면 꺼리고, 수목상관격(水木傷官格)은
재관(財官)을 모두 만나도 길하다.

　또 남명이 상관(傷官)이 무거우면 후사를 극(剋)하여 자손이 없는
데, 재성(財星)이 재생관(財生官)을 하면 자녀가 많다. 상관격(傷官
格) 사주가 재성(財星)이 있으면 사궁(死宮)이어도 자식이 있으나, 재
성(財星)이 없으면 자궁(子宮)이 있어도 죽은 자식이다.

여명이 상관(傷官)이 많으면 부성(夫星)을 형해(刑害)하나, 재성(財星)과 인성(印星)이 모두 왕성하면 남편이 영창한다. 고로 여명이 상관격(傷官格)을 이루면 격(格)에서는 매우 꺼리나, 재성(財星)이 왕성하며 인생(印生)하면 남편이 영화롭고 귀한 자식을 둔다.

금불환운(金不換云), 상관격(傷官格) 사주가 관성(官星)을 만나면 늙도록 자식이 없고, 상진(傷盡)되고 관성(官星)을 만나면 당연히 흉하고, 관성(官星)을 만나면 흉하다. 그러나 재성운(財星運)을 만나면 묘하게 해결된다.

【원 문】

纂要云 凡傷官行旺相吉 死墓皆凶 陽順陰逆 以用神而推
찬요운 범상관행왕상길 사묘개흉 양순음역 이용신이추

且如用屬甲 甲長生亥地 沐浴子 冠帶丑 臨官寅 帝旺卯 衰辰
차여용속갑 갑장생해지 목욕자 관대축 임관인 제왕묘 쇠진

病巳 死午 墓未 絕申 胎酉 養戌是也 補曰 凡傷官格 行旺相吉
병사 사오 묘미 절신 태유 양술시야 보왈 범상관격 행왕상길

是言四柱傷官輕而運行旺相臨官帝旺之地 則吉而福榮
시언주중(柱中)에관경이운행왕상임관제왕지지 즉길이복영

死墓皆凶者 是言四柱傷害旣重 而行死墓運 皆凶而禍敗
사묘개흉자 시언주중(柱中)에해기중 이행사묘운 개흉이화패

如甲生午月 乙生巳月 柱中有寅午戌字 又行戌運 寅午戌三合傷官
여갑생오월 을생사월 주중유인오술자 우행술운 인오술삼합상관

謂之入墓 必禍是也 陽順陰逆 以用神而推者 是言陽傷官爲用神
위지입묘 필화시야 양순음역 이용신이추자 시언양상관위용신

運順行其禍大 死者多矣 陰傷官爲用神 運逆行其禍小 未必死也
운순행기화대 사자다의 음상관위용신 운역행기화소 미필사야

【해 설】

찬요운(纂要云), 상관격(傷官格) 사주는 왕상지(旺相地)로 흐르면 길하나, 사묘지(死墓地)로 흐르면 모두 흉하니, 양순음역(陽順陰逆)의 대운을 따라 용신(用神)으로 추리하며 세심하게 관찰해야 한다. 예를 들어 갑목일간(甲木日干)이면 장생(長生)은 해수(亥水), 목욕(沐浴)은 자수(子水), 관대(冠帶)는 축토(丑土), 임관(臨官)은 인목(寅木), 제왕(帝旺)은 묘목(卯木), 쇠(衰)는 진(辰), 병(病)은 사화(巳火), 사(死)는 오화(午火), 묘(墓)는 미토(未土), 절(絕)은 신금(申金), 태(胎)는 유금(酉金), 양(養)은 술토(戌土)가 된다.

보주왈(補註曰), 상관격(傷官格) 사주가 왕상지(旺相地)로 흐르면 길하다고 하는 것은 상관(傷官)이 가볍고 대운이 상관(傷官)의 왕상지(旺相地)로 흐르는 것을 말하는데, 이런 명은 영화가 따른다. 그리고 사묘지(死墓地)로 흐르면 흉하다고 하는 것은 상관(傷官)이 중왕(重旺)한데 대운이 다시 사묘지(死墓地)로 흐르면 화패(禍敗)가 따른다는 말이다. 예를 들어 갑목일간(甲木日干)이 오월생(午月生)이거나, 을목일간(乙木日干)이 사월생(巳月生)인데, 주중(柱中)에 인오술화국(寅午戌火局)이 있고, 대운이 술운(戌運)으로 흘러 인오술(寅午戌)이 삼합(三合)하여 상관(傷官)이 더 강해지면 입묘(入墓)한 것이니, 반드시 재앙이 따른다는 뜻이다.

또 양순음역(陽順陰逆)의 용신(用神)을 추리·관찰하라고 하는 것

은 양일간(陽日干)에서 상관(傷官)이 용신(用神)으로 작용할 때 대운이 순행하면 큰 화를 당하여 사망하는 경우가 많고, 음일간(陰干)이 상관(傷官)이 작용할 때 대운이 역행하면 화가 작아 사망까지는 이르지 않는다는 것이다.

【원 문】

故醉醒子氣象篇云 入庫傷官 陰生陽死 夫星傷官輕而行旺相固吉
고취성자기상편운 입고상관 음생양사 부성상관경이행왕상고길

如年上傷官 柱中重重三合太旺 又無財 雖再行旺相之地
여년상상관 주중중중삼합태왕 우무재 수재행왕상지지

泄氣愈甚反凶 故古歌云 年上傷官最可嫌 重怕傷官不可蠲 又古歌云
설기유심반흉 고고가운 년상상관최가혐 중파상관불가견 우고가운

傷官傷盡最爲奇 猶恐傷多反不宜 此格局中千變化 消息須要用心機
상관상진최위기 유공상다반불의 차격국중천변화 소식수요용심기

又古歌云 戊己生時氣不全 月時兩處是傷官 必當頭面有虧損
우고가운 무기생시기불전 월시양처시상관 필당두면유휴손

膿血之瘡苦少年 觀三歌 柱內傷官旣重 不可行旺相也明矣
농혈지창고소년 관삼가 주내상관기중 불가행왕상야명의

纂要 是言輕者當行旺相也 當輕重較量 不可執一 夫星柱內傷官重
찬요 시언경자당행왕상야 당경중교량 불가집일 부성주내상관중

而行死墓固皆凶 然正氣傷官 雖柱中輕 亦不可入墓死之運 故古賦云
이행사묘고개흉 연정기상관 수주중경 역불가입묘사지운 고고부운

傷官食神並身旺 遇庫興災有禍殃 雖然當有陰陽辨 如前所言甚精祥
상관식신병신왕 우고흥재유화앙 수연당유음양변 여전소언심정상

又格解 以下二格 與此格合解 亦非盡傷官 以月令生我者言 正倒祿
우격해 이하이격 여차격합해 역비진상관 이월령생아자언 정도록

非以日主暗沖者言 內有 二字泛指四柱 非指傷官也
비이일주암충자언 내유 이자범지사주 비지상관야

【해 설】

취성자기상편운(醉醒子氣象篇云), 상관(傷官)이 입고(入庫)되면 음
생양사(陰生陽死)한다고 했다. 무릇 상관(傷官)이 가벼운 데 대운이
왕상지(旺相地)로 흐르면 매우 길하고, 년상상관격(年上傷官格)이라
도 삼합(三合)·태왕(太旺)·재성(財星)이 없으면 비록 왕상지(旺相
地)로 흘러도 설기(泄氣)가 심하여 흉하다.

고가왈(古歌日), 년상상관격(年上傷官格)이 상관(傷官)이 무거우면
반드시 흉한 명조가 되고, 상관(傷官)이 상진(傷盡)하면 가장 기귀격
(奇貴格)조를 이루나, 상관(傷官)이 많으면 그렇지 않다. 이 격은 국
(局)에서 천만변화하는 소식(消息)이 있는데 시기와 장소에 따라 작
용이 다르다. 또 무기일간(戊己日干)이 시상(時上)에 상관(傷官)이 있
으면 기세가 온전하지 못하고, 월시(月時)에 모두 상관(傷官)이 있으
면 반드시 소년에 두면(頭面)에 상처를 입고 농혈(膿血)의 창질(瘡
疾)로 고생한다.

삼가(三歌)로 관찰하건대 주중(柱中)에 상관(傷官)이 무거우면 왕
상지(旺相地)로 흘러도 반드시 불가한데, 이것은 찬요(纂要)의 참뜻
이다. 상관(傷官)이 가벼우면 마땅히 상관(傷官)의 왕상지(旺相地)로
흘러야 하니, 마땅히 경중을 따지고 한 가지 이론만 고집하면 안 된

다. 주중(柱中)에 상관(傷官)이 무거운데 사묘운(死墓運)으로 흐르면
흉하고, 상관(傷官)이 비록 가벼워도 상관(傷官)의 묘사지(墓死地)로
흐르면 불가하다.

고부운(古賦云), 상관(傷官)과 식신(食神)이 있고 신왕(身旺)한데
고지(庫地)를 만나면 재앙이 많아진다. 그러나 음양을 구별해야 하
는데 앞에서 말한 것과 같다.

격해운(格解云), 이하의 이격(二格)과 이 격은 진상관(盡傷官)이 아
닌 경우가 있고, 월령(月令)이 아신(我身)을 생(生)하면 일간(日干)이 암
충(暗沖)하는 것이 아니라 녹마(祿馬)를 도충(倒沖)하는 것이니 내유
(內有) 두 글자는 주중(柱中)에 상관(傷官)이 아닌 것을 지적한 것이다.

【원문】

食神格 補日 食神者 我生彼之謂也 陽見陽干 如甲日見丙
식신격 보왈 식신자 아생피지위야 양견양간 여갑일견병

乙日見丁之例 丙祿在巳 甲人食丙 又見己字 丁祿在午 乙人食丁
을일견정지예 병록재사 갑인식병 우견기자 정녹재오 을인식정

又見午字 是謂天廚食神 而食神有氣 要日干自旺 則貴而有祿
우견오자 시위천주식신 이식신유기 요일간자왕 즉귀이유록

富而有壽 故曰 食神有氣勝財官 先要强他旺本干 最忌梟神奪食
부이유수 고왈 식신유기승재관 선요강타왕본간 최기효신탈식

比肩分食 又不喜見官星並刑沖 喜財星相生 獨一位見之 則爲貴神
비견분식 우불희견관성병형충 희재성상생 독일위견지 즉위귀신

蓋重逢見之 則爲傷官 反爲不美 令人少子 有剋難存 若食神純粹
개중봉견지 즉위상관 반위불미 영인소자 유극난존 약식신순수

主人財厚食豐 度量寬宏 肌體肥大 優游自足 有子息有壽考
주인재후식풍 도량관굉 기체비대 우유자족 유자식유수고

又忌行食神死絕運 並偏印梟神運 主生災咎不利 惟偏財能制救
우기행식신사절운 병편인효신운 주생재구불리 유편재능제구

故洪範云 偏財能益壽延年 以其能制梟也 又曰 食神明朗壽元長
고홍범운 편재능익수연년 이기능제효야 우왈 식신명랑수원장

繼母逢之不可當 若無寵妾來救助 怡如秋草遇秋霜 古歌云
계모봉지불가당 약무총첩내구조 이여추초우추상 고가운

食神生旺喜生財 日主剛强福祿來 身弱食多反爲害 或逢梟神主凶災
식신생왕희생재 일주강강복록내 신약식다반위해 혹봉효신주흉재

又曰 食神生旺無刑剋 全逢此格勝財官 更得運行生旺地
우왈 식신생왕무형극 전봉차격승재관 갱득운행생왕지

少年折桂拜金鑾
소년절계배금란

【해 설】

보주왈(補註曰), 식신(食神)은 내가 돕는 것으로 양(陽)이 양간(陽干)을 만나고, 음(陰)이 음간(陰干)을 만나는 것이다. 예를 들어 갑목일간(甲木日干)이 병화(丙火)를 만나거나, 을목일간(乙木日干)이 정화(丁火)를 만나는 경우다. 갑목일간(甲木日干)의 병록(丙祿)은 사화(巳火)에 있고 병화(丙火)는 식신(食神)인데 또 기토(己土)를 만나거나, 을목일간(乙木日干)의 정록(丁祿)이 오화(午火)에 있는데 정화(丁火)가 식신(食神)이고 오화(午火)를 만나면 이것이 천주식신(天廚食神)이다.

식신(食神)이 유기(有氣)하고 일간(日干)이 스스로 왕성하면 귀(貴)·녹(祿)·부(富)·수(壽)가 따른다. 그러므로 식신(食神)이 기(氣)가 있으면 재관(財官)을 승(勝)한다고 했는데, 먼저 일간(日干)이 강건해야 한다. 가장 꺼리는 것은 효신(梟神)이 탈식(奪食)하는 것이고, 비견(比肩)이 분식(分食)하는 것도 꺼리고, 관성(官星)과 형충(刑沖)하는 것도 꺼린다.

그러나 재성(財星)이 상생(相生)하고 식신(食神)을 하나 만나면 귀한 신(神)이 된다. 식신(食神)도 무거우면 상관(傷官)으로 보는데 이런 명은 자식을 극하기 때문에 자식이 적다. 그러나 식신(食神)이 순수하면 재물이 넉넉하며 식복도 많고, 도량이 관대하며 신체가 크고, 우유부단하며 스스로 만족하고, 자식이 많으며 장수한다. 또 식신(食神)이 사절운(死絕運)으로 흐르면 재화를 만난다. 이때는 편재(偏財)로 구해야 한다.

홍범운(洪範云), 편재(偏財)는 능히 명(命)을 도와 수명이 연장되고, 효인(梟印)을 제거하기 때문에 길하다. 또 식신(食神)은 성질이 명랑하며 수명도 길다. 계모를 만나면 유해(有害)한 것이며 만일 재성(財星)이 구해주지 않으면 가을 초목이 서리를 만난 격이 된다.

고가왈(古歌曰), 식신(食神)이 생왕(生旺)되어 재성(財星)을 생(生)하는데 일간(日干)이 강하면 복록을 누리고, 신약(身弱)한데 식신(食神)이 많거나 효신(梟神)을 만나면 재앙이 따른다. 또 식신(食神)이 생왕(生旺)되고 형극(刑剋)이 없는데 이 격이 되면 재관(財官)이 승(勝)하고, 다시 운에서 생왕지(生旺地)로 흐르면 소년에 등과급제한다.

8. 상관십론(傷官十論)

【원 문】

甲木傷官寅午全 火明木秀名利堅 運行最怕財官旺 見戌行來阻壽元
갑목상관인오전 화명목수명리견 운행최파재관왕 견술행래조수원

乙木傷官火最强 運逢官殺轉爲良 只怕水多傷不盡 一身名利有乖張
을목상관화최강 운봉관살전위양 지파수다상불진 일신명리유괴장

丙火傷官燥土重 運行財旺福興隆 如逢水運遭傷滅 世態紛紛總是空
병화상관조토중 운행재왕복흥융 여봉수운조상멸 세태분분총시공

丁火傷官火又柔 主人驕傲有機謀 運逢印綬連官殺 唾手成家孰與儔
정화상관화우유 주인기오유기모 운봉인수연관살 타수성가숙여주

戊日傷官最怕金 柱中格畏木來侵 金衰不喜行財運 土旣消磨金又沈
무일상관최파금 주중격외목내침 금쇠불희행재운 토기소마금우침

己日傷官金最旺 弱金柔土喜財鄕 運逢官殺終身禍 名利興衰不久長
기일상관금최왕 약금유토희재향 운봉관살종신화 명리흥쇠불구장

庚日傷官喜見官 運逢官殺貴無端 正是頑金逢火煉 少年折桂上金鑾
경일상관희견관 운봉관살귀무단 정시완금봉화련 소년절계상금란

辛日傷官申子辰 傷官傷盡喜財星 東南順運滔滔好 背祿行臨仔細尋
신일상관신자진 상관상진희재성 동남순운도도호 배록행임자세심

壬日傷官怕木浮 見官見殺反爲仇 再行財旺生官地 則祿無虧得到頭
임일상관파목부 견관견살반위구 재행재왕생관지 즉록무휴득도두

癸水傷官怕見官 最嫌戊己透天干 再行財旺生官地 世事勞形禍百端
계수상관파견관 최혐무기투천간 재행재왕생관지 세사노형화백단

【해 설】

갑목상관격(甲木傷官格)이 인오(寅午)가 있으면 화명목수(火明木秀)하니 모두 길하다. 이때는 재관(財官)이 왕성한 운으로 흐르면 가장 흉하고, 술운(戌運)으로 흘러도 수명이 손상된다.

을목상관격(乙木傷官格)은 화(火)가 강해야 하니 관살운(官殺運)을 만나면 오히려 길하다. 그러나 수(水)가 많고 상관(傷官)이 불진(不盡)하면 평생 명리를 이루지 못한다.

병화상관격(丙火傷官格)은 조토(燥土)가 무거운데 재왕운(財旺運)으로 흐르면 복이 크게 일어난다. 그러나 수운(水運)을 만나면 상멸(傷滅)하니 모든 것이 공허하다.

정화상관격(丁火傷官格)은 화기(火氣)가 약하면 교만하며 사악하나, 인수운(印綬運)과 관살운(官殺運)을 만나면 자수성가한다.

무토상관격(戊土傷官格)은 금(金)과 목(木)이 대흉하다. 금(金)이 쇠약하면 재성운(財星運)으로 흘러도 좋지 않고, 토(土)가 쇠약한데 금(金)이 잠기면 불리하다.

기토상관격(己土傷官格)은 금(金)이 왕성해야 길한데, 금(金)이 약하고 토(土)도 유약하면 재성운(財星運)이 길하다. 만일 관살운(官殺運)을 만나면 평생 화가 많이 따르고, 흥쇠를 반복하며 오래 가지 못한다.

경금상관격(庚金傷官格)은 관성(官星)을 만나야 길하다. 관살운(官殺運)을 만나면 귀격(貴格)이 되고, 완금(頑金)이 화련(火煉)을 만나면 소년에 등과급제한다.

신금상관격(辛金傷官格)은 신자진(申子辰)이 있으면 상관(傷官)이 상진(傷盡)한 것이니 재성(財星)이 좋아 동남운으로 흐르면 발복한다. 그러나 배록운(背祿運)으로 가는지를 잘 살펴야 한다.

임수상관격(壬水傷官格)은 목(木)이 뜨는 것을 꺼리니 관살(官殺)을 만나면 흉하다. 그러나 재왕운(財旺運)이나 생관운(生官運)을 만나면 발복한다.

계수상관격(癸水傷官格)은 관살(官殺)이 가장 흉하고, 무기토(戊己土)가 투출(透出)해도 대흉하다. 다시 재왕운(財旺運)이나 생관운(生官運)을 만나면 화액이 백단으로 따라 노고가 많다.

■ 건명(乾命), 금계진수이공부명격(金雞陳秀二公富命格)

年	月	日	時								
丁	庚	乙	壬		己	戊	丁	丙	乙	甲	癸	壬
丑	戌	巳	午		酉	申	未	午	巳	辰	卯	寅

【원문】

楠曰 乙生戌月木身輕 用火傷官作用神 金水兩般爲我病
남왈 을생술월목신경 용화상관작용신 금수양반위아병

南方火運長精神 補註 乙木生臨戌月 本金剛而木柔也 若以旺弱而推
남방화운장정신 보주 을목생임술월 본금강이목유야 약이왕약이추

大運行南方 似泄氣矣 蓋旺弱論命 乃愚術不精妙理
대운행남방 사설기의 개왕약논명 내우술부정묘리

大抵當以有病而論 十有九驗 故八字有病者 宜行去病之運 人多富貴
대저당이유병이논 십유구험 고팔자유병자 의행거병지운 인다부귀

此造原喜戌中有一點火星透出天干 再喜戌午合成火局
차조원희술중유일점화성투출천간 재희술오합성화국

作木火假傷官看 喜月上有一點庚金爲官星 爲我之病神也 何以言之
작목화가상관간 희월상유일점경금위관성 위아지병신야 하이언지

蓋傷官以官星爲病 古書云 有病方爲貴 早年己酉戊申
개상관이관성위병 고서운 유병방위귀 조년기유무신

病神得祿 推其不美 一入南方丙午丁未 去庚金病神 所謂
병신득록 추기불미 일입남방병오정미 거경금병신 소위

格中如去病 財祿 兩相隨 興家創業 則富宜矣 乙甲運中
격중여거병 재록 양상수 흥가창업 즉부의의 을갑운중

雖不及丙丁火去庚金爲親切 蓋亦喜甲乙以生丙丁也 所以老益精神
수불급병정화거경금위친절 개역희갑을이생병정야 소이노익정신

只畏壬癸運來破火 放起庚字 恐生不得祿 但子星不足者
지외임계운내파화 방기경자 공생불득록 단자성부족자

蓋因日主氣失中和也 若以雜氣財官論之 全非妙理也
개인일주기실중화야 약이잡기재관논지 전비묘리야

【해 설】

장남왈(張楠曰), 을목일간(乙木日干)이 술월(戌月)에 태어나 가벼운
데, 화(火)가 작용하니 상관(傷官)이 용신(用神)이다. 금수운(金水運)이 병(病)이나 남방 화운(火運)에 정신이 자라 발복했다.

보주왈(補註曰), 을목일간(乙木日干)이 술월생(戌月生)이니 금(金)은 강하고 목(木)은 약하다. 왕약법(旺弱法)으로 논하면 설기(泄氣)가 심한 남방운으로 흘러 불리하다고 볼 수 있으나, 왕약론(旺弱論)으로 논하면 그렇지 않으니 맞는 원리가 아니다. 명조의 원리는 열에 아홉은 병약(病藥)에 있기 때문에 팔자에 병(病)이 있으면 그 병(病)

을 제거할 때 부귀가 따르는 경우가 많다.

이 사주는 술중(戌中)에 화(火) 하나가 암장(暗藏)된 것이 길하고, 정화(丁火)가 천간(天干)에 투출(透出)한 것이 더 길하고, 오술(午戌)이 합(合)하여 화국(火局)을 이룬 것이 길하다. 따라서 목화가상관격(木火假傷官格)이다. 월상(月上)에 하나 있는 경금(庚金)이 관성(官星)인데 병(病)에 해당하니 어떻게 할 것인가. 대개 상관격(傷官格)에서는 관성(官星)이 병(病)이 된다.

고서운(古書云), 병(病)이 있으면 귀(貴)가 따른다고 했으나, 일찍이 기유(己酉) 무신(戊申)이 병신(病神)이 득록(得祿)하여 추론해 보니 불미했고, 병오(丙午)와 정미(丁未)의 남방 화운(火運)에 병신(病神)을 제거하니 재록(財祿)이 서로 따른다는 명언처럼 창업하여 거부가 되었다. 을갑운(乙甲運)에 병신(病神)인 금(金)을 제거하는 힘이 부족해도 병정화운(丙丁火運)에 제거하여 좋은 운이 된 것이다.

본명은 역시 갑을운(甲乙運)과 병정운(丙丁運)이 좋아 노년에도 정신이 총명했다. 다만 임계운(壬癸運)에는 수극화(水剋火)로 화(火)를 파(破)하고 경금(庚金)이 일어나자 불리해져 녹(祿)을 얻지 못했다. 자성(子星)이 부족한 것은 대개 일간(日干)이 중화를 잃었기 때문이다. 본명을 잡기재관격(雜氣財官格)을 논하면 안 된다.

■ 건명(乾命), 영산오정삼공명(營山吳靜三公命)

年	月	日	時		庚	己	戊	丁	丙	乙	甲	癸
己	辛	乙	丁		午	巳	辰	卯	寅	丑	子	亥
巳	未	亥	丑									

【원 문】

楠日 乙木生臨未月提 傷官木火提眞機 辛金透出爲眞病
남왈 을목생임미월제 상관목화제진기 신금투출위진병

丁丙交來是福基 補註 乙木生於未月 透出丁火 作眞傷官
정병교래시복기 보주 을목생어미월 투출정화 작진상관

見辛金巳丑七殺爲病 行丁卯丙寅剋去辛金 爲去病之神
견신금사축칠살위병 행정묘병인극거신금 위거병지신

多子生財 蓋日干有氣 能任子也 一入丑運 三合起殺星
다자생재 개일간유기 능임자야 일입축운 삼합기살성

官訟宜也
관송의야

【해 설】

　장남왈(張楠日), 을목일간(乙木日干)이 미월생(未月生)이라 진상관
격(眞傷官格)이 되었는데, 신금(辛金)이 투출(透出)하여 진병(眞病)
이 되었고, 정병(丁丙)이 교래(交來)하여 복된 명조의 기본이 되었다.

　보주왈(補註日), 을목일간(乙木日干)이 미월생(未月生)이고, 시상
(時上)에 정화(丁火)가 투출(透出)했으니 진상관격(眞傷官格)이다. 월
상(月上)의 신금(辛金)과 사축(巳丑)의 칠살(七殺)은 병(病)인데, 정
묘(丁卯)와 병인(丙寅)의 목화왕운(木火旺運)에 신금(辛金) 병신(病
神)을 제거하여 자식을 많이 두고 재성(財星)을 생(生)했다. 대개 일
간(日干)에 기(氣)가 있으면 큰 일을 맡는 사람이 된다. 그러나 축토운
(丑土運)을 만나자 해자축(亥子丑)이 삼합(三合)하여 살성(殺星)을
이루어 관재구설이 따랐다.

저자평, 일지(日支) 해수(亥水)를 용신(用神)으로 보았는데 장남(張 楠)이 잘못 판단한 것으로 본다.

■ 건명(乾命), 임천요혜징감육공부명(臨川饒惠徵卄六公富命)

年 月 日 時

己 癸 戊 丙　　　壬辛庚己戊丁丙乙

巳 酉 辰 辰　　　申未午巳辰卯寅丑

【원문】

楠曰 戊臨酉月泄精英 丙火生身用印明 癸水劫來傷丙火
남왈 무임유월설정영 병화생신용인명 계수겁래상병화

南方土運發非輕 補註 戊土死於酉 泄土精英 蓋得巳宮丙火透出天干
남방토운발비경 보주 무토사어유 설토정영 개득사궁병화투출천간

傷官身弱者 用印明矣 月上癸水剋印爲病神 更得年上己土剋去癸水
상관신약자 용인명의 월상계수극인위병신 갱득년상기토극거계수

運行南方己巳 戊辰剋去病神 富蓋臨邑 大運入卯
운행남방기사 무진극거병신 부개임읍 대운입묘

傷官復行官運而死矣 然其大富 因八字純粹 喜有官星病神
상관복행관운이사의 연기대부 인팔자순수 희유관성병신

行運辛未庚午 俱去病之神也 又喜戊己又去壬癸水之病 兩病俱去
행운신미경오 구거병지신야 우희무기우거임계수지병 양병구거

其富宜矣
기부의의

【해 설】

장남왈(張楠曰), 무토일간(戊土日干)이 유월(酉月)에 태어나 정영(精英)을 설기(泄氣)하니 아신(我身)을 생(生)하는 병화(丙火) 인성(印星)이 작용한다. 월상(月上) 계수(癸水)가 병화(丙火)를 파극(破剋)하여 병(病)이 되었으나 남방 토운(土運)에 발복하여 부귀가 대단했다.

보주왈(補註曰), 무토일간(戊土日干)이 사절지(死絕地)인 유월(酉月)에 태어나 정영(精英)을 설기(泄氣)하는 힘이 왕성하다. 년지(年支)의 사궁(巳宮) 병화(丙火)가 시상(時上)에 투출(透出)하여 상관신약격(傷官身弱格)에 용인(用印)하는 사주가 분명하다. 그런데 월상(月上) 계수(癸水)가 극인(剋印)하여 병신(病神)이 되었는데, 년상(年上)의 기토(己土)가 계수(癸水)를 제거하여 길하다.

기사(己巳)와 무진(戊辰)의 남방운에 병신(病神)을 제거하자 거부가 되었으나, 묘운(卯運)에 목생화(木生火)하자 상관(傷官)이 다시 발동하여 관운(官運)에 숨을 거두었다. 이 사람이 큰 부자가 된 것은 팔자가 순수하며 신미운(辛未運)과 경오운(庚午運)에 관성(官星) 병신(病神)을 제거하고, 무기토(戊己土)가 임계수(壬癸水) 병(病)을 제거하여 두 가지 병(病)을 모두 제거했기 때문이다.

■ 건명(乾命), 일수자명(逸叟自命), 진상관격(眞傷官格)

年	月	日	時								
甲	庚	乙	丁	辛	壬	癸	甲	乙	丙	丁	戊
戌	午	亥	丑	未	申	酉	戌	亥	子	丑	寅

【원 문】

楠曰 乙木生居火土旬 時干透露火爲眞 庚金月上爲眞病
남왈 을목생거화토순 시간투로화위진 경금월상위진병

壬癸傷丁便可嗔 補註 乙木生午 透出丁火 爲眞傷官格
임계상정편가진 보주 을목생오 투출정화 위진상관격

奈何庚金貼身制我身 而不能用丙丁火也 所以靑雲志弗克就
나하경금첩신제아신 이불능용병정화야 소이청운지불극취

只爲此一點金羈絆 再行壬癸 傷損所透丁火 愈不能制去官星
지위차일점금기반 재행임계 상손소투정화 유불능제거관성

故多蹇滯 後來行甲乙丙丁頗逐 蓋因能去庚金也
고다건체 후래행갑을병정파수 개인능거경금야

然又只畏壬癸天干之水 蓋因丁火露出 火少故也 不畏地支之水
연우지외임계천간지수 개인정화노출 화소고야 불외지지지수

蓋爲地支火多 有土去水耳
개위지지화다 유토거수이

【해 설】

　　장남왈(張楠曰), 을목일간(乙木日干)이 화토(火土)가 왕성한 오월생(午月生)이고, 시간(時干)에 정화(丁火)가 투출(透出)했으니 화(火)가 진격(眞格)이고, 월상(月上) 경금(庚金)이 병신(病神)인데 임계운(壬癸運)에서 정화(丁火)를 상해하니 매우 불리하다.

　　보주왈(補註曰), 을목일간(乙木日干)이 오월생(午月生)이고, 시상(時上)에 정화(丁火)가 투출(透出)했으니 진상관격(眞傷官格)이다. 경금(庚金)이 신약(身弱)한 아신(我身)을 제극(制剋)하니 불리하고, 초년이 신유술운(申酉戌運)이니 불리하다. 그리고 을경합금(乙庚合金)으로 일주(日主)를 기반(羈絆)하고 임계운(壬癸運)으로 흘러 정화(丁火)를 상해하니 관성(官星)을 제거하지 못하여 막힘이 많았다. 갑을병정운(甲乙丙丁運)에는 경금(庚金)을 제거하니 평안했다. 임계(壬癸)는 투출(透出)한 정화(丁火)를 파극(破剋)하여 불리했으나, 지지(地支)가 수(水)를 두려워하지 않는 것은 지지(地支)에 화(火)가 많고 토극수(土剋水)를 했기 때문이다.

■ 건명(乾命), 일수제(逸叟弟), 진상관용겁격(眞傷官用劫格)

年	月	日	時								
乙	己	庚	壬	戊	丁	丙	乙	甲	癸	壬	辛
酉	丑	子	午	子	亥	戌	酉	申	未	午	巳

【원문】

楠曰 庚生丑月氣寒凝 氣弱能親劫有情 最畏丙丁能破劫
남왈 경생축월기한응 기약능친겁유정 최외병정능파겁

西方金旺頗精神 補註 庚生丑月 透出壬水作金水傷官
서방금왕파정신 보주 경생축월 투출임수작금수상관

金水寒而喜丁火 爲煖金之物 然被子水沖之 不用丁火亦明矣
금수한이희정화 위난금지물 연피자수충지 불용정화역명의

喜年月酉金類聚一處 庚金見此 用劫爲用神 早行丙戌丁運
희년월유금류취일처 경금견차 용겁위용신 조행병술정운

破去劫神多疾 一入酉申 比劫得地 身旺遂矣
파거겁신다질 일입유신 비겁득지 신왕수의

【해 설】

장남왈(張楠曰), 경금일간(庚金日干)이 축월(丑月)에 태어났으니 한기가 심하고, 일주(日主)가 허약하니 비겁(比劫)이 작용한다. 따라서 가장 흉한 것은 병정(丙丁)을 만나 화극금(火剋金)을 하는 것이나, 서방 금왕운(金旺運)을 만나면 길하다.

보주왈(補註曰), 경금일간(庚金日干)이 축월생(丑月生)이고, 시상(時上)에 임수(壬水)가 투출(透出)했으니 금수상관격(金水傷官格)이다. 금수(金水)가 한냉하여 정화(丁火)를 기다리는데 난금물(煖金物)이 되었다. 그러나 자오(子午)가 상충(相沖)하여 오화(午火)는 작용할 수 없고, 오월(年月) 유금(酉金)이 금국(金局)을 이루어 일주(日主)를 돕는 유금(酉金) 겁재(劫財)가 용신(用神)이다. 초년의 정해운(丁亥運)과 병술운(丙戌運)에는 겁신(劫神)을 제거하여 질병이 많았고, 유신운(酉申運)에는 비겁(比劫)을 얻자 신왕(身旺)해져 발복했다.

■ 건명(乾命), 숙조중기공(叔祖仲器公), 화토상관용인격(火土傷官用印格)

年	月	日	時		庚	辛	壬	癸	甲	乙	丙	丁
戊	己	丙	己		申	酉	戌	亥	子	丑	寅	卯
午	未	戌	亥									

【원 문】

楠曰 戊土重重泄火精 身衰用印理分明 早年最畏財傷印
남왈 무토중중설화정 신쇠용인리분명 조년최외재상인

水運來資印有情 補註 丙火生未月 火雖有氣 然四柱土多
수운내자인유정 보주 병화생미월 화수유기 연사주토다

泄火精英 變旺爲弱 賴有甲乙木神結局 身弱用印明矣 早行西方
설화정영 변왕위약 뢰유갑을목신결국 신약용인명의 조행서방

金能剋印不利 入戌見土損子 運入北方 水資印氣 興創可驗
금능극인불리 입술견토손자 운입북방 수자인기 흥창가험

脫寅艮土晦火 七十四歲死矣
탈인간토회화 칠십사세사의

【해 설】

　장남왈(張楠曰), 병화일간(丙火日干)이 많은 무토(戊土)를 심하게 설기(泄氣)하니 신약(身弱)하여 용인(用印)이 분명하다. 초년에는 재성(財星)이 인성(印星)을 손상시키니 흉하고, 수운(水運)에는 수생목(水生木)으로 인성(印星)을 도와주니 길하다.

　보주왈(補註曰), 병화일간(丙火日干)이 미월(未月)에 태어나 비록 화기(火氣)가 있으나, 많은 토(土)가 심하게 설기(泄氣)하니 왕변위약(旺變爲弱)이 되었다. 해중(亥中) 갑목(甲木)에게 의지하여 아신(我身)을 생(生)해야 길하니 용인격(用印格)이 분명하다. 초년인 경신운(庚申運)과 신유운(辛酉運)에는 인성(印星)을 극(剋)하자 불리했고, 술운(戊運)에는 토(土)가 왕성해지자 자식을 잃었고, 해자운(亥子運)에는 수생목(水生木)으로 인성(印星)을 돕자 창업하여 흥융했고, 간토(艮土)인 축운(丑運)에는 회화(晦火)하여 74세에 숨을 거두었다.

■ 건명(乾命), 각노귀명(閣老貴命), 가상관격(假傷官格)

年	月	日	時								
戊	乙	丁	丁		丙	丁	戊	己	庚	辛	壬	癸
子	卯	巳	未		辰	巳	午	未	申	酉	戌	亥

【원 문】

楠曰 火氣重重産四陽 再行火旺火難當 柱中透土成眞格
남왈 화기중중산사양 재행화왕화난당 주중투토성진격

保土存財入廊廟 補註 丁巳日生於四陽之月 火氣方熾
보토존재입낭묘 보주 정사일생어사양지월 화기방치

再加卯木結成木局以生之 則火氣愈炎 其精好泄 喜年干透巳午之士
재가묘목결성목국이생지 즉화기유염 기정호설 희년간투사오지사

則火見土而泄其精焉 秀氣則在土矣 但戊己土到卯月極衰
즉화견토이설기정언 수기즉재토의 단무기토도묘월극쇠

而又有乙卯結局之木以破其土 則土爲用神 畏木 爲剋土之病也
이우유을묘결국지목이파기토 즉토위용신 외목 위극토지병야

所以土少木多 其病甚重 早行戊午己未 土衰亦宜行土運
소이토소목다 기병심중 조행무오기미 토쇠역의행토운

一入庚申辛酉 上下皆金 剋木淨盡 去盡病根 位入臺閣
일입경신신유 상하개금 극목정진 거진병근 위입대각

入亥木氣得生 病神得作方死 世術或以殺印論 或以拱祿格論
입해목기득생 병신득작방사 세술혹이살인론 혹이공록격론

俱無一毫應驗
구무일호응험

【해 설】

장남왈(張楠曰), 화기(火氣)가 많은 사양절(四陽節)에 태어나 신왕
(身旺)한데 또 화왕운(火旺運)으로 흐르니 화(火)를 감당할 수가 없
다. 년상(年上)에 무토(戊土)가 투출(透出)하여 화(火)를 설기(泄氣)
하니 진격(眞格)이 되었는데 토왕운(土旺運)을 만나 고관이 되었다.

보주왈(補註曰), 정사일생(丁巳日生)이 사양월(四陽月)에 태어나 화
기(火氣)가 매우 왕성한데, 묘미목국(卯未木局)을 이루어 화(火)를
생(生)하니 화기(火氣)가 더 뜨거워진다. 년간(年干)에 무토(戊土)가
있어 설기(泄氣)하니 수기(秀氣)는 토(土)에 있다. 따라서 묘월(卯月)
이라 매우 쇠약한 무기토(戊己土)가 을묘목(乙卯木)을 파극(破剋)하
니 목(木)이 병(病)이다. 토소목다(土少木多)하여 병(病)이 매우 무거
운데 초년에 무오운(戊午運)과 기미운(己未運)으로 흘러 길흉이 반
반이었고, 경신운(庚申運)과 신유운(辛酉運)에는 상하가 모두 금(金)
인데 금극목(金剋木)으로 병(病)의 뿌리를 제거하자 고관이 되었고,
해수운(亥水運)에는 목국(木局)을 이루어 목기(木氣)가 생(生)하을
얻자 병신(病神)이 득세(得勢)하여 숨을 거두었다. 혹자는 이 사주를
살인상생격(殺印相生)이나 공록격(拱祿格)으로 보는데 모두 잘못 판
단한 것이다.

■ 건명(乾命), 우강하양승리부랑중명(旴江夏良勝吏部朗中格)

年	月	日	時								
庚	己	壬	辛		庚	辛	壬	癸	甲	乙	丙	丁
子	丑	寅	亥		寅	卯	辰	巳	午	未	申	酉

【원문】

楠曰 丑月初旬水有餘 日時類聚木神奇 木衰最喜東方運
남왈 축월초순수유여 일시유취목신기 목쇠최희동방운

一到金鄕便不宜 補註 壬水日主 生於十二月初旬 水氣猶旺
일도금향변불의 보주 임수일주 생어십이월초순 수기유왕

再加年上庚子俱是水鄕 時上金水氣旺 壬水旺甚 多好泄也
재가년상경자구시수향 시상금수기왕 임수왕심 다호설야

女人血氣旺盛 多好淫媟也 壬水望見寅亥進氣之木
여인혈기왕성 다호음설야 임수망견인해진기지목

壬則泄其精英在寅亥木上矣 所貴者 四柱有庚辛金 暗來損木
임즉설기정영재인해목상의 소귀자 사주유경신금 암래손목

類牛山之木也 木神受病甚重 大運入卯 再逢丁卯流年
류우산지목야 목신수병심중 대운입묘 재봉정묘유년

衰木得局 如枯苗得雨 勃然而興 中江西壯元 壬辰癸運
쇠목득국 여고묘득우 발연이흥 중강서장원 임진계운

水滋枯木 擢北京吏部 文選司郞中 名顯天下 大運入己巳
수자고목 탁북경리부 문선사낭중 명현천하 대운입기사

有庚金刑剋寅亥衰木 王榮秦本戌遼東鉳鼎衛而死也
유경금형극인해쇠목 왕영진본술요동철정위이사야

蓋因寅亥二字相聯 木神有氣 兩點食神 遂作假傷官格
개인인해이자상연 목신유기 양점식신 수작가상관격

正謂假傷官行傷官運發也 如甲木散亂 原非類聚 亦不作此格
정위가상관행상관운발야 여갑목산란 원비유취 역불작차격

先術人妄取官印 但斷丁卯年運剋損官星必死 殊無些些應險
선술인망취관인 단단정묘년운극손관성필사 수무사사응험

大凡看格 不拘月令 只看動靜歸秀氣在何處 十有八九驗也
대범간격 불구월령 지간동정귀수기재하처 십유팔구험야

【해 설】

장남왈(張楠日), 축월(丑月) 초순에 태어나 수기(水氣)가 아직 많은
데 일시(日時)에 목신(木神)이 있고, 경신금(庚辛金)이 생수(生水)하
는데 목기(木氣)가 설기(泄氣)하니 목(木)이 쇠약하다. 따라서 동방운
으로 흐르는 것이 가장 좋은데 금운(金運)으로 흐르니 흉하다.

보주왈(補註日), 임수일간(壬水日干)이 축월(丑月) 초순에 태어나
수기(水氣)가 왕성한데, 년상(年上)의 경자(庚子)와 시상(時上)의 신
해(辛亥)가 다시 가세하니 일간(日干)이 매우 왕성하다. 여명이 혈기
가 왕성하면 매우 음란하다. 인해목(寅亥木)에 귀(貴)가 있는데 경신
금(庚辛金)이 몰래 손상시키니 금(金)이 병신(病神)이다.

묘운(卯運) 정묘년(丁卯年)에 목국(木局)을 이루어 메마른 싹이 비
를 만난 것처럼 갑자기 일어나 중강서(中江西)에서 장원이 되었다. 임
진계운(壬辰癸運)에는 수기(水氣)가 고목(枯木)을 돕자 북경리부(北
京吏部)의 문선사낭중(文選司郎中)이 되어 천하에 이름을 떨쳤다.

그러나 기사운(己巳運)에 경금(庚金)이 장생(長生)하여 인해목(寅
亥木)이 매우 쇠약해지자 요동(遼東)에서 옥사했다. 원인은 인해(寅
亥)가 연달아 나타나 목신(木神)이 유기(有氣)하고, 식신(食神)이 둘
이니 가상관격(假傷官格)을 이루었기 때문이다.

가상관격(假傷官格)은 상관운(傷官運)에 발달하는데 이 명은 그렇
지 않았다. 술사들이 망령되게 관인격(官印格)으로 간명하여 토금(土

金)이 좋아 보이지만 정묘년(丁卯年)에 관성(官星)이 손상되어 사망했을 것이다. 격을 분별할 때는 월령(月令)을 중심으로 하되 동정(動靜)과 수기(秀氣)가 어디 있는지를 보면 십중팔구는 적중한다.

■ 건명(乾命), 우강장사포정귀명(旴江張思布政貴命), 목화통명격(木火通明格)

年	月	日	時								
甲	丙	乙	癸		丁	戊	己	庚	辛	壬	癸 甲
午	寅	丑	未		卯	辰	巳	午	未	申	酉 戌

【원 문】

楠曰 乙木生寅喜氣深 通明木火耀光明 日時癸水名爲病
남왈 을목생인희기심 통명목화요광명 일시계수명위병

虛火南方出翰林 補註 乙丑日生寅月上旬 木不嫩而火亦不衰也
허화남방출한림 보주 을축일생인월상순 목불눈이화역불쇠야

年月透火通明 時上木火神有氣 蓋得丑中微有癸水
년월투화통명 시상목화신유기 개득축중미유계수

透出時上暗來剋火 作癸水爲病也 所以運行戊己 去病存火 再行南方
투출시상암래극화 작계수위병야 소이운행무기 거병존화 재행남방

衰火輝耀 位擢方伯 若原無水 再行南方 亦恐泄木之氣 此則
쇠화휘요 위탁방백 약원무수 재행남방 역공설목지기 차즉

原水破火 所以火輕也 所以行南方 補起火來 貴木宜也 運入壬申
원수파화 소이화경야 소이행남방 보기화래 귀목의야 운입임신

破損用神 虛火死矣 此亦假傷官行傷官運多榮顯 假傷官行印運必死
파손용신 허화사의 차역가상관행상관운다영현 가상관행인운필사

【해 설】

　장남왈(張楠曰), 을목일간(乙木日干)이 인월(寅月)에 태어나 목기(木氣)가 왕성한데, 병화(丙火)에 기(氣)가 있으니 목화통명(木火通明)이 되었다. 시(時) 계수(癸水)와 축중(丑中) 계수(癸水)는 병(病)인데 남방운에 한림(翰林)으로 출세했다.

　보주왈(補註曰), 을축일생(乙丑日生)이 인월(寅月) 상순에 태어났으니 목(木)과 화(火)가 쇠약하지 않고, 년월(年月)에 화(火)가 투출(透出)하여 목화통명(木火通明)이 되었다. 축중(丑中) 계수(癸水)가 시상(時上)에 투출(透出)하여 화(火)를 극(剋)하니 계수(癸水)가 병(病)인데, 무기운(戊己運)에 병(病)을 제거하여 화(火)를 보존하고, 남방운을 만나 쇠약한 화(火)가 빛나자 방백(方伯)의 지위에 이르렀다. 만일 원명에 수(水)가 없는데 남방운을 만났으면 설기(泄氣)를 두려워했을 것이다. 그러나 원명에서 수(水)가 화(火)를 파하여 남방운에서 귀목(貴木)이 된 것이다.

　이 사람은 임신운(壬申運)에 용신(用神) 병화(丙火)가 파손되자 숨을 거두었는데, 가상관격(假傷官格)으로 상관운(傷官運)에 영현함이 많았다. 가상관격(假傷官格)은 인운(印運)을 만나면 반드시 죽는다.

■ 건명(乾命), 우강요홍십공(旴江姚弘十公), 제과상관격(制過傷官格)

年	月	日	時								
壬	丙	乙	丁	丁	戊	己	庚	辛	壬	癸	甲
子	午	亥	亥	未	申	酉	戌	亥	子	丑	寅

【원 문】

楠曰 乙生離位火雖炎 壬水重重制伏嫌 水重火輕宜見土
남왈 을생이위화수염 임수중중제복혐 수중화경의견토

北方水運實難全 補註 乙木生臨午月 雖丙丁火分野之所
북방수운실난전 보주 을목생임오월 수병정화분야지소

本來木火眞傷官 本然不深畏水 何期壬癸水太多
본래목화진상관 본연불심외수 하기임계수태다

水多則能滅火之光矣 早行戊運 去水存火生財 大運入申
수다즉능멸화지광의 조행무운 거수존화생재 대운입신

壬水得生之地 破火 患足破形幾死 幸而有戊蓋頭 己酉庚戌
임수득생지지 파화 환족파형기사 행이유무개두 기유경술

帶疾苦處 一入亥運壬水得源而死 正謂 破了傷官損壽元
대질고처 일입해운임수득원이사 정위 파료상관손수원

【해 설】

장남왈(張楠曰), 을목일간(乙木日干)이 이위(離位)에 태어나 화(火)가 뜨거우나 임수(壬水)가 중중하여 제복(制伏)을 꺼리고, 수(水)는 무겁고 화(火)는 가벼워 토(土)를 원하는데 북방 수운(水運)으로 흐르니 평안하기 어렵다.

보주왈(補註曰), 을목일간(乙木日干)이 오월(午月)에 태어나 병정화(丙丁火)가 월령(月令)을 차지했고, 목화진상관격(木火眞傷官格)이라 수(水)를 꺼리지 않으나 임계수(壬癸水)가 있으니 수(水)가 화(火)를 멸하는 형편이 되었다.

초년 무운(戊運)에는 토극수(土剋水)로 수기(水氣)를 제거하고화

(火)를 보존하여 재성(財星)을 도와주니 좋았고, 신운(申運)에는 금생수(金生水)로 임수(壬水)가 득생(得生)하여 화(火)를 파(破)하자 병에 걸렸으나 다행히 무토(戊土)가 개두(蓋頭)하여 죽음은 면했다. 기유운(己酉運)과 경술운(庚戌運)도 역시 흉운이라 질병으로 고통을 당했고, 해운(亥運)에 임수(壬水)가 들어오자 숨을 거두었다. 상관(傷官)이 파료(破了)되면 수명이 손상된다.

■ 건명(乾命), 복건배응장상서(福建裵應章尙書), 취건록격(取建祿格)

年	月	日	時								
丁	丙	丁	辛	乙	甲	癸	壬	辛	庚	己	戊
酉	午	丑	亥	巳	辰	卯	寅	丑	子	亥	戌

【원문】

楠曰 丁火炎炎日主强 最宜財庫坐下藏 酉丑金局多坐殺
남왈 정화염염일주강 최의재고좌하장 유축금국다좌살

西方運裡姓名揚 補註 丁丑日主 年月干會火局 支會金局
서방운리성명양 보주 정축일주 년월간회화국 지회금국

財能生官 乃貴藏在支中有氣 丁辛合貴氣 合日干 財能生殺
재능생관 내귀장재지중유기 정신합귀기 합일간 재능생살

利名顯達 喜行西方財路 而萬里飛騰姓自香 功名顯 壽無疆
이명현달 희행서방재로 이만리비등성자향 공명현 수무강

位重權高振皇邦 雙親先逝 鴛鴦分飛 孔懷四位 晚生三鳳
위중권고진황방 쌍친선서 원앙분비 공회사위 만생삼봉

女子團圓 福壽雙全之造也
여자단원 복수쌍전지조야

【해 설】

　장남왈(張楠曰), 정화(丁火)가 염염(炎炎)하여 강하니 가장 좋은 것은 재고(財庫)가 일지(日支)에 암장(暗藏)되는 것이다. 유축(酉丑)이 금국(金局)을 이루어 살(殺)이 많은데 서방운에 대길하여 입신양명을 했다.

　보주왈(補註曰), 정축일생(丁丑日生)이 년월간(年月干)에서 병정(丙丁)이 화국(火局)을 이루어 신강(身强)하고, 지지(地支)에서는 유축(酉丑)이 금국(金局)을 이루어 금기(金氣) 역시 강왕하니 재성(財星)이 능히 관성(官星)을 생(生)하여 좋은 명이 되었고, 관귀(官貴)가 지지(地支)에 암장(暗藏)되어 유기(有氣)하다. 정화(丁火)가 신금(辛金)의 귀기(貴氣)를 일간(日干)과 합(合)을 하여 재성(財星)이 능히 살성(殺星)을 생(生)하니 명리가 현달했다. 운이 서방 재성운(財星運)을 만나자 장수하며 고관대작에 올랐다. 초년에는 일찍 부모를 잃고 형제와도 헤어져 고아처럼 살았으나, 대기만성형이라 4남 3녀를 두고 만년에는 다복하게 살았다. 복수가 모두 있는 명조다.

■ 건명(乾命), 서림양환오공부귀(書林楊環五公富貴), 부귀가상관격
　(假傷官格)

年	月	日	時								
丙	庚	壬	辛	辛	壬	癸	甲	乙	丙	丁	戊
寅	子	子	亥	丑	寅	卯	辰	巳	午	未	申

【원 문】

楠曰 壬水重重氣有餘 歲時有木吐南枝 木衰貴有庚辛病
남왈 임수중중기유여 세시유목토남지 목쇠귀유경신병

運到東方大有餘 補註 壬子日干 生臨於十一月
운도동방대유여 보주 임자일간 생임어십일월

天干又有庚辛貼助身强 壬水貴淸 秀氣從何而泄
천간우유경신첩조신강 임수귀청 수기종하이설

蓋喜寅亥兩木望一陽而生 兩木類聚有情 壬水見木而泄其眞精
개희인해양목망일양이생 양목유취유정 임수견목이설기진정

秀氣分明在木矣 木衰爲病 又有庚辛浮金遙欲剋木 但庚辛動金
수기분명재목의 목쇠위병 우유경신부금요욕극목 단경신동금

亦不能剋地支之靜木也 一入東方寅卯辰巳之運 衰木得此
역불능극지지지정목야 일입동방인묘진사지운 쇠목득차

殆猶枯木之逢春也 則富豐貴不豐且厚乎 運入巳中 有庚辛損木
태유고목지봉춘야 즉부풍귀불풍차후호 운입사중 유경신손목

推其不利 入午未之地 午中己土 喜剋水發顯
추기불리 입오미지지 오중기토 희극수발현

【해 설】

장남왈(張楠曰), 임수일간(壬水日干)이 수기(水氣)가 넉넉하고, 년시(年時) 인목(寅木)과 해중(亥中) 갑목(甲木)이 목생화(木生火)하여 화기(火氣)를 도와주니 좋다. 쇠약한 목(木)이 귀성(貴星)이고 경신금(庚辛金)이 병(病)인데, 동방 목운(木運)으로 흘러 복록이 넉넉했다.

보주왈(補註曰), 임자일생(壬子日生)이 자월(子月)에 태어났는데 천간(天干)에서 또 경신금(庚辛金)이 내조하니 지나치게 강하다. 임수일간(壬水日干)이 수(水)가 너무 많으니 수기(秀氣)를 따라 설기(泄氣)해야 길하다. 좋은 것은 인목(寅木)과 해중(亥中) 갑목(甲木)이 병화(丙火)를 도와 두 목(木)이 유정한 것이다. 임수(壬水)가 목(木)으

로 설기(泄氣)해야 길한데 수기(秀氣)가 분명 목기(木氣)에 있다. 목
(木)이 쇠약하여 경신금(庚辛金)이 병(病)이니 금극목(金剋木)을 하
면 대흉하다. 따라서 경신금(庚辛金)이 발동하면 대흉하나 인목(寅
木)과 해중(亥中) 갑목(甲木)이 모두 지지(地支)에 암장(暗藏)되어 금
극목(金剋木)을 할 수 없다.

대운이 동방의 인묘진사운(寅卯辰巳運)으로 흐르니 쇠약한 목(木)
이 득령(得令)하여 고목봉춘격(枯木逢春格)이 되었다. 병재(丙財)가
투출(透出)하여 부(富)는 풍족했으나 토관(土官)이 무력하여 관귀(官
貴)는 부족했다. 사운(巳運)에는 사중(巳中)에 암장(暗藏)된 경금(庚
金)이 금극목(金剋木)을 하여 길함이 많은 가운데 작은 흉이 있었다.
오미운(午未運)에는 오중(午中) 기토(己土)가 토극수(土剋水)를 하여
아주 좋았다.

■ 건명(乾命), 우강시계호석삼공부명(旴江視溪胡錫三公富命), 가상
  관격(假傷官格)

年	月	日	時								
乙	癸	戊	癸		壬	辛	庚	己	戊	丁	丙	乙
巳	未	子	丑		午	巳	辰	卯	寅	丑	子	亥

【원문】

楠曰 戊臨未月土尤强 最喜金成巳丑方 土厚見金多秀氣
남왈 무임미월토우강 최희금성사축방 토후견금다수기

最嫌早運火來藏 補註 戊土生未 極爲土旺也 然辰戌丑未四土之神
최혐조운화래장 보주 무토생미 극위토왕야 연진술축미사토지신

辰土帶木氣剋之 戌丑之土帶金氣泄之 此戊土雖旺而不旺
진토대목기극지 술축지토대금기설지 차무토수왕이불왕

故戊臨此三位全 多作稼穡格 不失中和 若未月土帶火氣也
고무임차삼위전 다작가색격 불실중화 약미월토대화기야

見火以生之 所以土爲極旺也 若土臨此未月 見四柱土重
견화이생지 소이토위극왕야 약토임차미월 견사주토중

多作火炎土燥 不可作稼穡看 但臨此月之土 見金結局者 不貴卽富也
다작화염토조 불가작가색간 단임차월지토 견금결국자 불귀즉부야

古書云 土逢季月見金多 終爲貴論 若此造早年行午運尙否 火傷金也
고서운 토봉계월견금다 종위귀론 약차조조년행오운상부 화상금야

一行辛巳庚辰二運 衰金得比 財發數千萬緡 一入寅運 甲辰年
일행신사경진이운 쇠금득비 재발수천만민 일입인운 갑진년

蝦蟆瘟死 家無噍類 蓋爲火剋衰金也
하마온사 가무초류 개위화극쇠금야

【해 설】

장남왈(張楠曰), 무토일간(戊土日干)이 미월(未月)에 태어나 토(土)가 강하다. 가장 좋은 것은 금(金)이 사축(巳丑) 방국(方局)을 이룬 것이고, 두터운 토(土)가 금(金)을 만나 설기(泄氣)하는 것이다. 가장 꺼리는 것은 일찍 화운(火運)을 만나는 것이다.

보주왈(補註曰), 무토일간(戊土日干)이 미월(未月)에 태어나 토기(土氣)가 매우 왕성하나, 진술축미(辰戌丑未)에는 각각 재관(財官)이 암장(暗藏)되어 완전한 토(土)는 아니다. 즉 진토(辰土)는 목기(木氣)를 대동하여 목극토(木剋土)하고, 술토(戌土)에는 금기(金氣)가 암장

(暗藏)되어 토생금(土生金)으로 설기(泄氣)하고, 축토(丑土)는 수기(水氣)를 대동하여 토극수(土剋水)한다. 따라서 무토(戊土)가 왕강(旺强)해 보이나 실상은 그렇지 않다.

무토일간(戊土日干)이 진술축(辰戌丑)이 모두 있으면 가색격(稼穡格)을 이루는데 본명은 중화를 잃지 않았다. 만일 미월(未月) 토(土)가 화기(火氣)를 대동하거나 화기(火氣)를 만나 화생토(火生土)하면 매우 왕성했을 것이다. 무토일간(戊土日干)이 미월생(未月生)이고 주중(柱中)에 토기(土氣)가 많은데 화염으로 토(土)가 메마르면 가색격(稼穡格)으로 보기 어렵다. 다만 미월생(未月生)인데 금(金)을 만나면 국(局)을 이루어 귀(貴)는 없지만 부(富)는 이룬다.

고서운(古書云), 토일간(土日干)이 진술축미(辰戌丑未)를 모두 만났으니 금(金)을 만나야 귀(貴)를 논할 수 있다. 이 명이 오운(午運)을 일찍 만나지 않았거나 화염에 금(金)이 손상되었으면 신사운(辛巳運)과 경진운(庚辰運)에 쇠약한 금(金)이 비겁(比劫)을 얻어 수십만 석을 쌓았을 것이다. 인운(寅運) 갑진년(甲辰年)에 고질병에 걸려 숨졌는데 집에는 아무것도 없었다. 목생화(木生火)로 발동한 화기(火氣)가 화극금(火剋金)했기 때문이다.

■ 건명(乾命), 우강우사황우상(旰江羽士黃羽翔) 왕변위약격(旺變爲弱格)

年	月	日	時								
乙	丁	壬	庚		丙	乙	甲	癸	壬	辛	庚	己
巳	亥	午	戌		戌	酉	申	未	午	巳	辰	卯

【원 문】

楠曰 壬臨亥月水難當 財殺重重返受殃 水旺亦宜微見土
남왈 임임해월수난당 재살중중반수앙 수왕역의미견토

若過土重禍難當 補註 壬水雖生亥月 本爲水旺也 但四柱火土重重
약과토중화난당 보주 임수수생해월 본위수왕야 단사주화토중중

年上巳沖亥祿 早年出家 丙戌運極貧 火土厚也 乙酉甲申癸運
년상사충해록 조년출가 병술운극빈 화토후야 을유갑신계운

金水有氣 原作傷官好傲 頗作威福 衣食僅能安身 一入未運
금수유기 원작상관호오 파작위복 의식근능안신 일입미운

火土太旺損金 丁酉年午月 火旺死矣 凡甲乙生寅卯辰月多金
화토태왕손금 정유년오월 화왕사의 범갑을생인묘진월다금

丙丁生巳午未月多水 庚辛生申酉戌月多火 壬癸生亥子丑月多土者
병정생사오미월다수 경신생신유술월다화 임계생해자축월다토자

非貧卽夭 但喜一點剋神 剋多者 俱不美 至驗也 此子平之外見
비빈즉요 단희일점극신 극다자 구불미 지험야 차자평지외견

屢試屢中也
누시누중야

【해 설】

　장남왈(張楠曰), 임수일간(壬水日干)이 해월(亥月)에 태어나 수기(水氣)가 왕성하나, 재살(財殺)이 많으니 화토운(火土運)이 흉하다. 수(水)가 왕성하면 토(土)를 만나는 것도 좋으나 토기(土氣)가 심하면 감당하기 어렵다.

　보주왈(補註曰), 임수일간(壬水日干)이 해월(亥月)에 태어나 수(水)

가 왕성하나, 주중(柱中)에 화토(火土)가 많아 신약(身弱) 사주가 되었다. 년상(年上)에서 사충해록(巳沖亥祿)하자 일찍 출가했고, 병술운(丙戌運)에는 아주 가난했는데 화토(火土)가 많았기 때문이다. 을유운(乙酉運)·갑신운(甲申運)·계운(癸運)에는 금수(金水)에 기(氣)가 있어 일신은 평안했으나 겨우 의식주를 해결하며 살았다. 미운(未運)에는 매우 왕성한 화토(火土)가 금(金)을 손상시키고, 정유년(丁酉年) 오월(午月)에는 화(火)가 왕성해지자 숨을 거두었다.

무릇 갑을목(甲乙木)이 인묘진월생(寅卯辰月生)인데 금(金)이 많거나, 병정화(丙丁火)가 사오미월생(巳午未月生)인데 수(水)가 많거나, 경신금(庚辛金)이 신유술월생(申酉戌月生)인데 화(火)가 많거나, 임계수(壬癸水)가 해자축월생(亥子丑月生)인데 토(土)가 많으면 가난하거나 요절한다. 다만 극(剋)하는 신(神)이 있으면 길한데 많으면 흉하다. 이것은 여러 번 실험해 본 결과다.

- 건명(乾命), 우강유경이도인(旴江劉慶二道人), 목쇠금왕격(木衰金旺格)

年	月	日	時							
己	丙	甲	乙	乙	甲	癸	壬	辛	庚	己	戊
酉	寅	子	丑	丑	子	亥	戌	酉	申	未	午

【원문】

楠曰 甲木生寅木尙微 初旬木嫩畏金欺 雖然有火怕金去
남왈 갑목생인목상미 초순목눈외금기 수연유화파금거

水運那堪火又危 補註 甲木生於寅月初旬 木火初生之際
수운나감화우위 보주 갑목생어인월초순 목화초생지제

術士推其木向春生 木火通明 有貴 奈何木嫩不勝金制
술사추기목향춘생 목화통명 유귀 나하목눈불승금제

且酉丑合成金局 初行北方 水資木氣 衣食頗充 一入西方金旺之運
차유축합성금국 초행북방 수자목기 의식파충 일입서방금왕지운

守茅庵度日 且手足瘋癱 西運而死 若只一點金尙可也
수모암도일 차수족풍탄 서운이사 약지일점금상가야

吾都何標四公 是乙亥是也 享餘蔭 行西方金運亦死
오도하표사공 시을해시야 향여음 행서방금운역사

【해 설】

장남왈(張楠日), 갑목일간(甲木日干)이 인월생(寅月生)이니 아직 어리다. 초순의 목(木)은 금(金)을 두려워하는데 월상(月上) 병화(丙火)가 금(金)을 다스려주니 길하다. 그러나 수운(水運)에 병화(丙火)를 감당하지 못하니 위험하다.

보주왈(補註日), 갑목일간(甲木日干)이 인월(寅月) 초순에 태어났다. 목화(木火)가 생(生)하는 초봄이라 목화통명(木火通明)으로 잘못 보고 귀격(貴格)으로 판단할지 모르나 목(木)이 아직 약하니 금(金)을 두려워한다. 또 유축(酉丑)이 금국(金局)을 이루어 금기(金氣)가 너무 왕성하다. 초년 북방운에는 수(水)가 목(木)을 도와 의식주는 겨우 해결했으나, 서방 금왕운(金旺運)을 만나자 극심하게 가난하며 손발에 풍탄병을 얻고 숨을 거두었다. 이 사람은 금(金)만 하나 있었으면 등과했을 것이다. 서방의 유운(酉運)에 사망한 것을 보면 금(金)

이 기신(忌神)임을 알 수 있다.

■ 건명(乾命), 우강유한십일공(旰江劉翰十一公), 금목상정격(金木相停格)

```
年 月 日 時
己 丙 甲 乙      乙甲癸壬辛庚己戊
巳 寅 寅 亥      丑子亥戌酉申未午
```

【원 문】

楠曰 甲生寅月木猶輕 木嫩金輕得兩停 運入西方金便勝
남왈 갑생인월목유경 목눈금경득양정 운입서방금변승

中和氣失少安寧 補註 甲木生寅 四柱木金
중화기실소안녕 보주 갑목생인 사주목금

俗看則相似木多金少也 殊不知正月氣寒 木神柔脆 木不勝金
속간즉상사목다금소야 수불지정월기한 목신유취 목불승금

甲子癸亥壬戌運 滋木財發千緡 西方申酉戌蹇滯 申死矣
갑자계해임술운 자목재발천민 서방신유술건체 신사의

【해 설】

장남왈(張楠曰), 갑목일간(甲木日干)이 인월(寅月)에 태어나 목(木)이 아직 어린데, 금(金)을 얻어 금목(金木)이 양정(兩停)이나, 서방의 금운(金運)에 금기(金氣)가 이기자 중화를 잃어 안녕하지 못했다.

보주왈(補註曰), 갑목일간(甲木日干)이 인월(寅月)에 태어나 목(木)이 많은데 금(金)은 적다. 그러나 정월은 한기가 심한 때라 목(木)이

유약하여 금(金)을 감당하지 못한다. 갑자운(甲子運)·계해운(癸亥運)·임술운(壬戌運)에는 목(木)이 늘어나 천 석을 쌓았으나, 서방 신유술운(申酉戌運)을 만나자 뜻대로 되지 않다가 신운(申運)에 숨을 거두었다.

■ 건명(乾命), 우강하대삼공(旴江夏岱二公), 인제식신태과격(印制食神太過格)

年	月	日	時								
辛	辛	丁	乙	庚	己	戊	丁	丙	乙	甲	癸
卯	丑	卯	卯	子	亥	戌	酉	申	未	午	巳

【원문】

楠曰 丁生丑月土神微 卯木三重剋過之 喜有三金來剋木
남왈 정생축월토신미 묘목삼중극과지 희유삼금내극목

一番病過一番醫 補註 丁生丑月 此命極難尋用神
일번병과일번의 보주 정생축월 차명극난심용신

蓋丑中有一己土也 得有三點乙木貼身剋之 此則用己土爲用神
개축중유일기토야 득유삼점을목첩신극지 차즉용기토위용신

乙木爲病也 明矣 蓋得三點金又來剋木也 一病一醫
을목위병야 명의 개득삼점금우내극목야 일병일의

得壽考康甯者 此也 一生只得酉運五年極美之運
득수고강녕자 차야 일생지득유운오년극미지운

蓋酉字沖去卯中乙木之病也 運入東方木旺八十有餘方死
개유자충거묘중을목지병야 운입동방목왕팔십유여방사

【해 설】

　장남왈(張楠曰), 정화일간(丁火日干)이 축월(丑月)에 태어났으나 토
(土)가 미약하다. 묘목(卯木)이 3중으로 있어 지나치게 목극토(木剋
土)를 하니 3금(金)으로 금극목(金剋木)을 해야 길하다. 질병의 흉운
이 한 번 지나고 나면 반드시 길운도 한 번 오는 법이다.

　보주왈(補註曰), 정화일간(丁火日干)이 축월생(丑月生)인데 용신(用
神)을 찾기가 매우 어려우니 축중(丑中) 기토(己土)가 작용해야 한다.
그러나 3중으로 있는 묘목(卯木)이 목극토(木剋土)를 하니 묘목(卯木)
이 병(病)이고, 신금(辛金)이 금극목(金剋木)을 하니 신금(辛金)이 약
(藥)이니 일병일의(一病一醫)가 분명하다. 수복이 강녕한 자가 이런 명
인데 유운(酉運) 5년이 매우 아름다웠다. 묘중(卯中) 을목(乙木)의 병
(病)을 제거했기 때문이다. 그러나 동방 목왕운(木旺運)에 80여 세로
숨을 거두었다. 금운(金運)에 발복하고 목운(木運)에 사망한 것을 보
면 금(金)이 용신(用神)이고 목(木)이 기신(忌神)임을 알 수 있다.

■ 건명(乾命), 무성이원육공(撫城李元六公), 토경목중격(土輕木重格)

年	月	日	時								
乙	己	丁	壬	戊	丁	丙	乙	甲	癸	壬	辛
卯	丑	亥	寅	子	亥	戌	酉	申	未	午	巳

【원 문】

楠曰 丁生丑月土神明 火土傷官格自成 只畏木多來剋土
남왈 정생축월토신명 화토상관격자성 지외목다내극토

再行木運禍非輕 補註 丁生丑月 己土透出 乃作傷官 用土明矣
재행목운화비경 보주 정생축월 기토투출 내작상관 용토명의

初行丙戌 火來生土 財意頗遂 大運入乙木來剋土 破了傷官而來
초행병술 화래생토 재의파수 대운입을목내극토 파료상관이내

蓋因原有乙卯之木貼身 又有寅亥二木爲助 所以再見乙運
개인원유을묘지목첩신 우유인해이목위조 소이재견을운

正謂運會原有所害之神 安得不死乎
정위운회원유소해지신 안득불사호

【해 설】

장남왈(張楠曰), 정화일간(丁火日干)이 축월(丑月)에 태어나 토신(土神)이 명랑하며 화토상관격(火土傷官格)이다. 두려운 것은 많은 목(木)이 토(土)를 극(剋)하는 것인데, 목운(木運)으로 흐르자 화액이 가볍지 않았다.

보주왈(補註曰), 정화일간(丁火日干)이 축월생(丑月生)이고, 월상(月上)에 기토(己土)가 투출(透出)했으니 화토상관격(火土傷官格)이며 토기(土氣)가 명랑하다. 초년 병술운(丙戌運)에는 화생토(火生土)하여 재물이 약간 늘었으나, 을운(乙運)에는 목극토(木剋土)로 상관(傷官)을 파료(破了)하자 불리했다. 원명에서 을묘목(乙卯木)이 첩신(貼身)하고, 인해목(寅亥木)이 협조했기 때문이다. 만일 원명에서 금기(金氣)가 하나라도 투출(透出)하여 약신(藥神)이 되었으면 흉운을 만났어도 약간의 고통이 있었을 뿐 죽지는 않았을 것이다.

■ 건명(乾命), 임천오개육공부명(臨川吳開六公富命), 가상관격(假傷官格)

```
年 月 日 時
壬 辛 甲 丙      壬癸甲乙丙丁戊己庚
辰 亥 戌 寅      子丑寅卯辰巳午未申
```

【원 문】

楠曰 甲木雖衰亦有根 丙寅時透火神姸 火虛有焰成眞格
남왈 갑목수쇠역유근 병인시투화신연 화허유염성진격

金水因知作病源 補註 甲木得生於亥 辰年木氣托根
금수인지작병원 보주 갑목득생어해 진년목기탁근

甲木寅時得祿 四柱木俱得氣 又有壬水滋之 甲木則變弱成强
갑목인시득록 사주목구득기 우유임수자지 갑목즉변약성강

望見時上丙火爲用神也 則以壬水爲破丙之病 辛金爲破格之病
망견시상병화위용신야 즉이임수위파병지병 신금위파격지병

早行壬子癸丑 甚是平常 破壞丙火用神也 望見東南 有木生火
조행임자계축 심시평상 파괴병화용신야 망견동남 유목생화

有土剋水 有火剋金 病神淨盡 一發沖天 至庚申金水破格而死也
유토극수 유화극금 병신정진 일발충천 지경신금수파격이사야

【해 설】

　장남왈(張楠曰), 갑목일간(甲木日干)이 비록 쇠약하나 뿌리가 있고, 시간(時干)에 투출(透出)한 병화(丙火)가 화신(火神)이 분명하니 화염이 허약해도 진격(眞格)이다. 금수(金水)가 병(病)의 근원이다.

보주왈(補註曰), 갑목일간(甲木日干)이 해월(亥月)에 태어났으니 득령(得令)했고, 진(辰)의 목기(木氣)에 탁근(托根)하고 인시(寅時)에 득록(得祿)했으니 신강(身强)하다. 또 임수(壬水)가 도와 일간(日干)이 강해졌으니 시상(時上) 병화(丙火)가 용신(用神)인데, 임수(壬水)가 용신(用神) 병화(丙火)를 극(剋)하니 병(病)이 되었고, 신금(辛金)은 금생수(金生水)를 하니 역시 흉하다.

초년에는 임자(壬子)·계축(癸丑)의 수운(水運)이라 병화(丙火) 용신(用神)을 파괴하여 매우 흉할 것 같으나 사실은 아주 평범했다. 갑인목(甲寅木)이 수생목(水生木) 목생화(木生火)로 돌렸기 때문이다. 동남 목화운(木火運)에는 목생화(木生火) 토극수(土剋水) 화극금(火剋金)으로 병(病)을 제거하자 한 번에 부귀영화를 이루었으나, 경신금운(庚申金運)에는 수(水)가 다시 발동하자 숨을 거두었다.

■ 건명(乾命), 휴항엽창이빈명(休杭葉暢二貧命), 가상관혐인격(假傷官嫌印格)

年	月	日	時							
乙	丁	壬	癸	丙	乙	甲	癸	壬	辛	庚	己
丑	亥	子	卯	戌	酉	申	未	午	巳	辰	卯

【원 문】

楠曰 壬臨亥月水汪洋 木透天干作假傷 不合丑中金氣在
남왈 임임해월수왕양 목투천간작가상 불합축중금기재

西方金運極難當 補註 壬水生亥 雖有月上虛財 被時上癸水劫之
서방금운극난당 보주 임수생해 수유월상허재 피시상계수겁지

雖有木爲傷官 十月之木 根枯葉落 原有丑中辛金損木 一入西方酉運
수유목위상관 시월지목 근고엽낙 원유축중신금손목 일입서방유운

會起金來損木 病患瘋癱 手足並行爲丐 而又聰明者 傷官泄氣故也
회기금내손목 병환풍탄 수족병행위개 이우총명자 상관설기고야

【해 설】

　장남왈(張楠曰), 임수일간(壬水日干)이 해월(亥月)에 태어났으니 수(水)가 왕양(汪洋)하고, 을목(乙木)이 천간(天干)에 투출(透出)하여 가상관격(假傷官格)이 되었다. 그러나 축중신금(丑中辛金)이 병(病)인데 서방의 금운(金運)을 만나자 심한 화액을 당했다.

　보주왈(補註曰), 임수일간(壬水日干)이 해월(亥月)에 태어났으니 수기(水氣)가 왕성하다. 월상(月上)에 정화(丁火)가 있으나 허약하여 시상(時上) 계수(癸水)에게 상충(相沖)을 당했다. 비록 수목상관격(水木傷官格)이나 10월 목(木)이라 뿌리가 마르고 잎이 떨어지는데 축중신금(丑中辛金)이 손상시켜 흉하다. 서방의 유운(酉運)에는 금기(金氣)가 모여 금극목(金剋木)을 하니 풍탄병으로 고생했고, 사고로 손발이 불구가 되어 걸식하며 살았다. 머리는 총명했으나 상관(傷官)이 설기(泄氣)했기 때문이다.

■ 건명(乾命), 진도야귀명(陳都爺貴命), 시상가식신수청금백격(時上假食神水淸金白格)

年	月	日	時								
丙	丁	壬	辛		戊	己	庚	辛	壬	癸	甲乙
子	酉	申	亥		戌	亥	子	丑	寅	卯	辰巳

楠曰 金水淸淸兩字奇 時歸日祿理相隨 分明木火爲眞秀
남왈 금수청청양자기 시귀일록리상수 분명목화위진수

黃閣魁名間世稀 補註 壬生酉月 金水兩字雙淸 金水之氣有餘
황각괴명간세희 보주 임생유월 금수양자쌍청 금수지기유여

木火兩字不足 金雖有餘也 而喜天干丙丁 遙來損金也
목화양자부족 금수유여야 이희천간병정 요내손금야

喜無地支午火實去破印 所以印得全美也 壬癸水氣雖有餘
희무지지오화실거파인 소이인득전미야 임계수기수유여

喜亥中甲木泄其精英也 其貴如此 蓋喜丙丁火暗銷庚金
희해중갑목설기정영야 기귀여차 개희병정화암소경금

而存起亥上食神也 所以八月木氣凋零 其病甚重 所以病重者
이존기해상식신야 소이팔월목기조령 기병심중 소이병중자

多大貴也 運入東方 補起木火二字 位登黃閣也 宜矣
다대귀야 운입동방 보기목화이자 위등황각야 의의

此乃天地至淸之命 所以爲天下至貴人也
차내천지지청지명 소이위천하지귀인야

【해 설】

　장남왈(張楠曰), 금수(金水)가 모두 맑고, 시귀일록(時歸日祿)을 이루어 서로 원리를 따른다. 목화(木火)가 모두 수려하여 귀격(貴格)인데 황궁의 대신이 되어 큰 공을 세웠다.

　보주왈(補註曰), 임수일간(壬水日干)이 유월(酉月)에 태어났으니 득령(得令)했고, 금수(金水)가 모두 맑으니 귀격(貴格)이다. 금수(金水)는 많으나 목화(木火)는 부족한데, 천간(天干)에 병정(丙丁)이 투출

(透出)하여 금(金)을 덜어주니 길하고, 지지(地支)에 오화(午火)가 없으니 길하고, 인수(印綬)를 보존하니 아름답고, 임계수(壬癸水)가 비록 왕성하지만 해중(亥中) 갑목(甲木)이 설기(泄氣)하니 귀(貴)가 있고, 병정화(丙丁火)가 경금(庚金)을 몰래 손상시켜 해중(亥中) 식신(食神)을 보존하니 길하다. 8월은 금왕절(金旺節)이라 목기(木氣)가 시들어 떨어지니 병(病)이 매우 중하다. 병(病)이 무거우면 대귀격(大貴格)을 이루는 경우가 많은데 동방운으로 흐르자 목화(木火)가 도와 명재상이 되었다.

■ 건명(乾命), 오도하입팔공(吾都何卄八公), 가상관부귀금경화중격
  (假傷官富命金輕火重格)

年	月	日	時		壬癸甲乙丙丁戊己
甲	辛	己	己		壬癸甲乙丙丁戊己
戌	未	酉	巳		申酉戌亥子丑寅卯

【원문】

楠曰 己臨未月土炎蒸 見火生身益壯神 土旺喜金宜泄氣
남왈 기임미월토염증 견화생신익장신 토왕희금의설기

養金喜水定超群 補註 己土生臨未月 火土炎蒸 其己土之氣旺盛
양금희수정초군 보주 기토생임미월 화토염증 기기토지기왕성

更且有火氣生之 其土望見巳酉兩全類聚 透出酉金
갱차유화기생지 기토망견사유양전유취 투출유금

己土則泄秀氣在金上去了 以丙丁火爲損金之神 壬申癸酉運美
기토즉설수기재금상거료 이병정화위손금지신 임신계유운미

入戌訟災 一入北方 用水去火財富 一入寅運 會成火局 破金死矣
입술송재 일입북방 용수거화재부 일입인운 회성화국파금사의

【해 설】

장남왈(張楠日), 기토일간(己土日干)이 미월(未月)에 태어나 뜨거운 토(土)가 아신(我身)을 생(生)하니 신왕(身旺)하다. 왕성한 토기(土氣)를 금(金)으로 설기(泄氣)하면 좋은데 금수운(金水運)을 만나 발복했다.

보주왈(補註日), 기토일간(己土日干)이 미월(未月)에 태어나 화토(火土)가 뜨거우니 신왕(身旺)하다. 다시 화기(火氣)를 도와주니 사유축(巳酉丑) 금국(金局)을 이루고, 월상(月上)에 신금(辛金)이 투출(透出)하여 설기(泄氣)하니 길하다. 금(金)을 손상시키는 사중(巳中) 병화(丙火)와 미중(未中) 정화(丁火)가 병(病)이다. 임신운(壬申運)과 계유운(癸酉運)은 용신운(用神運)이라 아름다웠고, 술운(戌運)에는 소송이 따랐고, 북방운에는 수(水)가 병(病)인 화(火)를 제거하자 부(富)를 쌓았고, 인운(寅運)에 인오술(寅午戌)이 화국(火局)을 이루어 화극금(火剋金)을 하자 숨을 거두었다.

■ 건명(乾命), 무성주최노과도귀명(撫城周懷魯科道貴命), 토중견금격(土重見金格)

年	月	日	時							
戊	己	戊	辛	庚	辛	壬	癸	甲	乙	丙 丁
申	未	午	酉	申	酉	戌	亥	子	丑	寅 卯

【원 문】

楠曰 戊臨未月土重重 燥土尤嫌火氣烘 時歲喜看金吐秀
남왈 무임미월토중중 조토우혐화기홍 시세희간금토수

運行西北志凌雲 補註 戊日未月 爲火炎土燥之格 蓋得辛酉時
운행서북지능운 보주 무일미월 위화염토조지격 개득신유시

金神透出 歲支申宮 有水破火 此以火爲病 水爲福也 大運入壬
금신투출 세지신궁 유수파화 차이화위병 수위복야 대운입임

蓋得壬來剋火 放出辛金 折桂蟾宮 理自然也 後行北方水運尤美
개득임내극화 방출신금 절계섬궁 리자연야 후행북방수운우미

凡戊己土旺 見金多者 極聰明秀氣 至淸至貴之命也
범무기토왕 견금다자 극총명수기 지청지귀지명야

【해 설】

장남왈(張楠曰), 무토일간(戊土日干)이 미월(未月)에 태어나 토(土)가 무거운데, 다시 화(火)가 토(土)를 생(生)하니 불리하다. 더욱 꺼리는 것은 화기(火氣)가 넘치는 것이다. 년시(年時)의 금(金)이 설토(泄吐)하여 좋은데 서북운을 만나자 크게 발달했다.

보주왈(補註曰), 무토일간(戊土日干)이 미월(未月)에 태어났는데 화염에 토(土)가 메말라 지나치게 신왕(身旺)하다. 그러나 시(時)에 신유금(辛酉金)이 투출(透出)하고, 세지(歲支)의 신궁(申宮)에 의지하니 길하고, 신중임수(申中壬水)가 수파화(水破火)를 하니 길하다. 지나치게 많은 화(火)가 병(病)이고 수(水)는 약(藥)이다. 임운(壬運)에 화(火)를 극(剋)하여 신금(辛金)을 방출하자 등과급제했고, 북방 수운(水運)으로 흐르자 더 좋았다. 무기토(戊己土)가 왕성하고 금(金)

이 많아 총명하며 부귀격(富貴格)이 된 것이다.

■ 건명(乾命), 임천원응용춘원귀명(臨川袁應龍春元貴命), 가상관토
　경목중격(假傷官土輕木重格)

```
年  月  日  時
癸  甲  丙  戊        癸 壬 辛 庚 己 戊 丁 丙
卯  寅  午  戌        丑 子 亥 戌 酉 申 未 午
```

【원문】

楠曰 丙火生寅火局全 火生戊土泄精元 不堪衰土重逢木
남왈 병화생인화국전 화생무토설정원 불감쇠토중봉목

早步蟾宮損少年 補註 丙午日主 結成火局 其火旺矣 原寅中有戊土
조보섬궁손소년 보주 병오일주 결성화국 기화왕의 원인중유무토

午中有己土 又時上透出戊土 其丙火身旺 見此土而好泄其精也
오중유기토 우시상투출무토 기병화신왕 견차토이호설기정야

作火土假傷官格 然喜有甲乙木貼身 爲破傷官之病
작화토가상관격 연희유갑을목첩신 위파상관지병

正謂有病方爲貴格 脫辛逢癸酉流年 剋去甲木病神 所以早擢秋闈
정위유병방위귀격 탈신봉계유유년 극거갑목병신 소이조탁추위

甲戌年入亥運 原有甲木得生於亥 正謂破了傷官損壽元而死矣
갑술년입해운 원유갑목득생어해 정위파료상관손수원이사의

蓋正月戊己 帶木之土也 而土神極衰 最畏旺木剋之 入亥運甲木得生
개정월무기 대목지토야 이토신극쇠 최외왕목극지 입해운갑목득생

其死也明矣 若天假之以年 若行庚戌運 庚金剋去甲木 貴不可言也
기사야명의 약천가지이년 약행경술운 경금극거갑목 귀불가언야

凡日干旺者 見有食神傷官 雖在日時 亦只作傷官看 何也 凡日干旺
범일간왕자 견유식신상관 수재일시 역지작상관간 하야 범일간왕

精氣滿蓄 見有通泄血氣之處 則秀氣從之 不可泥執子平
정기만축 견유통설혈기지처 즉수기종지 불가니집자평

只以月令上用神 如日主衰弱 見印星及陽刃 身弱則親印綬陽刃也
지이월령상용신 여일주쇠약 견인성급양인 신약즉친인수양인야

身旺則自親食神傷官也 如用食神傷官 只要食傷類聚一處有情
신왕즉자친식신상관야 여용식신상관 지요식상류취일처유정

不宜間隔 如前夏良勝用木之類是也 如此造多不曉作用土 只以官印
불의간격 여전하양승용목지류시야 여차조다불효작용토 지이관인

若用官印 如卯亥運又死也 此則用衰土 見木剋之明矣
약용관인 여묘해운우사야 차즉용쇠토 견목극지명의

【해 설】

장남왈(張楠曰), 병화일간(丙火日干)이 인월(寅月)에 태어나 오통
화국(火局)이다. 시상(時上)의 무술(戊戌)이 화생토(火生土)하여 설
기(泄氣)하면 좋은데, 쇠약한 토(土)가 무거운 목(木)을 만났으니 감
당하기 어렵다. 초년은 수왕운(水旺運)이라 수생목(水生木)하여 기
신(忌神)이 더욱 왕성해지자 매우 불리했다.

보주왈(補註曰), 병오일생(丙午日生)이 인월(寅月)에 태어나 인오
술(寅午戌)이 화국(火局)을 이루니 화기(火氣)가 매우 왕성하다. 그
러나 인중(寅中) 무토(戊土)와 오중(午中) 기토(己土)와 시상(時上)에
투출(透出)한 무토(戊土)가 신왕(身旺)한 병화(丙火)를 설기(泄氣)하
니 길하다. 화토가상관격(火土假傷官格)이다. 그러나 갑을목(甲乙木)

과 인묘목(寅卯木)이 목극토(木剋土)를 하니 상관(傷官)을 극(剋)하는 것이 병(病)이다. 병(病)이 있는데 약(藥)이 있으면 귀격(貴格)이라고 했는데 역시 좋은 명이다.

초년에는 신운(辛運) 계유년(癸酉年)에 갑목(甲木) 병신(病神)을 제거하자 등과했다. 그러나 해운(亥運) 갑술년(甲戌年)에 원명의 갑목(甲木)이 해중(亥中)에서 득생(得生)하여 기신(忌神)이 발동하자 상관(傷官)을 파료(破了)하여 수명이 손상되어 젊은 나이에 숨을 거두었다. 정월의 목기(木氣)인 무기토(戊己土)가 매우 쇠약한데 왕성한 목(木)이 목극토(木剋土)를 하면 매우 꺼리는데, 해운(亥運)에 갑목(甲木)이 득생(得生)하자 사망한 것이 분명하다. 만일 경술운(庚戌運)을 만났으면 경금(庚金)이 갑목(甲木)을 제거하여 대귀했을 것이다. 무릇 신왕(身旺)한데 식상(食傷)을 만나면 일지(日支)나 시지(時支)에 있어도 상관격(傷官格)으로 볼 수 있고, 신왕(身旺)하여 정기가 가득 차면 설기(泄氣)하는 운을 만나야 수기(秀氣)를 따른다.

자평서(子平書)에 월령(月令)을 위주로 용신(用神)을 정하여 일간(日干)이 쇠약할 때는 인성(印星)이나 양인(陽刃)이 무조건 작용하고, 신왕(身旺)할 때는 식상(食傷)이 작용한다는 말이 있는데, 후자는 월령(月令)을 불구하고 식상(食傷)이 작용한 것이다.

본명은 술중(戌中) 신금(辛金)이 용신(用神), 무토(戊土)는 희신(喜神), 갑인묘목(甲寅卯木)은 기신(忌神), 계수(癸水)는 구신(仇神)이다. 만일 관인상생격(官印相生格)이면 어찌 해운(亥運) 묘년(卯年)에 사망했겠는가. 쇠약한 토(土)가 작용하는데 강한 목(木)이 목극토(木剋土)를 하여 발병한 것이 분명하다.

■ 건명(乾命), 오도전후암공(吾都傳後庵公), 목화상관목전인묘진호
간격(木火假傷官木全寅卯辰互看格)

```
年 月 日 時
丙 壬 甲 丁      癸甲乙丙丁戊己庚
寅 辰 辰 卯      巳午未申酉戌亥子
```

【원 문】

楠曰 甲木重重旺氣深 木來用火透春林 柱中最喜壬爲病
남왈 갑목중중왕기심 목래용화투춘림 주중최희임위병

火土重逢異等倫 補註 甲木生辰 稟全寅卯辰東方之秀氣
화토중봉이등윤 보주 갑목생진 품전인묘진동방지수기

喜年時丙丁虛火透出 作木火假傷官 透出壬水 爲破火之病神
희년시병정허화투출 작목화가상관 투출임수 위파화지병신

運行 南方得地爲美 雖申酉生水破火 亦喜有丙丁蓋頭
운행 남방득지위미 수신유생수파화 역희유병정개두

戊己運土能破水 放起用神 老益精神 福壽兩全 只畏北方水破用神也
무기운토능파수 방기용신 노익정신 복수양전 지외북방수파용신야

【해 설】

　장남왈(張楠曰), 갑목일간(甲木日干)이 왕기(旺氣)가 깊고 많은데
병화(丙火)가 설기(泄氣)하니 소통이 되었다. 가장 좋은 것은 임수
(壬水)에 병(病)이 있는 것인데, 다시 화토(火土)를 만나 기이한 복록
을 이루었다.

　보주왈(補註曰), 갑목일간(甲木日干)이 진월생(辰月生)이고, 지지

(地支)가 모두 인묘진(寅卯辰)의 동방 수기(秀氣)이니 매우 신왕(身旺)하다. 좋은 것은 년상(年上) 병화(丙火)와 시상(時上) 정화(丁火)가 허약하나 강한 목(木)을 설기(泄氣)하는 것이다. 목화가상관격(木火假傷官格)인데 문제는 월상(月上)에 투출(透出)한 임수(壬水)다. 임수(壬水)가 용신(用神)인 병화(丙火)를 파극(破剋)하는 것이 병(病)이다. 남방 화운(火運)은 용신운(用神運)이니 득지(得地)하여 부귀가 많았다. 비록 신유운(申酉運)에 금생수(金生水)로 수파화(水破火)를 했으나 병정화(丙丁火)가 개두(蓋頭)하여 흉이 작았다. 무기운(戊己運)에는 토(土)가 수(水)를 파(破)하여 용신(用神)이 다시 살아나자 노익장을 과시하며 복수를 누렸다. 그러나 북방 수운(水運)에 수극화(水剋火)로 용신(用神)을 파극(破剋)하자 숨을 거두었다.

■ 건명(乾命), 오부계완공(吾父啓完公), 가상관용겁격(假傷官用劫格)

年	月	日	時								
丙	癸	辛	壬	甲	乙	丙	丁	戊	己	庚	辛
申	巳	卯	辰	午	未	申	酉	戌	亥	子	丑

【원 문】

楠曰 辛金生巳水重重 刑破官星水有功 申巳兩庚來作用
남왈 신금생사수중중 형파관성수유공 신사양경내작용

運行申酉樂雍容 補註 辛生巳月 本用丙火 夫星何貼身有申
운행신유낙옹용 보주 신생사월 본용병화 부성하첩신유신

破丙明矣 年干丙火本爲虛官可用 時有壬水破之 由是舍丙而從水也
파병명의 년간병화본위허관가용 시유임수파지 유시사병이종수야

以水爲假傷官 年月兩庚類聚有情 正作金水傷官用劫也
이수위가상관 년월양경류취유정 정작금수상관용겁야

行申酉比劫得生 安享其樂 入戊己 破去假傷官 動多悔吝 入亥生財
행신유비겁득생 안향기낙 입무기 파거가상관 동다회인 입해생재

大運入子六十九 庚金劫神死地而死矣
대운입자육십구 경금겁신사지이사의

【해 설】

　장남왈(張楠曰), 신금일간(辛金日干)이 사월(巳月)에 태어나 수(水)가 무거운데, 관성(官星)을 형파(刑破)하니 수(水)에 공이 있다. 신금(申金)과 사중(巳中)에 경금(庚金)이 들어 두 경금(庚金)이 작용한다. 신유운(申酉運)에는 평안하며 즐거웠다.

　보주왈(補註曰), 신금일간(辛金日干)이 사월(巳月)에 태어나 병화(丙火)가 있으나 시상(時上) 임수(壬水)가 수극화(水剋火)를 하고, 신중임수(申中壬水)와 월상(月上) 계수(癸水)가 수극화(水剋火)를 하자 목화(木火)를 버리고 상관(傷官)인 수(水)를 따른다. 년월(年月)에 경금(庚金)이 둘 있으니 유정하고, 금수상관격(金水傷官格)에 비겁(比劫)이 작용하는데 신유운(申酉運)에 비겁(比劫)이 득생(得生)하니 안락하며 형통했고, 무기운(戊己運)에는 상관(傷官)인 수(水)를 토극수(土剋水)하여 재앙이 따랐고, 해운(亥運)에는 재물이 발달했고, 자운(子運)에는 경금(庚金) 겁신(劫神)이 사지(死地)에 들자 69세에 숨을 거두었다.

■ 건명(乾命), 여형희우명(予兄希禹命), 목화상관부족격(木火傷官不足格)

```
年 月 日 時
丁 壬 乙 丁      辛庚己戊丁丙乙甲
未 寅 丑 亥      丑子亥戌酉申未午
```

【원문】

楠曰 陰木生寅進氣時 又兼三印疊資之 財官之運重重喜
남왈 음목생인진기시 우겸삼인첩자지 재관지운중중희

水火逢來實可悲 補註 乙生寅月 進氣之木 更通三印資身
수화봉래실가비 보주 을생인월 진기지목 갱통삼인자신

無奈比劫重重爭財 而財不足也 四火制殺太過 早行北方不佳
무나비겁중중쟁재 이재부족야 사화제살태과 조행북방불가

喜庚辛金蓋頭 破比劫存財星 己運財旺生官 官威震比劫之意
희경신금개두 파비겁존재성 기운재왕생관 관위진비겁지의

行亥運 壬水資比劫 爭財不已 又遙丙子年 火制金而水資木
행해운 임수자비겁 쟁재불이 우요병자년 화제금이수자목

古書云 木火傷官官要旺 用神受困 患痲症而死
고서운 목화상관관요왕 용신수곤 환림증이사

【해설】

장남왈(張楠曰), 음목(陰木)이 진기(進氣)하는 인월(寅月)에 태어났고, 또 월상(月上) 임수(壬水)와 축중(丑中) 계수(癸水)와 해중임수(亥中壬水)의 3인(印)이 도와주니 신왕(身旺)하다. 재관(財官)의 토금운(土金運)이 길한데 수화운(水火運)을 만나 비극을 겪었다.

보주왈(補註曰), 을목(乙木)이 인월(寅月)에 태어나 진기(進氣)하는 목(木)인데, 다시 3인(印)이 통근(通根)하여 일주(日主)를 도와주니 매우 신강(身强)하다. 비겁(比劫)이 많으니 군비쟁재(群比爭財)를 이루고 재성(財星)이 부족하다. 4화(火)가 제살태과(制殺太過)하니 북방 수운(水運)에는 무방했다. 좋은 것은 경신금(庚辛金)이 개두(蓋頭)하여 비겁(比劫)을 파극(破剋)하고 재성(財星)을 보호하는 것이다. 기운(己運)에는 재성(財星)이 왕성해져 재생관(財生官)을 하니 위세가 진동했는데 이것은 비겁(比劫)의 뜻이다. 해운(亥運)에는 임수(壬水)가 비겁(比劫)을 도와주니 쟁재(爭財)하여 불리했고, 병자년(丙子年)에는 병화(丙火)가 금(金)을 다스리고 자수(子水)가 수생목(水生木)을 하자숨을 거두었다.

고서운(古書云), 목화상관격(木火傷官格)은 관성(官星)이 왕성해야 한다고 했는데, 용신(用神)이 곤고하여 환림증(患痳症)으로 고생하다 숨졌다.

■ 곤명(坤命), 귀녀명(貴女命), 작진상관용인격(作眞傷官用印格)

年	月	日	時								
戊	己	丙	乙		戊	丁	丙	乙	甲	癸	壬	辛
寅	未	戌	未		午	巳	辰	卯	寅	丑	子	亥

【원 문】

楠曰 火逢稼穡泄精神 更喜柱中印綬親 衰印最宜重見印
남왈 화봉가색설정신 갱희주중인수친 쇠인최의중견인

褒封兩國豈常人 補註 丙火生未 四柱土氣重重 泄衰丙火之氣
포봉양국개상인 보주 병화생미 사주토기중중 설쇠병화지기

定作火土傷官 身弱則自親印綬也 原印星衰弱 運行印旺之鄕
정작화토상관 신약즉자친인수야 원인성쇠약 운행인왕지향

受夫子兩朝封贈 大運入丑 辛金破乙死矣
수부자양조봉증 대운입축 신금파을사의

【해 설】

　장남왈(張楠曰), 화(火)가 미술(未戌)가색(稼穡)을 만나 설기(泄氣)를 당하나, 좋은 것은 주중(柱中)의 인수(印綬)와 친한 것이다. 인수(印綬)가 쇠약하니 가장 필요한 것은 무거운 인수(印綬)를 만나는 것이다. 이 사람은 두 나라의 포봉(褒封)이 되었으니 어찌 평범한 명이겠는가.

　보주왈(補註曰), 병화일간(丙火日干)이 미월(未月)에 태어나 토기(土氣)가 많으니 쇠약한 병화(丙火)를 설기(泄氣)하는 것이 병(病)이다. 화토상관격(火土傷官格)인데 신약(身弱)하니 인수(印綬)인 을목(乙木)이 작용하여 친해야 하는데 원명의 인수(印綬)가 쇠약하다. 그러나 대운이 인왕운(印旺運)으로 흘러 남편과 자식이 모두 등과하여 귀부인이 되었으나, 축운(丑運)을 만나자 축중신금(丑中辛金)이 용신(用神) 을목(乙木)을 금극목(金剋木)하여 숨을 거두었다.

■ 곤명(坤命), 일수모명(逸叟母命), 금다용화격(金多用火格)

年	月	日	時								
辛	丙	己	庚	丁	戊	己	庚	辛	壬	癸	甲
丑	申	丑	午	酉	戌	亥	子	丑	寅	卯	辰

【원 문】

楠曰 己土生申金氣重 金多用火反成功 北方見水身多疾
남왈 기토생신금기중 금다용화반성공 북방견수신다질

日祿歸時壽福崇 補註 己土生申 金氣重重 傷官盜氣多者
일록귀시수복숭 보주 기토생신 금기중중 상관도기다자

用印而不用財也 運入庚子辛丑壬水 泄氣破印 患目而災病連連
용인이불용재야 운입경자신축임수 설기파인 환목이재병연연

運入東方寅卯 木生火旺 而病稍痊 然柱中眞火 而又生吾兄弟三人者
운입동방인묘 목생화왕 이병초전 연주중진화 이우생오형제삼인자

何也 蓋得丙丁二火剋去傷官 存土精英 而能旺夫旺子也 八十七歲
하야 개득병정이화극거상관 존토정영 이능왕부왕자야 팔십칠세

辰運合水破印 親壽方終矣 用印深驗 論用財非深知命理也
진운합수파인 친수방종의 용인심험 논용재비심지명리야

吾母一生 夫子衣祿 賴有此丙丁二火 苟無此二火則孤矣
오주다생 부자의록 뢰유차병정이화 구무차이화즉고의

【해 설】

　장남왈(張楠曰), 기토일간(己土日干)이 신월(申月)에 태어나 금기(金氣)가 무거운데, 병화(丙火)가 작용하여 오히려 성공했다. 대운이 북방으로 흘러 병이 많았으나 일록귀시격(日祿歸時格)이라 수복은 있었다.

　보주왈(補註曰), 기토일간(己土日干)이 신월(申月)에 태어나 금기(金氣)가 많으니 상관(傷官)의 도설(盜泄)이 많다. 따라서 인수(印綬)가 작용해야 하니 재성(財星)은 무용지물이다. 경자운(庚子運)·신축운

(辛丑運)·임운(壬運)에는 수극화(水剋火)하고 설기(泄氣)하고 인수(印綬)를 파(破)하니 대흉하여 오래도록 병과 싸웠다. 그러다 동방의 인묘운(寅卯運)으로 흐르자 목생화(木生火)로 인수(印綬)가 생왕(生旺)하여 병에서 벗어났다. 주중(柱中)에 병오(丙午)의 진화(眞火)가 임했기 때문이다. 또 3위나 있는 형제인 비겁(比劫)이 희신(喜神) 역할을 한다. 병정화(丙丁火)를 얻어 상관(傷官)인 신금(辛金)을 제거하고 기토(己土)를 보존하니 남편과 자식이 발달했다. 87세는 진운(辰運)인데 신자진(申子辰)이 합수(合水)하여 인수(印綬)를 파(破)하자 숨을 거두었다. 용인(用印)을 심험(深驗)했는데 논하면 용재(用財)는 명리(命理)를 심지(深知)할 것이 아니다. 내 어머니의 일생을 보아도 남편과 자식의 의록(衣祿)이 풍족한 것은 본명이 병정화(丙丁火)에 의지했기 때문이다. 진실로 이 명의 2화(火)는 고독하지 않았다.

■ 곤명(坤命), 극빈음천부성경이제부왕성격(星輕而制夫旺星格)

年	月	日	時								
丙	甲	甲	辛	癸	壬	辛	庚	己	戊	丁	丙
寅	午	戌	未	巳	辰	卯	寅	丑	子	亥	戌

【원문】

楠曰 甲生午月火炎炎 剋制夫星本太嫌 運再東方生火氣
남왈 갑생오월화염염 극제부성본태혐 운재동방생화기

孤貧淫妒不堪言 補註 甲生午月 傷辛金官星 夫星俱臨敗絶之地
고빈음투불감언 보주 갑생오월 상신금관성 부성구임패절지지

火氣益炎 辛金夫星之氣益弱 且行東方 木生火熾 夫星既受傷
화기익염 신금부성지기익약 차행동방 목생화치 부성기수상

而子胚胎損矣 一生孤貧 桑間濮上之恥可聞乎 正謂無子也
이자배태손의 일생고빈 상간복상지치가문호 정위무자야

壬辰癸巳運 衣食頗饒 蓋得壬癸水破火存夫 入寅夫絕 木作灰飛死矣
임진계사운 의식파요 개득임계수파화존부 입인부절 목작회비사의

【해 설】

　장남왈(張楠曰), 갑목일간(甲木日干)이 오월(午月)에 태어났으니 화기(火氣)가 심하고, 부성(夫星)을 심하게 극제(剋制)하니 부성(夫星)이 매우 약하여 강한 화(火)를 꺼린다. 운이 다시 동방으로 흘러 목생화(木生火)로 화기(火氣)가 발동하자 가난하며 음란하고 시기가 많았다.

　보주왈(補註曰), 갑목일간(甲木日干)이 오월(午月)에 태어났으니 설기(泄氣)가 매우 심하고, 부성(夫星)인 신금(辛金)을 파극(破剋)하여 부성(夫星)이 패절지(敗絕地)에 임했다. 더구나 인오술(寅午戌)이 화국(火局)을 이루어 화기(火氣)가 매우 왕성하니 부성(星) 신금(辛金)이 매우 쇠약하다. 또 대운이 동방으로 흘러 목생화(木生火)하자 화기(火氣)가 더욱 극성해져 남편이 상해를 당했고, 자식은 뱃속에서 손상되어 사산을 했다. 의식주조차 해결하기 어려울 정도로 가난해지자 외간남자를 상대하는 업에 종사할 수밖에 없었고, 그러한 생활로 임신이 되지 않아 자식이 없었다. 임진운(壬辰運)과 계사운(癸巳運)에는 굶어죽지 않을 정도는 해결했는데, 임계수(壬癸水)가 화(火)

를 파(破)하여 부성(夫星)을 지켰기 때문이다. 인운(寅運)에는 목생화(木生火)하자 남편이 숨졌고, 목(木)이 재가 되어 날아가자 본인도 숨을 거두었다.

■ 곤명(坤命), 고빈녀명(孤貧女命), 토유여목화부족격(土有餘木火不足格)

```
年  月  日  時
己  己  丁  己      庚辛壬癸甲乙丙丁
丑  巳  丑  酉      午未申酉戌亥子丑
```

【원문】

楠曰 丁逢己土食神多 泄損精神定奈何 信是孤貧應有數
남왈 정봉기토식신다 설손정신정나하 신시고빈응유수

子多無子豈差訛 補註 丁火生巳 本爲火之分野
자다무자개차와 보주 정화생사 본위화지분야

殊不知四柱食神傷官太多 泄弱丁火精英 則是母胎虛耗
수불지사주식신상관태다 설약정화정영 즉시모태허모

子無托生之所 正謂子多無子 若得東方甲乙運 有木剋去子星
자무탁생지소 정위자다무자 약득동방갑을운 유목극거자성

存養丁火精神 庶幾尚可生子 此造何期運入西方 全無木氣
존양정화정신 서기상가생자 차조하기운입서방 전무목기

財神太重 財多身弱 一生孤苦貧寒無子 入戌再加一土
재신태중 재다신약 일생고가난한무자 입술재가일토

愈泄精神死矣
유설정신사의

【해 설】

장남왈(張楠曰), 정화일간(丁火日干)이 기토월(己土月)에 태어나 많은 식신(食神)이 심하게 설손(泄損)시키니 어떻게 하면 좋은가. 매우 가난하며 자식을 많이 두었으나 무자(無子)했는데 어찌된 영문인가.

보주왈(補註曰), 정화일간(丁火日干)이 사월(巳月)에 태어났으니 득령(得令)하여 신강(身强)해야 하는데, 지나치게 많은 식상(食傷)이 심하게 설기(泄氣)하여 신약(身弱) 사주가 되었다. 자식인 식신(食神)은 왕성한데 어머니인 인수(印綬)는 허약하니 의지할 곳이 없기 때문이다. 따라서 비록 자식을 많이 두었으나 실상은 무자(無子)인 셈이 되었다. 만일 대운이 동방의 갑을운(甲乙運)으로 갔으면 목극토(木剋土)로 병신(病神)인 토(土)를 제거하여 생자(生子)할 수 있었을 것이다. 그러나 서방의 금운(金運)으로 흘러 목기(木氣)가 하나도 없고, 재신(財神)이 태중(太重)하여 재다신약(財多身弱)이 되어 평생 가난하며 무자(無子)였다. 술운(戌運)을 만나 토(土)를 하나 더하자 숨을 거두었다.

■ 곤명(坤命), 고과목소제살태과격(孤寡木少制殺太過格)

年	月	日	時								
丙	辛	己	庚		庚	己	戊	丁	丙	乙	甲	癸
子	丑	卯	午		子	亥	戌	酉	申	未	午	巳

【원 문】

楠曰 坐下夫星木氣微 不堪金旺木無依 西方運入金多見
남왈 좌하부성목기미 불감금왕목무의 서방운입금다견

獨守孤燈只自知 補註 己土生丑 透出庚辛不宜 乃夫受制太過
독수고등지자지 보주 기토생축 투출경신불의 내부수제태과

己亥運夫星得生 頗遂室家之願 一入西方 剋夫孀居 一子到老
기해운부성득생 파수실가지원 일입서방 극부상거 일자도노

其不肖宜矣
기불초의의

【해 설】

　장남왈(張楠曰), 일지(日支)에 부성(夫星)인 목기(木氣)가 있으나
미약하다. 따라서 금(金)은 왕성하고 목(木)은 의지할 곳이 없는데 대
운이 서방의 금운(金運)으로 흘러 금극목(金剋木)하자 남편이 죽고
과부가 되었다.

　보주왈(補註曰), 기토일간(己土日干)이 축월(丑月)에 태어나 득령
(得令)했으나 월상(月上)과 시상(時上)에 경신금(庚辛金)이 투출(透
出)하여 흉하다. 금극목(金剋木)으로 부성(夫星)을 심하게 제극(制
剋)하자 남편이 요절했다. 기해운(己亥運)에 부성(夫星)이 생(生)하자
재혼하여 의식주는 약간 해결했으나, 서방의 유신운(酉申運)에 다시
극부(剋夫)하자 재혼한 남편도 숨졌다. 자식이 하나 있었으나 평생
불효가 막심했다.

2장. 격국론(格局論)

1. 인수격(印綬格)

【원 문】

楠曰 正印偏印格者 如父母生身之義也 蓋日主得其資助
남왈 정인편인격자 여부모생신지의야 개일주득기자조

古書云 印綬生月利官運 畏入財鄕 蓋財乃破印之氣也 此亦書之死格
고서운 인수생월이관운 외입재향 개재내파인지기야 차역서지사격

非通變之道也 然四柱印綬太旺 日主有氣 印疊生身 如人元氣本旺
비통변지도야 연사주인수태왕 일주유기 인첩생신 여인원기본왕

再服補藥 生可存乎 此則必用見財以破印也 四柱財少
재복보약 생가존호 차즉필용견재이파인야 사주재소

必須運上財神則吉 又若日主根輕 印星又弱 最畏財星
필수운상재신즉길 우약일주근경 인성우약 최외재성

謂之貪財損印也 又有眞印假印 如丙日生人 生臨亥月
위지탐재손인야 우유진인가인 여병일생인 생임해월

或用亥中甲木作假印也 十月木氣根枯葉落
혹용해중갑목작가인야 시월목기근고엽낙

則此衰木宜行東方木旺之地 以補助其根氣 則如枯苗得雨 勃然而興
즉차쇠목의행동방목왕지지 이보조기근기 즉여고묘득우 발연이흥

畏巳酉丑運沖剋其木 尤畏行西方庚申辛酉 天干地支俱全 損傷尤甚
외사유축운충극기목 우외행서방경신신유 천간지지구전 손상우심

若天干得壬癸甲乙丙丁蓋頭 雖禍亦淺
약천간득임계갑을병정개두 수화역천

【해 설】

장남왈(張楠曰), 정인격(正印格)과 편인격(偏印格)은 모두 부모가
나를 생(生)해준다는 뜻이니 일간(日干)이 힘을 얻은 격이다.

고서운(古書云), 인수월(印綬月)에 태어나면 관운(官運)이 이롭고,
재성운(財星運)이 두려운 것은 재성(財星)이 인성(印星)을 파극(破
剋)하기 때문이라고 한다. 그러나 사격(死格)에 해당할 뿐 통변(通變)
의 도를 모르고 하는 말이다.

주중(柱中)에서 인수(印綬)가 매우 왕성해 일간(日干)에 기(氣)가
있으면 인성(印星)이 중첩하여 아신(我身)을 생(生)한다. 원래 건강한
사람에게 보약을 먹이는 것과 같은 이치다. 이럴 때는 마땅히 재성(財
星)으로 인수(印綬)를 파(破)해야 하는데, 만일 재성(財星)이 약하면
반드시 재왕운(財旺運)을 만나야 길하다. 만일 일간(日干)의 뿌리가
약한데 인성(印星)도 약하면 재성운(財星運)을 가장 두려워하는데,
이것은 재성(財星)을 탐하여 인성(印星)을 손상시키는 격이 되기 때
문이다.

또 진인격(眞印格)과 가인격(假印格)이 있다. 예를 들어 병화일간
(丙火日干)이 해월(亥月)에 태어났는데 해중(亥中) 갑목(甲木)이 인성

(印星)이 되면 가인격(假印格)이 된다. 이때는 10월 목(木)이 뿌리가 마르고 잎이 떨어져 쇠약한데, 동방의 목왕운(木旺運)으로 흐르면 그 근기(根氣)를 도와 마른 싹이 비를 만난 것처럼 갑자기 일어난다. 이때는 사유축운(巳酉丑運)으로 흘러 목(木)을 충극(沖剋)하는 것은 꺼린다. 이때 만일 서방의 경신(庚申) 신유(辛酉)가 천간(天干)과 지지(地支)에 모두 있으면 손상이 더 심하다. 그러나 천간(天干)에 임계(壬癸)와 갑을(甲乙)과 병정(丙丁)이 개두(蓋頭)하면 비록 화를 만나도 가벼워진다.

【원 문】

又若丙丁日主 生臨寅卯多根之地 謂之眞印也 若印多不畏財星
우약병정일주 생임인묘다근지지 위지진인야 약인다불외재성

若日主輕 如只有一二點印 亦畏財也 大抵木不能勝金 謂之印綬被傷
약일주경 여지유일이점인 역외재야 대저목불능승금 위지인수피상

倘若榮華不久 眞假印辨 不可不究 財官印殺食神傷官
당약영화불구 진가인변 불가불구 재관인살식신상관

此六格乃日干月令所出 正格外有陽刃格 此係日月相通 出此之外
차육격내일간월령소출 정격외유양인격 차계일월상통 출차지외

或虛邀財官 或刑合財官 或暗拱財官 或逢沖財官 或遙沖財官
혹허요재관 혹형합재관 혹암공재관 혹봉충재관 혹요충재관

亦幾近理 說見下文
역기근리 설견하문

【해 설】

만일 병정일간(丙丁日干)이 인묘월생(寅卯月生)이면 지지(地支)에

뿌리가 많은 것이니 진인격(眞印格)이 된다. 만일 인성(印星)이 많으면 재성(財星)을 꺼리고, 인수(印綬)가 1~2위 밖에 없어 일간(日干)이 미약해도 재성(財星)을 꺼린다. 목(木) 하나와 금(金) 하나가 싸우면 목(木)은 금(金)을 이길 수 없기 때문에 인수(印綬)가 상해를 입고 부귀영화가 와도 오래 가지 못한다. 그리고 진인격(眞印格)이나 가인격(假印格)은 사실 불가한 것이니 연구하지 말라.

그리고 재성(財星), 관성(官星), 인성(印星), 칠살(七殺), 식신(食神), 상관(傷官)은 일간(日干)을 중심으로 월령(月令)에서 나오면 정격(正格)이며 양인격(陽刃格)도 될 수 있다. 이 외에 재관(財官)을 허공에서 치거나 재관(財官)을 형합(刑合)하거나 재관(財官)을 암공(暗拱)하거나 재관(財官)을 요충(遙沖)하거나 하는 외격(外格)이 원리와 가까운 학설이니 다음을 참조하기 바란다.

【원 문】

繼善篇云 官刑不犯 印綬天德同宮 補日 一說謂不犯官府刑憲
계선편운 관형불범 인수천덕동궁 보왈 일설위불범관부형헌

蓋因印綬天德年月日時支同一宮分固通 格解 但謂四柱中俱有
개인인수천덕년월일시지동일궁분고통 격해 단위사주중구유

乃同一命宮分 不必同一支 如甲寅丙寅丁酉丙午 是天德在丁
내동일명궁분 불필동일지 여갑인병인정유병오 시천덕재정

月德在丙 印綬在寅 如庚申庚辰庚子壬午 是天德月德俱在壬
월덕재병 인수재인 여경신경진경자임오 시천덕월덕구재임

印綬在辰 謂天德與印綬同一命宮是已 尤通嚴陵命書謂天月二德星
인수재진 위천덕여인수동일명궁시이 우통엄능명서위천월이덕성

在日上爲的當 他處不見當作德論 古歌云 月逢印綬喜官星
재일상위적당 타처불견당작덕논 고가운 월봉인수희관성

運入官鄕福必淸 死絶運臨身不利 後行財運百無成 補曰
운입관향복필청 사절운임신불리 후행재운백무성 보왈

甲乙在亥子月生 丙丁在寅卯月生 戊己在巳午月生 壬癸在申酉月生
갑을재해자월생 병정재인묘월생 무기재사오월생 임계재신유월생

庚辛在辰戌丑未月生 或在巳午月生 皆是月逢印綬也
경신재진술축미월생 혹재사오월생 개시월봉인수야

若四柱中元有官星 乃是官印相生 方爲貴人 誠印綬格所最喜者也
약사주중원유관성 내시관인상생 방위귀인 성인수격소최희자야

若行官鄕運 則發福必淸厚 行死絶運 輕則災疾損傷 重則死亡喪服
약행관향운 즉발복필청후 행사절운 경즉재질손상 중즉사망상복

若行財鄕 貪財壞印 其禍百端
약행재향 탐재괴인 기화백단

【해 설】

계선편운(繼善篇云), 관형(官刑)을 범하지 않으면 인수(印綬)와 천
덕(天德)이 동궁(同宮)에 있는 명이다.

보주왈(補註曰), 이 말은 관부(官府)의 형헌(刑憲)을 범하지 않아
야 한다는 말이니, 인수(印綬)와 천덕(天德)이 동궁(同宮)에 있음을
말한다.

격해운(格解云), 주중(柱中)에 모두 있으면 같은 지지(地支)에 있을
필요는 없다. 예를 들어 갑인년(甲寅年) 병인월(丙寅月) 정유일(丁酉
日) 병오시생(丙午時生)이면 천덕(天德)은 정화(丁火), 월덕(月德)은

병화(丙火), 인수(印綬)는 인목(寅木)에 있다. 또 경신년(庚申年) 경진월(庚辰月) 경자일(庚子日) 임오시생(壬午時生)이면 천덕(天德)과 월덕(月德)은 모두 임수(壬水)에 있고, 인수(印綬)는 진(辰)에 있으니, 천덕(天德)과 인수(印綬)가 같은 명궁(命宮)에 있다고 하는 것이다.

엄능명서운(嚴陵命書云), 천월이덕(天月二德)이 일(日)에 있으면 적당하고, 다른 곳에 있으면 천월덕(天月德)이 아니라 화국(火局)으로 논한다.

고가왈(古歌曰), 월령(月令)에서 인수(印綬)를 만나면 관성(官星)이 길하니 관성운(官星運)으로 흐르면 반드시 청귀한 복을 누린다. 그러나 사절운(死絕運)에 임하면 불리하고, 재성운(財星運)을 만나면 성사되는 일이 하나도 없다.

보왈(補曰), 갑을목(甲乙木)이 해자월생(亥子月生)이거나, 병정화(丙丁火)가 인묘월생(寅卯月生)이거나, 무기토(戊己土)가 사오월생(巳午月生)이거나, 임계수(壬癸水)가 신유월생(申酉月生)이거나, 경신금(庚辛金)이 진술축미월생(辰戌丑未月生)이나 사오월생(巳午月生)이면 모두 월령(月令)에서 인수(印綬)를 만난 것이다. 만일 원명에 관성(官星)이 있으면 관인상생(官印相生)이 되어 귀인(貴人)의 명이니 인수격(印綬格)이 가장 길하다. 만일 관성운(官星運)으로 흐르면 발복하여 반드시 청후(淸厚)하나, 사절운(死絕運)으로 흐르면 가벼우면 질병과 손상이 따르고, 무거우면 사망하거나 상복을 입는다. 만일 재성운(財星運)으로 흐르면 탐재괴인(貪財壞印)이 되어 화액이 백단으로 따른다.

又曰 重重生氣若無官 常作淸高技藝看 官殺不來無爵祿
우왈 중중생기약무관 상작청고기예간 관살불래무작록

總爲技藝也孤寒 補曰 月生日干 年時 俱有印綬 是謂重重生氣也
총위기예야고한 보왈 월생일간 년시 구유인수 시위중중생기야

有官方作貴推 若無官殺 非技藝之流 則庸常之輩 總爲淸高之藝
유관방작귀추 약무관살 비기예지류 즉용상지배 총위청고지예

亦不免孤苦寒微而已 所謂印綬旺而子息稀是也 又曰
역불면고고한미이이 소위인수왕이자식희시야 우왈

印綬干頭重見比 如行運助必傷身 莫言此格無奇妙 運入財鄕福祿眞
인수간두중견비 여행운조필상신 막언차격무기묘 운입재향복록진

補曰 印綬生月 干頭重重 一見印綬之比肩 又行印旺之運必傷身
보왈 인수생월 간두중중 일견인수지비견 우행인왕지운필상신

所謂木賴水生 水盛則木漂 木逢壬癸水漂流 日主無根枉度秋是已
소위목뢰수생 수성즉목표 목봉임계수표류 일주무근왕도추시이

印旺遇財乃發 須入財鄕運 乃能發福發祿 如水盛木漂 必須行財運
인왕우재내발 수입재향운 내능발복발록 여수성목표 필수행재운

以土制水 則木植其根爲福 所謂歲運若行財旺地 反凶爲吉
이토제수 즉목식기근위복 소위세운약행재왕지 반흉위길

遇王侯是也 格解 所謂 印綬畏入財鄕之句 不可拘泥是也
우왕후시야 격해 소위 인수외입재향지구 불가구니시야

【해 설】

　만일 생기가 많은데 관성(官星)이 없으면 청고하며 기예가 있는 명
으로 보고, 관살(官殺)을 만나지 못하면 기예만 있을뿐 고독한 명으

로 본다.

　보주왈(補註曰), 월령(月令)이 일간(日干)을 돕고 년시(年時)에 인수(印綬)가 있으면 생기가 많은 것이다. 이때 관성(官星)이 있으면 귀격(貴格)이 되나, 관살(官殺)이 없으면 기예의 부류이거나 평범한 명이니 고통을 면하기 어렵다. 이른바 인수(印綬)가 왕성하면 자식을 적게 둔다는 말이 이것을 두고 하는 말이다.

　또 인수(印綬)가 간두(干頭)에 있는데 비견(比肩)이 거듭 보이면 운에서 아신(我身)을 도울 때 반드시 손상된다. 그렇다고 이 격을 기묘하지 않다고 하지 말라. 재성운(財星運)으로 흐르면 진실한 복록이 온다.

　보주왈(補註曰), 인수(印綬)가 월령(月令)에서 생(生)하고 간두(干頭)에 많으면 인수(印綬)의 비견(比肩)이 많은 것이니 인왕운(印旺運)에 반드시 손상된다. 이른바 목(木)이 수(水)에 의지해 생(生)하나 수(水)가 왕성하면 목(木)은 표류하니, 목(木)은 임계수(壬癸水)를 만나면 표류되는 흉조가 되는데 일간(日干)이 무근(無根)이고 금기(金氣)가 왕성해도 그렇다. 그러나 인성(印星)이 왕성한데 재성(財星)을 만나면 발복하니 재성운(財星運)으로 흐르면 능히 발복한다. 따라서 수(水)가 왕성해 목(木)이 표류하면 재성운(財星運)으로 흘러야 하는데, 토(土)로 수(水)를 다스리면 목(木)이 뿌리를 내려 복이 된다. 이른바 재왕운(財旺運)으로 흐르면 흉이 길로 변하니 왕후를 만나 부귀를 얻을 것이다. 격해(格解)에서 인수(印綬)가 재성운(財星運)을 만나면 반드시 두려워하는 것만은 아니라는 말이 이것이다.

【원 문】

又曰 印綬官星旺氣純 傷官多遇轉精神 如行死絶並財地
우왈 인수관성왕기순 상관다우전정신 여행사절병재지

無救反爲泉下人 補曰 印逢官星 如値所喜 則爲旺氣純也
무구반위천하인 보왈 인봉관성 여치소희 즉위왕기순야

傷官多遇 如値所忌 則不免轉而小精神也 舊文原是如此
상관다우 여치소기 즉불면전이소정신야 구문원시여차

而或者改旺氣爲運氣 改傷官爲偏官 以轉精神爲有精神 則非也
이혹자개왕기위운기 개상관위편관 이전정신위유정신 즉비야

又曰 印星偏者是梟神 柱內最喜見財星 身旺遇之方是福
우왈 인성편자시효신 주내최희견재성 신왕우지방시복

身衰梟旺更無情 補曰 印星偏者 如甲生亥月 乙生子月之類
신쇠효왕갱무정 보왈 인성편자 여갑생해월 을생자월지류

無食則爲偏印 有食則爲梟神 柱中見偏財並正財則吉 故曰
무식즉위편인 유식즉위효신 주중견편재병정재즉길 고왈

偏印遇財乃發 又曰 偏財能益壽延年 身旺遇之吉 若身弱逢梟旺
편인우재내발 우왈 편재능익수연년 신왕우지길 약신약봉효왕

則爲禍矣 所謂梟神興而早年夭折是也
즉위화의 소위효신흥이조년요절시야

【해 설】

　만일 인수(印綬)가 관성(官星)을 만나면 왕성한 살성(殺星)이　순
해지고, 상관(傷官)을 많이 만나면 관성(官星)을 파(破)하니 약해진
다. 만일 사절운(死絶運)이나 재성운(財星運)을 만났는데 구해주는
육신(六神)이 없으면 평범한 명이 된다.

보주왈(補註曰), 인성(印星)이 관성(官星)을 만나면 왕성한 살성(殺星)이 순해지니 좋으나, 상관(傷官)이 많으면 약해져 발복할 수 없으니 꺼린다.

구문(舊文), 원래 이런 것을 혹자가 왕기(旺氣)를 운기(運氣)로 고치고, 상관(傷官)을 편관(偏官)으로 고치고, 전정신(轉精神)을 유정신(有精神)으로 고쳤는데 모두 잘못이다. 또 인성(印星)의 편자(偏者)가 효신(梟神)인데 재성(財星)을 만나고 신왕(身旺)하면 복명(福命)이 되지만, 신약(身弱)한데 효왕(梟旺)하면 다시 무정하며 흉한 명이 된다.

보주왈(補註曰), 인성(印星)의 편자(偏者)란 갑목(甲木)이 해월생(亥月生)이거나 을목(乙木)이 자월생(子月生)인 경우다. 이때 식신(食神)이 없으면 복이 되고, 인성(印星)과 식신(食神)이 있으면 효신(梟神)이 되는데, 주중(柱中)에서 편재(偏財)나 정재(正財)를 만나면 길하다. 따라서 편인(偏印)이 재성(財星)을 만나면 발복하고, 편재(偏財)가 능히 수명을 연장하며 복을 늘린다. 만일 신왕(身旺)하면 길하나 신약(身弱)한데 효왕(梟旺)을 만나면 화가 따른다. 효신(梟神)이 흥하면 요절한다는 옛말이 이것이다.

【원 문】

絡繹賦云 印臨子位 受子之榮 梟居祖位 破祖之基 補曰 或曰
낙역부운 인임자위 수자지영 효거조위 파조지기 보왈 혹왈

梟居 祖位 破祖之基 甚應驗 觀六親論云 日時殺刃逢梟
효거 조위 파조지기 심응험 관육친론운 일시살인봉효

半道妻兒離散 可見格解 謂梟居祖位破祖之基 再詳 玉匣賦云
반도처아이산 가견격해 위효거조위파조지기 재상 옥갑부운

華蓋與文星共會 尉遲爲五伯良臣 補曰 文星謂印綬也
화개여문성공회 위지위오백양신 보왈 문성위인수야

故通明篇云 印綬文華也 非文昌之文 寸金鑑云 印綬不喜見臨官
고통명편운 인수문화야 비문창지문 촌금감운 인수불희견임관

帝旺逢之亦不歡 八字逢財無所用 行財不利郤無端 補曰
제왕봉지역불환 팔자봉재무소용 행재불리극무단 보왈

臨官是日干行臨官之地 印逢則病 故曰 不喜見臨官帝旺
임관시일간행임관지지 인봉즉병 고왈 불희견임관제왕

是日干行帝旺之地 印逢則死 故曰 逢之亦不懽 八字中最忌財星
시일간행제왕지지 인봉즉사 고왈 봉지역불환 팔자 중최기재성

喜見官星 如運行財旺之鄕 則貪財壞印 爲禍百端 所謂如行死絕
희견관성 여운행재왕지향 즉탐재괴인 위화백단 소위여행사절

財旺地 無救反爲賤下人
재왕지 무구반위천하인

【해 설】

　낙역부운(絡繹賦云), 인수(印綬)가 자궁(子宮)에 임하면 자식이 영화롭고, 효인(梟印)이 조상궁에 임하면 조상의 업을 파한다.

　보왈(補曰), 효인(梟印)이 조상궁에 임하면 조상의 업을 파한다는 말이 있는데 경험해 보니 확실했다.

　육친론운(六親論云), 일시(日時)에 살인(殺刃)이 있는데 다시 효인(梟印)을 만나면 처자와 이별한다.

　격해(格解), 효인(梟印)이 조상궁에 임하면 조상의 업을 파한다는

말은 자세하지 하다.

옥갑부운(玉匣賦云), 화개(華蓋)와 문성(文星)이 모두 있으면 위지(尉遲)와 오백(五伯) 같은 어진 신하가 된다.

보주왈(補註曰), 문성(文星)은 인수(印綬)를 가리키는 말이다.

통명편운(通明篇云), 인수(印綬)가 문화(文華)이고, 문창성(文昌星)은 문(文)이 아니라고 한 것이 이것이다.

촌금감운(寸金鑑云), 인수(印綬)는 임관제왕(臨官帝旺)을 꺼리고, 재성(財星)을 만나면 불리하니 재성운(財星運)으로 흐르면 화액이 많다.

보주왈(補註曰), 임관(臨官)이란 생왕사절(生旺死絶)의 임관(臨官)을 말하는데, 인수(印綬)를 만나면 병(病)이 된다. 따라서 임관제왕(臨官帝旺)을 만나면 흉하다는 것은 일간(日干)의 제왕지(帝旺地)는 인수(印綬)이며 사지(死地)이기 때문이다. 따라서 만나면 역시 좋지 않고, 팔자에서 가장 꺼리는 것은 재성(財星)이고 관성(官星)을 만나야 길하다. 예를 들어 재성운(財星運)을 만나면 탐재괴인(貪財壞印)이 되어 재앙이 백단으로 따르기 때문이다. 이른바 사절재왕지(死絶財旺地)에서 구해주는 육신(六神)이 없으면 하천한 사람이 된다.

【원 문】

萬金賦云 第一限逢印綬鄉 運行生旺必榮昌 官鄉會合遷官職
만금부운 제일한봉인수향 운행생왕필영창 관향회합천관직

死絶當頭是禍殃 淵源歌云 有印有財是禍媒 喜逢官位怕臨財
사절당두시화앙 연원가운 유인유재시화매 희봉관위파임재

主人囊括文章秀 一擧丹墀面帝來 元理賦云 水泛木浮者括木
주인낭괄문장수 일거단지면제래 원리부운 수범목부자괄목

補曰 此言水泛木浮格也 蓋甲木生於亥則無咎 乙木生於亥
보왈 차언수범목부격야 개갑목생어해즉무구 을목생어해

水泛木浮 恐無聚作 又曰 水盛則漂木無定 若行土運方爲榮
수범목부 공무취작 우왈 수성즉표목무정 약행토운방위영

補曰 上文論陰木 此論陽木 蓋言甲木歸於子 水敗之鄉
보왈 상문론음목 차론양목 개언갑목귀어자 수패지향

柱中水印太盛 失土止者 人命得之 主漂蕩無定 風花好酒 無成之造
주중수인태성 실토지자 인명득지 주표탕무정 풍화호주 무성지조

遇土運止水 發福爲榮 又曰 貪食乖疑 命用梟神因有病 補曰
우토운지수 발복위영 우왈 탐식괴의 명용효신인유병 보왈

如曰坐梟神 或干支梟印重者 運逢食神 必主貧乏生病 更帶刑沖
여일좌효신 혹간지효인중자 운봉식신 필주빈핍생병 갱대형충

作災不測 故奧旨賦云 歲月時中有偏印 吉凶未明 大運歲君遇壽星
작재불측 고오지부운 세월시중유편인 길흉미명 대운세군우수성

災殃立至 又曰 命用梟神 富家營辦 四言獨步云 六甲坐申 三重見子
재앙입지 우왈 명용효신 부가영판 사언독보운 육갑좌신 삼중견자

運至北方 須防橫死 又曰 天干二丙 地支全寅 更加生印 死見凶臨
운지북방 수방횡사 우왈 천간이병 지지전인 갱가생인 사견흉임

又曰 壬癸多金 生氣酉申 土旺則貴 水旺則貧 又曰 癸曰申提
우왈 임계다금 생기유신 토왕즉귀 수왕즉빈 우왈 계일신제

卯寅歲時 年殺月劫 林下孤悽
묘인세시 년살월겁 임하고처

【해 설】

만금부운(萬金賦云), 가장 좋은 것은 인수운(印綬運)을 만나는 것

이다. 운이 생왕(生旺)되면 반드시 영창하고, 관성운(官星運)이 회합(會合)하면 관직이 바뀌고, 사절지(死絶地)에 이르면 재앙이 따른다.

연원가운(淵源歌云), 인성(印星)과 재성(財星)이 싸우면 재앙의 원인이 된다. 좋은 것은 관성(官星)을 만나 재생관(財生官) 관생인(官生印)으로 유통시키는 것이고, 인성(印星)이 작용할 때는 재성(財星)으로 재극인(財剋印)하는 것이다. 인성(印星)이 작용하는데 재성(財星)이 없으면 문장이 우수하여 한 번에 장원급제하여 고관이 된다.

원리부운(元理賦云), 수(水)가 범람하면 목(木)은 뜨게 되어 묶어 놓아야 하니 흉한 명이 된다.

보왈(補曰), 갑목일간(甲木日干)이 해월생(亥月生)이면 흉이 없으나, 을목일간(乙木日干)이 해월생(亥月生)이면 수범목부(水泛木浮)가 되어 흉사한다. 또 수(水)가 왕성하면 표목(漂木)이 되지만, 토운(土運)을 만나 토극수(土剋水)를 하면 오히려 영화로워진다.

보주왈(補註曰), 위에서 논한 것은 음목(陰木)에 대한 것이고 이번에 논하는 것은 양목(陽木)에 대한 것이다. 갑목일간(甲木日干)이 자월생(子月生)인데 주중(柱中)에 수기(水氣)가 매우 왕성하고, 대운에서 다시 수운(水運)을 만나면 대흉하다. 이런 명은 방탕하게 떠돌아다녀 정착지가 없고, 주색에 빠져 평생 아무것도 이루지 못한다. 그러나 토운(土運)을 만나 토극수(土剋水)를 하면 발복하여 영화가 따른다. 또 주중(柱中)에서 식신(食神)과 효신(梟神)이 싸우는데 효인(梟印)이 작용하면 병(病)이 된다.

보주왈(補註曰), 일간(日干)에 효신(梟神)이 있고 간지(干支)에 효인(梟印)이 무거운데, 운에서 다시 식신(食神)을 만나면 반드시 가난하다. 이것은 식신(食神)이 병(病)을 생조(生助)하기 때문이다. 이때 형충(刑沖)을 대동하면 예측하기 어려울 정도로 재앙을 많이 당한다.

오지부운(奧旨賦云), 년월시(年月時)에 편인(偏印)이 있으면 길흉이 분명하지 않고, 대운과 세운에서 만나면 수명이 온전하지 못하나, 효신(梟神)이 작용하면 부자가 된다.

사언독보운(四言獨步云), 육갑일(六甲日)이 신월생(申月生)이며 자수(子水)를 3중으로 만났는데 북방운에 들면 비명횡사한다. 만일 천간(天干)에 병화(丙火)가 둘 있고 지지(地支)가 모두 인목(寅木)인데 다시 인수(印綬)를 만나면 사망한다. 만일 임계일간(壬癸日干)이 신유금(申酉金)이 많은데 토(土)가 왕성하면 귀격(貴格)을 이루나, 수(水)가 왕성하면 가난하다. 만일 계수일간(癸水日干)이 신월생(申月生)인데 년시(年時)에 묘인(卯寅)이 있으면 년살(年殺)과 월겁(月劫)에 해당하니 처량한 명이 된다.

■ 건명(乾命), 임천황양공부명(臨川黃良三公富命), 수중토경격(水重土輕格)

年	月	日	時								
己	乙	乙	丁		甲	癸	壬	辛	庚	己	戊	丁
亥	亥	丑	亥		戌	酉	申	未	午	巳	辰	卯

【원문】

楠曰 水氣重重在地支 木漂水泛欲依何 最宜土運來剋水
남왈 수기중중재지지 목표수범욕의하 최의토운내극수

財帛金珠樂有餘 補註 乙木生亥 重重水氣以漂之 早行癸酉壬申
재백금주낙유여 보주 을목생해 중중수기이표지 조행계유임신

水多見水不利 一入辛未庚午己巳戊辰四運 土止水流 財發萬緡
수다견수불리 일입신미경오기사무진사운 토지수류 재발만민

正謂印綬苦多 財要見也
정위인수고다 재요견야

【해설】

장남왈(張楠曰), 지지(地支)에 수기(水氣)가 넘쳐 목(木)이 표류하
니 어디에 의지할 것인가. 가장 좋은 것은 토운(土運)을 만나 토극수
(土剋水)를 하는 것인데, 이런 명은 재물과 복락이 많이 따른다.

보주왈(補註曰), 을목일간(乙木日干)이 해월(亥月)에 태어나 표목
(漂木)이 되었으니 흉하다. 초년에는 계유운(癸酉運)과 임신운(壬申
運)이니 수기(水氣)가 많아 고생이 많았으나, 신미운(辛未運)·경오운
(庚午運)·기사운(己巳運)·무진운(戊辰運)은 화토운(火土運)이니 토
극수(土剋水)를 하여 만 석의 부자가 되었다. 인수(印綬)가 많아 고
전할 때는 재성(財星)을 만나야 길하다.

■ 건명(乾命), 우강유삼삼공(盱江劉三三公), 수다표목격(水多漂木格)

年	月	日	時								
丁	辛	乙	丁		庚	己	戊	丁	丙	乙	甲	癸
亥	亥	亥	亥		戌	酉	申	未	午	巳	辰	卯

【원 문】

楠曰 乙生亥月水重重 殺刃分明祖業豐 戊己運中雖發福

남왈 을생해월수중중 살인분명조업풍 무기운중수발복

再行水運壽年終 補註 乙木生亥 水氣重重 但喜純粹水木丁火蓋頭

재행수운수년종 보주 을목생해 수기중중 단희순수수목정화개두

蓋得祖財豐者 己酉戊運 財名頗振 酉運殺輕得祿也 原殺星見水多

개득조재풍자 기유무운 재명파진 유운살경득록야 원살성견수다

泄去精神 殺弱入酉 殺星得祿 生子甚多 一入申運 壬水太旺

설거정신 살약입유 살성득록 생자심다 일입신운 임수태왕

水來泛木死矣

수래범목사의

【해 설】

　장남왈(張楠曰), 을목일간(乙木日干)이 해월(亥月)에 태어나 수(水)가 많으니 살인(殺刃)이 분명하다. 조상의 업이 많고 무기운(戊己運)에 발복했으나, 수운(水運)을 만나자 숨을 거두었다.

　보주왈(補註曰), 을목일간(乙木日干)이 해월(亥月)에 태어나 수기(水氣)가 많은데, 좋은 것은 지지(地支)의 수기(水氣)가 순수하고 천간(天干)에는 을목(乙木)과 정화(丁火)가 개두(蓋頭)하여 투출(透出)한 것이다. 년월(年月)에서 살인상생(殺印相生)하니 조상의 재물이 많았다. 기유운(己酉運)과 무신운(戊申運)에는 반길하여 재물이 약간 늘었고, 유운(酉運)에는 살(殺)이 가벼운 중에 득록(得祿)하여 자식을 많이 두었다. 그러나 신운(申運)에는 임수(壬水)가 매우 왕성해지자 범목(泛木)이 되어 숨을 거두었다.

■ 건명(乾命), 우강유영천구공부명(盱江劉瑛千九公富命), 쇠인외재
격(衰印畏財格)

```
年 月 日 時
壬 辛 丁 辛      壬癸甲乙丙丁戊己
寅 亥 巳 亥      子丑寅卯辰巳午未
```

【원 문】

楠曰 丁火生臨亥月乾 木神類聚喜相連 柱中最怕金爲病
남왈 정화생임해월건 목신유취희상연 주중최파금위병

運入東方福祿全 補註 丁火生於亥月 火神衰弱 喜年干透出壬水
운입동방복록전 보주 정화생어해월 화신쇠약 희년간투출임수

丁壬化木於亥 更得寅亥木神類聚 用木無疑矣 蓋得巳宮有庚來損木
정임화목어해 갱득인해목신류취 용목무의의 개득사궁유경내손목

則金爲病明矣 運行甲寅乙卯丙辰丁運 枯木逢春 又喜火破庚金存木
즉금위병명의 운행갑인을묘병진정운 고목봉춘 우희화파경금존목

富享優游 入巳 强矺毀廬 喪子奇禍 蓋嫌巳中金來破木也
부향우유 입사 강관훼여 상자기화 개혐사중금내파목야

午未木死 阻壽
오미목사 조수

【해 설】

장남왈(張楠日), 정화일간(丁火日干)이 해월(亥月) 건지(乾地)에 태
어나 목신(木神)이 모이는데, 좋은 것은 연달아 아신(我身)을 생(生)
하는 것이다. 주중(柱中)의 금극목(金剋木)이 병(病)인데 동방운으로

흘러 복록이 쌍전했다.

보주왈(補註曰), 정화일간(丁火日干)이 해월(亥月)에 태어나 화(火)가 쇠약하다. 좋은 것은 년간(年干)에 투출(透出)한 임수(壬水)가 정임화목(丁壬化木)하고, 지지(地支)의 인해(寅亥)가 합목(合木)하는 것이니, 목신(木神)의 작용을 의심할 것이 없다. 그러나 사중(巳中) 경금(庚金)이 목(木)을 손상시키니 금(金)이 병(病)이다. 갑인운(甲寅運)·을묘운(乙卯運)·병진운(丙辰運)·정운(丁運)에는 메마른 나무가 봄을 만난 격이라 발복했다. 또 화극금(火剋金) 수생목(水生木)으로 병(病)을 제거하고 목(木)을 보존하자 부귀영화를 누렸다. 그러나 사운(巳運)에는 사중(巳中) 경금(庚金)이 목(木)을 파괴하자 자식을 잃었고, 오미운(午未運)에는 목(木)이 죽자 숨을 거두었다.

■ 건명(乾命), 풍성손세우포정귀명(豐城孫世佑布政貴命), 왕변위약용인격(旺變爲弱用印格)

年	月	日	時										
乙	辛	己	庚		庚	己	戊	丁	丙	乙	甲	癸
丑	巳	巳	午		辰	卯	寅	丑	子	亥	戌	酉

【원문】
楠曰 己土雖然坐旺鄕 重重金氣損精陽 旺中變弱來親印
남왈 기토수연좌왕향 중중금기손정양 왕중변약내친인

殺運應知佐廟廊 補註 己土雖生巳月 本爲火生之域 夫星何金氣重重
살운응지좌묘낭 보주 기토수생사월 본위화생지역 부성하금기중중

己土見金泄其精神 賴有三重火氣 大抵土好暖而畏寒
기토견금설기정신 뢰유삼중화기 대저토호난이외한

則己土自親火爲印綬 運行己卯戊寅 殺星太旺 故曰
즉기토자친화위인수 운행기묘무인 살성태왕 고왈

印輕者賴官殺以生之 所以位至方伯 丁丙運火輕 猶宜補起火來
인경자뢰관살이생지 소이위지방백 정병운화경 유의보기화래

大運入子 見財而破印 財乃妻也 因妻而致禍也 蓋原無水唯有火土
대운입자 견재이파인 재내처야 인처이치화야 개원무수유유화토

則東方運美 北方水運不美 此則土虛而好火 畏水傷火 子運死也明矣
즉동방운미 북방수운불미 차즉토허이호화 외수상화 자운사야명의

【해 설】

장남왈(張楠曰), 기토일간(己土日干)이 비록 왕운(旺運)에 임했으나 많은 금기(金氣)에 손상되어 왕중변약(旺中變弱) 사주가 되었다. 따라서 인성(印星)이 작용하는데 살운(殺運)에 발복하여 조정의 대신이 되었다.

보주왈(補註曰), 기토일간(己土日干)이 사월(巳月)에 태어나 화생토(火生土)를 하니 신강(身强)하다. 그러나 많은 금(金)이 심하게 설기(泄氣)하여 신약(身弱)해졌다. 화기(火氣)가 3중으로 작용하니 기토(己土)는 인수(印綬)에게 의지한다. 기묘운(己卯運)와 무인운(戊寅運)에는 살성(殺星)이 매우 왕성하다. 인성(印星)이 미약하면 관살(官殺)에게 의지해야 한다고 했는데 지위가 방백(方伯)에 이르렀다. 정병운(丁丙運)은 미약한 화(火)를 도와주니 좋았고, 자운(子運)에는 수극화(水剋火)로 인수(印綬)를 파(破)하자 아내 때문에 화를 당

했다. 원명에 수(水)는 없고 화토(火土)만 있는데 동방운으로 흐르면 좋으나, 북방 수운(水運)으로 흐르면 흉하다. 토(土)가 허약하여 화(火)를 좋아하는데, 수(水)가 화(火)를 손상시켜 자운(子運)에 숨진 것이다.

■ 건명(乾命), 숭인방무십능지사(崇仁方武十凌遲死), 탐재괴인격(貪財壞印格)

	年	月	日	時								
	壬	壬	丁	戊	癸	甲	乙	丙	丁	戊	己	庚
	戌	寅	卯	申	卯	辰	巳	午	未	申	酉	戌

【원문】

楠曰 丁火生寅木氣柔 財來沖印便成憂 再行財運災難免
남왈 정화생인목기유 재래충인편성우 재행재운재난면

直待凌遲死便休 補註 丁火日干 生於立春後二三日 其火極寒矣
직대능지사편휴 보주 정화일간 생어입춘후이삼일 기화극한의

其木極嫩矣 正爲木嫩火衰 不合年月兩點壬水 再來濕火濕木
기목극눈의 정위목눈화쇠 불합년월양점임수 재래습화습목

時上申宮庚金沖出嫩木 且有戊字透出年支戌土 透出月上眞土
시상신궁경금충출눈목 차유무자투출년지술토 투출월상진토

作正火土傷官用印 不合衰印受傷 一入巳運 庚金得生於巳
작정화토상관용인 불합쇠인수상 일입사운 경금득생어사

壞了衰印 因殺死樂安東坑陳人三十餘名 武十爲首
괴료쇠인 인살사낙안동갱진인삼십여명 무십위수

問凌遲剮罪而死 蓋透出傷官 身衰用印 印星受傷 故犯此剋刑
문능지과죄이사 개투출상관 신쇠용인 인성수상 고범차극형

【해 설】

장남왈(張楠曰), 정화일간(丁火日干)이 인월(寅月)에 태어났으니 목 (木)이 유약하다. 인수(印綬)를 충(沖)하는 재성(財星)이 흉신(凶神) 인데 재성운(財星運)으로 흐르자 능지사(凌遲死)를 당했다.

보주왈(補註曰), 정화일간(丁火日干)이 한기가 많이 남아 있는 입춘(立春) 2~3일 후에 태어났으니 목(木)이 유약하다. 즉 목화(木火)가 모두 유약한데 년월(年月)의 임수(壬水)가 다시 침범하니 어렵고, 시상(時上)의 신중경금(申中庚金)은 어린 목(木)을 극충(剋沖)하고, 또 무토(戊土)가 투출(透出)하여 년지(年支) 술토(戌土)에 통근(通根)하니 화토상관격(火土傷官格)에 용인(用印)하는 격이다. 따라서 약한 인수(印綬)를 상해하는데 사운(巳運)으로 흐르자 사중(巳中) 경금 (庚金)이 쇠약한 인수(印綬)를 파괴하여 대흉하다.

안동갱진인(安東坑陳人)의 30여 명이 참수형을 당했는데, 상관(傷官)이 투출(透出)한 신쇠용인격(身衰用印格)인데 인성(印星)이 상해를 입었기 때문이다.

■ 건명(乾命), 무성과환구공(撫城過桓九公) 목왕무금격(木旺無金格)

年	月	日	時								
乙	癸	丁	甲	壬	辛	庚	己	戊	丁	丙	乙
亥	未	卯	辰	午	巳	辰	卯	寅	丑	子	亥

楠曰 丁生未月火揚威 見木重生火不知 大喜庚辛來損木
남왈 정생미월화양위 견목중생화불지 대희경신내손목

再行木運本非宜 補註 丁火生臨未月 火神猶旺 再見木多
재행목운본비의 보주 정화생임미월 화신유왕 재견목다

反助其炎威也 初行辛巳庚運 木多見金而剋之 生財頗遂
반조기염위야 초행신사경운 목다견금이극지 생재파수

但四柱原無一點金氣 財神無根 生財而不充 大運行寅卯
단사주원무일점금기 재신무근 생재이불충 대운행인묘

原木旺再行木旺地 殺爲子星 行寅卯泄子之氣 財爲妻
원목왕재행목왕지 살위자성 행인묘설자지기 재위처

行寅卯助起比劫以傷妻 到此辟妻離子 呻吟不利
행인묘조기비겁이상처 도차벽처이자 신음불리

豈非命該如是乎
개비명해여시호

【해 설】

　장남왈(張楠曰), 정화일간(丁火日干)이 미월(未月)에 태어나 화기(火氣)가 위엄을 날리는데, 왕성한 목(木)이 중생(重生)하니 화(火)가 매우 왕성하다. 가장 좋은 것은 경신금(庚辛金)이 금극목(金剋木)으로 목(木)을 손상시키는 것인데, 대운이 목운(木運)으로 흐르자 불행해졌다.

　보주왈(補註曰), 정화일간(丁火日干)이 미월생(未月生)이라 화(火)가 매우 왕성한데, 목(木)이 많으니 화염이 맹위를 떨친다. 초년에는 신사운(辛巳運)와 경운(庚運)이니 금극목(金剋木)을 하여 재물이 약간 따랐으나, 원명에 금기(金氣)가 하나도 없어 재신(財神)이 뿌리가 없으니 재성(財星)을 생(生)하기가 충분하지 않다. 인묘운(寅卯運)에는 목왕지(木旺地)가 되어 자식이 살해되었는데 자성(子星)인 관성(官星)을 설기(泄氣)했기 때문이다. 그리고 재성(財星)은 아내인데 인묘운(寅卯運)에 비겁(比劫)이 발동하자 아내가 다치고 자식은 병으로 신음했다. 이것이 어찌 명리(命理)의 오묘함이 아니겠는가.

■ 곤명(坤命), 여부자명(與夫子命), 거관유살용인격(去官留殺用印格)

年	月	日	時							
辛	辛	戊	壬	壬	癸	甲	乙	丙	丁	戊	己
卯	卯	寅	子	巳	午	未	申	酉	戌	亥

【원 문】

楠曰 去官有殺理分明 主弱分明用印星 運入南方夫子旺
남왈 거관유살리분명 주약분명용인성 운입남방부자왕

逢申破印禍來倂 補註 年上兩重乙木夫星 天干兩辛去之
봉신파인화래병 보주 년상양중을목부성 천간양신거지

獨用寅中甲丙兩字 早行壬癸運 疊疊損兒 蓋爲壬癸傷印也
독용인중갑병양자 조행임계운 첩첩손아 개위임계상인야

入巳丙火得祿 生子旺夫 南方火旺 安享財富 脫申 患疾而死
입사병화득록 생자왕부 남방화왕 안향재부 탈신 환질이사

壬癸破印也 伯母瑛四孺人命
임계파인야 백모영사유인명

【해 설】

  장남왈(張楠日), 거관유살(去官有殺) 원리가 분명하니 신약(身弱) 사주가 되어 인성(印星)이 작용한다. 남방운으로 흘러 남편과 자식이 모두 왕성했으나 신운(申運)에는 인수(印綬)를 파(破)하자 화를 당했다.

  보주왈(補註日), 년상(年上) 묘목(卯木)에 부성(夫星)인 을목(乙木)이 있으나 천간(天干)의 신금(辛金) 둘이 금극목(金剋木)으로 제거하니 인중(寅中)의 갑병(甲丙)이 작용한다. 임계운(壬癸運)에는 자식들이 손상되고 죽었는데, 임계(壬癸)가 인수(印)를 손상시켰기 때문이다. 그러나 사운(巳運)에는 병화(丙火)가 득록(得祿)하자 자식을 낳고 남편도 왕성해졌고, 남방의 화왕운(火旺運)에는 편안해지며 부자가 되었다. 신운(申運)에 질환으로 숨졌는데 신중임수(申中壬水)가 용신(用神)인 인성(印星) 병화(丙火)를 파극(破剋)했기 때문이다. 이 사람은 장남(張楠) 선생의 백모인 영사유인(瑛四孺人)이다.

■ 곤명(坤命), 부녀명(富女命), 무부성입격(無夫星入格)

年	月	日	時							
乙	戊	丙	乙	己	庚	辛	壬	癸	甲	乙 丙
卯	寅	戌	未	卯	辰	巳	午	未	申	酉 戌

【원 문】

楠曰 丙火生寅土透天 無夫入格福連綿 身衰宜入南方運
남왈 병화생인토투천 무부입격복연면 신쇠의입남방운

用印分明豈偶然 補註 丙火生寅 蓋寅中 艮土戌未又有土
용인분명개우연 보주 병화생인 개인중 간토술미우유토

月上戊土透出 寅月火虛 土泄精英太過 正作火土傷官用印
월상무토투출 인월화허 토설정영태과 정작화토상관용인

蓋傷官衰者用印 原喜柱中不見夫星 原若有夫 行南方運
개상관쇠자용인 원희주중불견부성 원약유부 행남방운

必主孤貧 此則原無夫星 則不論夫也 所以南方運助夫生子而富
필주고빈 차즉원무부성 즉불론부야 소이남방운조부생자이부

又作火虛有焰 一入申運 見金破木 死矣
우작화허유염 일입신운 견금파목 사의

【해 설】

장남왈(張楠曰), 병화일간(丙火日干)이 인월생(寅月生)이며 무토
(戊土)가 투천(透天)했다. 주중(柱中)에 남편이 없는 명인데 복이 계
속되었다. 신약(身弱)하여 남방운이 길한데 용인격(用印格)이니 인왕
운(印旺運)에는 분명히 발복한다.

보주왈(補註曰), 병화일간(丙火日干)이 인월생(寅月生)이고, 인중
(寅中)에 간토(艮土)가 있고 술미(戌未)에 토(土)가 있는데, 다시 월
상(月上)에 무토(戊土)가 투출(透出)했으니 허약하다. 토(土)가 심하
게 설기(泄氣)하니 화토상관격(火土傷官格)이고, 인성(印星)이 작용
한다. 대개 상관(傷官)이 설기(泄氣)하여 쇠약하면 용인(用印)하는데,
좋은 것은 부성(夫星)이 없는 것이다. 만일 부성(夫星)이 있었으면 반
드시 남방운에 가난으로 고생했을 것이다. 이 사람은 남방의 사오미
운(巳午未運)에 부자가 되었고, 신운(申運)에는 금극목(金剋木)을 하
자 대흉하여 숨을 거두었다.

2. 양인격(羊刃格) 부비견건록격(附比肩建祿格)

1. 양인격(羊刃格)

【원 문】

楠曰 陽刃格 五陽日干謂之陽刃理也 五陰日干不謂之刃 但用刃之說
남왈 양인격 오양일간위지양인리야 오음일간불위지인 단용인지설

未究其理 則冥然不知也 古書云 陽刃無沖可極品 蓋甲日生臨卯月
미구기리 즉명연불지야 고서운 양인무충가극품 개갑일생임묘월

甲見卯中乙木 如兄見弟 則能分我之祖財 奪我之祖業
갑견묘중을목 여형견제 즉능분아지조재 탈아지조업

再加歲月時中木又有氣 何用乙木再來助我乎 如是則不用刃也
재가세월시중목우유기 하용을목재래조아호 여시즉불용인야

而以刃爲病也 則用庚金七殺 合去其刃 雖酉中官星沖去其刃
이이인위병야 즉용경금칠살 합거기인 수유중관성충거기인

亦不畏也 又或甲生卯月 歲月時中 疊疊財官七殺 日干雖旺
역불외야 우혹갑생묘월 세월시중 첩첩재관칠살 일간수왕

則變爲弱 此則甲刃爲用神 若行酉運 沖去刃星 猶如人衰弱無力
즉변위약 차즉갑인위용신 약행유운 충거인성 유여인쇠약무력

全賴弟來扶持 今被酉金殺死弟也 則我何靠乎
전뢰제래부지 금피유금살사제야 즉아하고호

則主有極凶殺傷蛇虎之禍矣 若如此等 必須要印綬之運生起我刃星
즉주유극흉살상사호지화의 약여차등 필수요인수지운생기아인성

比肩運 以助起其刃星
비견운 이조기기인성

【해 설】

장남왈(張楠曰), 양인격(陽刃格)은 5양(陽)인 갑병무경임(甲丙戊庚壬) 일간이 양인(陽刃)이 있으면 성립된다. 5음(陰)인 을정기신계(乙丁己辛癸) 일간의 양인(羊刃)은 인정하지 않는다. 5음(陰)도 작용한다는 설이 있으나 명확하게 증명할 원리는 없다.

고서운(古書云), 양인(陽刃)이 충(沖)이 없으면 극품(極品)을 이룬다. 예를 들어 갑목일간(甲木日干)이 묘월(卯月)에 태어나 갑목(甲木)이 묘중(卯中) 을목(乙木)을 만나는 경우다. 아우가 있으면 조상의 업을 나누는 것과 같은데, 다시 년일시(年月時)의 목(木)이 기(氣)가 있으면 을목(乙木)의 인(刃)을 무엇에 사용하겠는가. 이런 명은 인(刃)이 작용하지 않고 인(刃)을 병(病)으로 본다. 그리고 경금(庚金) 칠살(七殺)을 보아서는 양인(羊刃)을 합거(合去)해야 좋은데, 유중(酉中) 관성(官星)이 그 인(刃)을 충거(沖去)하면 꺼린다.

또 갑목(甲木)이 묘월생(卯月生)인데 년월시(年月時)에 재관(財官)과 칠살(七殺)이 첩첩하면 일간(日干)이 비록 왕성해도 약으로 변한다. 이때는 갑목(甲木)의 양인(羊刃)이 용신(用神)이 되다. 만일 유운(酉運)을 만나면 양인(羊刃)을 충거(沖去)할 수 없다. 마치 쇠약하고 무력하여 오직 아우에게 의지해 겨우 살아가는데 유금(酉金)이 아우를 죽여 의지할 곳이 없는 것과 같다. 즉 뱀이나 맹호에게 살상을 입은 것과 같아 그 화액은 말할 수가 없다. 이때는 반드시 인수운(印綬運)을 만나 비겁(比劫)을 도와야 한다.

【원 문】

又曰 殺無刃不顯 刃無殺不威 蓋日主旺 得七殺以合去其刃星
우왈 살무인불현 인무살불위 개일주왕 득칠살이합거기인성

然殺乃威武之人 刃乃威武之器 刃殺停均 多作兵刑顯宦 若日主弱
연살내위무지인 인내위무지기 인살정균 다작병형현환 약일주약

賴刃爲助 見官殺多 制去其刃 多主盜賊小人矣 然陽刃格
뢰인위조 견관살다 제거기인 다주도적소인의 연양인격

與建祿格頗同 但見祿不言刃者 蓋日下月令俱同一體純和也
여건록격파동 단견록불언인자 개일하월령구동일체순화야

又若陽刃倒戈 必作無頭之鬼 理甚有驗 如丙日干 四柱太旺
우약양인도과 필작무두지귀 리심유험 여병일간 사주태왕

又露出丁火貼身 其刃鋒愈熾 其死則身首安得不異處乎
우노출정화첩신 기인봉유치 기사즉신수안득불이처호

如夏桂州之命甚驗說 見人命見驗類
여하주주지명심험설 견인명견험류

【해 설】

만일 칠살(七殺)이 있는데 양인(羊刃)이 없으면 발달하기 어렵고, 양인(羊刃)이 있는데 칠살(七殺)이 없으면 위엄이 없다. 만일 신왕(身旺)한데 칠살(七殺)로 양인(羊刃)을 합거(合去)하면 위엄이 있는 사람이 된다. 양인(羊刃)은 위무(威武)한 양기(良器)이니 양인(羊刃)과 칠살(七殺)이 균등하면 병권을 잡거나 형법을 다스리는 고관이 된다. 만일 일간(日干)이 약하여 양인(羊刃)에게 의지하는데 많은 관살(官殺)이 양인(羊刃)을 제거하면 도적이나 소인배가 된다. 양인격(陽

刃格)과 건록격(建祿格)은 비슷한데 녹(祿)을 양인(羊刃)이라 말하지 않을 뿐이다.

그리고 일하월령(日下月令)에 녹왕지(祿旺地)가 무두지귀(無頭之鬼)가 된다는 말에는 매우 깊은 원리가 있다. 예를 들어 병화일간(丙火日干)이 매우 왕성한데 정화(丁火)가 투출(透出)하여 양인(羊刃)이 되면 칼날이 매우 예리하여 비명횡사할 명조이니 어찌 신체와 머리가 건전하겠는가. 이런 명은 주주(柱州)와 같이 형살(刑殺)로 참수당하는데, 많은 사람의 명을 보니 백발백중이었다.

2. 건록격(建祿格)

【원문】

建祿格者 日主得主祿之地 非官祿之祿也 古書云 月令見祿
건록격자 일주득주녹지지 비관록지록야 고서운 월령견록

多無祖屋而不顯 言其理 人用財爲馬 假如甲日生寅月 甲以辛爲官
다무조옥이불현 언기리 인용재위마 가여갑일생인월 갑이신위관

己土爲財 財官到寅爲死絶地 人則以財爲祖業 靠官爲福神
기토위재 재관도인위사절지 인즉이재위조업 고관위복신

祖業福神都無了 此格多無祖業者甚驗矣 原甲日生寅
조업복신도무료 차격다무조업자심험의 원갑일생인

然寅上乃甲木之廬舍 財官空倒 又安有祖屋乎 年上若見此祿
연인상내갑목지여사 재관공도 우안유조옥호 년상약견차록

亦主祖業飄零 帶此建祿 多主刑妻 與陽刃格同 如甲日見寅
역주조업표영 대차건록 다주형처 여양인격동 여갑일견인

寅中有甲木來剋妻也 若四柱有根氣太旺 則不用建祿格
인중유갑목내극처야 약사주유근기태왕 즉불용건록격

要官殺剋制其祿 要財星以爲身旺之倚托 若或歲月時中 財殺太多
요관살극제기록 요재성이위신왕지의탁 약혹세월시중 재살태다

亦旺變爲弱也 宜印運以生其祿神 宜劫運以助起其祿也
역왕변위약야 의인운이생기녹신 의겁운이조기기녹야

【해 설】

건록격(建祿格)이란 일주(日主)가 건록지(建祿地)에 든 것을 말한다. 관록지(官祿地)를 말하는 것이 아니다.

고서운(古書云), 월령(月令)에서 녹(祿)을 만나면 조상의 집이 없고 발달하지 못한다는 원리를 말한 것이다. 주중(柱中)에 재성(財星)이 있으면 이것이 마(馬)이고, 관성(官星)은 녹(祿)이 되기 때문이다. 예를 들어 갑목일간(甲木日干)이 인월생(寅月生)이면 신금(辛金)을 관성(官)으로 삼고 기토(己土)를 재성(財星)으로 삼으니, 인목(寅木)이 재관(財官)의 사절지(死絕地)가 되기 때문이다. 주중(柱中)에 재성(財星)이 있으면 조상의 업이 되고, 관성(官)이 있으면 복신(福神)이 되는데, 조상의 업과 복신(福神)이 전혀 없으면 조상의 업이 없는 것이다. 갑목일간(甲木日干)이 인월생(寅月生)이면 인목(寅木)은 갑목(甲木)의 여사(廬舍)이고, 재관(財官)은 공도지(空倒地)이니, 조상의 업이 어찌 평안하겠는가. 년상(年上)에서 만나도 역시 조상의 업이 허망하다.

만일 건록격(建祿格)이 건록(建祿)을 대동하면 양인격(陽刃格)처

럼 아내를 많이 형(刑)한다. 예를 들어 갑목일간(甲木日干)이 인목(寅木)을 만나 인중(寅中) 갑목(甲木)이 아내와 재물을 극(剋)하는 것이다. 만일 주중(柱中)에 근기(根氣)가 매우 성하면 건록격(建祿格)이 되지 않는다. 따라서 건록격(建祿格)은 관살(官殺)이 녹(祿)을 제거해야 재성(財星)이 의지할 수 있다. 만일 년월시(年月時)에 재살(財殺)이 많으면 왕(旺)이 변하여 약해진 것이니, 마땅히 인운(印運)을 만나 신주(身主)의 녹(祿)을 도와야 길하고, 겁운(劫運)을 만나 그 녹(祿)을 도와야 길하다.

【원문】

又曰 一見財旺 自然發福 蓋身旺 原廬舍內無財官 則無祖業
우왈 일견재왕 자연발복 개신왕 원여사내무재관 즉무조업

若運行財官 則身旺能任其財 豈不白手成家乎 補曰 夫陽刃者
약운행재관 즉신왕능임기재 개불백수성가호 보왈 부양인자

在天爲紫暗星 專行誅戮 在地爲陽刃殺 祿前一位是也
재천위자암성 전행주육 재지위양인살 녹전일위시야

喜偏官七殺制伏 則陽刃起於邊戌 發富發貴 爲將爲相者多矣
희편관칠살제복 즉양인기어변술 발부발귀 위장위상자다의

故千里馬曰 羊刃偏官有制 應職掌於兵權 又曰 羊刃入官殺
고천리마왈 양인편관유제 응직장어병권 우왈 양인입관살

威鎭邊疆 喜印綬生身 故三車一覽云 羊劫重逢正印 廉頗有百計之謀
위진변강 희인수생신 고삼차일람운 양겁중봉정인 렴파유백계지모

又要訣云 陽刃偏官倘同生氣 閫外推權 忌反伏吟 經云 伏吟反吟
우요결운 양인편관당동생기 곤외추권 기반복음 경운 복음반음

何謂伏吟 如甲以卯爲刃 庚以酉爲刃 歲運與元命相對 卯見卯
하위복음 여갑이묘위인 경이유위인 세운여원명상대 묘견묘

酉見酉是也 遇之必凶 卽所謂歲運併臨 災殃立至也 何謂反吟
유견유시야 우지필흉 즉소위세운병임 재앙입지야 하위반음

蓋沖擊之謂也 如酉沖卯刃 卯沖酉刃是也 遇之卽咎 卽羊刃沖合歲君
개충격지위야 여유충묘인 묘충유인시야 우지즉구 즉양인충합세군

勃然禍至之謂也 忌三合歲君 如流年見亥未 而卯刃三合 流年見巳丑
발연화지지위야 기삼합세군 여유년견해미 이묘인삼합 유년견사축

而酉刃三合 如流年見戌 而卯六合 流年見辰 而酉六合
이유인삼합 여유년견술 이묘육합 유년견진 이유육합

其人當年禍必速至 卽羊刃合歲君 勃然禍至之謂也 忌魁罡刑害
기인당년화필속지 즉양인합세군 발연화지지위야 기괴강형해

全無官印福神相助則爲禍 有官印福神相助則爲福 化爲權貴
전무관인복신상조즉위화 유관인복신상조즉위복 화위권귀

何謂羊刃 甲丙戊庚壬五陽干有刃 乙丁己辛癸五陰干無刃 故名陽刃
하위양인 갑병무경임오양간유인 을정기신계오음간무인 고명양인

如命中有刃 不可便言凶 大率與七殺相似 凡有刃者 多有富貴人
여명중유인 불가편언흉 대솔여칠살상사 범유인자 다유부귀인

喜身旺坐祿 合殺有制 殺刃兩全 非常之命
희신왕좌록 합살유제 살인양전 비상지명

【해 설】

만일 재성(財星)이 왕성하면 자연히 발복하나, 신왕(身旺)하고 양
인(羊刃)이 있는데 재관(財官)이 없으면 조상의 업이 없다. 만일 대운
이 재관왕운(財官旺運)으로 흐르면 신왕(身旺)해야 그 재물을 감당

할수 있으니 어찌 자수성가하지 않겠는가.

보주왈(補註曰), 양인(陽刃)이 천간(天干)에 있으면 자암성(紫暗星)이 되어 생사를 좌우하는 지위에 오르고, 지지(地支)에 있으면 양인살(陽刃殺)이니 녹전(祿前)의 일위(一位)가 그것이다. 또 편관(偏官) 칠살(七殺)이 양인(羊刃)을 제압하면 국경을 수비하는 무장으로 출세하거나 장상(將相)이 되는 경우가 많다.

천리마왈(千里馬曰), 양인(羊刃)과 편관(偏官)이 서로 제극(制剋)하면 병권을 장악하고, 양인(羊刃)이 관살운(官殺運)을 만나면 변방을 지키는 무장으로 맹위를 떨치는데 인수(印綬)가 아신(我身)을 생(生)하면 길하다.

삼차일람운(三車一覽云), 양인(羊刃)과 겁재(劫財)가 있는데 정인(正印)을 만나면 염파(廉頗)처럼 모사를 잘 하는 사람이 된다.

요결운(要訣云), 양인(陽刃)과 편관(偏官)이 모두 있으면 국내에서 권력을 장악하나 복음(伏吟)이 있으면 꺼린다.

경운(經云), 복음(伏吟)과 반음(反吟)이 모두 있으면 복음(伏吟)이 슬피 운다고 했는데 왜 그런가. 예를 들어 갑목(甲木)이 묘목(卯木)으로 양인(羊刃)을 삼고, 경금(庚金)이 유금(酉金)으로 양인(羊刃)을 삼는데, 세운과 원명에서 묘목(卯木)이 묘목(卯木)을 만나고 유금(酉金)이 유금(酉金)을 만나면 해당하는데, 이런 명은 반드시 액난을 당한다. 이것이 이른바 세운에 병임(倂臨)하면 재앙이 온다는 말이다.

그러면 반음(反吟)이란 무엇인가. 충(沖)하는 곳을 말한다. 예를 들어 유금(酉金)과 상충(相沖)이 묘목(卯木)이며 양인(羊刃)이고, 묘목(卯木)과 상충(相沖)이 유금(酉金)이며 양인(羊刃)인데 재앙이 온다.

이른바 양인(羊刃)이 세운을 충합(沖合)하면 갑자기 화를 당한다는 말이 이것이다.

또 세운과 삼합(三合)이 되어도 꺼린다. 예를 들어 유년(流年)에 해미(亥未)를 만나 묘인(卯刃)이 삼합(三合)하는 것이고, 유년(流年)에 사축(巳丑)을 만나 유금(酉金)이 삼합(三合)하는 것이고, 유년(流年)에 술토(戌土)를 만나 묘목(卯木)과 육합(六合)하는 것이고, 유년(流年)에 진토(辰土)를 만나 유금(酉金)과 육합(六合)하는 것인데, 반드시 그 해에 화를 당한다. 이른바 양인(羊刃)이 세운을 합(合)하면 갑자기 화가 따른다는 말이 이것이다.

또 꺼리는 것은 괴강(魁罡)과 형해(刑害)되고, 관인(官印)이 하나도 없고, 복신(福神)이 상조(相助)하는 것인데, 이런 명은 화가 된다. 그러나 관인(官印)이 있고, 복신(福神)이 상조(相助)하면 복이 되어 권귀(權貴)가 된다.

양인(羊刃)이란 무엇인가. 갑병무경임(甲丙戊庚壬)의 5양간(陽干)에만 양인(羊刃)이 있고, 을정기신계(乙丁己辛癸)의 5음간(陰干)에는 양인(羊刃)이 없으므로 양인(羊刃)이 아니라 양인(陽刃)이라고 해야 한다. 만일 명조에 양인(羊刃)이 있으면 그 흉함을 말로 다하기가 어려울 정도인데, 대개는 칠살(七殺)과 비슷하여 양인(羊刃)이 있으면 부귀를 누리는 경우가 많다. 신왕(身旺) 사주가 녹(祿)이 있고, 살성(殺星)을 합(合)하고, 제(制)함이 있느데 칠살(七殺)과 양인(羊刃)이 모두 있으면 비상한 명이 된다.

3. 삼차일람운(三車一覽云)

【원문】

三車一覽云 羊刃有三 有劫財羊刃 甲見乙是也 不利於財官格
삼차일람운 양인유삼 유겁재양인 갑견을시야 불리어재관격

有護祿羊刃 甲見卯是也 大利於歸祿格 斯言誠爲確論 若乙見丙
유호록양인 갑견묘시야 대리어귀록격 사언성위확론 약을견병

謂背祿羊刃 則非也 蓋己見丙 名爲背祿傷官 誠大利於去官有殺格
위배록양인 즉비야 개기견병 명위배록상관 성대리어거관유살격

名爲背祿羊刃 甚牽强解 亦謂乙見丙之說 恐不通誠是 又曰
명위배록양인 심견강해 역위을견병지설 공불통성시 우왈

劫財諸格 大忌財官尤甚 雖然亦有用時 喜忌篇云 日干無氣
겁재제격 대기재관우심 수연역유용시 희기편운 일간무기

時逢羊刃不爲凶 繼善篇云 君子格中 也犯七殺羊刃 又曰
시봉양인불위흉 계선편운 군자격중 야범칠살양인 우왈

甲以乙妹妻庚 凶爲吉兆 觀此又不可執一而論也 洪範云
갑이을매처경 흉위길조 관차우불가집일이논야 홍범운

羊刃善奪資財化鬼 又曰 身弱財豊 喜羊刃兄弟爲助 撮要云
양인선탈자재화귀 우왈 신약재풍 희양인형제위조 촬요운

羊刃怕沖宜合 易鑑云 羊刃重重必剋妻 寸金法 劫財傷父亦傷妻
양인파충의합 역감운 양인중중필극처 촌금법 겁재상부역상처

萬金賦云 劫若重逢人夭壽 元理賦云 殺刃雙顯均停 位至王侯
만금부운 겁약중봉인요수 원리부운 살인쌍현균정 위지왕후

殺刃重而無制 身爲胥吏 又曰 男多羊刃必重婚 又曰 羊刃不喜刑沖
살인중이무제 신위서리 우왈 남다양인필중혼 우왈 양인불희형충

【해 설】

　삼차일람운(三車一覽云), 양인(羊刃)이 셋이 있으니 겁재(劫財)와
양인(羊刃)은 갑목(甲木)이 을목(乙木)을 만나야 이것인데 불리하면
재관격(財官格)이며 호록양인(護祿羊刃)은 갑목(甲木)이 묘목(卯木)
을 만나니 대리(大利)하면 귀록격(歸祿格)이라고 하겠는데 이 말은
진성(眞誠)한 확론(確論)이다.

　또 을목(乙木)이 병화(丙火)를 만나면 배록(背祿)이 되지만 양인
(羊刃)은 아니고, 기토(己土)가 병화(丙火)를 만나면 배록상관(背祿
傷官)이라 하는데 크게 유리하면 거관유살격(去官有殺格)이 된다. 이
것을 배록양인(背祿羊刃)이라 하지만 해석이 석연치 않은 데가 있고,
역시 을목(乙木)이 병화(丙火)를 만나는 경우와는 통하지 않는 말이
다. 또 겁재(劫財)의 여러 격(格)을 매우 꺼리는 것은 재관(財官)이 매
우 왕성한 것이고, 비록 그렇지만 작용할 때가 있다.

　희기편운(喜忌篇云), 일간(日干)이 기(氣)가 없을 때는 시(時)에서
양인(羊刃)을 만나도 흉하지 않다.

　계선편운(繼善篇云), 군자의 격(格)에도 칠살(七殺)과 양인(羊刃)이
있다. 갑목(甲木)에게 을목(乙木)은 매(妹)인데 처궁(妻宮)에 경금(庚
金)이 들면 흉이 길로 변한다고 하나 한 가지 예만 고집하면 안 된다.

　홍범운(洪範云), 양인(羊刃)은 종종 아신(我身)의 재물을 훔쳐가는
살귀(殺鬼)가 된다. 만일 신약(身弱)하고 재성(財星)이 풍성한데 형제
인 양인(羊刃)이 와서 도와주면 기뻐한다.

　촬요운(撮要云), 양인(羊刃)은 상충(相沖)을 꺼리고 상합(相合)을
좋아한다.

역감운(易鑒云), 양인(羊刃)이 무거우면 반드시 아내를 극(剋)한다.

촌금법(寸金法), 겁재(劫財)를 만나면 아버지와 아내가 다친다.

만금부운(萬金賦云), 겁재(劫財)를 만나면 수명이 짧다.

원리부운(元理賦云), 칠살(七殺)과 양인(羊刃)이 모두 나타나 균형을 이루면 왕후에 오르고, 칠살(七殺)과 양인(羊刃)이 무거운데 다스리지 못하면 하급관리에 지나지 않는다. 만일 남명이 양인(羊刃)이 많으면 반드시 아내를 극(剋)하므로 혼인을 여러 번 한다. 양인(羊刃)은 형충(刑沖)을 꺼린다.

4. 만상서부운(萬尙書賦云)

【원문】

萬尙書賦云 官星帶刃 掌萬將之威權 又曰 傷官有刃 將相公侯
만상서부운 관성대인 장만장지위권 우왈 상관유인 장상공후

又曰 印刃相隨 官高極品 又曰 殺刃休囚 祿薄之士 又云 殺制刃興
우왈 인인상수 관고극품 우왈 살인휴수 녹박지사 우운 살제인흥

主掌滿營之兵卒 若是用神輕淺 決爲吏卒卑官 又云 刃輔傷官
주장만영지병졸 약시용신경천 결위리졸비관 우운 인보상관

際一旦雲之會 古歌云 羊刃七殺怕逢官 刑合破害禍非常
제일단운지회 고가운 양인칠살파봉관 형합파해화비상

大怕財旺居三合 截髮斷指主殘傷 又曰 春木夏火逢時旺
대파재왕거삼합 절발단지주잔상 우왈 춘목하화봉시왕

秋金冬水一般同 不宜羊刃天干透 運至重逢定有凶 又曰
추금동수일반동 불의양인천간투 운지중봉정유흉 우왈

劫財羊刃不堪侵 不帶官星一世貧甲乙互逢皆倣此 縱多財帛化爲塵
겁재양인불감침 불대관성일세빈갑을호봉개방차 종다재백화위진

又曰 傷官不忌劫相逢 七殺偏官理亦同 若是無官不忌劫
우왈 상관불기겁상봉 칠살편관리역동 약시무관불기겁

身强遇比郤嫌重 又曰 劫財羊刃兩頭居 外面光華內本虛
신강우비극혐중 우왈 겁재양인양두거 외면광화내본허

官殺兩頭俱不出 少年夭折謾嗟吁 又曰 甲申丁卯非爲刃
관살양두구불출 소년요절만차우 우왈 갑신정묘비위인

乙酉庚申理亦同 合起人元財馬旺 中年顯達富豪翁 又曰
을유경신리역동 합기인원재마왕 중년현달부호옹 우왈

日刃歸時身要旺 正財大運忌遭沖 且如戊日午爲刃 子丑財鄕立見凶
일인귀시신요왕 정재대운기조충 차여무일오위인 자축재향입견흉

財運無沖還不忌 官星制刃得尊榮 月中有印印斯通 運到官鄕貴亦同
재운무충환불기 관성제인득존영 월중유인인사통 운도관향귀역동

柱若財多嫌殺運 無財殺運喜興隆
주약재다혐살운 무재살운희흥융

【해 설】

　만상서부운(萬尙書賦云), 관성(官星)이 양인(羊刃)을 대동하면 만
인을 장악하는 장수가 되어 위세를 떨치고, 상관격(傷官格)인데 양인
(羊刃)이 있으면 장상공후(將相公侯)가 되고, 인성(印星)과 양인(羊
刃)이 서로 따르면 최고의 자리에 오르고, 칠살(七殺)과 양인(羊刃)이
멈추면 하급관리가 되고, 양인(羊刃)이 흥왕한데 칠살(七殺)이 제극
(制剋)하면 병권을 장악하는데, 용신(用神)이 가벼우면 졸병이나 하

급관리가 되고, 상관(傷官)이 양인(羊刃)을 보좌하면 반드시 청운의 꿈을 이룬다.

고가왈(古歌曰), 양인(羊刃)과 칠살(七殺)이 있는데 관성(官星)을 만나면 꺼리고, 형합(刑合)이나 파해(破害)되면 화가 비상하게 따르고, 재성(財星)이 왕성한데 삼합(三合)되면 잔상(殘傷)이 따른다. 봄철의 목(木)과 여름철의 화(火)는 시왕(時旺)을 만난 것이고, 가을철의 금(金)과 겨울철의 수(水)도 마찬가지다.

양인(羊刃)이 천간(天干)에 투출(透出)하면 반드시 흉하고, 겁재(劫財)와 양인(羊刃)이 같이 있으면 꺼리고, 관성(官星)을 대동하지 않으면 평생 가난하다. 갑을(甲乙)이 만나면 모두 이와 같아 재물이 많아도 티끌처럼 흩어지고 만다.

또 상관격(傷官格)은 겁재(劫財)를 꺼리지 않는데 칠살(七殺) 편관(偏官)도 마찬가지다. 만일 칠살(七殺)이 왕성한데 관성(官星)이 없으면 겁재(劫財)를 꺼리지 않으나, 신강(身强)한데 겁재(劫財)를 만나면 흉하다. 만일 겁재(劫財)와 양인(羊刃)이 양두(兩頭)에 거하면 겉으로는 부귀영화를 누리는 것 같으나 실제는 가난하고, 관살(官殺)이 양두(兩頭)에 있으나 투출(透出)하지 않았으면 소년에 요절하기 쉽다.

갑신(甲申)과 정묘(丁卯)는 양인(羊刃)이 아니고, 을유(乙酉)와 경신(庚申)도 마찬가지다. 예를 들어 갑목(甲木)의 묘목(卯木)이 양인(羊刃)이면 신중경금(申中庚金)이 합(合)하여 관성(官星)이 왕성해진 것이고, 경신(庚申)의 유금(酉金)이 양인(羊刃)이면 을목(乙木)이 을경합금(乙庚合金)하여 재성(財星)이 유정해지는데, 지지장간(地支藏干)의 인원(人元)이 합기(合起)되어 재성(財星)이 왕성해진 것이므로 중년에 발달하여 부자가 된다.

　만일 일(日)의 양인(羊刃)이 시(時)에 있으면 신왕(身旺)해야 하는데, 이때는 정재(正財)를 꺼리고, 대운에서 상충(相沖)하는 것도 꺼린다. 예를 들어 무토(戊土)가 오화(午火) 양인(羊刃)이 있으나, 자축(子丑) 재성운(財星運)에는 양인(羊刃)을 제거하니 흉하고, 재성운(財星運)에 상충(相沖)이 없으면 꺼리는 것이 없고, 관성(官星)이 양인(羊刃)을 제거하면 영화가 따른다.

　만일 월(月)에 인성(印星)이 있으면 양인(羊刃)과 같아 관운(官運)에 귀(貴)를 이루는데, 주중(柱中)에 재성(財星)이 많으면 칠살(七殺)을 꺼리고, 재성(財星)이 없으면 살운(殺運)에 크게 일어난다.

5. 취성자기상편운(醉醒子氣象篇云)

【원 문】

醉醒子氣象篇云 權刃復行權刃 刃藥亡身 本註云權殺也 刃兵也
취성자기상편운 권인복행권인 인약망신 본주운권살야 인병야

身旺用此二端 乃兵刑首出人也 殺旺喜行制鄕 刃旺喜行殺地
신왕용차이단 내병형수출인야 살왕희행제향 인왕희행살지

若原殺旺復行殺旺之鄕 立業建功處 不免死於刀劍之下
약원살왕복행살왕지향 입업건공처 불면사어도검지하

刃多再行羊刃之地 進祿得財處 必然終於藥石之間 數使然也
인다재행양인지지 진록득재처 필연종어약석지간 수사연야

又曰 幇身羊刃 喜合嫌沖 本註云刃乃幇身之物 大怕身旺逢之
우왈 방신양인 희합혐충 본주운인내방신지물 대파신왕봉지

得一重殺刃相合 化爲權星 若見官與刃沖戰 乃成惡殺
득일중살인상합 화위권성 약견관여인충전 내성악살

用者當審其輕重好惡何如 又曰 羊刃臨於五鬼 定須重犯徒流
용자당심기경중호악하여 우왈 양인임어오귀 정수중범도류

本註如壬申生人 五鬼在子 癸酉生人 五鬼在丑 丙寅生人
본주여임신생인 오귀재자 계유생인 오귀재축 병인생인

五鬼在午 或者三合之次 一行禪師命古書云 羊刃重重又見祿
오귀재오 혹자삼합지차 일행선사명고서운 양인중중우견록

富貴饒金玉 斯可謂確論 理愚歌云 倒懸羊刃又同行
부귀요금옥 사가위확론 리우가운 도현양인우동행

形體不免塡溝壑 本註曰倒乃倒戈殺 懸乃懸針殺 凡倒戈殺
형체불면전구학 본주왈도내도과살 현내현침살 범도과살

只犯戊字與戌字 皆曰倒戈 懸針殺者 干以甲字與辛字
지범무자여술자 개왈도과 현침살자 간이갑자여신자

支以卯字午字與申字 如此者謂之懸針殺也 其截歌云
지이묘자오자여신자 여차자위지현침살야 기절가운

羊刃更兼倒戈 必作刎頸之鬼 經云 運逢羊刃 財物耗散
양인갱겸도과 필작문경지귀 경운 운봉양인 재물모산

【해 설】

취성자기상편운(醉醒子氣象篇云), 권인(權刃)이 있는데 또 권인운(權刃運)으로 흐르면 인약(刃藥)으로 망신을 당한다.

본주운(本註云), 권(權)은 칠살(七殺)이고 인(刃)은 병권이니 신왕(身旺)한 후 이 두 가지가 작용해야 형부(刑部) 계통에서 수장이 된다. 또 칠살(七殺)이 왕성하면 제살운(制殺運)이 길하나, 양인(羊刃)

이 왕성하면 칠살운(七殺運)이 길하다.

만일 원명에 칠살(七殺)이 왕성한데 다시 칠살(七殺)이 왕성한 운으로 흐르면 가업을 세우나, 칼에 의한 죽음을 면하기 어렵다. 원명에 양인(羊刃)이 많은데 다시 양인지(羊刃地)로 흐르면 녹(祿)을 이루고, 재물을 얻으면 반드시 약석지간(藥石之間)에 들어가 죽는다. 또 양인(羊刃)이 아신(我身)을 도와줄 때는 합(合)은 길하나 충(沖)은 꺼린다.

양인(羊刃)은 일주(日主)를 돕는 자이니 신왕운(身旺運)을 만나면 매우 꺼리고, 하나 있는 살인(殺刃)이 상합(相合)하면 권성(權星)으로 변한다. 만일 관성(官星)이 양인(羊刃)을 충(沖)하면 양인(羊刃)은 흉살이 되는데, 살인(殺刃)의 경중을 살펴 길하고 나쁨을 판단해야 한다.

만일 양인(羊刃)이 오귀지(五鬼地)에 임하면 반드시 형(刑)을 당한다. 임신생(壬申生)의 오귀(五鬼)는 자수(子水)에 있고, 계유생(癸酉生)의 오귀(五鬼)는 축토(丑土)에 있고, 병인생(丙寅生)의 오귀(五鬼)는 오화(午火)에 있다. 혹자는 삼합(三合)의 다음 자리를 말하기도 한다.

일행선사(一行禪師) 명고서운(命古書云), 양인(羊刃)이 무거운데 녹(祿)을 만나면 금옥이 많아진다고 했는데 믿을 만한 이론이다.

이우가운(理愚歌云), 도현(倒懸)과 양인(羊刃)이 동행하면 전구학(塡溝壑)에 빠지는 흉사를 면하기 어렵다.

본주운(本註云), 도(倒)는 도과살(倒戈殺)을 말하고, 현(懸)은 현침살(懸針殺)을 말하니, 도과살(倒戈殺)이란 무토(戊土)가 술토(戌土)를 만나는 것이다. 현침살(懸針殺)은 천간(天干)에서 갑목(甲木)

이 신금(辛金)을 만나고, 지지(地支)에서 묘목(卯木)이 오화(午火)와 신금(申金)을 만나는 것이다.

절가운(截歌云), 양인(羊刃)이 있는데 도과(倒戈)가 있으면 반드시 참수를 당한다.

경운(經云), 대운에서 양인(羊刃)을 만나면 재물이 흩어진다.

6. 일인격(日刃格)

【원 문】

舊註云 日刃有丙午戊午壬子三日 與陽刃同法 忌刑沖破害會合
구주운 일인유병오무오임자삼일 여양인동법 기형충파해회합

愛七殺 要行官鄕 便是貴命 若四柱中一來會合 必主奇禍
애칠살 요행관향 편시귀명 약사주중일내회합 필주기화

其人主眼大鬚强 性剛果毅 無惻隱慈惠之心 有刻剝不恤之意
기인주안대수강 성강과의 무측은자혜지심 유각박불휼지의

三刑魁罡全 發跡於疆場 如或無情 或臨財旺 財主其禍或有救神
삼형괴강전 발적어강장 여혹무정 혹임재왕 재주기화혹유구신

如刑害俱全 類皆得地 貴不可勝言 獨羊刃以時言之
여형해구전 유개득지 귀불가승언 독양인이시언지

四柱中不要入財鄕 怕沖陽刃 如戊日刃在午 忌行子正財運
사주중불요입재향 파충양인 여무일인재오 기행자정재운

壬刃在子 忌行午正財運 庚刃在酉 忌行卯正財運 甲刃在卯
임인재자 기행오정재운 경인재유 기행묘정재운 갑인재묘

行巳午並辰戌丑未財運不妨 忌酉運 丙日刃在午
행사오병진술축미재운불방 기유운 병일인재오

行申酉庚辛財運不妨 忌子運

행신유경신재운불방 기자운

【해 설】

구주운(舊註云), 병오일생(丙午日生)·무오일생(戊午日生)·임자일생(壬子日生)은 일인(日刃)에 해당하는데 법은 양인(陽刃)과 같다. 일인격(日刃格)은 형충파해(刑沖破害)와 회합(會合)을 꺼리고, 칠살(七殺)이니 관운(官運)으로 흐르면 귀격(貴格)이 된다. 그러나 주중(柱中)에 회합(會合)이 한 번 있으면 반드시 기이한 화액을 당하는데, 이런 명은 눈이 크며 수염이 강하고, 성격은 강건하나 무정하여 측은지심과 자혜심이 없다.

만일 삼형(三刑)과 괴강(魁罡)이 모두 있으면 출생이 살벌한 사람이고, 재왕운(財旺運)을 만나면 화액을 당하고, 구신(救神)이 있으면 형해(刑害)가 모두 따른다. 이런 명은 시(時)에 양인(羊刃)이 혼자 있어도 귀격(貴格)이 될 수 없다.

일인격(日刃格)은 재성운(財星運)을 만나거나 양인(羊刃)을 파충(怕沖)하면 안 된다. 예를 들어 무토일간(戊土日干)의 양인(羊刃)은 오화(午火)이니 자수(子水)의 정재운(正財運)을 꺼리고, 임수일간(壬水日干)의 양인(羊刃)은 자수(子水)이니 오화(午火)의 정재운(正財運)을 꺼리고, 경금일간(庚金日干)의 양인(羊刃)은 유금(酉金)이니 묘목(卯木)의 정재운(正財運)을 꺼리고, 갑목일간(甲木日干)의 양인(羊刃)은 묘목(卯木)이니 사오(巳午)나 진술축미(辰戌丑未)의 재성운(財星運)은 무방하나 유운(酉運)은 꺼리고, 병화일간(丙火日干)의 양인(羊

刃)은 오화(午火)이니 신유(申酉)나 경신금(庚辛金) 재성운(財星運)
은 무방하나 자운(子運)은 꺼린다.

7. 비견론(比肩論)

【원 문】

夫星比肩者 陽見陽 陰見陰爲比 如甲見甲 乙見乙之類 五陽見五陰
부성비견자 양견양 음견음위비 여갑견갑 을견을지류 오양견오음

如甲見乙 是兄見弟 爲劫財 主剋妻害子 五陰見五陽 如乙見甲
여갑견을 시형견제 위겁재 주극처해자 오음견오양 여을견갑

是弟見兄 主破耗 蓋財者 人之所欲 方今兄弟見之 多有爭競
시제견형 주파모 개재자 인지소욕 방금형제견지 다유쟁경

如夷齊者能有幾人 六親捷要論云 分祿須傷主饋人 比肩重疊損嚴親
여이제자능유기인 육친첩요논운 분녹수상주궤인 비견중첩손엄친

補日 財多身弱 喜比劫助扶則爲福 故曰 男逢羊刃 身弱遇之爲奇
보왈 재다신약 희비겁조부즉위복 고왈 남봉양인 신약우지위기

財經身强 忌比劫劫奪則爲禍也 故曰 羊刃多而妻宮有損 古歌曰
재경신강 기비겁겁탈즉위화야 고왈 양인다이처궁유손 고가왈

甲乙相見必妨妻 敗財剋父定無疑 金不換云 身旺比劫重 損財又傷妻
갑을상견필방처 패재극부정무의 금불환운 신왕비겁중 손재우상처

比劫遇梟食 妻遭産裡危 六親論云 月中歸祿無財官 父喪他鄕 又曰
비겁우효식 처조산이위 육친론운 월중귀록무재관 부상타향 우왈

日逢刃 時逢劫 妻妾産亡 又曰 日時背馬分財無救助 妻兒離散
일봉인 시봉겁 처첩산망 우왈 일시배마분재무구조 처아이산

撮要云 比肩要逢七殺制
촬요운 비견요봉칠살제

【해 설】

비견(比肩)이란 양(陽)이 양(陽)을 만나거나 음(陰)이 음(陰)을 만
나는 것이다. 예를 들면 갑목(甲木)이 갑목(甲木)을 만나고, 을목(乙
木)이 을목(乙木)을 만나는 것이다.

5양(陽)이 5음(陰)을 만나면 겁재(劫財)가 된다. 예를 들면 갑목(甲
木)이 을목(乙木)을 만나는 것인데, 형이 아우를 만나는 것과 같다. 주
중(柱中)에 겁재(劫財)가 많으면 아내를 극(剋)하고 자식을 상해한다.

5음(陰)이 5양(陽)을 만나야 한다. 예를 들면 을목(乙木)이 갑목(甲
木)을 만나면 아우가 형을 만나는 것과 같은데, 겁재(劫財)가 많으면
파모(破耗)라 하여 대개 재성(財星)을 빼앗는다. 인간사에 비교하면
형제를 만나면 재물다툼을 하는 것과 같다. 백이(伯夷)나 숙제(叔齊)
처럼 물욕이 없는 사람은 드물기 때문이다.

육친첩요논운(六親捷要論云), 재록(財祿)을 빼앗기면 음식을 만드
는 처첩이 상해를 당하고, 비견(比肩)이 중첩되면 아버지가 손상된다.

보왈(補曰), 재다신약(財多身弱) 사주는 비겁(比劫)이 도와주어야
복이 생긴다. 만일 남명이 양인(羊刃)이 있는데 신약(身弱)하면 기이
함을 만나고, 재성(財星)이 가벼운데 신강(身强)하면 비겁(比劫)이 재
성(財星)을 빼앗으니 화액이 따르는데, 이때 양인(羊刃)이 많으면 처
궁(妻宮)이 손상된다.

고가왈(古歌曰), 갑을목(甲乙木)이 만나면 반드시 처궁(妻宮)에 방

해가 생기고, 재물이 깨지고, 아버지를 극(剋)한다.

금불환운(金不換云), 신왕(身旺)한데 비겁(比劫)이 무거우면 재물이나 아내가 손상되고, 비겁(比劫)이 효식(梟食)을 만나면 아내에게 산액이 따른다.

육친론운(六親論云), 월(月)에 귀록(歸祿)이 있는데 재관(財官)이 없으면 아버지가 객사한다. 만일 일(日)에서 양인(羊刃)을 만나고 시(時)에서 겁재(劫財)를 만나면 처첩이 아이를 낳다 죽고, 일시(日時)에서 재마(財馬)를 제극(制剋)하여 재물이 흩어졌는데 구해주는 육신(六神)이 없으면 처자식과 헤어진다.

촬요운(撮要云), 비견(比肩)은 칠살(七殺)로 제극(制剋)해야 한다.

8. 건록격(建祿格)

【원문】

喜忌篇云 月令雖逢建祿 切忌會殺爲凶 舊註 以會殺爲暗會七殺
희기편운 월령수봉건록 절기회살위흉 구주 이회살위암회칠살

爲凶兆 如甲日用酉月 爲官星正氣 若年時子辰
위흉조 여갑일용유월 위관성정기 약년시자진

則會起申中庚金爲七殺 乃甲之寇賊 故爲凶固是 然官祿之祿
즉회기신중경금위칠살 내갑지구적 고위흉고시 연관녹지녹

用令字與雖逢字 建字 牽强 況子辰暗會 合申殺 尤牽强不可從 或曰
용영자여수봉자 건자 견강 황자진암회 합신살 우견강불가종 혹왈

會殺 謂會見七殺 年時天干顯露 地支隱藏 無制伏者是也 似勝舊註
회살 위회견칠살 년시천간현로 지지은장 무제복자시야 사승구주

亦與令字 雖逢字 建字未妥 亦不可從 故或者又作月令建祿格
역여영자 수봉자 건자미타 역불가종 고혹자우작월령건록격

此誠是 但無註解 愚補之日 建祿者 月令十干祿是也 非官祿之祿
차성시 단무주해 우보지왈 건록자 월령십간녹시야 비관록지록

如甲乙祿在寅卯 丙戊祿在巳 丁己祿在午 庚祿申 壬祿亥
여갑을녹재인묘 병무녹재사 정기녹재오 경록신 임록해

癸祿子是也 會殺者 天干旣見殺 地支會合殺旺之謂也 如甲祿在寅
계록자시야 회살자 천간기견살 지지회합살왕지위야 여갑록재인

忌庚殺 乙祿在卯 忌辛殺 並會殺旺無制伏者是也 凡月令建祿
기경살 을록재묘 기신살 병회살왕무제복자시야 범월령건록

祿隨旺行爲祿 亦不宜過旺 喜見財官 並天干透露 故曰 建祿生提月
녹수왕행위록 역불의과왕 희견재관 병천간투로 고왈 건록생제월

財官喜透天 不宜身再旺 惟喜茂財源
재관희투천 불의신재왕 유희무재원

【해 설】

희기편운(喜忌篇云), 월령(月令)에서 건록(建祿)을 만나도 칠살(七殺)이 모이면 흉하다.

구주(舊註), 칠살(七殺)이 모였는데 지지(地支)에 또 칠살(七殺)이 몰래 모이면 흉하다. 예를 들어 유월(酉月) 갑목(甲木)이 관성(官星)이 정기(正氣)인데, 년시(年時)에 자진(子辰)이 있으면 신중경금(申中庚金) 칠살(七殺)을 일어나게 하므로 흉하다.

그러나 관록(官祿)의 녹(祿)은 말은 작용하는 영자(令字)와 더불어 비록 봉자(逢字)와 건자(建字)를 견강(牽强)한 것인데 황차(況次) 자

진(子辰)이 신살(申殺)을 합(合)하여 암회(暗會)한다는 말이 더 견강(牽強)하면 종론(從論)하기에 불가하다.

혹자는 회살(會殺)을 칠살(七殺)이 회견(會見)한다는 말이니 년시간(年時干)에 칠살(七殺)이 있고, 지지(地支)에 또 칠살(七殺)이 은장(隱藏)되었는데 제복(制伏)함이 없는 것이라고 했다. 앞의 구주(舊註)보다는 해설을 잘한 것 같으나 역시 영(令)·봉(逢)·건(建)에 대한 해설은 부족하다고 보여 역시 따르기 어려운 이론이다. 또 혹자는 월령(月令)의 건록격(建祿格)으로 보나 자세한 해설은 없다.

우보왈(愚補曰), 건록(建祿)은 관록(官祿)의 녹(祿)이 아니라 월령(月令)의 십간록(十干祿)을 말한다. 예를 들면 갑을(甲乙)의 녹(祿)은 인묘(寅卯)에 있고, 병무(丙戊)의 녹(祿)은 사화(巳火)에 있고, 정기(丁己)의 녹(祿)은 오화(午火)에 있고, 경금(庚金)의 녹(祿)은 신금(申金)에 있고, 임수(壬水)의 녹(祿)은 해수(亥水)에 있고, 계수(癸水)의 녹(祿)은 자수(子水)에 있다.

회살(會殺)이란 천간(天干)에 살(殺)이 있는데 지지(地支)에 칠살(七殺)이 모여 살성(殺星)이 왕성한 것을 말한다. 예를 들면 갑목의 녹(祿)은 인(寅)에 있으니 경살(庚殺)을 꺼리고, 을목의 녹(祿)은 묘(卯)에 있으니 신살(辛殺)을 꺼리는데, 왕성한 살성(殺星)을 제압하는 육신(六神)이 없는 것을 말한다.

만일 월령(月令)에 건록(建祿)이 있고 신왕(身旺)한데 다시 녹왕지(祿旺地)로 흐르면 흉하다. 지나치게 왕성할 때는 재관(財官)이 만나야 좋은데 천간(天干)에 투출(透出)하면 길하다. 따라서 건록(建祿)이 월령(月令)인 제강(提綱)에 있으면 재관(財官)이 천간(天干)에 투

출(透出)해야 길하고, 신주(身主)가 재왕(再旺)하며 재원(財源)이 무
성해야 길하다.

【원 문】

又曰 月令建祿 多無祖屋 一見官財 自然成福
우왈 월령건록 다무조옥 일견관재 자연성복

最忌天干帶七殺反傷福 並支內會七殺 太過 制伏 則祿衰弱
최기천간대칠살반상복 병지내회칠살 태과 제복 즉녹쇠약

反爲凶禍 故曰 乙木生居卯 庚辛干上逢 火旺人發福 殺地壽元終
반위흉화 고왈 을목생거묘 경신간상봉 화왕인발복 살지수원종

又曰 春木無金不是奇 金多尤恐反遭危 柱中取得中和氣
우왈 춘목무금불시기 금다우공반조위 주중취득중화기

福壽康寧百事宜 又曰 月令建祿 會殺爲凶可也 又加之以雖逢
복수강녕백사의 우왈 월령건록 회살위흉가야 우가지이수봉

切忌之辭何也 蓋建祿則身旺 有比肩扶助 宜乎不怕殺 然殺如猛虎
절기지사하야 개건록즉신왕 유비견부조 의호불파살 연살여맹호

有制伏則貴 若無制會殺旺 不問身强弱 必凶 況建祿格只喜財官
유제복즉귀 약무제회살왕 불문신강약 필흉 황건록격지희재관

最不喜干帶殺而支會旺 故曰 月令雖逢建祿 切忌會殺爲凶 則雖逢字
최불희간대살이지회왕 고왈 월령수봉건록 절기회살위흉 즉수봉자

切忌字 方有著落 令字 建字愈明白不牽强 故愚取此說 又爲之解
절기자 방유저낙 영자 건자유명백불견강 고우취차설 우위지해

以破前二說 又觀洞玄經云 甲以寅祿 庚壬本非駕 又曰 祿加以興騰
이파전이설 우관동현경운 갑이인록 경임본비가 우왈 녹가이흥등

有時乎無用 則雖逢 切忌之辭 有輕重斟酌益明矣
유시호무용 즉수봉 절기지사 유경중짐작익명의

【해 설】

만일 월령(月令)에 건록(建祿)이 들면 조상의 집이 없는 경우가 많으나, 재관(財官)을 만나면 복을 이룬다. 이때 천간(天干)에 칠살(七殺)이 있으면 복록이 손상되고, 지지(地支)에 칠살(七殺)이 회합(會合)하는데 다스리지 못하면 녹(祿)이 약해져 흉하다. 따라서 을목일간(乙木日干)이 묘목(卯木)에 거하고, 천간(天干)에 경신금(庚辛金)이 있는데 화기(火氣)가 왕성하면 발복하고, 살지(殺地)에 들면 수명을 마친다.

만일 춘목(春木)이 금(金)이 없으면 기이함이 없고, 금(金)이 많으면 위태롭다. 그러나 사주가 중화되면 복수가 강녕하며 백사가 순조롭다. 만일 월령(月令)에 건록(建祿)이 들어도 칠살(七殺)이 모이면 흉한 명이 된다.

수봉(雖逢)과 절기(切忌)는 무슨 뜻인가. 건록격(建祿格)은 신왕(身旺) 사주이니 비견(比肩)이 도와주면 안 되고, 칠살(七殺)은 꺼리지 않으나 사나운 맹호와 같으니 제압해야 귀격(貴格)이 된다. 제압하지 못하고 칠살(七殺)이 모여 왕강(旺强)하면 신강(身强) 신약(身弱)을 불문하고 반드시 흉하다.

건록격(建祿格)은 오직 재관(財官)이 있어야 길하다. 가장 꺼리는 것은 간두(干頭)에 칠살(七殺)이 있고, 지지(地支)에 칠살(七殺)이 모여 왕성한 것이다. 따라서 월령(月令)의 건록(建祿)이 끊어졌는데 칠살(七殺)이 모이면 흉하다. 그러나 봉(逢)과 기(忌)의 해설이 떨어져 부족함이 있고, 또 영(令)과 건(建)의 해설도 명백하지 않으니 억지주장에 불과하다. 그러므로 이 설을 취하는 것은 어리석은 일이고, 앞에서 논한 두 가지 설도 맞지 않는 이론이다.

관동현경운(觀洞玄經云), 갑목(甲木)의 녹(祿)은 인(寅)에 있고, 경임(庚壬)에는 본래 귀(貴)가 없다고 했다. 또 녹(祿)이 임하면 발달하는데 시(時)에 있으면 쓸모없다고 했다. 비록 만나도 꺼린다는 말이나 사주 전체를 보고 오행(五行)의 경중을 참작해야 한다.

9. 재관길작용(財官吉作用)

아래의 예는 모두 재관(財官)이 작용하여 좋아진 명조다.

■ 건명(乾命), 고한시랑(古韓侍郎)

年	月	日	時								
庚	壬	癸	庚	癸	甲	乙	丙	丁	戊	己	庚
子	午	丑	申	未	申	酉	戌	亥	子	丑	寅

이 사주는 고한시랑(古韓侍郎)의 명이다. 계수일간(癸水日干)이 오월(午月)에 태어나 실령(失令)했으나 주중(柱中)에 금수(金水)가 많으니 신강(身强) 사주가 되었다. 수기(水氣)가 많아 신강(身强)해졌으니 화토운(火土運)이 길하다. 특히 월지(月支)의 오화(午火)에 병기정(丙己丁)이 암장(暗藏)되어 재성(財星)이 강하고, 오화(午火) 용신(用神)이 월령(月令)에 들어 강하니 등과급제할 수 있었다.

대운의 흐름을 보니 병술운(丙戌運)부터 발복하여 승진했다. 그러나 천간(天干)은 병정무기(丙丁戊己)로 화토운(火土運)이라 길하나,

지지(地支)는 신유해자(申酉亥子)로 금수운(金水運)이라 흉하다. 이 사람은 비록 고위직에 올랐으나 항상 길흉의 반복이 심했다.

■ 건명(乾命), 조승상(趙丞相)

年	月	日	時									
壬	丙	己	庚		丁	戊	己	庚	辛	壬	癸	甲
申	午	亥	午		未	申	酉	戌	亥	子	丑	寅

　기토일간(己土日干)이 오월(午月)에 태어났으니 득령(得令)했고, 월상(月上)에 병화(丙火)가 투출(透出)하고, 시(時)의 오화(午火)가 도와주니 신강(身强)하다. 화기(火氣)가 매우 왕성해 신강(身强)해졌으니 년상(年上) 임수(壬水)가 용신(用神)인데, 년지(年支) 신금(申金)에 통근(通根)하고, 일지(日支) 해수(亥水)가 도와주니 매우 강하다. 용신(用神)이 강하면 부귀하며 큰 인물이 된다고 했다.

　일지(日支)에 용신(用神)이 들어 현모양처를 만났고, 재성운(財星運)이 좋아 수만 석을 쌓았고, 일찍 등과하여 계속 승진하더니 수상까지 되었다. 이 사람은 원명이 대길한데 대운도 금수운(金水運)으로 흘러 크게 발달한 것이다.

■ 건명(乾命), 하승상(賀丞相)

年	月	日	時									
辛	庚	甲	乙		己	戊	丁	丙	乙	甲	癸	壬
丑	寅	辰	亥		丑	子	亥	戌	酉	申	未	午

이 사주는 갑목일간(甲木日干)이 인월(寅月)에 태어났으니 득령(得令)했고, 일지(日支) 진토(辰土)와 시상(時上) 을해(乙亥)에 통근(通根)하여 매우 강하다. 월상(月上) 경금(庚金)이 용신(用神)인데, 년주(年柱)의 신축(辛丑)과 일지(日支)의 진중(辰中) 무토(戊土)가 도와주니 대격(大格)이 되었다.

정해운(丁亥運)에는 정화(丁火)가 조후(調候)하니 등과하고, 병술운(丙戌運)에는 더 승진하고, 을유운(乙酉運)에는 유금(酉金)이 대길하여 승상(丞相)이라는 고위직에 올랐다.

본명은 경신금(庚辛金)이 용신(用神)이고, 무기토(戊己土)는 희신(喜神)이다. 병정화(丙丁火)도 좋은 편이다. 갑을목(甲乙木)은 기신(忌神), 임계수(壬癸水)는 구신(仇神)이다.

■ 건명(乾命), 시혼부명(施洪富命)

年	月	日	時								
辛	辛	乙	庚	庚	己	戊	丁	丙	乙	甲	癸
丑	卯	丑	辰	寅	丑	子	亥	戌	酉	申	未

을목일간(乙木日干)이 녹지(綠地)인 묘월(卯月)에 태어나 신강(身强)한데, 간두(干頭)에 투출(透出)한 경신금(庚辛金)도 강한 편이다. 좋은 것은 정해운(丁亥運)과 병술운(丙戌運)을 만나는 것인데, 왕성한 목화(木火)가 경신금(庚辛金)을 다스려 발복했다. 그러나 유운(酉運)에 축유(丑酉)가 금국(金局)을 이루자 칠살(七殺)이 지나치게 왕성해져 비명횡사를 당했다.

본명은 연구할 필요가 있다. 목기(木氣)도 강하고 금기(金氣)도 강하여 금(金)과 목(木)이 대립하는 형상인데, 많은 토기(土氣)가 토생금(土生金)을 하여 결국은 토금(土金)이 기신(忌神)이 되고, 목화(木火)는 길작용을 했다. 금운(金運)에 숨진 것을 보면 금(金)이 기신(忌神)임을 알 수 있다.

■ 건명(乾命), 하각노귀명(夏閣老貴命), 화유여수부족격(火有餘水不足格)

年	月	日	時								
壬	丁	丙	壬	戊	己	庚	辛	壬	癸	甲	乙
寅	未	寅	辰	申	酉	戌	亥	子	丑	寅	卯

장남왈(張楠曰), 병화일간(丙火日干)이 미월(未月)에 태어나 염광(炎光)이 매우 성하니 살운(殺運)을 만나면 크게 발달하는데, 경신금(庚辛金)과 임계(壬癸)의 금수운(金水運)에 고관대작이 되었다. 그러나 인비(印比)이 왕성한 목화운(木火運)을 만나자 숨을 거두었다.

보주왈(補註曰), 병인일생(丙寅日生)이 미월(未月)에 태어났고, 월상(月上)에 정화(丁火)가 투출(透出)하여 화기(火氣)가 강하고, 년시(年時)에 임수(壬水)가 투출(透出)하여 수화기제(水火旣濟)를 이루어 길하다. 다만 주중(柱中)에 화토(火土)가 많고 금수(金水)가 약한 것이 결점이다. 임자운(壬子運)과 계축운(癸丑運)에는 간지(干支)가 모두 수기(水氣)라 발복하여 수상(首相)에 올랐으나, 갑인운(甲寅運)에는 강한 목기(木氣)가 목생화(木生火)를 하자 화기(火氣)가 더 맹렬해져 숨을 거두었다.

■ 건명(乾命), 오도오고빈명(吾都吳高貧命)

年	月	日	時								
壬	丁	丙	壬		戊	己	庚	辛	壬	癸	甲	乙
寅	未	申	辰		申	酉	戌	亥	子	丑	寅	卯

장남왈(張楠曰), 병화일간(丙火日干)이 정미월(丁未月)에 태어나 화기(火氣)가 강하나 아직 화염은 아니다. 그러나 화기(火氣)가 또 침범하면 상황은 달라진다. 화기(火氣)가 약하니 목운(木運)을 만나면 좋으나, 수운(水運)을 만나면 화액이 계속된다.

보주왈(補註曰), 병화일간(丙火日干)이 미월(未月)에 태어나 왕성하나, 하지(夏至) 후 2음(陰)이 발생하는 때이니 수기(水氣)는 강해지고 화기(火氣)는 약해진다. 그런데 일지(日支) 신금(申金)이 신진수국(申辰水局)을 이루어 강하고, 년시(年時)에 임수(壬水)가 투출(透出)하여 수(水)는 왕성해지고 화(火)는 약해졌다. 따라서 앞의 명조와 달리 임자운(壬子運)과 계축운(癸丑運)은 대흉하다. 신유술(申酉戌) 서방운에는 뜻대로 되지 않아 한가한 유림에 불과하더니, 해자축(亥子丑) 북방운을 만나자 걸식하며 살다 굶어죽었다.

■ 건명(乾命), 오도하빙일명(吾都何冰一命), 화소금다격(火少金水多格)

年	月	日	時								
庚	辛	丙	壬		壬	癸	甲	乙	丙	丁	戊	己
午	巳	申	辰		午	未	申	酉	戌	亥	子	丑

장남왈(張楠曰), 병화일간(丙火日干)이 사월(巳月)에 태어나 득록(得祿)했으나 많은 재살(財殺)을 감당하기 어렵다. 변강성약(變强成弱) 사주는 가난과 요절이 따르는데, 대운까지 재성운(財運)으로 흐르니 어찌 장수할 수 있겠는가.

보주왈(補註曰), 병화일간(丙火日干)이 사월(巳月)에 태어나 득록(得祿)했으나, 금수(金水)가 강하니 흉하다. 초년의 오미운(午未運)에는 왕성한 화(火)가 신약(身弱)한 일간(日干)을 내조하여 의식주를 약간 해결하며 살았으나, 신운(申運)에 많은 재살(財殺)을 만나자 질병에 시달리다 병사했다. 만일 을미시(乙未時)였으면 화기(火氣)가 왕성하니 금운(金運)에 발복했을 것이다.

저자평, 이런 사주를 간명한 적이 있는데 수목운(水木運)은 대길하고 화금운(火金運)은 대흉했다. 참고하면서 연구하기 바란다.

3. 전록격(專祿格)

【원 문】

纂要云 此格甲寅乙卯庚申辛酉是也 柱中忌官殺 不宜刑沖破害
찬요운 차격갑인을묘경신신유시야 주중기관살 불의형충파해

歲運亦同 元理賦云 八專日支同類 殺運殺年多凶 正此之謂也
세운역동 원리부운 팔전일지동류 살운살년다흉 정차지위야

【해 설】

찬요운(纂要云), 전록격(專祿格)은 갑인일생(甲寅日生)·을묘일생

(乙卯日生)·경신일생(庚申日生)·신유일생(辛酉日生)을 말한다. 관살 (官殺)과 형충파해(刑沖破害)를 꺼리는데, 태세와 대운에서 만나도 마찬가지다.

원리부운(元理賦云), 전록격(專祿格)은 일간(日干)과 일지(日支)가 동류(同類)이므로 칠살(七殺) 대운과 년운(年運)이 모두 흉하다.

■ 건명(乾命), 금계서용강귀명(金谿徐龍岡貴命), 전록격이관살위병
   격(專祿格以官殺爲病格)

   年　月　日　時
   壬　庚　辛　辛　　　辛壬癸甲乙丙丁戊
   辰　戌　酉　卯　　　亥子丑寅卯辰巳午

장남왈(張楠曰), 신유일생(辛酉日生)이니 전록격(專祿格)이다. 술중 (戌中) 정화(丁火)가 희신(喜神)을 충(沖)하나, 병(病)인 살성(殺星)을 제거하면 관록(官祿)이 영화롭다.

보주왈(補註曰), 신유일생(辛酉日生)이니 전록격(專祿格)이다. 술중 (戌中) 정화(丁火)가 녹(祿)을 손상시키는 병(病)인데, 진(辰)이 제거 하니 유병자귀(有病者貴)의 명이 되었다. 계축운(癸丑運)에 축술형 (丑戌刑)으로 병(病)인 술중(戌中) 정화(丁火)를 제거하자 황갑(黃甲) 이라는 고관이 되었다. 만일 대운에서 병정(丙丁)을 만나면 귀(貴)가 손상된다.

4. 잡기재관인수격(雜氣財官印綬格)

【원 문】

楠曰 雜氣財官格者 蓋辰戌丑未四字 乃天地不正之氣
남왈 잡기재관격자 개진술축미사자 내천지부정지기

爲天地四箇牢獄之所 又爲天地四箇收藏之庫 如丙丁日生辰月
위천지사개뢰옥지소 우위천지사개수장지고 여병정일생진월

若天干透出戊己多 則作雜氣火土傷官格 如透出乙木多
약천간투출무기다 즉작잡기화토상관격 여투출을목다

則作雜氣印綬格 如透出癸水多 方作雜氣財官格 如戊日生戌月
즉작잡기인수격 여투출계수다 방작잡기재관격 여무일생술월

身弱透丁火多 作雜氣印綬格 透辛金作雜氣傷官格 又曰
신약투정화다 작잡기인수격 투신금작잡기상관격 우왈

雜氣財官喜見沖 惟日干旺 用雜氣財官者 喜見之
잡기재관희견충 유일간왕 용잡기재관자 희견지

原財藏在天地之庫中 牢密堅固 如戊日生辰月 癸乙爲財官
원재장재천지지고중 뢰밀견고 여무일생진월 계을위재관

錢在庫中 十分牢固 若無戌時銷匙 豈能開之 沖開財庫
전재고중 십분뢰고 약무술시소시 개능개지 충개재고

福興隆然也 若不用財官 則不可把沖開作論 當以中和偏枯看
복흥융연야 약불용재관 즉불가파충개작론 당이중화편고간

或嫌其字爲害神 再沖出來 其害愈甚
혹혐기자위해신 재충출래 기해유심

【해 설】

장남왈(張楠曰), 잡기재관격(雜氣財官格)이란 진술축미(辰戌丑未) 네 글자를 말하는데, 부정한 기운이라 사개뢰옥(四箇牢獄)에 해당하고, 또 천지의 사개수장(四箇收藏)의 창고가 된다.

예를 들어 병정일간(丙丁日干)이 진월생(辰月生)인데 천간(天干)에 무기토(戊己土)가 많이 투출(透出)하면 잡기화토상관격(雜氣火土傷官格)이 되고, 을목(乙木)이 많이 투출(透出)하면 잡기인수격(雜氣印綬格)이 되고, 계수(癸水)가 많이 투출(透出)하면 잡기재관격(雜氣財官格)이 된다.

만일 무토일간(戊土日干)이 술월생(戌月生)인데 정화(丁火)가 많이 투출(透出)하면 잡기인수격(雜氣印綬格)이 되고, 신금(辛金)이 많이 투출(透出)하면 잡기상관격(雜氣傷官格)이 된다.

잡기재관격(雜氣財官格)은 상충(相沖)을 만나는 것이 길하고, 신왕(身旺)해야 길하다. 또 원명의 지지(地支)에 재성(財星)이 암장되면 좋은데, 재관(財官)이 고(庫)에 있으면 빼앗기지 않기 때문이다.

만일 무토일간(戊土日干)이 진월생(辰月生)이면 계을(癸乙) 재관(財官)이 고(庫)에 암장(暗藏)된 것이니, 술시(戌時)를 만나 상충(相沖)으로 문을 열어주는 열쇠가 없으면 어떻게 고(庫)의 재물을 활용할 수 있겠는가. 그러나 재관(財官)이 흉작용을 하면 충개(沖開)가 오히려 불리하다. 즉 재관(財官)이 기신(忌神)이면 충개(沖開)하지 않아야 한다는 말이니 중화를 잘 살펴야 한다. 재관(財官)이 용신(用神)인지 기신(忌神)인지를 살펴야 하는데, 기신(忌神)을 충개(沖開)하면 그 해로움이 매우 심하다.

【원문】

如丙日生辰月 露出乙木印星 再看又有乙木貼體作印綬格
여병일생진월 노출을목인성 재간우유을목첩체작인수격

柱中原略有金氣 原印星衰也 若再行戌運
주중원략유금기 원인성쇠야 약재행술운

戌中辛金沖破我辰中有乙木 此則是貪財壞印看
술중신금충파아진중유을목 차즉시탐재괴인간

豈可雜氣財官喜見沖論乎 又加丙丁日生戌月 透出戊土多
개가잡기재관희견충론호 우가병정일생술월 투출무토다

作雜氣傷官格看 原日干丙丁屬火 到九月授衣之月 火氣寒凉
작잡기상관격간 원일간병정속화 도구월수의지월 화기한량

見土多泄弱火之精 喜東方木運 剋去其傷官 不來泄我
견토다설약화지정 희동방목운 극거기상관 불래설아

喜木運又來資我則吉 若到辰運 再沖出戌中戊土來
희목운우래자아즉길 약도진운 재충출술중무토래

偸泄弱我精神 安得不死 此亦不可作 雜氣財官喜見沖也
투설약아정신 안득불사 차역불가작 잡기재관희견충야

惟身旺有財官 方喜沖開 早年發達 此格與傷官甚難看
유신왕유재관 방희충개 조년발달 차격여상관심난간

此格要露庫中何物出來 方可定用神 書之中槪以沖開爲美
차격요노고중하물출래 방가정용신 서지중개이충개위미

豈不謬也
개불류야

【해 설】

　만일 병화일간(丙火日干)이 진월생(辰月生)이고 을목(乙木) 인성
(印星)이 투출(透出)했는데, 또 을목(乙木)이 있으면 인수격(印綬格)
으로 본다. 이때 주중(柱中)에 금기(金氣)가 있으면 인성(印星)은 쇠
약하다. 다시 술운(戌運)으로 흘러 술중신금(戌中辛金)과 진중(辰
中) 을목(乙木)이 충파(沖破)되면 탐재괴인(貪財壞印)이 되는데, 어
찌 잡기재관격(雜氣財官格)이 상충(相沖)을 만나면 길하다고만 하겠
는가.

　또 병정일간(丙丁日干)이 술월생(戌月生)인데 무토(戊土)가 투출
(透出)하면 잡기상관격(雜氣傷官格)으로 본다. 9월의 쌀쌀한 날씨에
병정(丙丁)의 화기(火氣)가 약해진 것이니 많은 토(土)가　화(火)를
설기(泄氣)하면 안 된다. 이때는 동방 목운(木運)을 만나 상관(傷官)
이 토(土)를 제거해야 길하고, 목운(木運)이 신약(身弱)한 아신(我身)
을 도와주면 길하다.

　만일 진운(辰運)을 만나 술중(戌中) 무토(戊土)를 또 충(沖)하여
신약(身弱)한 아신(我身)을 설기(泄氣)하면 죽을 수밖에 없다. 따라서
잡기재관격(雜氣財官格)은 무조건 상충(相沖)해야 길하다는 말은 맞
지 않는다. 반드시 신왕(身旺)하며 재관(財官)이 있어야 충개(沖開)할
때 발달한다.

　이 격과 상관격(傷官格)은 간명하기가 매우 어렵다. 이 격은 먼저
고(庫)에 어떤 육신(六神)이 암장(暗藏)되어 있는가를 살핀 후 용신
(用神)을 정해야 한다. 따라서 고서의 잡기재관격(雜氣財官格)은 충
개(沖開)하면 길하다는 말은 맞지 않는다.

【원 문】

古歌云 雜氣財官印月宮 天干透露始爲豐 財多官旺宜沖破
고가운 잡기재관인월궁 천간투로시위풍 재다관왕의충파

切忌干支支壓伏重 補曰 財者 養命之源 官者扶身之本 印綬者
절기간지지압복중 보왈 재자 양명지원 관자부신지본 인수자

資身之基也 此三者藏蓄於辰戌丑未之月 乃四隅之氣
자신지기야 차삼자장축어진술축미지월 내사우지기

非天地東西南北之正氣 故曰 雜氣財官印綬格 此格喜透露
비천지동서남북지정기 고왈 잡기재관인수격 차격희투로

喜刑沖破害 或用財官 而財官透 或用印綬而印綬透 透財則富
희형충파해 혹용재관 이재관투 혹용인수이인수투 투재즉부

透官則貴 透印則吉 享萬物之現成 故曰 始爲豐
투관즉귀 투인즉길 향만물지현성 고왈 시위풍

若財官印閉錮於庫中 不沖不刑 則少年不發庫中人 所以 宜沖破也
약재관인폐고어고중 불충불형 즉소년불발고중인 소이 의충파야

若干支財遇比劫之壓伏 官遇食傷之壓伏 印綬遇財星之壓伏
약간지재우비겁지압복 관우식상지압복 인수우재성지압복

而且太多 則欲其富貴 而享現成之福也難矣 故曰 切忌干支壓伏重
이차태다 즉욕기부귀 이향현성지복야난의 고왈 절기간지압복중

【해 설】

고가왈(古歌曰), 잡기재관인(雜氣財官印)이 월간(月干)에 투출(透出)하면 풍성하고, 재다관왕(財多官旺)하면 충파(沖破)도 좋으나, 간지(干支)에 충파(沖破)가 많으면 끊어진다.

보주왈(補註曰), 재성(財星)은 나의 목숨을 유지할 수 있게 영양을

보충해주는 근원이고, 관성(官)은 나를 바르게 교육하는 근본이고, 인수(印綬)는 나의 부족한 부분을 도와주는 기초가 된다. 이 세 가지는 진술축미월(辰戌丑未月)에 암장(暗藏)되어 있고, 춘하추동 사우(四隅)의 기운이지만 동서남북의 정기(正氣)는 아니다. 그래서 잡기재관인수격(雜氣財官印綬格)이라고 한다.

　잡기재관인수격(雜氣財官印綬格)은 투출(透出)하면 길하고 형충파해(刑沖破害)도 좋은데, 재관(財官)이 작용할 때는 재관(財官)이 투출(透出)해야 길하고, 인수(印綬)가 작용할 때는 인수(印綬)가 투출(透出)해야 재성(財星)이 투출(透出)한 것이 되어 부자가 된다. 만일 관성(官)이 투출(透出)하면 권력을 잡고, 인수(印綬)가 투출(透出)하면 길복이 따라 만물이 성장하며 발전하는 현상과 같아 시위풍(始爲豐)이라고 한다.

　만일 재관인(財官印)이 고(庫)에 갇혀 있거나 충형(沖刑)되지 않으면 소년에 발달하지 못한다. 그래서 충파(沖破)가 마땅하다고 한 것이다. 만일 간지(干支)에 재성(財星)이 있는데 비겁(比劫)이 억압되거나, 식상(食傷)이 관성(官)을 억압하거나, 재성(財星)이 인수(印綬)를 억압하면 불리하다. 만일 재관인(財官印)이 많으면 부귀를 이루려는 생각은 있으나 불가하다. 그래서 간지(干支)에 재관인(財官印)이 많으면 끊어진다고 하는 것이다.

【원 문】

又曰 辰戌丑未爲四季 印綬財官居雜氣 干頭透出格爲眞
우왈 진술축미위사계 인수재관거잡기 간두투출격위진

只論財多爲尊貴 補曰 辰中有乙癸戊 乃水之墓庫爲春季
지론재다위존귀 보왈 진중유을계무 내수지묘고위춘계

戌中有辛丁戊 乃火之墓庫 爲秋季 丑中有癸辛己 乃金之墓庫
술중유신정무 내화지묘고 위추계 축중유계신기 내금지묘고

未中有丁乙己 乃 爲木之墓庫 爲夏季 此四季中 所藏印綬財官
미중유정을기 내 위목지묘고 위하계 차사계중 소장인수재관

皆天地不正之氣 故曰 居雜氣 須看格中透出何字爲福 大槪雜氣格
개천지부정지기 고왈 거잡기 수간격중투출하자위복 대개잡기격

透出何字爲福 大槪雜氣格 透出貴氣固爲妙 亦以財多爲尊貴
투출하자위복 대개잡기격 투출귀기고위묘 역이재다위존귀

所謂無官見財 亦能生官 多人及第之命是已 又曰 雜氣從來自不純
소위무관견재 역능생관 다인급제지명시이 우왈 잡기종래자불순

天干透出始爲眞 身强財旺生官祿 運見沖刑聚寶珍 補曰 辰戌丑未
천간투출시위진 신강재왕생관록 운견충형취보진 보왈 진술축미

居於四隅 雖非東西南北純然之正氣 然天元透露 方爲眞格
거어사우 수비동서남북순연지정기 연천원투로 방위진격

【해 설】

만일 인수재관(印綬財官)이 진술축미월(辰戌丑未月)에 거하면서
간두(干頭)에 투출(透出)하면 진격(眞格)이 되는대, 이때 재성(財星)
이 많으면 귀격(貴格)이 된다.

보왈(補曰), 진(辰)에는 을계무(乙癸戊)가 있으니 수(水)의 묘고(墓
庫)이며 봄에 해당하고, 술토(戌土)에는 신정무(辛丁戊)가 있으니 화
(火)의 묘고(墓庫)이며 가을에 해당하고, 축토(丑土)에는 계신기(癸辛
己)가 있으니 금(金)의 묘고(墓庫)이며 겨울에 해당하고, 미(未)에는

정을기(丁乙己)가 있으니 목(木)의 묘고(墓庫)이며 여름에 해당한다.

이 사계에 있는 재관인수(財官印綬)는 모두 부정한 기운이니 잡기격(雜氣格)을 간명할 때는 투출(透出)한 것을 복으로 본다. 대개 잡기격(雜氣格)은 투출(透出)한 귀기(貴氣)가 견고하면 묘한데, 재성(財星)이 많으면 존귀하다. 이른바 관성(官)이 재성(財星)을 만나면 재생관(財生官)하니 등과급제하는 귀격(貴格)이 된다는 말이다.

또 잡기재관격(雜氣財官格)은 본래 순수하지 않은데 천간(天干)에 투출(透出)해야 진격(眞格)이 된다. 신강재왕(身强財旺)하여 재생관(財生官)을 하는데, 대운에서 충형(沖刑)을 만나면 부격을 이룬다.

보주왈(補註曰), 진술축미(辰戌丑未)가 비록 사우(四隅)에 있어 동서남북의 정기(正氣)는 아니더라도 천간(天干)에 투출(透出)하면 진격(眞格)이 된다.

【원 문】

身强如庚辛申酉之類 財旺如未木行東方 戌火行南方 辰水行北方
신강여경신신유지류 재왕여미목행동방 술화행남방 진수행북방

丑金行西方 則自有靑紫之貴 而發官發祿矣 四柱無沖刑 而運逢之
축금행서방 즉자유청자지귀 이발관발록의 사주무충형 이운봉지

則珍寶自聚 所謂倉庫豊盈金滿屋是已 又曰 五行四季月支逢
즉진보자취 소위창고풍영금만옥시이 우왈 오행사계월지봉

印綬干頭再顯榮 四柱相生喜官殺 更饒財産有崢嶸 補曰
인수간두재현영 사주에생희관살 갱요재산유쟁영 보왈

甲乙生於丑月 丙丁生於辰月 戊己生於戌未月 庚金生於辰戌月
갑을생어축월 병정생어진월 무기생어술미월 경금생어진술월

壬癸生於戌月 皆月支逢季月也 各有印綬藏庫 喜干頭顯露
임계생어술월 개월지봉계월야 각유인수장고 희간두현로

又要柱中官殺相生 財星有氣 則財生官 官生印印生身 身剋財則榮貴
우요주중관살상생 재성유기 즉재생관 관생인인생신 신극재즉영귀

所謂印賴財生 官因財旺是已 或曰 此以雜氣印綬言 有官祿
소위인뢰재생 관인재왕시이 혹왈 차이잡기인수언 유관록

不惟貴顯 更資財産業饒盛 亦不要見財
불유귀현 갱자재산업요성 역불요견재

【해 설】

신강(身强)하다는 것은 경신일간(庚辛日干)이 신유(申酉)를 만나는 것과 같은 경우다. 재성(財星)이 왕성하다는 것은 미중을목(未中乙木)이 작용하는데 동방으로 가는 것과 같고, 술중(戌中) 정화(丁火)가 작용하는데 남방으로 가는 것과 같고, 진중(辰中) 계수(癸水)가 작용하는데 북방으로 가는 것과 같고, 축중신금(丑中辛金)이 작용하는데 서방으로 가는 것과 같다. 이런 명은 자연히 관록(官祿)이 발달하여 귀격(貴格)이 되고, 원명에는 충형(沖刑)이 없으나 운에서 만나면 자연히 큰 부자가 된다.

만일 진술축미월(辰戌丑未月)생이 인수(印綬)가 간두(干頭)에 투출(透出)하면 영화롭고, 주중(柱中)에 상생(相生)해주는 관살(官殺)이 있으면 더 좋아 부귀영화가 풍성해진다.

보왈(補日), 갑을일간(甲乙日干)이 축월생(丑月生)이거나, 병정일간(丙丁日干)이 진월생(辰月生)이거나, 무기일간(戊己日干)이 술미월생(戌未月生)이거나, 경금일간(庚金日干)이 진술월생(辰戌月生)이거나,

임계일간(壬癸日干)이 술월생(戌月生)이면 모두 진술축미월(辰戌丑未月)을 만난 것이다.

　이런 명은 인수(印綬)가 장고(藏庫)에 있으면서 간두(干頭)에 투출(透出)하면 길하다. 만일 주중(柱中)에 관살(官殺)을 상생(相生)해주는 재성(財星)이 기(氣)가 있으면 재생관(財生官)·관생인(官生印)·인생신(印生身)이 되고, 신주(身主)가 재성(財星)을 다스리면 귀격(貴格)이 된다. 즉 인성(印星)은 재성(財星)에 의지하여 생존하는 것이고, 관성(官)은 재성(財星) 때문에 왕성해지기 때문이다. 혹자는 이 잡기인수격(雜氣印綬格)을 관록(官祿)이 높을 뿐만 아니라, 다시 재성(財星)에 의지하여 생왕(生旺)한다고 한다.

【원 문】

又曰 月令提綱不可沖 十沖九命返爲凶 惟有財官逢墓庫
우왈 월령제강불가충 십충구명반위흉 유유재관봉묘고

運行到此反成功 補曰 財官遇於提月 最不可沖 沖則十有九凶
운행도차반성공 보왈 재관우어제월 최불가충 충즉십유구흉

惟財官居庫 不沖不發 須行沖運方能發福 又曰 生旺須逢墓庫絶
유재관거고 불충불발 수행충운방능발복 우왈 생왕수봉묘고절

墓庫必來生旺發 生加生旺過非宜 墓庫逢休終不發 補曰
묘고필래생왕발 생가생왕과비의 묘고봉휴종불발 보왈

生加生旺過非矣 此申上文生旺須逢墓庫絶而言也 非有別意
생가생왕과비의 차신상문생왕수봉묘고절이언야 비유별의

墓庫逢休終不發 對上文墓庫必來生旺發而言也 亦非有別意
묘고봉휴종불발 대상문묘고필래생왕발이언야 역비유별의

如柱中財官印生旺 不宜入財官印墓地 故曰 旺官旺印與旺財
여주중재관인생왕 불의입재관인묘지 고왈 왕관왕인여왕재

入墓有禍 如日干生旺 不宜入日干庫地
입묘유화 여일간생왕 불의입일간고지

【해 설】

만일 월령(月令)의 제강(提綱)을 상충(相沖)하면 십중팔구는 흉하
다. 그러나 재관(財官)이 묘고(墓庫)에 암장(暗藏)되어 있으면 오히려
형충(刑沖)이 재관(財官)을 열어 성공한다.

보주왈(補註曰), 재관(財官)이 월령(月令)에 있는데 형충(刑沖)되
면 십중팔구는 흉하나, 재관(財官)이 고(庫)에 있는데 충(沖)하면 발
복한다. 만일 생왕(生旺)되면 묘고지(墓庫地)를 만나고, 절묘고(絶墓
庫)가 되면 반드시 생왕지(生旺地)를 만나야 발복한다. 이미 생왕(生
旺)되었는데 다시 생왕운(生旺運)을 만나면 불가하고, 묘고지(墓庫
地)에 있는데 다시 휴수지(休囚地)를 만나면 발달하지 못한다.

이미 생왕(生旺)되었는데 다시 생왕운(生旺運)을 만나면 불가하다
는 것은 묘고지(墓庫地)가 길하다는 말이다. 그리고 묘고지(墓庫地)
에 있는데 다시 휴수운(休囚運)을 만나면 발복할 수 없다는 말은 재
관(財官)이 묘절쇠약(墓絶衰弱)에 들었는데 휴수운(休囚運)을 만나
면 불가하다는 말이다. 따라서 주중(柱中)에서 재관인(財官印)이 생
왕(生旺)되면 재관인(財官印)의 묘지(墓地)인 신주(身主)의 묘지(墓
地)에 들면 불가하다. 그러므로 재관인(財官印)이 모두 왕성한데 입
묘운(入墓運)으로 들어가면 화가 따른다. 예를 들어 신왕(身旺)한데

일간(日干)이 고지(庫地)에 들어가면 불가하다는 말이다.

【원 문】

故曰 身旺入庫必興災 墓庫必來生旺發 如財官居墓庫
고왈 신왕입고필흥재 묘고필래생왕발 여재관거묘고

必來財官旺之地發財發官 如身主居墓庫
필래재관왕지지발재발관 여신주거묘고

必來身主生財之地加以發身 又主加生旺過非宜 如財官生旺
필래신주생재지지가이발신 우주가생왕과비의 여재관생왕

加以財官生旺之運 則太過有咎 所謂財多逢財 運逢化殺生災
가이재관생왕지운 즉태과유구 소위재다봉재 운봉화살생재

官多逢官 太旺傾危是已 如身居生旺 加以身主生旺之運
관다봉관 태왕경위시이 여신거생왕 가이신주생왕지운

則太過必禍 所謂 遇生之之相逢 宜退身而避位 生地相逢
즉태과필화 소위 우생지지상봉 의퇴신이피위 생지상봉

壯年不祿是已 墓庫逢休終不發 如財官居墓庫之地
장년불록시이 묘고봉휴종불발 여재관거묘고지지

又逢財官休敗之運 何以發財發官 如身主居墓庫之地
우봉재관휴패지운 하이발재발관 여신주거묘고지지

又逢身主休敗之運 何以發身 三車云 財官雜氣格 透出財者富
우봉신주휴패지운 하이발신 삼차운 재관잡기격 투출재자부

透出官者貴 透出印綬者 享父母田産宅舍財帛之富
투출관자귀 투출인수자 향부모전산택사재백지부

有文書宣敕蔭庇之貴 如無透出 沖刑少許則發 身旺爲妙
유문서선즉음비지귀 여무투출 충형소허즉발 신왕위묘

不宜身弱 沖刑太過 景鑑云 雜氣財官身旺 有沖而發
불의신약 충형태과 경감운 잡기재관신왕 유충이발

若太過反受孤貧 孤貧者 身弱閉庫財浩蕩 兩處刑沖是也
약태과반수고빈 고빈자 신약폐고재호탕 양처형충시야

【해 설】

만일 신왕(身旺)한 일간(日干)이 입고(入庫)되면 반드시 재앙이 많이 따르는데, 묘고(墓庫)는 반드시 상충(相沖)으로 열어야 생왕(生旺)되어 발복한다. 예를 들면 재관(財官)이 묘고(墓庫)에 들면 반드시 재관왕지(財官旺地)를 만나야 재관(財官)이 발달한다. 예를 들면 신주(身主)가 묘고(墓庫)에 있으면 반드시 신주(身主)가 재성(財星)을 생(生)하는 운을 만나야 발달한다.

또 생왕(生旺)되었는데 다시 왕성해지면 불가하다. 예를 들면 재관(財官)이 생왕(生旺)되었는데 재관(財官)의 생왕운(生旺運)을 만나면 흉하다는 말이다. 소위 재성(財星)이 많은데 재성운(財星運)을 만나면 살(殺)로 변하여 재앙이 생기고, 관성(官星)이 많은데 다시 관운(官運)을 만나면 위험해진다.

또 신주(身主)가 생왕(生旺)한데 다시 신주(身主)가 생왕(生旺)해지는 운을 만나면 지나치게 신왕(身旺)해지니 반드시 화를 당한다. 소위 생왕지(生旺地)를 만나면 물러나게 되니 장년에 복록이 사라진다.

그리고 묘고(墓庫)에 들었는데 다시 휴묘지(休墓地)를 만나면 발달하지 못한다. 예를 들어 재관(財官)이 묘고지(墓庫地)에 들었는데 재관(財官)의 휴패운(休敗運)을 만나면 어떻게 재관(財官)이 발달하겠으며, 신주(身主)가 묘고지(墓庫地)에 들었는데 다시 신주(身主)의 휴패운(休敗運)을 만나면 어떻게 발달할 수 있겠는가.

삼차운(三車云), 잡기재관격(雜氣財官格)이 재성(財星)이 투출(透出)하면 부유한 명이 되고, 관성(官星)이 투출(透出)하면 귀격(貴格)이 되고, 인수(印綬)가 투출(透出)하면 부모 재산으로 부자가 되며 학문도 잘 하고 조상덕으로 출세 승진한다. 그러나 투출(透出)하지 않고 충형(沖刑)되면 소년에 발복하는데, 신왕(身旺)하면 더욱 묘격(妙格)이 된다. 그러나 신약(身弱)하거나 지나치게 충형(沖刑)되면 불가하다.

경감운(景鑑云), 잡기재관격(雜氣財官格)이 신왕(身旺)하고 상충(相沖)이 있으면 발복하나, 지나치면 오히려 가난한 명이 된다. 가난한 사람은 신약(身弱)하며 고(庫)가 닫힌 것이고, 부유한 사람은 신왕(身旺)하며 형충(刑沖)된 것이다.

【원 문】

集說云 庫財者 蓄藏之謂 辰戌丑未是也 如月令透出者
집설운 고재자 축장지위 진술축미시야 여월령투출자

或歲時透出者 亦不要一點官星 可用此格 甲見辰土庫
혹세시투출자 역불요일점관성 가용차격 갑견진토고

在辰爲財庫 須四柱天元透出戊己爲妙 大抵四柱中 有財氣多者
재진위재고 수사주천원투출무기위묘 대저사주중 유재기다자

無不入貴格 無官見財亦能生官 多人及第之命
무불입귀격 무관견재역능생관 다인급제지명

但不要閉藏於庫中 須要刑沖破害 以開其局鑰 方能發福
단불요폐장어고중 수요형충파해 이개기경약 방능발복

又曰 夫庫官者 蓄藏之謂也 以辰戌丑未四季月令得之是也
우왈 부고관자 축장지위야 이진술축미사계월령득지시야

但不知庫中所透何物 用月干透出者妙 或歲時透出者亦得
단불지고중소투하물 용월간투출자묘 혹세시투출자역득

郤要刑沖破害身旺 方可透出七殺 不怕刑沖破害 尤喜制伏之地
극요형충파해신왕 방가투출칠살 불파형충파해 우희제복지지

又要有合 方可爲貴 如無制伏 又無合 本身又弱 必爲害也
우요유합 방가위귀 여무제복 우무합 본신우약 필위해야

如丙子日見辰月庫官 必難發於少年 辰屬水庫 但不要天干傷官
여병자일견진월고관 필난발어소년 진속수고 단불요천간상관

如傷官主宰號晚成 行運亦不要行傷官之地 喜官星之鄕
여상관주재호만성 행운역불요행상관지지 희관성지향

喜身旺官旺 喜沖喜露 天干財印忌閉
희신왕관왕 희충희로 천간재인기폐

【해 설】

집설운(集說云), 고재(庫財)란 진술축미(辰戌丑未)에 축장(蓄藏)되었다는 말이다. 만일 월령(月令)에 투출(透出)했는데 년(年)이나 시(時)에 거듭 투출(透出)하면 불가하고, 관성(官星)은 하나만 있어야한다. 예를 들어 갑목일간(甲木日干)이 진월(辰月)에 태어나 재고(財庫)가 있으면 사주의 천간(天干)에 무기토(戊己土)가 투출(透出)해야 묘격(妙格)이 된다. 주중(柱中)에 재기(財氣)가 많은데 귀격(貴格)이아닌 경우가 없고, 관성(官)은 없으나 재성(財星)이 있으면 재생관(財生官)하니 급제하여 귀격(貴格)이 된다. 다만 재관(財官)이 고(庫)에폐장(閉藏)되면 불가하나, 형충파해(刑沖破害)되면 문이 열리니 발복한다.

고관(庫官) 역시 진술축미월(辰戌丑未月)에 암장(暗藏)된 고(庫)의 관성(官星)을 말하니, 고(庫)에 암장(暗藏)된 것이 투출(透出)했는가를 살펴야 한다. 만일 월간(月干)에 투출(透出)하면 묘한 명이 되고, 년시(年時)에 투출(透出)해도 복이 따른다. 또 형충파해(刑沖破害)되거나 신왕(身旺)하거나 칠살(七殺)이 투출(透出)해도 길하고, 제압하는 운을 만나면 더욱 길하다.

만일 합(合)이 있으면 귀격(貴格)이 되나, 살(殺)을 다스리지 못하거나 신약(身弱)하면 반드시 해롭다. 예를 들어 병자일생(丙子日生)이 진월(辰月)에 태어났으면 고관(庫官)이 되어 소년에 발복하기 어렵다. 관성(官星)인 수(水)가 진(辰)의 고(庫)에 암장(暗藏)되어 있는 것이다. 이때는 상관(傷官)인 토(土)가 천간(天干)에 투출(透出)하지 않아야 한다.

만일 상관(傷官)이 있으면 대기만성하는데, 상관운(傷官運)으로 흐르면 불가하나 관성운(官星運)으로 흐르면 길하다. 신왕관왕(身旺官旺)하며 상충(相沖)이 있고 재성(財星)과 인성(印星)이 투출(透出)한 것은 모두 좋으나 고관(庫官)이 폐장(閉藏)되면 흉하다.

【원 문】

又曰 如丙丁生人 以辰庫官 水土庫於辰故也 須年月日時中
우왈 여병정생인 이진고관 수토고어진고야 수년월일시중

有木 或亥卯未並寅爲淸 如無木 則土奪丙丁之官 則濁卑而不淸
유목 혹해묘미병인위청 여무목 즉토탈병정지관 즉탁비이불청

亦不榮顯 洪範云 時逢乙木與南墓 雖富而不仁 丙遇陰金而北墓
역불영현 홍범운 시봉을목여남묘 수부이불인 병우음금이북묘

縱貧而有德 補曰 南墓謂未庫也 北墓謂丑庫也
종빈이유덕 보왈 남묘위미고야 북묘위축고야

陰金謂辛金丙火之正財也 又曰 辰戌丑未全備乃財庫 富貴之尊
음금위신금병화지정재야 우왈 진술축미전비내재고 부귀지존

又曰 財星入墓 正主刑沖必定刑妻 又曰 冠帶互逢 定是風聲之醜
우왈 재성입묘 정주형충필정형처 우왈 관대호봉 정시풍성지추

補曰 辰戌丑未互換 犯之故曰 互逢 定主風聲不美 此以女命言
보왈 진술축미호환 범지고왈 호봉 정주풍성불미 차이여명언

男命遇之大富貴 終主剋父母 又曰 四柱有鬼之墓 乃夫已入黃泉
남명우지대부귀 종주극부모 우왈 사주유귀지묘 내부이입황천

歲運夫星絶之鄕 定主鴛配分飛異路 補曰 八字之中 甲以辛爲夫
세운부성절지향 정주원배분비이로 보왈 팔자지중 갑이신위부

遇丑是金鬼之庫 若重見辛 必主夫已死入黃泉也
우축시금귀지고 약중견신 필주부이사입황천야

流年大運入官鬼絶敗之地 定主夫婦死別之兆 又曰 財星入墓
유년대운입관귀절패지지 정주부부사별지조 우왈 재성입묘

少許刑沖必發 四言獨步云 月生四季 日坐庚金 何愁主弱 旺地成名
소허형충필발 사언독보운 월생사계 일좌경금 하수주약 왕지성명

又曰 壬日戌提 癸干未月 運喜東方 逢剋則絶 前或改爲逢沖則絶
우왈 임일술제 계간미월 운희동방 봉극즉절 전혹개위봉충즉절

又曰 戊己丑月 比肩不忌 疊金入格 忌逢午戌 又曰 曲直丑月
우왈 무기축월 비견불기 첩금입격 기봉오술 우왈 곡직축월

頻見帶印多金 壬癸丑月 土厚多金 補曰 曲直爲甲乙木生丑月
빈견대인다금 임계축월 토후다금 보왈 곡직위갑을목생축월

多金則貴 印能化殺發故也 壬癸生丑月 土厚則貴 以其金庫生身故也
다금즉귀 인능화살발고야 임계생축월 토후즉귀 이기금고생신고야

【해 설】

만일 병정일간(丙丁日干)이 진월생(辰月生)이면 수(水)가 토고(土庫)에 암장(暗藏)된 것인데, 토고(土庫)에는 계수(癸水)가 있으니 고관(庫官)이 된다. 모름지기 년월일시 중에 목(木)이 있거나 해묘미(亥卯未) 목국(木局)이 있는데, 인목(寅木)이 있으면 청격(淸格)이 된다. 그러나 목(木)이 없으면 토(土)가 병정(丙丁)의 관기(官氣)를 빼앗으니 탁격(濁格)이 되어 비천해진다.

홍범운(洪範云), 시상(時上)의 을목(乙木)이 남묘(南墓)인 미월(未月)에 들면 부유하지만 어질지 못하고, 병화(丙火)가 음금(陰金)인 북묘(北墓) 축월(丑月)에 들면 가난하지만 덕이 있다.

보주왈(補註曰), 남묘(南墓)는 미고(未庫)를 말하고, 북묘(北墓)는 축고(丑庫)를 말하고, 음금(陰金)은 신금(辛金)을 말하니 병화(丙火)의 정재(正財)다. 또 진술축미(辰戌丑未)에 재고(財庫)가 모두 있으니 부귀격(富貴格)이 된다. 또 재성(財星)이 입묘(入墓)되었는데 당주(當主)가 형충(刑沖)되면 반드시 아내를 형(刑)하고, 관대(冠帶)가 서로 만나면 외모나 음성이나 인품이 추악하다.

보주왈(補註曰), 진술축미(辰戌丑未)가 관대(冠帶)를 만나면 여명은 예의범절이 아름답지 못하고, 남명은 대부대귀격(大富大貴格)이 되나 나중에는 부모에게 불리하다. 주중(柱中)에 관귀(官貴)의 묘(墓)가 있으면 남편이 황천길로 가는 격이라는 말은 부성(夫星)이 절패운

(絶敗運)에 들면 남편과 이별한다는 뜻이다.

보주왈(補註曰), 갑목일간(甲木日干)이 신금(辛金)을 부성(夫星)으로 삼는데, 신금(辛金)을 거듭 만나면 축토(丑土)가 금귀(金鬼)의 고(庫)이니 반드시 남편이 황천에 떨어지는 격이 된다. 이때 관귀(官鬼)의 절패운(絶敗運)을 만나면 부부가 사별하나, 재성(財星)이 입묘(入墓) 형충(刑沖)되면 반드시 발복한다.

사언독보운(四言獨步云), 진술축미월(辰戌丑未月)생이 경금일간(庚金日干)인데 신약(身弱)하면 근심이 있고, 왕지(旺地)를 만나면 이름을 얻는다. 만일 임수일간(壬水日干)이 술월생(戌月生)이거나 계수일간(癸水日干)이 미월생(未月生)이면 동방 목운(木運)이 길하나, 극(剋)이나 상충(相沖)을 만나면 끊어진다. 만일 무기일간(戊己日干)이 축월생(丑月生)이면 비견(比肩)이 왕성하니 많은 금기(金氣)를 만나면 길하나 오술(午戌)은 꺼린다. 만일 곡직격(曲直格)이 축월생(丑月生)인데 비견(比肩)과 인성(印星)이 있고 금(金)이 많으면 길하다. 만일 임계일간(壬癸日干)이 축월생(丑月生)이면 토(土)가 두터우니 많은 금(金)이 설기(泄氣)해주면 길하다.

보주왈(補註曰), 만일 갑을일간(甲乙日干)이 축월생(丑月生)인데 금(金)이 많으면 귀격(貴格)이 되고, 인성(印星)이 능하면 관인상생(官印相生)을 시켜주니 길하다. 임계일간(壬癸日干)이 축월생(丑月生)인데 토(土)가 두터우면 귀격(貴格)이 된다는 말은 금(金)이 왕토(旺土)를 설기(泄氣)해서 아신(我身)을 돕기 때문이다.

古歌云 財官遇在庫中藏 不露光芒福不昌 若得庫門開透露
고가운 재관우재고중장 불로광망복불창 약득고문개투로

定教官貴不尋常 繼善篇云 納粟奏名 財庫居生旺之地 此段格解
정교관귀불심상 계선편운 납속주명 재고거생왕지지 차단격해

附正財下誤矣 今正定 補曰 此段有二說 一說財庫居生旺
부정재하오의 금정정 보왈 차단유이설 일설재고거생왕

如金人生於未月 是謂財庫 要日干居於自生自旺之鄕 方能長財發福
여금인생어미월 시위재고 요일간거어자생자왕지향 방능장재발복

此說可從 格解謂 但解本文未順 非也 蓋作用憑於生月 取四季之月
차설가종 격해위 단해본문미순 비야 개작용빙어생월 취사계지월

爲雜氣財官 或雜氣時 本有以日坐庫 如辛未日 而取格者也
위잡기재관 혹잡기시 본유이일좌고 여신미일 이취격자야

況雜氣喜身旺 謂日干取於生地 如甲子日居子自旺 如甲寅之類
황잡기희신왕 위일간취어생지 여갑자일거자자왕 여갑인지류

生於辰月爲財庫 舊註謂須要一物開之 如戌沖開辰庫是也
생어진월위재고 구주위수요일물개지 여술충개진고시야

又要戊己土透露 於年月時干 不可見比劫壓干上 經曰
우요무기토투로 어년월시간 불가견비겁압간상 경왈

少年難發庫中人 只怕有物壓之 故曰 納粟奏名 此說誠順而有理
소년난발고중인 지파유물압지 고왈 납속주명 차설성순이유리

何謂不順
하위불순

【해 설】

고가왈(古歌曰), 재관(財官)이 고(庫)에 암장(暗藏)되어 있으면 드러나지 않는 복이니 창성하지는 않으나, 상충(相沖)을 만나 고(庫)가 열리면 관귀(官貴)가 범상치 않게 발복한다.

계선편운(繼善篇云), 큰 부자가 되거나 이름을 얻는 것은 재고(財庫)가 있고 신주(身主)가 생왕지(生旺地)에 들어가기 때문이다. 이것은 잡기재관격(雜氣財官格)에 첨부해야지 정재격(正財格)에 첨부시키는 것은 잘못된 일이다.

보주왈(補註曰), 이것에 대해 두 가지 설이 있는데 하나는 재고(財庫)가 생왕지(生旺地)에 거하는 것이다. 예를 들어 금명(金命)이 미월(未月)에 태어났으면 재고(財庫)가 되니 일간(日干)이 저절로 자왕운(自旺運)을 만나 재물이 발달한다. 이것은 맞는 말이지만 본문을 글자 그대로 해석했을 뿐 진의를 파악하지 못했다. 사주는 대개 생월(生月)을 위주로 간명하는데, 진술축미월(辰戌丑未月)에 태어나 잡기재관격(雜氣財官格)이 작용하기도 하고, 잡기시지격(雜氣時支格)이 작용하기도 하고, 일간(日干)이 재고(財庫)에 있어 작용하기도 한다. 예를 들면 신미일생(辛未日生)이 그것이다.

잡기재관격(雜氣財官格)은 일단 신왕(身旺)하면 길하다. 만일 신약(身弱)하다면 어찌 즐겁게 작용하겠는가. 일간(日干)의 생지(生地)가 작용해야 하는데, 예를 들면 갑자일생(甲子日生)이 자월(子月)에 태어났으면 저절로 신왕(身旺)하고, 갑인일(甲寅日)이 진월(辰月)에 태어났으면 재고(財庫)가 된다.

구주(舊註), 고지(庫地)는 열어야 한다. 예를 들어 술월생(戌月生)

이면 진(辰)과 진술상충(辰戌相沖)을 해야 열린다. 이때 무기토(戊己土)가 년월시간(年月時干)에 투출(透出)하면 길한데, 비겁(比劫)인 갑목(甲木)이 투출(透出)하여 목극토(木剋土)를 하면 불가하다.

경운(經云), 소년에 발복하기 어려운 것은 고(庫)에 용신(用神)이 암장(暗藏)된 잡기재관격(雜氣財官格)이기 때문인데, 억압하는 것을 가장 꺼린다. 그래서 납속주명(納粟奏名)은 정확하게 순리대로 해설해야 한다고 하는 것이다.

【원 문】

一說此言世之人納粟奏名者 乃是身臨財庫 居於月令生旺之地
일설차언세지인납속주명자 내시신임재고 거어월령생왕지지

假令金以木爲財 庫於未 辛未日生人是身臨財庫 若生於冬月
가령금이목위재 고어미 신미일생인시신임재고 약생어동월

謂之財庫居生地 若生於春月 謂之財庫居旺地 故曰 財庫居生旺之地
위지재고거생지 약생어춘월 위지재고거왕지 고왈 재고거생왕지지

此說亦似牽强 蓋雜氣喜身旺 如身居休囚之地 天元羸弱
차설역사견강 개잡기희신왕 여신거휴수지지 천원리약

何以勝此生旺之財 所謂財多身弱 正爲富室貧人 豈能納粟奏名乎
하이승차생왕지재 소위재다신약 정위부실빈인 개능납속주명호

財庫固要生旺 須要身居生旺 加以當之 此說不如前說 亦當參考如
재고고요생왕 수요신거생왕 가이당지 차설불여전설 역당참고여

身居生旺 庫財亦生旺更妙 可外身而專言財庫生旺乎 鷓鴣天曰
신거생왕 고재역생왕갱묘 가외신이전언재고생왕호 자고천왈

雜氣財官仔細推 乾坤四季土光輝 身强財旺生官位 運至中年掛紫衣
잡기재관자세추 건곤사계토광휘 신강재왕생관위 운지중년괘자의

官星顯達利名齊 輕裘肥馬鳳凰池 英雄若得開財庫 五花官誥拜丹墀
관성현달이명제 경구비마봉황지 영웅약득개재고 오화관고배단지

又曰 印綬生身稟氣清 辰戌丑未月中生 四柱無財當無顯
우왈 인수생신품기청 진술축미월중생 사주무재당무현

遇印升加福壽增 官旺之運定亨通 龍樓鳳閣也馳名 無滯早年登甲第
우인승가복수증 관왕지운정형통 용누봉각야치명 무체조년등갑제

一聲霹靂振家聲
일성벽력진가성

【해 설】

일설에는 납속주명(納粟奏名)을 신주(身主)가 재고(財庫)에 들고, 월령(月令)이 일주(日主)를 생왕(生旺)하는 것이라고 한다. 예를 들어 금(金)의 재성(財星)은 목(木)이고 고(庫)는 미(未)이니, 신미일생(辛未日生)이면 재고(財庫)에 든 것이다. 따라서 겨울철생이면 재고인(財庫人)이 생지(生地)에 거했다 하고, 봄철생이면 재고인(財庫人)이 왕지(旺地)에 거했다 하여 재고(財庫)가 생왕지(生旺地)에 거한다고 하는 것이다.

그러나 이 설은 정론으로 보기 어렵다. 잡기격(雜氣格)은 신왕(身旺)해야 길한데 신주(身主)가 휴수지(休囚地)에 들어 천원(天元)이 유약한데 어떻게 재성(財星)이 왕성함을 이길 수 있겠는가. 그래서 재다신약(財多身弱)하면 부잣집에 사는 가난한 사람이라고 하는 것이다. 이런 명은 납속주명(納粟奏名)의 부귀격(富貴格)이 될 수 없다.

또 고(庫)의 재성(財星)은 생왕(生旺)되어야 길하고, 신주(身主)는 생왕지(生旺地)에 거해야 좋은 것은 당연하다. 이 설은 앞에서 말한

것보다 부족한 부분이 있지만 참고할 수는 있는 이론이라고 본다. 만일 신주(身主)가 생왕지(生旺地)에 거하는데 고재(庫財)가 생왕(生旺)되면 묘한 명이 되나, 신주(身主)의 강약은 따지지 않고 재고(財庫)만 생왕(生旺)되어야 길하다는 이론은 문제가 있다.

자고천왈(鷓鴣天曰), 잡기재관격(雜氣財官格)을 자세하게 추리해 본다. 건곤(乾坤)은 사계의 토월(土月)에 빛을 발휘하니 신강재왕(身强財旺)하면 재생관(財生官)을 하여 중년에 고관이 되고, 관성(官星)이 현달하며 명리가 모두 따라 호의호식하며 황궁에서 중책을 맡는다. 만일 잡기월령(雜氣月令)을 충개(沖開)하는 운을 만나면 화관을 쓰고 어명을 전달하는 고관대작이 된다.

또 인수(印綬)가 아신(我身)을 생(生)하면 기품이 청귀하나, 진술축미월(辰戌丑未月)에 태어나 주중(柱中)에 재성(財星)이 없으면 발달할 수 없다. 그러나 인수운(印綬運)을 만나면 수복이 늘고, 관왕운(官旺運)을 만나면 초년에 문제없이 등과급제하여 갑자기 출세하며 황궁에서 이름을 날린다.

【원문】

玄機賦云 旺官旺印與旺財 入墓有禍 傷官食神並身旺 遇庫興災
현기부운 왕관왕인여왕재 입묘유화 상관식신병신왕 우고흥재

補曰 官輕印輕財輕 入墓無妨 如四柱財官 三合太旺
보왈 관경인경재경 입묘무방 여사주재관 삼합태왕

則天元羸弱 又入墓連三合 則官旺剋身 財旺生殺 則羸弱太過
즉천원리약 우입묘연삼합 즉관왕극신 재왕생살 즉리약태과

必禍 如四柱印綬太旺 重重三合 又入墓運三合 則生氣太過
필화 여사주인수태왕 중중삼합 우입묘운삼합 즉생기태과

必禍所謂 水盛木漂 土多金埋凶命是已 柱內傷官食神輕
필화소위 수성목표 토다금매흉명시이 주내상관식신경

遇庫無災 若傷官食神三合太旺 又遇墓合 則絶氣愈甚 必災
우고무재 약상관식신삼합태왕 우우묘합 즉절기유심 필재

此以身弱之極而言 已詳論傷官格內 身弱遇庫無災
차이신약지극이언 이상론상관격내 신약우고무재

惟四柱比劫三合 則身旺已無倚 郤又遇庫則愈旺 無制必災
유사주비겁삼합 즉신왕이무의 극우우고즉유왕 무제필재

此以身旺之極而言 故曰 生旺雖逢墓庫絶 生加生旺過非宜
차이신왕지극이언 고왈 생왕수봉묘고절 생가생왕과비의

又曰 中和爲福 偏黨爲災
우왈 중화위복 편당위재

【해 설】

현기부운(玄機賦云), 관성(官星)·인성(印星)·재성(財星)이 모두 왕성한데 입묘(入墓)되면 화가 따르고, 상관(傷官)과 식신(食神)이 있는데 신왕(身旺)하며 고지(庫地)를 만나면 재앙이 따른다.

보왈(補曰), 관성(官星)·인성(印星)·재성(財星)이 모두 가벼우면 입묘(入墓)되어도 무방하다. 그러나 재관(財官)이 삼합(三合)하여 매우 왕성하거나, 신약(身弱)한데 입묘(入墓)되어 연이어 삼합(三合)을 하면 관성(官星)이 왕성해진다. 이때 지나치게 신주를 극(剋)하고, 왕성한 재성(財星)이 재생살(財生殺)을 하면 더 신약(身弱)해져 반드시 화가 따른다.

만일 주중(柱中)에 인수(印綬)가 매우 왕성하며 삼합(三合)이 무거운데, 입묘운(入墓運)에서 삼합(三合)을 하면 지나치게 생기가 많아져 오히려 화가 따른다. 이른바 수(水)가 성하면 목(木)이 표류하고, 토(土)가 많아 금(金)이 묻히면 흉한 명이 된다는 말이다. 주중(柱中)에 상관(傷官)과 식신(食神)이 가벼우면 고(庫)를 만나도 무방하나, 상관(傷官)과 식신(食神)이 삼합(三合)하여 매우 왕성한데 묘지(墓地)를 합(合)하면 반드시 재앙이 따른다. 신약(身弱)의 병(病)이 최고조에 달하기 때문이다.

상관격(傷官格)에서 논한 적이 있지만 신약(身弱)한데 고(庫)를 만나면 재앙을 당하지 않는다. 그러나 주중(柱中)에서 비겁(比劫)이 삼합(三合)하면 지나치게 신왕(身旺)해져 의지할 곳이 없으니, 고지(庫地)를 만나도 다스리지 못하여 반드시 재앙이 따른다. 이것은 신왕(身旺)의 병(病)이 지극한 것이다. 그러므로 일주(日主)가 생왕(生旺)되면 묘고절(墓庫絕)을 만나도 길복이 안 된다. 중화된 사주는 복이 따르고, 편중된 사주는 재앙이 따른다.

5. 식신격(食神格)

【원 문】

楠曰 甲日金神格 取癸酉乙丑己巳三箇時 書言甲日金神
남왈 갑일금신격 취계유을축기사삼개시 서언갑일금신

偏宜火制 又曰 金神遇火貴無疑 金水災殃定有之 此格多生大貴
편의화제 우왈 금신우화귀무의 금수재앙정유지 차격다생대귀

但論之未明顯 但甲日四柱氣旺 金神又或有一二點者
단논지미명현 단갑일사주기왕 금신우혹유일이점자

遇火制之極貴 此卽同時上偏官格一樣看 若金神氣輕
우화제지극귀 차즉동시상편관격일양간 약금신기경

柱中有火制之太過 大畏火鄕太制其金神 又喜金水以助其金神也
주중유화제지태과 대외화향태제기금신 우희금수이조기금신야

乙日金神 乙丑己巳癸酉三時也 主多貴 己日見巳酉丑金
을일금신 을축기사계유삼시야 주다귀 기일견사유축금

己見金而泄其氣也 卽時上假傷官也 看同 古書云 己日金神
기견금이설기기야 즉시상가상관야 간동 고서운 기일금신

偏嫌火制 若己日干精英涵蓄太過 望見此三時 金淸而且秀
편혐화제 약기일간정영함축태과 망견차삼시 금청이차수

己土貪生而泄其秀氣也 若原帶火 金神氣衰 最畏火而傷之
기토탐생이설기수기야 약원대화 금신기쇠 최외화이상지

喜金運以助金神 喜水運破火 存起金神 多主富貴 若己日干原衰
희금운이조금신 희수운파화 존기금신 다주부귀 약기일간원쇠

金神犯重 己土見金而太泄也 則又宜火運 以破金而存己土也
금신범중 기토견금이태설야 즉우의화운 이파금이존기토야

【해 설】

장남왈(張楠曰), 갑일금신격(甲日金神格)이란 계유시생(癸酉時
生)·을축시생(乙丑時生)·기사시생(己巳時生)을 말한다.

고서운(古書云), 갑일금신격(甲日金神格)은 화(火)로 금(金)을 다스

려야 하니 화(火)를 만나면 틀림없이 귀격(貴格)이 되나, 금수운(金水運)을 만나 수극화(水剋火)를 하면 반드시 재앙이 따른다. 갑일금신격(甲日金神格)은 대귀(大貴)함이 많은데 지금 논한 것은 좋지 않은 사주를 두고 한 말이다.

갑목일간(甲木日干)이 금신(金神)이 왕성하거나 1~2위 있는데, 화(火)를 만나 화극금(火剋金)을 하면 매우 귀격(貴格)이 되니 시상편관격(時上偏官格)과 동일하게 간명해야 한다. 만일 금신(金神)이 가볍고 주중(柱中)에 화(火)가 많아 지나치게 화극금(火剋金)을 하는데 화운(火運)을 만나면 매우 흉하나, 금수운(金水運)을 만나 수극화(水剋火)로 화기(火氣)를 제극(制剋)하고 금신(金神)을 도와 보호해 주면 길하다.

을일금신격(乙日金神格)은 을축시생(乙丑時生)·기사시생(己巳時生)·계유시생(癸酉時生)를 말하는데, 귀격(貴格)이 많다. 기토일간(己土日干)이 사유축금(巳酉丑金)을 만나면 토생금(土生金)을 하여 설기(泄氣)하니 시상가상관격(時上假傷官格)과 같다.

고서운(古書云), 기일금신격(己日金神格)은 화극금(火剋金)으로 금(金)을 제거하면 흉하다. 기토일간(己土日干)이 신강(身强)한데 3시(時)의 금기(金氣)가 설기(泄氣)하면 금기(金氣)는 더 청수해진다. 즉 기토(己土)가 생(生)을 욕심내 매우 왕성해져 설기(泄氣)하니 귀한 것이다.

만일 원명에 화(火)가 왕성한데 금(金)이 쇠약하면 화극금(火剋金)을 가장 두려워한다. 이때는 금운(金運)을 만나 금(金)을 도와주면 길하고, 수운(水運)을 만나 수극화(水剋火)로 화(火)를 파(破)하여 금(金)을 보호하면 길하다. 이런 명은 부귀를 이루는 경우가 많다.

만일 기토일간(己土日干)이 금신(金神)이 중중하여 신약(身弱)해졌는데 심하게 설기(泄氣)하면 흉하다. 이때는 화운(火運)을 만나 화극금(火剋金)으로 금(金)을 파괴하고 신약(身弱)한 기토(己土)를 보호해야 한다.

저자평, 해설은 이렇게 복잡하나 간단하게 한마디로 말하면 용신(用神)은 파극(破剋)하거나 설기(泄氣)하면 흉하고, 기신(忌神)은 제극(制剋)하거나 설기(泄氣)하면 길하다.

【원문】

舊賦云 夫金神者 只有三時 乙丑己巳癸酉是也 是乃破敗之神
구부운 부금신자 지유삼시 을축기사계유시야 시내파패지신

要柱有火局制伏 運入火鄕爲勝 如柱中帶羊刃七殺 眞貴人也
요주유화국제복 운입화향위승 여주중대양인칠살 진귀인야

若四柱中有火局 運行火鄕 便爲貴命 若無制伏 則寬猛不濟
약사주중유화국 운행화향 편위귀명 약무제복 즉관맹불제

柱中怕見水及水鄕運 則爲禍矣 亦要月令通金局 或有金氣方論
주중파견수급수향운 즉위화의 역요월령통금국 혹유금기방론

古歌云 金神巳酉丑之時 殺刃重來眞貴人 運氣最宜逢火局
고가운 금신사유축지시 살인중래진귀인 운기최의봉화국

水鄕相見禍臨身 又曰 性多狠暴才明敏 遇水相生立困窮
수향상견화임신 우왈 성다한폭재명민 우수상생입곤궁

制伏運行逢火局 超遷貴顯富無窮
제복운행봉화국 초천귀현부무궁

【해 설】

구부운(舊賦云), 금신격(金神格)이란 을축시생(乙丑時生)·기사시생(己巳時生)·계유시생(癸酉時生)을 말한다. 금신격(金神格)은 파패(破敗)의 신(神)이니 주중(柱中)에 화국(火局)이 있어 화극금(火剋金)으로 다스리고 화운(火鄕)으로 흐르면 아름다운 명이 된다. 이때 주중(柱中)에서 양인(羊刃)과 칠살(七殺)을 만나면 매우 귀격(貴格)이 된다.

만일 주중(柱中)에 화국(火局)이 있는데 화운(火鄕)으로 흐르면 귀격(貴格)이 되나, 다스리지 못하면 관대함과 용맹함이 조화를 이루지 못하니 흉하다. 이때 주중(柱中)에서 수(水)를 만나거나 수운(水運)을 만나면 화액이 따른다. 만일 월령(月令)에 금국(金局)이 통하는데 금기(金氣)만 있으면 종혁금(從革金)으로 논한다.

고가왈(古歌曰), 금신격(金神格)이 사유축시생(巳酉丑時生)인데 칠살(七殺)과 양인(羊刃)이 무거우면 매우 귀격(貴格)이 되고, 운에서 화국(火局)을 만나도 대길하다. 그러나 수운(水運)을 만나면 화가 따른다. 금신격(金神格)은 성품이 사납고 재능이 명민한데, 수운(水運)을 만나면 가난해지고, 금신(金神)을 제압하는 화운(火運)을 만나면 비상하게 발달한다.

■ 건명(乾命), 금계소곡남소경(金谿高谷南少卿)

年	月	日	時								
丁	癸	己	癸		壬	辛	庚	己	戊	丁	丙	乙
亥	丑	未	酉		子	亥	戌	酉	申	未	午	巳

장남왈(張楠曰), 기토일간(己土日干)이 축월(丑月)에 태어났는데, 축중(丑中)에 신금(辛金)이 암장(暗藏)되어 있으니 금신격(金神格)이며 토금가상관격(土金假傷官格)이다. 토기(土氣)는 많은데 금기(金氣)는 가벼우니 설기(洩氣)하면 저절로 좋아지는데, 대운이 서방 금왕운(金旺運)으로 흘러 발복했다.

보주왈(補註曰), 기토일간(己土日干)이 축월(丑月)에 태어났고, 일지(日支)에 미토(未土)가 있으니 토(土)가 두텁다. 신왕(身旺)하면 설기(洩氣)해야 좋은데 유축(酉丑)이 금국(金局)을 이루어 가상관격(假傷官格)이 되었으니 좋은 명이다. 기일금신격(己日金神格)은 갑을목(甲乙木) 관살(官殺)이 상관(傷官)의 병(病)인데, 대운이 서방 금운(金運)으로 흘러 금극목(金剋木)으로 목(木)을 파괴하니 병(病)이 제거되어 귀격(貴格)이 되었다.

저자평, 이런 사주를 간명한 적이 있는데 병정화운(丙丁火運)은 길하고, 임계수운(壬癸水運)은 매우 흉했다.

6. 비천녹마격(飛天祿馬格) 부도충녹마격(附倒沖祿馬格)

【원문】

楠曰 飛天祿馬格 蓋取祿爲官 財爲馬 蓋只有庚子日 見子字多
남왈 비천녹마격 개취녹위관 재위마 개지유경자일 견자자다

沖出午中丁火爲官星 沖出己土爲印星 則庚日得官印矣
충출오중정화위관성 충출기토위인성 즉경일득관인의

蓋欲子多 則能沖出 亦畏有丑字 則攔路道 不能沖出
개욕자다 즉능충출 역외유축자 즉란로도 불능충출

畏午字丁字己字則破格 壬日干喜子多 暗沖出午中丁火爲財星
외오자정자기자즉파격 임일간희자다 암충출오중정화위재성

己土爲官星 則壬日有財官矣 亦喜子多 則能沖出財官
기토위관성 즉임일유재관의 역희자다 즉능충출재관

畏見丑攔之 午破之 又癸亥日 又見亥時 柱中本無官星也
외견축란지 오파지 우계해일 우견해시 주중본무관성야

用亥字倒沖出巳中丙火爲正財 戊土爲正官 畏寅字攔住路不能沖
용해자도충출사중병화위정재 무토위정관 외인자란주로불능충

及巳運破其格 蓋亦喜亥多 方能沖出
급사운파기격 개역희해다 방능충출

【해 설】

장남왈(張楠曰), 비천녹마격(飛天祿馬格)이란 녹(祿)은 관성(官星)이고 마(馬)는 재성(財星)이니 녹마(祿馬)가 비천(飛天)에서 작용하는 것을 말한다. 경자일생(庚子日生)이 자수(子水)를 많이 만나면 자오충(子午沖)을 하여 오중(午中) 정화(丁火)가 관성(官星)이 되고, 오중(午中) 기토(己土)가 인성(印星)이 되는 것을 말한다.

그래서 경금일간(庚金日干)이 관성(官星)과 인성(印星)을 비천(飛天)의 작용으로 얻는 것이다. 자수(子水)가 많아 충출(沖出)하는 것이지만 역시 두려운 것은 축토(丑土)다. 만일 축토(丑土)가 있으면 자축(子丑)이 육합(六合)으로 상충(相沖)을 막으면 충출(沖出)이 불가하다. 따라서 두려워하는 것은 오화(午火)와 정화(丁火)와 기토(己

土)가 파괴되는 것이다.

임수일간(壬水日干)이 자수(子水)가 많으면 오중(午中) 정화(丁火)를 충출(沖出)시켜 재성(財星)으로 삼고, 오중(午中) 기토(己土)를 관성(官星)으로 삼으니 귀격(貴格)이 된다. 자수(子水)가 많아 재관(財官)을 충출(沖出)하는 것은 길하나, 축토(丑土)가 있으면 자축(子丑)이 육합(六合)하여 상충(相沖)을 하지 못하니 격(格)이 깨진다. 정화(丁火)와 기토(己土)가 있어도 충출(沖出)이 불가하여 파격(破格)이 되는 것이다.

또 계해일생(癸亥日生)이 해시(亥時)에 태어났는데 주중(柱中)에 관성(官星)이 없으면 해수(亥水)가 사화(巳火)를 도충(倒沖)하여 사중(巳中) 병화(丙火)가 정재(正財)가 되고, 사중(巳中) 무토(戊土)가 정관(正官)이 되어야 길하다. 그런데 인목(寅木)이 인해육합(寅亥六合)하여 기반(羈絆)이 되면 충출(沖出)이 불가하여 흉하다. 사운(巳運)을 만나 사해상충(巳亥相沖)을 해도 격(格)이 깨진다. 이 격은 해수(亥水)가 많아야 좋은데, 사해상충(巳亥相沖)으로 사중(巳中) 무토(戊土)와 병화(丙火)가 충출(沖出)되기 때문이다.

【원 문】

又丁巳日干 本無官星 喜巳多 暗沖出亥中壬水爲官 要巳多方能沖
우정사일간 본무관성 희사다 암충출해중임수위관 요절다방능충

畏寅字攔之 亥字破格 此數格 俱以日干月時無官 俱要巳多
외인자란지 해자파격 차수격 구이일간월시무관 구요절다

暗沖其官星出來 此數格自非造作自然之理
암충기관성출래 차수격자비조작자연지리

但庚子壬子癸亥三個日子 子亥多者 多見富貴 但庚子日主
단경자임자계해삼개일자 자해다자 다견부귀 단경자일주

若見子多 似水泄金氣 須要有火暖之 若金水氣太寒 失中和之道
약견자다 사수설금기 수요유화난지 약금수기태한 실중화지도

亦不可以飛天論之 丙午日 午字多 暗沖子中癸水爲官 理亦同前
역불가이비천론지 병오일 오자다 암충자중계수위관 리역동전

此格俱係本然無官星 但以類聚故 又多沖之 以取其官
차격구계본연무관성 단이류취고 우다충지 이취기관

此理似無而又有 似非而僅是也
차리사무이우유 사비이근시야

【해 설】

　정사일생(丁巳日生)이 관성(官星)은 없고 사화(巳火)가 많으면 길하다. 사화(巳火)와 해수(亥水)가 상충(相沖)하여 해중임수(亥中壬水)를 관성(官星)으로 삼기 때문이다. 이때 사화(巳火)가 많으면 출충(出沖)할 수 있으나 인목(寅木)이 인해육합(寅亥六合)하여 사해상충(巳亥相沖)을 방해하면 해수(亥水)가 파괴되니 흉하다.

　이상의 여러 격(格)은 사화(巳火)가 많고 월(月)과 시(時)에 관성(官星)이 없으면 사화(巳火)가 많아야 암충(暗沖)으로 관성(官星)이 나타나니 조작이 아니라 자연스러운 원리다.

　다만 경자일생(庚子日生)·임자일생(壬子日生)·계해일생(癸亥日生)이 자해(子亥)가 많아 부귀를 누린 경우를 많이 보았다. 그러나 경자일생(庚子日生)이 자수(子水)가 많으면 금생수(金生水)로 금기(金氣)를 설(泄)하니 화기(火氣)가 있어야 한다.

만일 금수(金水)가 너무 차가우면 중화의 도를 잃기 때문에 비천녹마격(飛天祿馬)으로 논하기 어렵다. 그리고 병오일생(丙午日生)이 오화(午火)가 많으면 암충(暗沖)하여 자중(子中) 계수(癸水)가 관성(官星)이 되는데 원리는 앞과 같다. 이 격은 본명에 관성(官星)이 없고 동류(同類)한 자가 많으면 재관(財官)을 충(沖)하여 작용하는 원리가 없어 오류인 것 같으나 전혀 엉터리는 아니다.

【원문】

喜忌篇云 內有正倒祿飛 忌官星亦嫌羈絆 楠曰 內有者
희기편운 내유정도록비 기관성역혐기반 남왈 내유자

蓋言四柱中有庚子壬子辛亥癸亥四日 爲正飛天祿馬格
개언사주중유경자임자신해계해사일 위정비천녹마격

固忌官星塡實 亦忌合神羈絆 有丙午丁巳二日 爲倒飛天祿馬
고기관성전실 역기합신기반 유병오정사이일 위도비천녹마

固忌官星塡實 亦忌合神羈絆 如庚子日 要柱中有子字多
고기관성전실 역기합신기반 여경자일 요주중유자자다

虛沖午中丁字出 爲庚日之官星 柱中有庚字戌字或未字
허충오중정자출 위경일지관성 주중유경자술자혹미자

但得二字合午爲妙 不要四柱中有丑字羈絆
단득이자합오위묘 불요절주중유축자기반

則子字貪合不能沖午中之祿 若柱中有子字午字塡實 或丑字絆住
즉자자탐합불능충오중지록 약주중유자자오자전실 혹축자반주

則不貴也 丙巳字爲七殺偏官 則減分數 歲運亦須忌之
즉불귀야 병사자위칠살편관 즉감분수 세운역수기지

【해 설】

희기편운(喜忌篇云), 내유(內有)의 비천녹마격(飛天祿馬格)과 도충격(倒沖格)은 관성(官星)을 꺼리고 기반(羈絆)되는 것도 꺼린다.

장남왈(張楠曰), 내유(內有)는 경자일(庚子日)·임자일(壬子日)·신해일(辛亥日)·계해일(癸亥日) 4일을 말한다. 이것이 정비천녹마격(正飛天祿馬格)인데, 관성(官星)이 전실(塡實)되면 꺼리고, 합신(合神)되어 기반(羈絆)되는 것도 꺼린다. 전실(塡實)이란 원명에 나타나는 것을 말한다.

병오일(丙午日)과 정사일(丁巳日)도 도충비천녹마격(倒沖飛天祿馬格)인데, 역시 관성(官星)이 전실(塡實)되는 것을 꺼리고, 합신(合神)되어 기반(羈絆)되는 것도 꺼린다. 예를 들면 경자일(庚子日)이 주중(柱中)에 자수(子水)가 많아 오중(午中) 정화(丁火)를 정계(丁癸)가 허충(虛沖)하여 관성(官星)이 되는데, 주중(柱中)에 경금(庚金)이나 술토(戌土)나 미토(未土)가 있어 오화(午火)를 합(合)하면 명이 더욱 묘해진다.

만일 주중(柱中)에 축토(丑土)가 있어 기반(羈絆)이 되면 자수(子水)가 탐합(貪合)하여 상충(相沖)할 수 없으니 오중(午中)의 녹(祿)이 되지 못한다. 만일 주중(柱中)에서 자수(子水)와 오화(午火)가 전실(塡實)되거나, 축토(丑土)가 와서 기반(羈絆)이 되면 귀격(貴格)이 될 수 없고, 병화(丙火)나 사화(巳火)의 칠살(七殺) 편관(偏官)이 있으면 분수(分數)가 감소하여 꺼리는데, 세운이나 대운에서 만나도 마찬가지다.

■ 곤명(坤命), 채귀비(蔡貴妃)

年 月 日 時
己 丙 庚 丙　　　丁戊己庚辛壬癸甲
未 子 子 子　　　丑寅卯辰巳午未申

이 사주는 경금일간(庚金日干)이 자수(子水)가 많아 미중(未中) 정화(丁火)가 관성(官星)이 되었으니 비천녹마격(飛天祿馬格)이다. 월상(月上)과 시상(時上)에 병화(丙火)가 투출(透出)하여 편관(偏官)이 용신(用神)이니 황제의 여자가 되어 귀비(貴妃)라는 최고의 자리에 올랐다. 그러나 일지(日支) 자수(子水)가 기신(忌神) 작용을 하여 침실은 적막했다. 미인이라 명성은 높았으나 남편인 황제와 사이는 불행했던 것이다.

■ 건명(乾命), 정사(正使)

年 月 日 時
壬 壬 壬 壬　　　癸甲乙丙丁戊己庚
子 子 子 寅　　　丑寅卯辰巳午未申

이 사주는 임수일간(壬水日干)이 자수(子水)가 많으니 운에서 오화(午火)를 만나면 비천녹마격(飛天祿馬格)이 된다. 사주가 수기(水氣)로 가득한데 시지(時支)에 인목(寅木)이 하나 들어 수기(水氣)를 설(泄)한다. 따라서 목화운(木火運)은 길하나 금수운(金水運)은 불리한데, 다행히 목화운(木火運)으로 흘러 높은 관직에 올랐다. 본명은 사주의 격은 자랑할 것이 없지만 대운이 좋아 부귀영화를 누린 것이다.

■ 건명(乾命), 증상서(曾上書)

年	月	日	時								
壬	壬	壬	壬		癸	甲	乙	丙	丁	戊	己	庚
子	子	子	寅		丑	寅	卯	辰	巳	午	未	申

이 사주는 앞에서 논한 정사(正使)의 명과 같다. 물론 시대는 다르
지만 비천녹마격(飛天祿馬格)이라 부귀영화를 누렸다. 상서(上書)는
오늘날의 장관에 해당하는 벼슬이다. 그러나 지금은 이런 명으로는
장관이 되기 어렵다. 옛날에는 친인척의 청탁으로도 벼슬이 좌우되
는 경우가 있어 가능했던 것이다.

■ 건명(乾命), 걸인명(乞人命) 군비쟁재격(群比爭財格)

年	月	日	時								
壬	壬	壬	丙		癸	甲	乙	丙	丁	戊	己	庚
子	子	子	午		丑	寅	卯	辰	巳	午	未	申

이 사주는 어느 걸인의 명이다. 년월일(年月日)이 모두 임자(壬子)이
니 수기(水氣)가 매우 왕성해 시상(時上) 병오(丙午)가 약하다. 매우 왕
성한 임자(壬子) 비겁(比劫)이 허약한 병오(丙午) 재성(財星)을 군비쟁
재(群比爭財)하여 걸인이 된 것이다. 직접 수극화(水剋火)를 한 것이
주요 원인이다. 주중(柱中)에 목(木)이 하나라도 들어 수생목(水生木)

목생화(木生火)로 군비쟁재(群比爭財)를 막았으면 큰 부자가 되었을 것이다. 이처럼 사주는 글자 하나가 하늘과 땅 차이를 만든다.

【원 문】

鷓鴣天云 祿馬飛天識者希 庚壬二日報君知 暗逢丁字爲官祿
자고천운 녹마비천식자희 경임이일보군지 암봉정자위관록

寅戌未來合換紫衣 擎象簡 佩金魚 凌煙閣上姓名題 虛合官星財祿厚
인술미내합환자의 경상간 패금어 능연각상성명제 허합관성재록후

金榜標名到鳳池 古歌云 庚壬二日重逢子者 虛沖祿馬號飛天
금방표명도봉지 고가운 경임이일중봉자자 허충녹마호비천

如行金水多淸貴 運轉南方數有遭 如辛癸二日生亥 柱中亥字多
여행금수다청귀 운전남방수유전 여신계이일생해 주중해자다

沖出巳中丙火戌土爲官星 柱中要有申酉丑字 但得一字合起爲貴
충출사중병화무토위관성 주중요유신유축자 단득일자합기위귀

若柱中有戌己丙三字則壞 此格有戌字 則亥不能去沖 歲運亦忌
약주중유무기병삼자즉괴 차격유술자 즉해불능거충 세운역기

運重太歲輕 再見巳字塡實 則爲禍矣 楠曰 舊經傳甚明 但辛亥日
운중태세경 재견사자전실 즉위화의 남왈 구경전심명 단신해일

多逢亥字沖巳 若四柱中有戌字 則亥不能去沖 何也 蓋亥見戌爲天羅
다봉해자충사 약사주중유술자 즉해불능거충 하야 개해견술위천라

主一生蹇滯凶害 所以不能去沖 與他羈絆不同 或者疑舊文戌字
주일생건체흉해 소이불능거충 여타기반부동 혹자의구문술자

謂恐作寅字非也
위공작인자비야

【해 설】

자고천왈(鷓鴣天日), 비천녹마격(飛天祿馬格)은 판단하기가 어려운 경우가 있는데, 경임(庚壬)이 그것이다. 정화(丁火)를 몰래 만나 관록(官祿)으로 삼는데, 인목(寅木)과 술토(戌土)와 미(未)가 오화(午火)를 합(合)하면 황궁에서 중요한 직책을 맡는다. 이는 관성(官星)과 재성(財星)이 허합(虛合)하기 때문이다.

고가왈(古歌日), 경임일간(庚壬日干)이 자수(子水)를 거듭 만나면 녹마(祿馬)를 허충(虛沖)하여 비천(飛天)이라 하는 것이다. 이 격은 금수운(金水運)을 만나면 청귀를 이루고, 남방으로 흐르면 탁천해지는 경우가 많다.

신계일간(辛癸日干)이 주중(柱中)에 해수(亥水)가 많으면 사화(巳火)를 출충(出沖)하여 사중(巳中)의 병화(丙火)와 무토(戊土)가 관성(官星)이 된다. 이때 신금(申金)이나 유금(酉金)이나 축토(丑土)가 있어 사화(巳火)와 육합(六合)하면 귀격(貴格)이 되나, 무토(戊土)나 기토(己土)나 병화(丙火)가 있으면 괴멸된다. 또 이 격에 술토(戌土)가 있으면 해수(亥水)가 불충(不沖)하는데 운에서 만나도 꺼린다. 대운에서 만나면 흉이 무겁고, 세운에서 만나면 가벼운데 사화(巳火)가 다시 전실(塡實)되면 흉화가 따른다.

장남왈(張楠曰), 구경(舊經)의 비법들이 매우 명백한 바가 있지만 신해일생(辛亥日生)이 해수(亥水)가 많으면 사화(巳火)를 충(沖)한다. 그런데 이때 주중(柱中)에 술토(戌土)가 있으면 해수(亥水)가 충(沖)을 하지 않는다. 해수(亥水)가 술토(戌土)를 만나면 천라(天羅)가 되기 때문인데 기반(羈絆)되는 것과 다르지 않다. 이런 명은 평생 흉한 일이 많다. 혹자는 구문(舊文)의 술토(戌土)를 의심해서 인목(寅木)으로 고쳐 설명하지만 잘못된 일이다.

■ 건명(乾命), 양승상(梁丞相), 비천녹마격(飛天祿馬格)

年	月	日	時								
丁	癸	癸	癸		壬	辛	庚	己	戊	丁	丙	乙
未	卯	亥	丑		寅	丑	子	亥	戌	酉	申	未

이 사주는 월일시간(月日時干)에 계수(癸水)가 있는데 시지(時支)에 축토(丑土)가 들어 자수(子水)를 공협(拱挾)하니 사주가 좋아졌다. 월지(月支)에 묘목(卯木)이 들어 해묘미(亥卯未) 삼합(三合)으로 목기(木氣)가 강하고, 년상(年上)에 정미(丁未)가 들어 재성운(財星運)과 관운(官運)이 모두 좋다. 따라서 계수(癸水)가 용신(用神)인데 일지(日支) 해수(亥水)와 시지(時支) 축토(丑土)에 통근(通根)하여 매우 강하다. 용신(用神)이 강하면 강할수록 큰 인물이 되는데, 이 사람은 일인지하 만인지상이라는 승상(丞相)에 올랐다. 대운이 일찍 들어와 소년에 발복하여 천재 소리를 들었고, 중년에는 사방에 이름을 알렸다. 사주의 구성이 묘한데 대운이 잘 따라주어 평생 부귀영화를 누린 것이다. 사주팔자에 타고난 복은 아무도 빼앗지 못하는 법이다.

■ 건명(乾命), 조낭중(曹郎中), 비천녹마격(飛天祿馬格)

年	月	日	時								
壬	辛	癸	壬		壬	癸	甲	乙	丙	丁	戊	己
申	亥	亥	子		子	丑	寅	卯	辰	巳	午	未

이 사주는 물판인데 갑인운(甲寅運)과 을묘운(乙卯運)에 낭중(郎中)이 된 것을 보면 목운(木運)이 좋다. 그러나 병화운(丙火運)에 군비쟁재(群比爭財)를 당하자 숨졌다. 이 명은 원래 화운(火運)이 길한데 원명에 화(火)가 전혀 없어 군비쟁재(群比爭財)를 당한 것이다. 군비쟁재(群比爭財)를 막으려면 왕성한 비겁(比劫)을 설기(泄氣)하는 식상(食傷)이 있어야 한다. 그러나 해중(亥中)에 갑목(甲木)이 암장(暗藏)되었을 뿐 식상(食傷)이 없는데, 병화운(丙火運)에 매우 왕성한 비겁(比劫)이 재성(財星)을 파극(破剋)하자 숨을 거둔 것이다.

【원 문】

鷓鴣天云 飛天祿馬貴非常 辛癸都來二日强 無庚丙戊生官祿
자고천운 비천녹마귀비상 신계도래이일강 무경병무생관록

逢合沖官近聖王 利祿俱顯姓名揚 酉丑一位高强 運逢巳午凶災起
봉합충관근성왕 이록구현성명양 유축일위고강 운봉사오흉재기

歲歲年年受禍殃
세세년년수화앙

【해 설】

자고천왈(鷓鴣天曰), 비천녹마격(飛天祿馬格)은 귀(貴)가 비상하게 발달하는 경우가 있다. 신계일간(辛癸日干)이 해수(亥水)가 강한데 병무(丙戊) 관록(官祿)이 없으면 관성(官星)을 충합(沖合)하니 성왕(聖王)의 측근이 된다. 이명(利名)과 재록(財祿)이 모두 나타나 명예를 얻는 명인데, 유금(酉金)이나 축토(丑土)가 하나만 있으면 더욱 강한 명이 된다. 그러나 사오운(巳午運)을 만나면 세세년년 재앙을 받는다.

■ 건명(乾命), 고공소상서조(高功詔尙書造) 비천녹마격(飛天祿馬格)

```
年 月 日 時
庚 甲 庚 甲        乙丙丁戊己庚辛壬
子 申 子 申        酉戌亥子丑寅卯辰
```

장남왈(張楠日), 경금일간(庚金日干)이 자수(子水)와 신금(申金)이 많으니 오중(午中)의 병기정(丙己丁) 재관(財官)이 암충(暗沖)을 한다. 금수(金水)가 많은데 해자축운(亥子丑運)과 인묘진운(寅卯辰運)으로 흘러 만세에 길이 빛날 큰 공을 세웠다.

보왈(補日), 경금일간(庚金日干)이 신월생(申月生)이고, 지지(地支)에 자수(子水)와 신금(申金)이 많으니 오중(午中)의 병정(丙丁)이 재관(財官)인데, 대운이 북동 수목운(水木運)으로 흘러 발복한 것이다. 이 명은 비천녹마격(飛天祿馬格)의 진격(眞格)이다.

【원 문】

舊賦云 丙午日 柱中用午字多 沖出子宮癸水爲官星 不論帶合
구부운 병오일 주중용오자다 충출자궁계수위관성 불론대합

若柱中有未字絆住 則午不能去沖 柱中大忌見子字則禍也
약주중유미자반주 즉오불능거충 주중대기견자자즉화야

如丁巳日 柱中用巳字多 沖出亥中壬水爲官星 柱中忌見壬亥字
여정사일 주중용사자다 충출해중임수위관성 주중기견임해자

不論合 若四柱中有辰字則巳不能沖去 歲君大運亦同 運重歲君輕
불론합 약사주중유진자즉사불능충거 세군대운역동 운중세군경

楠日 舊經文明白 但丁日巳字多沖亥 若四柱中有辰字 則巳不能去沖
남왈 구경문명백 단정일사자다충해 약사주중유진자 즉사불능거충

何也 蓋巳見辰爲地網 主多生蹇滯凶害 所以不能去沖 與他羈絆不同
하야 개사견진위지망 주다생건체흉해 소이불능거충 여타기반부동

而或有疑舊文辰字當作申字 亦非也 易散云 丙丁離巽動江湖
이혹유의구문진자당작신자 역비야 역산운 병정이손동강호

歲運無官入仕途 厚利榮名還有利 定教榮貴感皇都 又曰
세운무관입사도 후리영명환유리 정교영귀감황도 우왈

丙午丁巳名倒刑 若無辰未絆相宜 不逢壬癸來填實 富貴雙全大出奇
병오정사명도형 약무진미반상의 불봉임계내전실 부귀쌍전대출기

繼善篇云 得佐聖君 貴在沖官逢合 此正倒祿飛天之謂也
계선편운 득좌성군 귀재충관봉합 차정도녹비천지위야

【해 설】

구부운(舊賦云), 병오일생(丙午日生)이 주중(柱中)에 오화(午火)가
많으면 자궁(子宮) 계수(癸水)를 충출(沖出)하여 관성(官星)을 삼는
데 합(合)이 있으면 불가하다. 만일 주중(柱中)에 미(未)가 있어 기반
(羈絆)을 하면 오화(午火)가 충출(沖出)할 수 없어 흉하고, 자수(子
水)가 있어도 화액이 많이 따른다.

예를 들어 정사일생(丁巳日生)이 주중(柱中)에 사화(巳火)가 많으
면 해중임수(亥中壬水)를 충출(沖出)하여 관성(官星)으로 삼는데, 주
중(柱中)에 임수(壬水)나 해수(亥水)가 있으면 꺼린다. 합(合)하여 기
반(羈絆)이 되면 불리한데, 주중(柱中)에 진(辰)이 있으면 사해(巳亥)
가 상충(相沖)을 할 수 없다. 세운이나 대운에서 만나도 마차가지인
데, 대운에서 만나면 흉이 무겁고 세운에서 만나면 가볍다.

장남왈(張楠曰), 구경(舊經)에서 명백하게 밝힌 말인데 정화일간

(丁火日干)이 사화(巳火)가 많으면 해수(亥水)를 충출(沖出)하여 관귀(官貴)로 삼는다. 이때 주중(柱中)에 진토(辰土)가 있으면 충거(沖去)가 불가하다는 말은 무엇 때문인가. 사화(巳火)가 진토(辰土)를 만나면 지망(地網)이 되니 막힘이 많아 흉해가 따르기 때문이다. 더불어 다른 육신(他六神)과 기반(羈絆)은 같지 않다. 구문(舊文)이 잘못되었다고 생각하고 진토(辰土)를 신금(申金)으로 간명해야 한다는 주장도 있으나 잘못된 해설이다.

역산운(易散云), 병정(丙丁) 이손(離巽)이 임계수(壬癸水)를 출래(出來)하고, 세운이나 대운에서 관성(官星)을 만나지 않으면 관직으로 출세하여 부귀영화를 누릴 명이니 황궁에서 중책을 맡는 고관이 된다. 병오일생(丙午日生)과 정사일생(丁巳日生)도 도충격(倒沖格)인데, 진토(辰土)나 미토(未土)의 기반(羈絆)이 없어야 귀격(貴格)이 되고, 임계(壬癸) 관성(官星)이 전실(塡實)되지 않아야 진격(眞格)이 된다. 이런 명은 크게 발복하여 부귀를 모두 누린다.

계선편운(繼善篇云), 성군(聖君)을 보좌할 명이란 관성(官星)을 충합(沖合)하는 명을 말하는데, 이것이 정도충격(正倒沖格)이며 정비천녹마격(正飛天祿馬格)이다.

7. 자요사격(子遙巳格)

【원 문】

楠曰 子遙巳 取甲子日甲子時 蓋取子中癸水 搖動巳中戊土
남왈 자요사 취갑자일갑자시 개취자중계수 소원사중무토

戊土動丙火 丙火合辛金 甲木得辛金爲官星也
무토동병화 병화합신금 갑목득신금위관성야

忌四柱天干有庚金七殺絆住甲字 辛字官星破格 及有午字沖子
기사주천간유경금칠살반주갑자 신자관성파격 급유오자충자

不能動也 當以搖動之搖字 但此遙遠作合 理亦通也
불능동야 당이소원지요자 단차요원작합 리역통야

月令有正格可用爲是 無正格以此作用 此理近是而非
월령유정격가용위시 무정격이차작용 차리근시이비

屢試亦有驗 畏西方申酉戌巳酉丑運實了官星也
누시역유험 외서방신유술사유축운실료관성야

【해 설】

　　장남왈(張楠曰), 자요사격(子遙巳格)이란 갑자일생(甲子日生)이 갑
자시(甲子時)를 만나면 자중(子中) 계수(癸水)가 사중(巳中) 무토(戊
土)를 무계합화(戊癸合火)로 요동(搖動)하고, 무토(戊土)가 사중(巳
中) 병화(丙火)를 소원(搖動)하고, 병화(丙火)가 신금(辛金)을 병신합
수(丙辛合水)하여 갑목(甲木)이 신금(辛金) 관성(官星)을 얻는 것을
말한다.

　　자요사격(子遙巳格)은 사주의 천간(天干)에 경금(庚金) 칠살(七殺)
이 있거나 합이 되어 기반(羈絆)이 되면 파격(破格)이 되고, 갑목(甲
木)이 신금(辛金) 관성(官星)으로 파격(破格)이 되는데 오화(午火)가
자수(子水)를 만나 자오상충(子午相沖)을 해도 자수(子水)가 충동
(沖動)할 수 없게 된다. 소원(搖動)의 요(搖) 자는 이 요원(遙遠)을 작
합(作合)하니 원리가 역시 통한다.

만일 월령(月令)에서 정격(正格)을 이루었으면 정격(正格)으로 만나고, 정격(正格)이 아니면 자요사격(子遙巳格)으로 본다는 그럴듯한 이론이나 그렇지 않다. 여러 번 경험했으나 틀림없었다. 신유술(申酉戌)과 사유축(巳酉丑) 서방운을 실로 두려워하는데, 관성(官星)이 전실(塡實)되기 때문이다.

【원 문】

喜忌篇云 甲子日再遇子時 畏庚辛申酉丑字 或曰
희기편운 갑자일재우자시 외경신신유축자 혹왈

此格舊傳以甲子日見甲子時 其子遙合巳宮戊土來動丙
차격구전이갑자일견갑자시 기자요합사궁무토내동병

又去合酉中辛金爲官星 要行身旺鄕 如月令通木 方論歲運
우거합유중신금위관성 요행신왕향 여월령통목 방론세운

及四柱中忌有庚辛申酉字爲官殺塡實 又忌丑字絆住 午字沖子
급사주중기유경신신유자위관살전실 우기축자반주 오자충자

不能去遙 並未有喜官運之說 而格解 說喜官運何也 余曰
불능거요 병미유희관운지설 이격해 설희관운하야 여왈

此格固不可見官星 若生春月 又坐印重重 並生冬月 印愈旺矣
차격고불가견관성 약생춘월 우좌인중중 병생동월 인유왕의

無官則身旺無極 歲運愚見官星 多有資財昌盛 功名顯達
무관즉신왕무극 세운우견관성 다유자재창성 공명현달

大富貴者 余嘗驗之矣 故曰 木旺得金 方成棟梁 官印兩全
대부귀자 여상험지의 고왈 목왕득금 방성동량 관인양전

乃是貴人 此等格局 亦當通變 不可執一 以爲不可見官星
내시귀인 차등격국 역당통변 불가집일 이위불가견관성

格解 此說極是 經曰 通變以爲神是也
격해 차설극시 경왈통변이위신시야

【해 설】

희기편운(喜忌篇云), 갑자일생(甲子日生)이 갑자시(甲子時)를 만나면 경신금(庚辛金)과 신유축(申酉丑)을 두려워한다. 혹자는 갑자일생(甲子日生)이 갑자시(甲子時)를 만나면 자수(子水)가 사중(巳中) 무토(戊土)를 요합(遙合)하여 병화(丙火)를 소원(搖動)하고, 유중(酉中) 신금(辛金)을 합(合)하여 관성(官星)을 삼는 것이니 신왕운(身旺運)이라고 한다. 그러나 이것은 월령(月令)의 목(木)이 통근(通根)하는 목왕절(木旺節)을 말한다.

세운이나 주중(柱中)에 경신금(庚辛金)이나 신유(申酉)가 있어 관살(官殺)이 전실(塡實)되면 불가하고, 축토(丑土)가 자수(子水)를 만나 자축합(子丑合)으로 기반(羈絆)이 되거나, 오화(午火)가 자수(子水)를 만나 자오상충(子午相沖)을 하면 요합(遙合)을 할 수 없어 꺼린다.

관운(官運)을 만나면 길하다는 설이 있는데 무엇을 근거로 한 이론인가. 이 격은 관성(官星)을 꺼리나, 봄철생이 지지(地支)에 인성(印星)이 중중하거나 겨울철 갑자일생(甲子日生)이 인성(印星)이 매우 왕성한데 관성(官星)이 없으면, 일간(日干)이 매우 왕성해져 세운에서 관성(官星)을 만날 때 자재(資財)가 창성하고 공명이 현달하여 대부대귀격(大富大貴格)이 된다. 이것은 내가 일찍 경험한 것이다.

그러므로 목(木)이 왕성하면 금(金)을 만나야 동량이 되고, 관인

(官印)이 모두 있으면 귀격(貴格)이 된다. 이 자요사격(子遙巳格)도 요합(遙合)의 원리에만 매달려 관성(官星)을 만나면 불가하다는 주장만 고집하면 안 된다. 격해(格解)에서는 이 설을 지극히 당연한 것이라 했고, 경(經)에서는 통변(通變)이 곧 육신(六神)이라 했다.

【원 문】

觀古歌云 甲子重逢甲子時 休言生旺不相宜 月生日主根元壯
관고가운 갑자중봉갑자시 휴언생왕불상의 월생일주근원장

運入官鄕反得奇 則格解 非無稽也 或者不悟此歌 改月生日主
운입관향반득기 즉격해 비무계야 혹자불오차가 개월생일주

根元壯 而爲 無根壯 又開運入官鄕 反得奇 而爲 反不奇 俱非
근원장 이위 무근장 우개운입관향 반득기 이위 반불기 구비

只以生春月冬月 干支水木太多者論 要輕重較量
지이생춘월동월 간지수목태다자론 요경중교량

如生傷官食神印綬財官之月 只以六格斷之 不可作子遙
여생상관식신인수재관지월 지이육격단지 불가작자요

不然則差之毫釐 謬之千里
불연즉차지호리 류지천리

【해 설】

　관고가운(觀古歌云), 갑자일생(甲子日生)이 갑자시(甲子時)에 태어났는데 생왕운(生旺運)을 만나면 마땅하지 않다. 월령(月令)이 일주(日主)를 생왕(生旺)해주면 관운(官運)에 기귀(奇貴)가 따른다. 즉 앞에서 논한 격해론(格解論)이 전혀 가치가 없는 것만은 아니다. 그 원

리를 바르게 알지 못하고 '월령(月令)이 일주(日主)를 돕고 근원이 강하면'을 '근원이 강하지 못하면'으로 고치고, 또 '관운(官運)으로 들어갈 때 오히려 기귀(奇貴)하다'를 '오히려 기귀(奇貴)하지 못하다'로 고치는 사람이 있는데 모두 잘못이다.

봄이나 겨울에 태어난 갑목일간(甲木日干)이 주중(柱中)에 수목(水木)이 지나치게 많으면 경중을 따져야 한다. 상관(傷官)이나 식신(食神)·인수(印綬)·재관(財官)의 월령(月令)에 있으면 육격(六格)이니 자요사격(子遙巳格)으로 보면 안 된다. 그렇지 않으면 터럭만한 작은 일이 큰 잘못을 만들 것이다.

■ 건명(乾命), 전승상(錢丞相), 자요사격(子遙巳格)

年	月	日	時								
己	乙	甲	甲	甲	癸	壬	辛	庚	己	戊	丁
巳	亥	子	子	戌	酉	申	未	午	巳	辰	卯

이 사주는 갑자일생(甲子日生)이 갑자시(甲子時)에 태어나 자요사격(子遙巳格)이 되었다. 갑목일간(甲木日干)이 해월(亥月)에 태어나 년지(年支) 사화(巳火)가 용신(用神)인데, 갑을목(甲乙木)이 도와주니 강해져 승상(丞相)까지 오를 수 있었다. 년상(年上)의 기토(己土)는 많은 수기(水氣)를 막는 데 큰 도움이 된다. 천간(天干)의 오행(五行)이 모두 좋아 출세운과 승진운이 좋았던 것이다.

■ 건명(乾命), 조지부(趙知府), 자요사격(子遙巳格)

年	月	日	時
丙	壬	甲	甲
寅	辰	子	子

癸甲乙丙丁戊己庚
巳午未申酉戌亥子

이 사주는 갑자일생(甲子日生)이 갑자시(甲子時)에 태어나 자요사격(子遙巳格)이 되었다. 갑목일간(甲木日干)이 진월생(辰月生)이고, 자진(子辰)이 합(合)을 하고, 년지(年支)에 인목(寅木)이 들었으니, 년상(年上) 병화(丙火)가 용신(用神)인데, 갑목(甲木)과 인목(寅木)에 통근(通根)하여 강하다. 다만 월상(月上)에 임수(壬水)가 투출(透出)하여 병임상충(丙壬相沖)을 하니 용신(用神)이 충격을 받아 다소 약해졌다. 그러나 관운(官運)이 좋아 지방장관인 지부(知府)에 올랐고, 월지(月支)에 진토(辰土)가 들어 재물복이 매우 많아 부귀를 모두 누렸다. 그러나 말년에는 해자운(亥子運)을 만나 불행했다.

■ 건명(乾命), 자요사격(子遙巳格)

年	月	日	時
己	甲	甲	甲
丑	戌	子	子

壬癸辛庚己戊丁丙
申酉未午巳辰卯寅

이 사주는 평범한 사람의 명인데, 갑자일생(甲子日生)이 갑자시(甲子時)에 태어나 자요사격(子遙巳格)이 되었다. 수기(水氣)가 많으니 술중(戌中) 정화(丁火)가 용신(用神)인데, 암장(暗藏)되었으니 능력을 발휘할 수 없어 평생 등과하지 못했다.

또 기토(己土)가 투출(透出)했으나 병정화(丙丁火)가 투출(透出)하지 않아 하격이 되었다. 이 사람은 재물복은 좀 있었으나 명예운과 관운이 없었다. 대운의 흐름은 좋으나 용신(用神)이 워낙 쇠약하여 성공하지 못한 것인데, 어떤 사주든 용신(用神)이 암장(暗藏)되면 큰 인물이 되지 못한다.

8. 축요사격(丑遙巳格)

【원문】

楠曰 丑遙巳格 取癸丑日丑字多 遙合巳中戊土爲官星 要丑字多
남왈 축요사격 취계축일축자다 요합사중무토위관성 요축자다

又辛丑日 亦遙合巳中丙火爲官星 畏有巳字塡實 畏有子字絆了丑
우신축일 역요합사중병화위관성 외유사자전실 외유자자반료축

不能遙理亦同前 辛癸日多逢丑地 不喜官星 歲時逢子巳二宮
불능요리역동전 신계일다봉축지 불희관성 세시봉자사이궁

虛名虛利 或曰 此格舊傳以辛丑癸丑二日用丑多爲主
허명허리 혹왈 차격구전이신축계축이일용축다위주

以癸辛動巳中丙火戊土爲官星 喜申酉二字 但得一字合起爲妙
이계신동사중병화무토위관성 희신유이자 단득일자합기위묘

若四柱中原有子字絆住 巳字塡實 不能去遙 歲運亦同 原無官星
약사주중원유자자반주 사자전실 불능거요 세운역동 원무관성

方用此格 未有喜官運之說 而格解 謂喜官運何也 余曰
방용차격 미유희관운지설 이격해 위희관운하야 여왈

此格固不可見官星 然四柱身極旺 亦喜官鄕 運與子遙同斷
차격고불가견관성 연사주신극왕 역희관향 운여자소원단

【해 설】

장남왈(張楠曰), 축요사격(丑遙巳格)이란 계축일생(癸丑日生)이 축토(丑土)가 많으면 사중(巳中) 무토(戊土)를 요합(遙合)하여 관성(官星)으로 삼거나, 신축일생(辛丑日生)이 사중(巳中) 병화(丙火)를 요합(遙合)하여 관성(官星)으로 삼는 것을 말한다.

축요사격(丑遙巳格)은 사화(巳火)가 주중(柱中)에 나타나 전실(塡實)되는 것을 꺼리고, 자수(子水)가 축토(丑土)를 합반(合絆)하면 요합(遙合)이 불가한데, 자요사격(子遙巳格)의 원리와 같다. 신계일간(辛癸日干)이 축토(丑土)를 많이 만나면 관성(官星)을 좋아하지 않고, 세운이나 시(時)에서 자수(子水)나 사화(巳火)를 만나면 명리가 허하다.

구전(舊傳), 축요사격(丑遙巳格)은 신축일생(辛丑日生)이나 계축일생(癸丑日生)이 주중(柱中)에 축토(丑土)가 많으면 해당하는데, 축토(丑土)가 사중(巳中) 병화(丙火)와 무토(戊土)를 요합(遙合)하여 관성(官星)으로 삼는다. 신유(申酉) 중에 하나만 있어 사화(巳火)를 합기(合起)하면 더욱 묘격(妙格)이 된다. 만일 주중(柱中)에서 자수(子水)가 합반(合絆)하거나 사화(巳火)가 전실(塡實)되면 거요(去遙)가 불가한데, 세운이나 대운에서도 마찬가지다. 따라서 원명에 관성(官星)이 없어야 축요사격(丑遙巳格)이 되고, 관운(官運)이 길하다는 설은 없는 말이다.

그런데 격해(格解)의 관운(官運)이 길하다는 말은 무슨 뜻인가. 축요사격(丑遙巳格)은 관성(官星)을 만나는 것이 어렵지만 신주(身主)가 매우 왕성하면 관운(官運)이 길하니 자요사격(子遙巳格)과 같은 원리로 본다.

【원 문】

古歌云 諸般貴氣雖合格 六格大綱難去得 更看向背運辰行
고가운 제반귀기수합격 육격대강난거득 갱간향배운진행

不可一途而取財 子遙丑遙二格身大旺喜向官運 益明矣
불가일도이취재 자요축요이격신대왕희향관운 익명의

鷓鴣天云 癸辛二日丑宮中 遙合巳上得官星 申酉合巳功名顯
자고천운 계신이일축궁중 요합사상득관성 신유합사공명현

富貴榮華萬事通 丙丁破 戊己沖 重裀列鼎反恩榮 年時有子終爲絆
부귀영화만사통 병정파 무기충 중인열정반은영 년시유자종위반

如無此字位三公 補日 丙丁破 是言辛日大運遇丙丁官殺也 戊己沖
여무차자위삼공 보왈 병정파 시언신일대운우병정관살야 무기충

是言癸日大運遇戊己官殺也 重裀列鼎反恩榮 正格解 所謂喜官運也
시언계일대운우무기관살야 중인열정반은영 정격해 소위희관운야

【해 설】

고가왈(古歌曰), 귀(貴)는 합격(合格)하는데 있지만 육격(六格)의 거취를 구별하기가 어려우니 운을 잘 살펴야 한다. 따라서 명리는 한 가지 방법으로만 보면 안 된다. 자요사격(子遙巳格)과 축요사격(丑遙巳格)도 신주(身主)가 매우 왕성하면 관운(官運)으로 흘러야 길하다

는 이유는 명백하다.

자고천왈(鷓鴣天曰), 계신일간(癸辛日干)이 축토(丑土)가 있으면 사화(巳火)를 요합(遙合)하여 관성(官星)을 얻고, 신유(申酉)가 사위(巳位)를 합(合)하면 만사가 형통하여 부귀영화를 누린다. 병정(丙丁)이 격(格)을 깨거나 무기토(戊己土)가 상충(相沖)하면 꺼리나, 인비(印比)가 중중하여 신주(身主)가 매우 왕성하면 영화로운 귀(貴)가 따르고, 년시(年時)에 자수(子水)가 있으면 합반(合絆)되어 불가하나 자수(子水)가 없으면 삼공(三公)에 이른다.

보주왈(補註曰), 병정(丙丁)의 파(破)는 신금일간(辛金日干)이 대운에서 병정(丙丁) 관살(官殺)을 만나는 것을 말하고, 무기토(戊己土)의 충(沖)은 계수일간(癸水日干)이 대운에서 무기토(戊己土) 관살(官殺)을 만나는 것을 말한다. 중인열정반은영(重裀列鼎反恩榮)이란 정격(正格)을 해설에서 말한 적이 있는데 관운(官運)이 길하다는 뜻이다.

9. 임기용배격(壬騎龍背格)

【원 문】

楠曰 壬騎龍背格 取壬辰日辰字多 則能沖出戌中丁火爲財星
남왈 임기용배격 취임진일진자다 즉능충출술중정화위재성

要辰字寅字多 寅多則能合戌 然以騎龍爲吉 非根正理
요진자인목(寅木)이다 인다즉능합술 연이기용위길 비근정리

但取美名以動人聽信 取辰字多沖戌 理亦頗有
단취미명이동인청신 취진자다충술 리역파유

不可專以此論禍福 八字中無別正格 乃以此參看 喜忌篇云
불가전이차론화복 팔자 중무별정격 내이차참간 희기편운

陽水疊逢辰位 是壬騎龍背之鄉 古賦云 此格以壬辰日爲主
양수첩봉진위 시임기용배지향 고부운차격이임진일위주

四柱見辰字多者貴 多者福 壬日坐辰土 以丁爲財 以己爲官
사주견진자다자귀 다자복 임일좌진토 이정위재 이기위관

以辰沖戌中丁火 壬辰日得財官 而寅午戌三合 或一任坐寅
이진충술중정화 임진일득재관 이인오술삼합 혹일임좌인

郤要年月時上聚辰字 方可爲貴 若壬辰日 年月時上皆有辰字
극요년월시상취진자 방가위귀 약임진일 년월시상개유진자

只爲富命 以寅午戌爲財得也 若年月時皆辰字 則沖出財官
지위부명 이인오술위재득야 약년월시개진자 즉충출재관

所以名揚四海 威振八方而大貴也 古歌云 壬騎龍背怕官居
소이명양사해 위진팔방이대귀야 고가운 임기용배파관거

重疊逢辰貴有餘 設若寅多辰字少 須應豪富比陶朱 鷓鴣天云
중첩봉진귀유여 설약인다진자소 수응호부비도주 자고천운

壬騎龍背喜非常 寅字多兮福命長 辰字若多官印重
임기용배희비상 인목이다혜복명장 진자약다관인중

韜略英雄佐聖王 榮掛紫誥綏金章 澄淸四海鎭邊疆
도약영웅좌성왕 영괘자고수금장 징청사해진변강

先賢立就窮天理 肅整威儀壓四方
선현입취궁천리 숙정위의압사방

【해 설】

　장남왈(張楠曰), 임기용배격(壬騎龍背格)이란 임진일생(壬辰日生)

이 주중(柱中)에 진(辰)이 많고, 술중(戌中) 정화(丁火)를 충출(沖出)하여 재성(財星)으로 삼는 것을 말하는데, 진토(辰土)와 인목(寅木)이 많아야 한다. 인목(寅木)은 술토(戌土)를 합(合)하니 재성(財星)을 얻는다. 그리고 기용(騎龍)이란 말은 특별한 뜻이 있는 것이 아니라 미명(美名)으로 작용할 뿐이다. 진토(辰土)가 많으면 술토(戌土)를 상충(相沖)하는 원리가 있으나 이것만으로 길흉화복을 논하기는 어렵고, 사주가 정격(正格)이 아니어야 임기용배격(壬騎龍背格)이 된다.

희기편운(喜忌篇云), 양수(陽水)가 진토(辰土)를 만나면 임기용배격(壬騎龍背格)의 본향(本鄕)이 된다.

고부운(古賦云), 임기용배격(壬騎龍背格)은 임진일생(壬辰日生)에 해당하는데, 주중(柱中)에 진토(辰土)가 많으면 귀격(貴格)이 되고, 인목(寅木)이 많으면 부격(富格)이 된다. 임수일간(壬水日干)이 진토(辰土)가 있으면 정화(丁火)는 재성(財星)이 되고, 기토(己土)는 관성(官星)이 되는데, 진(辰)이 술중(戌中) 정화(丁火)와 무토(戊土)를 충(沖)하기 때문이다.

또 임진일생(壬辰日生)이 인목(寅木)이 있으면 인오술(寅午戌) 삼합(三合)으로 정화(丁火)가 와서 재성(財星)을 얻는다. 년월시(年月時)에 진(辰)이 많으면 귀격(貴格)이 되고, 인목(寅木)이 있으면 부격(富格)이 된다. 인오술화국(寅午戌火局)을 합(合)하기 때문이다. 만일 년월시(年月時)에 모두 진토(辰土)가 있으면 재관(財官)을 충출(沖出)하니 천하에 권위를 떨치는 대귀격(大貴格)이 된다.

고가왈(古歌曰), 임기용배격(壬騎龍背格)은 주중(柱中)에 관성(官星)이 있으면 꺼리고, 진토(辰土)가 중첩되면 대귀격(大貴格)이 되고,

인목(寅木)이 많고 진토(辰土)가 적으면 대부대귀격(大富大貴格)이 되어 도주(陶朱)와 같은 큰 부자가 된다.

자고천왈(鷓鴣天曰), 임기용배격(壬騎龍背格)은 희귀(喜貴)가 비상한데, 인목(寅木)이 많으면 복이 크고, 진토(辰土)가 많고 관인(官印)이 무거우면 도약(韜略)의 재능을 가진 영웅으로 성왕(聖王)을 보좌한다. 이런 명은 대격(大格)으로 영예와 금장을 받으며 사해와 국경을 지키는 장수가 되어 선현의 천리(天理)를 통하고 사방에 위세를 떨친다.

10. 정란차격(井欄叉格)

【원 문】

楠曰 井欄叉格 蓋取庚子庚申庚辰三日 要申子辰全
남왈 정란차격 개취경자경신경진삼일 요신자진전

沖動午戌財官 爲庚日之財官也 畏有寅午戌字 則破壞此格矣
충동오술재관 위경일지재관야 외유인오술자 즉파괴차격의

庚日時逢潤下 忌壬癸巳午之方 時遇子申 其福半減 舊註曰
경일시봉윤하 기임계사오지방 시우자신 기복반감 구주왈

此論井欄叉格 蓋言六庚日生人 地支得申子辰全 乃謂全逢潤下
차론정란차격 개언육경일생인 지지득신자진전 내위전봉윤하

蓋庚用丁爲官 以子沖午 庚用甲爲財 而申沖寅
개경용정위관 이자충오 경용갑위재 이신충인

戌中戊土爲庚之印 而辰沖之 以申子辰三叉來沖寅午戌
술중무토위경지인 이진충지 이신자진삼차내충인오술

爲財官印綬 四柱中須用申子辰全爲貴 不必三箇庚字
위재관인수 사주중수용신자진전위귀 불필삼개경자

若有三庚尤妙 只要庚日生庚年日時 或戊子戊辰不妨
약유삼경우묘 지요경일생경년일시 혹무자무진불방

但得支申子辰全也 喜行東方財地 北方傷官 南方火地不爲貴
단득지신자진전야 희행동방재지 북방상관 남방화지불위귀

此乃壬癸巳午之方 而此格最忌者也 若是時遇丙子
차내임계사오지방 이차격최기자야 약시시우병자

則是時上偏官 若時是申時 則是歸祿格 其福減分 則福氣不全
즉시시상편관 약시시신시 즉시귀록격 기복감분 즉복기불전

虛名薄利而已
허명박리이이

【해 설】

장남왈(張楠曰), 정란차격(井欄叉格)이란 경자일생(庚子日生)·경신일생(庚申日生)·경진일생(庚辰日生)이 지지(地支)에 신자진(申子辰)이 모두 있어 인오술(寅午戌)을 충(沖)하여 재관(財官)을 얻는 것을 말한다. 그러나 주중(柱中)에 인오술(寅午戌)이 있으면 격을 깨니 흉하고, 시(時)에서 윤하(潤下)를 만나면 임계사오방(壬癸巳午方)을 꺼리고, 시(時)에서 자수(子水)나 신금(申金)을 만나면 복이 반감된다.

구주운(舊註云), 육경일(六庚日)이 지지(地支)에 신자진(申子辰)이 모두 들어 재성(財星)을 얻으면 윤하(潤下)를 만났다고 한다. 이때는 정화(丁火)가 관성(官星)인데 자오(子午)가 충(沖)하고, 갑목(甲木)이 재성(財星)인데 인신(寅申)을 충(沖)하고, 술중(戌中) 무토(戊土)가 인

수(印綬)인데 진술(辰戌)이 충(沖)하니, 신자진(申子辰) 세 글자가 인
오술(寅午戌) 재관(財官)과 인수(印綬)를 모두 충(沖)하여 귀격(貴
格)이 된다.

모름지기 주중(柱中)에 신자진(申子辰)이 모두 있어야 귀격(貴格)이
되고, 경금(庚金)이 3위 있으면 명이 더욱 묘해진다. 경년(庚年)이나
경시(庚時)에 태어났거나, 무자(戊子)나 무진(戊辰)이 되어도 무방하
다. 다시 말해 지지(地支)에 신자진(申子辰)이 모두 있으면 가능하다.

동방의 재성운(財星運)을 만나면 길하나, 북방의 상관운(傷官)이
나 남방의 화운(火運)을 만나면 귀격(貴格)을 이룰 수 없고, 임계사
오(壬癸巳午)의 남방운을 가장 꺼린다. 만일 시(時)에서 병자(丙子)를
만나면 시상편관격(時上偏官格)이 되고, 신금(申金)을 만나면 귀록격
(歸祿格)이 되는데 복이 반감된다. 즉 복이 완전하지 못하니 명에와
이로움이 없다.

【원 문】

補曰 忌壬癸巳午之方 謂忌北方傷官 南方官運也 舊註甚明
보왈 기임계사오지방 위기북방상관 남방관운야 구주심명

或改 忌壬癸巳午之方 爲忌壬癸之方 何也 傳云中和爲福
혹개 기임계사오지방 위기임계지방 하야 전운중화위복

偏黨爲災 格中申子辰 會傷官之旺 若再遇北方壬癸運
편당위재 격중신자진 회상관지왕 약재우북방임계운

則傷官洩氣太過必禍 正所謂四柱若三合傷官之殺
즉상관설기태과필화 정소위사주약삼합상관지살

及運行傷官 其禍不可言也 鷓鴣天云庚日全逢申子辰
급운행상관 기화불가언야 자고천운경일전봉신자진

井欄叉格合官星 相逢三格多官印 巳午未臨受苦辛 壬癸破
정란차격합관성 상봉삼격다관인 사오미임수고신 임계파

柱運無逢得顯名 不作蓬萊三島客 也須金榜玉堦行
주운무봉득현명 불작봉래삼도객 야수금방옥계행

觀壬癸破之句 則考經文所謂忌壬癸者可見
관임계파지구 즉고경문소위기임계자가견

【해 설】

보주왈(補註曰), 임계사오방(壬癸巳午方)을 꺼린다는 것은 북방의
상관운(傷官運)과 남방의 관운(官運)을 꺼린다는 말인데, 구주(舊註)
에서 명확하게 밝혔다. '임계사오방(壬癸巳午方)을 꺼린다'를 '임계방
(壬癸方)을 꺼린다'로 고치는 것은 무슨 이유인가.

구문왈(舊文曰), 사주가 중화되면 복이 많고, 편중되면 재앙이 많
다. 격(格)에 신자진(申子辰)이 있으면 상관(傷官)이 모여 강왕한 것인
데, 이때 북방 임계운(壬癸運)을 만나면 상관(傷官)을 심하게 설기(洩
氣)하니 반드시 화액을 당한다. 이것이 이른바 주중(柱中)에서 상관
(傷官)이 삼합(三合)되거나 상관운(傷官運)으로 흐르면 큰 화액을 당
한다는 말이다.

자고천왈(鷓鴣天曰), 경금일간(庚金日干)이 신자진(申子辰)을 모두
만나면 정란차격(井欄叉格)이 되는데, 관성(官星)을 충합(沖合)하는
것이다. 신자진(申子辰) 세 글자가 인오술(寅午戌) 세 글자를 충(沖)하
면 관인(官印)이 많은 것이다. 이때 사오미운(巳午未運)으로 흐르면

고통이 따르고, 원명이나 운에서 임계(壬癸)가 파극(破剋)하여 기살(忌殺)이 없으면 이름을 알린다. 정란차격(井欄叉格)은 반드시 수도인이나 고관대작이 된다. 임계파(壬癸破)는 경문(經文)의 기임계(忌壬癸)와 같은 것으로 보면 된다.

■ 건명(乾命), 왕봉군(王封君), 정란차격(井欄叉格)

年	月	日	時								
癸	庚	庚	庚	己	戊	丁	丙	乙	甲	癸	壬
卯	申	子	辰	未	午	巳	辰	卯	寅	丑	子

이 사주는 경금일간(庚金日干)이 시(時)에 진토(辰土)가 들어 정란차격(井欄叉格)이 되었다. 신자진(申子辰)이 수국(水局)을 이루어 상관(傷官)이 매우 많으니 상관(傷官)이 기신(忌神)이다. 따라서 화운(火運)이 길한데, 초년의 미오사(未午巳) 화운(火運)과 중년의 진묘인(辰卯寅) 목운(木運)이 좋아 어사(御使)가 되었고, 임자운(壬子運) 계해년(癸亥年)에 숨을 거두었다. 수운(水運)에 숨진 것을 보면 목화운(木火運)이 길하다는 뜻인데, 원명에 목기(木氣)는 있으나 화기(火氣)는 하나도 보이지 않는다. 다만 대운에서 병정(丙丁)과 사오(巳午) 화운(火運)을 만날 뿐이다. 이처럼 원명에 길성(吉星)이 없어도 대운에서 만나면 발복한다. 이 사람은 원명에 길성(吉星)이 들고 운에서도 길성(吉星)을 만났으면 더 발복했을 것이다.

3장. 격국론기삼(格局論其三)

1. 육을서귀격(六乙鼠貴格)

【원 문】

楠曰 六乙鼠貴 只取乙亥乙未日見丙子時 蓋子來動巳
남왈 육을서귀 지취을해을미일견병자시 개자래동사

然巳與申合起庚金 爲乙木之官星 見庚辛則破乙 不能作用
연사여신합기경금 위을목지관성 견경신즉파을 불능작용

若乙丑乙酉乙巳日 坐下官星破格不取 乙卯日則刑破子 亦不取
약을축을유을사일 좌하관성파격불취 을묘일즉형파자 역불취

見午字則沖破子 有正格只論正格 無正格方論此格 近理之所無也
견오자즉충파자 유정격지론정격 무정격방론차격 근리지소무야

喜忌篇云 陰木獨遇子時 爲六乙鼠貴之地 三車一覽云
희기편운 음목독우자시 위육을서귀지지 삼차일람운

此言六乙鼠貴格 陰木者乙木也 獨遇子時者 用鼠不用猴也
차언육을서귀격 음목자을목야 독우자시자 용서불용후야

貴卽天乙貴人也 乙生人以子申爲貴人 蓋言六乙日 獨遇丙子時
귀즉천을귀인야 을생인이자신위귀인 개언육을일 독우병자시

値天乙貴人 爲六乙鼠貴之格 申時則官星顯露 所以不取也 舊註曰
치천을귀인 위육을서귀지격 신시즉관성현로 소이불취야 구주왈

此論大怕午字沖之 丙子時子字多爲妙 鼠之聚貴也 或四柱中
차론대파오자충지 병자시자자다위묘 서지취귀야 혹사주중

有庚字辛字申字酉字丑字 內則庚辛金則減分數 歲君大運亦然
유경자신자신자유자축자 내즉경신금즉감분수 세군대운역연

如月內有官星 不用此格 若四柱原無官星 方用此格
여월내유관성 불용차격 약사주원무관성 방용차격

【해 설】

　장남왈(張楠曰), 육을서귀격(六乙鼠貴格)이란 을해일생(乙亥日生)
이나 을미일생(乙未日生)이 병자시(丙子時)에 태어나고, 자수(子水)
가 사화(巳火)를 내동(來動)하고, 사화(巳火)가 신금(申金)을 합기(合
起)하여 신중경금(申中庚金)을 관성(官星)으로 삼는 것을 말한다. 그
러나 경신금(庚辛金)을 만나면 격(格)이 깨진다.

　을축일생(乙丑日生)·을유일생(乙酉日生)·을사일생(乙巳日生)은 일
지(日支)에 관성(官星)이 있으니 격(格)이 깨져 취하지 않고, 을묘일생
(乙卯日生)은 형파(刑破)되었으니 취하지 않는데, 오화(午火)를 만나
도 자오(子午)가 충파(沖破)하니 취하지 않는다. 만일 정격(正格)이면
정격(正格)으로 논하고, 아니면 육을서귀격(六乙鼠貴格)으로 논한다.

　희기편운(喜忌篇云), 음목(陰木)이 시지(時支)에 자수(子水)가 들면
육을서귀격(六乙鼠貴格)이 된다.

　삼차일람운(三車一覽云), 음목(陰木)은 을목(乙木)을 말하고, 자시
(子時)를 독우(獨遇)한다는 말은 서자(鼠子)가 작용하고 후신(猴申)

은 작용하지 않는다는 뜻이다. 귀(貴)란 천을귀인(天乙貴人)을 뜻하는데, 을생(乙生)은 자수(子水)와 신금(申金)이 모두 귀인(貴人)이나, 육을서귀격(六乙鼠貴格)은 병자시(丙子時)만을 독우(獨遇)하면 천을귀인(天乙貴人)이라고 하는 것은. 신중(申中)에 경금(庚金) 관성(官星)이 있기 때문이니 신시(申時)는 취하지 않는다.

구주운(舊註云), 육을서귀격(六乙鼠貴格)은 자오충(子午沖)이 있으면 매우 꺼리고, 병자시생(丙子時生)이 자수(子水)가 많으면 묘한 명으로 보는데, 서자(鼠子)가 귀(貴)를 취하기 때문이다. 만일 주중(柱中)에 경금(庚金)이나 신금(辛金)이나 신금(申金)이나 유금(酉金)이나 축토(丑土)가 있으면 경신금(庚辛金) 관성(官星)이 있는 것이니 분수(分數)가 반감되는데, 세운이나 대운에서 만나도 마찬가지다. 만일 월상(月上)에 관성(官星)이 있으면 육을서귀격(六乙鼠貴格)이 아니다. 다시 말해 원명에 관성(官星)이 없어야 성립한다.

【원 문】

古歌乙日鼠貴格 陰木天干丙子時 乙巳運貴實爲奇
고가을일서귀격 음목천간병자시 을사운귀실위기

無沖官殺方爲美 少年準擬拜丹墀 又曰 乙木天然時丙子
무충관살방위미 소년준의배단지 우왈 을목천연시병자

無官沖害方爲此 管敎一擧占鰲頭 名揚四海振今古 又歌六乙鼠貴格
무관충해방위차 관교일거점오두 명양사해진금고 우가육을서귀격

乙日須逢丙子時 如無午破貴尤奇 四柱忌逢申酉丑 若無官殺拜丹墀
을일수봉병자시 여무오파귀우기 사주기봉신유축 약무관살배단지

又曰 陰木逢陽要子多 名爲鼠貴貴嵯峨 柱中只怕南離位
우왈 음목봉양요자다 명위서귀귀차아 주중지파남이위

困苦傷殘怎奈何 鷓鴣天云 六乙時逢丙子中 官高位顯福興隆
곤고상잔즘나하 자고천운 육을시봉병자중 관고위현복흥융

午字顯露非爲貴 剋破用神定主凶 防酉丑 忌庚辛 傷官四柱合爲豐
오자현로비위귀 극파용신정주흉 방유축 기경신 상관사주합위풍

柱無官殺榮華顯 玉殿金堦有路通 補曰 此格忌官殺刑沖破害
주무관살영화현 옥전금계유로통 보왈 차격기관살형충파해

所以並忌 古有丑絆子之說 而或以爲忌丑絆子非也
소이병기 고유축반자지설 이혹이위기축반자비야

此子字爲六乙天乙貴人 喜合不喜沖 非若遙巳祿飛之子字
차자자위육을천을귀인 희합불희충 비약요절록비지자자

而丑爲羈絆也
이축위기반야

【해 설】

　고가왈(古歌曰), 을일서귀격(乙日鼠貴格)은 음목(陰木)인 을목(乙木)이 병자시생(丙子時生)이면 성립하는데, 충파(沖破)가 없으면 기귀(奇貴)가 되어 소년에 등과급제하고, 관살(官殺)과 상충(相沖)이 없으면 장원급제하여 이름을 알리며 고금에 이름을 전하는 위인이 된다.

　고가왈(古歌曰), 육을서귀격(六乙鼠貴格)이란 을목일간(乙木日干)이 병자시(丙子時)에 태어나고, 자오상충(子午相沖)이 없으면　기귀(奇貴)를 이룬다. 주중(柱中)에서 신유축(申酉丑)을 만나면 꺼리고, 관살(官殺)이 없으면 고관이 된다. 또 자수(子水)가 많으면 기귀(奇

貴)를 이루나, 오화(午火)가 있으면 매우 꺼리고, 자오(子午)가 상충(相沖)하면 가난과 상잔(傷殘)이 따른다.

자고천왈(鷓鴣天日), 육을서귀격(貴格)이 병자시생(丙子時生)이면 고관이 되어 복록을 누리나, 오화(午火)를 만나면 용신(用神)을 극파(剋破)하니 흉화가 따른다. 모름지기 유축경신(酉丑庚辛)을 꺼리고, 주중(柱中)에서 상관(傷官)을 합(合)하면 풍부한 명이 되고, 주중(柱中)에 관살(官殺)이 없으면 고관이 되어 부귀영화를 누린다.

보주왈(補註日), 육을서귀격(六乙鼠貴格)은 관살(官殺)과 형충파해(刑沖破害)를 꺼리고, 축토(丑土)도 고지(庫地)이니 꺼린다. 자수(子水)는 천을귀인(天乙貴人)이니 합(合)을 좋아하나 상충(相沖)은 꺼린다. 따라서 자수(子水)가 사화(巳火)를 요합(遙合)하는데 축토(丑土)가 기반(羈絆)된다는 것은 잘못 해설한 것이다.

2. 육음조양격(六陰朝陽格)

【원 문】

楠日 六陰朝陽格 蓋取六辛日 四柱無官殺方取 蓋取辛日戊子時
남왈 육음조양격 개취육신일 사주무관살방취 개취신일무자시

子能動巳 巳能動丙火 作辛日官星 只取辛亥辛丑辛酉三日
자능동사 사능동병화 작신일관성 지취신해신축신유삼일

若辛巳日 有丙火爲破格 辛卯日 則卯破子 則不能合巳 辛未日
약신사일 유병화위파격 신묘일 즉묘파자 즉불능합사 신미일

則見未中丁火爲七殺 破辛金 亦畏巳字破格 午字沖子 只喜財運
즉견미중정화위칠살 파신금 역외사자파격 오자충자 지희재운

畏官殺運 破格也 有正格則用別格 理不出於自然也 古歌云
외관살운 파격야 유정격즉용별격 리불출어자연야 고가운

辛逢戊子號朝陽 運喜西方祿位昌 丑午丙丁無出現
신봉무자호조양 운희서방녹위창 축오병정무출현

腰錦衣紫入朝堂 補日 丑午丙丁無出現一句 蓋言丙丁不可塡實
요금의자입조당 보왈 축오병정무출현일구 개언병정불가전실

午字不可沖子 以照經文誠是 外經文並傳不可見
오자불가충자 이조경문성시 외경문병전불가견

丑字絆子則非也 蓋丑爲金庫 乃身旺地 亦朝陽格所喜者也
축자반자즉비야 개축위금고 내신왕지 역조양격소희자야

觀古造 西王大尉命 辛丑日戊子時 富貴之極
관고조 서왕대위명 신축일무자시 부귀지극

則丑不能絆子也明矣 如子遙巳格 用子遙合巳 怕丑絆住
즉축불능반자야명의 여자요사격 용자요합사 파축반주

不能搖 飛天祿馬格 用子字暗沖 怕丑絆住不能沖 此朝陽格
불능요 비천녹마격 용자자암충 파축반주불능충 차조양격

子字乃實字不用合 不用沖 何畏於丑哉
자자내실자불용합 불용충 하외어축재

【해 설】

　장남왈(張楠日), 육음조양격(六陰朝陽格)이란 육신일생(六辛日生)
이 주중(柱中)에 관살(官殺)이 없는 것을 말한다. 신금일간(辛金日干)
이 무자시생(戊子時生)이면 자수(子水)가 사화(巳火)를 동래(動來)하

고, 사중(巳中) 병화(丙火)를 동래(動來)하여 관성(官星)이 된다.

다만 신해일생(辛亥日生)·신축일생(辛丑日生)·신유일생(辛酉日生)만 해당한다. 신사일생(辛巳日生)은 사중(巳中)에 병화(丙火)가 있어 안 되고, 신묘일생(辛卯日生)은 자묘(子卯)가 형파(刑破)되어 합(合)할 수 없으니 안 되고, 신미일생(辛未日生)은 미중(未中) 정화(丁火)가 칠살(七殺)이라 신금(辛金)을 파극(破剋)하니안 된다.

따라서 사화(巳火)가 격(破)을 깨고, 오화(午火)가 자오상충(子午相沖)을 하는 것을 두려워한다. 육음조양격(六陰朝陽格)은 재성운(財星運)은 길하고 관살운(官殺運)은 흉하나, 사주가 정격(正格)이나 별격(別格)이면 해당하지 않는다.

고가왈(古歌曰), 신금일간(辛金日干)이 무자시생(戊子時生)이면 조양(朝陽)이니 서방운을 만나면 복록이 영창하고, 축토(丑土)나 오화(午火)나 병화(丙火)나 정화(丁火)가 나타나지 않으면 황궁에서 고관이 된다.

보주왈(補註曰), 축토(丑土)나 오화(午火)나 병화(丙火)나 정화(丁火)가 나타나지 않는다는 말은 병정(丙丁)이 전실(塡實)되면 불가하다는 뜻이고, 오화(午火)가 자수(子水)를 상충(相沖)하면 불가하다는 말은 경문(經文)을 정당한 원리가 있다. 그러나 축토(丑土)를 만나면 불가한데, 자축합(子丑合)으로 기반(羈絆)이 되기 때문이라고 한 것은 원리에 맞지 않는다. 축토(丑土)가 금고(金庫)이나 신금일간(辛金日干)의 신왕지(身旺地)이니 길하다.

고조(古造)에 나오는 서왕대위(西王大尉)의 명조가 신축일(辛丑日) 무자시(戊子時)라 부귀가 극에 달했는데, 축토(丑土)가 자수(子水)를 기반(羈絆)하지 않아야 한다는 이론의 명백한 증거다. 이처럼 자요사격(子遙巳格)은 자수(子水)가 사화(巳火)를 요합(遙合)하는데, 축토(丑土)는 사화(巳火)를 요합(遙合)하지 못하니 축토(丑土)를 꺼리고, 비천녹마격(飛天祿馬格)은 자수(子水)가 오화(午火)를 충(沖)하니 역시 축토(丑土)가 자수(子水)를 암충(暗沖)하여 작용하지 못하니 꺼린다. 그러나 조양격(朝陽格)은 자수(子水)가 사화(巳火)를 합(合)하거나 오화(午火)를 충(沖)하는 것이 아니므로 축토(丑土)를 두려워하지 않는다.

【원 문】

繼善篇云 陰若朝陽 切忌丙丁離位 補曰 此離位謂 南方巳午之位
계선편운 음약조양 절기병정이위 보왈 차이위위 남방사오지위

與丙丁相照也 格解 離位謂巳午未 加以未字非也 未乃財神本庫
여병정상조야 격해 이위위사오미 가이미자비야 미내재신본고

又印綬旺地 故擧繼善篇 朝陽生於季月可稱印綬 觀古造王郡主命
우인수왕지 고거계선편조양생어계월가칭인수 관고조왕군주명

己未年辛未月辛未日戊子時 有三未字 貴爲王侯 則未字不忌也明矣
기미년신미월신미일무자시 유삼미자 귀위왕후 즉미자불기야명의

秘訣云 辛日子時 忌行火地 西北行來則吉 東南一去憂凶 補曰
비결운 신일자시 기행화지 서북행내즉길 동남일거우흉 보왈

格解云 西北行來 北字恐誤非也 蓋西北謂水運行辛亥 辛謂西
격해운 서북행래 북자공오비야 개서북위수운행신해 신위서

亥謂北 故曰 西北 況納音屬金 朝陽喜金旺之地
해위북 고왈 서북 황납음속금 조양희금왕지지

大運行庚子辛丑庚辛爲西 子丑爲北 故曰 西北 況納音屬土
대운행경자신축경신위서 자축위북 고왈 서북 황납음속토

朝陽喜印旺之鄕 此所以曰西北行來則吉也 格解 疑北字恐誤
조양희인왕지향 차소이왈서북행래즉길야 격해 의북자공오

是泥於北方水鄕大忌之說 不知秘訣西北 以納音言也 東南一去憂凶
시니어북방수향대기지설 불지비결서북 이납음언야 동남일거우흉

謂大運行乙巳 乙謂東 故曰 東南 況納音屬火 朝陽最忌火鄕
위대운행을사 을위동 고왈 동남 황납음속화 조양최기화향

此所以曰東南一去憂凶也不然 東南財氣之鄕 何以曰憂凶也
차소이왈동남일거우흉야 불연동남재기지향 하이왈우흉야

【해 설】

계선편운(繼善篇云), 육음조양격(六陰朝陽格)은 병정(丙丁)의 이위(離位)를 가장 꺼린다.

보왈(補曰), 이위(離位)란 남방 사오(巳午)를 말하는데 병정(丙丁) 역시 같다.

격해(格解), 이위(離位)를 사오미(巳午未)라 하여 미(未)를 첨가하는 경우가 있는데 잘못이다. 미토(未土)는 재신(財神)의 창고이며 인수(印綬)의 왕지(旺地)이기 때문이다.

계선편운(繼善篇云), 조양격(朝陽格)이 진술축미월(辰戌丑未月)생이면 인수(印綬)의 월령(月令)이라고 했는데, 고조(古造)의 왕군주(王郡主)의 명조를 보면 기미년(己未年) 신미월(辛未月) 신미일(辛未日) 무자시(戊子時)다. 이처럼 미토(未土)가 3위나 있었으나 왕후의 부귀를 누렸다.

비결운(秘訣云), 신금일간(辛金日干)이 자시생(子時生)이면 화운(火運)을 꺼리니 서북운은 길하나 동남운은 근심이 한 번 따른다.

보주왈(補註曰), 서북행래(西北行來)에서 '북(北)'을 잘못 해석하기 쉽다. 서북은 수운(水運)을 말하는데, 신해운(辛亥運)을 만나면 신금(辛金)은 서(西)이고 해수(亥水)는 북(北)이니 서북이라 한 것이다. 더구나 납음오행(納音五行)으로 볼 때 신해(辛亥)는 금(金)에 속하여 길하다는 것은 조양격(朝陽格)은 금왕운(金旺運)을 좋아하기 때문이다. 경자(庚子)·신축(辛丑)·경신금(庚辛金)은 서방이고, 자축(子丑)은 북방이라 서북이라 말한 것이다. 납음오행(納音五行)으로 볼 때 토(土)에 속해서 길하다는 것은 조양격(朝陽格)은 인왕향(印旺鄕)을 좋아하기 때문이다. 비결에 서북운이 오면 길하다는 말이 이것이다.

격해(格解), '북(北)'의 뜻을 의심하여 잘못 해석할까 두렵다. 북방 수운(水運)이 대흉하다는 설이 있으나 근거가 없는 말이다. 비결에서 서북이라 한 것은 납음오행(納音五行)을 말하고, 동남일거우흉(東南一去憂凶)은 을사운(乙巳運)으로 들어간 것을 말한다. 즉 을목(乙木)은 동(東)이고 사화(巳火)는 남(南)이니 동남이라 한 것이다. 납음오행(納音五行)으로 볼 때 화(火)에 속해서 화액이 더 크다는 것이다. 조양격(朝陽格)이 가장 꺼리는 것은 화운(火運)이니 동남일거우흉(東南一去憂凶)라고 한 것은 여기에 있다. 그렇지 않으면 동남의 재기운(財氣運)을 무엇 때문에 근심이라고 하겠는가.

古歌曰 辛日單單逢戊子 六陰貴格喜 朝陽丙丁巳午休塡實
고가왈 신일단단봉무자 육음귀격희 조양병정사오휴전실

歲運輪逢一例詳 補曰 星士多以辛日單單爲日宜單
세운윤봉일예상 보왈 성사다이신일단단위일의단

不可再見辛字非也 蓋言單單見戊子 不可再見子字也
불가재견신자비야 개언단단견무자 불가재견자자야

子乃一陽初生 再見子字 非單單也 故曰 六陰盡處一陽生
자내일양초생 재견자자 비단단야 고왈 육음진처일양생

格解 未及 故附補之 鷦鴣天云戊子時逢六日辛 朝陽動丙合官星
격해 미급 고부보지 자고천운무자시봉육일신 조양동병합관성

庚辛若遇堪爲喜 紫綬金章拜聖君 寅卯貴 丙丁貧
경신약우감위희 자수금장배성군 인묘귀 병정빈

北方運至定傷身 中和純粹爲官貴 定作三台八位臣
북방운지정상신 중화순수위관귀 정작삼태팔위신

【해 설】

고가왈(古歌曰), 신금일간(辛金日干)이 무자시생(戊子時生)이면 육음귀격(六陰貴格)이 되니, 병정(丙丁)과 사오(巳午)는 전실(塡實)되어 나타나지 않아야 하는데, 세운이나 대운에서도 마찬가지다.

보주왈(補註曰), '신금일간(辛金日干)이 단단(單單)'을 신금일간(辛金日干)이 신금(申金)을 만나면 불가하다는 뜻으로 해설하면 안 된다. '단단(單單)'은 무자시생(戊子時生)이라는 뜻이니 자수(子水)를 또 만나면 불가하다는 것으로 해석해야 한다. 자수(子水)는 일양(一陽)의 초생위(初生位)인데 자수(子水)를 또 만나면 단단함이 아니다.

그래서 육음조양(六陰朝陽)의 귀(貴)는 일양(一陽)의 생함에 있다고
하는 것이다. 격해(格解)의 설명이 부족해서 보충 해설하는 것이다.

자고천왈(鷓鴣天日), 육신일(六辛日)이 무자시생(戊子時生)이 조양
(朝陽)인 자수(子水)가 병화(丙火)를 합(合)하여 관성(官星)을 삼으면
귀격(貴格)이 된다. 만일 경신금(庚辛金)을 만나면 성군의 고관이 되
고, 인묘(寅卯)를 만나면 귀격(貴格)이 되고, 병정(丙丁)을 만나면 가
난하다. 북방운을 만나면 흉화가 따르나, 사주가 중화되고 순수하면
귀격(貴格)이니 대신이 되어 부귀영화를 누린다.

■ 건명(乾命), 장지원(張知院), 육음조양격(六陰朝陽格)

　年 月 日 時

　戊 辛 辛 戊　　　壬癸甲乙丙丁戊己

　辰 酉 酉 子　　　戌亥子丑寅卯辰巳

이 사주는 진중(辰中) 을목(乙木)이 용신(用神)이니 목화운(木火
運)은 길하나 금운(金運)은 흉하다. 인묘진(寅卯辰) 목운(木運)에 발
복하여 지원(知院)에 올랐는데, 갑을(甲乙)·인묘진(寅卯辰) 목운(木
運)과 병정(丙丁) 화운(火運)에 발복한 것을 보면 목화운(木火運)이
길하다는 것을 알 수 있다.

■ 건명(乾命), 서왕대위(西王太尉), 육음조양격(六陰朝陽格)

　年 月 日 時

　戊 辛 辛 戊　　　壬癸甲乙丙丁戊己

　辰 酉 丑 子　　　戌亥子丑寅卯辰巳

이 사주는 신금일간(辛金日干)이 무토(戊土)를 만나 육음조양격
(六陰朝陽格)이 되었다. 년지(年支)의 진중(辰中) 을목(乙木)이 용신
(用神)이다. 일지(日支)에 축토(丑土)가 들고 시지(時支)에 자수(子水)
가 들어, 대운의 흐름은 좋았으나 더 승진하지 못하고 중격에 해당하
는 대위(大尉)에 그치고 말았다.

3. 형합격(刑合格)

【원 문】

楠曰 刑合格者 取癸亥日癸卯日癸酉日 見甲寅時
남왈 형합격자 취계해일계묘일계유일 견갑인시

原四柱無官殺方可用 蓋取寅時 則寅能刑巳 則刑出巳中戊土作官星
원사주무관살방가용 개취인시 즉인능형사 즉형출사중무토작관성

則戊與癸相合也 故曰 刑合格 若癸巳日 則有戊土破格 癸未癸丑日
즉무여계상합야 고왈 형합격 약계사일 즉유무토파격 계미계축일

坐下七殺破格 又畏有巳字 亦破格 有申字則申來沖破了寅
좌하칠살파격 우외유사자 역파격 유신자즉신래충파료인

則寅不能刑出巳也 理出人爲 喜忌篇云 六癸日 時若逢寅位
즉인불능형출사야 리출인위 희기편운 육계일 시약봉인위

歲月怕戊己二方 舊註曰 此論刑合格 以六癸日爲主星
세월파무기이방 구주왈 차론형합격 이육계일위주성

用戊土爲正氣官星 喜逢甲寅時 用刑巳中戊土 癸日得官星
용무토위정기관성 희봉갑인시 용형사중무토 계일득관성

如庚寅刑不成 惟甲寅時是 行運與飛天祿馬同 若四柱有戊字己字
여경인형불성 유갑인시시 행운여비천녹마동 약사주유무자기자

又怕庚寅傷甲字 刑壞了 忌申字則減分數 歲君大運亦忌
우파경인상갑자 형괴료 기신자즉감분수 세군대운역기

【해 설】

장남왈(張楠曰), 형합격(刑合格)은 계해일(癸亥日)·계묘일(癸卯日)·계유일(癸酉日)이 갑인시생(甲寅時生)이며 원명에 관살(官殺)이 없는 것을 말한다. 인시(寅時)가 사화(巳火)를 형출(刑出)하고 사중(巳中) 무토(戊土)를 취하여 관성(官星)으로 삼는다. 이때 사중(巳中) 무토(戊土)와 일간(日干) 계수(癸水)가 무계합(戊癸合)을 하니 형합격(刑合格)이라고 하는 것이다.

계사일생(癸巳日生)은 무토(戊土)가 있어 안 되고, 계미일생(癸未日生)과 계축일생(癸丑日生)은 일지(日支)에 칠살(七殺)이 있어 안 된다. 또 사화(巳火)가 있으면 안 되고, 신금(申金)이 있어도 인신충파(寅申沖破)를 하니 안 된다. 그러나 인목(寅木)은 사화(巳火)를 상충(相沖)하지 않으니 가능하다. 이러한 오묘한 원리도 사람이 밝혀낸 것이다.

희기편운(喜忌篇云), 육계일생(六癸日生)이 시(時)에 인목(寅木)이 있는데, 년상(年上)이나 월상(月上)에 무기토(戊己土)가 들면 꺼린다.

구주운(舊註云), 육계일생(六癸日生)이 무토(戊土)를 관성(官星)의 정기(正氣)로 삼는데 갑인시(甲寅時)이면 환영하고, 사중(巳中) 무토(戊土)를 형출(刑出)하면 관성(官星)이 된다. 만일 경인시생(庚寅時

生)이면 인목(寅木)이 형(刑)되어 불가하다.

운에서는 비천녹마격(飛天祿馬格)과 같다. 주중(柱中)에 무토(戊土)나 기토(己土)가 있으면 꺼리고, 경인(庚寅)은 갑경상충(甲庚相沖)을 하니 꺼리고, 신금(申金)이 있으면 꺼린다. 이런 명은 복이 반감되는데 세운이나 대운에서 만나도 마찬가지다.

【원 문】

古歌云 癸日生人時甲寅 最忌四柱帶官星 若無戊己庚辛巳
고가운 계일생인시갑인 최기사주대관성 약무무기경신사

壯歲榮華達帝京 補曰 癸日生人 卽六癸日 時甲寅 卽時若逢寅位也
장세영화달제경 보왈 계일생인 즉육계일 시갑인 즉시약봉인위야

惟此爲刑合格 最嫌四柱帶官星 蓋言用寅暗刑巳中戊土
유차위형합격 최혐사주대관성 개언용인암형사중무토

爲癸日之官星 怕四柱中帶戊並巳塡實 言官星 則殺亦在其中
위계일지관성 파사주중대무병사전실 언관성 즉살역재기중

故下文云 若無戊土之官 己土之殺並巳字塡實 及庚金剋甲 申字沖寅
고하문운 약무무토지관 기토지살병사자전실 급경금극갑 신자충인

可謂此格之純 則早年發達 登庸朝堂矣 又曰 陰水寅時格正淸
가위차격지순 즉조년발달 등용조당의 우왈 음수인시격정청

又愁庚剋不能刑 運行若不塡蛇地 方得淸高有利名
우수경극불능형 운행약불전사지 방득청고유리명

【해 설】

고가왈(古歌曰), 갑인시(甲寅時) 계수(癸水)가 가장 꺼리는 것은 주

중(柱中)에 관성(官星)이 있는 것이다. 만일 무기토(戊己土)와 경신금(庚辛金)과 사화(巳火)가 없으면 장년에 고관이 되어 영화를 누린다.

보주왈(補註曰), 계일(癸日)은 육계일(六癸日)을 말하고, 갑인시(甲寅時)는 시(時)가 갑인(甲寅)인 것을 말한다. 이런 명을 형합격(刑合格)이라고 하는데, 가장 꺼리는 것은 주중(柱中)에 관성(官星)이 있는 것인데, 인목(寅木)이 사중(巳中) 무토(戊土)를 암형(暗刑)하여 관성(官星)으로 삼기 때문이다. 따라서 주중(柱中)에 무토(戊土)를 대동하거나 사화(巳火)가 전실(填實)되는 것을 꺼린다. 관성(官星)에는 칠살(七殺)의 뜻도 포함되어 있다.

하문운(下文云), 관성(官星)인 무토(戊土)가 없거나, 칠살(七殺)인 기토(己土)가 없거나, 사화(巳火)가 전실(填實)되거나, 경금(庚金)이 갑경충(甲庚沖)을 하거나, 신금(申金)이 인신상충(寅申相沖)을 하지 않으면 순수한 형합격(刑合格)인데, 이런 명은 일찍 발달하여 조당(朝堂)에 등용된다. 만일 음수(陰水)인 계수(癸水)가 인시생(寅時生)이면 청정한 형합격(刑合格)이 되고, 경금(庚金)이 인목(寅木)을 만나 갑경상충(甲庚相沖)을 하면 격(格)이 성립되지 않고, 운에서 전실(填實)되지 않으면 청고한 명이 되어 이로움이 따른다.

【원문】

又曰 癸日生人得甲寅 此名刑合格爲眞 若無戊己庚辛字
우왈 계일생인득갑인 차명형합격위진 약무무기경신자

便是腰金帶玉人 又曰 癸日寅時刑合格 入此格時須顯赫
편시요금대옥인 우왈 계일인시형합격 입차격시수현혁

官星七殺莫相逢 庚申巳字爲災厄 鷓鴣天云 但求癸日甲寅時
관성칠살막상봉 경신사자위재액 자고천운 단구계일갑인시

刑出官星貴可知 寅申沖出多災禍 若見庚金便主悲 無逢戊己
형출관성귀가지 인신충출다재화 약견경금편주비 무봉무기

遇刑沖 一生名利必然矣 年月日時無刑害 須還馬上錦衣榮
우형충 일생명리필연의 년월일시무형해 수환마상금의영

補曰 舊註謂寅暗刑巳中戊土爲癸日之官星 怕見庚剋寅中甲木
보왈 구주위인암형사중무토위계일지관성 파견경극인중갑목

申字沖寅 刑不起官星 未有怕見亥字午戌字爲羈絆
신자충인 형불기관성 미유파견해자오술자위기반

而或者乃解爲亥字午戌字爲羈絆 則非也觀
이혹자내해위해자오술자위기반 즉비야관

【해 설】

계일생(癸日生)이 갑인시(甲寅時)이면 형합격(刑合格)의 진격(眞格)이 된다. 만일 무기토(戊己土)나 경신(庚辛)이 없으면 금대를 두르는 고관이 된다. 만일 계수(癸水)가 인시생(寅時)이면 형합격(刑合格)인데 공명이 현달한다. 그러나 관성(官星)과 칠살(七殺)을 만나지 않아야 하는데, 경신(庚申)이나 사화(巳火)를 만나면 재액이 따른다.

자고천왈(鷓鴣天曰), 형합격(刑合格)은 계수일간(癸水日干)이 갑인시(甲寅時)에 태어난 경우에만 해당하는데, 관성(官星)을 형출(刑出)해야 귀격(貴格)이 된다. 만일 인신(寅申)이 충출(沖出)되면 재화가 많고, 경금(庚金)을 만나면 슬퍼할 일이 생긴다. 만일 무기토(戊己土)와 형충(刑沖)이 없으면 평생 저절로 명리가 따르고, 주중(柱中)에 형해

(刑害)가 없으면 금옷을 입고 말을 타는 영화를 누린다.

보주왈(補註曰), 구주(舊註)에서는 인목(寅木)과 사중(巳中) 무토 (戊土)가 암형(暗刑)하는 것을 계일(癸日)의 관성(官星)으로 삼는 것이 형합격(刑合格)인데, 경금(庚金)과 인중(寅中) 갑목(甲木)이 만나 갑경상충(甲庚相沖)하는 것을 꺼리고, 지지(地支)에서 인신(寅申)이 상충(相沖)하면 관성(官星)이 일어나지 못해 파격(破格)이 되므로 매우 꺼린다. 그러나 해수(亥水)나 오화(午火)나 술토(戌土)가 인목(寅木)을 만나 기반(羈絆)하는 것에 대해서는 흉하다는 학설이 없다고 하였다. 그런데도 해수(亥水)와 오화(午火)와 술토(戌土)의 기반(羈絆)은 불리하다고 주장하는 이가 있는데 잘못이다.

■ 건명(乾命), 반절도사(潘節度使), 형합격(刑合格)

年	月	日	時								
乙	癸	癸	甲	壬	辛	庚	己	戊	丁	丙	乙
未	未	亥	寅	午	巳	辰	卯	寅	丑	子	亥

이 사주는 계수일간(癸水日干)이 인시(寅時)에 태어났고, 경신금 (庚申金)이 없고, 무기토(戊己土) 관성(官星)도 없으니 형합(刑合)의 진격(眞格)이다. 미월생(未月生)이라 화토(火土)가 강하니 시상(時上) 갑목(甲木)이 용신(用神)이고 수(水)는 희신(喜神)이다. 갑목(甲木) 용신(用神)은 월일간(月日干)의 계수(癸水)와 일지(日支)의 해수(亥水)에 통근(通根)하여 매우 강하다. 따라서 수목운(水木運)이 길한데 진운(辰運)부터 출사하여 묘운(卯運)에는 승진했고, 인운(寅運)에는

절도사가 되었다. 최상격의 명이다.

■ 건명(乾命), 진시랑(陳侍郎), 형합격(刑合格)

年 月 日 時

甲 甲 癸 甲　　　乙丙丁戊己庚辛壬

戌 戌 酉 寅　　　亥子丑寅卯辰巳午

　이 사주는 진시랑(陳侍郎)의 명인데 계수일간(癸水日干)이 인시(寅時)에 태어나 형합격(刑合格)이 되었다. 용신(用神)은 천간(天干)에 투출(透出)한 갑목(甲木)인데, 시지(時支) 인목(寅木)에 통근(通根)하여 강하다. 더구나 용신(用神)이 3위나 투출(透出)했으니 대단하다. 목운(木運)과 화운(火運)은 길하나 금운(金運)과 수운(水運)은 흉하다. 초년에는 해자축운(亥子丑運)이라 고전했으나, 인운(寅運)부터 용신운(用神運)이니 발복했고, 묘운(卯運)에는 시랑(侍郎)에 올랐다. 말년도 사오운(巳午運)이라 복이 많았다.

■ 건명(乾命), 심노분(沈路分), 형합격(刑合格)

年 月 日 時

丁 癸 癸 甲　　　壬辛庚己戊丁丙乙

亥 卯 卯 寅　　　寅丑子亥戌酉申未

　이 사주는 계수일간(癸水日干)이 인시(寅時)에 태어나 형합격(刑合格)이 되었다. 주중(柱中)에 목기(木氣)가 매우 강하니 종아격(從兒

格)도 된다. 수목운(水木運)은 길하나 화토금(火土金運)은 흉하다. 종아격(從兒格)이라 영민하며 지혜가 출중한데, 해운(亥運)까지는 수재 소리를 들었으나 무술운(戊戌運)부터 기신운(忌神運)이 되어 더 발복하지 못했다.

■ 건명(乾命), 방간변(方幹辨), 형합격(刑合格)

年	月	日	時									
庚	甲	癸	甲		乙	丙	丁	戊	己	庚	辛	壬
午	申	卯	寅		酉	戌	亥	子	丑	寅	卯	辰

이 사주는 계수일간(癸水日干)이 인시(寅時)에 태어나 형합격(刑合格)이나, 갑경상충(甲庚相沖)과 인신상충(寅申相沖)으로 격(格)이 깨졌다. 용신(用神)은 년상(年上)에 투출(透出)한 경금(庚金)이고, 토(土)는 희신(喜神)이다. 용신(用神)이 월지(月支) 신금(申金)에 통근(通根)하여 강하니 관계로 나갈 수 있었으나 대운이 수목운(水木運)으로 흘러 미관말직에 머물다 파직을 당하고 말았다. 이처럼 대운은 매우 중요하다. 이 사주는 빛좋은 개살구에 해당하는 명이다.

4. 합록격(合祿格)

【원문】

楠曰 合祿格者 蓋取六戊日逢庚申時 原四柱無官印 方取此格
남왈 합록격자 개취육무일봉경신시 원사주무관인 방취차격

蓋取時上庚合起乙木爲戊土官星也 只畏甲木剋戊 制了本身
개취시상경합기을목위무토관성야 지외갑목극무 제료본신

又畏丙字破了庚字 不能合乙 又畏寅字沖破了申字
우외병자파료경자 불능합을 우외인자충파료신자

又畏卯字見了官星 古書云 庚申時逢戊日 食神干旺乙鄕
우외묘자견료관성 고서운 경신시봉무일 식신간왕을향

歲月犯甲丙卯寅 此乃遇而不遇 緣此格只作時上食神格
세월범갑병묘인 차내우이불우 연차격지작시상식신격

若歲月無官殺 此格亦出正理 只要不傷破庚申兩字 亦多有驗
약세월무관살 차격역출정리 지요불상파경신양자 역다유험

一拱貴格 蓋只取甲寅一箇日主見甲子時 何爲貴
일공귀격 개지취갑인일개일주견갑자시 하위귀

蓋取甲日取辛金官爲貴 蓋拱丑中辛金官貴也 蓋取子寅兩字爲佳
개취갑일취신금관위귀 개공축중신금관귀야 개취자인양자위가

丑字在中間走不得耳 又取日時兩甲夾住丑中辛金 只畏庚字來破甲
축자재중간주불득이 우취일시양갑협주축중신금 지외경자내파갑

則不能拱 又畏申字沖破寅字 亦不能拱丑 亦畏午字沖破子字
즉불능공 우외신자충파인자 역불능공축 역외오자충파자자

亦不能拱丑 又畏庚辛申酉巳丑破格 此格頗驗 但須要得中和
역불능공축 우외경신신유사축파격 차격파험 단수요득중화

太旺太弱亦不取 原此格蓋丑中辛金爲貴 又取甲日見丑
태왕태약역불취 원차격개축중신금위귀 우취갑일견축

爲天乙貴人之義也
위천을귀인지의야

【해 설】

장남왈(張楠曰), 합록격(合祿格) 육무일(六戊日)이 경신시(庚申時)에 태어나고, 원명에 관인(官印)이 없으면 성립한다. 대개 시상(時上) 경금(庚金)이 을목(乙木)을 합기(合起)하여 관성(官星)으로 삼는다. 그러나 갑목(甲木)이 일간(日干) 무토(戊土)를 목극토(木剋土)하면 흉하고, 병화(丙火)가 갑경상충(甲庚相沖)을 하면 을경합(乙庚合)이 불가하니 흉하고, 인목(寅木)이 신금(申金)과 인신상충(寅申相沖)을 하면 흉하고, 묘목(卯木)이 있어 관성(官星)이 전실(塡實)되면 두려워한다.

고서운(古書云), 무토일간(戊土日干)이 경신시생(庚申時生)이면 식신(食神)의 간왕지(干旺地)를 만난 것이니 세(歲)나 월(月)에 갑목(甲木)이나 병화(丙火)나 묘목(卯木)이나 인목(寅木)이 있으면 우이불우(遇而不遇)가 된다. 다시 말해 만나도 만나지 않은 격이니, 비록 합록격(合祿格)이어도 시상식신격(時上食神格)으로만 간명하는데, 경신(庚申)을 상파(傷破)하지 않아야 귀격(貴格)이 되는 것을 많이 보았다.

또 갑인일(甲寅日)이 갑자시생(甲子時生)이면 공귀격(拱貴格)인데 어찌 귀격(貴格)이 되는가. 갑목일간(甲木日干)이 신금(辛金)을 관귀(官貴)로 삼는데, 자수(子水)와 인목(寅木) 사이에 축토(丑土)가 끼여 축중신금(丑中辛金)이 작용하기 때문이다.

그러나 축토(丑土)가 중간에 있어도 귀(貴)를 이루지 못하는 경우가 있다. 이것은 일(日)과 시(時)에 각각 갑목(甲木)이 있어 목극토(木剋土)를 하면 축중신금(丑中辛金)이 쓸모없어지기 때문이다.

그리고 경금(庚金)이 갑목(甲木)을 파극(破剋)하면 공록(拱祿)이 안 되니 흉하고, 신금(申金)이 인목(寅木)을 충파(沖破)해도 공록(拱祿)이 안 되니 흉하고, 오화(午火)가 자수(子水)를 충파(沖破)해도 공록이 안 되고, 경신신유사축(庚辛申酉巳丑)이 격을 파괴해도 두려워한다. 다만 중화되어야 길하다. 매우 왕성하거나 약해도 취할 수 없다. 이 격은 축중신금(丑中辛金)이 귀(貴)인데, 갑목일간(甲木日干)이 축토(丑土)를 만나면 천을귀인(天乙貴人)이 된다.

【원 문】

格解云 秋冬生者爲妙 喜忌篇云 庚申時逢戊日 名食神干旺之鄉
격해운 추동생자위묘 희기편운 경신시봉무일 명식신간왕지향

歲月犯甲丙寅卯 此乃遇而不遇 補日 此段舊註謂專旺食神格
세월범갑병인묘 차내우이불우 보왈 차단구주위전왕식신격

或者又謂合祿格 亦通 蓋合祿格原係戊日庚申時 癸日庚申時
혹자우위합록격 역통 개합록격원계무일경신시 계일경신시

二日食神合祿 喜忌本同 舊賦云 此格六戊日生者
이일식신합록 희기본동 구부운 차격육무일생자

以庚申時虛合卯中乙木爲官星貴氣 若四柱中用甲爲殺 卯爲官
이경신시허합묘중을목위관성귀기 약사주중용갑위살 묘위관

丙爲梟 庚寅沖申 及巳字刑申 則壞了貴氣 此乃遇而不遇
병위효 경인충신 급사자형신 즉괴료귀기 차내우이불우

若生秋冬之月 身財兩旺 又不犯官殺刑沖破害及梟 則富貴非輕 故曰
약생추동지월 신재양왕 우불범관살형충파해급효 즉부귀비경 고왈

純粹 主大貴 塡實減太半 古歌云 申時戊日食神奇 最喜秋冬福有餘
순수 주대귀 전실감태반 고가운 신시무일식신기 최희추동복유여

丙甲卯寅來剋破 遇而不遇主孤貧 六癸日爲主 喜逢庚申時合
병갑묘인내극파 우이불우주고빈 육계일위주 희봉경신시합

巳中戊土 癸日得官星 若四柱中有戊字並巳字 刑壞子申時 則減分數
사중무토 계일득관성 약사주중유무자병사자 형괴자신시 즉감분수

歲君大運亦然 又曰 四柱中原無官星 方用此格
세군대운역연 우왈 사주중원무관성 방용차격

【해 설】

격해운(格解云), 봄이나 겨울생은 묘격(妙格)이 된다.

희기편(喜忌篇), 무토일간(戊土日干)이 경신시생(庚申時生)이면 식신간왕지향(食神干旺之鄉)이 되는데, 세(歲)나 월(月)에 갑목(甲木)이나 병화(丙火)나 인목(寅木)이나 묘목(卯木)이 들면 우이불우(遇而不遇)라 하여 만나도 만난 것이 아닌 격이 된다.

보주왈(補註曰), 이것을 구주(舊註)에서는 전왕식신격(專旺食神格)이라 하고, 혹자는 합록격(合祿格)이라 했는데 같은 원리다. 합록격(合祿格)은 무토일간(戊土日干)이나 계수일간(癸水日干)이 경신시생(庚申時生)이면 성립되는데, 길흉은 식신합록격(食神合祿格)과 같다.

구부운(舊賦云), 합록격(合祿格)은 육무일(六戊日) 경신시생(庚申時生)이 묘중(卯中) 을목(乙木)을 허합(虛合)하여 관성(官星)의 귀(貴)로 삼으면 귀격(貴格)이 된다. 만일 갑목(甲木)이 살(殺)이고, 묘목(卯木)이 관성(官星)이고, 병화(丙火)가 효인(梟印)이고, 경인(庚寅)이 갑경상충(甲庚相沖) 인신상충(寅申相沖)을 하고, 사화(巳火)가 신금(申金)을 만나 형(刑)하면 귀(貴)가 깨져 우이불우(遇而不遇)가 되니

파격(破格)이 된다. 만일 봄이나 겨울생인데 신주(身主)와 재성(財星)이 모두 왕성하거나, 관살(官殺)을 형충파해(刑沖破害)하지 않거나, 효인(梟印)이 없으면 부귀가 가볍지 않다. 그래서 사주가 순수하면 대귀격(大貴格)이 되고, 전실(塡實)되면 복록이 반감된다는 것이다.

고가왈(古歌曰), 무토일간(戊土日干)이 신시생(申時生)이면 식신(食神)이 기이해지는데, 가을이나 겨울생이 복이 넉넉하면 대길하다. 또 병화(丙火)나 갑목(甲木)이나 묘목(卯木)이나 인목(寅木)이 극파(剋破)하지 않으면 우이불우(遇而不遇)라 하여 가난한 명이 된다. 육계일(六癸日)이 경신시생(庚申時生)이면 사중(巳中) 무토(戊土)가 관성(官星)이 되니 귀격(貴格)이 된다. 그러나 주중(柱中)에 무토(戊土)나 사화(巳火)가 있어 자수(子水)나 신금(申金)을 형괴(刑壞)하면 복록이 반감되는데, 세운이나 대운에서 만나도 마찬가지다. 또 원명에 관성(官星)이 없어야 합록격(合祿格)이 된다.

■ 건명(乾命), 황제방(黃提坊), 합록격(合祿格)

年	月	日	時							
壬	己	戊	庚	庚	辛	壬	癸	甲	乙	丙丁
午	酉	午	申	戌	亥	子	丑	寅	卯	辰巳

이 사주는 무토일간(戊土日干)이 경신시(庚申時)에 태어나 합록격(合祿格)이 되었다. 무토(戊土)가 유월(酉月)에 태어나 금기(金氣)가 강하니 일지(日支)의 오화(午火)가 용신(用神)인데, 목기(木氣)가 하나도 없으니 관운(官運)이 없어 변방을 지키는 제방(提坊)이라는 말

직에 머물고 말았다. 그러나 재물복은 많았고 부부 사이는 좋았다.

■ 건명(乾命), 황시랑(黃侍郎), 합록격(合祿格)

年	月	日	時								
己	丙	戊	庚		乙	甲	癸	壬	辛	庚	己	戊
未	子	戌	申		亥	戌	酉	申	未	午	巳	辰

이 사주는 무토일간(戊土日干)이 경신시(庚申時)에 태어나 합록격(合祿格)이 되었다. 주중(柱中)에 수기(水氣)와 금기(金氣)가 강하니 월상(月上)의 병화(丙火)가 용신(用神)인데, 년지(年支) 미토(未土)에 통근(通根)하여 길하다. 초년에는 금수(金水) 기신운(忌神運)으로 흘러 미관말직에 머물렀으나, 미운(未運)부터 용신운(用神運)이라 발복했고, 오운(午運)에는 시랑(侍郎)에 올랐다.

■ 건명(乾命), 정지부(鄭知府), 합록격(合祿格)

年	月	日	時								
壬	辛	戊	庚		壬	癸	甲	乙	丙	丁	戊	己
申	亥	寅	申		子	丑	寅	卯	辰	巳	午	未

이 사주는 무토일간(戊土日干)이 경신시(庚申時)에 태어나 합록격(合祿格)이 되었다. 일간(日干) 무토(戊土)는 사면초가에 처하여 불리한데, 다행히 일(日)에 인중(寅中) 병화(丙火)가 있으니 용신(用神)으로 삼는다. 따라서 목화운(木火運)과 토운(土運)은 길하나, 금수운

(金水運)은 불리하다. 갑인운(甲寅運)부터 발복해 승진했고, 병진운 (丙辰運)은 용신운(用神運)이라 좋았고, 말년인 사오미운(巳午未運) 에는 지방장관인 지부(知府)에 올랐다. 이 사람은 병화(丙火)가 투출 (透出)했으면 더 높은 벼슬을 할 수 있었을 것이다. 격국(格局)은 별 로 좋은 편이 아니나 대운이 좋아 출세한 것이다.

■ 건명(乾命), 감태위(甘太尉), 합록격(合祿格)

年	月	日	時								
庚	己	戊	庚		庚	辛	壬	癸	甲	乙	丙	丁
午	丑	午	申		寅	卯	辰	巳	午	未	申	酉

이 사주는 무토일간(戊土日干)이 경신시(庚申時)에 태어나 합록격 (合祿格)이 되었다. 차가운 축월생(丑月生)이라 조후(調候)하려면 일 지(日支)의 오화(午火)가 용신(用神)이다. 따라서 희신(喜神)은 목(木) 인데 주중(柱中)에 하나도 없는 것이 결점이다. 관성(官星)이 없는 명 이니 관운(官運)이 불리해 태위(太尉)에 머물고 말았다. 태위(太尉) 라는 벼슬은 진대(秦代)와 한대(漢代)에는 높은 관직이었으나, 이 사 람이 그 지위에 있을 때는 중하관에 불과한 벼슬이었다.

■ 건명(乾命), 이무익(李武翼), 합록격(合祿格)

年	月	日	時								
丙	庚	戊	庚		辛	壬	癸	甲	乙	丙	丁	戊
申	子	申	申		丑	寅	卯	辰	巳	午	未	申

이 사주는 무토일간(戊土日干)이 경신시(庚申時)에 태어나 합록격(合祿格)이 되었다. 자월생(子月生)이며 주중(柱中)에 금기(金氣)가 너무 많아 종재격(從財格)과 종아격(從兒格)에도 해당한다. 따라서 금수운(金水運)은 길하나 목화운(木火運)은 흉하다. 초년에는 신임계(辛壬癸)의 수기(水氣)가 들어 등과했으나, 을사운(乙巳運)에는 사중(巳中) 병화(丙火)가 투출(透出)하여 사신형(巳申刑)을 하자 파직을 당했고, 그후 대운이 화기(火氣)로 흘러 재기하지 못했다.

■ 건명(乾命), 정동지(程同知), 합록격(合祿格)

年	月	日	時								
癸	乙	癸	庚	甲	癸	壬	辛	庚	己	戊	丁
酉	丑	丑	申	子	亥	戌	酉	申	未	午	巳

이 사주는 계수일간(癸水日干)이 축월(丑月) 경신시(庚申時)에 태어나 합록격(合祿格)이 되었다. 시상(時上) 경금(庚金)이 용신(用神)인데, 병정화운(丙丁火運)을 만나면 조후(調候)할 수 있으니 길하다. 용신(用神)은 년지(年支) 유금(酉金)과 시지(時支) 신금(申金)에 통근(通根)하여 매우 강하다. 어떤 사주든 용신(用神)이 강하면 안전하고 큰 인물이 되는데, 동지(同知)라는 높은 벼슬을 지냈다. 동지(同知)는 전쟁 중에는 군량미를 감독하고, 평소에는 국가의 재정을 담당하는 관직이다.

■ 건명(乾命), 서전원(徐殿院), 합록격(合祿格)

年	月	日	時							
癸	乙	癸	庚	甲	癸	壬	辛	庚	己	戊	丁
酉	卯	酉	申	寅	丑	子	亥	戌	酉	申	未

이 사주는 계수일간(癸水日干)이 경신시(庚申時)에 태어나 합록격(合祿格)이 되었다. 계수(癸水)가 묘월(卯月)에 태어나 실령(失令)했으나, 주중(柱中)에서 많은 금기(金氣)가 금생수(金生水)를 하니 신강(身强)하다. 따라서 월상(月上) 을목(乙木)이 용신(用神)인데, 월지(月支) 묘목(卯木)에 통근(通根)하여 강하니 큰 인물이 됨을 짐작할 수 있다.

이 사람은 관리들의 부정을 감찰하는 전원(殿院)이라는 높은 벼슬을 지냈는데, 오늘날의 감찰원장에 해당한다. 상관(傷官)이 용신(用神)에 해당하여 명예운이 좋았으나, 재성(財星)이 하나도 없어 재물은 많지 않았다. 이런 명은 재물을 탐하면 화근이 따른다. 즉 명에 없는 부귀를 누리려고 하면 화근이 되기 때문이다. 분외물탐(分外勿貪)이며 수분각도(守分覺道)라는 말이 있다.

■ 건명(乾命), 조승상(趙丞相), 합록격(合祿格)

年	月	日	時							
乙	癸	癸	庚	壬	辛	庚	己	戊	丁	丙	乙
酉	未	未	申	午	巳	辰	卯	寅	丑	子	亥

이 사주는 계수일간(癸水日干)이 경신시(庚申時)에 태어나 합록격(合祿格)이 되었다. 미월(未月)의 열기를 식히려면 계수(癸水)가 필요하고, 왕성한 미토(未土)를 다스리려면 년상(年上)의 을목(乙木)이 필요하다. 즉 수목운(水木運)은 길하나 화토금운(火土金運)은 흉하다. 용신(用神)은 년상(年上) 을목(乙木)과 월상(月上) 계수(癸水)다. 왕성한 미토(未土) 2위가 토생금(土生金)을 하고, 경신유금(庚申酉金)이 금생수(金生水)를 하고, 계수(癸水)가 수생목(水生木)을 하니 을목(乙木)까지 상생(相生)되어 길복이 많은 사주다. 묘운(卯運)부터 용신운(用神運)을 만나 거듭 승진하더니 인운(寅運)에는 승상(丞相)에 올랐다. 승상(丞相)은 오늘날의 총리에 해당한다. 사주가 이 정도는 되어야 승상(丞相) 자리에 앉아도 위태롭지 않다.

■ 건명(乾命), 양안무(楊安撫), 합록격(合祿格)

年	月	日	時									
壬	庚	癸	庚		辛	壬	癸	甲	乙	丙	丁	戊
午	戌	丑	申		亥	子	丑	寅	卯	辰	巳	午

이 사주는 계수일간(癸水日干)이 술월생(戌月生)이고, 금기(金氣)와 수기(水氣)가 왕성하니 년지(年支) 오화(午火)가 용신(用神)인데 투출(透出)하지 못했으니 큰 인물이 되기는 어렵다. 목운(木運)은 희신(喜神)이니 목화운(木火運)은 길하나 금수운(金水運)은 흉하고, 재성(財星)이 용신(用神)이니 재물복이 많다.

초년에는 해자축운(亥子丑運)이 기신운(忌神運)이라 발달하지 못

했으나, 갑인운(甲寅運)부터 희신운(喜神運)이라 승진했고, 을묘운
(乙卯運)은 용신운(用神運)이라 안무(安撫)에 올랐다. 안무(安撫)는
안무사(按撫使)의 약칭인데, 백성을 보살피는 벼슬이다. 본명은 격국
(格局)은 중간 정도였으나 갑인운(甲寅運)부터 끝까지 좋아 안무(安
撫)에 올라 부귀영화를 누린 것이다.

5. 곡직인수격(曲直仁壽格)

【원문】

楠曰 曲直仁壽格者 如甲日干 地支寅卯辰俱全
남왈 곡직인수격자 여갑일간 지지인묘진구전

更得東方仁壽之氣 故又曰 仁壽 此格屢驗 大忌庚申辛酉字
갱득동방인수지기 고우왈 인수 차격누험 대기경신신유자

沖破東方秀氣 雖貴亦夭 八字淸純 吾見此格
충파동방수기 수귀역요 팔자청순 오견차격

亦不畏其寅卯辰字太多 及不畏壬癸生木之類
역불외기인묘진자태다 급불외임계생목지류

只怕申酉庚辛破格也 只要寅卯辰三字全
지파신유경신파격야 지요인묘진삼자전

方作此格若有申酉一字破之不吉 格解云 此格日干甲乙木
방작차격약유신유일자파지불길 격해운 차격일간갑을목

地支要寅卯辰 或亥卯未全 無半分庚辛之氣 行運喜東北方
지지요인묘진 혹해묘미전 무반분경신지기 행운희동북방

用此怕西方運 更怕刑沖 詩曰 甲乙生人寅卯辰 又名仁壽兩堪評
용차파서방운 갱파형충 시왈 갑을생인인묘진 우명인수양감평

亥卯未全嫌白帝 若逢坎位必身榮 碧淵賦云 亥卯未逢於甲乙
해묘미전혐백제 약봉감위필신영 벽연부운 해묘미봉어갑을

富貴無疑 又曰 木全寅卯辰之方 功名自有
부귀무의 우왈 목전인묘진지방 공명자유

【해 설】

장남왈(張楠曰), 곡직인수격(曲直仁壽格)은 인수격(印綬格)이라고
도 하는데, 갑목일간(甲木日干)이 인묘진(寅卯辰)이 모두 있거나, 동
방의 인수(仁壽)를 만나면 성립한다. 경신(庚申)과 신유(辛酉)를 매우
꺼리고, 동방 목(木)의 수기(秀氣)가 충파(沖破)되면 매우 꺼리고, 금
기(金氣)를 만나면 귀격(貴格)이라도 요절한다. 좋아하는 것은 인묘
진(寅卯辰)이 모두 있는 것과 임계수(壬癸水)가 수생목(水生木)을 하
는 것이다.

격해운(格解云), 곡직인수격(曲直仁壽格)은 갑을일간(甲乙日干)이
인묘진(寅卯辰)이 모두 있거나 해묘미(亥卯未)가 모두 있으면 길하고,
대운이 동북방으로 흘러야 길하다. 경신금(庚辛金)이 하나라도 있으
면 흉하고, 서방운으로 흐르면 흉하고, 형충(刑沖)되면 흉하다.

시왈(詩曰), 갑을일간(甲乙日干)이 인묘진(寅卯辰)이 모두 있으면
인수격(印綬格)이 된다. 해묘미(亥卯未)가 모두 있으면 길하고, 북방
운을 만나면 반드시 영화를 누리나 서방운은 매우 꺼린다.

벽연부운(碧淵賦云), 갑을일간(甲乙日干)이 해묘미(亥卯未)가 모두

있으면 반드시 부귀격(富貴格)이 되고, 인묘진(寅卯辰)이 모두 있으면
귀격(貴格)이 된다.

■ 건명(乾命), 이총병(李總兵), 곡직인수격(曲直印綬格)

　年 月 日 時

　甲 丁 乙 丙　　　戊己庚辛壬癸甲乙

　寅 卯 未 子　　　辰巳午未申酉戌亥

　이 사주는 을목일간(乙木日干)이 인묘진(寅卯辰) 목국(木局)과 해
묘미(亥卯未) 목국(木局)을 이루었으니 곡직격(曲直格)이다. 따라서
목운(木運)이 가장 길하고, 수생목(水生木)을 하니 수운(水運)도 길
하다. 그러나 금극목(金剋木)을 하니 금운(金運)은 대흉하고, 목극토
(木剋土)를 하니 토운(土運)도 흉하다. 이 사람은 곡직(曲直)의 진격
(眞格)을 이루어 부귀영화를 누릴 명이었으나 대운이 고르지 못하여
파란이 많았다. 비록 총병(總兵)에 올랐으나 기신(忌神)인 경신운(庚
辛運)과 신유운(申酉運)에 큰 화를 입었고, 유운(酉運)에는 더 흉하
여 전사했다.

■ 건명(乾命), 임천기교구보일공(臨川機橋丘普一公) 곡직인수격(曲
直印綬格)

　年 月 日 時

　壬 癸 甲 戊　　　甲乙丙丁戊己庚辛

　寅 卯 子 辰　　　辰巳午未申酉戌亥

장남왈(張楠日), 갑목일간(甲木日干)이 지지(地支)에 인묘진(寅卯辰)이 모두 있으니 곡직인수격(曲直印綬格)이다. 시(時)에서 재고(財庫)를 만나 더 길하고, 남방 화운(火運)에는 비범한 사람이 되었다.

보주왈(補註日), 갑목일간(甲木日干)이 묘월생(卯月生)이고, 지지(地支)에 목기(木氣)가 모두 있어 목신(木神)이 순수하니 귀격(貴格)이다. 게다가 시상(時上)에 편재(偏財)가 투왕(透旺)하여 더 좋은데, 불쌍한 사람들을 많이 구제했다. 갑을목(甲乙木)은 용신(用神), 임계수(壬癸水)는 희신(喜神), 병정화(丙丁火)는 한신(閑神), 경신금(庚辛金)은 기신(忌神), 무기토(戊己土)는 구신(仇神)이다. 무신운(戊申運)에 신중경금(申中庚金)이 갑경상충(甲庚相沖)을 하자 숨을 거두었다.

6. 가색격(稼穡格)

【원 문】

楠日 稼穡格者 蓋取戊己日干 見辰戌丑未 及巳午未字多
남왈 가색격자 개취무기일간 견진술축미 급사오미자다

若四柱無官殺 則用此格 但辰戌丑未月 四柱純土無木剋者
약사주무관살 즉용차격 단진술축미월 사주순토무목극자

多從此格 運喜南方火土之地 及西方金制木之運 多富貴
다종차격 운희남방화토지지 급서방금제목지운 다부귀

見木運剋破稼穡 必死 其妙載在見驗稼穡類 戊己日生未月太旺
견목운극파가색 필사 기묘재재견험가색류 무기일생미월태왕

則不入此格 但辰戌丑月土弱 方作此格 格解云 此格日干戊己
즉불입차격 단진술축월토약 방작차격 격해운 차격일간무기

地支要辰戌丑未全 無木剋制 有水爲用 方成此格 運喜西南 忌東北
지지요진술축미전 무목극제 유수위용 방성차격 운희서남 기동북

詩曰 戊己生居四季中 辰戌丑未要全逢 喜逢財地嫌官殺
시왈 무기생거사계중 진술축미요전봉 희봉재지혐관살

運到東方定有凶 一說東方官運 北方財運俱忌 故曰 嫌之
운도동방정유흉 일설동방관운 북방재운구기 고왈 혐지

東北更怕刑沖 碧淵賦云 戊己局全四季 榮冠諸曹
동북갱파형충 벽연부운 무기국전사계 영관제조

【해 설】

　장남왈(張楠曰), 가색격(稼穡格)은 무기일간(戊己日干)이 진술축미
(辰戌丑未)와 사오미(巳午未)가 많고, 관살(官殺)이 없으면 성립한다.
진술축미월생(辰戌丑未月生)은 주중(柱中)에 순토(純土)만 있고, 목
(木)을 극(剋)하는 것이 없어야 가색격(稼穡格)이 된다. 남방 화토운
(火土運)을 만나거나 서방 금운(金運)을 만나면 부귀가 많이 따르나,
목운(木運)을 만나 목극토(木剋土)로 가색(稼穡)을 극파(剋破)하면
반드시 사망한다. 이것은 여러 차례 경험한 것이다. 만일 무기일간(戊
己日干)이 미월생(未月生)이며 화기(火氣)와 토기(土氣)가 매우 왕성
하면 가색격(稼穡格)이 아니다. 오직 진술축월(辰戌丑月)에 태어나고
토기(土氣)가 약해야 가색격(稼穡格)이 된다.

　격해운(格解云), 가색격(稼穡格)은 무기일간(戊己日干)이 지지(地
支)에 진술축미(辰戌丑未)가 모두 있으면 성립한다. 그러나 목극토
(木剋土)가 없어야 하고, 수(水)가 작용해야 한다. 대운은 서남방은
길하나 동북방은 흉하다.

시왈(詩曰), 무기일간(戊己日干)이 지지(地支)에 진술축미(辰戌丑未)가 모두 있어야 하는데, 재성운(財星運)은 길하나 관살(官殺)과 동방운은 흉하다. 일설에는 동방의 관운(官運)과 북방의 재성운(財星運)을 꺼리고 형충(刑沖)도 꺼린다고 한다.

벽연부운(碧淵賦云), 무기일간(戊己日干)이 진술축미월(辰戌丑未月)에 태어나 토기(土氣)가 모두 있으면 부귀영화를 누린다.

■ 건명(乾命), 장진인(張眞人), 가색격(稼穡格)

年	月	日	時							
戊	己	戊	癸	庚	辛	壬	癸	甲	乙	丙丁
戌	未	辰	丑	申	酉	戌	亥	子	丑	寅卯

이 사주는 무토일간(戊土日干)이 지지(地支)에 진술축미(辰戌丑未)가 모두 있으니 가색격(稼穡格)인데, 시상(時上)에 계수(癸水)가 투출(透出)하여 격이 깨졌다. 그러나 무계합화(戊癸合火)로 흉을 제거했다. 초년에는 신유술운(申酉戌運)이라 일찍 출사했으나, 계해운(癸亥運)부터는 수운(水運)으로 흘러 패가망신했다. 그러나 속세를 벗어나 수도에 전념하여 전화위복이 되었다. 이 사람은 주중(柱中)에 토기(土氣)가 중첩되어 믿음이 강하고, 진리연구에 몰두하여 후세까지 큰 명성을 전했다.

■ 건명(乾命), 무성장화이공(撫城張華二公), 가색격(稼穡格)

```
年  月  日  時
壬  癸  己  戊        甲乙丙丁戊己庚辛壬癸
午  丑  丑  辰        寅卯辰巳午未申酉戌亥
```

장남왈(張楠曰), 기토일간(己土日干)이 축월(丑月)에 태어나 토기(土氣)가 많으니 가색격(稼穡格)이다. 많은 수기(水氣)가 병(病)인데 금운(金運)으로 흘러 재물복이 많았다.

보주왈(補註曰), 기토일간(己土日干)이 축월생(丑月生)이며 지지(地支)에 토기(土氣)가 많으니 가색격(稼穡格)인데, 축월(丑月)이라 한기가 많으니 화기(火氣)가 필요하다. 진중(辰中) 을목(乙木)이 목극토(木剋土)를 하니 목기(木氣)도 흉한데, 초년에 동방운인 갑인운(甲寅運)과 을묘운(乙卯運)으로 흘러 흉했다. 그러나 화토운(火土運)인 병진운(丙辰運)·정사운(丁巳運)·무오운(戊午運)·기미운(己未運)에는 수천 석을 쌓았고, 경신운(庚申運)·신유운(辛酉運)·임술운(壬戌運)에는 군에서 제일가는 부자가 되었고, 계해운(癸亥運)에 숨을 거두었다. 본명은 병정화운(丙丁火運)이 가장 길하고, 다음은 설기(泄氣)하는 경신금운(庚辛金運)이 길하고, 수운(水運)과 목운(木運)은 흉했음을 알 수 있다.

7. 염상격(炎上格)

【원문】

楠曰 炎上格 丙丁生寅卯月 得寅午戌全 則爲火虛有焰 畏水破格
남왈 염상격 병정생인묘월 득인오술전 즉위화허유염 외수파격

亦畏火氣太炎 則火不虛矣 畏金水破火破木 此格略驗
역외화기태염 즉화불허의 외금수파화파목 차격약험

格解云 且如丙丁二日見寅午戌全 或巳午未全亦是 忌水鄕金地
격해운 차여병정이일견인오술전 혹사오미전역시 기수향금지

喜行東方運怕沖 要身旺 歲運同 詩曰 夏火炎天焰焰高
희행동방운파충 요신왕 세운동 시왈 하화염천염염고

無水方知是顯豪 運行木地方成器 一擧崢嶸奪錦袍
무수방지시현호 운행목지방성기 일거쟁영탈금포

碧淵賦云 寅午戌遇於丙丁 榮華有日 又曰 火臨巳午未之域
벽연부운 인오술우어병정 영화유일 우왈 화임사오미지역

顯達之人
현달지인

【해설】

　장남왈(張楠曰), 염상격(炎上格)은 병정일간(丙丁日干)이 인묘월(寅卯月)에 태어나고, 지지(地支)에 인오술화국(寅午戌火局)이 있으면 성립한다. 즉 화(火)가 허(虛)하고 염염(炎焰)해야 한다. 수(水)가 격을 깨면 매우 꺼리고, 화기(火氣)가 지나쳐 무실(無實)되는 것도 꺼리고, 금수(金水)가 수파화(水破火) 금파목(金破木)을 하면 꺼린다.

격해운(格解云), 병정일간(丙丁日干)이 인오술(寅午戌)이나 사오미(巳午未)가 모두 있으면 염상격(炎上格)이 된다. 목화운(木火運)은 좋으나 금수운(金水運)은 매우 꺼린다. 신왕(身旺)해야 하고, 상충(相沖)이 있으면 꺼리는데, 세운이나 대운에서 만나도 마찬가지다.

시왈(詩曰), 여름 화(火)가 뜨겁고 수기(水氣)가 없으면 부귀격(富貴格)이 되고, 목왕운(木旺地)을 만나면 큰 그릇이 된다.

벽연부운(碧淵賦云), 병정일간(丙丁日干)이 인오술화국(寅午戌火局)을 이루면 날마다 영화롭고, 사오미(巳午未) 화운(火運)을 만나면 현달한다.

■ 건명(乾命), 장태보(張太保), 염상격(炎上格)

年	月	日	時								
乙	辛	丙	甲		庚	己	戊	丁	丙	乙	甲	癸
未	巳	午	午		辰	卯	寅	丑	子	亥	戌	酉

이 사주는 병화일간(丙火日干)이 지지(地支)에 사오미(巳午未) 화국(火局)이 있으니 염상격(炎上格)이다. 염상격(炎上格)도 종격(從格)의 하나인데, 병정일간(丙丁日干)의 사주가 대부분 화기(火氣)이고 수기(水氣)가 하나도 없으면 진격(眞格)으로 본다. 월상(月上)에 신금(辛金)이 투출(透出)하여 병신합수(丙辛合水)를 하는 것이 옥에 티다. 병화(丙火)가 용신(用神)이고, 목(木)은 희신(喜神)이다.

염상격(炎上格)은 목화운(木火運)은 길하나 금수운(金水運)은 흉한데, 특히 수운(水運)에는 자오(子午)가 상충(相沖)하나 사해(巳亥)

가 상충(相沖)하여 대흉하다. 초년에는 진묘인운(辰卯寅運)으로 들어가 부모덕으로 출사해 태보(太保)에 올랐으나, 축토운(丑土運)은 기신운(忌神運)이라 고전했고, 자운(子運)도 기신(忌神)운인데 자오상충(子午相沖)으로 왕신(旺神)을 상충(相沖)하자 숨을 거두었다. 종격(從格)은 대개 평생 길흉이 심하다.

8. 윤하격(潤下格)

【원 문】

格解云 此如壬癸日 要申子辰全 或亥子丑全是也 忌辰戌丑未官郷
격해운 차여임계일 요신자진전 혹해자축전시야 기진술축미관향

喜西方運 不宜東南 怕沖剋 歳運同 詩曰 天干壬癸喜冬臨
희서방운 불의동남 파충극 세운동 시왈 천간임계희동임

更値申辰會局成 或是全歸亥子丑 等閑平步上靑雲 碧淵賦云
갱치신진회국성 혹시전귀해자축 등한평보상청운 벽연부운

壬癸格得申子辰 福優財足 又曰 水歸亥子丑之源 榮華之客
임계격득신자진 복우재족 우왈 수귀해자축지원 영화지객

【해 설】

  격해운(格解云), 윤하격(潤下格)은 임계일간(壬癸日干)이 신자진(申子辰)이나 해자축(亥子丑)이 모두 있으면 성립한다. 진술축미(辰戌丑未)의 관성운(官星運)을 매우 꺼리고, 서방운은 길하나 동남방 목화운(木火運)은 흉하다. 충극(沖剋)도 꺼리는데 세운이나 대운에서 만

나도 마찬가지다.

시왈(詩曰), 임계일간(壬癸日干)이 겨울생이면 좋은데, 신자진(申子辰) 수국(水局)을 이루거나 해자축(亥子丑)이 모두 들면 노력하지 않아도 성공하는 형이라 평범한 걸음으로 고관이 된다.

벽연부운(碧淵賦云), 임계일간(壬癸日干)이 신자진(申子辰) 수국(水局)을 이루면 복과 재물이 많고, 해자축(亥子丑) 수원(水源)으로 들면 반드시 부귀격(富貴格)을 이룬다.

■ 건명(乾命), 만종인(萬宗人), 윤하격(潤下格)

年	月	日	時
庚	庚	壬	辛
子	辰	申	亥

辛壬癸甲乙丙丁戊
巳午未申酉戌亥子

이 사주는 임수일간(壬水日干)이 지지(地支)에 신자진(申子辰) 수국(水局)을 이루었으니 윤하격(潤下格)이다. 금수운(金水運)은 길하나 목화운(木火運)과 토운(土運)은 흉하다. 본명은 길복이 부족한 윤하격(潤下格)인데, 월지(月支)에 진(辰)이 들어 토극수(土剋水)의 장해가 많기 때문이다. 윤하격(潤下格)은 겨울 윤하격(潤下格)이 가장 길하다.

초년은 사오미(巳午未) 화운(火運)의 기신운(忌神運)이라 고생했고, 신유운(申酉運)에는 희신운(喜神運)이라 발복했고, 병술운(丙戌運)에는 화토운(火土運)인데 병화(丙火)가 왕성한 수(水)를 상충(相沖)하자 숨을 거두었다.

9. 종혁격(從革格)

【원문】

格解云 且如庚辛日 見巳酉丑全 或申酉戌全者是也 忌南方運
격해운 차여경신일 견사유축전 혹신유술전자시야 기남방운

若庚辛旺運則吉也 詩曰 金居從革貴人欽 造化淸高福祿深
약경신왕운즉길야 시왈 금거종혁귀인흠 조화청고복록심

四柱火來相混雜 空門藝術漫經綸 碧淵賦云 庚辛局全巳酉丑
사주화래상혼잡 공문예술만경륜 벽연부운 경신국전사유축

位重權高 又曰 金備申酉戌之地 富貴無虧 楠曰 從革格
위중권고 우왈 금비신유술지지 부귀무휴 남왈 종혁격

謂庚辛日干 見申酉戌全 或巳酉丑全有 此多剝雜 原非純粹可觀
위경신일간 견신유술전 혹사유축전유 차다박잡 원비순수가관

與壬癸潤下格理同 此二格吾見多矣 未嘗有富貴者
여임계윤하격리동 차이격오견다의 미상유부귀자

但當以別理推之 止有曲直稼穡二格 多富貴 火全巳午未格
단당이별리추지 지유곡직가색이격 다부귀 화전사오미격

亦未見其美 由是尊其所正 而闢其所謬也
역미견기미 유시존기소정 이벽기소류야

【해설】

격해운(格解云), 경신일간(庚辛日干)이 사유축(巳酉丑) 금국(金局)
을 이루거나 신유술(申酉戌)이 모두 있으면 종혁격(從革格)이 된다.
남방 화운(火運)은 꺼리나 서방 경신금운(庚辛金運)은 길하다.

시왈(詩曰), 금일간(金日干)이 종혁(從革)인 금왕지(金旺地)에 있으면 귀격(貴格)이니 청고하며 복록이 깊다. 그러나 주중(柱中)에 화(火)가 혼잡하면 승려가 되거나 예술계로 나간다.

벽연부운(碧淵賦云), 경신일간(庚辛日干)이 사유축(巳酉丑)이 모두 들면 고관이 되고, 신유술(申酉戌)이 모두 들면 부귀가 온전하다.

장남왈(張楠曰), 종혁격(從革格)은 경신일간(庚辛日干)이 신유술(申酉戌)이나 사유축(巳酉丑)이 모두 있는 것을 말한다. 파극(破剋)되거나 순수하지 못하면 불길한데, 윤하격(潤下格)과 같은 원리로 간명한다. 많이 간명해본 결과 종혁격(從革格)과 윤하격(潤下格)은 부귀격이 없었으나, 곡직격(曲直格)과 가색격(稼穡格)은 부귀격이 많았다. 또 화일간(火日干)이 사오미(巳午未)가 모두 들어 염상격(炎上格)이 된 경우 아름다운 명을 보지 못했다. 따라서 정도(正道)를 존중하고 사도(邪道)인 오류를 고쳐야 한다.

■ 건명(乾命), 종혁격(從革格)

年	月	日	時		
辛	戊	庚	辛	丁丙乙甲癸壬辛庚	
酉	戌	申	巳	申酉未午巳辰卯寅	

이 사주는 어느 군졸의 명이다. 경금일간(庚金日干)이 술월생(戌月生)인데, 지지(地支)에 신유술(申酉戌) 금국(金局)을 이루었으니 종혁격(從革格)이다. 경신금(庚辛金)이 용신(用神)이고, 진술축미토(辰戌丑未土)는 희신(喜神)이며, 해자축운(亥子丑運)도 왕성한 금(金)을

설기(泄氣)하니 길하다. 병정화운(丙丁火運)은 기신(忌神)이고, 갑을목운(甲乙木運)은 구신(仇神)이다.

　본명은 용감하며 정의로운 사람이었는데 일찍 무관으로 나갔다. 초반에는 장래가 유망해 보였으나 대운이 불리하여 승진하지 못하고 미관말직에 머물렀다. 종혁격(從革格)이라 장군의 기질은 있었으나 대운이 따라주지 않았던 것이다.

10. 년시상관성격(年時上官星格)

【원 문】

楠曰 年時上官星格者 蓋虛官用之多貴 喜財以生之
남왈 년시상관성격자 개허관용지다귀 희재이생지

或年上日支亦用 但月上正官 世無可用之理 其理載下文人命見驗
혹년상일지역용 단월상정관 세무가용지리 기리재하문인명견험

時上官星類 原官星虛 尤畏傷官剋之 時上財庫格 如壬癸日見戌時
시상관성류 원관성허 우외상관극지 시상재고격 여임계일견술시

如癸日或又作時上財官格 蓋喜虛財旺鄕富貴 纂要歌曰
여계일혹우작시상재관격 개희허재왕향부귀 찬요가왈

時上官星爲歲德 喜逢財印旺身宮 不逢七殺居官位 富貴榮華比石崇
시상관성위세덕 희봉재인왕신궁 불봉칠살거관위 부귀영화비석숭

【해 설】

　장남왈(張楠曰), 년시(年時)에 관성(官星)이 들면 허관(虛官)이니

귀(貴)가 많고, 재성(財星)이 재생관(財生官)을 하면 기쁘다. 일지(日支)에 있어도 작용하나 월상(月上)의 정관(正官)은 작용하지 않는다. 시상(時上)에 관성(官星)이 있는데 상관(傷官)이 파극(破剋)하면 두려우나, 시상(時上)에 재고(財庫)가 있으면 귀격(貴格)이 된다. 예를 들어 임계일간(壬癸日干)이 시지(時支)에 술토(戌土)가 들거나, 계수일간(癸水日干)이 시상재관격(時上財官格)이면 재성운(財星運)에 부귀격(富貴格)이 된다.

찬요가왈(纂要歌曰), 시상(時上)의 관성(官星)은 세덕(歲德)이 되는데, 재인왕운(財印旺運)을 좋아하고, 신왕(身旺)하면 길하고, 칠살(七殺)을 만나지 않으면 부귀영화를 누린다.

■ 건명(乾命), 증원산(曾元山), 시상재고관성격(時上財庫官星格)

年	月	日	時								
辛	丁	癸	壬	丙	乙	甲	癸	壬	辛	庚	己
酉	酉	卯	戌	申	未	午	巳	辰	卯	寅	丑

이 사주는 계수일간(癸水日干)이 유월(酉月)에 태어났으니 득령(得令)하여 신강(身强)하다. 월상(月上)에 투출(透出)한 정화(丁火)가 용신(用神)이나 정계(丁癸)가 상충(相沖)하고, 통근(通根)되는 묘목(卯木)이 묘유상충(卯酉相沖)을 하니, 길신(吉神)들이 모두 상충(相沖)되어 불리하다. 그러나 일지(日支) 묘목(卯木)이 묘술합화(卯戌合化)를 해서 좋아졌다.

일지(日支) 묘목(卯木)이 가장 좋고, 그 다음은 정화(丁火)다. 유금

(酉金)은 가장 흉하고, 그 다음은 임수(壬水)가 흉하다. 일지(日支)에 용신(用神)이 들어 아내복이 많고 가정이 화목하나, 시지(時支) 술토(戌土)는 정관(正官)인데 구신(仇神)이니 불리하다. 관운(官運)이 없는 편인데 대운덕에 어사가 되었으나 얼마가지 못하고 물러났다.

■ 건명(乾命), 대원양홍육공부명(大源楊洪六公富命), 금화상정시상관성격(金火相停時上官星格)

年	月	日	時									
乙	乙	庚	丁	甲	癸	壬	辛	庚	己	戊	丁
巳	酉	午	亥	申	未	午	巳	辰	卯	寅	丑

이 사주는 부자였던 대원양홍(大源楊洪)의 명이다. 경금일간(庚金日干)이 유월(酉月)에 태어났으니 득령(得令)하여 신강(身强)하다. 그러나 시상(時上)에 정화(丁火)가 투출(透出)하고, 년지(年支)에 사화(巳火)가 들고, 일지(日支)에 오화(午火)가 들어 관살(官殺)도 왕성하다. 용신(用神)은 년월(年月)의 을목(乙木)이고, 희신(喜神)은 시지(時支)의 해수(亥水)다. 즉 수목운(水木運)은 길하나 화토금운(火土金運)은 흉하다. 이 사람은 신왕(身旺)하니 그릇이 크고, 재성운(財星運)이 길하니 부자였다. 미오사운(未午巳運)은 기신운(忌神運)이라 발달하지 못했으나, 진운(辰運)부터 발복하기 시작하더니 묘인운(卯寅運)에는 큰 부자가 되었다.

■ 건명(乾命), 금계황희헌(金谿黃希憲), 년상허관격(年上虛官格)

年 月 日 時

丁 己 庚 辛　　戊丁丙乙甲癸壬辛

丑 酉 申 巳　　申未午巳辰卯寅丑

이 사주는 경금일간(庚金日干)이 유월(酉月)에 태어났으니 득령(得令)하여 신강(身强)하다. 용신(用神)은 년상(年上) 정화(丁火)인데, 시지(時支) 사화(巳火)에 통근(通根)했으나 기축토(己丑土)가 심하게 설기(泄氣)하여 약하고, 시지(時支) 사화(巳火)와 멀리 있으니 약하다. 목화운(木火運)은 길하나 토금운(土金運)은 흉한데, 대운이 좋아 귀격(貴格)이 되었다. 미오사운(未午巳運)에 등과급제하고, 진묘인운(辰卯寅運)에 재물을 얻어 영화를 누렸다. 그러나 비겁(比劫)이 많고 기신운(忌神運)이라 형제와 친구, 동료 때문에 어려움이 많았다.

4장. 격국론기사(格局論其四)

1. 종화격(從化格)

【원 문】

楠曰 從化格者 書云 得化得從 顯達功名之客 但六陰日主
남왈 종화격자 서운 득화득종 현달공명지객 단육음일주

身弱多作從化 多主富貴 如乙日干庚辰時 地支或全巳酉丑
신약다작종화 다주부귀 여을일간경진시 지지혹전사유축

或見辰戌丑未四字多 亦作乙庚化金看 行西方富貴無疑
혹견진술축미사자다 역작을경화금간 행서방부귀무의

一見丙丁運 破金 卽死 說見下文驗從化格類
일견병정운 파금즉사 설견하문험종화격류

六陽日干不能從化也 格解云 十干化合論 淵海十段錦當參考
육양일간불능종화야 격해운 십간화합론 연해십단금당참고

賦云 古人論造 先論從化 從化不成 方論財官 財官無取
부운 고인론조 선론종화 종화불성 방론재관 재관무취

方論格局 若從化成局 則富貴備矣 甲己化土從土 乙庚化金從金
방론격국 약종화성국 즉부귀비의 갑기화토종토 을경화금종금

戊癸化火從火 丁壬化木從木 丙辛化水從水 論化之格 化之眞者
무계화화종화 정임화목종목 병신화수종수 논화지격 화지진자

名公巨卿 化之假者 孤兒異姓 逢龍卽化 飛龍在天 利見大人
명공거경 화지가자 고아이성 봉용즉화 비용재천 이견대인

【해 설】

장남왈(張楠曰), 종화격(從化格)에 대해 옛글에서는 화격(化格)과
종격(從格)은 공명이 현달하고, 육음일(六陰日)이 신약(身弱)하면 종
화격(從化格)이 되는데 부귀가 많이 따른다고 했다. 예를 들어 을목
일간(乙木日干)이 경진시생(庚辰時)이거나, 지지(地支)에 사유축(巳
酉丑)이 모두 있거나 진술축미(辰戌丑未)가 많으면 을경화금격(乙庚
化金格)이 된다. 서방운으로 흐르면 부귀를 의심할 필요가 없으나 병
정운(丙丁運)을 만나 화극금(火剋金)으로 금(金)을 파괴하면 바로
죽는다. 그리고 육양일(六陽日)은 종격(從格)으로 보지 않는 것이 원
칙이다.

격해운(格解云), 십간화합론(十干化合論)과 연해십단금(淵海十段
錦)을 참고하라.

부운(賦云), 옛사람들이 명을 논할 때 먼저 종화격(從化格) 여부를
관찰한 후 재관(財官)을 논하고, 재관(財官)을 취할 수 있을 때 격국
(格局)을 논한다. 만일 종화격(從化格)이면 반드시 부귀격(富貴格)이
된다. 갑기화토(甲己化土)는 토(土)를 따르고, 을경화금(乙庚化金)은
금(金)을 따르고, 무계화화(戊癸化火)는 화(火)를 따르고, 정임화목
(丁壬化木)은 목(木)을 따르고, 병신화수(丙辛化水)는 수(水)를 따른

다. 진화격(眞化格)은 유명해지거나 높은 벼슬에 오르나, 가화격(假化格)은 고아가 되거나 성씨가 바뀐다. 화격(化格)은 뱀이 용으로 변하는 것과 같은데, 비룡은 하늘에 있으니 대인을 만나야 이롭다.

■ 건명(乾命), 송소승상(宋蕭丞相), 무계화합격(戊癸化合格)

年	月	日	時								
癸	丁	癸	戊	丙	乙	甲	癸	壬	辛	庚	己
巳	巳	酉	午	辰	卯	寅	丑	子	亥	戌	酉

　이 사주는 계수일간(癸水日干)이 화왕절(火旺節)인 사월생(巳月生)이고, 년지(年支)에 사화(巳火)가 들고, 시지(時支)에 오화(午火)가 들어 화기(火氣)가 많은데, 무계합화(戊癸合火)로 종화격(從化格)이 되었다. 병정화(丙丁火)가 용신(用神), 갑을목(甲乙木)은 희신(喜神), 임계수(壬癸水)는 기신(忌神), 경신금(庚辛金)은 구신(仇神)이다.
　저자평, 이런 사주를 간명한 적이 있는데 화격(化格)이 아니라 정격(正格)이었고, 수운(水運)에 발복했다.

■ 건명(乾命), 정임화목격(丁壬化木格)

年	月	日	時								
甲	丁	壬	甲	戊	己	庚	辛	壬	癸	甲	乙
戌	卯	寅	辰	辰	巳	午	未	申	酉	戌	亥

　이 사주는 부귀격(富貴格)이며 정임화목격(丁壬化木格)이다. 임수

일간(壬水日干)이 묘월생(卯月生)이고, 월상(月上) 정화(丁火)와 정임합목(丁壬合木)을 하고, 지지(地支)에 인묘진(寅卯辰)이 모두 들었으니 종화격(從化格)이다. 수목운(水木運)에 큰 부자가 되었으나, 년지(年支)에 술토(戌土)가 들어 장해가 있었다. 종격(從格)은 진종격(眞從格)이어야 길함이 많다. 가종격(假從格)은 길복이 많이 떨어진다. 본명은 년지(年支) 술토(戌土)가 결점이었다.

■ 건명(乾命), 방장원(方壯元), 병신화수격(丙辛化水格)

年	月	日	時								
辛	辛	丙	己		庚	己	戊	丁	丙	乙	甲	癸
亥	丑	子	亥		子	亥	戌	酉	申	未	午	巳

병화일간(丙火日干)이 병신합수(丙辛合水)하여 병신화수격(丙辛化水格)이 되었다. 주중(柱中)에 수기(水氣)가 많으니 금수운(金水運)이 좋다. 초년 경자운(庚子運)과 기해운(己亥運)은 수왕운(水旺運)이라 장원급제하고, 무술운(戊戌運)에는 토극수(土剋水)하니 매우 흉해 젊은 나이에 숨졌다. 화운(火運)과 토운(土運)이 가장 흉하다.

■ 건명(乾命), 송장승상(宋章丞相), 병신화수격(丙辛化水格)

年	月	日	時								
丙	庚	辛	甲		辛	壬	癸	甲	乙	丙	丁	戊
戌	寅	巳	午		卯	辰	巳	午	未	申	酉	戌

이 사주는 신금일간(辛金日干)이 년상(年上) 병화(丙火)와 병신합수(丙辛合水)를 하여 기명종살(棄命從殺)이 되었다. 지지(地支)에서는 인오술(寅午戌)이 삼합(三合)을 하고, 사오(巳午)가 방합(方合)을 하여 화기(火氣)가 매우 왕성해져 종격(從格)이 되었다. 병정화(丙丁火)가 용신(用神), 갑을목(甲乙木)은 희신(喜神), 임계수(壬癸水)는 기신(忌神), 경신금(庚辛金)은 구신(仇神)이다. 사오운(巳午運)에 승상(丞相)에 올랐으나 신유운(申酉運)에는 불리해져 물러났다.

■ 건명(乾命), 장주사(張主事), 정임화목격(丁壬化木格)

年	月	日	時								
己	丙	丁	壬	乙	甲	癸	壬	辛	庚	己	戊
未	寅	巳	寅	丑	子	亥	戌	酉	申	未	午

이 사주는 정화일간(丁火日干)이 인월생(寅月生)이고, 정임합목(丁壬合木)을 하고, 지지(地支)에 목기(木氣)가 많으니 정임합목격(丁壬合木格)이다. 수목운(水木運)과 화운(火運)은 길하나 토금운(土金運)은 흉하다. 초년에는 축자해운(丑子亥運)이라 주사(主事)가 되었으나, 신유운(辛酉運)에 금극목(金剋木)을 하자 젊은 나이에 숨졌다.

■ 건명(乾命), 이지사(李知事), 정임화목격(丁壬化木格)

年	月	日	時								
丁	丙	丁	壬	乙	甲	癸	壬	辛	庚	己	戊
酉	午	巳	寅	巳	辰	卯	寅	丑	子	亥	戌

이 사주는 정화일간(丁火日干)이 오월생(午月生)이니 화기(火氣)가 많고, 정임합목(丁壬合木)을 하여 화목종화격(化木從化格)이 되었다. 목화운(木火運)에는 발복했으나 수운(水運)에는 화액이 많았고, 자운(子)에 자오(子午)가 상충(相沖)하자 숨을 거두었다.

■ 건명(乾命), 정임화목격(丁壬化木格)

年	月	日	時								
甲	丁	壬	乙	戊	己	庚	辛	壬	癸	甲	乙
子	卯	申	巳	辰	巳	午	未	申	酉	戌	亥

이 사주는 어느 천인(賤人)의 명인데 임수일간(壬水日干)이 월상(月上) 정화(丁火)와 정임합목(丁壬合木)을 하고, 묘월생(卯月生)이니 목운(木運)이 강하다. 그러나 일지(日支) 신금(申金)과 년지(年支) 자수(子水)가 방해해서 격을 이루지 못했다. 목(木)이 용신(用神)인데 유운(酉運)에 묘유(卯酉)가 상충(相沖)하자 숨을 거두었다.

저자평, 본명을 정임화목격(丁壬化木格)으로 보는 것은 문제가 있다. 왜냐하면 임수일간(壬水日干)이 묘월생(卯月生)이지만 년지(年支)에 자수(子水)가 들고, 일지(日支)에 신금(辛金)이 들었으니 신약(身弱)하지 않다. 종격(從格)이 되려면 일간(日干)이 매우 약해야 하는데, 이 명은 신왕(身旺)하고 재성(財星)도 왕성하기 때문이다. 저자는 일지(日支) 신금(申金)을 용신(用神)으로 본다.

【원 문】

四言獨步云 十干化神 有影無形 無中生有 禍福難憑
사언독보운 십간화신 유영무형 무중생유 화복난빙

此言化合不可專憑也 元理賦云 不化不從 顯達功名之士
차언화합불가전빙야 원리부운 불화불종 현달공명지사

化成祿旺者生 化成祿絶者死 此言化合當 參考也 補曰
화성녹왕자생 화성녹절자사 차언화합당 참고야 보왈

蓋化成造化 要行本局 祿旺則發如丁壬化木 月令喜寅
개화성조화 요행본국 녹왕즉발여정임화목 월령희인

或行東南運則發 餘倣此例 化成造化 最怕行祿馬衰絶之鄕
혹행동남운즉발 여방차례 화성조화 최파행녹마쇠절지향

如戊癸化火 行水鄕 丁壬化木 行金鄕 輕則罷職 重則喪生
여무계화화 행수향 정임화목 행금향 경즉파직 중즉상생

【해 설】

사언독보운(四言獨步云), 십간(十干)의 화신(化神)은 유영무형(有影無形)하여 적중함이 없어 화복을 확신하기 어려운 면이 있으니 이 격에만 기대기는 어렵다.

원리부운(元理賦云), 화격(化格)이 아니면 관계에 오래 머물러 발복하기 어렵고, 화격(化格)과 종격(從格)이면 공명이 현달하는 선비고, 화격(化格)이 녹(祿)이 왕성한데 생(生)하고 화성(化成)하고 녹(祿)이 끊어지면 죽는다.

보주왈(補註曰), 화격(化格)은 원명의 녹(祿)이 왕성해야 발복할 수 있다. 예를 들어 정임화목(丁壬化木)이면 월령(月令)에 인목(寅木)이 들고 동남운에 발복하는데, 다른 경우도 마찬가지다. 화격(化格)은 녹마(祿馬)의 쇠절운(衰絶運)을 가장 꺼린다. 예를 들면 무계화화격(戊癸化火格)이 수운(水運)을 만나고, 정임화목격(丁壬化木格)이 금운(金運)을 만나는 것인데, 가벼우면 파직에 그치지만 무거우면 죽는다.

■ 건명(乾命), 임천육강부사귀명(臨川陸江副使貴命) 화화격(化火格)

年	月	日	時								
辛	癸	戊	丙		壬	辛	庚	己	戊	丁	丙	乙
亥	巳	午	辰		辰	卯	寅	丑	子	亥	戌	酉

장남왈(張楠曰), 무토일간(戊土日干)이 월상(月上)의 계수(癸水)와 합화(合化)하여 화신(火神)이 뜨겁고, 지지(地支)의 사오화(巳午火)에 통근(通根)하고, 화국(火局)을 이루었으니 무계합화격(戊癸合化格)(戊癸合化格)이다. 년지(年支) 해수(亥水)가 병(病)인데, 다행히 동남 목화운(木火運)을 만나 영웅호걸이 되었다.

저자평, 이것도 화화격(化火格)을 만들기 위한 억지 주장으로 보인다. 월상(月上) 계수(癸水)가 무계합화(戊癸合火)를 하지만 년상(年上)의 신금(辛金)은 살아 있고, 사중(巳中)에 경금(庚金)이고, 년지(年支)에 해수(亥水)가 들고, 진중(辰中) 무토(戊土)가 당당한데, 화격(化格)으로 보는 것은 무리다. 이런 사주를 간명한 적이 있는데 금수운(金水運)에 발복하고 목화운(木火運)에 고전했다.

■ 건명(乾命), 우강전필왕공부명(盱江傳弼王公富命), 을경화금격(乙庚化金格)

年	月	日	時								
丁	癸	乙	庚	壬	辛	庚	己	戊	丁	丙	乙
巳	丑	酉	辰	子	亥	戌	酉	申	未	午	巳

　장남왈(張楠曰), 을목일간(乙木日干)이 축월생(丑月生)이고, 지지 (地支)에 사유축(巳酉丑) 금국(金局)이 있고, 을경화금(乙庚化金)을 하여 화격(化格)이 되었다. 경신금운(庚辛金運)이 가장 길하고, 토생 금(土生金)을 하니 토운(土運)도 길하고, 목화운(木火運)은 흉하다. 서방 금운(金運)에 발복하여 부자가 되었으나, 년상(年上)의 정사(丁 巳)가 금(金)을 손상시켜 장수하지 못했다. 년상(年上) 정화(丁火)가 병(病)이지만 정계상충(丁癸相沖)으로 다스리고, 년지(年支) 사화(巳 火)는 사유축합금(巳酉丑合金)으로 제거했으니 화격(化格)으로 보는 것이 타당하다. 화격(化格)이 되려면 장해물이 전혀 없거나, 있어도 합화(合化)나 충극(沖剋)으로 발동하지 않게 해야 한다.

2. 협구공재격(夾丘拱財格)

【원 문】

楠曰 夾丘拱財格 但癸酉日癸亥時 甲寅日甲子時 作此格
남왈 협구공재격 단계유일계해시 갑인일갑자시 작차격

癸酉日夾戌中丁火戌土爲財官 地支有酉亥二字夾住戌
계유일협술중정화무토위재관 지지유유해이자협주술

不能走出也 如甲寅夾丑中財官 有子寅二字夾住丑字 不能走出
불능주출야 여갑인협축중재관 유자인이자협주축자 불능주출

若沖刑日時 則不能夾也 亦要地支子多 方夾得牢固
약충형일시 즉불능협야 역요지지자다 방협득뢰고

餘日干作不得此格 格解 引詩曰 己卯相逢己巳時
여일간작불득차격 격해 인시왈 기묘상봉기사시

黑雞得遇水豬奇 金馬木猴相見後 夾丘財庫福相隨 舊註云
흑계득우수저기 금마목후상견후 협구재고복상수 구주운

己卯日己巳時 夾辰字水庫爲財 癸酉日癸亥時
기묘일기사시 협진자수고위재 계유일계해시

夾戌中火庫爲財 庚午日甲申時 夾未中木庫 拱祿相似
협술중화고위재 경오일갑신시 협미중목고 공록상사

不要填實虛位 怕沖月時 或沖日干七殺 補日 財怕空亡
불요전실허위 파충월시 혹충일간칠살 보왈 재파공망

戌亥爲甲子旬中空亡 癸酉係甲子旬中日辰 雖拱空亡之財庫
술해위갑자순중공망 계유계갑자순중일진 수공공망지재고

前旣論其不可以拱貴 此豈能拱財乎 或曰 拱祿 爲拱天乙貴人
전기논기불가이공귀 차개능공재호 혹왈 공록 위공천을귀인

然辰戌名爲邊鄙惡弱之地 天乙不臨 謂之拱貴人 愈見其妄矣
연진술명위변비악약지지 천을불임 위지공귀인 유견기망의

庚午日甲申時 此拱財支拱而干相剋亦牽強
경오일갑신시 차공재지공이간상극역견강

【해 설】

　장남왈(張楠曰), 협구공재격(夾丘拱財格)은 계유일(癸酉日) 계해시생(癸亥時生)과 갑인일(甲寅日) 갑자시생(甲子時生)만 해당한다. 계유일생(癸酉日生)이 술중(戌中)의 정화(丁火)와 무토(戊土)를 내공(來拱)하여 재관(財官)으로 삼는데 지지(地支)에 유해(酉亥)가 있으면 술토(戌土)가 도망가지 못하고, 갑인일생(甲寅日生)이 축중(丑中)에 있는 것을 재관(財官)으로 삼는데 자인(子寅)이 축토(丑土)를 공재(拱財)하여 달아나지 못하게 하는 것이다. 이때 일시(日時)를 형충(刑沖)하면 공협(拱挾)할 수 없다. 만일 지지(地支)에 공협(拱夾)이 많으면 작용이 견고하지만, 일간(日干) 외의 작용은 협구공재격(夾丘拱財格)으로 보지 않는다. 반드시 일지(日支)와 시지(時支) 사이에서만 이루어져야 정격(正格)으로 본다.

　격해왈(格解曰), 기묘일(己卯日) 기사시(己巳時)가 흑계(黑雞)의 계유(癸酉)가 수저(水豬)인 계해(癸亥)를 만나면 기이한 명조가 되고, 금마(金馬)인 경오(庚午)가 목후(木猴)인 갑신(甲申)을 만나면 협구공재격(夾丘拱財格)이 되어 재고(財庫)를 공협(拱夾)한다.

　구주운(舊註云), 기묘일(己卯日) 기사시생(己巳時生)은 진토(辰土)의 수고(水庫)를 공협(拱夾)하여 재성(財星)으로 삼고, 계유일(癸酉日) 계해시생(癸亥時生)은 술중(戌中)의 화고(火庫)를 공협(拱夾)하여 재성(財星)으로 삼고, 경오일(庚午日) 갑신시생(甲申時生)은 미중(未中)의 목고(木庫)를 공협(拱夾)하여 재성(財星)으로 삼으니, 공록격(拱祿格)과 비슷하다. 따라서 협구공재격(夾丘拱財格)은 허위(虛位)인 재성(財星)이 전실(塡實)되면 꺼리고, 월시(月時)를 충(沖)하면 꺼리고, 칠살(七殺)이 일간(日干)을 충(沖)하면 꺼린다.

보주왈(補註曰), 재성(財星)은 공망(空亡)을 꺼리는데, 술해(戌亥)는 갑자순중(甲子旬中)의 공망(空亡)이고, 계유(癸酉)는 갑자순중(甲子旬中)의 일진(日辰)이니, 비록 공망(空亡)된 재고(財庫)를 공협(拱夾)하나 공망(空亡)이 되면 공귀(拱貴)하지 못하니 어찌 공재(拱財)할 수 있겠는가.

공록(拱祿)이란 천을귀인(天乙貴人)을 공협(拱夾)하는 것을 말하는데, 진술(辰戌)은 변비악약지(邊鄙惡弱地)의 빈궁한 벽촌(僻村)이라 천을귀인(天乙貴人)이 임하지 않으니 공협(拱夾)하지 않는 것으로 본다. 만일 경오일(庚午日) 갑신시생(甲申時生)이면 지지(地支)에서 재고(財庫)를 공협(拱夾)하나 천간(天干)에서는 상극(相剋)하니 공재공귀격(拱財拱貴格)으로 보기 어렵다.

■ 건명(乾命), 김승상(金丞相), 공재격(拱財格)

年	月	日	時							
庚	戊	癸	癸	己	庚	辛	壬	癸	甲	乙	丙
戌	子	酉	亥	丑	寅	卯	辰	巳	午	未	申

이 사주는 공재격(拱財格)인데 일지(日支) 유금(酉金)과 시지(時支) 해수(亥水) 사이의 술중(戌中) 정화(丁火)가 작용하여 내구격(來丘格)이 되었다. 병정화운(丙丁火運)이 가장 길하고, 월상(月上) 무토(戊土)가 토극수(土剋水)로 넘치는 수기(水氣)를 막으니 역시 길하다. 본명은 중년부터 사오미운(巳午未運)으로 흘러 승상(丞相)에 올랐다.

■ 건명(乾命), 장상서(張上書), 공재격(拱財格)

年 月 日 時

丙 辛 癸 癸　　壬癸甲乙丙丁戊己

辰 卯 酉 亥　　辰巳午未申酉戌亥

　이 사주 역시 유일(酉日) 해시생(亥時生)이니 중간에 술토(戌土)가 있어 내구격(來丘格)이 되었다. 용신(用神)은 월상(月上)의 신금(辛金)인데, 일지(日支) 유금(酉金)과 년지(年支) 진토(辰土)에 통근(通根)하여 강하다. 본명의 결점은 용신(用神)이 병신합(丙辛合)을 하여 수(水)로 변한 것이다. 이처럼 용신(用神)이 합(合)을 하여 기신(忌神)으로 변하면 격이 떨어진다. 용신(用神)은 투출(透出)하고 안정되어야 길복이 많이 따른다. 미토운(未土運)부터는 희신운(喜神運)이라 발복하더니 유운(酉運)에는 상서(上書)에 올랐다.

■ 건명(乾命), 유총관(柳總官), 공재격(拱財格)

年 月 日 時

甲 癸 癸 癸　　乙丙丁戊己庚辛壬

子 酉 酉 亥　　戌亥子丑寅卯辰巳

　이 사주는 유일(酉日) 해시생(亥時生)으로 중간에 술토(戌土)가 있어 내구격(來丘格)이 되었다. 사주 대부분이 금수(金水)로 구성되어 종왕격(從旺格)이니 금수운(金水運)은 길하나 화토운(火土運)은 흉하다. 해자축운(亥子丑運)에는 총관(總官)에 올랐으나 무기운(戊己

運)은 토운(土運)이라 관재구설이 많았고, 진운(辰運)에는 심하게 토극수(土剋水)를 하자 숨을 거두었다. 종격(從格)은 평생 운이 불안하기 쉽다. 좋은 사주가 되려면 정격(正格)이고, 오행(五行)이 골고루 들고, 용신(用神)이 강하고, 대운이 용신운(用神運)으로 흘러야 한다.

3. 세덕부살격(歲德扶殺格)

【원 문】

楠曰 歲德扶殺格者 如四柱日主健旺 見年歲上殺星透出
남왈 세덕부살격자 여사주일주건왕 견년세상살성투출

或多假此殺以作威權 四柱八個字 以年上官殺爲一年之令
혹다가차살이작위권 사주팔개자 이년상관살위일년지령

其殺比日時不同 若年上天干地支俱有殺 眞加時日有殺
기살비일시부동 약년상천간지지구유살 진가시일유살

多作殺重身輕 宜行制殺運 如年上殺輕 亦宜殺日之地 輕重不同
다작살중신경 의행제살운 여년상살경 역의살왈지지 경중부동

斟酌在人也 補曰 先以歲德扶殺言之 淵海註曰 且如甲日見庚年是也
짐작재인야 보왈 선이세덕부살언지 연해주왈 차여갑일견경년시야

正如年爲君位 日爲臣位 臣得君權 不然年爲祖 日爲己身 年殺有制
정여년위군위 일위신위 신득군권 불연년위조 일위기신 년살유제

則上祖曾爲要職也 纂要歌曰 年上偏官爲歲殺 食神印綬福興隆
즉상조증위요직야 찬요가왈 년상편관위세살 식신인수복흥융

不會官星財旺地 雁塔題名有路通 古歌曰 歲德壬來見戊年
불회관성재왕지 안탑제명유로통 고가왈 세덕임래견무년

財旺身强祿自然 更得運來財旺地 文章聰慧更忠賢 問扶殺格格解
재왕신강녹자연 갱득운래재왕지 문장총혜갱충현 문부살격격해

所收詩歌 喜柱運財旺生殺 纂要曰 所載喜食神印綬制殺 化殺格同
소수시가 희주운재왕생살 찬요왈소재희식신인수제살 화살격동

蓋身强殺無根 喜財旺生殺 不宜言制 故曰元犯鬼輕 制郤爲非
개신강살무근 희재왕생살 불의언제 고일원범귀경 제극위비

身弱殺有根 喜食印制化 不宜財生 故曰 殺旺有制郤爲貴本
신약살유근 희식인제화 불의재생 고왈 살왕유제극위귀본

二者各有攸矣 論者當輕重較量 說詩者 貴以意逆志
이자각유유의 논자당경중교량 설시자 귀이의역지

又補歲德扶財格 淵海註曰 且如甲人見戊己年是也 若財命有氣
우보세덕부재격 연해주왈 차여갑인견무기년시야 약재명유기

則主其人得上祖物業 身弱者不近祖也 故曰 年上財官
즉주기인득상조물업 신약자불근조야 고왈 년상재관

生於富貴之家 須要身旺 可以當之
생어부귀지가 수요신왕 가이당지

【원 문】

장남왈(張楠曰), 세덕부살격(歲德扶殺格)은 일간(日干)이 건왕(健旺)하고, 년상(年上)에 투출(透出)한 살성(殺星)이 권위가 있는 것을 말한다. 년상(年上)의 관살(官殺)은 일 년의 영(令)이므로 일시(日時)의 살성(殺星)과 비교할 수 없다. 만일 년간(年干)과 년지(年支)에 살성(殺星)이 있는데, 다시 일시(日時)에 들어 도와주면 대개 살중신경(殺重身輕)으로 본다. 이때는 제살운(制殺運)으로 흘러야 하는데, 년상(年上)의 살성(殺星)이 가벼우면 살왕운(殺旺運)을 만나야 길하

다. 이렇게 경중이 다르니 잘 판단해야 한다.

보주왈(補註曰), 연해주(淵海註)의 예를 들면 갑목일간(甲木日干)이 경년(庚年)에 태어나야 세덕부살격(歲德扶殺格)이 되는데, 년(年)은 군왕이고 일(日)은 신하에 해당하니 신하가 군왕의 권세를 얻는 격이다. 그렇지 않으면 년(年)은 조상이고 일(日)은 나 자신이니 년상(年上)의 살성(殺星)이 일주(日主)를 제극(制剋)하면 조상이 요직을 지낸 사람이다.

찬요가왈(纂要歌曰), 년상(年上)의 편관(偏官)이 세살(歲殺)이인데, 식신(食神)이나 인수(印綬)가 있으면 복록이 흥융하고, 관성운(官星運)이나 재왕운(財旺運)을 만나지 않으면 등과급제한다.

고가왈(古歌曰), 세덕(歲德)은 임수일간(壬水日干)이 무년생(戊年生)이면 해당한다. 이때 재왕신왕(身旺財旺)하면 저절로 귀록(貴祿)이 따르고, 재왕운(財旺運)으로를 만나면 총명하며 문장이 출중하니 충현지사가 틀림없다. 격해(格解)에서는 시가(詩歌)를 인용해 원명이나 운에서 재왕생살(財旺生殺)하면 길하다고 했다.

찬요운(纂要云), 식신(食神)이 제살(制殺)하거나 인수(印綬)가 화살(化殺)하는 격을 말한다. 만일 신강(身强)하며 살(殺)이 뿌리가 없으면 재성(財星)이 왕성하니, 살성(殺星)을 생(生)하면 길하나 제살(制殺)하면 흉하다. 따라서 원명에 칠살(七殺)이 가벼운데 제압하면 흉하다.

만일 신약(身弱)한데 살(殺)이 뿌리가 있으면 식신(食神)으로 다스리거나 인수(印綬)로 화살(化殺)하면 길하나, 재생관살(財生官殺)하면 흉하다. 따라서 살성(殺星)이 왕성하면 제압해야 귀격(貴格)이 된다. 이 두 가지는 모두 당연한 이론이나 경중을 가려야 하는데, 고시 (古詩)에서는 원리에 합당한 방향으로 해설해야 한다고 했다.

또 보세덕부재격(補歲德扶財格)이 있다. 연해(淵海)에서는 갑목일 간(甲木日干)이 무기년생(戊己年生)이면 세덕부재격(歲德扶財格)이 며, 재명(財命)이 기(氣)가 있으면 조상의 유업이 있으나 신약(身弱)하 면 상속받기 어렵다고 했다. 다시 말해 년상(年上)에 재관(財官)이 있 으면 부잣집에서 태어난 것인데 신왕(身旺)해야 길하다.

4. 전재격(專財格)

【원 문】

纂要云 如甲日見己巳時 乃專財格 最喜見財官旺鄉 發福發貴
찬요운 여갑일견기사시 내전재격 최희견재관왕향 발복발귀

不宜見比劫分奪 古歌曰 日時秀氣最難尋 甲日巳時福衆臨
불의견비겁분탈 고가왈 일시수기최난심 갑일사시복중임

惟怕比肩分奪去 資財成敗是非侵 如庚申日生寅卯時
유파비견분탈거 자재성패시비침 여경신일생인묘시

壬癸日生巳午時 丙丁日生申酉時 戊己日生亥子時 皆專財格
임계일생사오시 병정일생신유시 무기일생해자시 개전재격

格解 所收古歌 與纂要辭異而旨同 但所收舊註解牽強不可從
격해 소수고가 여찬요절이이지동 단소수구주해견강불가종

【해 설】

찬요운(纂要云), 갑목일간(甲木日干)이 기사시생(己巳時生)이면 전재격(專財格)이 된다. 재관왕운(財官旺運)을 만나면 귀(貴)가 발달하나 비겁(比劫)이 빼앗으면 불리해진다.

고가왈(古歌曰), 일시(日時)에 수기(秀氣)가 있으면 찾는 것이 어렵다. 갑목일간(甲木日干)이 사시생(巳時生)이면 복이 많은데, 비견(比肩)이 재신(財神)을 파극(破剋)하면 재물과 집안의 성패가 심하며 시비가 따른다. 경신일(庚申日) 인묘시생(寅卯時生), 임계일(壬癸日) 사오시생(巳午時生), 병정일(丙丁日) 신유시생(申酉時生), 무기일(戊己日) 해자시생(亥子時生)은 전재격(專財格)이 된다.

격해운(格解云), 고가(古歌)와 찬요(纂要)의 문장은 서로 다르나 진의는 같다. 그러나 구주(舊註)의 해설은 억지가 많다.

5. 일덕격(日德格)

【원 문】

舊賦曰 日德有五日 甲寅丙辰戊辰庚辰壬戌是也 其福要多
구부왈 일덕유오일 갑인병진무진경진임술시야 기복요다

而忌刑沖破害 惡官星 憎財旺 加臨會合 俱空亡而見魁罡
이기형충파해 악관성 증재왕 가임회합 구공망이견괴강

此數者乃格之大忌也 喜行身旺運發福 大抵日德 主人性格慈善
차수자내격지대기야 희행신왕운발복 대저일덕 주인성격자선

日德若多 福祿豐厚 運行身旺 大是奇絶 若有財官加臨
일덕약다 복록풍후 운행신왕 대시기절 약유재관가임

別尋他格 正能免非橫之災 若旺氣已衰 來剋魁罡 其死必矣
별심타격 정능면비횡지재 약왕기이쇠 내극괴강 기사필의

或未發福 運至魁罡 如生禍患 一般於此 必能再發
혹미발복 운지괴강 여생화환 일반어차 필능재발

【해 설】

구부운(舊賦云), 일덕격(日德格)은 갑인일(甲寅日)·병진일(丙辰日)·무진일(戊辰日)·경진일(庚辰日)·임술일(壬戌日) 5일에 해당하는데 복이 많이 따른다. 형충파해(刑沖破害)와 관성(官星)을 꺼리고, 왕성한 재성(財星)이 회합(會合)하는 것도 꺼리고, 공망(空亡)이나 괴강(魁罡)을 만나는 것도 대흉하다. 그러나 신왕운(身旺運)을 만나면 명이 기묘해져 크게 발달한다. 만일 주중(柱中)에 재관(財官)이 임하면 다른 격(格)이 되어 횡액은 면할 수 있고, 쇠약한 운에서 괴강(魁罡)이 극(剋)하면 반드시 죽는다. 그렇지 않으면 한 번 화를 당한 후 발복한다. 일덕격(日德格)은 성격이 착하며 자애롭다.

【원 문】

古歌云 丙辰切忌見壬辰 壬戌提防戊戌臨 日坐庚辰畏庚戌
고가운 병진절기견임진 임술제방무술임 일좌경진외경술

甲寅還且慮庚辰 補日 此言四柱及行運 不要見魁罡惡宿也
갑인환차려경진 보왈 차언사주급행운 불요견괴강악숙야

丙辰日主 忌見庚辰魁罡也 又曰 日德有殺喜身强
병진일주 기견경진괴강야 우왈 일덕유살희신강

不喜財星官旺鄕 爲性溫柔更慈善 一生福壽喜非常 舊註曰
불희재성관왕향 위성온유갱자선 일생복수희비상 구주왈

此格忌刑沖破害 亦不要見官星會合空亡之地 喜行身旺 發福矣
차격기형충파해 역불요견관성회합공망지지 희행신왕 발복의

如甲午年壬申月壬戌日壬寅時 若四柱中有財官 當以別格論之
여갑오년임신월임술일임인시 약사주중유재관 당이별격논지

若行魁罡運大忌 楠曰 日德格有五 甲寅戊辰丙辰庚辰壬戌是也
약행괴강운대기 남왈 일덕격유오 갑인무진병진경진임술시야

何以見其爲德也 不考原委 不詢來歷 誤以日德名之
하이견기위덕야 불고원위 불순내력 오이일덕명지

此不是子平中之謬說乎
차불시자평중지류설호

【해 설】

고가왈(古歌曰), 병진일생(丙辰日生)이 임진(壬辰)을 만나면 절기(切忌)가 되고, 임술일생(壬戌日生)이 무술(戊戌)을 만나면 막을 수 있고, 경진일생(庚辰日生)은 경술(庚戌)을 꺼리고, 갑인일생(甲寅日生)은 경진(庚辰)을 꺼린다.

보주왈(補註曰), 이 말은 주중이나 운에서 괴강(魁罡)을 만나면 흉하다는 뜻인데, 병진일생(丙辰日生)이 경진(庚辰) 괴강(魁罡)을 만나면 꺼리는 것과 같다. 일덕격(日德格)은 살성(殺星)이 있으면 신강(身强)해야 하는데, 재성(財星)이나 관왕운(官旺運)을 만나면 꺼린다. 일덕격(日德格)은 성격이 온유하며 자애롭고 착하다. 평생 복수가 비상하게 따르는 귀격(貴格)이 된다.

구주운(舊註云), 일덕격(日德格)은 형충파해(刑沖破害)와 관성(官星)을 꺼리고, 공망(空亡)이 회합(會合)하는 것을 꺼리고, 신왕운(身旺運)을 만나야 발복한다. 예를 들어 갑오년(甲午年) 임신월(壬申月) 임술일(壬戌日生) 임인시생(壬寅時生)이 일덕격(日德格)인데, 주중(柱

中)에 재관(財官)이 있으면 별격(別格)으로 논하는데 괴강운(魁罡運)을 만나면 대흉하다.

　장남왈(張楠曰), 갑인일(甲寅日)·무진일(戊辰日)·병진일(丙辰日)·경진일(庚辰日)·임술일(壬戌日) 5일을 일덕격(日德格)이라고 하는 이유는 분명하지 않다. 근거없이 일덕격(日德格)이라고 정한 것은 자평서(子平書)의 잘못이다.

6. 일귀격(日貴格)

【원 문】

古歌云 丁遇豬雞癸兔蛇 刑沖破害漫咨嗟 纔臨會合方爲貴
고가운 정우저계계토사 형충파해만자차 재임회합방위귀

晝夜分之始乃佳 舊註曰 天乙貴人 甲戊庚牛羊之類 止有四日
주야분지시내가 구주왈 천을귀인 갑무경우양지류 지유사일

丁酉丁亥癸巳癸卯日 最怕刑沖破害及空亡魁罡 運若行三合運可發
정유정해계사계묘일 최파형충파해급공망괴강 운약행삼합운가발

如歲運刑沖破害 則貴人生怒 反成其禍 經云 崇爲寶也 日生宜日貴
여세운형충파해 즉귀인생노 반성기화 경운 숭위보야 일생의일귀

癸卯癸巳夜生宜夜貴 丁酉丁亥方始爲貴 鷓鴣天云 丁亥無沖癸卯星
계묘계사야생의야귀 정유정해방시위귀 자고천운 정해무충계묘성

丁酉癸巳定豊盈 貴人會合官星顯 馬列門排富壽增 財滿庫
정유계사정풍영 귀인회합관성현 마열문배부수증 재만고

廩盈庭 淸名標寫得升騰 爲人正直無私曲 稟性忠良如秤平
름영정 청명표사득승등 위인정직무사곡 품성충양여칭평

【해 설】

고가왈(古歌曰), 정화일간(丁火日干)이 저계(豬雞)인 해유(亥酉)를 만나거나 계수일간(癸水日干)이 토사(兎蛇)인 묘사(卯巳)를 만났는데, 형충파해(刑沖破害)되면 흉하나 회합(會合)을 이루면 귀격(貴格)이 된다. 그러나 밤과 낮을 구분해야 한다.

구주왈(舊註曰), 천을귀인(天乙貴人)은 갑무경(甲戊庚)이 우양(牛羊)인 축미(丑未)에 있는 경우인데, 정유일(丁酉日)·정해일(丁亥日)·계사일(癸巳日)·계묘일(癸卯日) 4일에 해당한다. 형충파해(刑沖破害)와 공망(空亡)과 괴강(魁罡)을 가장 꺼리고, 삼합(三合)을 하는 운을 만나면 발복한다. 그러나 세운에서 형충파해(刑沖破害)를 만나면 귀인(貴人)이 노하는 격이니 화액이 따른다.

경운(經云), 낮에 태어났으면 낮이 길하니 계묘일생(癸卯日生)과 계사일(癸巳日生)이 귀격(貴格)이 되고, 밤에 태어났으면 밤이 귀하니 정유일생(丁酉日生)과 정해일생(丁亥日生)이 귀격(貴格)이 된다.

자고천왈(鷓鴣天曰), 정해일생(丁亥日生)·계묘일생(癸卯日生)·정유일생(丁酉日生)·계사일생(癸巳日生)이 충파(沖破)가 없으면 가산이 많고, 재성(財星)이 많으니 귀인(貴人)이 회합(會合)하고 관성(官星)이 있으면 대문 앞에 헌물 마차가 줄을 잇고, 수명이 늘어나고, 청귀한 이름이 날로 높아진다. 이런 명은 정직하며 충성스럽고 현량한 인격자다.

【원 문】

楠斷曰 日貴格 如甲戊兼牛羊 乙巳鼠猴鄕之類也 焉有斯理
남단왈 일귀격 여갑무겸우양 을사서후향지류야 언유사리

雖曰天乙貴人 日主臨此貴人之上 或作日貴 命其休咎 然貴人之說
수왈천을귀인 일주임차귀인지상 혹작일귀 명기휴구 연귀인지설

名有數端 原取名之不據理出 卽與丑日生小兒諸多官殺妄謬之說同
명유수단 원취명지불거리출 즉여축일생소아제다관살망류지설동

雖曰日主臨之 不論財官印星 獨以貴人爲主 甚爲虛誕
수왈일주임지 불론재관인성 독이귀인위주 심위허탄

且原立諸多貴人之說 只是飄空而立 不根理出 豈可信乎
차원입제다귀인지설 지시표공이입 불근리출 개가신호

六乙鼠貴格亦同此例 謬說無疑也
육을서귀격역동차례 류설무의야

【해 설】

　남단왈(楠斷曰), 일귀격(日貴格)은 갑무(甲戊) 귀인(貴人)이 우양(牛羊)인 축미(丑未)를 만나고, 을사(乙巳) 귀인(貴人)은 서후(鼠猴)인 자신향(子申鄕)의 부류다. 이 원리는 천을귀인(天乙貴人)에 있어 일간(日干)이 귀인(貴人)에 임하는 것을 말하지만 일귀(日貴)를 얻으면 길흉이 있다.

　귀인설(貴人說)은 몇 가지가 있으나 일귀격(日貴格)이라고 이름을 정한 것은 원리에 맞지 않는다. 일귀격(日貴格)은 어린아이의 관살설(關殺說)이나 제반망설(諸般妄說)과 같다. 일주(日主)에 임하는데 재관(財官)과 인성(印星)을 막론하고 귀인(貴人)만을 위주로 하라고 하니 매우 허망한 이론이다. 귀인설(貴人說)은 많으나 모두 뜬구름처럼 근거가 없다. 육을서귀격(六乙鼠貴格)과 마찬가지로 잘못된 말이다.

　저자평, 이 구절은 장남 선생이 귀인설(貴人說)을 강하게 비판한 것

인데, 격분한 상태에서 말한 것으로 보인다.

7. 괴강격(魁罡格)

【원 문】

古歌云 壬辰庚戌庚辰戊戌日魁罡四坐神 日上加臨重柱內
고가운 임진경술경진무술일괴강사좌신 일상가임중주내

運行身旺作文臣 聰明果斷慈祥少 刑殺財官大可嗔
운행신왕작문신 총명과단자상소 형살재관대가진

一位魁罡居日上 沖多定是小人身 刑則頻頻窮徹骨
일위괴강거일상 충다정시소인신 형즉빈빈궁철골

財官旺運禍來侵 魁罡四日最爲賢 疊疊重逢掌大權
재관왕운화내침 괴강사일최위현 첩첩중봉장대권

身旺運行乘旺運 財官旺處連綿 舊註曰 此四柱中疊疊逢之
신왕운행승왕운 재관왕처연면 구주왈 차사주중첩첩봉지

如甲寅年戊辰月庚辰日庚辰時 當掌大權之命也
여갑인년무진월경진일경진시 당장대권지명야

若四柱只有一位 疊疊沖之 則多値刑害 困窮而已運行
약사주지유일위 첩첩충지 즉다치형해 곤궁이이운행

日主旺發福百端 行財官之運 其禍立至矣 楠斷曰 魁罡格
일주왕발복백단 행재관지운 기화입지의 남단왈 괴강격

取壬辰庚戌庚辰戊戌 臨四墓之地 取其爲魁罡 能掌大權
취임진경술경진무술 임사묘지지 취기위괴강 능장대권

並不以取論何以臨此四墓之上就能掌握威權
병불이취논하이임차사묘지상취능장악위권

此亦子平書之大謬也
차역자평서지대류야

【해 설】

고가왈(古歌曰), 괴강격(魁罡格)은 임진일(壬辰日)·경술일(庚戌
日)·경진일(庚辰日)·무술일(戊戌日)을 말한다. 괴강격(魁罡格)인데
주중(柱中)에 또 괴강(魁罡)이 있고 신왕운(身旺運)을 만나면 문장
이 출중한 중신이 되고, 총명하며 과단성이 있으나 자상함이 부족하
다. 괴강격(魁罡格)이 충(沖)이 많으면 반드시 소인배가 되고, 형(刑)
이 있으면 가난하고, 재관왕운(財官旺運)을 만나면 화액이 계속 침
범한다. 그러나 괴강(魁罡)이 첩첩하면 대권을 잡고, 신왕운(身旺運)
을 만나면 발복한다.

구주운(舊註云), 갑인년(甲寅年) 무진월(戊辰月) 경진일(庚辰日) 경진
시생(庚辰時生)이 괴강(魁罡)이 첩첩하면 대권을 잡는다. 괴강격(魁罡
格)인데 운에서 첩첩으로 충(沖)하면 가난하고, 신왕운(身旺運)을 만
나면 백단으로 발복하나 재관운(財官運)을 만나면 화액이 따른다.

남단왈(楠斷曰), 괴강격(魁罡格)은 임진일(壬辰日)·경술일(庚戌
日)·경진일(庚辰日)·무술일(戊戌日)을 말하는데, 능히 대권을 잡는다
고 하나 취할 이론은 아니다. 어떻게 이 사묘지(四墓地)에 임한 것으
로 위권을 장악하겠는가. 이것도 자평서(子平書)의 큰 오류다.

8. 육임추간격(六壬趨艮格)

【원 문】

纂要云 此格以六壬生寅時 並寅字多者 又謂之合祿格 壬祿在亥
찬요운 차격이육임생인시 병인자다자 우위지합녹격 임록재해

寅與亥合 柱中不宜見刑沖破害 乃可掌大權也 運行申則壞寅字
인여해합 주중불의견형충파해 내가장대권야 운행신즉괴인자

則降官失職 亦能生災害竊盜之事 亦不要見亥字 故曰 六壬趨艮
즉강관실직 역능생재해절도지사 역불요견해자 고왈 육임추간

逢亥月者貧 古歌云 壬喜逢寅庚喜辰 雲龍風虎越精神
봉해월자빈 고가운 임희봉인경희진 운용풍호월정신

干支重疊無沖破 如是朝廷食祿人 又曰 壬日寅時爲貴格
간지중첩무충파 여시조정식록(食祿)인 우왈 임일인시위귀격

此爲趨艮福非常 大怕刑沖並剋破 歲運相逢有禍殃 楠斷曰
차위추간복비상 대파형충병극파 세운상봉유화앙 남단왈

六壬趨艮 謂用寅中甲木 能合己土 爲壬之官 謂用寅中丙火
육임추간 위용인중갑목 능합기토 위임지관 위용인중병화

能合辛金 爲壬之印 俱是無中生有之說 吾恐謬也
능합신금 위임지인 구시무중생유지설 오공류야

大抵與前拱祿飛天祿馬之說相爲表裡
대저여전공록비천녹마지설상위표리

【해 설】

찬요운(纂要云), 육임추간격(六壬趨艮格)은 육임일(六壬日)이 인시생(寅時生)인데 인목(寅木)이 많으면 해당한다. 합록격(合祿格)이라

고도 하는데, 해수(亥水)에 있는 임록(壬祿)을 인목(寅木)이 합(合)하기 때문이다. 정격(正格)이면 능히 대권을 장악하나, 주중(柱中)의 형충(刑沖)이 파해(破害)되지 않아야 한다. 이런 명은 신운(申運)을 만나면 인목(寅木)을 파괴하니 관직을 잃고 재해나 도적을 당한다. 또 해수(亥水)를 꺼리므로 해월생(亥月生)은 가난하다.

고가왈(古歌曰), 임수일간(壬水日干)이 인목(寅木)을 만나거나 경금일간(庚金日干)이 진토(辰土)를 만나면 화격(化格)이 되어 구름 속의 용이나 바람 속의 맹호와 같아진다. 이때 주중(柱中)에서 중첩되거나 충파(沖破)되지 않으면 조정에 나가고 식록(食祿)이 많아진다. 또 임수일간(壬水日干)이 인시생(寅時生)이면 본래 귀격인데, 이것을 추간격(趨艮格)이라 하며 복이 비상하게 따른다. 이때 형충(刑沖)과 극파(剋破)되면 매우 흉한데, 세운에서 만나도 마찬가지다.

남단왈(楠斷曰), 육임추간격(六壬趨艮格)이란 인중(寅中) 갑목(甲木)이 기토(己土)를 합(合)하여 관성(官星)으로 삼고, 인중(寅中) 병화(丙火)가 신금(辛金)을 합(合)하여 인수(印綬)로 삼는 것을 말한다. 이것이 무(無)에서 유(有)를 만든다는 말이다.

장남왈(張楠曰), 이 이론의 오류는 공포를 느낄 정도인데, 공록격(拱祿格)이나 비천녹마격(飛天祿馬格)처럼 매우 잘못된 이론이다.

■ 건명(乾命), 육임추간격(六壬趨艮格)

年	月	日	時									
壬	壬	壬	壬		癸	甲	乙	丙	丁	戊	己	庚
寅	寅	寅	寅		卯	辰	巳	午	未	申	酉	戌

임인일생(壬寅日生)이 지지(地支)가 모두 인목(寅木)이니 추간(趨艮)진격(眞格)이라 대귀격(大貴格)이다. 수목운(水木運)은 길하나 화토운(火土運)과 금운(金運)은 흉한데, 신운(申運)에 인신(寅申)이 상충(相沖)하자 숨을 거두었다. 즉 임수일간(壬水日干)이 인월생(寅月生)인데 지지(地支)가 모두 인목(寅木)이라 설기(泄氣)가 매우 심하다. 따라서 용신(用神)은 경신금(庚辛金), 희신(喜神)은 임계수(壬癸水), 한기를 제거하려면 병정화(丙丁火)도 좋다. 가장 흉한 것은 갑을목(甲乙木)이다. 본명은 종격(從格)이 아니라 신약(身弱)으로 보아야 한다. 과거에는 이런 사주를 종아격(從兒格)으로 보았으나 잘못 풀이한 것이다. 비록 지지(地支)가 모두 인목(寅木)이라 설기(泄氣)가 매우 심하나, 천간(天干)에 큰 바닷물인 임수(壬水)가 4위나 있으니 종(從)하지 않는다.

9. 육갑추건격(六甲趨乾格)

【원문】

星命統宗云 且如六甲日主 柱中要亥字多 乃爲天門之位
성명통종운 차여육갑일주 주중요해자다 내위천문지위

爲北極之垣 甲木賴之長生 人以甲日生亥字多者 自然富貴矣
위북극지원 갑목뢰지장생 인이갑일생해자다자 자연부귀의

亦忌巳字沖之 又忌寅字 亦可作合祿 補日 觀此造有戊己
역기사자충지 우기인자 역가작합록 보왈 관차조유무기

則此格不忌財也 可見古歌有 歲運若逢財旺處 官災患難起來尋之說
즉차격불기재야 가견고가유 세운약봉재왕처 관재환난기내심지설

何也 蓋 天干甲字多 忌見財 天干透印綬 會印局不忌財 故曰
하야 개 천간갑자다 기견재 천간투인수 회인국불기재 고왈

六甲趨乾 透印綬爲佳 財星疊見 位列名卿 又曰 歲運逢官財旺處
육갑추건 투인수위가 재성첩견 위열명경 우왈 세운봉관재왕처

官星甲子共來齊 故曰 喜忌能分 禍福自見 楠斷曰 六甲趨乾
관성갑자공내제 고왈 희기능분 화복자견 남단왈 육갑추건

謂亥上乃天之門戶 甲日生人臨此 謂之趨乾 假如別日干生臨亥上
위해상내천지문호 갑일생인임차 위지추건 가여별일간생임해상

何以不謂之趨乾也 然天門亦只好此六甲日主來趨也 然天體至圓
하이불위지추건야 연천문역지호차육갑일주내추야 연천체지원

本無門戶可入 而乾乃西北之界 類天之門戶 豈可論人之禍福乎
본무문호가입 이건내서북지계 유천지문호 개가논인지화복호

此說是子平之大謬也
차설시자평지대류야

【해 설】

성명통종운(星命統宗云), 육갑추건격(六甲趨乾格)은 육갑일생(六甲日生)이 주중(柱中)의 해수(亥水)가 왕성하면 성립한다. 천문(天門)의 위(位)이며 북극(北極)의 성원(城垣)이고 갑목(甲木)의 장생지(長生地)다. 갑목일간(甲木日干)이 해수(亥水)가 많으면 저절로 부귀가 따르는데, 사화(巳火)가 사해상충(巳亥相沖)을 하거나 인목(寅木)을 만나면 대흉하다. 그러나 합록(合祿)으로 간명한다.

보주왈(補註曰), 육갑추건격(六甲趨乾格)은 무기토(戊己土)가 있으면 재성(財星)이 되므로 꺼리지 않는다.

고가왈(古歌曰), 세운에서 재왕처(財旺處)를 만나면 관재와 환란이 따른다고 했는데 왜 그런가. 천간(天干)에 갑목(甲木)이 많으면 재성(財星)을 꺼리나, 인수(印綬)가 투출(透出)하고 인성(印星)이 국(局)을 이루면 그렇지 않다. 따라서 육갑추건격(六甲趨乾格)이 인수(印綬)가 투출(透出)했는데 재성(財星)을 거듭 만나면 명경(名卿)에 오른다. 만일 세운에서 재관왕처(財官旺處)를 만나면 흉해가 따르고, 갑자(甲子) 관인(官印)을 모두 만나면 그 희기(喜忌)는 어떠한가. 희기(喜忌)를 능히 분별하면 자연히 화복이 보인다.

남단왈(楠斷曰), 갑목일간(甲木日干)이 해수(亥水) 천문(天門)을 만나면 추건(趨乾)이라 하여 길함으로 논하나, 다른 일간(日干)이 만나면 추건(趨乾)이라 하지 않는다. 또 건(乾)은 서북방이고 천(天)은 문호이니 어찌 사람의 화복이 출입한다고 보겠는가. 이것도 자평서(子平書)의 큰 오류다.

■ 건명(乾命), 신안백(新安伯), 육갑추건격(六甲趨乾格)

年	月	日	時
戊	癸	甲	乙
辰	亥	子	丑

甲乙丙丁戊己庚辛
子丑寅卯辰巳午未

이 사주는 갑목일간(甲木日干)이 해월(亥月)에 태어났으니 육갑추건격(六甲趨乾格)이다. 년상(年上)의 무토(戊土)가 용신(用神)인데, 년지(年支)의 진토(辰土)에 통근(通根)했으니 강하다. 신강(身强)한데 재성(財星)도 강하니 재물복이 많다. 재성운(財星運)인 무진운(戊

辰運)에는 큰 부자가 가 되었으나, 일지(日支)의 자수(子水)가 기신(忌神)이라 본처와는 무정했다. 그러나 무토(戊土)는 편재(偏財)이며 용신(用神)이라 외첩과는 정이 넘쳤다.

10. 구진득위격(句陳得位格)

【원 문】

統宗云 且如戊己日 生値亥卯未木局爲官 申子辰水局爲財是也
통종운 차여무기일 생치해묘미목국위관 신자진수국위재시야

正是戊寅戊子戊申己卯己未己亥日主是也 忌刑沖沖殺旺
정시무인무자무신기묘기미기해일주시야 기형충충살왕

則反生災矣 歲運同 古歌云 勾陳得位會財官 無沖無破命必端
즉반생재의 세운동 고가운 구진득위회재관 무충무파명필단

申子北方東卯木 管教一擧拜金鑾
신자북방동묘목 관교일거배금란

【해 설】

  통종운(統宗云), 무기일간(戊己日干)이 해묘미(亥卯未) 목국(木局)으로 관성(官星)이 되거나, 신자진(申子辰) 수국(水局)으로 재성(財星)이 되면 구진득위격(句陳得位格)이 된다. 다시 말해 무인일(戊寅日)·무자일(戊子日)·무신일(戊申日)·기묘일(己卯日)·기미일(己未日)·기해일(己亥日)에 해당한다. 형충(刑沖)과 왕성한 살성(殺星)을 만나면 재앙이 따르는데, 세운이나 대운에서 만나도 마찬가지다.

고가왈(古歌曰), 구진득위격(勾陳得位格)은 재관(財官)이 국(局)을 이룬 것인데, 충파(沖破)가 없으면 반드시 귀격(貴格)이 된다. 신자진 (申子辰) 수국(水局)이나 인묘진(寅卯辰) 목국(木局)이 있으면 해당하는데, 수목운(水木運)으로 흐르면 한 번에 등과급제하여 발복한다.

■ 건명(乾命), 정도독(丁都督), 구진득위격(勾陳得位格)

年	月	日	時							
乙	丁	己	戊	丙	乙	甲	癸	壬	辛	庚	己
亥	亥	卯	辰	戌	酉	申	未	午	巳	辰	卯

이 사주는 기토일간(己土日干)이 해묘미(亥卯未) 목국(木局)으로 관성(官星)이 되었으니 구진득위격(勾陳得位格)이다. 월상(月上) 정화(丁火)가 용신(用神)이고, 일상(日上)의 기토(己土)와 시상(時上)의 무토(戊土)와 진토(辰土)는 희신(喜神)이다. 용신(用神) 정화(丁火)는 일지(日支) 묘목(卯木)에 통근(通根)하여 강하고, 희신(喜神) 무토(戊土)는 정화(丁火)가 돕고 진토(辰土)에 통근(通根)하여 강하니 오복을 갖춘 최상격의 명이다. 대운도 화토운(火土運)이 길한데, 초년에는 병술운(丙戌運)이라 부모덕으로 좋았고, 갑신운(甲申運)은 한신운(閑神運)이니 무난하게 출사했고, 미운(未運)은 희신운(喜神運)이니 승진할 수 있었고, 오운(午運)은 용신운(用神運)이니 최고로 발복하여 도독(都督)에 올랐다. 사주는 이렇게 용신(用神)과 희신(喜神)이 왕강(旺强)해야 높은 자리에 앉아도 안전하다. 유운득복(有運得福)이라는 말이 있다. 운이 있으면 복이 따른다는 뜻이다. 노력은 한계가 있기 때문이다.

5장. 격국론기오(格局論其五)

1. 현무당권격(玄武當權格)

【원 문】

統宗云 且如壬癸二日 生値寅午戌火局爲財 辰戌丑未爲官
통종운 차여임계이일 생치인오술화국위재 진술축미위관

壬寅壬午壬戌癸巳癸丑癸未日是也 忌沖破身弱 歲運同
임인임오임술계사계축계미일시야 기충파신약 세운동

古歌云 玄武當權妙入神 日干壬癸坐財星 官星若也居門戶
고가운 현무당권묘입신 일간임계좌재성 관성약야거문호

無破當爲大用人 楠斷曰 勾陳得位 以戊己爲勾陳 其理一也
무파당위대용인 남단왈 구진득위 이무기위구진 기리일야

得位謂其臨財官之地 若戊己身主不柔 則能任財官也
득위위기임재관지지 약무기신주불유 즉능임재관야

則謂之勾陳得位也宜矣 若戊己氣弱 臨其財官太旺之地
즉위지구진득위야의의 약무기기약 임기재관태왕지지

或爲財多身弱 或爲殺重身輕 若以勾陳得位爲美 豈不謬乎
혹위재다신약 혹위살중신경 약이구진득위위미 개불류호

玄武當權 與此相同 故愚並闢之
현무당권 여차상동 고우병벽지

【해 설】

통종운(統宗云), 임계일간(壬癸日干)이 인오술화국(寅午戌火局)으로 재성(財星)이 되거나, 진술축미(辰戌丑未)가 관성(官星)이 되면 현무당권격(玄武當權格)이 된다. 즉 임인일(壬寅日)·임오일(壬午日)·임술일(壬戌日)·계사일(癸巳日)·계축일(癸丑日)·계미일(癸未日) 6일을 말한다. 충파(沖破)되거나 신약(身弱)하면 꺼리는데 세운이나 대운에서 만나도 마찬가지다.

고가왈(古歌曰), 임계일간(壬癸日干)이 재성지(財星地)와 관성(官星)에 거하는데 파극(破剋)이 없으면 크게 쓰일 사람이 된다.

남단왈(楠斷曰), 무기토(戊己土)가 구진(勾陳)인데 원리는 같다. 득위(得位)란 재관운(財官運)에 임하는 것을 말하는데, 무기일간(戊己日干)이 유약하지 않으면 능히 재관(財官)을 감당할 수 있으니 구진득위(勾陳得位)의 주장은 옳다. 그러나 일간(日干)이 약한데 재관(財官)이 왕성하면 재다신약(財多身弱)이나 살중신경(殺重身輕)이 되니 어찌 구진득위(勾陳得位)의 아름다운 명이 된다고 하겠는가. 현무당권격(玄武當權格)의 원리도 이와 같다.

■ 건명(乾命), 이도독(李都督), 현무당권격(玄武當權格)

年	月	日	時							
庚	壬	壬	辛	癸	甲	乙	丙	丁	戊	己	庚
午	午	寅	亥	未	申	酉	戌	亥	子	丑	寅

이 사주는 임수일간(壬水日干)이 인오술화국(寅午戌火局)을 이루
었으니 현무당권격(玄武當權格)이다. 용신(用神)은 월일(月日)의 임
수(壬水)이고, 희신(喜神)은 경신금(庚辛金)이다. 용신(用神) 임수(壬
水)는 경신금(庚辛金)이 도와주고, 시지(時支) 해수(亥水)에 통근(通
根)하여 강하니 도독(都督)에 오를 수 있었다. 역시 상격의 명이다. 빈
부와 귀천은 주중(柱中)에서 용신(用神)의 강약을 보면 된다. 용신(用
神)이나 희신(喜神)이 강하면 상격이고, 용신(用神)이나 희신(喜神)이
미약하면 하격이다. 그리고 대운의 길흉을 살펴야 한다. 본명도 역시
금수운(金水運)으로 잘 흘러 순탄하게 출사했고, 계속 승진하다 가
장 좋은 용신운(用神運)인 해자운(亥子運)에 도독(都督)이 되었다.

2. 재관쌍미격(財官雙美格)

【원문】

寸金鑑沙條妙經云 六壬生居午位中 先要根源見水通
촌금감사조묘경운 육임생거오위중 선요근원견수통

亥命未宮休帶殺 生平何處不春風 補曰 此本爲六壬生臨午位
해명미궁휴대살 생평하처불춘풍 보왈 차본위육임생임오위

號曰 祿馬同鄉 而格解 輯入正官類 非也 又改經文 休帶殺
호왈 녹마동향 이격해 집입정관류 비야 우개경문 휴대살

爲休見剋 是以亥卯未爲剋官之殺則鑒矣 此殺乃干頭戊土之七殺
위휴견극 시이해묘미위극관지살즉감의 차살내간두무토지칠살

怕帶之反傷祿雜官也 又云 六壬臨午 以午中己土爲正官
파대지반상록잡관야 우운 육임임오 이오중기토위정관

若柱中無亥卯未木局傷官之神 方爲貴推 不知四季喜忌不同
약주중무해묘미목국상관지신 방위귀추 불지사계희기부동

蓋壬午日生春生夏者 最忌亥卯未木局 春逆行比肩運猶秤解
개임오일생춘생하자 최기해묘미목국 춘역행비견운유칭해

生秋者 雖爲印綬 能剋木遠害 不如不見之爲妙 在輕重斟酌
생추자 수위인수 능극목원해 불여불견지위묘 재경중짐작

生冬亥月 純喜亥卯未 生子月者次 子刑卯 子害未故也 何者
생동해월 순희해묘미 생자월자차 자형묘 자해미고야 하자

蓋古賦云 壬午癸巳二日 同一財官雙全美也 通金水月氣 忌生春夏
개고부운 임오계사이일 동일재관쌍전미야 통금수월기 기생춘하

通木火月氣 値所喜則大貴 値所忌則反禍 由此觀之
통목화월기 치소희즉대귀 치소기즉반화 유차관지

如此二日生亥子月正通水月氣 根源見水通之謂也 身臨祿旺
여차이일생해자월정통수월기 근원견수통지위야 신임녹왕

喜見財官 主富貴 故曰 冬生則玄武當權 貴爲王侯
희견재관 주부귀 고왈 동생즉현무당권 귀위왕후

且祿頭上宜帶財官 天月二德 故壺中子曰 帶天月二德
차록두상의대재관 천월이덕 고호중자왈 대천월이덕

則霞帔金冠 忌帶七殺梟食 故司馬季主云 祿要簡而不要煩
즉하피금관 기대칠살효식 고사마계주운 녹요간이불요번

且要祿干不帶七殺 反傷不帶梟食
차요녹간불대칠살 반상불대효식

【해 설】

촌금감사조묘경운(寸金鑑沙條妙經云), 육임일(六壬日)이 오월생(午

月生)인데 근원과 수원(水源)이 통하면 길하다. 해명(亥命)은 미토(未土)와 칠살(七殺)을 대동하지 않으면 어디 살아도 평생 편안하다.

보주왈(補註曰), 오월(午月) 육임일생(六壬日生)을 녹마동향(祿馬同鄉)이라고 한다.

격해운(格解云), 정관(正官)으로 취급하는 것은 잘못이다. 또 휴대살(休帶殺)을 휴견극(休見剋)으로 고쳐, 해묘미(亥卯未)는 목국(木局)이라 관성(官星)을 극(剋)하는 살(殺)이라고 했는데 생각해 봐야 할 일이다. 이 살(殺)은 간두(干頭)의 무토(戊土) 칠살(七殺)을 말하는데, 칠살(七殺)을 대동하면 복록을 손상시키기 때문이다.

또 육임일(六壬日)이 오월(午月)에 태어나 오중(午中) 기토(己土)를 정관(正官)으로 삼는데, 주중(柱中)에 해묘미(亥卯未) 목국(木局)이 없으면 상관(傷官)이 없는 것이니 귀격(貴格)으로 본다. 그러나 계절에 따라 희기(喜忌)가 다르다는 것을 모르는 사람이 많다. 만일 임오일생(壬午日生)이 봄이나 여름에 태어났으면 해묘미(亥卯未) 목국(木局)을 가장 꺼린다. 이때 대운이 거꾸로 흘러 비견운(比肩運)에 이르면 조금은 해결된다. 가을생은 비록 인수(印綬)가 목(木)을 극하여 해(亥)가 멀어져 없는 것 같으나 그렇지 않다. 이때 목신(木神)을 만나지 않으면 묘한 명이 되니 경중을 가려 간명해야 한다. 또 겨울인 해월생(亥月生)은 해묘미(亥卯未)의 목신(木神)을 기뻐하고, 자월생(子月生)은 자형묘(子刑卯)와 자해미(子害未)를 꺼린다.

고부운(古賦云), 재관쌍미격(財官雙美格)은 임오일생(壬午日生)과 계사일생(癸巳日生)을 말하는데, 가을이나 겨울생이 금수월기(金水月氣)에 통하면 길하나, 봄이나 여름생이 목화월기(木火月氣)가 왕성하면 꺼린다. 또 길운을 만나면 대귀격(大貴格)이 되나, 흉운을 만나면 재앙이 따른다. 임오일생(壬午日生)이나 계사일생(癸巳日生)이 해자월(亥子月)에 태어나 수기월령(水氣月令)에 통하는데, 녹왕지(祿旺地)에 들고 재관(財官)을 만나면 부귀격(富貴格)이 된다. 따라서 겨울생이면 현무당권격(玄武當權格)이 되어 왕후에 이른다. 또 녹간(祿干)에 재관(財官)이 있으면 길하고, 천월이덕(天月二德)이 있으면 길하다.

호중자왈(壺中子曰), 천월이덕(天月二德)이 있으면 부귀격(富貴格)이 되어 금관을 쓰고 호의호식하나, 칠살(七殺)이나 효인(梟印)을 대동하면 꺼린다.

사마계주운(司馬季主云), 녹(祿)이 있으면 좋으나 번잡하면 그렇지 않다. 또 녹간(祿干)에 칠살(七殺)을 대동하면 오히려 상해를 당하고, 효식(梟食)을 대동하면 불리해진다.

【원문】

又洞玄經云 壬以亥祿 戊寅本非駕 又珞琭歌云 祿馬更有多般說
우동현경운 임이해록 무인본비가 우낙록가운 녹마갱유다반설

自衰自死兼敗絕 是壬午癸巳日生者 以亥爲値所喜者也
자쇠자사겸패절 시임오계사일생자 이해위치소희자야

壬癸以爲貴人 宜帶合忌帶空亡 頭上宜帶財官 不宜帶刃梟
임계이위귀인 의대합기대공망 두상의대재관 불의대인효

故醉醒子平云 貴人頭上帶財官 門充駟馬
고취성자평운 귀인두상대재관 문충사마

且貴人以未宮井鬼之合 爲家居出入之門三合
차귀인이미궁정귀지합 위가거출입지문삼합

況未與午六合有情 喜忌篇云 四柱干支 喜三合六合之地
황미여오육합유정 희기편운 사주간지 희삼합육합지지

醉醒子云 六合有功 權尊六部 又喜亥爲合祿 故天乙妙旨云
취성자운 육합유공 권존육부 우희해위합록 고천을묘지운

君不見祿馬貴人無準托 考究五行之善惡 天元羸弱未爲災
군불견녹마귀인무준탁 고구오행지선악 천원라약미위재

地氣堅牢是歡樂 又珞琭子云 每見貴人食祿 無非祿馬同鄉
지기견뢰시환락 우낙록자운 매견귀인식록(食祿) 무비록마동향

又理愚歌云 貴人在 空亡裡 祿馬背違如不值
우리우가운 귀인재 공망리 녹마배위여불치

是亥卯未乃壬午癸巳二日所深喜 而不可忌 正所謂 水木傷官格
시해묘미내임오계사이일소심희 이불가기 정소위 수목상관격

財官兩見始爲懽 者也 正所謂 有病方爲貴 無傷不是奇者也
재관양견시위환 자야 정소위 유병방위귀 무상불시기자야

【해 설】

　동현경운(洞玄經云), 임수일간(壬水日干)의 녹(祿)은 해수(亥水)에 있고, 무토일간(戊土日干)은 본래 귀록(歸祿)이 없다.

　낙록가운(珞琭歌云), 녹마(祿馬)에 대한 설은 분분한데, 자쇠(自衰)·자사(自死)·패절(敗絶)된 것이니 임오일생(壬午日生)과 계사일생(癸巳日生)을 말하는데, 해수(亥水)가 있으면 좋은 명이 된다. 또 임계일간(壬癸日干)에게 묘목(卯木)은 귀인(貴人)이 되니 마땅히 합(合)을 대동하면 길하나, 공망(空亡)을 대동하면 꺼린다. 년두(年頭)에 재관(財官)을 대동하면 길하나, 칠살(七殺)이나 효인(梟印)을 대동하면 흉하다.

　자평운(子平云), 귀인(貴人)이 있는데 년간(年干)에 재관(財官)을

대동하면 집 앞에 헌물을 실은 마차가 줄을 잇고, 미토(未土)나 정귀(井鬼)의 합(合)도 집을 출입하는 문의 삼합(三合)이 되니 미토(未土)와 오화(午火)의 육합(六合)이 있으면 유정하다.

희기편운(喜忌篇云), 간지(干支)에 삼합(三合)이나 육합(六合)이 있으면 길하다.

취성자운(醉醒子云), 육합(六合)의 공이 있으면 육부(六部)에서 존경받는 고관이 되고, 해수(亥水)를 만나면 합록(合祿)을 하니 길하다.

천을묘지운(天乙妙旨云), 녹마(祿馬) 귀인(貴人)은 의탁함이 없으니 오행(五行)의 선악을 깊이 연구해야 한다. 천간(天干)이 약하면 재앙이 되고, 지기(地氣)가 견고하면 복락을 누린다.

낙록자운(珞琭子云), 귀인(貴人)과 식록(食祿)이 있는데 녹마동향(祿馬同鄕)이 아닌 경우는 없다.

이우가운(理愚歌云), 귀인(貴人)이 공망(空亡)되면 녹마(祿馬)가 극해(剋害)되니 있어도 없는 것과 같다. 이는 임오일생(壬午日生)이나 계사일생(癸巳日生)이 해묘미(亥卯未) 목국(木局)을 이룬 것이니 꺼리는 것이 없다. 이른바 수목상관격(水木傷官格)은 재관(財官)을 모두 만나야 기쁘다는 말이다. 이때는 병(病)이 있어야 귀격(貴格)이 되는데, 상함이 없으면 기귀격(奇貴格)을 이루지 못한다.

■ 건명(乾命), 왕경산(王耕山), 재관쌍미격(財官雙美格)

年	月	日	時							
己	乙	壬	庚	甲	癸	壬	辛	庚	己	戊	丁
卯	亥	午	子	戌	酉	申	未	午	巳	辰	卯

이 사주는 임수일간(壬水日干)이 해월(亥月)에 태어났고, 천덕귀인
(天德貴人)과 천을귀인(天乙貴人)이 있는데 기토(己土) 관성(官星)이
투출(透出)하여 토극수(土剋水)를 하니 길하다. 일지(日支) 오화(午
火)가 재성(財星)이고, 년상(年上) 기토(己土)는 정관(正官)이니, 재
관(財官)이 모두 아름다워 귀격(貴格)이 되었다. 무기토(戊己土)와 병
정화(丙丁火)는 길하나, 임계수(壬癸水)는 대흉하고 경신금(庚辛金)
도 흉하다. 초년에는 금운(金運)인 술유신운(戌酉申運)으로 흘러 발
달하지 못했고, 미오사(未午巳) 화운(火運)은 용신운(用神運)이니
발복하여 부귀영화를 누렸다.

■ 건명(乾命), 만천동정랑(萬泉董正郎), 재관쌍미격(財官雙美格)

　年　月　日　時
　甲　乙　癸　丁　　　丙丁戊己庚辛壬癸
　午　亥　巳　巳　　　子丑寅卯辰巳午未

이 사주는 임수일간(壬水日干)이 해월생(亥月生)이고, 천덕귀인(天德
貴人)과 천을귀인(天乙貴人)이 있으니 귀격(貴格)인데, 주중(柱中)에 화
기(火氣)가 많아 신약(身弱)해졌다. 용신(用神)은 임계수(壬癸水)인데
경신금(庚辛金)도 길하다. 병정화(丙丁火)는 대흉하고 갑을목(甲乙木)
도 흉하다. 신왕(身旺)하며 재성(財星)이 많으니 큰 부자가 될 명이었으
나 대운이 좋지 않아 소원을 이루지 못했다. 초년에는 자축운(子丑運)
이라 부모덕에 호의호식하며 자랐으나, 인묘진운(寅卯辰運)은 구신운
(仇神運)이니 발달하지 못했고, 사오미운(巳午未運)은 기신운(忌神運)

이니 흉화만 많았다. 그러나 대운의 천간(天干)이 금수운(金水運)인 경
신임계운(庚辛壬癸運)의 흘러 약간은 발전이 있었다. 이 사람은 큰 부
자가 될 명이었으나 대운이 좋지 않아 작은 부자로 그친 것이다.

【원 문】

附補天乙妙旨註解曰 凡人命有祿馬貴人 固有富貴而吉
부보천을묘지주해왈 범인명유녹마귀인 고유부귀이길

亦有貧賤而凶 是皆無準托也 何者 蓋考究祿馬貴人 頭上帶財官
역유빈천이흉 시개무준탁야 하자 개고구녹마귀인 두상대재관

三合六合 生旺進氣 是謂五行之善 善則富貴而吉
삼합육합 생왕진기 시위오행지선 선즉부귀이길

頭上帶殺梟刑沖破害 衰絕無氣 是謂五行之惡 惡則貧賤而凶
두상대살효형충파해 쇠절무기 시위오행지악 악즉빈천이흉

若壬午癸巳癸未 生財坐官 柱中隱顯太旺 是謂天元羸弱 故曰
약임오계사계미 생재좌관 주중은현태왕 시위천원라약 고왈

官星太旺 天元羸弱之名 財爲養命之源 官乃扶身之本 宜享福榮
관성태왕 천원라약지명 재위양명지원 관내부신지본 의향복영

是未爲災也 夫星五行善 則地氣堅牢 卽身旺之謂也 身旺財官爲我用
시미위재야 부성오행선 즉지기견뢰 즉신왕지위야 신왕재관위아용

富貴歡樂而有餘也 五行惡則地氣不堅牢 不堅牢卽身弱之謂也
부귀환락이유여야 오행악즉지기불견뢰 불견뢰즉신약지위야

身弱則不能勝財官 貧賤憂戚而不足也
신약즉불능승재관 빈천우척이부족야

【해 설】

천을묘지주해왈(天乙妙旨註解曰), 녹마귀인(祿馬貴人)이 있어도

부귀하기도 하고 빈천하기도 하니 올바른 연구가 필요하다. 두상(頭上)에 재관(財官)을 대동하고, 삼합(三合)과 육합(六合)이 있고, 생왕(生旺)과 진기(進氣)이면 오행(五行)이 선(善)한 것이니 부귀격(富貴格)이 된다. 그러나 두상(頭上)에 살효(殺梟)나 형충파해(刑沖破害)가 있어 쇠절무기(衰絶無氣)가 되면 오행(五行)이 악(惡)한 것이니 빈천해진다.

만일 임오일(壬午日)·계사일(癸巳日)·계미일(癸未日)이 재성(財星)에 임하여 재생관(財生官)을 하는데, 주중(柱中)에 재관(財官)이 매우 왕성하면 천원(天元)이 쇠약한 것이다. 그래서 관성(官星)이 매우 왕성하면 천원(天元)이 나약하다고 하는 것이다. 재성(財星)은 양명(養命)의 근원이고, 관성(官星)은 부신(扶身)의 근본이니, 당연히 복과 영화를 누리며 재액을 당하지 않는다. 그러나 오행(五行)이 선하지 않으면 흉하다. 지기(地氣)가 견고하면 신왕(身旺)한 것인데, 이때 재관(財官)이 작용하면 능히 부귀를 누릴 수 있다. 만일 오행(五行)이 악하면 지기(地氣)가 견고하지 않은 것이니 신약(身弱)하다는 말이다. 따라서 신약(身弱)하면 재관(財官)을 이겨 빈천해진다.

3. 공록격(拱祿格)과 공귀격(拱貴格)

【원 문】

喜忌篇云 拱祿拱貴 塡實則凶 補曰 祿爲臨官之祿 貴爲官星之貴
희기편운 공록공귀 전실즉흉 보왈 녹위임관지록 귀위관성지귀

非天乙貴人之貴也 格解 謂又一說拱祿是拱財星也
비천을귀인지귀야 격해 위우일설공록시공재성야

拱貴是拱天乙貴人也 非也拱祿有五日 五祿中皆無財
공귀시공천을귀인야 비야공록유오일 오록중개무재

何以爲之拱財 拱貴有五日 雖四日之拱內 亦合干天乙貴人
하이위지공재 공귀유오일 수사일지공내 역합간천을귀인

而甲申日與甲戌時 則拱酉貴 酉乃丙丁貴人 而非甲貴人也
이갑신일여갑술시 즉공유귀 서내병정귀인 이비갑귀인야

官星與貴人拱 拱在內更妙 但不可以拱貴牽强爲拱天乙貴人也
관성여귀인공 공재내갱묘 단불가이공귀견강위공천을귀인야

如癸亥日與癸丑時 癸丑日與癸亥時 皆拱子中癸水爲祿
여계해일여계축시 계축일여계해시 개공자중계수위록

丁巳日與丁未時 則拱午中丁火爲祿 己未日與己巳時
정사일여정미시 즉공오중정화위록 기미일여기사시

則拱午中己土爲祿 戊辰日與戊午時 則拱巳中戊土爲祿
즉공오중기토위록 무진일여무오시 즉공사중무토위록

此五日五時拱祿格 如甲申日與甲戌時 則拱酉中辛金爲官貴
차오일오시공록격 여갑신일여갑술시 즉공유중신금위관귀

甲寅日與甲子時 則拱丑中辛金爲官貴 戊申日與戊午時
갑인일여갑자시 즉공축중신금위관귀 무신일여무오시

則拱未中乙木爲官貴 乙未日與乙酉時 則拱申中庚金爲官貴
즉공미중을목위관귀 을미일여을유시 즉공신중경금위관귀

辛丑日與辛卯時 則拱寅中丙火爲官貴 此五日五時爲拱貴格
신축일여신묘시 즉공인중병화위관귀 차오일오시위공귀격

【해 설】

희기편운(喜忌篇云), 공록공귀격(拱祿拱貴格)은 전실(塡實)되면 흉하다.

보주왈(補註曰), 녹(祿)은 임관(臨官)의 녹(祿)을 말하고, 귀(貴)는 관성(官星)의 귀(貴)를 말하니, 천을귀인(天乙貴人)의 귀(貴)가 아니다.

격해운(格解云), 일설에 공록(拱祿)이란 재성(財星)을 공협(拱夾)한다는 뜻이고, 공귀(拱貴)는 천을귀인(天乙貴人)을 공협(拱夾)한다는 뜻이라고 했는데 잘못된 말이다. 공록(拱祿)에는 5일이 있고 모두 무재(無財)인데 어떻게 공재(拱財)라 할 수 있고, 공귀(拱貴)에는 5일이 있는데 4일에는 천을귀인(天乙貴人)이 함께 공합(拱合)되는 것을 볼 수 있다.

갑신일(甲申日) 갑술시생(甲戌時生)이 유금(酉金)을 공귀(拱貴)하는 경우에는 유금(酉金)은 병정(丙丁)의 귀인(貴人)이지 갑목(甲木)의 귀인(貴人)이 아니다. 관성(官星)과 귀인(貴人)을 함께 공협(拱夾)하면 명이 더욱 묘해진다고 하나, 공귀격(拱貴格)은 억지로 천을귀인(天乙貴人)을 공협(拱夾)하는 격이라 불가하다.

계해일(癸亥日) 계축시생(癸丑時生)이나 계축일(癸丑日) 계해시생(癸亥時生)이면 자중(子中) 계수(癸水)를 공협(拱夾)하므로 계일간(癸日干)의 녹(祿)이 된다.

정사일(丁巳日) 정미시생(丁未時生)은 오중(午中) 정화(丁火)를 공협(拱夾)하는 것을 녹(祿)으로 삼고, 기미일(己未日) 기사시생(己巳時生)은 오중(午中) 기토(己土)를 공협(拱夾)하는 것을 녹(祿)으로 삼고, 무진일(戊辰日) 무오시생(戊午時生)은 사중(巳中) 무토(戊土)가 공협(拱夾)하는 녹(祿)이다. 이 5일의 5시(時)가 공록격(拱祿格)이다.

또 갑신일(甲申日) 갑술시생(甲戌時生)은 유중(酉中) 신금(辛金)을 공협(拱夾)하여 관귀(官貴)로 삼고, 갑인일(甲寅日) 갑자시생(甲子時生)은 축중신금(丑中辛金)을 공협(拱夾)하여 관귀(官貴)로 삼고, 무신일(戊申日) 무오시생(戊午時生)은 미중을목(未中乙木)을 공협(拱夾)하여 관귀(官貴)로 삼고, 을미일(乙未日) 을유시생(乙酉時生)은 신중경금(申中庚金)을 공협(拱夾)하여 관귀(官貴)로 삼고, 신축일(辛丑日) 신묘시생(辛卯時生)은 인중(寅中) 병화(丙火)를 공협(拱夾)하여 관귀(官貴)로 삼는 다. 이 5일의 5시(時)가 공귀격(拱貴格)이다.

【원 문】

此二格純粹者大貴 喜身旺印綬傷官食神 忌刑沖了日時拱位
차이격순수자대귀 희신왕인수상관식신 기형충료일시공위

又怕四柱中有傷日七殺 皆拱不住祿貴 又怕四柱中見祿見貴
우파사주중유상일칠살 개공불주녹귀 우파사주중견록견귀

謂之塡實則凶 蓋此二格者 只宜虛拱 如器皿空則能盛物
위지전실즉흉 개차이격자 지의허공 여기명공즉능성물

實則不能容物 所以塡實則凶 亦忌祿貴落空
실즉불능용물 소이전실즉흉 역기녹귀낙공

鷓鴣天云甲寅甲子丑貴鄉 戊辰戊午祿中藏 刑沖塡實空亡遇
자고천운갑인갑자축귀향 무진무오녹중장 형충전실공망우

禍患官災不可當 無官透 始榮昌 靑雲有路把名揚 定持權柄三公位
화환관재불가당 무관투 시영창 청운유로파명양 정지권병삼공위

衣祿腰金拜聖王 問三車旣云喜傷官食神 而古歌又曰
의록요금배성왕 문삼차기운희상관식신 이고가우왈

傷官在月支何也 格解 雖收此二說 而未言其喜忌不同之故
상관재월지하야 격해 수수차이설 이미언기희기부동지고

蓋有財印 則有傷官食神 景鑑云無財印而不喜傷官 正此之謂也
개유재인 즉유상관식신 경감운무재인이불희상관 정차지위야

格解云 癸酉日癸亥時 亦拱戌中戊土之貴 註不言及何也 補曰
격해운 계유일계해시 역공술중무토지귀 주불언급하야 보왈

斯言失之矣 蓋癸酉日係甲子旬中 甲子旬以戌亥爲空亡 旣爲空亡
사언실지의 개계유일계갑자순중 갑자순이술해위공망 기위공망

則拱不住貴人 所以不取此日時爲拱貴也 蓋子平所謂 拱祿拱貴
즉공불주귀인 소이불취차일시위공귀야 개자평소위 공록공귀

最忌天中殺 天中殺則空亡 有走貴人之說 則此日時不可拱貴也
최기천중살 천중살즉공망 유주귀인지설 즉차일시불가공귀야

又何疑
우하의

【해 설】

공록격(拱祿格)이나 공귀격(拱貴格)이 순수하면 대귀격(大貴格)이
되고, 신왕(身旺)하면 길하고, 인수(印綬)와 상관(傷官)과 식신(食神)
을 환영하고, 일시(日時)를 형충(刑沖)하면 꺼린다. 또 일간(日干)을
상해하는 칠살(七殺)을 꺼리는데 녹(祿)을 공협(拱夾)할 수 없기 때
문이고, 주중(柱中)에서 녹(祿)과 귀(貴)를 만나는 것을 꺼리는데 관
성(官星)이 투출(透出)하면 전실(塡實)되기 때문이다.

공록격(拱祿格)과 공귀격(拱貴格)은 마땅히 허공(虛拱)되어야 한
다. 예를 들어 그릇이 비어야 새 것을 담을 수 있는 것과 같다. 따라서

이미 전실(塡實)되었으면 흉하다. 또 녹귀(祿貴)가 공망(空亡)되어 떨어지면 흉하다.

자고천왈(鷓鴣天曰), 갑인일(甲寅日) 갑자시생(甲子時生)이면 축중 신금(丑中辛金)의 귀향(貴鄕)을 공협(拱夾)하고, 무진일(戊辰日) 무 오시생(戊午時生)이면 사중(巳中) 경록(庚祿)을 얻은 것이다. 이때 형 충(刑沖)이나 전실(塡實)이나 공망(空亡)되면 관재를 감당하기 어렵다. 관귀(官貴)가 투출(透出)하지 않으면 출세길이 열려 사방에 이름 을 알리고 삼공(三公)에 오른다.

삼차운(三車云), 상관(傷官)과 식신(食神)은 길하다.

고가운(古歌云), 상관(傷官)이 월지(月支)에 있으면 꺼린다고 했는 데 무슨 이유인가. 격해(格解)에서 공록격(拱祿格)과 공귀격(拱貴格) 의 희기(喜忌)가 같지 않은 이유를 설명하지 않았다. 주중(柱中)에 재 성(財星)과 인성(印星)이 있으면 상관(傷官)과 식신(食神)은 길하다.

경감운(景鑑云), 재성(財星)과 인성(印星)이 없으면 상관(傷官)을 환영하지 않는다는 것이 이것을 해설한 말이다.

격해운(格解云), 계유일(癸酉日生) 계해시생(癸亥時生)이면 술중 (戌中) 무토(戊土)를 공협(拱夾)하는데, 경주(經註)에서 해설하지 않 은 것은 무슨 이유인가.

보주왈(補註曰), 계유일생(癸酉日生)은 갑자순중(甲子旬中)에 속하 는데, 갑자순중(甲子旬中)에서는 술해(戌亥)가 공망(空亡)이고, 공망 (空亡)되는 공협(拱夾)의 귀인(貴人)은 작용할 수 없다.

자평서왈(子平書曰), 공록격(拱祿格)과 공귀격(拱貴格)이 가장 꺼 리는 것은 천중살(天中殺)이라고 했는데, 천중살(天中殺)은 공망(空

亡)이니 귀인(貴人)이 달아난 것이므로 공귀(拱貴)가 아니다.

4. 일록귀시격(日祿歸時格)

【원문】

喜忌篇云 日祿歸時沒官星 號曰靑雲得路 最要日干生旺
희기편운 일록귀시몰관성 호왈청운득로 최요일간생왕

兼行食神傷官之鄕 可發福 但歸祿有六忌 一則刑沖 二則作合
겸행식신상관지향 가발복 단귀록유육기 일즉형충 이즉작합

三則倒食 四則官星 五則日月天元同 六則歲日天元同 犯此六者
삼즉도식 사즉관성 오즉일월천원동 육즉세일천원동 범차육자

不可一例以爲貴矣 若時支有祿 年月支亦有祿 謂之聚福歸祿
불가일례이위귀의 약시지유록 년월지역유록 위지취복귀록

主大貴 如甲子丙子癸丑壬子 此是張都統命 乃子多爲聚福歸祿矣
주대귀 여갑자병자계축임자 차시장도통명 내자다위취복귀록의

四言獨步云 日祿居時 靑雲得路 月令財官 遇之吉助 補日
사언독보운 일록거시 청운득로 월령재관 우지길조 보왈

日祿居時者 蓋言甲乙祿在寅卯時 丙戊丁己日亦祿在巳午時
일록거시자 개언갑을녹재인묘시 병무정기일역녹재사오시

庚辛日祿在申酉時 壬癸日祿在亥子時是也 柱中無一點官星
경신일녹재신유시 임계일녹재해자시시야 주중무일점관성

則發科甲第 仕途亨通 故曰 靑雲得路 如月令有財有官 只以財官論
즉발과갑제 사도형통 고왈 청운득로 여월령유재유관 지이재관론

謂財官雙美格可也 又祿在時 則祿助身旺 可以勝此財官 故曰 吉助
위재관쌍미격가야 우록재시 즉녹조신왕 가이승차재관 고왈 길조

是言助財官 非言財官助祿也 旣曰忌見官星 何以曰官助祿
시언조재관 비언재관조록야 기왈기견관성 하이왈관조록

觀三車一覽云 歸祿只有七日 如乙日見己卯時 是偏財格
관삼차일람운 귀록지유칠일 여을일견기묘시 시편재격

丙日見癸巳時 是官星顯露 辛日見丁酉時 是時上偏官格
병일견계사시 시관성현로 신일견정유시 시시상편관격

此三日係歸祿格 可見月令有財有官 只當以財官格論也
차삼일계귀록격 가견월령유재유관 지당이재관격론야

則吉助爲祿助財官也 明矣或者不悟 改月令財官以爲
즉길조위녹조재관야 명의혹자불오 개월령재관이위

月令財神以求通 非也格解 照舊書財官誠是 纂要云 有祿最怕官星到
월령재신이구통 비야격해 조구서재관성시 찬요운 유록최파관성도

【해 설】

희기편운(喜忌篇云), 일록귀시격(日祿歸時格)은 관성(官星)이 몰락
하여 없어지면 청운에 길이 열려 대귀격(大貴格)이 된다. 그러나 반드
시 신왕(身旺)해야 하는데, 식상운(食傷運)을 만나면 발복한다.

귀록격(歸祿格)은 6가지를 꺼리는데 범하면 귀격(貴格)을 이룰 수
없다. 첫째는 형충(刑沖), 둘째는 작합(作合), 셋째는 도식(倒食), 넷째
는 관성(官星), 다섯째는 일월천원동(日月天元同), 여섯째는 세일천원
동(歲日天元同)이다.

만일 시지(時支)에 녹(祿)이 있는데 년월지(年月支)에도 있으면 취
복귀록(聚福歸祿)이라 하여 대귀격(大貴格)이 된다. 예를 들면 장도
통(張都統)은 갑자년(甲子年) 병자월(丙子月) 계축일(癸丑日) 임자시

생(壬子時生)인데, 자수(子水)가 많으니 취복귀록격(聚福歸祿格)이다.

사언독보운(四言獨步云), 일록(日祿)이 시(時)에 있으면 청운에 길을 만나 대귀격(大貴格)이 되고, 월령(月令)에서 재관(財官)을 만나면 좋은 명이 된다.

보주왈(補註曰), 일록(日祿)이 시(時)에 거한다는 것은 갑을일간(甲乙日干)의 녹(祿)이 인묘시(寅卯時)에 있거나, 병무일간(丙戊日干)과 정기일간(丁己日干)의 녹(祿)이 사오시(巳午時)에 있거나, 경신일간(庚辛日干)의 녹(祿)이 신유시(申酉時)에 있거나, 임계일간(壬癸日干)의 녹(祿)이 해자시(亥子時)에 있는 것을 말한다. 일록귀시격(日祿歸時格)은 주중(柱中)에 관성(官星)이 하나도 없어야 등과급제할 수 있으므로 청운득로(靑雲得路)라 하는 것이다.

월령유재유관(月令有財有官)은 재관격(財官格)을 논한 것이니 재관쌍미격(財官雙美格)에 해당한다. 또 녹(祿)이 시(時)에 있으면서 신왕(身旺)해지도록 도와주면 재관격(財官格)을 이긴다는 것이다. 그러므로 길조(吉助)란 재관(財官)을 도와 길하다는 뜻이지, 재관(財官)이 녹(祿)을 도와준다는 말이 아니다. 이미 귀록격(歸祿格)은 관성(官星)을 꺼린다고 했는데 어찌 관성(官星)이 녹(祿)을 돕는다고 보겠는가.

삼차일람운(三車一覽云), 귀록격(歸祿格)에는 7일이 있다. 을목일간(乙木日干)이 기묘시생(己卯時生)이면 편재격(偏財格)이 되고, 병화일간(丙火日干)이 계사시생(癸巳時生)이면 관성현로(官星顯露)가 되고, 신금일간(辛金日干)이 정유시생(丁酉時生)이면 시상편관격(時上偏官格)이 된다. 이 3일은 귀록격(歸祿格)에 속하나, 월령(月令)에 재관(財官)이 모두 있으면 재관격(財官格)으로 본다. 즉 재관(財官)을 돕는 격에 해당한다고 했는데, 월령재관(月令財官)을 월령재신(月令財神)으로 해석하는 것은 잘못이다. 격해(格解)에서 구서(舊書)의 재관(財官)을 잘 해설했고, 찬요(纂要)에서는 녹(祿)이 있는데 관성(官星)을 만나면 가장 꺼린다고 했다.

【원 문】

元理賦云 日祿歸時 見財則淸高富貴 四言獨步云 庚日申時
원리부운 일록귀시 견재즉청고부귀 사언독보운 경일신시

透財歸祿 名利高强 比肩奪福 補日 如庚日甲申時 乃干祿居申
투재귀록 명리고강 비견탈복 보왈 여경일갑신시 내간녹거신

時干透出甲木爲財星 非泛言年月二干也
시간투출갑목위재성 비범언년월이간야

如此則登科第顯功名如拾芥 故曰 名利高强 如年月干遇庚字爲比肩
여차즉등과제현공명여습개 고왈 명리고강 여년월간우경자위비견

則犯歲月同 月日同之忌 必分財減祿而奪福也 古歌云
즉범세월동 월일동지기 필분재감록이탈복야 고가운

福祿逢財名利全 干頭不忌透財源 身强無破平生好 大怕行來遇比肩
복록봉재명리전 간두불기투재원 신강무파평생호 대파행래우비견

又曰 靑雲得路歸祿時 元命逢之貴且奇 四柱無沖官不至
우왈 청운득로귀록시 원명봉지귀차기 사주무충관불지

少年平步上雲梯 又曰 日祿居時格最良 怕官嫌殺喜身强
소년평보상운제 우왈 일록거시격최양 파관혐살희신강

若見頻見分劫祿 刑沖破害 最難當 又曰 甲坐寅官見虎鄕
약견빈견분겁록 형충파해 최난당 우왈 갑좌인관견호향

祿星遙合主榮昌 運中若見庚辛酉 露出官星起禍殃
녹성요합주영창 운중약견경신유 노출관성기화앙

又曰 時貴日祿祿興隆 切忌星混在中 干頭帶合支帶破
우왈 시귀일록록흥융 절기성혼재중 간두대합지대파

少年獨步賽龍鍾 鷓鴣天云甲乙相逢寅卯時 日干歸祿福相隨
소년독보새용종 자고천운갑을상봉인묘시 일간귀록복상수

財多旺處聲名顯 死絕休囚信有期 安社稷 定華夷 靑雲有路上天梯
재다왕처성명현 사절휴수신유기 안사직 정화이 청운유로상천제

登金步玉承恩寵 雁塔題名到鳳池 古賦云 日祿歸時 貴重爲人所敬
등금보옥승은총 안탑제명도봉지 고부운 일록귀시 귀중위인소경

捷馳千里馬云 女命傷官歸祿 遇之極吉
첩치천리마운 여명상관귀록 우지극길

【해 설】

원리부운(元理賦云), 일록귀시격(日祿歸時格)이 재성(財星)을 만나면 청고한 부귀를 이룬다.

사언독보운(四言獨步云), 신시생(申時生) 경금일간(庚金日干)이 재성(財星)이 투출(透出)하면 명리가 높고 강하나 비견(比肩)을 만나면 복을 빼앗긴다.

보주왈(補註曰), 경금일간(庚金日干)이 갑신시생(甲申時生)이면 일록(日祿)이 신시(申時)에 거하고, 시간(時干)에 투출(透出)한 갑목(甲木)이 재성(財星)인데 년월(年月)에 재성(財星)이 또 있으면 불가하다. 이런 명은 등과급제하여 공명이 현달하니 명리가 높고 강하다. 그러나 년월간(年月干)에 경금(庚金)이 있으면 재물을 빼앗는 비겁(比劫)

이 된다.

고가왈(古歌曰), 녹(祿)과 재성(財星)을 모두 만나면 명리가 완전하다. 이때는 간두(干頭)에 재성(財星)이 투출(透出)해도 꺼리지 않고, 신강(身强)하며 파(破)가 없으면 평생 좋은 명이 된다. 그러나 운에서 비견(比肩)을 만나면 대흉하다.

또 청운에 길이 열리면 귀록시(歸祿時)인데 원명에 있으면 기귀격을 이룬다. 이때 주중(柱中)에 충(沖)이 없으면 평보로 시작해서 고관이 된다.

일록(日祿)은 시(時)에 거하는 것이 가장 좋은데 신강(身强)하고 관살(官殺)을 만나지 않아야 한다. 만일 비겁(比劫)이 재록(財祿)을 빼앗거나 형충파해(刑沖破害)되면 흉하다.

또 갑목일간(甲木日干)이 인목(寅木)에 앉았는데 관성운(官星)으로 흐르면 녹성(祿星)을 요합(遙合)하므로 영창한다. 그러나 운에서 경신유금(庚辛酉金)을 만나 관성(官星)이 나타나면 재앙이 따른다. 또 시(時)에 귀(貴)가 있으면 일록격(日祿格)은 녹(祿)이 흥융하고, 절기(切忌)되면 관성(官星)이 혼잡한 것이다. 간두(干頭)에 합(合)을 대동하고 지지(地支)에 파(破)를 대동하면 곤고함이 많다.

자고천왈(鷓鴣天曰), 갑을일간(甲乙日干)이 인묘시생(寅卯時生)이면 일간귀록격(日干歸祿格)이 되어 복이 많이 다른다. 이때 재성(財星)이 많으면 왕처(旺處)에서 크게 발달하여 명성을 떨치나, 사절(死絶)이나 휴수(休囚)되면 사직을 보존하기 어렵다. 만일 일록귀시격(日祿歸時格)이 정격(正格)이면 청운에 품은 뜻으로 등과급제하여 황제의 은총을 받는다.

고부운(古賦云), 일록귀시격(日祿歸時格)은 귀(貴)가 높아져 존경을 받게 된다.

첩치천리마운(捷馳千里馬云), 여명에서 상관(傷官)이 귀록(歸祿)을 만나면 대길하다.

5. 사위순전격(四位純全格)

【원 문】

補日 子午卯酉四位全 雖主男女酒色昏迷 然而男有者尚吉
보왈 자오묘유사위전 수주남녀주색혼미 연이남유자상길

女終凶 故日 男犯興衰 女犯孤獨 寅申巳亥全 爲四孟格
여종흉 고왈 남범흥쇠 여범고독 인신사해전 위사맹격

男命得之主大富貴 故日 寅申巳亥 位至三公 女命得地主心不定
남명득지주대부귀 고왈 인신사해 위지삼공 여명득지주심부정

故日 寅申互見以狂蕩 巳亥相朝心不正 辰戌丑未全爲四庫
고왈 인신호견이광탕 사해상조심부정 진술축미전위사고

男命得地爲九五之尊 故日 辰戌丑未全 順行帝王無疑
남명득지위구오지존 고왈 진술축미전 순행제왕무의

女命得之多不美 故日 冠帶互逢 定是風聲之醜 洪範云
여명득지다불미 고왈 관대호봉 정시풍성지추 홍범운

寅申巳亥疊見 有聰明生發之心 子午卯酉重逢 懷酒色荒淫之志
인신사해첩견 유총명생발지심 자오묘유중봉 회주색황음지지

辰戌丑未全備 乃財庫富貴之尊 淵源云 寅申巳亥全 孤淫腹便便
진술축미전비 내재고부귀지존 연원운 인신사해전 고음복편편

子午逢卯酉 定是隨人走 辰戌與丑未婦道之大忌
자오봉묘유 정시수인주 진술여축미부도지대기

【해 설】

보주왈(補註曰), 자오묘유(子午卯酉)가 모두 있으면 남녀 간에 주색으로 어지러운데, 남명은 길함이 있어 흥쇠가 있으나 여명은 결국은 흉해진다.

지지(地支)에 인신사해(寅申巳亥)가 모두 있으면 사맹격(四孟格)이라 하는데, 남명은 대부대귀격(大富大貴格)이 되어 삼공(三公)에 오른다. 그러나 여명은 인신(寅申)이 들면 방탕하고, 사해(巳亥)가 들면 심지가 불안해진다.

지지(地支)에 진술축미(辰戌丑未)가 모두 들면 사고격(四庫格)이라 하는데, 남명에게는 구오(九五)이니 순탄하게 제왕에 오른다. 그러나 여명은 아름답지 못한 명이되는 경우가 많은데, 관대(冠帶)를 만나면 추악한 구설을 듣게 된다.

홍범운(洪範云), 인신사해(寅申巳亥)를 모두 만나면 총명하며 펼치려는 마음이 있고, 자오묘유(子午卯酉)를 모두 만나면 황음하여 주색을 좋아하고, 진술축미(辰戌丑未)를 모두 만나면 재고(財庫)가 되니 부귀가 높다.

연원운(淵源云), 인신사해(寅申巳亥)가 모두 있으면 고독하며 음란하고, 자오묘유(子午卯酉)가 모두 있으면 지배욕이 강하며사람들이 따르고, 진술축미(辰戌丑未)가 모두 있으면 고지식하여 아내의 도리에 꺼리는 것이 있다.

6. 천원일기격(天元一氣格)

【원문】

四言獨步云 天元一氣 地物相同 人命得此 位列三公 舊註解云
사언독보운 천원일기 지물상동 인명득차 위열삼공 구주해운

且如周益公命 庚辰庚辰庚辰庚辰 乃合此 又有四個己巳
차여주익공명 경진경진경진경진 내합차 우유사개기사

四個戊午 四個乙酉 四個丙申 四個丁未 四個壬寅 四個癸亥
사개무오 사개을유 사개병신 사개정미 사개임인 사개계해

惟有四個辛卯則貧夭之命 其餘皆貴 又有四個戊戌 亦主破家
유유사개신묘즉빈요지명 기여개귀 우유사개무술 역주파가

主人怜悧聰明 若行火鄕稍可 終不成大器
주인영리총명 약행화향초가 종불성대기

【해설】

사언독보운(四言獨步云), 천원일기격(天元一氣格)이 지지(地支)가
모두 같으면 삼공(三公)에 오른다.

구주해운(舊註解云), 예를 들면 경진년(庚辰年) 경진월(庚辰月) 경
진일(庚辰日) 경진시생(庚辰時生)인 주익공(周益公)의 명이다. 또 4기
사일(己巳日), 4무오일(戊午日), 4을유일(乙酉日), 4병신일(丙申日), 4정
미일(丁未日), 4임인일(壬寅日), 4계해일(癸亥日), 4신묘일(辛卯日)은 빈
요한 명이 되고 그 외는 귀격(貴格)이 된다. 4무술일(戊戌日)은 총명
하나 화운(火運)을 만나기 때문에 큰 그릇이 되기 어렵다.

7. 천간순식격(天干順食格), 지지공협격(地支拱夾格),
양간불잡격(兩干不雜格), 일기생성격(一氣生成格)

【원 문】

古歌云 富貴天干順食奇 地支拱夾少人知 兩干不雜還須貴
고가운 부귀천간순식기 지지공협소인지 양간불잡환수귀

一氣生成世上稀 舊纂要註解曰 如脫脫丞相命
일기생성세상희 구찬요주해왈 여탈탈승상명

壬辰甲辰丙戌戊戌丙食戌 而辰中戊土 戌中戊土皆爲食神
임진갑진병술무술병식무 이진중무토 술중무토개위식신

況壬食甲 丙食戊 此爲天干順食格也 如帖木遠太師命
황임식갑 병식무 차위천간순식격야 여첩목원태사명

甲寅戊辰丙午丙申寅辰夾卯字 午申夾未字 此爲地支拱夾格也
갑인무진병오병신인진협묘자 오신협미자 차위지지공협격야

如葉丞相命庚寅 戊寅庚寅戊寅 此謂兩干不雜也
여엽승상명경인 무인경인무인 차위양간불잡야

如午火赤國公命癸亥癸亥癸丑癸丑 此謂一氣生成格也 補曰
여오화적국공명계해계해계축계축 차위일기생성격야 보왈

纂要日時 原係俱癸丑 而格解 改爲俱癸亥 非也 蓋年月同癸亥
찬요일시 원계구계축 이격해 개위구계해 비야 개년월동계해

日時同癸丑 干支皆北方水鄕 秀氣不雜 故曰 一氣生成
일시동계축 간지개북방수향 수기불잡 고왈 일기생성

若干支同癸亥 則是天元一氣矣 二格大同而小異
약간지동계해 즉시천원일기의 이격대동이소이

不然上文旣言天元一氣 而此豈有復言者哉 又補日 考諸五星指南
불연상문기언천원일기 이차개유복언자재 우보왈 고제오성지남

兩干不雜格郞連珠格 故又謂兩干連珠格 觀甲子乙亥甲子乙丑
양간불잡격즉연주격 고우위양간연주격 관갑자을해갑자을축

乃王侍郎造 庚辰辛巳庚辰辛巳可見矣 獨步云 八字連珠
내왕시랑조 경진신사경진신사가견의 독보운 팔자연주

二神有用 此之謂也 或改 二神有用 爲支神有用非也
이신유용 차지위야 혹개 이신유용 위지신유용비야

【해 설】

고가왈(古歌曰), 부귀한 자는 천간(天干)이 순식(順食)하는 기이한
명이고, 지지(地支)에 공협(拱夾)이 있는 자도 귀격(貴格)인데 이를
아는 사람이 적다. 양간(兩干)이 혼잡하지 않아야 귀격(貴格)이 되
고, 일기생성격(一氣生成格)은 희소한 귀격(貴格)이 된다.

구찬요주해왈(舊纂要註解曰), 탈탈승상(脫脫丞相)은 임진년(壬辰
年) 갑진월(甲辰月) 병술일(丙戌日) 무술시생(戊戌時生)인데, 병화일
간(丙火日干)이 시상(時上) 무토(戊土)를 식상(食)으로 삼는데, 무토
(戊土)가 진중(辰中)과 술중(戌中)에 있어 지지(地支)가 모두 식신(食
神)이니 지나치게 설기(泄氣)한다. 임수일간(壬水日干)은 갑목(甲木)
을 식상(食)으로 삼고, 갑목일간(甲木)은 병화(丙火)를 식상(食)으로
삼고, 병화일간(丙火日干)은 무토(戊土)를 식상(食)으로 삼는데, 천
간(天干)이 순차적으로 식상(食)을 삼는다고 해서 천간순식격(天干
順食格)이라 한다.

또 첩목원태사(帖木遠太師)의 명인데 갑인년(甲寅年) 무진월(戊辰

月) 병오일(丙午日) 병신시생(丙申時生)이다. 인목(寅木)과 진토(辰土) 사이에 묘목(卯木)이 공협(拱夾)하고, 오화(午火)와 신금(申金) 사이에 미토(未土)가 공협(拱夾)하니 지지공협격(地支拱夾格)이다.

또 엽승상(葉丞相)의 명인데 경인년(庚寅年) 무인월(戊寅月) 경인일(庚寅日) 무인시생(戊寅時生)이다. 년주(年柱)와 일주(日柱)가 같고, 월주(月柱)와 시주(時柱)가 같으니 양간불잡격(兩干不雜格)이다.

또 오화적국공(午火赤國公)의 명인데 계해년(癸亥年) 계해월(癸亥月) 계축일(癸丑日) 계축시생(癸丑時生)이다. 천간(天干)이 모두 계수(癸水)이니 일기생성격(一氣生成格)이다.

보주왈(補註曰), 찬요(纂要)에서는 일시(日時)가 계축(癸丑)이었는데 격해(格解)에서 계해(癸亥)로 고쳤으나 잘못이다. 년월(年月)이 계해(癸亥)로 같고, 일시(日時)가 계축(癸丑)으로 같다. 간지(干支)가 모두 북방 수운(水運)으로 수기(秀氣)가 혼잡하지 않으니 일기생성격(一氣生成格)이라 한 것이다. 만일 간지(干支)가 모두 계해(癸亥)이면 천원일기격(天元一氣格)이 된다. 이 두 가지 격은 비슷한 점이 있다. 그렇지 않으면 천원일기격(天元一氣格)과 일기생성격(一氣生成格)을 중복해서 논할 필요가 없었을 것이다.

보주왈(補註曰), 오성지남(五星指南)에 양간불잡격(兩干不雜格)을 연주격(連珠格)이라고 했는데, 이를 합쳐서 양간연주격(兩干連珠格)이라고 한 것이다. 예를 들어 왕시랑(王侍郎)은 갑자년(甲子年) 을해월(乙亥月) 갑자일(甲子日生) 을축시생(乙丑時生)이니 양간불잡격(兩干不雜格)이다. 또 경진년(庚辰年) 신사월(辛巳月) 경진일(庚辰日) 신사시생(辛巳時生)도 양간불잡격(兩干不雜格)이다.

독보운(獨步云), 팔자의 연주(連珠)에 두 신(神)이 유용하게 작용
한다는 말이 이것을 두고 한 말이다. 그런데 혹자가 이신유용(二神有
用)을 지신유용(支神有用)으로 잘못 고친 것이다.

8. 오합취집격(五合聚集格)

【원 문】

指南舊註曰 或干辰帶三位 支神帶三位 納音帶三位 皆云三合聚集
지남구주왈 혹간진대삼위 지신대삼위 납음대삼위 개운삼합취집

假如乙丑年乙酉月丁巳日乙巳時 三個乙 謂之干三合
가여을축년을유월정사일을사시 삼개을 위지간삼합

又如丙寅年庚寅月戊寅日戊午時 三個寅 謂之支三合 又如辛卯年木
우여병인년경인월무인일무오시 삼개인 위지지삼합 우여신묘년목

庚寅月木 丙戌日土 己亥時木三個木 謂之納音三合 蓋以一生二
경인월목 병술일토 기해시목삼개목 위지납음삼합 개이일생이

二生三 三生萬物 盈數之義也 按此二格當看四柱用神喜忌何如
이생삼 삼생만물 영수지의야 안차이격당간사주용신희기하여

値所喜則爲福 更看制化如何
치소희즉위복 갱간제화여하

【해 설】

지남구주운(指南舊註云), 예를 들어 경진년(庚辰年) 경진월(庚辰
月) 경진일생(庚辰日)이면 진토(辰土)를 3위 대동하고, 지신(支神)을

3위 대동하고, 오행(五行)의 납음(納音)에서 3위를 대동했으니 삼합 취집격(三合聚集格)이라 한다.

예를 들어 을축년(乙丑年) 을유월(乙酉月) 정사일(丁巳日) 을사시생 (乙巳時生)이면 을목(乙木)이 3위 있으니 간삼합(干三合)이라 하고, 병인년(丙寅年) 경인월(庚寅月) 무인일(戊寅日) 무오시생(戊午時生) 이면 인목(寅木)이 3위 있으니 지삼합(支三合)이라 한다.

또 신묘년(辛卯年)은 납음(納音)이 목(木)이고, 경인월(庚寅月)도 납음(納音)이 목(木)이고, 병술일(丙戌日)은 납음(納音)이 토(土)이 고, 기해시(己亥時)는 납음(納音)이 목(木)인데, 목(木)이 3위 있다고 해서 납음삼합(納音三合)이라 한다.

1이 2를 생(生)하고, 2는 3을 생(生)하고, 3은 만물을 생(生)하는 영 수(盈數)이기 때문이다. 또 1을 태극수(太極數) 또는 근본수라 하고, 2를 음양수(陰陽數)라 하고, 3을 만물의 완성수라고도 한다.

저자평, 이 두 가지 격은 용신(用神)이 어떤지를 살펴야 한다. 희신 (喜神)이 있으면 복이 따르고, 기신(忌神)이 있으면 화가 따른다. 그리 고 제극(制剋)과 변하는 것을 살펴야 한다.

9. 복덕격(福德格)

【원 문】

統宗云 陰土有三 己巳己丑己酉是也 四柱中不見丙丁寅午戌者爲貴
통종운 음토유삼 기사기축기유시야 사주중불견병정인오술자위귀

歲運皆同 若得巳酉丑三合金局全者尤貴 若運行見寅午戌
세운개동 약득사유축삼합금국전자우귀 약운행견인오술

則降官失財矣 是非不免 忌刑沖破害 詩曰 陰土逢蛇鷄與牛
즉강관실재의 시비불면 기형충파해 시왈 음토봉사계여우

名爲福德號貔貅 秀氣火來侵剋破 須敎名利一時休 陰火有三日
명위복덕호비휴 수기화래침극파 수교명리일시휴 음화유삼일

丁巳丁酉丁丑是也 四柱見財官旺位爲貴 不要見沖 如運行卯位
정사정유정축시야 사주견재관왕위위귀 불요견충 여운행묘위

別無與酉合干支者 當減財降官矣 如辰與酉合 巳與申合是也
별무여유합간지자 당감재강관의 여진여유합 사여신합시야

詩曰 陰火相臨巳酉丑 生居酉月壽難長 更兼名利多成敗
시왈 음화상임사유축 생거유월수난장 갱겸명리다성패

破耗荒淫祿不昌 陰水有三日 癸巳癸酉癸丑是也 卽與飛天祿馬同
파모황음녹불창 음수유삼일 계사계유계축시야 즉여비천녹마동

其月生在巳 名爲月臨風 丑遙巳中戊土爲官星 如有巳字塡實
기월생재사 명위월임풍 축요절중무토위관성 여유사자전실

故成敗多矣 譬如盛物之器 空則容物 實則不能也
고성패다의 비여성물지기 공즉용물 실즉불능야

詩曰 癸巳癸酉月臨風 名物遲延作事空 名利生成難有望
시왈 계사계유월임풍 명물지연작사공 명리생성난유망

始知成敗苦匆匆 陰金有三日 辛巳辛酉辛丑是也 四柱有丁火旺位
시지성패고총총 음금유삼일 신사신유신축시야 사주유정화왕위

及寅午戌者 平生衣祿貧薄 若巳酉丑三合者妙 若遇丙丁則爲官星
급인오술자 평생의록빈박 약사유축삼합자묘 약우병정즉위관성

歲運亦然 値寅者郄爲吉 乃天乙貴人也 詩曰 辛巳雞牛三位連
세운역연 치인자극위길 내천을귀인야 시왈 신사계우삼위연

合作金局祿貴全 若遇丁火寅午戌 平生衣祿也熬煎 陰木有三日
합작금국녹귀전 약우정화인오술 평생의록야오전 음목유삼일

乙巳乙酉乙丑是也 不宜六月生 在他月皆以另格斷之 蓋六月建未
을사을유을축시야 불의육월생 재타월개이령격단지 개육월건미

乃是木庫 乙干屬木 下帶金旺之地 金能剋木故也 以下剋上不吉
내시목고 을간속목 하대금왕지지 금능극목고야 이하극상불길

詩曰 陰木加臨丑酉蛇 生居六月暗咨嗟 爲官得祿難長久
시왈 음목가임축유사 생거육월암자차 위관득록난장구

縱有文章不足誇 淵源云八月生人人短壽 後改爲六月俱通 參考可也
종유문장부족과 연원운팔월생인인단수 후개위육월구통 참고가야

【해 설】

통종운(統宗云), 음토복덕격(陰土福德格)은 기사일(己巳日)·기축일
(己丑日)·기유일(己酉日)을 말한다. 이때는 병정(丙丁)과 인오술(寅午
戌)을 만나지 않아야 귀격(貴格)이 되는데, 세운이나 대운에서도 마
차가지다. 만일 사유축(巳酉丑) 금국(金局)이 모두 있으면 더 좋으나,
인오술운(寅午戌運)을 만나면 관직이 강등되거나 재물을 잃고, 형충
파해(刑沖破害)를 꺼린다.

시왈(詩曰), 음토(陰土)가 사계우(蛇鷄牛)인 사유축(巳酉丑)을 만
나면 복덕(福德)이라 하는데, 용맹한 군대처럼 기(氣)가 수려하다고
한다. 만일 화기(火氣)가 극파(剋破)하지 않으면 명리를 이루나, 일시
에 휴패(休敗)될 수 있다.

음화복덕격(陰火福德格)은 정사일(丁巳日)·정유일(丁酉日)·정축일
(丁丑日)을 말한다. 주중(柱中)에 재관(財官)이 왕성하면 귀격(貴格)

이 되나, 상충(相沖)을 만나면 안 된다. 만일 묘운(卯運)을 만나 묘유합(卯酉合)을 하면 재물이 줄며 관직이 떨어지는데, 진유합(辰酉合)과 사신합(巳申合)이 그것이다.

시왈(詩曰), 음화(陰火)가 사유축(巳酉丑)이 있는데 유월생(酉月生)이면 장수하기 어렵다. 명리도 성패가 많고 황음하며 관록(官祿)이 창성할 수 없다.

음수복덕격(陰水福德格)은 계사일(癸巳日)·계유일(癸酉日)·계축일(癸丑日)을 말하는데, 원리는 비천녹마(飛天祿馬)와 같다. 사월생(巳月生)은 축토(丑土)가 사중(巳中) 무토(戊土)를 요합(遙合)하여 관성(官星)으로 삼는데, 사화(巳火)가 전실(塡實)되어 성패가 많다. 그릇을 비워야 새 것을 담을 수 있는 것처럼 이미 가득 차 있으면 더 담을 수 없기 때문이다.

시왈(詩曰), 계사일(癸巳日)과 계유일(癸酉日)은 월임풍(月臨風)이라 명리가 지연되고 하는 일이 공허하여 만사가 성사되기 어렵다.

음금복덕격(陰金福德格)은 신사일(辛巳日)·신유일(辛酉日)·신축(辛丑日)을 말한다. 이때 왕성한 정화(丁火)가 인오술(寅午戌)을 만나면 평생 의록(衣祿)이 박하다. 만일 사유축(巳酉丑) 삼합(三合)이 있으면 명이 묘해지나, 병정(丙丁)을 만나면 관성(官星)에 해당하니 흉해지는데, 세운이나 대운에서도 마찬가지다. 그러나 인목(寅木)이 있으면 천을귀인(天乙貴人)이 되니 길하다.

시왈(詩曰), 신사일(辛巳日)이 계우(雞牛)인 유축(酉丑)이 3위 연하여 금국(金局)을 만나면 녹귀(祿貴)가 안전한데, 정화(丁火)가 인오술(寅午戌)을 만나면 평생 의록(衣祿)이 부족해서 곤고하다.

음목복덕격(陰木福德格)은 을사일(乙巳日)·을유일(乙酉日)·을축일(乙丑日)을 말하는데, 미월생(未月生)은 해당하지 않는다. 6월은 미월(未月)이니 목고(木庫)인데, 을목(乙木)이 금왕운(金旺運)을 만나면 금극목(金剋木)을 하니 하극상이 되어 흉하다.

시왈(詩曰), 음목(陰木)이 사축유(巳丑酉)에 임하면 음목복덕격(陰木福德格)이 되는데, 미월생(未月生)이면 한탄하는 명이 된다. 이런 사람은 권력을 잡아도 오래 가기 어렵고, 문장이 있어도 발휘하기 어렵다.

연원운(淵源云), 유월생(酉月生)은 단명한다고 했는데, 후세의 어떤 이가 6월로 고쳤으니 참고하기 바란다.

6장. 격국조해론(格局助解論)

1. 신취팔법(神趣八法)

1. 유상(類象)

■ 건명(乾命), 유상격(類象格)

```
年 月 日 時
丁 甲 甲 甲        癸壬辛庚己戊丁丙
卯 辰 寅 子        卯寅丑子亥戌酉申
```

【원 문】

楠曰 春木支全寅卯辰 格符類象貴非輕 喜行坎地根深固
남왈 춘목지전인묘진 격부유상귀비경 희행감지근심고

身强敵殺在庚辛 補註 夫類象者 乃天地之一類也 如春生或甲乙天干
신강적살재경신 보주 부유상자 내천지지일류야 여춘생혹갑을천간

値地支寅卯辰全 無間斷破壞 謂之奪東方一片秀氣
치지지인묘진전 무간단파괴 위지탈동방일편수기

至怕引至時上爲死絕之鄉 謂之破了秀氣 運至死絕 卽不吉兆
지파인지시상위사절지향 위지파료수기 운지사절 즉불길조

或得時上 或得年引至生旺 謂之秀氣加臨 十分吉兆 更妙甲祿在寅
혹득시상 혹득년인지생왕 위지수기가임 십분길조 갱묘갑록재인

年透丁火 喜身强泄秀氣精英於火矣 故曰 火明木秀日主强
년투정화 희신강설수기정영어화의 고왈 화명목수일주강

定作狀元郎 早行東方木運 實病其太强 病而未遇涼劑 不遂宜矣
정작장원랑 조행동방목운 실병기태강 병이미우량제 불수의의

今遊坎地 根深蒂固 定作富貴之造 喜庚辛金涼劑蓋頭
금유감지 근심체고 정작부귀지조 희경신금량제개두

必符我先人蓋頭之說 身强而敵殺 衣紫及穿緋 木得金裁 廟廊宰輔
필부아선인개두지설 신강이적살 의자급천비 목득금재 묘낭재보

【해 설】

장남왈(張楠曰), 춘목(春木)이 지지(地支)에 인묘진(寅卯辰)이 모두
들면 유상(類象)이 되어 귀(貴)가 가볍지 않다. 운이 감지(坎地)로 흐
르면 근기(根氣)가 깊고 단단하니 신강(身强)해져 경신금(庚辛金)을
감당할 수 있으니 크게 발달한다.

보주왈(補註曰), 유상(類象)이란 천간(天干)과 지지(地支)가 한 가
지로만 된 것을 말한다. 예를 들면 봄철생 갑을일간(甲乙日干)의 지지
(地支)에 인묘진(寅卯辰)이 모두 있는 경우다. 간단(間斷)함 없이 파
괴되면 동방에 하나 있는 수기(秀氣)를 빼앗는 것이니 시상(時上)의

사절향(死絶鄕)을 두려워한다. 그러나 시(時)나 년(年)에서 생왕(生旺)되면 수기(秀氣)가 임한 것이니 좋다. 이때 갑목(甲木)의 녹(祿)이 인목(寅木)에 있고, 년상(年上)에 정화(丁火)가 투출(透出)했는데 신강(身强)하면 그 수기(秀氣)를 설(泄)하는 화운(火運)에 묘해진다.

따라서 이 사람은 화명목수(火明木秀)하고 신강(身强)하여 장원랑(狀元郎)이 된 것이다. 일찍 기신(忌神)인 동방 목운(木運)을 만나 병으로 고생했으나 약을 구하지 못했고, 감지(坎地)인 수운(水運)에는 뿌리가 깊어 장해가 많았다. 그러나 경신금운(庚辛金運)에는 신강(身强)해져 살(殺)을 충분히 감당할 수 있어 의자(衣紫)가 풍족했고, 목(木)이 금(金)을 얻어 재단(裁斷)하니 중앙정부의 고관이 되었다.

저자평, 이 해설은 아리송한 부분이 세 군데 있다. 첫째는 감지(坎地)인 수왕운(水旺運)으로 흘러 기쁘다는 것이고, 둘째는 경신금운(庚辛金運)에 크게 발달했다는 것이고, 셋째는 정화(丁火)가 설기(泄氣)하여 화운(火運)에 장원랑(狀元郎)이 되었다는 것이다. 그렇다면 신강(身强)하며 주중(柱中)에 화토금(火土金)이 작용했다는 말인데, 신시생(申時)이나 유시생(酉時)이 아닌가 생각한다.

2. 속상(屬象)

【원 문】

夫星屬象者 乃天干甲乙生 値地支亥卯未全者是也
부성속상자 내천간갑을생 치지지해묘미전자시야

【해 설】

　속상(屬象)이란 갑을일간(甲乙日干)이 지지(地支)에 해묘미(亥卯未) 목국(木局)이 있는 것을 말한다.

3. 종상(從象)

【원 문】

夫星從象者 如甲乙日主無根 遇地支純金 謂之從金 若四柱純土
부성종상자 여갑을일주무근 우지지순금 위지종금 약사주순토

謂之從土 四柱純水 謂之從水 四柱純木 謂之從木 只有秀氣者吉
위지종토 사주순수 위지종수 사주순목 위지종목 지유수기자길

無秀氣者不吉 或天干再有甲乙字 或有根者不吉 其從木者
무수기자불길 혹천간재유갑을자 혹유근자불길 기종목자

須得木旺乃吉 死絕地凶
수득목왕내길 사절지흉

【해 설】

　종상(從象)이란 갑을일간(甲乙日干)이 뿌리가 없는데 지지(地支)에 금(金)만 있어 종금격(從金格)이거나, 토(土)만 있어 종토격(從土格)이거나, 수(水)만 있어 종수격(從水格)이거나, 목(木)만 있어 종목격(從木格)인 것을 말한다. 만일 주중(柱中)에 수기(秀氣)가 있으면 길하나 없으면 불길하고, 천간(天干)에 다시 갑을(甲乙)이 있거나 뿌리가 있으면 흉하다. 종목격(從木格)은 목(木)이 왕성하면 길하나 사절지(死絕地)를 만나면 흉하다.

4. 화상(化象)

【원 문】

夫星化象者 如甲乙生人 在辰戌丑未月 天干有一己字合甲字
부성화상자 여갑을생인 재진술축미월 천간유일기자합갑자

謂之甲己化土 喜行火土運 如見甲乙木生旺運化不成 反爲不吉
위지갑기화토 희행화토운 여견갑을목생왕운화불성 반위불길

八字中有二甲字 謂之爭合 有一乙字 謂之妒合 皆爲破格
팔자 중유이갑자 위지쟁합 유일을자 위지투합 개위파격

【해 설】

화상(化象)이란 갑을일간(甲乙日干)이 진술축미월생(辰戌丑未月生)인데, 천간(天干)에 기토(己土)가 하나 있어 갑목(甲木)과 갑기화토(甲己化土)하는 것을 말한다. 화토운(火土運)으로 흐르면 길하나 생왕운(生旺運)을 만나면 변하지 않으니 흉하다. 만일 주중(柱中)에 갑목(甲木)이 둘 있으면 쟁합(爭合)이 되고, 을목(乙木)이 있으면 투합(妒合)이 되니 격(格)이 깨진다.

5. 조상(照象)

【원 문】

照象者 如丙日巳午未年月日 遇時上一位卯木 謂之木火相照甚吉
조상자 여병일사오미년월일 우시상일위묘목 위지목화상조심길

如壬癸日 申子辰全 遇時上有一位金 謂之金水相照大吉
여임계일 신자진전 우시상유일위금 위지금수상조대길

若年干有照者 亦吉也
약년간유조자 역길야

【해 설】

　조상(照象)이란 병화일간(丙火日干)이 년월일(年月日)에 사오미(巳午未)가 들고, 시상(時上)에 묘목(卯木)이 하나 있는 것을 말하는데, 목화상조(木火相照)가 되어 대길하다. 또 임계일간(壬癸日干)이 신자진(申子辰)이 모두 들고, 시상(時上)에 금(金)이 하나 있는 것을 말하는데, 금수상조(金水相照)가 되어 대길하다. 년간(年干)에 조(照)가 있어도 길하다.

6. 반상(返象)

【원 문】

返象者 所謂値月令用神 引至時上一位謂之絕鄕 謂之用而不用
반상자 소위치월령용신 인지시상일위위지절향 위지용이불용

皆爲返運 返之太甚 則大不吉
개위반운 반지태심 즉대불길

【해 설】

　반상(返象)이란 월령(月令)에 용신(用神)이 있는데 시상(時上)에 절향(絕鄕)이 하나 있는 것을 말한다. 반운(返運)인데 심하면 대흉하다.

7. 귀상(鬼象)

【원 문】

鬼象者 乃秋生甲乙日 地支純金 謂之鬼象 要行鬼生旺之運則吉
귀상자 내추생갑을일 지지순금 위지귀상 요행귀생왕지운즉길

怕見至死絕之鄉 又得身旺則不吉
파견지사절지향 우득신왕즉불길

【해 설】

　귀상(鬼象)이란 가을생 갑을일간(甲乙日干)이 지지(地支)가 모두
금(金)으로만 구성된 것을 말한다. 운이 귀(鬼)의 생왕지(生旺)로 가
면 길하나, 사절향(死絕鄉)을 만나거나 신왕(身旺)하면 흉하다.

8. 복상(伏象)

【원 문】

伏象者 乃寅午戌三合全 又值五月生 逢壬日而天干無丁字
복상자 내인오술삼합전 우치오월생 봉임일이천간무정자

壬水又無根 乃取午中之丁火 合壬水而伏之 所謂伏象
임수우무근 내취오중지정화 합임수이복지 소위복상

運至木火之地皆吉 只愁水旺之鄉不利也
운지목화지지개길 지수수왕지향불리야

【해 설】

　복상(伏象)이란 오월생(午月生)이 인오술(寅午戌)이 모두 있는 것

을 말한다. 임수일간(壬水日干)은 천간(天干)에 정화(丁火)가 없고 뿌리가 없어어 한다. 오중(午中) 정화(丁火)로 정임합목(丁壬合木)을 하니 목화운(木火運)은 길하나 수왕운(水旺運)은 불리하다.

2. 대운론(大運論)

【원문】

夫星大運者 就月上起 譬之樹苗 樹之見苗則名 月之用神
부성대운자 취월상기 비지수묘 수지견묘즉명 월지용신

則知其格 故謂交運 如同接木然 論命有根苗花實者 正合此意
즉지기격 고위교운 여동접목연 논명유근묘화실자 정합차의

豈不宜哉! 或甲乙得寅卯運 名曰劫財敗財 主剋父及剋妻
개불의재! 혹갑을득인묘운 명왈겁재패재 주극부급극처

破財爭鬪之事 行丙丁巳午運 名曰傷官 主剋子女 誤事囚繫
파재쟁투지사 행병정사오운 명왈상관 주극자녀 오사수계

庚辛申酉七殺官鄕 主得名發越 太過則災病惡疾 行壬癸亥子
경신신유칠살관향 주득명발월 태과즉재병악질 행임계해자

乃生氣印綬運 主吉慶增産 辰戌丑未戊己財運 主名皆通
내생기인수운 주길경증산 진술축미무기재운 주명개통

此乃死法譬喩 須隨格局喜忌推之 其驗如神 不宜與太歲相剋
차내사법비유 수수격국희기추지 기험여신 불의여태세상극

若歲沖運又吉 運沖歲則甚不利 歲運相生者吉 宜細推無不應驗
약세충운우길 운충세즉심불리 세운상생자길 의세추무불응험

【해 설】

대운(大運)은 월(月)에서 시작해 일어나는데 수목의 싹이 자라 뻗어나가는 것과 같다. 즉 월지(月支)의 심천을 보아 용신(用神)을 찾아 격을 아는 것이니, 마치 나무에 접을 붙이는 것과 같다. 명조를 논할 때는 근묘화실(根苗花實)의 뜻을 분명하게 알아야 하니 어찌 마땅하지 않다고 하겠는가.

만일 갑을일간(甲乙日干)이 인묘운(寅卯運)을 만나면 겁재(劫財)이며 패재(敗財)가 되니, 극부극처(剋父剋妻)하며 파재(破財)하니 쟁투가 따른다. 운에서 병정(丙丁)과 사오(巳午)를 만나면 상관(傷官)이 되니, 자식을 극(剋)하며 하는 일이 지체된다. 경신운(庚辛運)과 신유운(申酉運)을 만나면 칠살(七殺)의 관성운(官星運)이니 이름을 얻으나 지나치면 재앙과 악질을 당하고, 임계운(壬癸運)과 해자운(亥子運)을 만나면 인수운(印綬運)이니 길경사가 많아지고, 진술축미운(辰戌丑未運)과 무기운(戊己運)을 만나면 재성운(財星運)이니 명리가 모두 통한다. 그러나 이런 고정된 이론은 죽은 법이니 재고해야 한다. 격국(格局)에 따라 희기(喜忌)를 추리해야 그 증험함이 신과 같을 것이다. 만일 태세와 상극(相剋)되면 불가하고, 대운과 세운이 상충(相沖)되거나 길운이 세운을 충(沖)하면 매우 불리하다. 그러나 세운이나 대운이 상생(相生)하면 길하니 자세하게 추리하면 응험하지 않음이 없을 것이다.

3. 태세론(太歲論)

【원 문】

太歲乃天中天子 甚不可犯之 若犯之則凶 原日犯歲君 災殃必重
태세내천중천자 심불가범지 약범지즉흉 원일범세군 재앙필중

五行有救 其年反必爲財 如甲日見戊土太歲是也 剋重者死
오행유구 기년반필위재 여갑일견무토태세시야 극중자사

甲乙生寅卯亥未日時 犯剋歲君 決死無疑 有救則吉
갑을생인묘해미일시 범극세군 결사무의 유구즉길

大抵太歲不可傷之 犯歲者 其年必主凶喪 是下犯上之意
대저태세불가상지 범세자 기년필주흉상 시하범상지의

如以勾絞空亡咸池宅墓 病死符白虎羊刃諸殺推之 干不剋歲
여이구교공망함지택묘 병사부백호양인제살추지 간불극세

尤防運剋歲 亦如此不利 倘有貴人祿馬化之則吉也
우방운극세 역여차불리 당유귀인녹마화지즉길야

【해 설】

　태세(太歲)는 년운(年運)을 말하는데 천중(天中)의 천자(天子)이니 극(剋)하면 매우 어렵고 범하면 흉하다. 만일 일간(日干)이 세운을 범하면 반드시 재앙이 무거우나, 구해주는 육신(六神)이 있으면 오히려 재물이 생긴다. 예를 들면 무년생(戊年生) 갑목일간(甲木日干)인데 파극(破剋)이 무거우면 죽는다. 만일 갑을일간(甲乙日干)이 일시(日時)에 인묘해미(寅卯亥未)가 있는데, 세운을 범하면 반드시 사망하나 구해주는 오행(五行)이 있으면 오히려 좋아지기도 한다.

만일 태세(太歲)를 범하면 그 해에 반드시 흉상(凶喪)을 당하는데, 하극상을 하기 때문이다. 만일 구교(勾絞)·공망(空亡)·함지(咸池)· 택묘(宅墓)·병사부(病死符)·백호(白虎)·양인(羊刃)이 임했는데 태세 (太歲)를 극(剋)하면 불가하고, 대운이 세운을 극상(剋傷)하면 모든 것이 불리하나 귀인녹마운(貴人祿馬運)으로 흐르면 길하다.

4. 격국생사총가(格局生死總歌)

【원 문】

夫星格局 皆自有定論 今略具而述之 印綬見財行財運
부성격국 개자유정론 금약구이술지 인수견재행재운

又見死絶入黃泉 如柱比肩 庶幾有解 正官見殺及傷官刑沖破害
우견사절입황천 여주비견 서기유해 정관견살급상관형충파해

歲運相倂必死 正財偏財見比肩分奪 又見歲運沖合必死 傷官之格
세운상병필사 정재편재견비견분탈 우견세운충합필사 상관지격

財旺身弱 官殺重見 混雜沖刃 歲運又見必死 拱祿拱貴 刑沖塡實
재왕신약 관살중견 혼잡충인 세운우견필사 공록공귀 형충전실

及日祿歸時 見七殺官星者必死 其餘諸格 並忌殺及塡實 歲運倂臨
급일록귀시 견칠살관성자필사 기여제격 병기살급전실 세운병임

此亦具其大槪而言 一不可拘 二須敢斷
차역구기대개이언 일불가구 이수감단

【해 설】

격국(格局)의 원칙을 간단하게 정리하면 다음과 같다. 인수(印綬)

가 재성(財星)을 만났는데 재성운(財星運)이나 사절지(死絕地)를 만나면 황천객이 된다. 이때 주중(柱中)에 비견(比肩)이 있으면 구제되나, 정관(正官)이나 칠살(七殺)이나 상관(傷官)을 만나고, 형충파해(刑沖破害)가 되면 반드시 죽는다.

비견(比肩)이 정재(正財)나 편재(偏財)를 만나면 빼앗기게 되니 불리하고, 세운이 충합(沖合)하면 반드시 죽고, 상관격(傷官格)인데 재왕신약(財旺身弱)하거나 관살(官殺)을 거듭 만나 혼잡하거나 양인(羊刃)을 충(沖)하거나 세운에서 또 만나면 반드시 죽는다.

공록공귀격(拱祿拱貴格)이 형충(刑沖)이나 전실(塡實)되거나, 일록귀시격(日祿歸時格)이 칠살(七殺) 관성(官星)을 만나면 반드시 죽는다. 다른 격(格)도 칠살(七殺)이 들거나 전실(塡實)되면 꺼리는데 세운에서 만나도 마찬가지다. 이상은 대충 논한 것이다. 간단하게 한두 마디 말로 단정할 수 없다.

5. 오성론(五星論)

1. 금성론(金星論)

【원 문】

夫星金者 西方白帝之神 金天氏執矩司事 張晏曰 金爲義 義者成
부성금자 서방백제지신 금천씨집구사사 장안왈 금위의 의자성

成者方 方矩行 收斂之令 主肅殺之權 執性堅剛 春月見之
성자방 방구행 수렴지령 주숙살지권 집성견강 춘월견지

性柔體弱 常用日時坐命處 以生旺助其柔性 見木多則反成尌志
성유체약 상용일시좌명처 이생왕조기유성 견목다즉반성좌지

謂春乃靑帝行權 木神用事 更加木盛 則金治之無力 所謂執力小
위춘내청제행권 목신용사 갱가목성 즉금치지무력 소위집역소

而不能負重也 五行大論曰 水近木遠 尅其無門 火多則溫其性
이불능부중야 오행대론왈 수근목원 극기무문 화다즉온기성

煆其形 謂在春月尙有餘寒之氣 而其本性 正居柔之中
하기형 위재춘월상유여한지기 이기본성 정거유지중

當貴乎火之暖氣也 水多則其性愈寒 其力愈熾 謂在春月性柔體弱
당귀호화지난기야 수다즉기성유한 기력유치 위재춘월성유체약

加以水增其寒勢 不能施鋒銳 然則惡乎水盛也 金見乃助其形
가이수증기한세 불능시봉예 연즉악호수성야 금견내조기형

若無火徒加金鐵 反爲無用失類之狀 然則金能助形 又見火以煆之
약무화도가금철 반위무용실류지상 연즉금능조형 우견화이하지

土厚養其性 助其形 治其水 得其體白形剛 設使土盛不利焉
토후양기성 조기형 치기수 득기체백형강 설사토성불리언

謂春月乃木旺時 土散塵飛 厚而不寒 當喜水去矣
위춘월내목왕시 토산진비 후이불한 당희수거의

夏月之金 性尙在柔 未執方 猶嫌死絶 貴乎旺相 見木助火 傷形尅體
하월지금 성상재유 미집방 유혐사절 귀호왕상 견목조화 상형극체

謂夏月乃赤帝行權 火神用事 當是木橋 無刑幷遇其火 則火性愈猛
위하월내적제행권 화신용사 당시목고 무형병우기화 즉화성유맹

故爲傷形尅體 若以見火多 卻爲不厭 性溫體潤肌膚 土盛火暴
고위상형극체 약이견화다 극위불염 성온체윤기부 토성화폭

執方不能自化 展轉無剛革之威 時當夏月 土多則成滯金
집방불능자화 전전무강혁지위 시당하월 토다즉성체금

助體剛形筋自立 時有當權火氣 出乎自然變化也
조체강형즉자립 시유당권화기 출호자연변화야

【해 설】

금(金)은 서방의 백제지신(白帝之神)인 금천씨(金天氏)가 관장한다.

장안왈(張晏曰), 금(金)은 의(義)이고, 의(義)는 성(成)이고, 성(成)은 방(方)이고, 방(方)은 규제이니, 숙살지권(肅殺之權)을 주장하며 견고하며 강한 성품을 집행하는 자다. 봄철 금일간(金日干)은 성품이 유약하고 체력이 약하니 일시(日時)가 도와주어야 강왕해진다. 목(木)이 많으면 의지가 꺾이니 춘(春)은 청제(靑帝)가 행권(行權)하고 목신(木神)이 용사(用事)한 것이니 다시 목(木)이 성하면 금(金)의 통치력이 무력해지니 작은 힘으로 무거운 짐을 질 수 없는 격이 된다.

오행대론왈(五行大論曰), 수기(水氣)가 가까이 있고 목기(木氣)가 멀리 있으면 극상(剋傷)하니 문이 없고, 화(火)가 많으면 금(金)을 단련할 수 있다고 했다. 따라서 봄철생이면 아직 한기가 남아 있으니 화기(火氣)를 바라는 것은 본성이니 정(正)히 거하는 것이 유중(柔中)이면 당연히 귀(貴)가 화(火)의 난기(暖氣)다. 수(水)가 많으면 한냉하니 봄에 태어나 성유체약(性柔體弱)한 중에 수기(水氣)로 한기를 증가하면 금일간(金日干)이 예리할 수가 없으니 수(水)가 성하면 꺼린다.

금(金)을 만나 생조(生助)하면 금(金)의 형체를 도와주지만 화(火)가 없을 때는 금기(金氣)만이 미련하게 강하므로 쓸모가 없다. 따라서 금(金)이 도와주고, 화(火)가 다듬어주어야 길하다.

만일 토(土)가 두터우면 토생금(土生金)으로 금(金)을 길러 형체를

만들면 비로소 형체를 이룰 것이다. 그러나 토기(土氣)가 왕성하기만
하면 금(金)이 묻혀 불리하다. 봄은 목(木)이 왕성한 계절이라 두터운
토(土)를 흩어지게 하니 많고 차갑지 않아야 길하다.

여름생 금일간(金日干)은 아직 유약하여 다칠 수 있으므로 사절(死
絶)되는 것을 꺼리고 왕상(旺相)됨이 귀하다. 목조화(木助火)함이 있으
면 금(金)을 상(傷)하고 극체(剋體)하는 것이다. 이른바 여름은 적제(赤
帝)가 권력을 행사하고 화신(火神)이 작용하니 당연히 목(木)은 말라 불
에 타고 화(火)는 맹렬해져 금(金)의 형체를 극상(剋傷)한다는 것이다.

여름생 금일간(金日干)이 화(火)가 많으면 성품이 온순하고 체력
은 윤택하며 비만하다. 토(土)가 성하면 금(金)이 묻히고, 화(火)가 사
나우면 아직 형체를 갖추지 못한 금(金)이 파극(破剋)되어 흉하니 금
(金)이 아신(我身)을 도와주어야 길하다.

【원 문】

秋日秋金 當權乘勝 經曰 金氣肅而彫零萬物 木多則反傷斧斤
추일추금 당권승승 경왈 금기숙이조령만물 목다즉반상부근

謂秋乃白帝行權 金神用事 時雖木死 琢之不難 謂有取而轉進退
위추내백제행권 금신용사 시수목사 탁지불난 위유취이전진퇴

則反費精神 五行大論云 猶石韞之畏貪 若靈龜之曳尾 金多愈剛
즉반비정신 오행대론운 유석온지외탐 약영귀지예미 금다유강

剛而必折 謂乃本性本權 更加本形相助 失乎旺 旺則極
강이필절 위내본성본권 갱가본형상조 실호왕 왕즉극

極則反於造物不耐扶 若琉璃火盛 可以成形 謂時當暴亂
극즉반어조물불내부 약유리화성 가이성형 위시당폭난

須用物以制其暴性 性肅則形成 形成則可施鋒銳 有鋒銳可施
수용물이제기폭성 성숙즉형성 형성즉가시봉예 유봉예가시

收斂之功 水潤體光 水白金淸 執性不剛 物無反惡 土盛生金
수렴지공 수윤체광 수백금청 집성불강 물무반악 토성생금

其性愈隆 物能稼牆 形有所執 物有所成 冬月之金 形寒性冷
기성유융 물능가장 형유소집 물유소성 동월지금 형한성냉

水秀金柔 木多不能琢削之功 反成無用 水盛則金氣愈寒
수수금유 목다불능탁삭지공 반성무용 수성즉금기유한

謂冬月乃黑帝行權 水神用事 加之以水 則金寒水冷 不能執化
위동월내흑제행권 수신용사 가지이수 즉금한수냉 불능집화

火多性溫體健 物當成器 鋒銳可施 時逢財相 金見聚氣
화다성온체건 물당성기 봉예가시 시봉재상 금견취기

則形微氣盛也 土多制水生金 生不寒 體不懦 加之火助土厚
즉형미기성야 토다제수생금 생불한 체불나 가지화조토후

則子母俱有成物之功 可以成剛 可以成銳 吉無不利也
즉자모구유성물지공 가이성강 가이성예 길무불리야

【해 설】

가을생 금일간(金日干)은 금기(金氣)의 권력이 당당하며 승승한다.

경운(經云), 금기(金氣)가 숙살(肅殺)되어 만물이 시들어 떨어지는 시절이니 목(木)이 많으면 금(金)의 도끼를 상해한다. 가을철은 백제(白帝)가 권력을 잡고 금신(金神)이 작용하니 비록 목(木)이 죽지만 탁마(琢磨)하기에는 불란(不難)하며 목(木)을 취하여 진퇴하면 오히려 금(金)의 정신을 소비한다.

오행대론왈(五行大論曰), 석오(石韙)의 상이니 재능이 있어도 이루지 못해 흉한데, 금(金)이 많으면 지나치게 강해져 반드시 꺾인다. 이 것은 곧 본래 강한데 또 도와주면 왕성함을 잃고, 지나치게 왕성하면 오히려 기물을 이룰 수 없는 것과 같다. 따라서 당연히 난폭한 성품을 다스려야 형상을 이루고, 형상을 이루어야 날카로움을 얻고, 날카로움을 얻어야 만물을 수렴하는 공을 이룰 수 있다.

　주중(柱中)에 수기(水氣)가 윤택하여 전체가 밝아지면 수백금청(水白金淸)이라 한다. 이런 명은 정신이 예리하며 우수하고, 성품이 강폭하지 않아 만물을 상하게 않는다. 또 토기(土氣)가 왕성해 토생금(土生金)을 하면 성품이 더 아름답고, 만물을 능히 심고 거두어들인다.

　겨울철 금(金)은 형상과 성질이 한냉하여 수기(水氣)는 우수하나 금기(金氣)는 유약하다. 목(木)이 많으면 다듬는 공이 없으니 쓸모가 없어진다. 수기(水氣)가 왕성하면 금기(金氣)는 한냉하다. 이르기를 겨울에는 흑제(黑帝)가 권력을 잡고 수신(水神)이 작용한다. 수기(水氣)가 임하면 금한수냉(金寒水冷)하여 기물을 이루지 못한다. 화(火)가 많으면 성질이 온난하며 체력은 건강해져 만물은 당연히 성기(成器)하여 봉예(鋒銳)을 가시(可施)한다. 때를 만나면 재물을 얻고, 금(金)을 만나 기운이 모이면 형상은 미미하나 왕성하게 발달한다. 토(土)가 많으면 토극수(土剋水)로 수(水)를 다스리고, 토생금(土生金)으로 금(金)을 생하여 한냉하지 않고 체력은 유약하지 않아진다. 화생토(火生土)로 토(土)가 두터우면 모자가 함께 기물을 이루는 공이 있으니 가히 강건하며 가히 예기(銳器)를 이룰 것이니 좋은 명이 된다.

2. 목성론(木星論)

【원 문】

夫星木者 東方靑帝之神 庖義氏執規司事 張晏曰 木爲仁 仁者生
부성목자 동방청제지신 포의씨집규사사 장안왈 목위인 인자생

生日員 故日 規行生泰之權 持華秀之令 春月得之 漸有生長之象
생왈원 고왈 규행생태지권 지화수지령 춘월득지 점유생장지상

孟春之令 猶有微寒 當用火以溫暖 則木無盤屈之拘 當有舒泰之美
맹춘지령 유유미한 당용화이온난 즉목무반굴지구 당유서태지미

纔當春木 陽壯物渴 籍水資扶 益加秀茂 夏月之木 根燥葉乾
재당춘목 양장물갈 적수자부 익가수무 하월지목 근조엽건

盤而且直 屈而已伸 水滋其形 而無槁朽 水病水死 救之無功
반이차직 굴이이신 수자기형 이무고후 수병수사 구지무공

水生水旺 滋之有力 蓋謂衰不能旺中之鬼也 又云 勺水不能生木
수생수왕 자지유력 개위쇠불능왕중지귀야 우운 작수불능생목

然用生旺 金多木能成器 時當赤帝行權 土養無水潤成其木也
연용생왕 금다목능성기 시당적제행권 토양무수윤성기목야

木助木以成林 徒逞鬱鬱之觀 終無結果之成 若居季夏 見金相成
목조목이성림 도령울울지관 종무결과지성 약거계하 견금상성

時乃金相 得之以成形 謂金相能施功 可成琢削之象
시내금상 득지이성형 위금상능시공 가성탁삭지상

【해 설】

목(木)은 동방의 청제신(靑帝神)인 포의씨(庖義氏)가 관장한다.

장안왈(張晏曰), 목(木)은 인(仁)이고, 인(仁)은 생(生)함이 있고, 생

(生)함이 있으니 원(員)이며 그러므로 법규가 행함에 태평하면 생(生)하고 권(權)을 소지(所持)함에 우수한 기운을 드높인다. 봄철 목일간(木日干)은 점차 생장하는 기상이 있으나, 초봄에는 미약하나마 한기가 있으니 당연히 화(火)로 따뜻하게 해주어야 서태(舒泰)의 아름다운 격(格)이 된다.

또 춘목(春木)은 양기(陽氣)가 점차 왕성하게 자라는 시절이라 만물이 갈증을 느끼는데, 수기(水氣)로 도와주면 무성해져 영화롭고 우수한 명이 된다.

여름철 목(木)은 뿌리와 잎이 건조해지는 시절이니 수생목(水生木)을 해야 길하다. 따라서 수기(水氣)가 병사되어 기(氣)가 없으면 구해주어도 공이 없고, 수기(水氣)가 생왕(生旺)되어 자조(滋助)하여 힘이 생겨야 귀격(貴格)이 된다. 쇠약하면 강한 귀살(鬼殺)을 구제할 수 없기 때문이고, 작은 물은 고갈에 시달리는 많은 목(木)을 구할 수 없기 때문이다. 그러므로 수기(水氣)가 왕성해지고 금(金)이 많으면 목(木)이 능히 기물을 이룰 수 있는 것이다.

여름철은 적제(赤帝)가 권력을 잡는 시절이니 토기(土氣)가 자라고 수기(水氣)가 윤택하게 도와주어 공을 성취하게 해주는 시기가 아니며, 수기(水氣)가 없는 때므로 목(木)이 목(木)을 도와 숲을 이룰지라도 무성하고 울울한 기상만 있을 뿐 결실을 거둘 수 없다. 만일 미월생(未月生)이 금(金)을 만나 상성(相成)되면 금(金)은 목(木)의 관성(官星)이며 형상을 이루는 것이니 이른바 금(金)이 목(木)을 탁삭(琢削)하므로 동량과 기물이 된다는 것으로 공명을 능히 이루는 것이다.

【원 문】

秋月木氣漸寒冷 木漸凋敗 初秋之時 火勢未衰 猶喜東木以相資
추월목기점한냉 목점조패 초추지시 화세미쇠 유희동목이상자

仲秋謂木之到秋中 果已成實 葉已彫零 當用金以琢之 乃成物狀
중추위목지도추중 과이성실 엽이조령 당용금이탁지 내성물장

秋深近冬 漸漸嚴氣 畏之以水 見水愈寒 喜之以火 見火溫暖
추심근동 점점엄기 외지이수 견수유한 희지이화 견화온난

木並成林 則上乘而下滅 謂秋木成林 上乘者而禽歸之棲也
목병성림 즉상승이하멸 위추목성림 상승자이금귀지서야

冬月物藏伏時 氣已歸根 用多土以掩之 則根深蒂固 水多氣冷
동월물장복시 기이귀근 용다토이엄지 즉근심체고 수다기냉

根損形亡 謂當時黑帝行權 水神用事 正冰霜欲結 更加之以水
근손형망 위당시흑제행권 수신용사 정빙상욕결 갱가지이수

則根不能存 形必亡也 火水交加 郤謂濟物 謂冬氣已寒
즉근불능존 형필망야 화수교가 극위제물 위동기이한

得火成溫暖之氣 則木之根荄 吾知其無冷損之害 可以濟物
득화성온난지기 즉목지근해 오지기무냉손지해 가이제물

喻如寒木向陽也
유여한목향양야

【해 설】

　가을은 점차 차가운 기운이 생겨 목(木)이 점점 조패(凋敗)되는 시
절이다. 초가을인 신월생(申月生)이면 화(火)는 아직 쇠약하지 않은
때이니 동목(東木)인 진토(辰土)로 도와주면 길하고, 중추(仲秋)인
유월생(酉月生)은 목(木)이 과실이 이미 성실하고 잎은 이미 낙엽으

로 떨어지는 시절이니 금(金)으로 조탁(彫琢)함이 작용하므로 기물을 이루는 귀격(貴格)이 된다.

겨울에 가까운 술월(戌月)은 추운 기운이 생기는 시절인 만큼 수기(水氣)가 차가운데, 다시 수(水)를 만나면 더 한냉해지는 것을 두려워하며 따뜻하게 하는 화기(火氣)를 당연히 길하다. 목(木)이 성림(成林)하면 상승하고 하멸(下滅)하는 형상이므로 추목(秋木)이 성림(成林)함에 있어 상승자(上乘者)라고 하면 새를 비롯한 날짐승들이 나무 위에 집을 짓는 것을 말하고 하멸자(下滅者)라 하면 백초(百草)가 생장할 수 없음을 말하는 것이다.

겨울에는 만물을 장재(藏在)시키는 시절이고 모든 기운은 뿌리로 돌아가 나타나지 않는 때이니 많은 토(土)로 가리고 덮어주어야 동사를 면하고 좋은 명이 된다. 그러나 수(水)가 많아 차갑기만 하면 뿌리는 얼어죽고 형상을 잃어 흉한 명이 된다. 이른바 흑제(黑帝)가 권력을 잡고 수신(水神)이 작용해 빙상(冰霜)이 동결되는 시기다. 다시 수운(水運)이 임하면 더욱 한냉해져 뿌리는 동사 당하여 생존하여 존립할 수 없을 것이며 형체는 망실하게 된다. 따라서 화기(火氣)를 만나야 만물은 동사를 면하고 무사하게 겨울을 날수 있게 되어 귀격(貴格)이 된다. 동목(冬木)은 한냉한 시기니 화(火)를 얻어 온난한 기운을 만나니 동목(冬木)은 뿌리에서 손상함이 없기 때문이다. 따라서 겨울철 화기(火氣)는 환영받으며 동목(冬木)은 태양의 기운에 의지하여 동사를 면하고 생장하면 좋아 귀격(貴格)이 된다.

3. 수성론(水星論)

【원 문】

夫星水者 北方黑帝之神 高陽氏執權司事 張晏曰 水爲智 智者謀
부성수자 북방흑제지신 고양씨집권사사 장안왈 수위지 지자모

謀者重 故曰 權行嚴凝之令 主殺物之權 執性不定 決諸東則東流
모자중 고왈 권행엄응지령 주살물지권 집성부정 결제동즉동류

春月之木 性濫滔淫 加之以水 更逢生旺 必有崩隄潰岸之勢
춘월지목 성남도음 가지이수 갱봉생왕 필유붕제궤안지세

經曰 滔滔不止 必有自溺之憂 喜逢土止 而無泛濫之患 夏月之水
경왈 도도불지 필유자익지우 희봉토지 이무범람지환 하월지수

執性歸源 時當涸際 而無泛濫之患 謂夏乃赤帝主權 日炎物燥
집성귀원 시당학제 이무범람지환 위하내적제주권 일염물조

當用水潤 到此之時 若施一滴之功 可澤十里之潤 貴乎水助也
당용수윤 도차지시 약시일적지공 가택십리지윤 귀호수조야

秋月之水 母旺子相 表裡光瑩 遇金助則子母俱和 而金白水淸
추월지수 모왕자상 표리광영 우금조즉자모구화 이금백수청

謂秋金旺 金能生水 則水更遇相會 則曰子母相會 而金白水淸
위추금왕 금능생수 즉수갱우상회 즉왈자모상회 이금백수청

冬月之水 其形得地 其勢得時 火氣減而寒氣增大寒凜凜 水結冰凝
동월지수 기형득지 기세득시 화기감이한기증대한름름 수결빙응

水本不死 水結冰凝 而曰死也 遇火則增暖減寒 而性狀不凝不結
수본불사 수결빙응 이왈사아 우화즉증난감한 이성장불응 불결

謂冬水勢寒 更加水則愈冷 愉喜在於火木也
위동수세한 갱가수즉유냉 유희재어화목야

【해 설】

수(水)는 북방의 흑제신(黑帝神)인 고양씨(高陽氏)가 관장한다.

장안왈(張晏曰), 수(水)는 지(智)이고, 지(智)는 모(謀)이고, 모(謀)는 중(重)이다. 그러므로 그 권행(權行)은 엄히 응결하는 절령(節令)이니 만물을 살생하는 권력이 있고 집성(執性)함이 부정(不定)하다. 즉 물은 동방이 얕으면 동방으로 흐르고 서방이 얕으면 서방으로 흐르는 것이 수기(水氣)의 성질이다. 춘월의 수성(水性)이 넘쳐 도음(滔淫)한데 다시 수운(水運)을 만나 생왕(生旺)되면 반드시 제방은 붕괴되고 말 것이다.

경왈(經曰), 도도(滔滔)하여 그치지 않으니 반드시 빠질 근심이 있고, 토(土)를 만나 제방하는 것은 환영하며 물이 범람하는 근심을 없도록 해야 한다.

하월 수(水)는 그 성품이 근원으로 돌아갔고 모든 것이 고갈되어 말라붙는 때니 범람할 염려는 없다. 이른바 여름철은 적제(赤帝)가 주권을 행사(行事)한다. 일기(日氣)는 뜨겁고 만물은 고조(枯燥)했을 뿐이다. 때문에 수기(水氣)의 윤자(潤滋)함이 작용하니 무엇보다 수기(水氣)의 부조(扶助)해야 좋은 명이 된다.

추월 수(水)는 모왕자상(母旺子相)하니 마치 외표(外表)에 광명이 있으니 내리(內裡)에도 광명이 있음과 같아 가을철의 수일(水日)은 금백수청(金白水淸)하여 귀격(貴格)이 된다. 이른바 가을철의 금(金)은 왕성이니 능히 금생수(金生水)한다. 수(水)가 다시 상회(相會)하므로 자모(子母)가 상회(相會)하여 금백수청(金白水淸)의 좋은 명이 된다.

동월 수(水)는 그 형상이 수왕지(水旺地)를 얻은 것이며 그 세력은 매우 왕성한 시기를 얻은 것이다. 따라서 화기(火氣)는 쇠멸(衰滅)되고 한기가 증대되었을 뿐이니 한기는 더욱 태한(太寒)이 되고 물은 빙결(氷結)되었지만 수기(水氣)의 근본은 불사(不死)하는 것이다. 수기(水氣)가 얼어 죽은 것이라고 하지만 수기(水氣)는 물로 있으나 얼음으로 있으나 같은 수기(水氣)다. 즉 얼음으로 있어도 화기(火氣)를 만나 온기를 많아지고 한기를 감소시키면 다시 녹아 얼지 않고 물이 된다. 따라서 동절 수기(水氣)는 이미 한냉한데 다시 수기(水氣)를 만나면 더욱 한냉해지므로 흉해지고 목화(木火)를 만나 녹으면 귀격(貴格)이 된다.

4. 화성론(火星論)

【원 문】

夫星火者 南方赤帝之神 神農氏執衡司事 張晏曰 火爲禮
부성화자 남방적제지신 신농씨집형사사 장안왈 화위례

禮者齊 齊者平 故曰 衡 行炎陽之令 主成齊之權 生當春月
예자제 제자평 고왈 형 행염양지령 주성제지권 생당춘월

母旺子相 勢力並行 加以生旺 損物傷身 得以死絕 明晦繼傳
모왕자상 세력병행 가이생왕 손물상신 득이사절 명회계전

見木則愈加輝煌 抱薪救火 則火勢增炎 夏月之火 執力行權
견목즉유가휘황 포신구화 즉화세증염 하월지화 집력행권

輝煌則失之易滅 掩藏則可以無殃 見休囚 乃曰成功不退 逢生旺
휘황즉실지역멸 엄장즉가이무앙 견휴수 내왈성공불퇴 봉생왕

謂之不息 炎炎火滅其勢 終無自焚之咎 木助其炎 必主夭折
위지불식 염염화감기세 종무자분지구 목조기염 필주요절

逢金無水 難成造物之功 有水有金 必作良工之巧秋月之火
봉금무수 난성조물지공 유수유금 필작양공지교추월지화

性息體休 終歸晦地 見生旺又似東行 逢死絕愈增晦昧 木助其體
성식체휴 종귀회지 견생왕우사동행 봉사절유증회매 목조기체

會而復明 土閉其形 內明外暗 土木或加 光而且曄 晦而且明
회이복명 토폐기형 내명외암 토목혹가 광이차엽 회이차명

謂秋火本晦 若見生旺 又加太陽東出之光 且死絕失之本暗
위추화본회 약견생왕 우가태양동출지광 차사절실지본암

喜木生 惡土掩 若有土更有木 又爲喜 冬月之火 鬼旺身衰
희목생 악토엄 약유토갱유목 우위희 동월지화 귀왕신쇠

韜光晦跡 暑氣絕而寒氣增 惡死絕而好生旺 遇木生則照燭而無晦
도광회적 서기절이한기증 악사절이호생왕 우목생즉조촉이무회

逢水愈減其光 謂冬月寒氣增 則火死 得木生 因之以成形 金多反慮
봉수유감기광 위동월한기증 즉화사 득목생 인지이성형 금다반려

旺成爲昌 謂火死難以施力 不利見金也
왕성위창 위화사난이시력 불리견금야

【해 설】

화(火)는 남방의 적제신(赤帝神)인 신농씨(神農氏)가 관장한다.

장안왈(張晏曰), 화(火)는 예(禮)이고 예(禮)는 정제(整齊)이며 정제(整齊)는 공평(公平)이다. 그러므로 형행(衡行)과 염양(炎陽)의 절령(節令)하고 성제(成齊)하는 권귀(權貴)를 주장한다.

봄철생이면 모왕자상(母旺子相)으로 세력이 병행해 생왕(生旺)하는 시절이다. 손물(損物)하고 상신(傷身)하는 것이 있고 사절지(死絕地)에 들면 광명이 감추어지고 목(木)을 만나면 휘황하게 빛나는 것

이니 수생목(水生木) 목생화(木生火)하기 때문이다. 하월의 화세(火勢)는 열기가 많으니 매우 왕성하면 실기(失氣)하기 쉽고, 엄장(掩藏)하여 감추어지면 재앙이 없다. 따라서 휴수(休囚)되면 성공은 하지만 후퇴하면 없을 것이며 생왕(生旺)되면 염열(炎烈)이 불식(不息)하니 염화(炎火)가 감소하는데 그 화세(火勢)가 스스로 불에 타기 때문이다. 그러므로 목기(木氣)의 부조(扶助)함이 있으면 재앙이 있고 반드시 요절하기 쉽다. 만일 금(金)을 만나도 수(水)가 없으면 조물지공(造物之功)이 어렵고, 수(水)가 있고 금(金)이 있으면 반드시 양공(良工)의 교재(巧才)가 가미된 것이니 발귀(發貴)의 명이 된다.

추월 화(火)는 성질이 식휴(息休)된 때니 생왕(生旺)하는 동방운이 길하다. 만일 사절(死絶)되면 불가하고 목(木)이 도와주면 체력을 다시 회복하여 광명이 된다. 토(土)를 만나면 실기(失氣)하여 형상이 폐색(閉塞)하여 내명외암(內明外暗)한다. 그리고 토(土)와 목(木)이 임하면 광명이 또 빛나며 암회(暗晦)가 광명이 된다. 그러나 추화(秋火)는 본래 암회(暗晦)하지만 목(木)을 만나 생왕(生旺)되거나 태양(太陽)인 병화일간(丙火日干)이 동출(東出)하면 다시 광명이 된다. 또 사절지(死絶地)를 만나면 실기(失氣)하여 암회(暗晦)하게 되는데 목(木)을 만나 목생화(木生火)하면 길하다. 그러나 악토(惡土)의 설기(泄氣)가 많거나 토기(土氣)가 다시 있으면 목(木)이 있어 목극토(木剋土)를 하면 길하게 되니 길하다.

동월 화(火)는 수귀(水鬼)는 매우 왕성하고 신주(身主)인 화기(火氣)는 쇠약하여 광명의 자취는 찾기 어렵다. 이때는 서기(暑氣)는 멸절(滅絶)되고 한기만 많아졌으니 화일간(火日干)은 흉악함이 사절

지(死絕地)이며 희호(喜好)하면 생왕지(生旺地)다. 목(木)을 만나 목
생화(木生火)하면 광명이 조촉(照燭)하여 암회(暗晦)가 없어지고 수
(水)를 만나면 수극화(水剋火)를 당하여 광명이 사라진다. 이른바 동
월은 한기가 많아지고 화기(火氣)는 사멸하니 목기(木氣)를 얻어야
형상을 이루고 금(金)이 많으면 오히려 염려된다. 이른바 화기(火氣)
가 사멸하면 시력(施力)이 어렵게 되어 금(金)을 만나면 불리하다.

5. 토성론(土星論)

【원 문】

夫星土者 中央黃帝氏之神 軒轅氏執繩司事 張晏曰 土爲信
부성토자 중앙황제씨지신 헌원씨집승사사 장안왈 토위신

信者誠 誠者直 故曰 繩 居五行之中 行負戴之令 主養育之權
신자성 성자직 고왈 승 거오행지중 행부대지령 주양육지권

三才五行 皆不可失 得高下而居位 居四季而有功 金得之鋒銳愈剛
삼재오행 개불가실 득고하이거위 거사계이유공 금득지봉예유강

火得之光明照燭 木得之英華越秀 水得之濫波不泛 土得之稼穡豊隆
화득지광명조촉 목득지영화월수 수득지람파불범 토득지가색풍융

旺之不息 必能爲山 散之不聚 必能爲地 用之無窮
왕지불식 필능위산 산지불취 필능위지 용지무궁

生之罔極 土之謂也
생지망극 토지위야

【해 설】

　토(土)는 중앙 황제씨(黃帝氏)의 신인 헌원씨(軒轅氏)가 관장한다.

장안왈(張晏曰), 토(土)는 신(信)이며 신(信)은 성(誠)이며 성(誠)은 직(直)이니 오행(五行) 중에 모두 거하고 부대(負戴)하는 명령을 가졌으니 양육의 권세가 있고 삼재오행(三才五行)이 모두 실기(失氣)하지 않으며 고하(高下)의 거위(居位)를 모두 얻고 있으며 사계에 거하며 공이 있다. 곧 금(金)이 토(土)를 얻으면 그 봉예(鋒銳)가 더욱 강강해지고 화(火)가 얻으면 광명이 더욱 조촉(照燭)하고 목(木)이 얻으면 영화(英華)가 월수(越秀)하며 수(水)가 얻으면 남파(濫波)가 불범(不泛)하고 토(土)가 얻으면 가색(稼穡)하여 풍융하며 왕(旺)함이 불식(不息)하니 반드시 산을 이루고 산재(散在)하고 집합하지 않으면 반드시 대지를 이루어 그 작용이 무궁하고, 만물을 생조(生助)함에 무궁한 것이 토(土)다.

6. 금불환간명승척(金不換看命繩尺)

【원문】

財官旺而主弱 運行身旺最爲奇 日主旺而財官弱 運行財鄕名利馳
재관왕이주약 운행신왕최위기 일주왕이재관약 운행재향명리치

身旺比劫重 損財又傷妻 比劫逢梟食 妻遭産裡危 逢官官入墓
신왕비겁중 손재우상처 비겁봉효식 처조산리위 봉관관입묘

父死他鄕土 干支官鬼衆 兄弟最難爲 傷官四柱見 伯道老無兒
부사타향토 간지관귀중 형제최난위 상관사주견 백도노무아

地支純財局 大富大貴不須疑 若行官旺運 納粟奏名賢 去官有殺者
지지순재국 대부대귀불수의 약행관왕운 납속주명현 거관유살자

威顯在邊夷 財旺暗生官 用賄求名利 棄印就財者 子立整根基
위현재변이 재왕암생관 용회구명리 기인취재자 혈립정근기

偏印及傷官 女人最須忌 刑夫並害子 狐自守孤幃 傷官見官者
편인급상관 여인최수기 형부병해자 호자수고위 상관견관자

運喜入財地 名標龍虎榜 身到鳳凰池 比肩偏印格 傷官受剋制
운희입재지 명표용호방 신도봉황지 비견편인격 상관수극제

姪男爲親嗣 義女爲偏妻 偏官制伏過 僧道守閑居 財多身弱者
질남위친사 의녀위편처 편관제복과 승도수한거 재다신약자

溺水及漂屍 身旺而敵殺 衣紫及穿緋 虛邀並暗拱 早歲步雲梯
익수급표시 신왕이적살 의자급천비 허요병암공 조세보운제

夾貴並六合 陶朱甚足擬 得一分三格 前賢皆掩蔽 此術莫輕傳
협귀병육합 도주심족의 득일분삼격 전현개엄폐 차술막경전

洩漏天之機
설루천지기

【해 설】

　신약(身弱)한데 재관(財官)이 왕성하면 신왕운(身旺運)으로 흘러
야 최고로 기이한 명이 되고, 신왕(身旺)한데 재관(財官)이 약하면
재성운(財星運)으로 흘러야 명리가 따른다. 만일 신왕(身旺)한데 비
겁(比劫)이 무거우면 재물이나 아내가 손상된다. 이때 운에서 비겁
(比劫)이나 효식(梟食)을 만나면 아내에게 산액이 따르고, 관성(官星)
이 입묘(入墓)되면 아버지가 객사하고, 간지(干支)에 관귀(官鬼)가 많
으면 형제가 난을 당한다.

　상관격(傷官格) 사주는 늙도록 자식이 없고, 지지(地支)에 순수한
재국(財局)을 이루면 반드시 대부대귀격(大富大貴格)을 이룬다. 만일

관왕운(官旺運)으로 흐르면 고관이 되고, 거관유살(去官有殺)이 되면 변방까지 위엄을 떨치고, 재성(財星)이 왕성한데 몰래 관성(官星)을 생(生)하면 뇌물로 명리를 구하고, 기인취재자(棄印就財者)는 혈혈단신으로 자수성가한다.

편인(偏印)과 상관(傷官)은 여명이 가장 꺼리는 것인데, 부성(夫星)을 형충(刑沖)하고 자성(子星)을 파해(破害)하면 독수공방한다. 상관격(傷官格) 사주가 관성(官星)을 만나면 재성운(財星運)으로 흘러야 대과에 급제하여 고관이 된다.

비견편인격(比肩偏印格)인데 상관(傷官)이 관성(官星)을 제압하면 양자로 후사를 잇고, 의녀(義女)나 편처(偏妻)가 편관(偏官)을 많이 제압하면 승도의 명이 된다. 재다신약(財多身弱)이면 익사하여 시신이 떠돌고, 신왕적살격(身旺敵殺格)이면 고관대작이 되고, 공귀격(拱貴格)이면 초년에 발복하여 대권을 잡고, 육합격(六合格)이면 반드시 도주공(陶朱公)처럼 부귀격(富貴格)이 된다.

선현들이 일분삼격(一分三格)의 깊은 원리를 모두 정설(正說)하지는 않았으니 비전(秘傳)을 누설하지 않아야 한다.

7. 금불환골수가단(金不換骨髓歌斷)

1. 골수가단갑목론(骨髓歌斷甲木論)

【원문】

甲日子提爲印綬 順行不似逆行高 官多殺盛東爲美
갑일자제위인수 순행불사역행고 관다살성동위미

陽木天元値丑提 分明大運喜東西
오미상봉총도로 양목천원치축제 분명대운희동서

發財發福多榮達 午未之中亦不宜 甲木生東値孟春
발재발복다영달 오미지중역불의 갑목생동치맹춘

財多殺重定超群 順行火地多難顯 逆走終爲富貴人
재다살중정초군 순행화지다난현 역주종위부귀인

陽木春生値卯提 柱中有殺最爲奇 不拘逆順東南地
양목춘생치묘제 주중유살최위기 불구역순동남지

申酉相逢反不宜 甲木辰提喜有官 逆行東地弗爲權
신유상봉반불의 갑목진제희유관 역행동지불위권

順行南地多顚倒 除是根深富貴看 陽木根深在巳月
순행남지다전도 제시근심부귀간 양목근심재사월

柱中財殺喜相逢 逆行早歲聲名顯 順運須防夭壽終
주중재살희상봉 역행조세성명현 순운수방요수종

甲木日干居午月 傷官木火喜生財 順行怕入西方運
갑목일간거오월 상관목화희생재 순행파입서방운

東北行來更妙哉 陽木有根生六月 財官有氣福非常
동북행래갱묘재 양목유근생육월 재관유기복비상

逆行最喜東方運 惟恐初生壽不長 甲木無根値孟秋
역행최희동방운 유공초생수불장 갑목무근치맹추

財多殺旺恨身柔 順行順地遲方好 逆運須防夭更休
재다살왕한신유 순행순지지방호 역운수방요갱휴

甲木西提用正官 順行坎地必成懽 逆轉南離官被制
갑목서제용정관 순행감지필성환 역전남이관피제

須知祿盡見閻王 甲木戌提用財官 順運東南福更寬
수지녹진견염왕 갑목술제용재관 순운동남복갱관

若得柱中逢亥未 逆行名姓達金鑾 甲木生元値亥提
약득주중봉해미 역행명성달금란 갑목생원치해제

柱中有殺更爲奇 中年最喜東方運 午未之中數不齊
주중유살갱위기 중년최희동방운 오미지중수불제

【해 설】

갑목일간(甲木日干)이 자월생(子月生)이면 인수(印綬)가 되는데 순행하면 불리하나 역행하면 귀(貴)가 높아진다. 만일 관성(官星)이 많은데 살(殺)이 성하면 동방운이 길하고, 오미운(午未運)을 만나면 만사가 형통한다.

양목(陽木)이 축월생(丑月生)인데 동서운으로 흐르면 재물과 복이 발달해 영달이 많으나 오미운(午未運)은 불리하다.

갑목일간(甲木日干)이 초봄인 인월생(寅月生)이면 재성(財星)이 많고 살(殺)이 중하여 영웅호걸이 된다. 그러나 화운(火運)으로 순행하면 현달하기 어렵고, 역행하면 부귀격(富貴格)이 된다.

양목(陽木)이 묘월생(卯月生)이면 주중(柱中)에 살(殺)이 있어야 길명이 되고, 동남운은 순역을 막론하고 길하나 신유운(申酉運)을 만나면 불리하다.

갑목일간(甲木日干)이 진월생(辰月生)이면 관성(官星)이 있어야 길하고, 동방운으로 역행하면 귀(貴)가 없고, 남방으로 순행하면 전도(顚倒)가 많고, 근심(根深)하면 제거해야 부귀격(富貴格)이 된다.

양목(陽木)이 사월생(巳月生)이면 뿌리가 깊으니 주중(柱中)에서 재살(財殺)을 만나면 길하다. 대운이 역행하면 일찍 명성이 발달하나 순운에는 단명할 수 있으니 예방해야 한다.

갑목일간(甲木日干)이 오월생(午月生)이면 목화상관격(木火傷官格)이 되니 재성(財星)을 생(生)하면 길하다. 서방운으로 순행하면 매우 꺼리나 동북운으로 역행하면 기묘격(妙格)이 된다.

양목(陽木)이 미월생(未月生)이면 재관(財官)에 기(氣)가 있으니 복이 비상하게 따르고, 동방으로 역행하면 가장 좋으나 초년에 수명이 위험하다.

갑목일간(甲木日干)이 초가을인 신월생(申月生)이면 뿌리가 없고 재다살왕(財多殺旺)할 뿐이니 유약한 것이 병(病)이 되어 한탄한다. 순운에는 발복하나 역운에는 요절할까 두려우니 방비해야 한다.

갑목일간(甲木日干)이 유월생(酉月生)이면 정관(正官)이 작용하니 순행하면 감지(坎地)에서 반드시 발복하고, 역행하면 남이방(南離方)에서 관성(官星)을 피제(被制)하니 녹(祿)이 불리하고 수명도 불안하다.

갑목일간(甲木日干)이 술월생(戌月生)이면 재관(財官)이 작용하니 동남운으로 순행하면 복이 다시 들어오고, 주중(柱中)에서 해미(亥未)를 만나거나 대운이 역행하면 명리가 크게 발달한다.

갑목일간(甲木日干)이 해월생(亥月生)이면 주중(柱中)에 살(殺)이 있어야 귀격(貴格)이 된다. 중년 동방운이 가장 길하나 오미운(午未運)을 만나면 운수가 안정되지 못하니 흉하다.

2. 골수가단을목론(骨髓歌斷乙木論)

【원 문】

乙木生居子月中 更無官殺喜匆匆 逆行大運非常美
을목생거자월중 갱무관살희총총 역행대운비상미

無殺無官逆運通 乙木提綱値丑宮 南方第一次西東
무살무관역운통 을목제강치축궁 남방제일차서동

縱然名不登金榜 豪富終須比石崇 乙生寅月木傷官
종연명불등금방 호부종수비석숭 을생인월목상관

財殺相逢更有懽 順運連行多福來 無財無殺亦貧寒
재살상봉갱유환 순운연행다복래 무재무살역빈한

乙木提綱値仲春 財官有氣亦超群 火金大運皆爲美
을목제강치중춘 재관유기역초군 화금대운개위미

白手興家邁等倫 乙木辰提爲雜氣 西方大運亦爲高
백수흥가매등윤 을목진제위잡기 서방대운역위고

若行戌運多顚倒 刑倂人財壽不牢 乙木相逢孟夏時
약행술운다전도 형병인재수불뢰 을목상봉맹하시

運行東北始爲奇 柱中更値無根裔 順運終防壽不濟
운행동북시위기 주중갱치무근예 순운종방수불제

乙木如逢午月天 食神有氣怕身輕 柱中若是根基薄
을목여봉오월천 식신유기파신경 주중약시근기박

大運提防喜逆行 未月生逢乙日干 柱中官殺亦爲懽
대운제방희역행 미월생봉을일간 주중관살역위환

順行西方傷元壽 逆走東南福更寬 乙木生來値孟秋
순행서방상원수 역주동남복갱관 을목생래치맹추

財官印綬忌身柔 中年不許行西北 順運無如逆運通
재관인수기신유 중년불허행서북 순운무여역운통

乙木酉月殺多强 大運功名佐廟廊 若是有根尤更妙
을목유월살다강 대운공명좌묘랑 약시유근우갱묘

南行火運貴非常 乙生戌月多財殺 惟恐初年疾病生
남행화운귀비상 을생술월다재살 유공초년질병생

若到中年多發達 不拘順逆總宜行 乙木居亥印生身
약도중년다발달 불구순역총의행 을목거해인생신

逆走西南富貴眞 有殺有官猶喜順 到頭大限怕逢水
역주서남부귀진 유살유관유희순 도두대한파봉수

【해 설】

을목일간(乙木日干)이 자월생(子月生)인데 관성(官)과 살(殺)이 없으면 대길하고, 대운이 역행하면 비상한 명이 된다.

을목일간(乙木日干)이 축월생(丑月生)이면 남방운이 가장 길하고, 그 다음은 서동방운이 길하다. 설사 등과하지 못하더라도 석숭 같은 부를 이룬다.

을목일간(乙木日干)이 인월생(寅月生)이면 상관격(傷官格)이 되니 재살(財殺)을 만나면 권귀(權貴)를 이룬다. 순운으로 계속 흐르면 복록이 많으나 재성(財星)과 살성(殺星)이 없으면 가난한 명이 된다.

을목일간(乙木日干)이 중춘(仲春)인 묘월생(卯月生)이면 재관(財官)이 기(氣)가 있어야 역시 다군(多群) 중에서 초범(超凡)한다. 화운(火運)이나 금운(金運)으로 흐르면 아름다운 백수흥가(白手興家)로 성공한다.

을목일간(乙木日干)이 진월생(辰月生)이면 잡기격(雜氣格)이 되니 서방운을 만나면 귀격(貴格)이 되나 술운(戌運)을 만나면 전도(顚倒)와 형(刑)이 많고 수명도 위험하다.

을목일간(乙木日干)이 사월생(巳月)이면 동북운을 만나면 기이한 명이 된다. 주중(柱中)에서 다시 근예(根裔)가 없는데 남서방으로 순행하면 장수하지 못한다.

을목일간(乙木日干)이 오월생(午月生)이면 식신(食神)이 유기(有氣)한 것이니 신경(身輕)하면 꺼린다. 주중(柱中)에 근기가 약하면 수목운(水木運)으로 역행해야 길하다.

을목일간(乙木日干)이 미월생(未月生)이면 주중(柱中)에 관살(官殺)이 있어야 권귀(權貴)를 이룬다. 서방 금운(金運)으로 순행하면 수명이 손상되나 동남 목화운(木火運)으로 역행하면 복이 많아진다.

초가을 을목(乙木)은 재관(財官)과 인수(印綬)가 작용하니 신유(身柔)하면 꺼린다. 역운에는 형통하나 순운에는 흉하다.

유월(酉月) 을목(乙木)은 살(殺)이 많으니 목화운(木火運)을 만나면 고관이 되고, 뿌리가 있으면 명이 더 묘해지고, 화운(火運)을 만나면 귀(貴)가 비상하게 발달한다.

술월(戌月) 을목(乙木)은 재살(財殺)이 많으니 초년에는 질병이 두려우나 중년에는 크게 발달한다. 대운은 순역 모두 길하다.

해월(亥月) 을목(乙木)은 인수(印綬)가 왕성하니 대운이 서남방으로 역행하면 부귀격(富貴格)이 된다. 만일 살(殺)과 관성(官星)이 있는데 화토운(火土運)으로 순행하면 길하나 해자축(亥子丑) 수운(水運)으로 가면 대흉하다.

3. 골수가단병화론(骨髓歌斷丙火論)

【원문】

丙火冬生值子剛 有印生身大吉昌 運入東南多發達
병화동생치자강 유인생신대길창 운입동남다발달

逆行難保壽年長 丙火如逢丑月看 土多格局作傷官
역행난보수년장 병화여봉축월간 토다격국작상관

印多運入西方美 根淺東南福不全 丙多印綬值寅提
인다운입서방미 근천동남복불전 병다인수치인제

運入南方分外奇 若是官輕尤喜北 總然大運要行西
운입남방분외기 약시관경우희북 총연대운요행서

丙火日干卯提綱 干弱如逢喜火鄕 若是無官尤不利
병화일간묘제강 간약여봉희화향 약시무관우불리

郤行身旺亦平常 丙火辰提戊己多 傷官火土更如何
극행신왕역평상 병화진제무기다 상관화토갱여하

逢財逢印多通達 南北相逢總不過 丙火建祿日干强
봉재봉인다통달 남북상봉총불과 병화건록일간강

官殺相逢大吉昌 順逆運行多發達 若行戌運有災殃
관살상봉대길창 순역운행다발달 약행술운유재앙

丙火午月作傷官 有殺當爲貴命看 金水運行多吉利
병화오월작상관 유살당위귀명간 금수운행다길리

如行木地不爲懽 丙逢未月傷官顯 官殺相逢未足奇
여행목지불위환 병봉미월상관현 관살상봉미족기

如得獨官爲貴氣 運行西北利名馳 丙火申提日主柔
여득독관위귀기 운행서북이명치 병화신제일주유

得從得化始爲優 若從水位傷元壽 亦去東南福祿週
득종득화시위우 약종수위상원수 역거동남복록주

丙逢酉月火衰微 比劫扶身壽不濟 逆去東南爲背祿
병봉유월화쇠미 비겁부신수불제 역거동남위배록

順行水地始爲奇 丙逢戌月土重重 有殺有官迥不同
순행수지시위기 병봉술월토중중 유살유관형부동

大運順行多富貴 若逢官祿亦不發 丙火亥提爲殺印
대운순행다부귀 약봉관록역불발 병화해제위살인

分明大運喜東南 中年富貴非常美 運若西方壽不濟
분명대운희동남 중년부귀비상미 운약서방수불제

【해 설】

자월(子月) 병화(丙火)는 목운(木運)을 만나 유인생신(有印生身)해야 대길하다. 대운이 동남방으로 흐르면 발달하나, 서북방 금수운(金水運)으로 역행하면 장수하기 어렵다.

축월(丑月) 병화(丙火)는 토(土)가 많으니 상관격(傷官格)이 된다. 대운이 인다운(印多運)이나 서방운으로 흐르면 아름다운 명이 되나, 근천(根淺)한 흉명이면 동남방으로 가도 복이 온전하지 못하다.

인월(寅月) 병화(丙火)는 인수(印綬)가 많으니 남방운으로 흐르면 기명(奇命)이 되는데, 관성(官星)이 가벼우면 북방운이 더 길하고, 서방 금운(金運)으로 흘러야 한다.

묘월(卯月) 병화(丙火)는 신강(身强)하나 신약(身弱)하면 화운(火運)이 길하다. 관살(官殺)이 없으면 더 불리하고, 신왕운(身旺運)으로 흐르면 평범한 명이 된다.

진월(辰月) 병화(丙火)는 무기토(戊己土)가 많으니 화토상관격(火土傷官格)이 된다. 재성(財星)과 인성(印星)을 만나면 통달하나, 남방 화운(火運)이나 북방 수운(水運)을 만나면 흉하다.

건록(建祿)인 사월(巳月) 병화(丙火)는 신강(身强)하니 관살(官殺)을 만나면 대길하다. 순역의 금목운(金木運)으로 흐르면 발달하나,

술운(戌運)을 만나면 재앙이 따른다.

오월(午月) 병화(丙火)는 상관격(傷官格)이니 살(殺)이 있어야 귀격(貴格)이 된다. 금수운(金水運)으로 흐르면 이로움이 많으나, 목운(木運)으로 흐르면 목생화(木生火)를 하니 불리하다.

미월(未月) 병화(丙火)는 상관격(傷官格)이니 관살(官殺)을 만나면 기귀(奇貴)가 부족하나 관성을 하나 만나면 귀기명(貴氣命)을 이루고, 대운이 서북방으로 흐르면 명리가 발달한다.

신월(申月) 병화(丙火)는 신약(身弱)하니 종화격(從化格)이면 귀격(貴格)이 된다. 대운이 수운(水運)으로 흐르면 수명이 손상되나 동남방으로 흐르면 복록이 따른다.

유월(酉月) 병화(丙火)는 신약(身弱)하니 종재격(從財格)이 되는데 비겁(比劫)이 일간(日干)을 도우면 장수하지 못한다. 대운이 동남방으로 역행하면 배록(背祿)이 되나 수운(水運)으로 순행하면 기명(奇命)이 된다.

술월(戌月) 병화(丙火)는 토(土)가 많으니 살(殺)과 관성(官星)이 있으면 불리하다. 목화운(木火運)으로 순행하면 부귀격이 되나 관록(官祿)인 수운(水運)을 만나면 발달하지 못한다.

해월(亥月) 병화(丙火)는 살인격(殺印格)이 되니 동남 목화운(木火運)으로 흐르면 중년에 비상한 부귀격을 이루나 서방운으로 흐르면 장수하지 못한다.

4. 골수가단정화론(骨髓歌斷丁火論)

【원 문】

丁火如逢子月提 柱中有殺更無虧 平生最喜東方運
정화여봉자월제 주중유살갱무휴 평생최희동방운

若到西方福不濟 丁火丑月事如何 四柱分明怕土多
약도서방복불제 정화축월사여하 사주분명파토다

運入西方俱發達 南方火地亦相宜 丁火逢寅月綬明
운입서방구발달 남방화지역상의 정화봉인월수명

柱中有水喜南行 運行北地尤通達 西方財鄉禍患生
주중유수희남행 운행북지우통달 서방재향화환생

丁逢卯月有印星 南北應多遂利名 獨殺若無官混雜
정봉묘월유인성 남북응다수이명 독살약무관혼잡

金章紫綬至公卿 丁逢辰月本傷官 順入南方福更寬
금장자수지공경 정봉진월본상관 순입남방복갱관

逆運初年多蹇剝 更逢戌亥壽相干 丁逢巳月本剛强
역운초년다건박 갱봉술해수상간 정봉사월본강강

大運何愁入水鄉 運入順行初不利 中年最喜入西方
대운하수입수향 운입순행초불리 중년최희입서방

丁逢建祿本身强 無水須防壽不全 若得運中逢七殺
정봉건록본신강 무수수방수불전 약득운중봉칠살

姓名遠達九重天 未月逢丁要見財 無財到底命多乖
성명원달구중천 미월봉정요견재 무재도저명다괴

若逢財殺方爲美 西方大運更奇哉 丁逢申月日干弱
약봉재살방위미 서방대운갱기재 정봉신월일간약

大運南方喜逆行 若是根深愚喜順 申年發達更峥嶸
대운남방희역행 약시근심우희순 신년발달갱쟁영

丁逢酉月用偏財 官殺相逢更妙哉 大運逆行多順遂
정봉유월용편재 관살상봉갱묘재 대운역행다순수

功名兩字稱心懷 丁逢戌月傷官旺 官殺雖多剋不妨
공명양자칭심회 정봉술월상관왕 관살수다극불방

南與東方多順遂 榮華富貴福無疆 丁生亥月用官星
남녀동방다순수 영화부귀복무강 정생해월용관성

順逆莫論福不輕 若是殺星多混雜 壽年尤恐半彫零
순역막론복불경 약시살성다혼잡 수년우공반조령

【해 설】

자월(子月) 정화(丁火)가 주중(柱中)에 살성(殺星)이 있으면 다시 무휴(無虧)한다. 동남방 목화운(木火運)은 길하나 서방 금운(金運)은 흉하여 복이 불제(不濟)한다.

축월(丑月) 정화(丁火)는 습토(濕土)가 중왕(重旺)하니 토(土)가 많으면 두려워한다. 서방운에 발달하고, 남방 사오미(巳午未) 화운(火運)도 길하다.

인월(寅月) 정화(丁火)는 인수(印綬)가 분명하다. 주중(柱中)에 수기(水氣)가 많으면 남방 화운(火運)이 길하고, 북방으로 흐르면 더욱 통달하고, 서방 재성운(財星運)으로 흐르면 재앙이 따른다. 그러나 이 구절은 더 연구할 필요가 있다. 저자의 경험으로는 신유운(申酉運)이 가장 길하고, 오미운(午未運)과 술운(戌運)은 그 다음이었다.

묘월(卯月) 정화(丁火)는 인성(印星)이 있으니 남북방을 만나면 이로움이 많고, 살(殺)이 혼잡하지 않으면 고관대작이 된다.

진월(辰月) 정화(丁火)는 상관격(傷官格)이니 남방으로 순행하면 복이 많으나, 역행하면 초년에 흉하여 건박(蹇剝)함이 많고, 술해(戌亥)를 만나면 목숨이 위험하다.

사월(巳月) 정화(丁火)는 본래 강하니 금수운(金水運)에 어찌 길하지 않겠는가. 대운이 순행하면 초년에는 불리하나 중년에 서방으로 흐르면 대길하다.

오월(午月) 정화(丁火)는 건록(建祿)을 만나 신강(身强)하니 주중(柱中)에 수(水)가 없으면 장수하기 어려우나, 대운에서 칠살(七殺)을 만나면 명성을 떨친다.

미월(未月) 정화(丁火)는 재성(財星)이 있으면 길하나 없으면 하격이 된다. 재살운(財殺運)을 만나면 아름다운 명이 되고, 서방운을 만나면 기명(奇命)이 된다.

신월(申月) 정화(丁火)는 신약(身弱)하니 남방운으로 역행하면 길하다. 만일 뿌리가 깊어 신강(身强)하면 순운이 길하니 신금년(申金年)에 이름을 날린다.

유월(酉月) 정화(丁火)는 편재(偏財)가 작용하니 관살(官殺)을 만나면 묘격(妙格)이 된다. 신왕운(身旺運)으로 역행하면 공명을 이루는데 목화운(木火運)이 모두 길하다.

술월(戌月) 정화(丁火)는 상관(傷官)이 왕성하니 관살(官殺)이 많아 파극(破剋)해도 무방하고, 남방과 동방운으로 흐르면 부귀영화가 따른다.

해월(亥月) 정화(丁火)는 관성(官星)이 작용하니 순역을 막론하고 복이 가볍지 않다. 그러나 관성(官星)이 혼잡하면 장수하기 어렵다.

5. 골수가단무토론(骨髓歌斷戊土論)

【원 문】

戊土日干生子月 坐支辰戌最爲奇 支虛更値財神位
무토일간생자월 좌지진술최위기 지허갱치재신위

運怕東兮又怕西 戊土丑月日干堅 更有財官福壽全
운파동혜우파서 무토축월일간견 갱유재관복수전

逆順運行俱得地 若無財殺亦徒然 戊土寅月日干輕
역・순운행구득지 약무재살역도연 무토인월일간경

殺印相生格局明 運入火鄕尤發達 逆行水地總平平
살인상생격국명 운입화향우발달 역행수지총평평

戊土卯月用官星 有印有生格局淸 南運發財强北運
무토묘월용관성 유인유생격국청 남운발재강북운

如逢西地壽元傾 戊土辰月日干强 更有財星福祿昌
여봉서지수원경 무토진월일간강 갱유재성복록창

順運西南應發達 財官輕處亦非良 戊土巳提爲建祿
순운서남응발달 재관경처역비양 무토사제위건록

柱中財殺更爲奇 逆行大運宜東北 順走西南事不濟
주중재살갱위기 역행대운의동북 순주서남사불제

戊土午月印當權 大運分明喜殺官 官殺重時宜順運
무토오월인당권 대운분명희살관 관살중시의순운

官輕逆運妙無端 戊土生來季夏天 若無財殺未週全
관경역운묘무단 무토생래계하천 약무재살미주전

逆行更喜東方運 順逆財多亦不然 戊土生申用食神
역행갱희동방운 순역재다역불연 무토생신용식신

有財有殺貴甚倫 逆行火地必通達 水地行來反受迍
유재유살귀심윤 역행화지필통달 수지행래반수둔

戊土生來值酉提 怕行坎水喜炎離 除非四柱元辰旺
무토생래치유제 파행감수희염리 제비사주원진왕

卯運相逢最不宜 戊土戌月日干强 財殺重逢更吉祥
묘운상봉최불의 무토술월일간강 재살중봉갱길상

運氣不拘行順逆 若無財殺亦平常 戊土亥提財殺眞
운기불구행순역 약무재살역평상 무토해제재살진

身强有火更超群 逆行早歲須防酉 順運中年忌卯辰
신강유화갱초군 역행조세수방유 순운중년기묘진

【해 설】

자월(子月) 무토(戊土)가 지지에 진토(辰土)나 술토(戌土)가 있으면 최고로 기이한 명이 된다. 그러나 지지(地支)가 허약하며 재신(財神)이 있으면 동방운과 서방운은 대흉하다.

축월(丑月) 무토(戊土)는 일간(日干)이 견고하며 강하니 재관(財官)이 있으면 복수가 모두 길하다. 대운은 순역이 모두 길하나 재살(財殺)이 없으면 평범한 명이 된다.

인월(寅月) 무토(戊土)는 신경하니 살인상생격(殺印相生格局)이 된다. 화운(火運)으로 흐르면 발달하나 수운(水運)으로 역행하면 평범한 명이 된다.

묘월(卯月) 무토(戊土)는 관성(官星)이 작용하니 인성(印星)이 상생

(相生)하면 청귀한 명이 된다. 남방운에는 재물이 발달하나 북방운은 흉하고 서방운도 수명이 위험하다.

진월(辰月) 무토(戊土)는 신강(身强)하니 재성(財星)이 있으면 복록이 영창한다. 서남방으로 순행하면 발달하나 재관(財官)이 가벼우면 흉하다.

사월(巳月) 무토(戊土)는 건록(建祿)에 해당하니 주중(柱中)에 재살(財殺)이 있으면 기귀격(奇貴格)이 된다. 대운이 동북방으로 역행하면 발복하나 서남방으로 순행하면 불리하다.

오월(午月) 무토(戊土)는 인수(印綬)가 권력을 잡으니 대운이 관살운(官殺運)로 흐르면 반드시 크게 발달한다. 만일 관살(官殺)이 무거우면 순운이 좋으나 관살(官殺)이 미약하면 역운을 만나야 묘격(妙格)이 된다.

미월(未月) 무토(戊土)는 재살(財殺)이 없으면 동방운으로 역행해야 길하나 재성(財星)이 많으면 순역 모두 흉하다.

신월(申月) 무토(戊土)는 식신(食神)이 작용하니 재성(財星)과 칠살(七殺)이 있으면 귀격(貴格)이 된다. 대운이 화운(火運)으로 역행하면 반드시 통달하나 수왕운(水旺運)으로 흐르면 불리하다.

유월(酉月) 무토(戊土)는 화왕운(火旺運)는 길하나 수왕운(水旺運)은 꺼린다. 만일 신왕(身旺)한데 묘운(卯運)을 만나면 대흉하다.

술월(戌月) 무토(戊土)는 신강(身强)하니 재살(財殺)이 무거우면 길상하다. 순역을 막론하고 재살(財殺)이 없으면 평범한 명이 된다.

해월(亥月) 무토(戊土)는 재살(財殺)이 온전하니 신강(身强)하며 화(火)가 있어야 영웅이 된다. 만일 대운이 역행하면 초년 유운(酉運)을

조심해야 하고, 중년에 묘진운(卯辰運)으로 순행하면 불리하다.

6. 골수가단기토론(骨髓歌斷己土論)

【원문】

己土子月用財星 有殺無官格局淸 大怕柱中身太弱
기토자월용재성 유살무관격국청 대파주중신태약

順行寅卯早彫零 己土丑月日干堅 四柱分明忌比肩
순행인묘조조령 기토축월일간견 사주분명기비견

若有財官倂有殺 逆行大運福無邊 己土寅月値身柔
약유재관병유살 역행대운복무변 기토인월치신유

若是身柔命不週 身旺更行南運美 逆行運氣壽休囚
약시신유명불주 신왕갱행남운미 역행운기수휴수

己土卯月殺當權 逆運須知壽不堅 順行火鄕運極妙
기토묘월살당권 역운수지수불견 순행화향운극묘

官星相會不週全 己土辰提雜氣眞 財官有氣定超群
관성상회불주전 기토진제잡기진 재관유기정초군

順行運氣尤當妙 逆運行時不十分 己土巳月身尤旺
순행운기우당묘 역운행시불십분 기토사월신우왕

印綬傷官格局淸 身旺最宜財運遇 無財逆運亦相應
인수상관격국청 신왕최의재운우 무재역운역상응

己土午月本身强 建祿分明理更長 官殺重時宜順運
기토오월본신강 건록분명리갱장 관살중시의순운

官輕逆運亦榮昌 己土未月欣逢殺 刃殺相傷更妙哉
관경역운역영창 기토미월흔봉살 인살상상갱묘재

運氣中年多發達 不拘順逆稱心懷 己土申月用傷官
운기중년다발달 불구순역칭심회 기토신월용상관

若是身輕必不安 所喜須宜行逆運 怕逢寅卯殺相干
약시신경필불안 소희수의행역운 파봉인묘살상간

己土八月辛金旺 若是身輕命不牢 旺喜順行衰喜逆
토팔월신금왕 약시신경명불뢰 왕희순행쇠희역기

無財無殺不爲高 己土如逢九月天 財官兩旺福無邊
무재무살불위고 기토여봉구월천 재관양왕복무변

運行順逆俱平穩 發達之時在壯年 亥提己土用財官
운행순역구평온 발달지시재장년 해제기토용재관

身旺財官總是懽 若是身柔欣順運 東方難保壽平安
신왕재관총시환 약시신유흔순운 동방난보수평안

【해 설】

　자월(子月) 기토(己土)는 재성(財星)이 작용하니 살성(殺星)이 있는
데 관성(官星)이 없으면 청귀한 명이 된다. 신약(身弱)하면 매우 흉하
고, 인묘운(寅卯運)으로 순행하면 일찍 발달하지 못한다.

　축월(丑月) 기토(己土)는 견고하니 비견(比肩)이 기신(忌神)이 된다.
만일 재관(財官)과 칠살(七殺)이 있는데 대운이 역행하면 복이 무변
(無邊)한다.

　인월(寅月) 기토(己土)는 신약(身弱)하니 불통(不通)이다. 신왕운
(身旺運)인 남방 화운(火運)을 만나면 아름다운 명을 만나나 수운
(水運)으로 역행하면 수명이 위험하다.

　묘월(卯月) 기토(己土)는 살(殺)이 권력을 잡으니 역운을 만나면 수

명이 견고하지 못하다. 만일 화운(火運)으로 순행하면 묘한 명이 되나 관성(官星)을 만나면 흉하다.

진월(辰月) 기토(己土)는 잡기재관격(雜氣財官格)이니 재관(財官)에 기(氣)가 있으면 영웅호걸이 된다. 대운이 순행하면 명이 더욱 묘해지나 역행하면 능력을 발휘하지 못한다.

사월(巳月) 기토(己土)는 신왕(身旺)하니 인수(印綬)와 상관(傷官)이 모두 있으면 청귀격(淸貴格)이 된다. 재성운(財星運)을 만나면 가장 길하고, 재성(財星)이 없는데 역행하면 길하다.

오월(午月) 기토(己土)는 건록(建祿)에 해당하니 신강(身強)하여 귀격(貴格)이 된다. 관살(官殺)이 무거우면 순운이 길하고, 관살(官殺)이 가벼우면 역운에 영창한다.

미월(未月) 기토(己土)는 살(殺)을 만나면 인(刃)과 살(殺)이 서로 손상시키니 명이 더욱 묘해진다. 대운은 순역 모두 대체로 발복한다.

신월(申月) 기토(己土)는 상관(傷官)이 작용하니 신약(身弱)하면 반드시 불안해진다. 화운(火運)으로 역행하면 길하나, 살왕운(殺旺運)인 인묘운(寅卯運)을 만나면 흉하다.

유월(酉月) 기토(己土)는 왕성한 신금(辛金)이 심하게 설기(泄氣)하니 신약(身弱)하면 불안하다. 대운은 신왕(身旺)하면 순행이 길하고, 신약(身弱)하면 역행이 길하다. 만일 재관(財官)이 없으면 고귀격(貴格)이 될 수 없다.

술월(戌月) 기토(己土)는 재관(財官)이 모두 왕성하면 복이 무변(無邊)한다. 대운은 순역 모두 평온하고 장년에 발달한다.

해월(亥月) 기토(己土)는 재관(財官)이 작용하니 신왕(身旺)하고 재관(財官)이 있으면 귀격(貴格)이 된다. 만일 신유(身柔)하면 순운에는 길하나 동방 목운(木運)에는 수명이 평안하지 못하다.

7. 골수가단경금론(骨髓歌斷庚金論)

【원 문】

子月如逢庚日干 有財有殺始平安 西方不似東方運
자월여봉경일간 유재유살시평안 서방불사동방운

午運如逢壽數完 庚金丑月有財官 格局分明雜氣看
오운여봉수수완 경금축월유재관 격국분명잡기간

木火柱無終不美 東南運氣遇爲懽 庚金寅月日干微
목화주무종불미 동남운기우위환 경금인월일간미

上透天干命愈奇 逆運初年嫌子丑 順行大運怕逢難
상투천간명유기 역운초년혐자축 순행대운파봉난

庚金生値仲春時 官殺如逢命始奇 但嫌四柱元神弱
경금생치중춘시 관살여봉명시기 단혐사주원신약

順運三旬恐殞危 庚金三月土重重 更有財官福祿豐
순운삼순공운위 경금삼월토중중 갱유재관복록풍

逆運行和强順運 中逢子地有災凶 庚金巳月殺星强
역운행화강순운 중봉자지유재흉 경금사월살성강

有制方知殺伏强 若是無根又無制 其人多有少年亡
유제방지살복강 약시무근우무제 기인다유소년망

午月庚金喜有根 有根有水貴堪言 逆行大運宜東地
오월경금희유근 유근유수귀감언 역행대운의동지

子字相逢總不然 庚金未月土旺地 戊己土重命無過
자자상봉총불연 경금미월토왕지 무기토중명무과

若是土輕行逆運 康寧福壽沐恩波 申月庚金金太剛
약시토경행역운 강녕복수목은파 신월경금태강

坐支若實亦平常 財官兩旺宜行順 財殺輕時逆運强
좌지약실역평상 재관양왕의행순 재살경시역운강

酉月庚金用刃星 柱中有殺最相應 有財有殺純金局
유월경금용인성 주중유살최상응 유재유살순금국

從革尤當顯姓名 庚金戌月喜逢財 殺透天干亦妙哉
종혁우당현성명 경금술월희봉재 살투천간역묘재

順命初年嫌子地 逆行離巽有凶災 庚金亥月日干衰
순명초년혐자지 역행이손유흉재 경금해월일간쇠

有土相逢亦妙哉 順運必然强逆運 中年惟恐有災危
유토상봉역묘재 순운필연강역운 중년유공유재위

【해 설】

자월(子月) 경금(庚金)은 재성(財星)과 칠살(七殺)이 있으면 평안하다. 일주(日主)의 강약에 따라 금운(金運)과 목운(木運)의 길흉이 다르다. 오운(午運)은 길하니 수명이 온전하다.

축월(丑月) 경금(庚金)은 재관(財官)이 있으면 잡기격(雜氣格)이 된다. 주중(柱中)에 목화(木火)가 없으면 마지막이 아름답지 못하나 동남운을 만나면 발복한다.

인월(寅月) 경금(庚金)은 신약(身弱)하나 천간(天干)에 경신금(庚辛金)이 투출(透出)하면 기귀격(奇貴格)이 된다. 초년에 수운(水運)인 축자해운(丑子亥運)으로 역행하면 꺼리고, 순운에는 화(火)를 꺼린다.

묘월(卯月) 경금(庚金)은 관살(官殺)을 만나야 기귀격(奇貴格)이 된

다. 그러나 신약(身弱)하면 흉하고, 화운(火運)으로 순행하면 수명이
위험하다.

진월(辰月) 경금(庚金)은 토(土)가 많으니 재관(財官)이 모두 들면
복록이 많다. 화순하며 신강(身强)하면 순운이 길하나 자운(子運)을
만나면 재난을 당한다.

사월(巳月) 경금(庚金)은 강한 살성(殺星)을 제압해야 귀격(貴格)
이 된다. 만일 일간(日干)이 뿌리가 없고 제살(制殺)하지 못하면 소년
에 죽을 수 있다.

오월(午月) 경금(庚金)은 뿌리가 있으면 길하고, 수(水)가 있으면 대
귀격(大貴格)이 된다. 동방으로 역행하면 크게 발달하나 자운(子運)
을 만나면 그렇지 않다.

미월(未月) 경금(庚金)은 토(土)가 왕성하니 무기토(戊己土)가 무거
우면 명이 무과(無過)하다. 만일 토(土)가 가벼운데 대운이 역행하면
강녕과 복수가 사라진다.

신월(申月) 경금(庚金)은 금기(金氣)가 매우 강하니 지지(地支)도
실(實)하면 평범한 명이 된다. 대운은 재관(財官)이 모두 왕성하면 순
운이 길하고, 재살(財殺)이 미약하면 역운에서 발복한다.

유월(酉月) 경금(庚金)은 양인(羊刃)이 작용하니 주중(柱中)에 살성
(殺星)이 있으면 최귀격(崔貴格)이 된다. 재성(財星)과 살성(殺星)이
있는데 순수한 금국(金局)이 있으면 종혁격(從革格)이어 명성이 더
높아진다.

술월(戌月) 경금(庚金)은 재성(財星)을 만나면 길하고, 살(殺)이 천
간(天干)에 투출(透出)하면 명이 더욱 묘해진다. 초년에 자운(子運)으

로 순행하면 꺼리고, 이손운(離巽運)으로 역행하면 재앙이 따른다.

해월(亥月) 경금(庚金)은 설기(泄氣)가 심하여 신약(身弱)한데 토기 (土氣)를 만나면 묘격(妙格)이 된다. 순운에는 반드시 강해지나 중년 에 역행하면 재앙이 따른다.

8. 골수가단신금론(骨髓歌斷辛金論)

【원 문】

子月辛金喜丙丁 若然無火亦平平 運行木火多通達
자월신금희병정 약연무화역평평 운행목화다통달

多財多殺喜逆行 辛金丑月宜丁火 戊己重重亦不妨
다재다살희역행 신금축월의정화 무기중중역불방

無火土多妨壽夭 縱然不夭也平常 辛金寅月財官旺
무화토다방수요 종연불요야평상 신금인월재관왕

大運不須喜逆行 若是無財行順運 中年惟恐喪殘生
대운불수희역행 약시무재행순운 중년유공상잔생

卯月辛金如有殺 坐支有土更爲奇 順行逆轉名多顯
묘월신금여유살 좌지유토갱위기 순행역전명다현

若到西方反不濟 辛金生於辰月中 有財有殺更和同
약도서방반불제 신금생어진월중 유재유살갱화동

順行逆運多通達 富貴榮華福壽崇 辛金巳月官星旺
순행역운다통달 부귀영화복수숭 신금사월관성왕

傷食全無亦不宜 逆運但防官字否 順行一路總蹉跎
상식전무역불의 역운단방관자부 순행일로총차타

辛金午月殺當權 四柱根深逆順堅 若是無根堪棄命
신금오월살당권 사주근심역순견 약시무근감기명

如行西運大迍邅 未月辛金殺印全 印多尤似有虧偏
여행서운대둔전 미월신금살인전 인다우사유휴편

逆行水運多通達 順運初年略不然 申月辛金金水淸
역행수운다통달 순운초년약불연 신월신금금수청

傷官有殺最相應 坐支無酉方爲妙 運入東南顯姓名
상관유살최상응 좌지무유방위묘 운입동남현성명

辛金酉月日干强 財殺相逢更異常 逆運到頭多發達
신금유월일간강 재살상봉갱이상 역운도두다발달

順行水地未爲良 戌月辛金殺印全 柱中有制福無邊
순행수지미위량 술월신금살인전 주중유제복무변

逆行順去俱無阻 巳地相逢總不然 辛金亥月若無官
역행순거구무조 사지상봉총불연 신금해월약무관

水冷應知金太寒 若有官星又有殺 定應名姓到金鑾
수냉응지금태한 약유관성우유살 정응명성도금란

【해 설】

　자월(子月) 신금(辛金)은 병정화(丙丁火)가 길한데 없으면 평범한 명이 된다. 대운이 목화운(木火運)으로 흐르면 성공하고, 주중(柱中)에 재성(財星)과 살성(殺星)이 많으면 역운이 길하다.

　축월(丑月) 신금(辛金)은 정화(丁火)를 만나야 하는데 무기토(戊己土)가 무거우면 방해하는 기신운(忌神運)은 아니다. 만일 주중(柱中)에 화토(火土)가 없으면 단명하거나 평범한 명이 된다.

　인월(寅月) 신금(辛金)은 재관(財官)이 왕성하니 역운이 길하다. 만일 재성(財星)이 없으면 순운이 길하나 중년에 수명이 위태롭다.

묘월(卯月) 신금(辛金)은 살(殺)이 있고 지지(地支)에 토기(土氣)가 있으면 기귀격(奇貴格)이 된다. 대운은 순역 모두 명성이 발달하나 서방운은 신주(身主)가 태과(太過)하니 불리하다.

진월(辰月) 신금(辛金)은 재성(財星)과 살성(殺星)이 있으면 길하다. 대운은 순역 모두 부귀영화가 충만하다.

사월(巳月) 신금(辛金)은 관성(官星)이 왕성하니 상관과 식신이 모두 없으면 불리하다. 대운은 관성운으로 역행해도 흉하고, 순행해도 흉하다.

오월(午月) 신금(辛金)은 살(殺)이 권력을 잡으니 주중(柱中)에 뿌리가 깊으면 순역운 모두 견고하여 길하다. 만일 뿌리가 없으면 태약(太弱)하니 기명종살격(棄命從殺格)이 되어 서방 신왕운(身旺運)은 매우 불리하다.

미월(未月) 신금(辛金)은 살성(殺星)과 인성(印星)이 모두 있으니 인성(印星)을 또 만나면 격(格)이 깨진다. 대운은 수운(水運)으로 역행하면 성공하나 초년에 순운을 만나면 약간 불리하다.

신월(申月) 신금(辛金)은 금수(金水)가 청귀하니 상관(傷官)과 살성(殺星)이 있으면 최귀격(崔貴格)이 된다. 지지(支地)에 유금(酉金)이 없으면 명이 묘해지고, 대운이 동남방으로 흐르면 사방에 이름을 떨친다.

유월(酉月) 신금(辛金)은 신강(身强)하니 재살(財殺)을 만나면 권귀격(權貴)이 된다. 대운이 역행하면 수장이 되고, 수운(水運)으로 순행하면 길함이 부족해진다.

술월(戌月) 신금(辛金)은 살성(殺星)과 인수(印綬)가 모두 있으니 주중(柱中)에서 제살(制殺)해야 복이 무변(無邊)하다. 대운은 순역 모두 흉이 없지만 사운(巳運)을 만나면 흉하다.

해월(亥月) 신금(辛金)은 관살(官殺)이 없으면 수금(水金)이 매우 차가우나 병화(丙火) 관성(官星)과 정화(丁火) 살성(殺星)을 만나면 천하에 이름을 떨친다.

9. 골수가단임수론(骨髓歌斷壬水論)

【원 문】

壬水生逢子月天 無財無殺未週全 終身困苦多流落
임수생봉자월천 무재무살미주전 종신곤고다유락

縱到財鄕亦枉然 壬水丑月喜逢財 財旺身强更妙哉
종도재향역왕연 임수축월희봉재 재왕신강갱묘재

運氣順行經木火 堪爲萬事稱心懷 壬水如逢寅月生
운기순행경목화 감위만사칭심회 임수여봉인월생

食神旺相亦相應 南方運氣增財帛 有殺終須播姓名
식신왕상역상응 남방운기증재백 유살종수파성명

壬逢卯月傷官格 逆運無如順運高 殺透更加身旺處
임봉묘월상관격 역운무여순운고 살투갱가신왕처

功名富貴壽彌高 壬水辰月殺星强 甲乙相逢殺伏降
공명부귀수미고 임수진월살성강 갑을상봉살복강

更得財星幷印綬 不拘順逆亦相當 壬水生逢夏月天
갱득재성병인수 불구순역역상당 임수생봉하월천

財星官殺旺當前 無根只怕初年夭 若到中年福愈堅
재성관살왕당전 무근지파초년요 약도중년복유견

壬生午月財星旺 亥水相逢更異常 若是無根多棄命
임생오월재성왕 해수상봉갱이상 약시무근다기명

平生白手置田庄 壬水生逢季夏時 分明雜氣異爲奇
평생백수치전장 임수생봉계하시 분명잡기이위기

順行逆轉皆通達 卯地相逢總不宜 壬水生申爲殺印
순행역전개통달 묘지상봉총불의 임수생신위살인

有財有用亦相當 運行南地强如發 卯地相逢命不長
유재유용역상당 운행남지강여발 묘지상봉명불장

壬水相逢八月天 分明印綬格當權 無官怕入財鄉運
임수상봉팔월천 분명인수격당권 무관파입재향운

有殺應須福愈堅 壬水生來值季秋 財多殺旺忌身柔
유살응수복유견 임수생래치계추 재다살왕기신유

財居大地俱通達 遇木之鄉返不週 壬水亥提爲建祿
재거대지구통달 우목지향반불주 임수해제위건록

柱中有火運宜東 南方運氣俱爲美 若是無財亦不通
주중유화운의동 남방운기구위미 약시무재역불통

【해 설】

　자월(子月) 임수(壬水)는 주중(柱中)에 재성(財星)과 살성(殺星)이 없으면 평생 곤고하고, 재성운(財星運)을 만나도 군비쟁재(群比爭財)를 하니 흉하다.

　축월(丑月) 임수(壬水)는 재성(財星)을 만나면 길하고, 재왕신강(財旺身强)하면 묘격(妙格)이 된다. 대운이 목화운(木火運)으로 순행하면 만사를 이룬다.

　인월(寅月) 임수(壬水)는 식신(食神)이 왕성하니 길하다. 대운이 남방운으로 흐르면 부자가 되고, 살성(殺星)이 있으면 결국에는 성공하여 이름을 떨친다.

　묘월(卯月) 임수(壬水)는 상관격(傷官格)이니 순역운이 모두 흉하다. 만일 신왕(身旺)한데 살성(殺星)이 투출(透出)하면 이름을 떨치며 장수한다.

　진월(辰月) 임수(壬水)는 살성(殺星)이 강한데 갑을(甲乙)을 만나면 살성(殺星)을 다스리고, 재성(財星)과 인수(印綬)를 만나면 순역운을 막론하고 발복한다.

　입하(立夏)인 사월(巳月) 임수(壬水)는 재성(財星)과 관살(官殺)이 모두 왕강하다. 만일 뿌리가 없어 신약(身弱)하면 초년에는 곤고함이 많으나 중년에 신왕운(身旺運)을 만나면 복력이 견고해진다.

　오월(午月) 임수(壬水)는 재성(財星)이 왕성하니 해수(亥水)를 만나면 기귀격(貴格)이 된다. 만일 뿌리가 없어 태약(太弱)하면 기명종살격(棄命從殺格)이 되고, 평생 맨손으로 성가하여 재물을 모은다.

　미월(未月) 임수(壬水)는 잡기재관격(雜氣財官格)이니 기격이 된다. 순역운 모두 성공할 수 있으나 묘운(卯運)을 만나면 불리하다.

　신월(申月) 임수(壬水)는 살성(殺星)과 인성(印星)이 모두 있으니 재성(財星)을 만나면 귀격(貴格)이 된다. 대운이 남방으로 흐르면 크게 발복하나 묘운(卯運)을 만나면 수명을 보존하기 어렵다.

　유월(酉月) 임수(壬水)는 인수(印綬)가 권력을 잡으니 관살(官殺)이 없어야 한다. 만일 재성운(財星運)으로 흐르면 흉하나 살성(殺星)

이 있으면 복록이 견고해진다.

술월(戌月) 임수(壬水)는 재성(財星)과 살성(殺星)이 왕성하니 신약(身弱)하면 대흉하다. 재성운(財星運)을 만나면 발복하나 목운(木運)을 만나면 불리하다.

해월(亥月) 임수(壬水)는 건록(建祿)에 해당하니 화운(火運)이나 목운(木運)으로 흐르면 길하나 재성(財星)이 없으면 불가하다.

10. 골수가단계수론(骨髓歌斷癸水論)

【원 문】

癸水冬生値子提 財官重見最爲奇 順行喜到東南運
계수동생치자제 재관중견최위기 순행희도동남운

逆走西方亦不宜 癸水丑提爲雜氣 無財無印不堪推
역주서방역불의 계수축제위잡기 무재무인불감추

順行木火俱爲妙 逆運西北壽不齊 癸水寅月木傷官
순행목화구위묘 역운서북수불제 계수인월목상관

官殺重重禍百端 北運不如南運好 若到申宮壽有干
관살중중화백단 북운불여남운호 약도신궁수유간

癸水生來卯月中 無官無殺喜和同 順行南地多淸貴
계수생래묘월중 무관무살희화동 순행남지다청귀

恐入西方壽早終 癸水辰月喜逢財 雜氣分明格美哉
공입서방수조종 계수진월희봉재 잡기분명격미재

若是無根身太弱 順行南運必多災 癸水巳提財更旺
약시무근신태약 순행남운필다재 계수사제재갱왕

官多不與殺相同 有根逆運多財足 順入西方早見凶
관다불여살상동 유근역운다재족 순입서방조견흉

癸水生逢午月中 分明財殺格相同 無根運不行申地
계수생봉오월중 분명재살격상동 무근운불행신지

棄水從財反有功 癸水未月殺星强 有刃無官祿爲昌
기수종재반유공 계수미월살성강 유인무관녹위창

運入東方經制伏 定看名姓列朝堂 癸水生來値孟秋
운입동방경제복 정간명성열조당 계수생래치맹추

有財終不忌身柔 順行北運尤爲妙 若是無財反不週
유재종불기신유 순행북운우위묘 약시무재반불주

癸水酉月印生身 有殺方爲格局眞 逆運須知强順運
계수유월인생신 유살방위격국진 역운수지강순운

功名富貴又超群 戌月如逢癸日干 分明雜氣用財官
공명부귀우초군 술월여봉계일간 분명잡기용재관

運行木火多財祿 逆運初年壽有干 癸日生來亥月中
운행목화다재록 역운초년수유간 계일생래해월중

傷官水木總相同 逆行最妙南方運 順走須知忌卯凶
상관수목총상동 역행최묘남방운 순주수지기묘흉

【해설】

자월(子月) 계수(癸水)는 신왕(身旺)하니 재관(財官)을 만나면 최귀격(崔貴格)이 된다. 대운이 동남운으로 순행하면 길하나 서방운으로 역행하면 흉하다.

축월(丑月) 계수(癸水)는 잡기재관격(雜氣財官格)이니 재성(財星)과 인성(印星)이 없으면 좋은 명이 못된다. 대운이 목화운(木火運)으로 순행하면 묘격이 되나 서북운으로 역행하면 수명이 불리하다.

인월(寅月) 계수(癸水)는 수목상관격(水木傷官格)이니 관살(官殺)이 무거우면 백단으로 화가 따른다. 북방 수왕운(水旺運)은 남방 화운(火運)보다 못하고, 신운(申運)을 만나면 수명에 장해가 생긴다.

묘월(卯月) 계수(癸水)는 관성(官星)과 살성(殺星)이 모두 없으면 신왕운(身旺運)이 길하다. 대운이 남방 화운(火運)으로 순행하면 청귀함이 많으나 서방 금운(金運)으로 흐르면 단명할 염려가 있다.

진월(辰月) 계수(癸水)는 잡기격(雜氣格)이며 미격(美格)이다. 만일 재성(財星)을 만나면 길하나 뿌리가 없어 태약(太弱)한데 남방 화운(火運)으로 순행하면 반드시 재앙이 많이 생긴다.

사월(巳月) 계수(癸水)는 재성(財星)이 왕성한데 관성(官星)과 살성(殺星)이 많으면 불가하다. 뿌리가 있고 대운이 역행하면 풍족하나 서방운으로 순행하면 흉하다.

오월(午月) 계수(癸水)는 재살(財殺)을 겸비한다. 만일 근기(根氣)인 인성(印星)이나 비겁(比劫)이 전혀 없으면 기명종재격(棄命從財格)이 되어 종재운(從財運)에 발복한다.

미월(未月) 계수(癸水)는 살성(殺星)이 강하다. 만일 양인(羊刃)은 있는데 관성(官星)이 없으면 관록(官祿)이 창성하고, 대운이 동방운으로 흘러 제압하면 고관이 된다.

신월(申月) 계수(癸水)는 재성(財星)이 있으면 길하고, 신약(身弱)해도 꺼리지 않는다. 대운이 북방 수운(水運)으로 순행하면 묘격이 되나 재성(財星)이 없으면 불리하다.

유월(酉月) 계수(癸水)는 인수(印綬)가 일간(日干)을 생(生)하여 신왕(身旺)한데 살성(殺星)이 있으면 귀격(貴格)이 된다. 대운이 역행해도 발복하고, 순행해도 공명과 부귀가 따라 영웅이 된다.

술월(戌月) 계수(癸水)는 잡기격(雜氣格)이니 재관(財官)이 작용한다. 대운이 목화운(木火運)으로 흐르면 재록(財祿)이 많고, 초년에 금운(金運)으로 역행하면 수명에 장해가 생긴다.

해월(亥月) 계수(癸水)는 수목상관격(水木傷官格)과 같다. 대운이 남방으로 역행하면 최고로 묘해지나 묘운(卯運)으로 순행하면 흉하다.

쉽게 푼 역학(개정판)
쉽게 배워 적용할 수 있는 생활역학서!

이 책에서는 좀더 많은 사람들이 역학의 근본인 우주의 오묘한 진리와 법칙을 깨달아 보다 나은 삶을 영위하는데 도움이 될 수 있도록 가장 쉬운 언어와 가장 쉬운 방법으로 풀이했다. 역학계의 대가 김봉준 선생의 역작이다.

신비한 동양철학 71 | 백우 김봉준 저 | 568면 | 30,000원 | 신국판

사주명리학 핵심
맥을 잡아야 모든 것이 보인다

이 책은 잡다한 설명을 배제하고 명리학자에게 도움이 될 비법들만을 모아 엮었기 때문에 초심자가 이해하기에는 다소 어려운 부분도 있겠지만 기초를 튼튼히 한 다음 정독한다면 충분히 이해할 것이다. 신살만 늘어놓으며 감정하는 사이비가 되지말기를 바란다.

신비한 동양철학 19 | 도관 박흥식 저 | 502면 | 20,000원 | 신국판

물상활용비법
물상을 활용하여 오행의 흐름을 파악한다

이 책은 물상을 통하여 오행의 흐름을 파악하고 운명을 감정하는 방법을 연구한 책이다. 추명학의 해법을 연구하고 운명을 추리하여 오행에서 분류되는 물질의 운명 줄거리를 물상의 기물로 나들이 하는 활용법을 주제로 했다. 팔자풀이 및 운명해설에 관한 명리감정법의 체계를 세우는데 목적을 두고 초점을 맞추었다.

신비한 동양철학 31 | 해주 이학성 저 | 446면 | 34,000원 | 신국판

신수대전
흉함을 피하고 길함을 부르는 방법

신수는 대부분 주역과 사주추명학에 근거한다. 수많은 학설 중 몇 가지를 보면 사주명리, 자미두수, 관상, 점성학, 구성학, 육효, 토정비결, 매화역수, 대정수, 초씨역림, 황극책수, 하락리수, 범위수, 월영도, 현무발서, 철판신수, 육임신과, 기문둔갑, 태을신수 등이다. 역학에 정통한 고사가 아니면 추단하기 어려우므로 누구나 신수를 볼 수 있도록 몇 가지를 정리했다.

신비한 동양철학 62 | 도관 박흥식 편저 | 528면 | 36,000원 | 신국판 양장

정법사주
운명판단의 첩경을 이루는 책

이 책은 사주추명학을 연구하고자 하는 분들에게 심오한 주역의 이해를 돕고자 하는 의도에서 시작되었다. 음양오행의 상생상극에서부터 육친법과 신살법을 기초로 하여 격국과 용신 그리고 유년판단법을 활용하여 운명판단에 첩경이 될 수 있도록 했고 추리응용과 운명감정의 실례를 하나하나 들어가면서 독학과 강의용 겸용으로 엮었다.

신비한 동양철학 49 | 원각 김구현 저 | 424면 | 26,000원 | 신국판 양장

내가 보고 내가 바꾸는 DIY사주
내가 보고 내가 바꾸는 사주비결

기존의 책들과는 달리 한 사람의 사주를 체계적으로 도표화시켜 한 눈에 파악할 수 있고, DIY라는 책 제목에서 말하듯이 개운하는 방법을 제시한다. 초심자는 물론 전문가도 자신의 이론을 새롭게 재조명해 볼 수 있는 케이스 스터디 북이다.

신비한 동양철학 39 | 석오 전광 저 | 338면 | 16,000원 | 신국판

인터뷰 사주학
쉽고 재미있는 인터뷰 사주학

얼마전만 해도 사주학을 취급하면 미신을 다루는 부류로 취급되었다. 그러나 지금은 하루가 다르게 이 학문을 공부하는 사람들이 폭증하고 있는 것으로 보인다. 젊은 층에서 사주카페니 사주방이니 사주동아리니 하는 것들이 만들어지고 그 모임이 활발하게 움직이고 있다는 점이 그것을 증명해준다. 그뿐 아니라 대학에는 역학교수들이 점차로 증가하고 있다.

신비한 동양철학 70 | 글갈 정대엽 편저 | 426면 | 16,000원 | 신국판

사주특강
자평진전과 적천수의 재해석
이 책은 『자평진전』과 『적천수』를 근간으로 명리학의 폭넓은 가치를 인식하고, 실전에서 유용한 기반을 다지는데 중점을 두고 썼다. 일찍이 『자평진전』을 교과서로 삼고, 『적천수』로 보완하라는 서낙오의 말에 깊이 공감한다.
신비한 동양철학 68 | 청월 박상의 편저 | 440면 | 25,000원 | 신국판

참역학은 이렇게 쉬운 것이다
음양오행의 이론으로 이루어진 참역학서
수학공식이 아무리 어렵다고 해도 1, 2, 3, 4, 5, 6, 7, 8, 9, 0의 10개의 숫자로 이루어졌듯이 사주도 음양과 오행으로 이루어졌을 뿐이다. 그러니 용신과 격국이라는 무거운 짐을 벗어버리고 음양오행의 법칙과 진리만 정확하게 파악하면 된다. 사주는 음양오행의 변화일 뿐이고 용신과 격국은 사주를 감정하는 한 가지 방법에 지나지 않는다.
신비한 동양철학 24 | 청암 박재현 저 | 328면 | 16,000원 | 신국판

사주에 모든 길이 있다
사주를 알면 운명이 보인다!
사주를 간명하는데 조금이라도 도움이 됐으면 하는 바람에서 이 책을 썼다. 간명의 근간인 오행의 왕쇠강약을 세분하고, 대운과 세운, 세운과 월운의 연관성과, 십신과 여러 살이 미치는 암시와, 십이운성으로 세운을 판단하는 법을 설명했다.
신비한 동양철학 65 | 정담 선사 편저 | 294면 | 26,000원 | 신국판 양장

왕초보 내 사주
초보 입문용 역학서
이 책은 역학을 너무 어렵게 생각하는 초보자들에게 조금이나마 도움을 주고자 쉽게 엮으려고 노력했다. 이 책을 숙지한 후 역학(易學)의 5대 원서인 『적천수(滴天髓)』, 『궁통보감(窮通寶鑑)』, 『명리정종(命理正宗)』, 『연해자평(淵海子平)』, 『삼명통회(三命通會)』에 접근한다면 훨씬 쉽게 터득할 수 있을 것이다. 이 책들은 저자가 이미 편역하여 삼한출판사에서 출간한 것도 있고, 앞으로 모두 갖출 것이니 많이 활용하기 바란다.
신비한 동양철학 84 | 역산 김찬동 편저 | 278면 | 19,000원 | 신국판

명리학연구
체계적인 명확한 이론
이 책은 명리학 연구에 핵심적인 내용만을 모아 하나의 독립된 장을 만들었다. 명리학은 분야가 넓어 공부를 하다보면 주변에 머무르는 경우가 많아, 주요 내용을 잃고 헤매는 경우가 많다. 그러므로 뼈대를 잡는 것이 중요한데, 여기서는 「17장. 명리대요」에 핵심 내용만을 모아 학문의 체계를 잡는데 용이하게 하였다.
신비한 동양철학 59 | 권중주 저 | 562면 | 29,000원 | 신국판 양장

말하는 역학
신수를 묻는 사람 앞에서 술술 말문이 열린다
그토록 어렵다는 사주통변술을 쉽고 흥미롭게 고담과 덕담을 곁들여 사실적으로 생동감 있게 통변했다. 길흉을 어떻게 표현하느냐에 따라 상담자의 정곡을 찔러 핵심을 끌어내 정답을 내리는 것이 통변술이다.역학계의 대가 김봉준 선생의 역작.
신비한 동양철학 11 | 백우 김봉준 저 | 576면 | 26,000원 | 신국판 양장

통변술해법
가닥가닥 풀어내는 역학의 비법
이 책은 역학과 상대에 대해 머리로는 다 알면서도 밖으로 표출되지 않아 어려움을 겪는 사람들을 위한 실습서다. 특히 실명감정과 이론강의로 나누어 역학의 진리를 설명하여 초보자도 쉽게 이해할 수 있다. 역학계의 대가 김봉준 선생의 역서인 「알기쉬운 해설·말하는 역학」이 나온 후 후편을 써달라는 열화같은 요구에 못이겨 내놓은 바로 그 책이다.
신비한 동양철학 21 | 백우 김봉준 저 | 392면 | 26,000원 | 신국판

술술 읽다보면 통달하는 사주학
술술 읽다보면 나도 어느새 도사
당신은 당신 마음대로 모든 일이 이루어지던가. 지금까지 누구의 명령을 받지 않고 내 맘대로 살아왔다고, 운명 따위는 믿지 않는다고, 운명에 매달리지 않는다고 말하는 사람들이 많다. 그러나 우주법칙을 모르기 때문에 하는 소리다.
신비한 동양철학 28 │ 조철현 저 │ 368면 │ 16,000원 │ 신국판

사주학
5대 원서의 핵심과 실용
이 책은 사주학을 체계적으로 공부하려는 학도들을 위해서 꼭 알아두어야 할 내용들과 용어들을 수록하는데 중점을 두었다. 이 학문을 공부하려고 많은 사람들이 필자를 찾아왔을 깨 여러 가지 질문을 던져보면 거의 기초지식이 시원치 않음을 보았다. 따라서 용어를 포함한 제반지식을 골고루 습득해야 빠른 시일 내에 소기의 목적을 달성할 수 있을 것이다.
신비한 동양철학 66 │ 글갈 정대엽 저 │ 778면 │ 46,000원 │ 신국판 양장

명인재
신기한 사주판단 비법
이 책은 오행보다는 주로 살을 이용하는 비법을 담았다. 시중에 나온 책들을 보면 살에 대해 설명은 많이 하면서도 실제 응용에서는 무시하고 있다. 이것은 살을 알면서도 응용할 줄 모르기 때문이다. 그러나 이 책에서는 살의 활용방법을 완전히 터득해, 어떤 살과 어떤 살이 합하면 어떻게 작용하는지를 자세하게 설명하였다.
신비한 동양철학 43 │ 원공선사 저 │ 332면 │ 19,000원 │ 신국판 양장

명리학 │ 재미있는 우리사주
사주 세우는 방법부터 용어해설 까지!!
몇 년 전 『사주에 모든 길이 있다』가 나온 후 선배 제현들께서 알찬 내용의 책다운 책을 접했다는 찬사를 받았다. 그러나 사주의 작성법을 설명하지 않아 독자들에게 많은 질타를 받고 뒤늦게 이 책 을 출판하기로 결심했다. 이 책은 한글만 알면 누구나 역학과 가까워질 수 있도록 사주 세우는 방법부터 실제간명, 용어해설에 이르기까지 분야별로 엮었다.
신비한 동양철학 74 │ 정담 선사 편저 │ 368면 │ 19,000원 │ 신국판

사주비기
역학으로 보는 역대 대통령들이 나오는 이치!!
이 책에서는 고서의 이론을 근간으로 하여 근대의 사주들을 임상하여, 적중도에 의구심이 가는 이론들은 과감하게 탈피하고 통용될 수 있는 이론만을 수용했다. 따라서 기존 역학서의 아쉬운 부분들을 충족시키며 일반인도 열정만 있으면 누구나 자신의 운명을 감정하고 피흉취길할 수 있는 생활지침서로 활용할 수 있을 것이다.
신비한 동양철학 79 │ 청월 박상의 편저 │ 456면 │ 19,000원 │ 신국판

사주학의 활용법
가장 실질적인 역학서
우리가 생소한 지방을 여행할 때 제대로 된 지도가 있다면 편리하고 큰 도움이 되듯이 역학이란 이와같은 인생의 길잡이다. 예측불허의 인생을 살아가는데 올바른 안내자나 그 무엇이 있다면 그 이상 마음 든든하고 큰 재산은 없을 것이다.
신비한 동양철학 17 │ 학선 류래웅 저 │ 358면 │ 15,000원 │ 신국판

명리실무
명리학의 총 정리서
명리학(命理學)은 오랜 세월 많은 철인(哲人)들에 의하여 전승 발전되어 왔고, 지금도 수많은 사람이 임상과 연구에 임하고 있으며, 몇몇 대학에 학과도 개설되어 체계적인 교육을 하고 있다. 그러나 아직도 실무에서 활용할 수 있는 책이 부족한 상황이기 때문에 나름대로 현장에서 필요한 이론들을 정리해 보았다. 초학자는 물론 역학계에 종사하는 사람들에게 큰 도움이 될 것이라고 믿는다.
신비한 동양철학 94 │ 박흥식 편저 │ 920면 │ 39,000원 │ 신국판

사주 속으로
역학서의 고전들로 입증하며 쉽고 자세하게 푼 책

십 년 동안 역학계에 종사하면서 나름대로는 실전과 이론에서 최선을 다했다고 자부한다. 역학원의 비좁은 공간에서도 항상 후학을 생각하는 마음으로 역학에 대한 배움의 장을 마련하고자 노력한 것도 사실이다. 이 책을 역학으로 이름을 알리고 역학으로 생활하면서 조금이나마 역학계에 이바지할 것이 없을까라는 고민의 산물이라 생각해주기 바란다.

신비한 동양철학 95 | 김상회 편저 | 429면 | 15,000원 | 신국판

사주학의 방정식
알기 쉽게 풀어놓은 가장 실질적인 역서

이 책은 종전의 어려웠던 사주풀이의 응용과 한문을 쉬운 방법으로 터득하는데 목적을 두었고, 역학이 무엇인가를 알리고자 하는데 있다. 세인들은 역학자를 남의 운명이나 풀이하는 점쟁이로 알지만 잘못된 생각이다. 역학은 우주의 근본이며 기의 학문이기 때문에 역학을 이해하지 못하고서는 우리 인생살이 또한 정확하게 해석할 수 없는 고차원의 학문이다.

신비한 동양철학 18 | 김용오 저 | 192면 | 16,000원 | 신국판

오행상극설과 진화론
인간과 인생을 떠난 천리란 있을 수 없다

과학이 현대를 설정하여 설명하고 있으나 원리는 동양철학에도 있기에 그 양면을 밝히고자 노력했다. 우주에서 일어나는 모든 일을 과학으로 설명될 수는 없다. 비과학적이라고 하기보다는 과학이 따라오지 못한다고 설명하는 것이 더 솔직하고 옳은 표현일 것이다. 특히 과학분야에 종사하는 신의사가 저술했다는데 더 큰 화제가 되고 있다.

신비한 동양철학 5 | 김태진 저 | 222면 | 15,000원 | 신국판

스스로 공부하게 하는 방법과 천부적 적성
내 아이를 성공시키고 싶은 부모들에게

자녀를 성공시키고 싶은 마음은 누구나 같겠지만 가난한 집 아이가 좋은 성적을 내기는 매우 어렵고, 원하는 학교에 들어가기도 어렵다. 그러나 실망하기에는 아직 이르다. 내 아이가 훌륭하게 성장해 아름답고 멋진 삶을 살아가는 방법을 소개한다.

신비한 동양철학 85 | 청암 박재현 지음 | 176면 | 14,000원 | 신국판

진짜부적 가짜부적
부적의 실체와 정확한 제작방법

인쇄부적에서 가짜부적에 이르기까지 많게는 몇백만원에 팔리고 있다는 보도를 종종 듣는다. 그러나 부적은 정확한 제작방법에 따라 자신의 용도에 맞게 스스로 만들어 사용하면 훨씬 더 좋은 효과를 얻을 수 있다. 이 책은 중국에서 정통부적을 연구한 국내유일의 동양오술학자가 밝힌 부적의 실체와 정확한 제작방법을 소개하고 있다.

신비한 동양철학 7 | 오상익 저 | 322면 | 20,000원 | 신국판

수명비결
주민등록번호 13자로 숙명의 정체를 밝힌다

우리는 지금 무수히 많은 숫자의 거미줄에 매달려 허우적거리며 살아가고 있다. 1분 · 1초가 생사를 가름하고, 1등 · 2등이 인생을 좌우하며, 1급 · 2급이 신분을 구분하는 세상이다. 이 책은 수명리학으로 13자의 주민등록번호로 명예, 재산, 건강, 수명, 애정, 자녀운 등을 미리 읽어본다.

신비한 동양철학 14 | 장충한 저 | 308면 | 15,000원 | 신국판

진짜궁합 가짜궁합
남녀궁합의 새로운 충격

중국에서 연구한 국내유일의 동양오술학자가 우리나라 역술가들의 궁합법이 잘못되었다는 것을 학술적으로 분석·비평하고, 전적과 사례연구를 통하여 궁합의 실체와 타당성을 분석했다. 합리적인 「자미두수궁합법」과 「남녀궁합」 및 출생시간을 몰라 궁합을 못보는 사람들을 위하여 「지문으로 보는 궁합법」 등을 공개하고 있다.

신비한 동양철학 8 | 오상익 저 | 414면 | 15,000원 | 신국판

주역육효 해설방법(상·하)
한 번만 읽으면 주역을 활용할 수 있는 책

이 책은 주역을 해설한 것으로, 될 수 있는 한 여러 가지 사설을 덧붙이지 않고, 주역을 공부하고 활용하는데 필요한 요건만을 기록했다. 따라서 주역의 근원이나 하도낙서, 음양오행에 대해서도 많은 설명을 자제했다. 다만 누구나 이 책을 한 번 읽어서 주역을 이해하고 활용할 수 있도록 하는데 중점을 두었다.

신비한 동양철학 38 │ 원공선사 저 │ 상 810면·하 798면 │ 각 29,000원 │ 신국판

쉽게 푼 주역
귀신도 탄복한다는 주역을 쉽고 재미있게 풀어놓은 책

주역이라는 말 한마디면 귀신도 기겁을 하고 놀라 자빠진다는데, 운수와 일진이 문제가 될까. 8×8=64괘라는 주역을 한 괘에 23개씩의 회답으로 해설하여 1472괘의 신비한 해답을 수록했다. 당신이 당면한 문제라면 무엇이든 해결할 수 있는 열쇠가 이 한 권의 책 속에 있다.

신비한 동양철학 10 │ 정도명 저 │ 284면 │ 16,000원 │ 신국판

나침반 │ 어디로 갈까요
주역의 기본원리를 통달할 수 있는 책

이 책에서는 기본괘와 변화와 기본괘가 어떤 괘로 변했을 경우 일어날 수 있는 내용들을 설명하여 주역의 변화에 대한 이해를 돕는데 주력하였다. 그러나 그런 내용을 구분할 수 있는 방법을 전부 다 설명할 수는 없기에 뒷장에 간단하게설명하였고, 다른 책들과 설명의 차이점도 기록하였으니 참작하여 본다면 조금이나마 도움이 될 것이다.

신비한 동양철학 67 │ 원공선사 편저 │ 800면 │ 39,000원 │ 신국판

완성 주역비결 │ 주역 토정비결
반쪽으로 전해오는 토정비결을 완전하게 해설

지금 시중에 나와 있는 토정비결에 대한 책들은 옛날부터 내려오는 완전한 비결이 아니라 반쪽의 책이다. 그러나 반쪽이라고 말하는 사람은 없다. 그것은 주역의 원리를 모르기 때문이다. 그래서 늦은 감이 없지 않으나 앞으로 수많은 세월을 생각해서 완전한 해설판을 내놓기로 했다.

신비한 동양철학 92 │ 원공선사 편저 │ 396면 │ 16,000원 │ 신국판

육효대전
정확한 해설과 다양한 활용법

동양고전 중에서도 가장 대표적인 것이 주역이다. 주역은 옛사람들이 자연을 거울삼아 생활을 영위해 나가는 처세에 관한 지혜를 무한히 내포하고, 피흉추길하는 얼과 슬기가 함축된 점서인 동시에 수양·과학서요 철학·종교서라고 할 수 있다.

신비한 동양철학 37 │ 도관 박흥식 편저 │ 608면 │ 26,000원 │ 신국판

육효점 정론
육효학의 정수

이 책은 주역의 원전소개와 상수역법의 꽃으로 발전한 경방학을 같이 실어 독자들의 호기심을 충족시키는데 중점을 두었습니다. 주역의 원전으로 인화의 처세술을 터득하고, 어떤 사안의 답은 육효법을 탐독하여 찾으시기 바랍니다.

신비한 동양철학 80 │ 효명 최인영 편역 │ 396면 │ 29,000원 │ 신국판

육효학 총론
육효학의 핵심만을 정확하고 알기 쉽게 정리

육효는 갑자기 문제가 생겨 난감한 경우에 명쾌한 답을 찾을 수 있는 학문이다. 그러나 시중에 나와 있는 책들이 대부분 원서를 그대로 번역해 놓은 것이라 전문가인 필자가 보기에도 지루하며 어렵다는 느낌이 들었다. 그래서 보다 쉽게 공부할 수 있도록 이 책을 출간하게 되었다.

신비한 동양철학 89 │ 김도희 편저 │ 174쪽 │ 26,000원 │ 신국판

기문둔갑 비급대성
기문의 정수
기문둔갑은 천문지리·인사명리·법술병법 등에 영험한 술수로 예로부터 은밀하게 특권층에만 전승되었다. 그러나 아쉽게도 기문을 공부하려는 이들에게 도움이 될만한 책이 거의 없다. 필자는 이 점이 안타까워 천견박식함을 돌아보지 않고 감히 책을 내게 되었다. 한 권에 기문학을 다 표현할 수는 없지만 이 책을 사다리 삼아 저 높은 경지로 올라간다면 제갈공명과 같은 지혜를 발휘할 수 있을 것이다.
신비한 동양철학 86 │ 도관 박흥식 편저 │ 725면 │ 39,000원 │ 신국판

기문둔갑옥경
가장 권위있고 우수한 학문
우리나라의 기문역사는 장구하나 상세한 문헌은 전무한 상태라 이 책을 발간하였다. 기문둔갑은 천문지리는 물론 인사명리 등 제반사에 관한 길흉을 판단함에 있어서 가장 우수한 학문이며 병법과 법술방면으로도 특징과 장점이 있다. 초학자는 포국편을 열심히 익혀 설국을 자유자재로 할 수 있도록 하고, 개인의 이익보다는 보국안민에 일조하기 바란다.
신비한 동양철학 32 │ 도관 박흥식 저 │ 674면 │ 46,000원 │ 사륙배판

오늘의 토정비결
일년 신수와 죽느냐 사느냐를 알려주는 예언서
역산비결은 일년신수를 보는 역학서이다. 당년의 신수만 본다는 것은 토정비결과 비슷하나 토정비결은 토정 선생께서 사람들에게 용기와 희망을 주기 위함이 목적이어서 다소 허황되고 과장된 부분이 많다. 그러나 역산비결은 재미로 보는 신수가 아니라, 죽느냐 사느냐를 알려주는 예언서이이니 재미로 보는 토정비결과는 차원이 다르다.
신비한 동양철학 72 │ 역산 김찬동 편저 │ 304면 │ 16,000원 │ 신국판

國運 │ 나라의 운세
역으로 풀어본 우리나라의 운명과 방향
아무리 서구사상의 파고가 높다하기로 오천 년을 한결같이 가꾸며 살아온 백두의 혼이 와르르 무너지는 지경에 왔어도 누구 하나 입을 열어 말하는 사람이 없으니 답답하다. 불확실한 내일에 대한 해답을 이 책은 명쾌하게 제시하고 있다.
신비한 동양철학 22 │ 백우 김봉준 저 │ 290면 │ 16,000원 │ 신국판

남사고의 마지막 예언
이 책으로 격암유록에 대한 논란이 끝나기 바란다
감히 이 책을 21세기의 성경이라고 말한다. 〈격암유록〉은 섭리가 우리민족에게 준 위대한 복음서이며, 선물이며, 꿈이며, 인류의 희망이다. 이 책에서는 〈격암유록〉이 전하고자 하는 바를 주제별로 정리하여 문답식으로 풀어갔다. 이 책으로 〈격암유록〉에 대한 논란은 끝나기 바란다.
신비한 동양철학 29 │ 석정 박순용 저 │ 276면 │ 19,000원 │ 신국판

원토정비결
반쪽으로만 전해오는 토정비결의 완전한 해설판
지금 시중에 나와 있는 토정비결에 대한 책들을 보면 옛날부터 내려오는 완전한 비결이 아니라 반면의 책이다. 그러나 반면이라고 말하는 사람이 없다. 그것은 주역의 원리를 모르기 때문이다. 따라서 늦은 감이 없지 않으나 앞으로의 수많은 세월을 생각하면서 완전한 해설본을 내놓았다.
신비한 동양철학 53 │ 원공선사 저 │ 396면 │ 24,000원 │ 신국판 양장

나의 천운 │ 운세찾기
몽골정통 토정비결
이 책은 역학계의 대가 김봉준 선생이 몽공토정비결을 우리의 인습과 체질에 맞게 엮은 것이다. 운의 흐름을 알리고자 호운과 쇠운을 강조하고, 현재의 나를 조명하고 판단할 수 있도록 했다. 모쪼록 생활서나 안내서로 활용하기 바란다.
신비한 동양철학 12 │ 백우 김봉준 저 │ 308면 │ 11,000원 │ 신국판

역점 | 우리나라 전통 행운찾기
쉽게 쓴 64괘 역점 보는 법

주역이 점치는 책에만 불과했다면 벌써 그 존재가 없어졌을 것이다. 그러나 오랫동안 많은 학자가 연구를 계속해왔고, 그 속에서 자연과학과 형이상학적인 우주론과 인생론을 밝혀, 정치·경제·사회 등 여러 방면에서 인간의 생활에 응용해왔고, 삶의 지침서로써 그 역할을 했다. 이 책은 한 번만 읽으면 누구나 역점가가 될 수 있으니 생활에 도움이 되길 바란다.

신비한 동양철학 57 | 문명상 편저 | 382면 | 26,000원 | 신국판 양장

이렇게 하면 좋은 운이 온다
한 가정에 한 권씩 놓아두고 볼만한 책

좋은 운을 부르는 방법은 방위·색상·수리·년운·월운·날짜·시간·궁합·이름·직업·물건·보석·맛·과일·기운·마을·가축·성격 등을 정확하게 파악하여 자신에게 길한 것은 취하고 흉한 것은 피하면 된다. 이 책의 저자는 신학대학을 졸업하고 역학계에 입문했다는 특별한 이력을 갖고 있기 때문에 더 많은 화제가 되고 있다.

신비한 동양철학 27 | 역산 김찬동 저 | 434면 | 16,000원 | 신국판

운을 잡으세요 | 改運秘法
염력강화로 삶의 문제를 해결한다!

행복과 불행은 누가 주는 것이 아니라 자기 자신이 만든다고 할 수 있다. 한 마디로 말해 의지의 힘, 즉 염력이 운명을 바꾸는 것이다. 이 책에서는 이러한 염력을 강화시켜 삶에서 일어나는 문제를 해결하는 방법을 알려준다. 누구나 가벼운 마음으로 읽고 실천한다면 반드시 목적을 이룰 수 있을 것이다.

신비한 동양철학 76 | 역산 김찬동 편저 | 272면 | 10,000원 | 신국판

복을 부르는방법
나쁜 운을 좋은 운으로 바꾸는 비결

개운하는 방법은 여러 가지가 있으나, 이 책의 비법은 축원문을 독송하는 것이다. 독송이란 소리내 읽는다는 뜻이다. 사람의 말에는 기운이 있는데, 이 기운은 자신에게 돌아온다. 좋은 말을 하면 좋은 기운이 돌아오고, 나쁜 말을 하면 나쁜 기운이 돌아온다. 이 책은 누구나 어디서나 쉽게 비용을 들이지 않고 좋은 운을 부를 수 있는 방법을 실었다.

신비한 동양철학 69 | 역산 김찬동 편저 | 194면 | 11,000원 | 신국판

천직 | 사주팔자로 찾은 나의 직업
천직을 찾으면 역경없이 탄탄하게 성공할 수 있다

잘 되겠지 하는 막연한 생각으로 의욕만 갖고 도전하는 것과 나에게 맞는 직종은 무엇이고 때는 언제인가를 알고 도전하는 것은 근본적으로 다르고, 결과도 다르다. 만일 의욕만으로 팔자에도 없는 사업을 시작했다고 하자, 결과는 불을 보듯 뻔하다. 그러므로 이런 때일수록 침착과 냉정을 찾아 내 그릇부터 알고, 생활에 대처하는 지혜로움을 발휘해야 한다.

신비한 동양철학 34 | 백우 김봉준 저 | 376면 | 19,000원 | 신국판

운세십진법 | 本大路
운명을 알고 대처하는 것은 현대인의 지혜다

타고난 운명은 분명히 있다. 그러니 자신의 운명을 알고 대처한다면 비록 운명을 바꿀 수는 없지만 향상시킬 수 있다. 이것이 사주학을 알아야 하는 이유다. 이 책에서는 자신이 타고난 숙명과 앞으로 펼쳐질 운명행로를 찾을 수 있도록 운명의 기초를 초연하게 설명하고 있다.

신비한 동양철학 1 | 백우 김봉준 저 | 364면 | 16,000원 | 신국판

성명학 | 바로 이 이름
사주의 운기와 조화를 고려한 이름짓기

사람은 누구나 타고난 운명이 있다. 숙명인 사주팔자는 선천운이고, 성명은 후천운이 되는 것으로 이름을 지을 때는 타고난 운기와의 조화를 고려해야 한다. 따라서 역학에 대한 깊은 이해가 선행함은 지극히 당연하다. 부연하면 작명의 근본은 타고난 사주에 운기를 종합적으로 분석하여 부족한 점을 보강하고 결점을 개선한다는 큰 뜻이 있다고 할 수 있다.

신비한 동양철학 75 | 정담 선사 편저 | 488면 | 24,000원 | 신국판

작명 백과사전
367가지 이름짓는 방법과 선후천 역상법 수록
이름은 나를 대표하는 생명체이므로 몸은 세상을 떠날지라도 영원히 남는다. 성명운의 유도력은 후천적으로 가공 인수되는 후존적 수기로써 조성 운화되는 작용력이 있다. 선천수기의 운기력이 50%이면 후천수기도의 운기력도50%이다. 이와 같이 성명운의 작용은 운로에 불가결한조건일 뿐 아니라, 선천명운의 범위에서 기능을 충분히 할 수 있다.
신비한 동양철학 81 │ 임삼업 편저 │ 송충석 감수 │ 730면 │ 36,000원 │ 사륙배판

작명해명
누구나 쉽게 활용할 수 있는 체계적인 작명법
일반적인 성명학으로는 알 수 없는 한자이름, 한글이름, 영문이름, 예명, 회사명, 상호, 상품명 등의 작명방법을 여러 사례를 들어 체계적으로 분석하여 누구나 쉽게 배워서 활용할 수 있도록 서술했다.
신비한 동양철학 26 │ 도관 박흥식 저 │ 518면 │ 19,000원 │ 신국판

역산성명학
이름은 제2의 자신이다
이름에는 각각 고유의 뜻과 기운이 있어 그 기운이 성격을 만들고 그 성격이 운명을 만든다. 나쁜 이름은 부르면 부를수록 불행을 부르고 좋은 이름은 부르면 부를수록 행복을 부른다. 만일 이름이 거지같다면 아무리 운세를 잘 만나도 밥을 좀더 많이 얻어 먹을 수 있을 뿐이다. 저자는 신학대학을 졸업하고 역학계에 입문한 특별한 이력으로 많은 화제가 된다.
신비한 동양철학 25 │ 역산 김찬동 저 │ 456면 │ 26,000원 │ 신국판

작명정론
이름으로 보는 역대 대통령이 나오는 이치
사주팔자가 네 기둥으로 세워진 집이라면 이름은 그 집을 대표하는 문패라고 할 수 있다. 따라서 이름을 지을 때는 사주의 격에 맞추어야 한다. 사주 그릇이 작은 사람이 원대한 뜻의 이름을 쓰면 감당하지 못할 시련을 자초하게 되고 오히려 이름값을 못할 수 있다. 즉 분수에 맞는 이름으로 작명해야 하기 때문에 사주의 올바른 분석이 필요하다.
신비한 동양철학 77 │ 청월 박상의 편저 │ 430면 │ 19,000원 │ 신국판

음파메세지 (氣)성명학
새로운 시대에 맞는 새로운 성명학
지금까지의 모든 성명학은 모순의 극치를 이룬다. 그러나 이제 새 시대에 맞는 음파메세지(氣) 성명학이 나왔으니 복을 계속 부르는 이름을 지어 사랑하는 자녀가 행복하고 아름다운 삶을 살아갈 수 있도록 하는데 도움이 되었으면 한다.
신비한 동양철학 51 │ 청암 박재현 저 │ 626면 │ 39,000원 │ 신국판 양장

아호연구
여러 가지 작호법과 실제 예 모음
필자는 오래 전부터 작명을 연구했다. 그러나 시중에 나와 있는 책에는 대부분 아호에 관해서는 전혀 언급하지 않았다. 그래서 아호에 관심이 있어도 자료를 구하지 못하는 분들을 위해 이 책을 내게 되었다. 아호를 짓는 것은 그리 대단하거나 복잡하지 않으니 이 책을 처음부터 끝까지 착실히 공부한다면 누구나 좋은 아호를 지어 쓸 수 있을 것이라고 생각한다.
신비한 동양철학 87 │ 임삼업 편저 │ 308면 │ 26,000원 │ 신국판

한글이미지 성명학
이름감정서
이 책은 본인의 이름은 물론 사랑하는 가족 그리고 가까운 친척이나 친구들의 이름까지도 좋은지 나쁜지 알아볼 수 있도록 지금까지 나와 있는 모든 성명학을 토대로 하여 썼다. 감언이설이나 협박성 감명에 흔들리지 않고 확실한 이름풀이를 볼 수 있을 것이다. 그리고 아름답고 멋진 삶을 살아갈 수 있는 이름을 짓는 방법도 상세하게 제시하였다.
신비한 동양철학 93 │ 청암 박재현 지음 │ 287면 │ 10,000원 │ 신국판

비법 작명기술
복과 성공을 함께 하려면
이 책은 성명의 발음오행이나 이름의 획수를 근간으로 하는 실제 이용이 가장 많은 기본 작명법을 서술하고, 주역의 괘상으로 풀어 길흉을 판단하는 역상법 5가지와 그외 중요한 작명법 5가지를 합하여 「보배로운 10가지 이름 짓는 방법」을 실었다. 특히 작명비법인 선후천역상법은 성명의 원획에 의존하는 작명법과 달리 정획과 곡획을 사용해 주역 상수학을 대표하는 하락이수를 쓰고, 육효가 들어가 응험률을 높였다.
신비한 동양철학 96 │ 임삼업 편저 │ 370면 │ 30,000원 │ 사륙배판

올바른 작명법
소중한 이름, 알고 짓자!
세상 부모들에게 가장 소중한 것이 뭐냐고 물으면 자녀라고 할 것이다. 그런데 왜 평생을 좌우할 이름을 함부로 짓는가. 이름이 얼마나 소중한지, 이름의 오행작용이 일생을 어떻게 좌우하는지 모르기 때문이다.
신비한 동양철학 61 │ 이정재 저 │ 352면 │ 19,000원 │ 신국판

호(雅號)책
아호 짓는 방법과 역대 유명인사의 아호, 인명용 한자 수록
필자는 오래 전부터 작명연구에 열중했으나 대부분의 작명책에는 아호에 관해서는 전혀 언급하지 않고, 간혹 거론했어도 몇 줄 정도의 뜻풀이에 불과하거나 일반작명법에 준한다는 암시만 풍기며 끝을 맺었다. 따라서 필자가 참고한 문헌도 적었음을 인정한다. 아호에 관심이 있어도 자료를 구하지 못하는 현실에 착안하여 필자 나름대로 각고 끝에 본서를 펴냈다.
신비한 동양철학 97 │ 임삼업 편저 │ 390면 │ 20,000원 │ 신국판

관상오행
한국인의 특성에 맞는 관상법
좋은 관상인 것 같으나 실제로는 나쁘거나 좋은 관상이 아닌데도 잘 사는 사람이 왕왕있어 관상법 연구에 흥미를 잃는 경우가 있다. 이것은 중국의 관상법만을 익히고 우리의 독특한 환경적인 특징을 소홀히 다루었기 때문이다. 이에 우리 한국인에게 알맞는 관상법을 연구하여 누구나 관상을 쉽게 알아보고 해석할 수 있도록 자세하게 풀어놓았다.
신비한 동양철학 20 │ 송파 정상기 저 │ 284면 │ 12,000원 │ 신국판

정본 관상과 손금
바로 알고 사람을 사귑시다
이 책은 관상과 손금은 인생을 행복하게 만든다는 관점에서 다루었다. 그야말로 관상과 손금의 혁명이라고 할 수 있다. 여러분도 관상과 손금을 통한 예지력으로 인생의 참주인이 되기 바란다. 용기를 불어넣어 주고 행복을 찾게 하는 것이 참다운 관상과 손금술이다. 이 책이 일상사에 고민하는 분들에게 해결방법을 제시해 줄 것이다.
신비한 동양철학 42 │ 지창룡 감수 │ 332면 │ 16,000원 │ 신국판

이런 사원이 좋습니다
사원선발 면접지침
사회가 다양해지면서 인력관리의 전문화와 인력수급이 기업주의 애로사항이 되었다. 필자는 그동안 많은 기업의 사원선발 면접시험에 참여했는데 기업주들이 모두 면접지침에 관한 책이 있으면 좋겠다는 것이다. 그래서 경험한 사례를 참작해 이 책을 내니 좋은 사원을 선발하는데 많은 도움이 될 것이라고 믿는다.
신비한 동양철학 90 │ 정도명 지음 │ 274면 │ 19,000원 │ 신국판

핵심 관상과 손금
사람을 볼 줄 아는 안목과 지혜를 알려주는 책
오늘과 내일을 예측할 수 없을만큼 복잡하게 펼쳐지는 현실에서 살아남기 위해서는 사람을 볼줄 아는 안목과 지혜가 필요하다. 시중에 관상학에 대한 책들이 많이 나와있지만 너무 형이상학적이라 전문가도 이해하기 어렵다. 이 책에서는 누구라도 쉽게 보고 이해할 수 있도록 핵심만을 파악해서 설명했다.
신비한 동양철학 54 │ 백우 김봉준 저 │ 188면 │ 14,000원 │ 사륙판 양장

완벽 사주와 관상
우리의 삶과 관계 있는 사실적 관계로만 설명한 책

이 책은 우리의 삶과 관계 있는 사실적 관계로만 역을 설명하고, 역에 대한 관심과 흥미를 갖게 하고자 관상학을 추록했다. 여기에 추록된 관상학은 시중에서 흔하게 볼 수 있는 상법이 아니라 생활상법, 즉 삶의 지식과 상식을 드리고자 했다.
신비한 동양철학 55 | 김봉준·유오준 공저 | 530면 | 36,000원 | 신국판 양장

사람을 보는 지혜
관상학의 초보에서 실용까지

현자는 하늘이 준 명을 알고 있기에 부귀에 연연하지 않는다. 사람은 마음을 다스리는 심명이 있다. 마음의 명은 자신만이 소통하는 유일한 우주의 무형의 에너지이기 때문에 잠시도 잊으면 안된다. 관상학은 사람의 상으로 이런 마음을 살피는 학문이니 잘 이해하여 보다 나은 삶을 삶을 영위할 수 있도록 노력해야 한다.
신비한 동양철학 73 | 이부길 편저 | 510면 | 20,000원 | 신국판

한눈에 보는 손금
논리정연하며 바로미터적인 지침서

이 책은 수상학의 연원을 초월해서 동서합일의 이론으로 집필했다. 그야말로 논리정연한 수상학을 정리하였다. 그래서 운명적, 철학적, 동양적, 심리학적인 면을 예증과 방편에 이르기까지 상세하게 기술했다. 이 책은 수상학이라기 보다 바로미터적인 지침서 역할을 해줄 것이다. 독자 여러분의 꾸준한 연구와 더불어 인생성공의 지침서가 될 수 있을 것이다.
신비한 동양철학 52 | 정도명 저 | 432면 | 24,000원 | 신국판 양장

이런 집에 살아야 잘 풀린다
운이 트이는 좋은 집 알아보는 비결

한마디로 운이 트이는 집을 갖고 싶은 것은 모두의 꿈일 것이다. 50평이니 60평이니 하며 평수에 구애받지 않고 가족이 평온하게 생활할 수 있고 나날이 발전할 수 있는 그런 집이 있다면 얼마나 좋을까? 그런 소망에 한 걸음이라도 가까워지려면 막연하게 운만 기대하고 있어서는 안 된다. 좋은 집을 가지려면 그만한 노력이 있어야 한다.
신비한 동양철학 64 | 강현술·박흥식 감수 | 270면 | 16,000원 | 신국판

점포, 이렇게 하면 부자됩니다
부자되는 점포, 보는 방법과 만드는 방법

사업의 성공과 실패는 어떤 사업장에서 어떤 품목으로 어떤 사람들과 거래하느냐에 따라 판가름난다. 그리고 사업을 성공시키려면 반드시 몇 가지 문제를 살펴야 하는데 무작정 사업을 시작하여 실패하는 사람들이 많다. 그래서 이 책에서는 이러한 문제와 방법들을 조목조목 기술하여 누구나 성공하도록 도움을 주는데 주력하였다.
신비한 동양철학 88 | 김도희 편저 | 177면 | 26,000원 | 신국판

쉽게 푼 풍수
현장에서 활용하는 풍수지리법

산도는 매우 광범위하고, 현장에서 알아보기 힘들다. 더구나 지금은 수목이 울창해 소조산 정상에 올라가도 나무에 가려 국세를 파악하는데 애를 먹는다. 따라서 사진을 첨부하니 많은 활용하기 바란다. 물론 결록에 있고 산도가 눈에 익은 것은 혈 사진과 함께 소개하였다. 이 책을 열심히 정독하면서 답산하면 혈을 알아보고 용산도 할 수 있을 것이다.
신비한 동양철학 60 | 전항수·주장관 편저 | 378면 | 26,000원 | 신국판

음택양택
현세의 운·내세의 운

이 책에서는 음양택명당의 조건이나 기타 여러 가지를 설명하여 산 자와 죽은 자의 행복한 집을 만들 수 있도록 했다. 특히 죽은 자의 집인 음택명당은 자리를 옳게 잡으면 꾸준히 생기를 발하여 흥하나, 그렇지 않으면 큰 피해를 당하니 돈보다도 행·불행의 근원인 음양택명당에 관심을 기울여야 한다.
신비한 동양철학 63 | 전항수·주장관 지음 | 392면 | 29,000원 | 신국판

용의 혈 | 풍수지리 실기 100선
실전에서 실감나게 적용하는 풍수의 길잡이
이 책은 풍수지리 문헌인 만두산법서, 명산론, 금랑경 등을 이해하기 쉽도록 주제별로 간추려 설명했으며, 풍수지리학을 쉽게
접근하여 공부하고, 실전에 활용하여 실감나게 적용할 수 있도록 하는데 역점을 두었다.
신비한 동양철학 30 | 호산 윤재우 저 | 534면 | 29,000원 | 신국판

현장 지리풍수
현장감을 살린 지리풍수법
풍수를 업으로 삼는 사람들이 진가를 분별할 줄 모르면서 많은 법을 알았다고 자부하며 뽐낸다. 그리고는 재물에 눈이 어두워
불길한 산을 길하다 하고, 선하지 못한 물)을 선하다 한다. 이는 분수 밖의 것을 바라기 때문이다. 마음가짐을 바로 하고 고대
원전에 공력을 바치면서 산간을 실사하며 적공을 쏟으면 정교롭고 세밀한 경지를 얻을 수 있을 것이다.
신비한 동양철학 48 | 전항수·주관장 편저 | 434면 | 36,000원 | 신국판 양장

찾기 쉬운 명당
실전에서 활용할 수 있는 책
가능하면 쉽게 풀어 실전에 도움이 되도록 했다. 특히 풍수지리에서 방향측정에 필수인 패철 사용과 나경 9층을 각 층별로 설
명했다. 그리고 이 책에 수록된 도설, 즉 오성도, 명산도, 명당 형세도 내거수 명당도, 지각형세도, 용의 과협출맥도, 사대혈형
와겸유돌 형세도 등은 국립중앙도서관에 소장된 문헌자료인 만산도단, 만산영도, 이석당 은민산도의 원본을 참조했다.
신비한 동양철학 44 | 호산 윤재우 저 | 386면 | 19,000원 | 신국판 양장

해몽정본
꿈의 모든 것
시중에 꿈해몽에 관한 책은 많지만 막상 내가 꾼 꿈을 해몽을 하려고 하면 어디다 대입시켜야 할지 모르는 경우가 많았을 것
이다. 그러나 최대한으로 많은 예를 들었고, 찾기 쉽고 명료하게 만들었기 때문에 해몽을 하는데 어려움이 없을 것이다. 한집
에 한권씩 두고 보면서 나쁜 꿈은 예방하고 좋은 꿈을 좋은 일로 연결시킨다면 생활에 많은 도움이 될 것이다.
신비한 동양철학 36 | 청암 박재현 저 | 766면 | 19,000원 | 신국판

해몽 | 해몽법
해몽법을 알기 쉽게 설명한 책
인생은 꿈이 예지한 시간적 한계에서 점점 소멸되어 가는 현존물이기 때문에 반드시 꿈의 뜻을 따라야 한다. 이것은 꿈을 먹
고 살아가는 인간 즉 태몽의 끝장면인 죽음을 향해 달려가고 있는 인간이기 때문이다. 꿈은 우리의 삶을 이끌어가는 이정표와
도 같기에 똑바로 가도록 노력해야 한다.
신비한 동양철학 50 | 김종일 저 | 552면 | 26,000원 | 신국판 양장

명리용어와 시결음미
명리학의 어려운 용어와 숙어를 쉽게 풀이한 책
명리학을 연구하는 이들은 기초공부가 끝나면 자연스럽게 훌륭하다고 평가하는 고전의 이론을 접하게 된다. 그러나 시결과
용어와 숙어는 어려운 한자로만 되어 있어 대다수가 선뜻 탐독과 음미에 취미를 잃는다. 그래서 누구나 어려움 없이 쉽게 읽고
깊이 있게 음미할 수 있도록 원문에 한글로 발음을 달고 어려운 용어와 숙어에 해석을 달아 이 책을 내게 되었다.
신비한 동양철학 103 | 원각 김구현 편저 |300면 | 25,000원 | 신국판

완벽 만세력
착각하기 쉬운 서머타임 2도 인쇄
시중에 많은 종류의 만세력이 나와있지만 이 책은 단순한 만세력이 아니라 완벽한 만세경전으로 만세력 보는 법 등을 실었기
때문에 처음 대하는 사람이라도 쉽게 볼 수 있도록 편집되었다. 또한 부록편에는 사주명리학, 신살종합해설, 결혼과 이사택일
및 이사방향, 길흉보는 법, 우주천기와 한국의 역사 등을 수록했다.
신비한 동양철학 99 | 백우 김봉준 저 | 316면 | 24,000원 | 사륙배판

정본만세력

이 책은 완벽한 만세력으로 만세력 보는 방법을 자세하게 설명했다. 그리고 역학에 대한 기본적인 내용과 결혼하기 좋은 나이·좋은 날·좋은 시간, 아들·딸 태아감별법, 이사하기 좋은 날·좋은 방향 등을 부록으로 실었다.

신비한 동양철학 45 | 백우 김봉준 저 | 304면 | 사륙배판 26,000원, 신국판 19,000원, 사륙판 10,000원, 포켓판 9,000원

정본 | 완벽 만세력
착각하기 쉬운 서머타임 2도인쇄

시중에 많은 종류의 만세력이 있지만 이 책은 단순한 만세력이 아니라 완벽한 만세경전이다. 그리고 만세력 보는 법 등을 실었기 때문에 처음 대하는 사람이라도 쉽게 볼 수 있다. 또 부록편에는 사주명리학, 신살 종합해설, 결혼과 이사 택일, 이사 방향, 길흉보는 법, 우주의 천기와 우리나라 역사 등을 수록하였다.

신비한 동양철학 99 | 김봉준 편저 | 316면 | 20,000원 | 사륙배판

원심수기 통증예방 관리비법
쉽게 배워 적용할 수 있는 통증관리법

『원심수기 통증예방 관리비법』은 4차원의 건강관리법으로 질병이 악화되는 것을 예방하여 건강한 몸을 유지하는데 그 목적이 있다. 시중의 수기요법과 비슷하나 특장점은 힘이 들지 않아 어린아이부터 노인까지 누구나 시술할 수 있고, 배우고 적용하는 과정이 쉽고 간단하며, 시술 장소나 도구가 필요 없으니 언제 어디서나 시술할 수 있다.

신비한 동양철학 78 | 원공 선사 저 | 288면 | 16,000원 | 신국판

운명으로 본 나의 질병과 건강
타고난 건강상태와 질병에 대한 대비책

이 책은 국내 유일의 동양오술학자가 사주학과 정통명리학의 양대산맥을 이루는 자미두수 이론으로 임상실험을 거쳐 작성한 자료다. 따라서 명리학을 응용한 최초의 완벽한 의학서로 질병을 예방하고 치료하는데 활용하면 최고의 의사가 될 것이다. 또한 예방의학적인 차원에서 건강을 유지하는데 훌륭한 지침서로 현대의학의 새로운 장을 여는 계기가 될 것이다.

신비한 동양철학 9 | 오상익 저 | 474면 | 26,000원 | 신국판

서체자전
해서를 기본으로 전서, 예서, 행서, 초서를 연습할 수 있는 책

한자는 오랜 옛날부터 우리 생활과 뗄 수 없음에도 잘 몰라 불편을 겪는 사람들이 많아 이 책을 내게 되었다. 이 책에서는 해서를 기본으로 각 글자마다 전서, 예서, 행서, 초서 순으로 배열하여 독자가 필요한 것을 찾아 연습하기 쉽도록 하였다.

신비한 동양철학 98 | 편집부 편 | 273면 | 16,000원 | 사륙배판

택일민력(擇日民曆)
택일에 관한 모든 것

이 책은 택일에 대한 모든 것을 넣으려고 최선을 다하였다. 동양철학을 공부하여 상담하거나 종교인·무속인·일반인들이 원하는 부분을 쉽게 찾아 활용할 수 있도록 칠십이후, 절기에 따른 벼농사의 순서와 중요한 과정, 납음오행, 신살의 의미, 구성조견표, 결혼·이사·제사·장례·이장에 관한 사항 등을 폭넓게 수록하였다.

신비한 동양철학 100 | 최인영 편저 | 80면 | 5,000원 | 사륙배판

모든 질병에서 해방을 1·2
건강실용서

우리나라는 아주 오랜 옛날부터 건강과 관련한 약재들이 산천에 널려 있었고, 우리 민족은 그 약재들을 슬기롭게 이용하며 나름대로 건강하게 살아왔다. 그러나 오늘날 현대의학에 밀려 외면당하며 사라지게 되었다. 이에 옛날부터 내려오는 의학서적인 『기사회생』과 『단방심편』을 바탕으로 민가에서 활용했던 민간요법들을 정리하고, 현대에 개발된 약재들이나 시술방법들을 정리했다.

신비한 동양철학 102 | 원공 선사 편저 | 1권 448면·2권 416면 | 각 29,000원 | 신국판

참역학은 이렇게 쉬운 것이다② ─ 완결편
역학을 활용하는 방법을 정리한 책
『참역학은 이렇게 쉬운 것이다』에서 미처 쓰지 못한 사주를 활용하는 방법을 정리한다는 의미에서 다시 이 책을 내게 되었다. 전문가든 비전문가든 이 책이 사주라는 학문을 이해하는 데 도움이 되고, 사주에 있는 가장 좋은 길을 찾아 행복하게 살았으면 합니다. 특히 사주상담을 업으로 하는 분들도 참고해서 상담자들이 행복하게 살도록 도와주었으면 한다.
신비한 동양철학 104 │ 청암 박재현 편저 │ 330면 │ 23,000원 │ 신국판

인명용 한자사전
한권으로 작명까지 OK
이 책은 인명용 한자의 사전적 쓰임이 본분이지만 그것에 국한하지 않고 작명법들을 그것도 일반적으로 통용되는 기본적인 것 외에 주역을 통한 것 등 7가지를 간추려 놓아 여러 권의 작명책을 군살없이 대신했기에 이 한권의 사용만으로 작명에 관한 모든 것을 충족하고도 남을 것이다. 5,000자가 넘는 인명용 한자를 실었지만 음(音)으로 한 줄에 수십 자, 획수로도 여러 자를 넣어 가능한 부피를 줄이려고 노력하였다. 그리고 작명하는데 한자에 관해서는 다양하게 활용할 수 있도록 하였고, 일반적인 한자자전의 용도까지 충분히 겸비하도록 하였다.
신비한 동양철학 105 │ 임삼업 편저 │ 336면 │ 24,000원 │ 신국판

바로 내 사주
행복한 인생을 만들어 갈 수 있는 방법을 소개하는 책
역학이란 본래 어려운 학문이다. 수십 년을 공부해도 터득하기 어려운 학문이라 많은 사람이 중간에 포기하는 일이 많다. 기존의 당사주 책도 수백 년 동안 그 명맥을 유지해왔으나 적중률이 매우 낮아 일반인들에게 신뢰를 많이 받지 못했다. 그래서 지금까지 30여 년 동안 공부하며 터득한 비법을 토대로 이 책을 내게 되었다. 물론 어느 역학책도 백 퍼센트 정확하다고 장담할 수는 없다. 이 책도 백 퍼센트 적중률을 목표로 했으나 적어도 80% 이상은 적중할 것이라고 자부한다.
신비한 동양철학 106 │ 김찬동 편저 │ 242면 │ 20,000원 │ 신국판

주역타로64
인간사 주역괘 풀이
타로카드는 서양 상류사회의 생활상을 담은 그림으로 되어 있다. 그 속에는 자연과 인간이 겪을 수 있는 경험과 역사가 압축되어 있다. 이러한 타로카드를 점(占) 목적으로 사용하는 것인데, 주역타로64점은 주역의 64괘를 64매의 타로카드에 담아 점 도구로 사용한다. 64괘는 우주의 모든 형상과 형태의 끊임없는 변화의 원리로 나타난 것이다. 그리고 주역타로는 일반 타로의 공통적인 스토리와는 다른 점이 많으나 그 기본 이론은 같다. 주역타로의 추상적이며 미진한 정보에 더해 인간사에 대한 주역 괘풀이를 보탰으니 주역타로64를 점 도구로 활용하는 데 도움이 되었으면 한다.
신비한 동양철학 107 │ 임삼업 편저 │ 387면 │ 39,000원 │ 사륙배판

주역 평생운 비록
상수역의 하락이수를 활용한 비결
하락이수의 평생운, 대상운, 유년운, 월운은 주역의 표상인 괘효의 숫자로 기록했고, 그 해석 설명은 원문에 50,000여 한자 사언시구로 구성되어 간혹 어려운 글자, 흔히 쓰지 않는 낯선 글자, 주역의 괘효사를 인용한 것도 있어 한문 문장의 해석은 녹녹치 않은 것이어서 원문 한자 부분은 제외시키고 한글 해석만을 수록했다.
신비한 동양철학 109 │ 경의제 임삼업 편저 │ 872면 │ 49,000원 │ 사륙배판

사주 감정요결
세운을 판단하는 방법
사주를 간명하는 데 조금이라도 도움이 되었으면 하는 마음에서 『정법사주』에 이어 이 책을 내게 되었다. 여기서는 사주를 간명하는 데 근간이 되는 오행의 왕쇠강약을 세분해서 설명하고, 대운과 세운, 세운과 월운의 연관성과 십신과 여러 살이 운명에 미치는 암시와 십이운성으로 세운을 판단하는 방법을 설명했다.
신비한 동양철학 110 │ 원각 김구현 편저 │ 338면 │ 36,000원 │ 신국판